Dipl.-Kfm. Jürgen Hermsen

Rechnungswesen und Controlling

für IT-Berufe

Lernfeld 11

9. Auflage

Bestellnummer 225435

Druck: westermann druck GmbH, Braunschweig

service@westermann-berufsbildung.de
www.westermann-berufsbildung.de

Bildungshaus Schulbuchverlage Westermann Schroedel Diesterweg Schöningh Winklers GmbH, Postfach 33 20, 38023 Braunschweig

ISBN 978-3-14-**225435**-7

westermann GRUPPE

Vorwort zur 9. Auflage

In die 9. Auflage wurden bebilderte Einstiege eingebaut. Darüber hinaus wurden viele Ergänzungen und Verbesserungen vorgenommen. Das BilRUG (Bilanzrichtlinie-Umsetzungsgesetz) ist durchgängig berücksichtigt.

Dem Lehrbuch liegen die Rahmenlehrpläne der Kultusministerkonferenz zugrunde. Es folgt ihren Intentionen und ist ausgerichtet auf ein Lernen mit einer möglichst großen Praxisnähe.

Zudem bereitet das Lehrbuch optimal auf die Prüfungen der „IHK-Gemeinschaftsstelle für bundeseinheitliche kaufmännische Abschluss- und Zwischenprüfungen" vor.

Folgende Merkmale und Besonderheiten kennzeichnen das vorliegende Lehrbuch:

- Einstiege mit Illustrationen führen in den jeweiligen Lernstoff ein.
- Die Darstellung der erforderlichen Sachinformationen erfolgt in einer klaren Sprache und in klein gehaltenen leicht verständlichen Lernschritten.
- Betriebswirtschaftliche (fachübergreifende) Lerninhalte werden bei allen sich bietenden Gelegenheiten dargeboten.
- Der Lernprozess wird durch Zusammenfassungen in Form von Schaubildern und Merksätzen unterstützt.
- Ein Aufgabenführer erleichtert das Finden von Aufgaben.
- Im Buchführungsteil wird durchgängig mit Debitoren und Kreditoren gearbeitet.
- Für die Lernerfolgssicherung sorgt eine Vielzahl unterschiedlich strukturierter Aufgaben.

  Die Aufgaben unterscheiden sich auch hinsichtlich ihres Schwierigkeitsgrades. Auf diese Weise kann mit einer entsprechenden **Stoffauswahl für jede Klasse ein „angemessenes Aufgabenprogramm"** zusammengestellt werden.

  Die Aufgaben sind praxisnah und **handlungsorientiert** aufbereitet:
  - Eine Vielzahl der Aufgaben bezieht sich auf eine Übungsfirma.
  - In die Aufgabenteile der Buchführungskapitel sind die für den jeweiligen Lernstoff typischen Buchungsbelege eingebaut.
  - Ein Software-Einsatz ist bei einigen Geschäftsgängen (Finanzbuchführungsprogramm) und bei einigen ausgewählten Aufgaben (Excel-Arbeitsblätter) möglich.
  - Das Kapitel „5 Controlling" enthält drei komplexe problemorientierte Aufgaben.

Kein Lehrbuch ist so gut, dass es nicht noch verbessert werden könnte. Helfen Sie mir bitte mit entsprechenden Hinweisen. Vielen Dank!

Jürgen Hermsen

> **Die Bücher von Jürgen Hermsen haben das moderne Rechnungswesenlehrbuch wesentlich geprägt. Die von unserem Autor von Beginn an verwendete Konzeption des belegorientierten Arbeitens mit einer zentralen Übungsfirma hat sich auf breiter Basis durchgesetzt.**

Viele Beispiele in den Informationsteilen und viele Aufgaben beziehten sich auf das folgende Unternehmen:

1. Name und Sitz der Firma	Textilfabrik Konrad Fied KG, Goseriede 41, 30159 Hannover		
2. Bankverbindungen	Hannoversche Volksbank eG Konto-Nr. 12 345 BLZ 251 900 01 BIC: VOHADE2H IBAN: DE73 2519 0001 0000 0123 45	Sparkasse Hannover Konto-Nr. 88 230 BLZ 250 501 80 BIC: SPKHDE2H IBAN: DE24 2505 0180 0000 0882 30	Postbank Hannover Konto-Nr. 1 582 300 BLZ 250 100 30 BIC: PBNKDEFF250 IBAN: DE95 2501 0030 0001 5823 00
3. Geschäftsjahr	1. Januar bis 31. Dezember		
4. Produkte/ Handelswaren	Textilien jeglicher Art		
5. Werkstoffe	– Rohstoffe: – Hilfsstoffe: – Betriebsstoffe:	Stoffe jeglicher Art, Webgarne Nähgarne, Stoßbänder, Knöpfe, Reißverschlüsse, Gummibänder Heizöl, Gas, Strom, Wasser, Schmierstoffe	

6. Lieferanten

Bernhard Müller OHG Im Weiher 1 69121 Heidelberg Rohstoffe L.-Nr. 44 001	Emut GmbH Hohler Weg 3 34369 Hofgeismar Rohstoffe L.-Nr. 44 002	Winter GmbH Ottenstraße 12 30880 Laatzen Betriebsstoffe L.-Nr. 44 003
Karl-Heinz More e. Kfm. Seelhorststraße 6 30175 Hannover Betriebs- und Geschäftsausstattung L.-Nr. 44 004	Adsack GmbH Minister-Stüve-Straße 17 30449 Hannover Zeitungsanzeigen L.-Nr. 44 005	Vödisch AG Neue Straße 17 30457 Hannover Hilfsstoffe L.-Nr. 44 006
Sauer KG Rehbergstraße 24 30173 Hannover Autohaus L.-Nr. 44 007	Bettina Meyer e. Kffr. Erzberger Straße 1 39104 Magdeburg Modedesignerin L.-Nr. 44 008	Winkler KG Bismarckstraße 7 64293 Darmstadt Rohstoffe L.-Nr. 44 009

7. Kunden

Söffgen OHG Textilgroßhandel Bergstraße 11 51503 Rösrath Kd.-Nr. 24 001	Gertrud Schön e. Kffr. Textileinzelhandel Sundernstraße 34 22159 Hamburg Kd.-Nr. 24 002	Hampe KG Textilgroßhandel Südstraße 6 06132 Halle Kd.-Nr. 24 003
Gebert GmbH Textilgroßhandel Falkenstraße 5 04229 Leipzig Kd.-Nr. 24 004	Brandes GmbH Textilgroßhandel Lister Meile 5 01169 Dresden Kd.-Nr. 24 005	Tina Hempe e. Kffr. Textileinzelhandel Weststraße 55 81541 München Kd.-Nr. 24 006
Wolfgang Mehlert e. Kfm. Textileinzelhandel Böhmerstraße 5 60437 Frankfurt Kd.-Nr. 24 007	Adam GmbH Textilgroßhandel Löwengasse 38 A–1030 Wien Kd.-Nr. 24 008	

2254354

1 Die Teilgebiete des betrieblichen Rechnungswesens und deren Aufgaben

1.1 Die Geschäftsbuchführung (Finanzbuchführung) 9

1.2 Die Kosten- und Leistungsrechnung 9

1.3 Die Statistik 9

1.4 Die Planungsrechnung 10

2 Grundlagen der Buchführung

2.1 Aufgaben und gesetzliche Vorschriften der Buchführung 11
2.1.1 Aufgaben der Buchführung 11
2.1.2 Gesetzliche Vorschriften der Buchführung 12

2.2 Kapital und Vermögen 15

2.3 Inventur und Inventar 18
2.3.1 Die Inventur 19
2.3.1.1 Die zeitnahe Stichtagsinventur 19
2.3.1.2 Die permanente Inventur 19
2.3.1.3 Die zeitlich verlegte Inventur 19
2.3.1.4 Die mathematisch-statistische Stichprobeninventur 19
2.3.2 Das Inventar 20
2.3.3 Erfolgsermittlung durch Eigenkapitalvergleich 25

2.4 Bilanz 26

2.5 Das System der doppelten Buchführung 30
2.5.1 Die vier Möglichkeiten der Bilanzveränderung 30
2.5.2 Von der Eröffnung der Bestandskonten bis zum Abschluss der Bestandskonten 34
2.5.3 Der Buchungssatz 42
2.5.3.1 Der einfache Buchungssatz 43
2.5.3.2 Der zusammengesetzte Buchungssatz 44
2.5.4 Eröffnungsbilanzkonto und Schlussbilanzkonto 51
2.5.5 Erfolgsvorgänge 55
2.5.5.1 Buchen auf den Erfolgskonten 55
2.5.5.2 Das Gewinn- und Verlustkonto 57
2.5.6 Abstimmung zwischen den Daten der Buchführung und den Daten der Inventur 65

2.6 Besonderheiten der Erfolgsermittlung im Handelsbetrieb 68
2.6.1 Die Warenverkaufsseite 70
2.6.2 Die Wareneinkaufsseite 70
2.6.2.1 Das „Bestandsrechnerische Verfahren" 70
2.6.2.2 Das „Aufwandsrechnerische Verfahren" („Just-in-time-Verfahren") .. 72

2.7 Besonderheiten der Erfolgsermittlung im Industriebetrieb 76
2.7.1 Der Verbrauch von Werkstoffen 76
2.7.1.1 Die „Bestandsrechnerischen Verfahren" 77
2.7.1.2 Inventurdifferenzen bei der „Fortschreibungsmethode" 78
2.7.1.3 Das „Aufwandsrechnerische Verfahren" („Just-in-time-Verfahren") 79
2.7.2 Bestandsveränderungen fertiger und unfertiger Erzeugnisse 84

2.8 Die Umsatzsteuer 89
2.8.1 Steuerbare Umsätze 91
2.8.2 Die Umsatzsteuerkonten 92
2.8.2.1 Buchen auf dem Umsatzsteuerkonto 92
2.8.2.2 Buchen auf dem Vorsteuerkonto ... 92
2.8.2.3 Die Verrechnung der Umsatzsteuerschuld gegen die Vorsteuerforderung 93
2.8.2.4 Bilanzierung von Zahllast bzw. Vorsteuerüberhang 95
2.8.3 Die Versteuerung des Mehrwertes .. 95

2.9 Das Privatkonto 108
2.9.1 Privatentnahmen 108
2.9.2 Privateinlagen 108
2.9.3 Möglichkeit von Privatentnahmen und Privateinlagen bei den Unternehmensformen 109
2.9.4 Buchhalterische Behandlung von Privatentnahmen und Privateinlagen 109
2.9.5 Umsatzsteuerpflicht der Privatentnahmen 110

2.10 Grundsätze ordnungsmäßiger Buchführung (GoB) 117

2.11 Kontenrahmen, Kontenplan 118
2.11.1 Der Kontenrahmen 118
2.11.1.1 Definition und Aufgabe des Kontenrahmens 119

2.11.1.2 Das Nummernsystem des
Kontenrahmens 119
2.11.1.3 Der Industriekontenrahmen (IKR) .. 120
2.11.2 Der Kontenplan 121
2.11.3 Das Buchen mit den
Kontennummern 122

2.12 Die Buchführungsbücher 126
2.12.1 Die Systembücher 127
2.12.1.1 Das Inventar- und Bilanzbuch 127
2.12.1.2 Das Grundbuch 128
2.12.1.3 Das Hauptbuch 128
2.12.2 Die Nebenbücher 129
2.12.2.1 Das Kontokorrentbuch 129
2.12.2.2 Das Lagerbuch 130
2.12.2.3 Das Wechselbuch 131
2.12.2.4 Das Lohn- und Gehaltsbuch 131
2.12.2.5 Das Anlagenbuch 131
2.12.2.6 Das Kassenbuch 131

2.13 Belegorganisation 136
2.13.1 Belegarten 136
2.13.2 Belegbearbeitung 137

2.14 Skontibuchungen 148
2.14.1 Die Umrechnung eines Skontoprozentsatzes auf einen Zinssatz 151
2.14.2 Skontibuchungen auf der
Beschaffungsseite 153
2.14.3 Skontibuchungen auf der
Absatzseite 155

2.15 Personalwirtschaft 159
2.15.1 Die Lohn- und Gehaltsabrechnung . 161
2.15.2 Lohn- bzw. Gehaltsbuchungen 161
2.15.3 Die Buchung von Vorschüssen 165
2.15.4 Die entgeltliche Erzeugnislieferung
an Arbeitnehmer 166
2.15.5 Die buchhalterische Behandlung
von vermögenswirksamen
Leistungen 167

2.16 Anlagenwirtschaft 176
2.16.1 Ursachen der Wertminderung des
Anlagevermögens 177
2.16.2 Die buchhalterische Behandlung
der Wertminderung des
Anlagevermögens 177
2.16.3 Abschreibungsmethoden 178
2.16.3.1 Die lineare
Abschreibungsmethode 178
2.16.3.2 Die degressive
Abschreibungsmethode 180
2.16.3.3 Die Leistungsabschreibung 181
2.16.4 Zeitanteilige Abschreibungen 182

2.16.5 Das Anlagenverzeichnis
(Anlagenbuch) 183
2.16.6 Geringwertige Wirtschaftsgüter 184
2.16.6.1 Sofortaufwand bei Geringwertigen
Wirtschaftsgütern mit Anschaffungs-
bzw. Herstellungskosten
bis 250,00 € 185
2.16.6.2 Poolabschreibung bei Geringwerti-
gen Pool-Wirtschaftsgütern
mit Anschaffungs- bzw. Herstellungskosten ab 250,01 € bis 1.000,00 € . . . 185
2.16.6.3 Sofortabschreibung bei
Geringwertigen Wirtschaftsgütern
mit Anschaffungs- bzw.
Herstellungskosten
ab 250,01 € bis 800,00 € 186

3 Jahresabschluss

**3.1 Der Jahresabschluss bei
offenlegungspflichtigen
Unternehmen** 199
3.1.1 Die Offenlegung des
Jahresabschlusses 200
3.1.2 Die Bilanz gemäß HGB 201
3.1.2.1 Die Bilanzgliederung gemäß HGB .. 201
3.1.3 Die Gewinn- und Verlustrechnung
gemäß HGB 202

**3.2 Auswertung des
Jahresabschlusses** 206
3.2.1 Auswertung der Bilanz 207
3.2.1.1 Aufbereitung der Bilanz 207
3.2.1.2 Bilanzanalyse 208
3.2.2 Auswertung der Gewinn- und
Verlustrechnung 215
3.2.3 Rentabilität 217
3.2.3.1 Eigenkapitalrentabilität
(Unternehmerrentabilität) 217
3.2.3.2 Gesamtkapitalrentabilität
(Unternehmensrentabilität) 217
3.2.3.3 Umsatzrentabilität 218

4 Kosten- und Leistungsrechnung

**4.1 Die Abgrenzung zwischen
Geschäftsbuchführung und Kosten-
und Leistungsrechnung** 221

4.2 Die Ergebnistabelle 223
4.2.1 Die unternehmensbezogenen
Abgrenzungen in der
Ergebnistabelle 224

4.2.2 Die kostenrechnerischen Korrekturen in der Ergebnistabelle (kalkulatorische Kosten) 229

4.2.2.1 Die Begriffe „Grundkosten", „Anderskosten" und „Zusatzkosten" 229

4.2.2.2 Die Erfassung der kalkulatorischen Kosten in der Kosten- und Leistungsrechnung 230

4.3 Die Kostenartenrechnung 244

4.3.1 Die Aufgaben der Kostenartenrechnung 244

4.3.2 Die Kostenarten 245

4.3.2.1 Die Kostenarten nach ihrer Entstehungsursache 245

4.3.2.2 Die Kostenarten nach ihrer kalkulatorischen Verrechenbarkeit (Einzelkosten und Gemeinkosten) .. 245

4.3.2.3 Die Kostenarten nach ihrem Verhalten bei schwankendem Beschäftigungsgrad (fixe und variable Kosten) 246

4.3.2.4 Die Kostenarten nach ihrer Ermittlung (Ist-, Normal- und Plankosten) 249

4.4 Die Kostenstellenrechnung 253

4.4.1 Die Aufgaben der Kostenstellenrechnung 253

4.4.2 Die Bildung der Kostenstellen 254

4.4.3 Die Zurechnung der Gemeinkosten auf die Kostenstellen 255

4.4.4 Die Kostenstellenrechnung mithilfe des Betriebsabrechnungsbogens I 255

4.4.4.1 Der einstufige Betriebsabrechnungsbogen I 255

4.4.4.2 Der erweiterte mehrstufige Betriebsabrechnungsbogen I 256

4.5 Die Kostenträgerrechnung 263

4.5.1 Die Kostenträgerzeitrechnung 263

4.5.1.1 Die Ermittlung der Gemeinkostenzuschlagssätze 263

4.5.1.2 Das Kostenträgerblatt (BAB II) 267

4.5.1.3 Kostenüberdeckung und Kosten- unterdeckung bei Verwendung von Normalzuschlagssätzen 269

4.5.2 Die Kostenträgerstückrechnung ... 279

4.5.2.1 Die Divisionskalkulation 280

4.5.2.2 Die Zuschlagskalkulation 282

4.6 Die Handelskalkulation 306

4.6.1 Die Vorwärtskalkulation 308

4.6.2 Die Rückwärtskalkulation 309

4.6.3 Die Differenzkalkulation 310

4.7 Die Deckungsbeitragsrechnung (Teilkostenrechnung) 317

4.7.1 Die Nachteile der Vollkostenrechnung 317

4.7.2 Der Deckungsbeitrag 321

4.7.3 Die Zerlegung der Kostenarten in variable und fixe Kosten 323

4.7.4 Die Anwendungsmöglichkeiten der Deckungsbeitragsrechnung 323

4.7.4.1 Die Produktionsprogrammplanung mithilfe der Deckungsbeitrags- rechnung 323

4.7.4.2 Die Wahl zwischen Eigenfertigung und Fremdbezug 326

4.7.4.3 Die Preisbildung mithilfe der Deckungsbeitragsrechnung 327

5 Controlling

5.1 Die Einordnung des Controllings in die Unternehmensorgani- sation 336

5.2 Die Bausteine des Controllings ... 337

5.3 Das Informationssystem im Controlling 338

5.4 Das Planungssystem im Controlling 339

5.4.1 Operative Planung und strategische Planung 339

5.4.2 Das Kennzahlensystem des operativen Controllings 340

5.4.3 Die Koordination der Planung 342

5.4.4 Die Budgetierung 343

5.5 Das Kontrollsystem im Controlling .. 343

5.5.1 Der Soll-Ist-Vergleich 343

5.5.2 Die Abweichungsanalyse 343

6 Statistische Kennzahlen

6.1 Grafische Darstellungsformen 358

6.1.1 Stab-, Säulen- und Kurvendiagramme 358

6.1.2 Flächendiagramme 361

6.1.3 Bildstatistiken 362

6.2	**Verhältniszahlen**	364
6.2.1	Gliederungszahlen	364
6.2.2	Messzahlen	366
6.2.3	Beziehungszahlen	367
6.2.4	Indexzahlen	368

7	**Die Plankostenrechnung**	
7.1	**Die starre Plankostenrechnung**	370
7.2	**Die flexible Plankostenrechnung**	370
7.2.1	Der Kostenstellenplan	370
7.2.2	Die Plankalkulation mit Plankostenverrechnungssätzen	373

7.2.3	Der Soll-Ist-Kostenvergleich	374
7.3	**Die Grenzplankostenrechnung**	383
7.3.1	Der Soll-Ist-Kostenvergleich	383
7.3.2	Die Ermittlung der variablen Kosten pro Kostenträger	386

8	**Die Prozesskostenrechnung**	**390**
Sachwortverzeichnis		397
Bildquellenverzeichnis		400

Erklärung der Symbole

Zu den so gekennzeichneten Aufgaben sind Arbeitshilfen in einem Arbeitsheft enthalten (ISBN 978-3-14-**225436**-4).

Zu den so gekennzeichneten Aufgaben können Excel-Arbeitsblätter unter der Bestellnummer 225435 von der Westermann-Homepage (verlage.westermanngruppe.de/westermann/) kostenlos heruntergeladen werden.

Bei den so gekennzeichneten Aufgaben ist der Einsatz eines Finanzbuchhaltungsprogrammes möglich.

Tina Lüders ist 21 Jahre alt und macht in der Textilfabrik Konrad Fied KG in Hannover eine Ausbildung zur Informatikkauffrau. Sie führt in den Einstiegen durch das Lehrbuch.

2254358

DIE TEILGEBIETE DES BETRIEBLICHEN RECHNUNGSWESENS UND DEREN AUFGABEN

Das betriebliche Rechnungswesen beinhaltet folgende vier Teilgebiete:

- Geschäftsbuchführung oder Finanzbuchführung,
- Kosten- und Leistungsrechnung,
- Statistik und
- Planungsrechnung.

1.1   Die Geschäftsbuchführung (Finanzbuchführung)

Die Geschäftsbuchführung umfasst eine **Bestandsrechnung** und eine **Erfolgsrechnung.**

In der **Bestandsrechnung** werden alle Veränderungen (Mehrungen oder Minderungen) von Vermögens- oder Kapitalwerten aufgezeichnet.

Die **Erfolgsrechnung** ermittelt durch die Gegenüberstellung von Erträgen und Aufwendungen einen Gewinn oder Verlust.

Die in einer bestimmten Ordnung zusammengetragenen Zahlen der Bestands- und Erfolgsrechnung **dokumentieren** die Geschäftstätigkeit des Unternehmens.

Neben dieser **Dokumentationsaufgabe** kommt der Buchführung vor allen Dingen eine **Rechenschaftslegungs-** und **Informationsaufgabe** zu. Mit ihrer Hilfe wird am Geschäftsjahresende der gesetzlich vorgeschriebene Jahresabschluss (Bilanz und Gewinn- und Verlustrechnung) erstellt. Kapitalgeber, Finanzbehörden und die Mitarbeiter erhalten so einen Einblick in die Ertrags- und Vermögenslage des Unternehmens.

1.2   Die Kosten- und Leistungsrechnung

Die Geschäftsbuchführung wird aufgrund ihrer Aufgabenstellung von steuerrechtlichen und handelsrechtlichen Vorschriften geprägt. Den Anforderungen einer betriebswirtschaftlichen Betrachtung wird sie damit nicht gerecht. Hierzu wird die Kosten- und Leistungsrechnung herangezogen, die sich an betriebswirtschaftlichen Erfordernissen orientiert.

Die Kosten- und Leistungsrechnung bietet vor allen Dingen ein Instrumentarium, das die Wirtschaftlichkeit des betrieblichen Leistungsprozesses überwacht. Damit nimmt die Kosten- und Leistungsrechnung vornehmlich eine **Kontrollaufgabe** wahr.

Darüber hinaus liefert die Kosten- und Leistungsrechnung zusammen mit der **Statistik** und der **Planungsrechnung** die Daten, auf denen die **unternehmerischen Entscheidungen** basieren. Insofern erfüllt die Kosten- und Leistungsrechnung auch eine **Dispositionsaufgabe.**

1.3   Die Statistik

Die betriebliche Statistik bereitet die Daten der Geschäftsbuchführung und der Kosten- und Leistungsrechnung auf und wertet sie aus. Es können in tabellarischer oder grafischer Form Statistiken über Umsatzzahlen, Produktionskosten, Lohnkosten, Lagerkennzahlen, Bilanzkennzahlen, Gewinnentwicklungen usw. erstellt werden.

Diese Statistiken werden mit den Zahlen früherer Abrechnungsperioden (**Zeitvergleiche**) oder mit den entsprechenden Werten von Betrieben der gleichen Branche (**Betriebsvergleiche**) verglichen. Die dabei gewonnenen Erkenntnisse führen zu unternehmerischen Entscheidungen (**Dispositionsaufgabe**).

1.4 Die Planungsrechnung

Grundlage der Planungsrechnung sind die Daten der Geschäftsbuchführung, der Kosten- und Leistungsrechnung und der Statistik. Mithilfe der Planungsrechnung werden Absatzpläne, Produktionspläne, Beschaffungspläne, Investitionspläne und Finanzpläne erstellt.

Abweichungen zwischen den geplanten Zahlen (Sollzahlen) und den tatsächlich eingetretenen Zahlen (Istzahlen) werden analysiert und ausgewertet.

Der Planungsrechnung kommt somit neben der **Dispositionsaufgabe** eine wichtige **Kontrollaufgabe** zu.

Zusammen-fassung

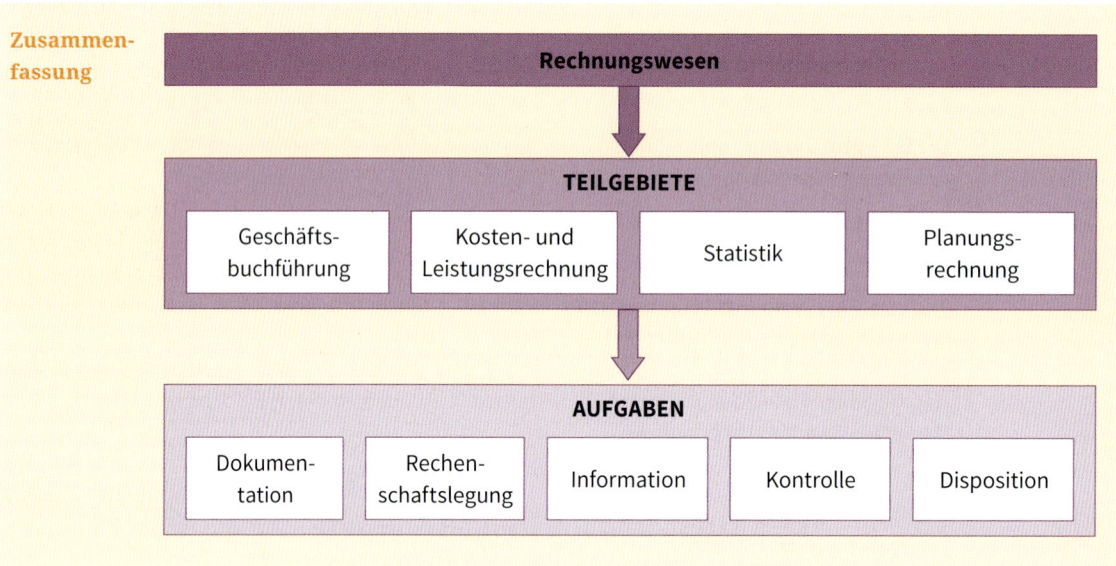

Aufgabe

Welche Aussagen sind richtig bzw. falsch? Begründen Sie Ihre Meinung.

a) Das betriebliche Rechnungswesen umfasst zwei Teilgebiete, die Geschäftsbuchführung und die Planungsrechnung.

b) Die Geschäftsbuchführung orientiert sich an betriebswirtschaftlichen Anforderungen.

c) Der Geschäftsbuchführung kommt eine Dokumentations-, Rechenschaftslegungs- und Informationsaufgabe zu.

d) In der Erfolgsrechnung der Geschäftsbuchführung wird durch die Gegenüberstellung von Erträgen und Aufwendungen ein Gewinn oder Verlust ermittelt.

e) Die Kosten- und Leistungsrechnung wird von handelsrechtlichen und steuerrechtlichen Vorschriften geprägt.

f) Die Kosten- und Leistungsrechnung wird den Anforderungen einer betriebswirtschaftlichen Betrachtung gerecht.

g) Die Kosten- und Leistungsrechnung dient im Wesentlichen der Rechenschaftslegung und der Kontrolle.

h) Im Rahmen der Kosten- und Leistungsrechnung werden Betriebsvergleiche durchgeführt.

i) In der betrieblichen Statistik werden die Zahlen der Geschäftsbuchführung und der Kosten- und Leistungsrechnung aufbereitet und ausgewertet.

j) Die Planungsrechnung erfüllt eine Dispositions- und Kontrollaufgabe.

22543510

GRUNDLAGEN DER BUCHFÜHRUNG

2.1   Aufgaben und gesetzliche Vorschriften der Buchführung

Einstieg

Im Rahmen ihrer betrieblichen Ausbildung kommt Tina Lüders in die Buchhaltungsabteilung. Heute ist ihr erster Tag in der Buchhaltung. Für Tina Lüders ist alles neu. In den Vormittagsstunden schaut sie den Buchhaltern bei der Arbeit zu. Sie weiß nicht so recht, worum es eigentlich geht.

Nach der Mittagspause bittet die Abteilungsleiterin Rechnungswesen, Frau Karin Neumann, Tina Lüders zu einem Gespräch. In diesem Gespräch zählt Frau Neumann beispielhaft einige Geschäftsfälle auf, die in der Konrad Fied KG anfallen und buchhalterisch erfasst werden. Frau Neumann erklärt Tina Lüders, welche Aufgaben die Buchführung erfüllt. Zudem nennt sie Außenstehende, die ein Interesse an der Buchführung der Konrad Fied KG haben. Schließlich zitiert Frau Neumann noch die wichtigsten Verordnungen und Gesetze, die die Buchführung regeln.

a) Nennen Sie Geschäftsfälle, die in einem Unternehmen anfallen.

b) Nennen Sie innerbetriebliche Aufgaben der Buchführung.

c) Begründen Sie, weshalb
- der Staat,
- die Kreditgeber und
- die Lieferanten

Interesse an einer aussagefähigen Buchführung haben.

d) Nennen Sie
- das Gesetzbuch, das die handelsrechtlichen Buchführungsvorschriften regelt,
- die Verordnung bzw. die Gesetzbücher, die die steuerrechtlichen Buchführungsvorschriften regeln, und
- die Gesetzbücher, die die rechtsformspezifischen Buchführungsvorschriften regeln.

Lernstoff

2.1.1   Aufgaben der Buchführung

In einem Unternehmen fällt eine Vielzahl unterschiedlicher Geschäftsfälle an, z. B.:
- Fertigerzeugnisse werden verkauft.
- Rohstoffe werden eingekauft.
- Schulden gegenüber Lieferanten werden abgezahlt.
- Kunden begleichen Forderungen.
- Löhne und Gehälter sind zu zahlen.
- Dem Bankkonto werden Zinsen gutgeschrieben.
- Betriebliche Fahrzeuge werden gekauft.
- Büromaterial wird angeschafft.
- Mieten sind zu zahlen.
- Provisionserträge werden unserem Postbankkonto gutgeschrieben usw.

Aus diesem Katalog, der nur einen ganz kleinen Teil betrieblicher Geschäftsfälle aufzeigt, ist schon zu erkennen, dass niemand sämtliche Geschäftsfälle eines Unternehmens im Gedächtnis behalten kann. Hieraus erwächst die Notwendigkeit, schriftliche Aufzeichnungen zu machen.

Da diese Aufzeichnungen früher in gebundenen Büchern erfolgten, bezeichnet man diese Tätigkeit als Buchführung.

> **Eine Buchführung ist ein Zahlenwerk, das alle Geschäftsfälle eines Unternehmens in einer bestimmten Ordnung systematisch und vollständig erfasst, verarbeitet und verwaltet.**

Die reine Gedächtnishilfe ist nur ein Grunderfordernis zur Buchführung. Ihre heutigen Aufgaben gehen weit darüber hinaus.

Für das Unternehmen selbst erfüllt die Buchführung folgende Aufgaben:
1. Sie stellt die Vermögens- und Schuldenwerte fest.
2. Sie gibt einen Überblick über die Geschäftslage, z. B. über
   - die Verkaufserlöse,
   - die Forderungen an Kunden,
   - den Kassenbestand,
   - die Einkäufe,
   - die Schulden gegenüber Lieferanten,
   - die angefallenen Raumkosten usw.
3. Sie ermittelt den Unternehmenserfolg, den Gewinn bzw. den Verlust.
4. Sie bildet die Grundlage für die Preiskalkulation.
5. Sie liefert die Daten für außerbetriebliche Vergleiche, innerbetriebliche Zeitvergleiche und für innerbetriebliche Kontrollen.
6. Sie ist ein Beweismittel zur Klärung von gerichtlichen Streitfällen.

Neben dem **Eigeninteresse** besteht noch ein **Fremdinteresse** Außenstehender an der Buchführung.

Für den **Staat** beispielsweise bildet die Buchführung eines Unternehmens die Grundlage
1. der Besteuerung (z. B. der Einkommensteuer, der Körperschaftsteuer, der Gewerbesteuer),
2. der Ermittlung der Umsatzsteuerzahllast,
3. der Bemessung der Lohnsteuer.

Auch die Banken als Kreditgeber, sonstige Gläubiger und Lieferanten haben ein Interesse daran, die Vermögensverhältnisse und die Geschäftslage eines Unternehmens kennenzulernen. Hierzu liefert die Buchführung das Zahlenwerk.

2.1.2 Gesetzliche Vorschriften der Buchführung

Da nicht nur ein Eigeninteresse an einer Aufzeichnung von Geschäftsfällen besteht, sind Kaufleute zur Buchführung gesetzlich verpflichtet. Die Vorschriften der Buchführung sind in den folgenden Gesetzen und Verordnungen geregelt:

1. Die grundlegenden gesetzlichen Buchführungsbestimmungen für Kaufleute stehen im

> **Handelsgesetzbuch (HGB).**

2. Da die Buchführung auch eine Grundlage zur Besteuerung des Unternehmens und des Unternehmers ist, gibt es neben den handelsrechtlichen Vorschriften auch eine Reihe von steuerrechtlichen Buchführungsbestimmungen.
Diese werden durch folgende Gesetze und Verordnungen vorgeschrieben:

> **Abgabenordnung (AO)**
> **Körperschaftsteuergesetz (KStG)**
> **Umsatzsteuergesetz (UStG)**
>
> **Einkommensteuergesetz (EStG)**
> **Gewerbesteuergesetz (GewStG)**

22543512

3. Sondervorschriften für die Bilanzierung und für den Jahresabschluss bei bestimmten Unternehmensformen sind in folgenden Gesetzen geregelt:

Aktiengesetz (AktG)   **GmbH-Gesetz (GmbHG)**
Genossenschaftsgesetz (GenG)

Zu 1.

Eine besondere Bedeutung kommt dem § 238 Abs. 1 HGB zu, weil er alle ins Handelsregister eingetragenen Kaufleute verpflichtet, Bücher zu führen: „Jeder Kaufmann ist verpflichtet, Bücher zu führen und in diesen seine Handelsgeschäfte und die Lage seines Vermögens nach den Grundsätzen ordnungsmäßiger Buchführung ersichtlich zu machen."

§§ 241 a, 242 Abs. 4 HGB befreien die **Einzelkaufleute,** „die an den **Abschlussstichtagen von zwei aufeinanderfolgenden Geschäftsjahren** nicht mehr als
– 600.000,00 € Umsatz **und**
– 60.000,00 € Jahresüberschuss aufweisen",
von der **handelsrechtlichen** Pflicht zur Buchführung und zur Erstellung eines Inventars.

Zu 2.

Bei den steuerrechtlichen Buchführungsbestimmungen hat die Abgabenordnung als steuerrechtliches Mantelgesetz eine besondere Bedeutung.

Sie trifft Regelungen, die für mehrere Steuern gemeinsam gelten. In ihr stehen die wichtigsten steuerlichen Buchführungsvorschriften.

Nach § 141 AO sind **gewerbliche** Unternehmer[1] **steuerrechtlich** zur Buchführung verpflichtet, wenn **eine** der folgenden Voraussetzungen erfüllt ist:
– Der Umsatz übersteigt 600.000,00 €.
– Der erwirtschaftete Gewinn übersteigt 60.000,00 €.

Zu 1. und 2.

Einige handelsrechtliche und steuerrechtliche Vorschriften beschreiben gemeinsam, auf welche Weise die Bücher zu führen sind:

HGB	AO	Vorschrift
§ 238 Abs. 1	§ 145 Abs. 1	Die Buchführung muss so beschaffen sein, dass sich ein sachverständiger Dritter allein zurechtfinden kann.
§ 239 Abs. 2	§ 146 Abs. 1	Die Eintragungen in Büchern und die sonst erforderlichen Aufzeichnungen müssen vollständig, richtig, zeitgerecht und geordnet vorgenommen werden.
§ 239 Abs. 3	§ 146 Abs. 4	Eine Eintragung oder eine Aufzeichnung darf nicht so verändert werden, dass ihr ursprünglicher Inhalt nicht mehr feststellbar ist.

---

1 Freiberufler und andere selbstständig Tätige (wie z. B. Anlageberater, Ärzte, Künstler, Rechtsanwälte, Schriftsteller) sind nicht zur Buchführung verpflichtet. Für diesen Personenkreis ist eine Einnahmen-Überschussrechnung ausreichend.

Zusammen-fassung

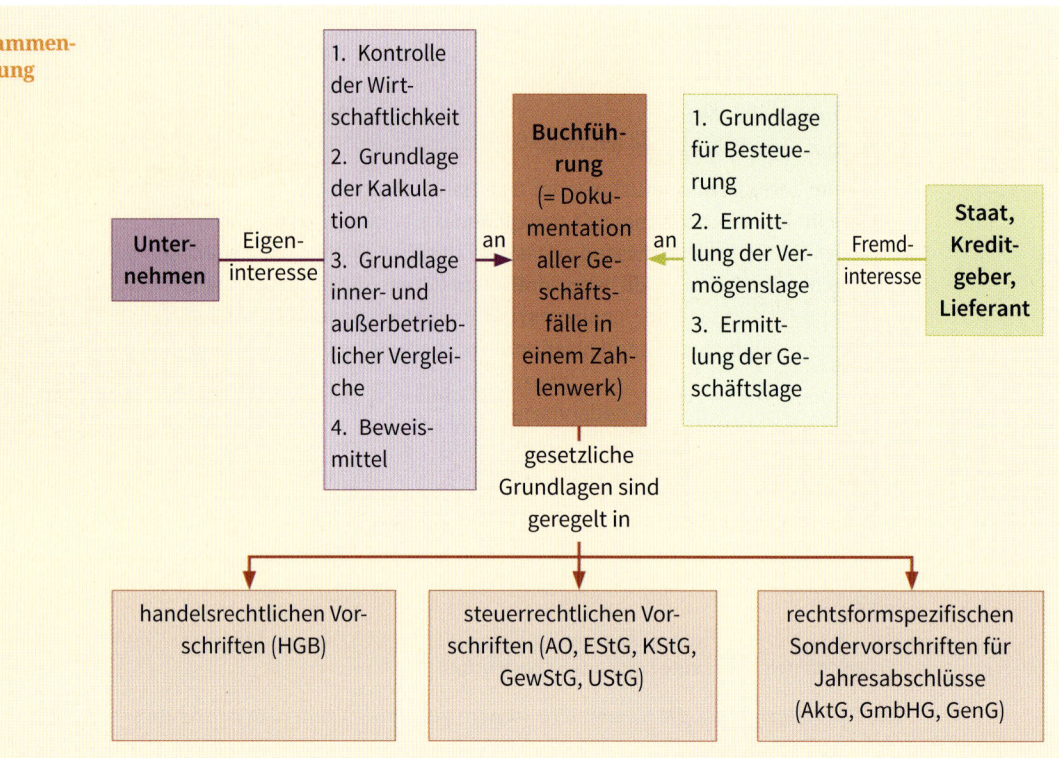

1. Die Buchführung ist ein Zahlenwerk, das alle Geschäftsfälle eines Unternehmens in einer bestimmten Ordnung systematisch und vollständig erfasst, verarbeitet und verwaltet.

2. Die Buchführung stellt für das Unternehmen Daten zur Kontrolle der Wirtschaftlichkeit, Daten für die Kalkulation, Daten für inner- und außerbetriebliche Vergleiche und Daten für Beweisführungen bereit.

3. Für den Staat liefert die Buchführung insbesondere Besteuerungsgrundlagen.

4. Kreditgeber können aus der Buchführung die Geschäftslage und die Vermögensverhältnisse ersehen.

5. Handelsrechtliche, steuerrechtliche Vorschriften und rechtsformspezifische Sondervorschriften schreiben die Buchführung vor bzw. regeln sie.

Aufgaben

1 Definieren Sie den Begriff „Buchführung".

2 Ein Gewerbebetrieb weist aus:

	a)	b)	c)
Umsatz	245.000,00 €	610.000,00 €	470.000,00 €
Gewinn	15.000,00 €	20.000,00 €	61.000,00 €

Besteht eine **steuerrechtliche** Pflicht zur doppelten Buchführung in den Fällen a)–c)?

22543514

2.2 Kapital und Vermögen

Einstieg

Ein guter Bekannter von Tina Lüders, Kai Fied-ler, eröffnet am 2. Mai eine kleine Kfz-Werkstatt.

Herr Fiedler hat 90.000,00 € gespart, 30.000,00 € hat er im Lotto gewonnen. Die Sparkasse Hannover gibt ihm ein Darlehen über 60.000,00 €.

Die Ausstattung des Büros kostet 10.000,00 €. Für die Werkstatteinrichtung muss Herr Fiedler 50.000,00 € bezahlen. Er kauft sich ferner Werkzeuge, für die er 80.000,00 € aufwenden muss. Für den Erstbedarf deckt er sich mit Ersatzteilen für 40.000,00 € ein.

a) Was ist in der neu eröffneten Kfz-Werkstatt vorhanden?

b) Woher stammen die Mittel?

Lernstoff

 Das Kapital ist – im buchhalterischen Sinne – die Finanzierungsquelle des in einem Unternehmen vorhandenen Vermögens.

Es gibt an, **woher** die Mittel der im Betrieb vorhandenen Sachgüter stammen.

 Das Vermögen ist die Gesamtheit aller in Geld bewerteten Sachwerte eines Unternehmens.

Es gibt an, **was** in einem Unternehmen vorhanden ist bzw. **wohin** das Kapital geflossen ist.

Da zu allen Sachwerten eine Finanzierungsquelle gehört bzw. umgekehrt sich Kapital immer in Vermögen umwandelt, sind Vermögen und Kapital zwangsläufig identisch.

> **Vermögen = Kapital**

Das Kapital wird in das **Eigenkapital** und in das **Fremdkapital** unterteilt.

 Das Eigenkapital ist der vom Unternehmer bzw. von den Gesellschaftern selbst eingebrachte Teil des Kapitals.
Das Fremdkapital ist die Gesamtheit der Schulden eines Unternehmens. Hierzu gehören z. B. Hypothekenschulden, Darlehensschulden, Lieferantenschulden.

Auch der Gegenwert des Kapitals, das Vermögen, wird in zwei Arten, in das **Anlagevermögen** und in das **Umlaufvermögen,** untergliedert.

 Zum Anlagevermögen gehören alle Vermögensteile, die langfristig im Unternehmen gebunden sind, z.B. Gebäude, Grundstücke, Maschinen, Betriebsfahrzeuge und Geschäftsausstattung. Das Anlagevermögen schafft die Grundvoraussetzung für die betrieblichen Tätigkeiten, wie Einkauf, Produktion, Lagerung und Verkauf.

Zum Umlaufvermögen gehören alle Vermögensteile, die nicht längere Zeit im Betrieb verbleiben, sondern umlaufen bzw. umgesetzt werden, wie z.B. Fertigerzeugnisse, Rohstoffe, Waren, Forderungen an Kunden, Bargeld (Kasse) und Bankguthaben. Die betrieblichen Tätigkeiten verändern ständig die Positionen des Umlaufvermögens.

Verfeinern wir die obige Grundgleichung mit diesen vier Unterbegriffen, so erhalten wir:

Anlagevermögen + Umlaufvermögen = Eigenkapital + Fremdkapital

Zusammen-fassung

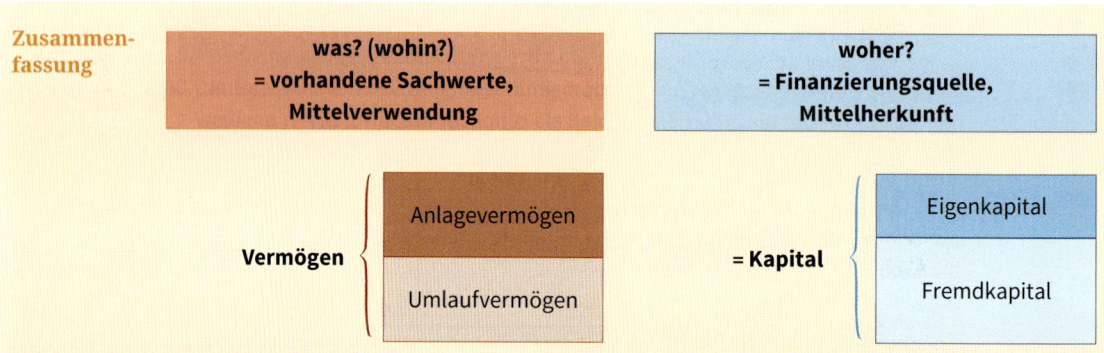

1. Die Summe des Vermögens entspricht der Summe des Kapitals.

2. Das Kapital zeigt an, woher die Mittel des vorhandenen Vermögens kommen (= Mittelherkunft).

3. Das Vermögen zeigt an, wie das in einem Unternehmen eingesetzte Kapital verwendet ist (= Mittelverwendung).

4. Das Kapital unterteilt sich in eigene Finanzierungsmittel, das Eigenkapital, und in Schulden, das Fremdkapital.

5. Das Vermögen unterteilt sich in das langfristig im Unternehmen gebundene Vermögen, das Anlagevermögen, und in das sich kurzfristig ändernde Vermögen, das Umlaufvermögen.

22543516

Aufgaben

1   Erklären Sie die Begriffe „Vermögen" und „Kapital".

2   Unterscheiden Sie nach Vermögen und Kapital: Betriebs- und Geschäftsausstattung, Postbankguthaben, Darlehensschulden, Betriebsfahrzeuge, Rohstoffe, Lieferantenschulden, Forderungen an Kunden, Lottogewinn, Hypothekenschulden, Bargeld (Kasse).

3   Frau Susanne Arend hat, um sich selbstständig zu machen, 30.000,00 € gespart. Ihre Bank gewährt ihr ein Darlehen von 25.000,00 €. Ihr Mann leiht ihr 15.000,00 € und ihre Tante 5.000,00 €. Sie kauft eine Schneiderei. Der frühere Inhaber überlässt ihr die Betriebsausstattung für 64.000,00 € und die Stoffvorräte für 10.000,00 €. Außerdem übernimmt Frau Arend die Forderungen an vier Kunden (Außenstände) in Höhe von insgesamt 1.000,00 €.
    Erstellen Sie die Vermögens- und Kapitalübersicht.

4   Warum müssen Vermögen und Kapital immer gleich groß sein?

5   Herr Klaus Frost hat als Angestellter 40.000,00 € gespart, um einen Schilderschnelldienst zu eröffnen. Er mietet sich einen Laden. Für Maschinen gibt er 12.000,00 € und für eine Heizung 9.000,00 € aus. Die Betriebs- und Geschäftsausstattung kostet 15.000,00 €. Für Bleche und andere einschlägige Artikel muss er 8.000,00 € aufwenden.
    Das fehlende Kapital leiht ihm ein Freund.
    Stellen Sie mithilfe der Vermögens- und Kapitalübersicht fest, wie viel Geld Herr Frost sich von seinem Freund leiht.

6   Zur Eröffnung einer Textilfabrik bringt der Unternehmer 200.000,00 € an eigenem Kapital ein. Seine Bank leiht ihm 50.000,00 €. Für Betriebs- und Geschäftsausstattung gibt er 60.000,00 €, für den Erstbedarf an Stoffen 80.000,00 € aus. Für Maschinen bezahlt er 90.000,00 €. Das restliche Kapital bleibt auf dem betrieblichen Bankkonto. Wie hoch ist das betriebliche Bankguthaben?

7   Erklären Sie
    a) die Begriffe „Eigenkapital" und „Fremdkapital" sowie
    b) die Begriffe „Anlagevermögen" und „Umlaufvermögen".

8   Unterscheiden Sie nach Eigenkapital und Fremdkapital sowie nach Anlagevermögen und Umlaufvermögen:
    Hypothekenschulden, Vorräte, Forderungen an Kunden, Lottogewinn, Maschinen, Bargeld (Kasse), Verbindlichkeiten gegenüber Lieferanten, Postbankguthaben, ins Unternehmen eingebrachte Ersparnisse, Lastkraftwagen, Darlehensschulden.

9   Erstellen Sie eine Kapitalübersicht, unterteilt nach Eigen- und Fremdkapital, und eine Vermögensübersicht, unterteilt nach Anlage- und Umlaufvermögen.
    Das nicht kapitalmäßig gedeckte Vermögen ist durch ein Bankdarlehen finanziert.
    Fertigerzeugnisse 60.000,00 €; Forderungen an Kunden 7.000,00 €; Hypothekenschulden 180.000,00 €; Postbankguthaben 15.000,00 €; ins Unternehmen eingebrachter Lottogewinn 120.000,00 €; Kasse (Bargeld) 4.000,00 €; Maschinen 190.000,00 €; ins Unternehmen eingebrachte Ersparnisse 170.000,00 €; bebaute Grundstücke 250.000,00 €; Verbindlichkeiten gegenüber Lieferanten 30.000,00 €; Betriebs- und Geschäftsausstattung 50.000,00 €.

10 Errechnen Sie die Werte der fehlenden Positionen.

	a) €	b) €	c) €	d) €
Anlagevermögen	520.000,00	850.000,00	?	713.000,00
Umlaufvermögen	380.000,00	618.000,00	543.000,00	?
Eigenkapital	?	597.000,00	1.002.000,00	920.000,00
Fremdkapital	412.000,00	?	650.000,00	539.000,00

2.3 Inventur und Inventar

Einstieg

Tina Lüders, Auszubildende der Konrad Fied KG, ist aufgefallen, dass nach dem Weihnachtsgeschäft die Einzelhandelspreise regelmäßig sinken. Das will sie ausnutzen und begibt sich am 6. Januar auf Schnäppchenjagd. An einigen Einzelhandelsgeschäften findet sie die Aufschrift „Wegen Inventur geschlossen".

„Das kommt auf mich im Rahmen meiner Ausbildung sicherlich auch noch zu. Was erwartet mich?", fragt sich Tina Lüders.

Lernstoff

§ 240 HGB (Handelsgesetzbuch) schreibt dem Kaufmann vor,
■ beim Beginn seines Handelsgewerbes und
■ zum Schluss eines jeden Geschäftsjahres
sein Vermögen und seine Schulden genau zu verzeichnen.

Dazu sind bestimmte Vermögensteile, wie z. B. Fuhrpark, Maschinen, Geschäftsausstattung, Vorräte und Bargeld, durch
■ Messen,
■ Zählen,
■ Wiegen und
■ Schätzen,
also durch **körperliche Bestandsaufnahme,** zu erfassen. Anschließend werden sie bewertet, d. h. in Geldeinheiten ausgedrückt.

Andere Vermögensteile (z. B. Forderungen und Bankguthaben) und die Schulden (z. B. Hypothekenschulden und Lieferantenschulden) sind anhand von Belegen (z. B. Ausgangsrechnungen, Eingangsrechnungen und Kontoauszügen) durch **buchmäßige Bestandsaufnahme** festzustellen.

Die körperliche und buchmäßige Bestandsaufnahme aller Vermögensteile und Schulden nach Art, Menge und Wert ist die Inventur.

Das Ergebnis der Inventur wird in einem Bestandsverzeichnis, dem Inventar, aufgezeichnet.

Das Bestandsverzeichnis aller Vermögensteile und Schulden nach Art, Menge und Wert ist das Inventar.

22543518

2.3.1 Die Inventur

Die gesetzlichen Vorschriften erlauben mehrere Inventurverfahren.

2.3.1.1 Die zeitnahe Stichtagsinventur

Kleine und mittelgroße Unternehmen sind oft in der Lage, wegen ihrer relativ geringen Lagerbestände die zeitnahe Stichtagsinventur durchzuführen.

Die Finanzverwaltung räumt zur Durchführung der körperlichen Inventur einen Zeitraum von 10 Tagen vor oder von 10 Tagen nach dem Abschlussstichtag ein. Die Bestände müssen dann – belegmäßig nachweisbar – auf den Abschlussstichtag fortgeschrieben bzw. zurückgerechnet werden.

2.3.1.2 Die permanente Inventur

Die permanente Inventur (§ 241 Abs. 2 HGB) ermöglicht es, die sonst stoßweise zum Abschlussstichtag anfallenden Inventurarbeiten über das ganze Jahr zu verteilen: Es findet eine ständige, meist EDV-mäßige Bestandsfortschreibung aller Bestände nach Art und Menge anhand der Lagerbücher bzw. der Lagerdatei statt.

Diese permanente Bestandsfortschreibung muss belegmäßig nachprüfbar sein.

Außerdem ist mindestens einmal im Jahr – zu einem beliebigen Zeitpunkt – mit einer körperlichen Bestandsaufnahme zu prüfen, ob der Buchbestand (Sollbestand) mit dem tatsächlichen Bestand (Istbestand) übereinstimmt. Die körperliche Bestandsaufnahme braucht nicht für sämtliche Bestände gleichzeitig durchgeführt zu werden. Sollten Abweichungen vorliegen, so wird der Buchbestand dem tatsächlichen Bestand angepasst. Die Durchführung und das Ergebnis der körperlichen Inventur sind zu dokumentieren.

Die einmal jährlich vorzunehmende körperliche Inventur wird, um die Inventurarbeiten so gering wie möglich zu halten, häufig zu Zeiten mit geringen Vorratsbeständen durchgeführt.

2.3.1.3 Die zeitlich verlegte Inventur

Ist eine zeitnahe Stichtagsinventur wegen zu großer Bestände nicht durchführbar und eine permanente Inventur wegen fehlender Bestandsfortschreibung nicht möglich, so wird die zeitlich verlegte Inventur gemäß § 241 Abs. 3 HGB gewählt.

Bei der zeitlich verlegten Inventur wird die körperliche Bestandsaufnahme zu einem Zeitpunkt innerhalb der letzten drei Monate vor oder der ersten zwei Monate nach dem Abschlussstichtag durchgeführt.

Der zum Inventurstichtag ermittelte Bestand wird wertmäßig auf den Abschlussstichtag fortgeschrieben bzw. zurückgerechnet (Wertnachweisverfahren).

2.3.1.4 Die mathematisch-statistische Stichprobeninventur

Ein besonderes technisches Verfahren der Bestandsaufnahme ist die mathematisch-statistische Stichprobeninventur (§ 241 Abs. 1 HGB). Der Bestand der Wirtschaftsgüter wird mithilfe mathematisch-statistischer Methoden aufgrund von Stichproben ermittelt. Dieses spezielle Verfahren hat eine große Rationalisierungswirkung.

2.3.2 Das Inventar

Die folgende Übersicht zeigt die wesentlichen Merkmale eines Inventars.

Definition der Hauptgliederungspunkte	Gliederungskriterien[1]	Konkrete Anordnung der Positionen

Zum **Anlagevermögen**[2] gehören alle Vermögensteile, die langfristig im Unternehmen gebunden sind. Das Anlagevermögen schafft die Grundvoraussetzung der betrieblichen Tätigkeit.
 	
Zum **Umlaufvermögen**[2] gehören alle Vermögensteile, die nicht längere Zeit im Betrieb verbleiben, sondern umlaufen bzw. umgesetzt werden. Die betriebliche Tätigkeit verändert ständig die Positionen des Umlaufvermögens.
	Die Vermögenspositionen werden nach **steigender Liquidität** (Flüssigkeit) angeordnet, d. h.: Vermögenspositionen, die am schwersten in Geld umzuwandeln (liquide zu machen) sind, stehen oben; Vermögenspositionen, die am leichtesten in Geld umzuwandeln sind, stehen unten.	**A. Vermögen**
		 I. Anlagevermögen
		  1. Grundstücke und Bauten
		  2. Maschinen
		  3. Fuhrpark
		  4. Betriebs- und Geschäftsausstattung
		 II. Umlaufvermögen
		  1. Rohstoffe
		  2. Hilfsstoffe
		  3. Betriebsstoffe
		  4. Unfertige Erzeugnisse
		  5. Fertigerzeugnisse
		  6. Forderungen
		  7. Bargeld (Kasse)
		  8. Guthaben bei Kreditinstituten

Langfristige Schulden
Hierzu zählen insbesondere die Verbindlichkeiten gegenüber Kreditinstituten.
Kurzfristige Schulden
Hierzu zählen insbesondere die Verbindlichkeiten aus Lieferungen und Leistungen.
	Die Schulden werden nach **steigender Dringlichkeit der Rückzahlung** angeordnet. Langfristige Schulden stehen oben, kurzfristige Schulden stehen unten.	**B. Schulden (Fremdkapital)**
		 I. Langfristige Schulden
		  1. Hypothekenschulden
		  2. Darlehensschulden
		 II. Kurzfristige Schulden
		  Lieferantenschulden

Das **Reinvermögen (Eigenkapital)** ist der vom Unternehmer bzw. von den Gesellschaftern selbst eingebrachte Teil des Kapitals.		**C. Errechnung des Reinvermögens (Eigenkapitals)**
		  Vermögen
		  – Schulden
		  —————
		  = Reinvermögen (Eigenkapital)

---

1 Für das Inventar gibt es keine Gliederungsvorschrift. In der Praxis haben sich jedoch Gliederungsregeln gebildet, die sich an die Gliederungsgrundsätze der Bilanz anlehnen.

2 vgl. Kapitel 2.2

22543520

Musterbeispiel eines Inventars

Inventar der Textilfabrik Konrad Fied KG, Hannover, zum 31. Dezember 20..

	€	€
A. Vermögen		
I. Anlagevermögen		
1. Gebäude, Goseriede 41		650.000,00
2. Maschinen lt. bes. Verzeichnis, Anlage 1		330.000,00
3. Fuhrpark		
– 2 Lkws	122.000,00	
– 3 Pkws	58.000,00	180.000,00
4. Betriebs- und Geschäftsausst. lt. bes. Verzeichnis, Anlage 2		124.000,00
II. Umlaufvermögen		
1. Rohstoffe lt. bes. Verzeichnis, Anlage 3		280.000,00
2. Hilfsstoffe lt. bes. Verzeichnis, Anlage 4		70.000,00
3. Betriebsstoffe lt. bes. Verzeichnis, Anlage 5		90.000,00
4. Unfertige Erzeugnisse lt. bes. Verzeichnis, Anlage 6		250.000,00
5. Fertigerzeugnisse		
Damenoberbekleidung lt. bes. Verzeichnis, Anlage 7	253.000,00	
Herrenoberbekleidung lt. bes. Verzeichnis, Anlage 8	278.000,00	531.000,00
6. Forderungen an Kunden		
– Söffgen OHG, Rösrath	32.800,00	
– Gertrud Schön e. Kffr., Hamburg	118.700,00	
– Hampe KG, Halle	28.300,00	179.800,00
7. Kassenbestand		25.900,00
8. Guthaben bei Kreditinstituten		
– Sparkasse Hannover	78.700,00	
– Hannoversche Volksbank	64.200,00	142.900,00
Summe des Vermögens		2.853.600,00
B. Schulden (Fremdkapital)		
I. Langfristige Schulden		
1. Hypothek der Sparkasse Hannover		525.000,00
2. Darlehen der Hannoverschen Volksbank		645.000,00
II. Kurzfristige Schulden		
Verbindlichkeiten gegenüber Lieferanten	197.000,00	
– B. Müller OHG, Heidelberg	153.000,00	
– Emut GmbH, Hofgeismar	119.300,00	
– Vödisch AG, Hannover		469.300,00
Summe der Schulden		1.639.300,00
C. Errechnen des Reinvermögens (Eigenkapitals)		
Summe des Vermögens		2.853.600,00
– Summe der Schulden		1.639.300,00
= Reinvermögen (Eigenkapital)		1.214.300,00

Gemäß § 257 Abs. 3 HGB (Handelsgesetzbuch) bzw. § 147 Abs. 2 AO (Abgabenordnung) können Inventare mit den zu ihrem Verständnis erforderlichen Anlagen auch auf Bildträgern, z. B. Mikrokopien, oder auf anderen Datenträgern, z. B. USB-Stick, CD, DVD, Festplatte, aufbewahrt werden, wenn sichergestellt ist, dass sie innerhalb angemessener Frist lesbar gemacht werden können.

Inventare sind 10 Jahre aufzubewahren. Die Aufbewahrungsfrist beginnt mit dem Schluss des Kalenderjahres, in dem das Inventar aufgestellt wurde. (§ 257 Abs. 4, 5 HGB bzw. § 147 Abs. 3, 4 AO)

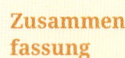

Zusammenfassung

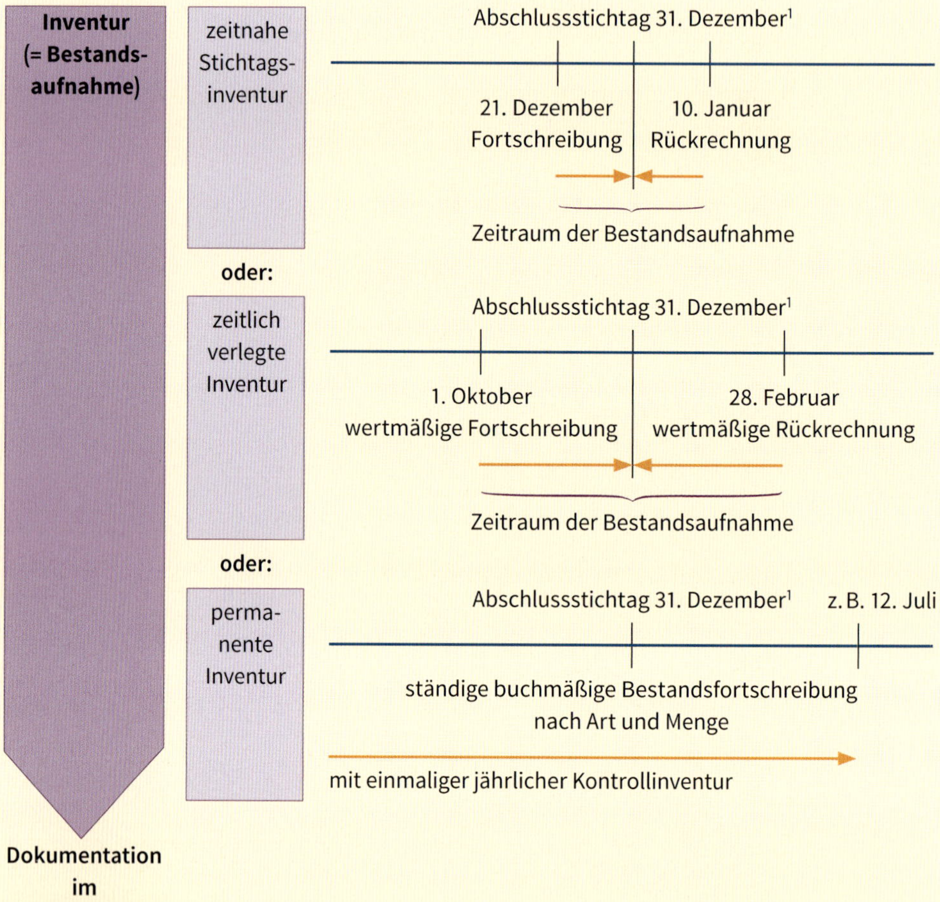

Inventur (= Bestandsaufnahme)

zeitnahe Stichtagsinventur

Abschlussstichtag 31. Dezember[1]

21. Dezember
Fortschreibung

10. Januar
Rückrechnung

Zeitraum der Bestandsaufnahme

oder:

zeitlich verlegte Inventur

Abschlussstichtag 31. Dezember[1]

1. Oktober
wertmäßige Fortschreibung

28. Februar
wertmäßige Rückrechnung

Zeitraum der Bestandsaufnahme

oder:

permanente Inventur

Abschlussstichtag 31. Dezember[1]   z. B. 12. Juli

ständige buchmäßige Bestandsfortschreibung
nach Art und Menge

mit einmaliger jährlicher Kontrollinventur

**Dokumentation
im**

Inventar (= Bestandsverzeichnis)

A. Vermögen
    I. Anlagevermögen   } gegliedert nach
    II. Umlaufvermögen   } steigender Liquidität
B. Schulden (Fremdkapital)
    I. Langfristige Schulden   } gegliedert nach steigender
    II. Kurzfristige Schulden   } Dringlichkeit der Rückzahlung
C. Reinvermögen (Eigenkapital)
    Vermögen
  – Schulden
  = Reinvermögen (Eigenkapital)

1. Die Bestandsaufnahme aller Vermögensteile und Schulden nach Art, Menge und Wert ist die Inventur.

2. Nach dem Zeitpunkt der Bestandsaufnahme bzw. dem Zeitraum für die Bestandsaufnahme unterscheidet man die zeitnahe Stichtagsinventur, die zeitlich verlegte Inventur und die permanente Inventur.

3. Bei der mathematisch-statistischen Inventur wird der Bestand der Wirtschaftsgüter anhand von Stichproben mathematisch-statistisch ermittelt.

---

1 *Annahme:* Geschäftsjahr entspricht dem Kalenderjahr.

4. Das Bestandsverzeichnis aller Vermögensteile und Schulden nach Art, Menge und Wert ist das Inventar.

5. Das Inventar besteht aus den drei Teilen: Vermögen, Schulden und Reinvermögen (= Eigenkapital), wobei sich das Reinvermögen aus der Differenz zwischen Vermögen und Schulden ergibt.

6. Inventare sind 10 Jahre aufzubewahren. Die Aufbewahrungsfrist beginnt mit dem Schluss des Kalenderjahres, in dem das Inventar aufgestellt wurde.

Aufgaben

1:	Definitorische Abgrenzung der Begriffe „Inventur" und „Inventar"
2–5:	Inventur
6–11:	Inventar
12:	Bestandsfortschreibung/Bestandsrückrechnung

1 Unterscheiden Sie definitorisch die Begriffe „Inventur" und „Inventar".

2 a) Worin liegt der Unterschied zwischen einer körperlichen und einer buchmäßigen Inventur?
b) Welche verschiedenen Tätigkeiten sind mit der körperlichen Inventur verbunden?
c) Welche Bestände werden mit der buchmäßigen Inventur ermittelt?

3 Welches Inventurverfahren passt zu welcher Beschreibung (Annahme: Geschäftsjahr entspricht dem Kalenderjahr)? Ordnen Sie zu.

A Inventurverfahren	B Beschreibung
1. Zeitnahe Stichtagsinventur 2. Permanente Inventur 3. Zeitlich verlegte Inventur 4. Mathematisch-statistische Stichprobeninventur	1. Die Inventur erfolgt zwischen dem 1. Oktober und dem 28. Februar. 2. Aufgrund von Stichproben werden die Bestände errechnet. 3. Die körperliche Bestandsaufnahme erfolgt zu einem beliebigen Zeitpunkt. 4. Die Inventur wird zwischen dem 21. Dezember und dem 10. Januar vorgenommen.

4 Stellen Sie die Vor- und Nachteile der in Aufgabe 3 genannten Inventurverfahren heraus.

5 Eine Kombination der Inventurverfahren ist zulässig.
Ordnen Sie den zwei vorgegebenen Vermögensgruppen das jeweils besonders geeignete der beiden vorgegebenen Inventurverfahren zu. Begründen Sie Ihre Zuordnung.

A Vermögensgruppen	B Inventurverfahren
1. Umlaufvermögen 2. Anlagevermögen	1. Zeitnahe Stichtagsinventur 2. Permanente Inventur

6 a) In welche drei Teile wird das Inventar unterteilt?
b) Stellen Sie eine Gleichung auf, die die Beziehungen zwischen den drei Teilen des Inventars wiedergibt.

7 a) Unterscheiden Sie definitorisch Anlagevermögen und Umlaufvermögen.
   b) Nach welchem Gliederungskriterium werden die Vermögensteile im Inventar angeordnet?

8 Nach welchem Gliederungskriterium werden die Schuldenteile im Inventar angeordnet?

9 Ordnen Sie die folgenden Inventarpositionen dem Anlagevermögen, dem Umlaufvermögen, den langfristigen Schulden und den kurzfristigen Schulden zu.

Forderungen an Kunden, Verbindlichkeiten gegenüber Lieferanten, Guthaben bei Kreditinstituten, bebaute Grundstücke, unbebaute Grundstücke, Darlehensschulden, Rohstoffe, Kassenbestand, Hypothekenschulden, Fuhrpark, Postbankguthaben, Betriebs- und Geschäftsausstattung, Fertigerzeugnisse, Maschinen.

10 Der Jeanshersteller Gust GmbH, Frankfurt, hat die unten stehenden Inventurbestände ermittelt. Erstellen Sie das Inventar.

Bebaute Grundstücke (Verwaltungsgebäude 400.000,00 €, Fabrikhalle I 200.000,00 €, Fabrikhalle II 150.000,00 €, Garagen 80.000,00 €); Maschinen lt. besonderem Verzeichnis (Anlage 1) 390.000,00 €; Fuhrpark (2 Lkws 120.000,00 €, 1 Pkw 20.000,00 €); Betriebs- und Geschäftsausstattung lt. besonderem Verzeichnis (Anlage 2) 130.000,00 €; Rohstoffe lt. besonderem Verzeichnis (Anlage 3) 190.000,00 €; Hilfsstoffe lt. besonderem Verzeichnis (Anlage 4) 80.000,00 €; Betriebsstoffe lt. besonderem Verzeichnis (Anlage 5) 110.000,00 €; Unfertige Erzeugnisse lt. besonderem Verzeichnis (Anlage 6) 340.000,00 €; Fertigerzeugnisse lt. besonderem Verzeichnis (Anlage 7) 710.000,00 €; Forderungen (Kunde Fielers OHG 78.000,00 €, Kunde Mehlert KG 64.000,00 €, Kunde Kretzer OHG 59.000,00 €); Kassenbestand 8.200,00 €; Guthaben bei Kreditinstituten (Frankfurter Sparkasse 111.000,00 €, Frankfurter Volksbank 98.000,00 €); Hypothekenschulden bei der Frankfurter Volksbank 680.000,00 €; Darlehensschulden (Frankfurter Sparkasse 750.000,00 €, Frankfurter Volksbank 260.000,00 €); Verbindlichkeiten (Lieferant Yildiz KG 92.000,00 €, Lieferant Eitner OHG 61.000,00 €, Lieferant Goll KG 48.000,00 €).

11 Die Möbelfabrik Mobilia GmbH, München, hat die unten stehenden Inventurbestände ermittelt.
   a) Ordnen Sie die unten stehenden Inventarpositionen nach den Gliederungskriterien des Inventars.
   b) Erstellen Sie das Inventar.

Betriebsstoffe lt. besonderem Verzeichnis 130.000,00 €; Maschinen lt. besonderem Verzeichnis 460.000,00 €; Kassenbestand 14.000,00 €; Betriebs- und Geschäftsausstattung lt. besonderem Verzeichnis 138.000,00 €; Hypothekenschulden bei der Deutschen Bank 830.000,00 €; Fertigerzeugnisse (Polstermöbel lt. besonderem Verzeichnis 850.000,00 €, Schränke lt. besonderem Verzeichnis 735.000,00 €, Tische lt. besonderem Verzeichnis 650.000,00 €, Betten lt. besonderem Verzeichnis 430.000,00 €, Stühle lt. besonderem Verzeichnis 120.000,00 €); bebaute Grundstücke (Verwaltungsgebäude 600.000,00 €, Fabrikhalle 400.000,00 €); Darlehensschulden (Deutsche Bank 950.000,00 €, Commerzbank 1.620.000,00 €); Rohstoffe lt. besonderem Verzeichnis 310.000,00 €; Fuhrpark (4 Lkws 190.000,00 €, 1 Pkw 16.000,00 €); Verbindlichkeiten (Lieferant Warda OHG 280.000,00 €, Lieferant Schulz KG 397.000,00 €, Lieferant Biskup OHG 367.000,00 €, Lieferant Schenk KG 155.000,00 €); Forderungen (Kunde Richter KG 125.000,00 €, Kunde Engelke OHG 218.000,00 €); Guthaben bei Kreditinstituten (Deutsche Bank 102.000,00 €, Commerzbank 96.000,00 €); Unfertige Erzeugnisse lt. besonderem Verzeichnis 790.000,00 €; Hilfsstoffe lt. besonderem Verzeichnis 60.000,00 €.

12   Der Sportartikelhersteller Seifert KG, Lübeck, der Lederbälle als Handelsware führt, macht eine zeitlich verlegte Inventur.

a) Die körperliche Bestandsaufnahme nach Art, Menge und Wert erfolgt am 20. Okt. 20.. (Abschlussjahr). Wertmäßig werden folgende Warenbestände festgestellt:
Lederfußball . . . .   650.000,00 €,   Lederhandball . . . .   228.000,00 €
In der Zeit bis zum Abschlussstichtag sind folgende Bestandsveränderungen zu verzeichnen:

Lederfußball:	Einkäufe	58.000,00 €
	Verkäufe	93.000,00 €
Lederhandball:	Einkäufe	87.000,00 €
	Verkäufe	71.000,00 €

Ermitteln Sie die Inventurbestände zum Abschlussstichtag.

b) Die körperliche Bestandsaufnahme nach Art, Menge und Wert erfolgt am 5. Febr. 20.. (Folgejahr). Wertmäßig werden folgende Warenbestände festgestellt:
Lederfußball . . . .   590.000,00 €,   Lederhandball . . . .   254.000,00 €
In der Zeit vom Abschlussstichtag bis zum Inventurtag sind folgende Bestandsveränderungen zu verzeichnen:

Lederfußball:	Einkäufe	61.000,00 €
	Verkäufe	47.000,00 €
Lederhandball:	Einkäufe	72.000,00 €
	Verkäufe	55.000,00 €

Ermitteln Sie die Inventurbestände zum Abschlussstichtag.

2.3.3   Erfolgsermittlung durch Eigenkapitalvergleich

Der Vergleich des Eigenkapitals am Anfang des Geschäftsjahres mit dem Eigenkapital am Ende des Geschäftsjahres zeigt an, ob ein **Gewinn** oder ein **Verlust** erzielt wurde.

Beispiel

	Fall 1	Fall 2
Eigenkapital am Ende des Geschäftsjahres	500.000,00 €	500.000,00 €
– Eigenkapital am Anfang des Geschäftsjahres	400.000,00 €	560.000,00 €
= Eigenkapitalmehrung = Gewinn	+ 100.000,00 €	
= Eigenkapitalminderung = Verlust		– 60.000,00 €

Eine Eigenkapitalveränderung wird auch durch **Privatentnahmen** und **Privateinlagen** hervorgerufen.

Bringt der Unternehmer Vermögensgegenstände (z. B. Geld, Auto, PC) in den Betrieb ein, so spricht man von einer **Privateinlage.** Eine Privateinlage führt zu einer **Eigenkapitalmehrung.**

Entnimmt der Unternehmer dem Betrieb Vermögensgegenstände (z. B. Geld, Waren), so liegt eine **Privatentnahme** vor. Diese führt zu einer **Eigenkapitalminderung.**

Soll der reine Unternehmenserfolg (Gewinn oder Verlust) ermittelt werden, so müssen Privateinlagen von der Eigenkapitalveränderung abgezogen und Privatentnahmen müssen zur Eigenkapitalveränderung hinzuaddiert werden.

Beispiel

Eigenkapital am Ende des Geschäftsjahres	1.000.000,00 €
– Eigenkapital am Anfang des Geschäftsjahres	800.000,00 €
= Eigenkapitalmehrung	200.000,00 €
– Privateinlagen während des Geschäftsjahres	10.000,00 €
+ Privatentnahmen während des Geschäftsjahres	80.000,00 €
= Gewinn	270.000,00 €

Aufgaben

1 Das Inventar der Textilfabrik Konrad Fied KG, 30159 Hannover, weist am Geschäftsjahresanfang ein Eigenkapital von 980.000,00 € aus. Am Geschäftsjahresende ergibt sich aus dem Inventar ein Eigenkapital von 1.030.000,00 €. Während des Geschäftsjahres hat Herr Fied dem Unternehmen 90.000,00 € entnommen. Ermitteln Sie den Erfolg (Gewinn oder Verlust) des Unternehmens.

2 Am Geschäftsjahresanfang beträgt das Eigenkapital eines Handwerksbetriebes 250.000,00 €. Durch Inventur werden am Geschäftsjahresende eine Vermögenssumme von 470.000,00 € und eine Schuldensumme von 320.000,00 € ermittelt. Dem Betrieb wurden während des Geschäftsjahres 80.000,00 € entnommen. Wie hoch ist der Erfolg (Gewinn oder Verlust) des Handwerksbetriebes?

3 Werte am **Geschäftsjahresanfang:**

Summe des Vermögens ....   680.000,00 €,   Summe der Schulden ....   410.000,00 €

Werte am **Geschäftsjahresende:**

Summe des Vermögens ....   770.000,00 €,   Summe der Schulden ....   440.000,00 €
Privateinlagen ....   30.000,00 €,   Privatentnahmen ....   110.000,00 €

Errechnen Sie den Gewinn bzw. Verlust.

2.4 Bilanz

Einstieg

Die Auszubildende Tina Lüders war in den vergangenen Tagen mit Inventurarbeiten beschäftigt. Gedanklich vollzieht sie die vielfältigen Arbeiten nach, sie denkt an die unendlich vielen Inventurbelege, die sie erstellt hat.

Tina Lüders schaut sich noch einmal das Ergebnis der Inventur, das Inventarverzeichnis, an. Es ist einerseits sehr informativ, auf der anderen Seite jedoch recht unübersichtlich. Für einen Außenstehenden, der sich einen Überblick von ihrem Ausbildungsbetrieb verschaffen will, z. B. für eine Bank, die um einen Kredit gebeten wird, enthält es zu viele nicht relevante Detailinformationen.

a) Welche Informationen können aus dem Inventarverzeichnis weggelassen werden, um es zu kürzen?

b) Im Inventarverzeichnis sind alle Positionen untereinander aufgeführt. Welche Hauptpositionen des Inventarverzeichnisses können gegenübergestellt werden, um es übersichtlicher zu gestalten?

Ziehen Sie zur Beantwortung dieser beiden Fragen das Musterinventar der Konrad Fied KG auf S. 21 heran.

Lernstoff

Inventare liefern Detailinformationen über Menge, Art und Wert aller Vermögensteile und Schulden. Sie haben den Nachteil, aufgrund ihrer Ausführlichkeit unübersichtlich zu sein. Aus diesem Grund schreibt § 242 Abs. 1 HGB dem Kaufmann vor, neben dem Inventar eine Bilanz aufzustellen.

22543526

Eine Bilanz ist ein kurz gefasstes Inventar.

Die folgende Tabelle stellt die Unterschiede zwischen einer Bilanz und einem Inventar heraus:

	Inventar	Bilanz
Umfang	Einzelpositionen und Hauptpositionen	Hauptpositionen
Maßangabe	Mengen- und Wertangaben	Wertangaben
äußere Form	Anordnung der Positionen untereinander (Staffelform)	Anordnung von Vermögen[1] und Kapital[1] nebeneinander (Kontenform)
Unterschrift	nicht erforderlich	Unterschrift des Unternehmers

In der Bilanz werden Vermögen und Kapital gegenübergestellt. Das Vermögen (= Mittelverwendung) steht auf der linken Seite der Bilanz und wird als **Aktiva** bezeichnet. Das Kapital (= Mittelherkunft) steht auf der rechten Seite der Bilanz und wird als **Passiva** bezeichnet.

Da Vermögen und Kapital gleich groß sind,[1] müssen die Summen der **Aktivseite** und der **Passivseite** zwingend identisch sein. Aus der Gleichheit von Aktiva (Vermögen) und Passiva (Kapital) ist der Begriff „Bilanz" abgeleitet (italienisch: bilancia = Waage).

Ebenso wie im Inventar wird in der Bilanz das Vermögen in Anlagevermögen und Umlaufvermögen untergliedert. Die Anordnung der einzelnen Vermögenspositionen erfolgt nach **steigender Liquidität**[2].

Das Kapital untergliedert sich in Eigenkapital und Schulden. Die Anordnung der einzelnen Kapitalpositionen wird nach **steigender Dringlichkeit der Rückzahlung**[2] vorgenommen.

Beispiel

Aktiva		Bilanz zum 31. Dezember 20..		Passiva
A. Anlagevermögen			**A. Eigenkapital**	1.884.300,00
1. Gebäude	650.000,00		**B. Schulden**	
2. Maschinen	590.000,00		1. Hypothekenschulden	525.000,00
3. Fuhrpark	180.000,00		2. Darlehensschulden	1.245.000,00
4. Betriebs- und Gesch.-Ausst. ..	224.000,00		3. Verbindlichkeiten a. LL[3]	818.300,00
B. Umlaufvermögen				
1. Rohstoffe	610.000,00			
2. Hilfsstoffe	190.000,00			
3. Betriebsstoffe	140.000,00			
4. Unfertige Erzeugnisse	430.000,00			
5. Fertigerzeugnisse	920.000,00			
6. Forderungen a. LL[3]	179.800,00			
7. Kasse[4]	15.900,00			
8. Guthaben bei Kreditinstituten[4]	342.900,00			
	4.472.600,00			4.472.600,00
Hannover, 5. Januar 20..				*Konrad Fied*

---

1 vgl. Kapitel 2.2

2 Vereinfachte Aussage, vgl. § 247 HGB bzw. § 266 HGB

3 a. LL = aus Lieferungen und Leistungen

4 Die Reihenfolge von „Kasse" (= **Bargeld**) und „Guthaben bei Kreditinstituten" (= **Buchgeld**) kann auch geändert werden. *Hinweis für die Lehrerin/den Lehrer:* Im „IKR" wird „Guthaben bei Kreditinstituten" zuerst genannt. In der „Gliederung der Jahresbilanz für mittelgroße und große Kapitalgesellschaften" nach § 266 HGB wird unter „B. IV" Kasse zuerst aufgeführt.

Wie die Bilanz aufzustellen ist, ergibt sich aus einer Reihe handelsrechtlicher Vorschriften:

HGB	Vorschrift
§ 243 Abs. 1, 2	Der Jahresabschluss ist nach den Grundsätzen ordnungsmäßiger Buchführung aufzustellen. Er muss klar und übersichtlich sein.
§ 244	Der Jahresabschluss ist in deutscher Sprache und in Euro aufzustellen.
§ 245	Der Jahresabschluss ist vom Kaufmann unter Angabe des Datums zu unterzeichnen. Sind mehrere persönlich haftende Gesellschafter[1] vorhanden, so haben sie alle zu unterzeichnen.
§ 247 Abs. 1	Nur für Einzelkaufleute[1] und Personengesellschaften[1] mit mindestens einer natürlichen Person[2] als Vollhafter (z. B. OHG, KG): In der Bilanz sind das Anlage- und das Umlaufvermögen, das Eigenkapital, die Schulden sowie die Rechnungsabgrenzungsposten gesondert auszuweisen und hinreichend aufzugliedern.
§ 266 Abs. 1, 2, 3	Nur für Kapitalgesellschaften[1] (z. B. AG, GmbH): Siehe Rückseite des Kontenrahmens. (Obwohl § 266 HGB sich nur auf Kapitalgesellschaften bezieht, ist das in diesem Paragrafen vorgegebene Bilanzschema grundsätzlich als ordnungsmäßige Bilanzgliederung anzusehen.)
§ 257 Abs. 4, 5	Bilanzen sind 10 Jahre aufzubewahren. Die Aufbewahrungsfrist beginnt mit dem Schluss des Kalenderjahres, in dem die Bilanz aufgestellt[3] wurde.

Zusammen-fassung

gegliedert nach steigender Liquidität

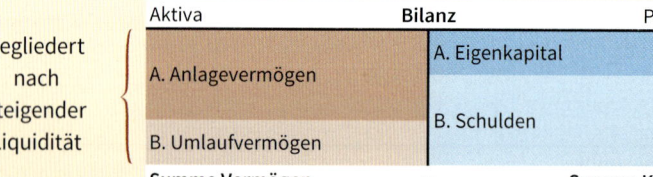

gegliedert nach steigender Dringlichkeit der Rückzahlung

1. **Die Bilanz wird aufgrund des Inventars erstellt. Sie ist ein kurz gefasstes Inventar.**

2. **In der Bilanz werden Vermögen (= Aktiva) und Kapital (= Passiva) gegenübergestellt.**

3. **Einzelkaufleute und Personengesellschaften mit mindestens einer natürlichen Person als Vollhafter (z. B. OHG, KG) haben in der Bilanz das Anlage- und das Umlaufvermögen, das Eigenkapital und die Schulden gesondert auszuweisen und hinreichend aufzugliedern (§ 247 Abs. 1 HGB).[1]**

4. **Kapitalgesellschaften (z. B. AG, GmbH) und Personengesellschaften, die keine natürliche Person als Vollhafter haben (z. B. GmbH & Co. KG), ist die Bilanzgliederung handelsrechtlich detailliert vorgeschrieben (vgl. § 266 Abs. 1–3 HGB).[1]**

5. **Bilanzen sind 10 Jahre aufzubewahren. Die Aufbewahrungsfrist beginnt mit dem Schluss des Kalenderjahres, in dem die Bilanz aufgestellt[3] wurde.**

---

1 *Hinweis für die Schülerin/den Schüler:* Haben Sie im Unterricht die „Unternehmensformen" noch nicht besprochen, so ignorieren Sie bitte die entsprechenden Hinweise.

2 Gibt es bei Personengesellschaften keine natürliche Person als Vollhafter (z. B. GmbH & Co. KG), so gelten die Vorschriften der Kapitalgesellschaften.

3 Wird z. B. die Bilanz für 2017 am 25.04.2018 aufgestellt, so beginnt die 10-jährige Aufbewahrungsfrist am 01.01.2019 und endet am 31.12.2028.

22543528

Aufgaben

1 Stellen Sie die Unterschiede zwischen einer Bilanz und einem Inventar heraus.

2 Welche **Fehler** enthält die folgende Bilanz? Erstellen Sie die korrekte Bilanz.

Aktiva	Bilanz zum 31. Dezember 20..	Passiva	
A. Eigenkapital	2.588.000,00	A. Umlaufvermögen	
B. Schulden		1. Gebäude	1.580.000,00
1. Hypothekenschulden	1.410.000,00	2. Maschinen	945.000,00
2. Darlehensschulden	1.250.000,00	3. Betriebs- und Gesch.-Ausst.	340.000,00
3. Verbindlichkeiten a. LL	580.000,00	B. Anlagevermögen	
		1. Rohstoffe	460.000,00
		2. Hilfsstoffe	180.000,00
		3. Betriebsstoffe	120.000,00
		4. Unfertige Erzeugnisse	390.000,00
		5. Fertigerzeugnisse	980.000,00
		6. Forderungen a. LL	563.000,00
		7. Kasse	18.000,00
		8. Guthaben bei Kreditinstituten	252.000,00
	5.828.000,00		5.828.000,00

falsch

Hannover, 31. Dezember 20..

i. V. Adam

3 Erstellen Sie aus den Inventaren der Aufgaben 10 und 11 des Kapitels „2.3 Inventur und Inventar" die entsprechenden Bilanzen.

4 Erstellen Sie aufgrund der folgenden Angaben eine Bilanz.

	a) €	b) €
Gebäude	1.680.000,00	1.720.000,00
Maschinen	880.000,00	990.000,00
Fuhrpark	270.000,00	290.000,00
Betriebs- und Geschäftsausstattung	370.000,00	410.000,00
Rohstoffe	450.000,00	520.000,00
Hilfsstoffe	90.000,00	80.000,00
Betriebsstoffe	120.000,00	140.000,00
Unfertige Erzeugnisse	510.000,00	380.000,00
Fertigerzeugnisse	970.000,00	1.200.000,00
Forderungen a. LL	250.000,00	340.000,00
Kasse	78.000,00	95.000,00
Guthaben bei Kreditinstituten (Bank)	360.000,00	410.000,00
Hypothekenschulden	1.400.000,00	1.500.000,00
Darlehensschulden	2.500.000,00	2.800.000,00
Verbindlichkeiten a. LL	220.000,00	310.000,00

5 Ordnen Sie die unten stehenden Bilanzpositionen nach den Gliederungskriterien der Bilanz. Erstellen Sie die Bilanz.

	a) €	b) €
Hypothekenschulden	480.000,00	150.000,00
Guthaben bei Kreditinstituten (Bank)	0,00	135.000,00
Bebaute Grundstücke	610.000,00	200.000,00
Rohstoffe	330.000,00	291.000,00
Verbindlichkeiten a. LL	287.000,00	180.000,00
Fuhrpark	0,00	189.000,00
Forderungen a. LL	193.000,00	133.000,00
Postbank	98.000,00	0,00
Maschinen	230.000,00	480.000,00

Darlehensschulden	751.000,00	790.000,00
Betriebs- und Geschäftsausstattung	163.000,00	138.000,00
Fertigerzeugnisse	560.000,00	430.000,00

6   Welche Aussagen sind richtig bzw. falsch? Begründen Sie Ihre Meinung.

1. Bilanzen sind 12 Jahre und Inventare 8 Jahre aufzubewahren.
2. Ein Inventar enthält detailliertere Angaben als eine Bilanz.
3. Das Vermögen wird in der Bilanz als Passiva bezeichnet.
4. Auf der Aktivseite steht die Position „Rohstoffe" über der Position „Maschinen".
5. In der Bilanz stehen Mengen- und Wertangaben.
6. In der Bilanz werden Vermögen und Kapital in Kontenform gegenübergestellt.
7. Die rechte Seite der Bilanz ist die Aktivseite.
8. Bilanzen können von Prokuristen unterschrieben werden.
9. Die Anordnung der Vermögenspositionen auf der Aktivseite erfolgt nach „steigender Dringlichkeit der Rückzahlung".
10. Die Anordnung der Kapitalpositionen auf der Passivseite erfolgt nach „steigender Liquidität".
11. Eine Bilanz, die am 20. Januar 2018 aufgestellt wurde, kann am 21. Januar 2028 vernichtet werden.

2.5   Das System der doppelten Buchführung

2.5.1   Die vier Möglichkeiten der Bilanzveränderung

Tina Lüders ist jetzt schon erfahrener in buchhalterischen Angelegenheiten.

Einstig

Heute bittet Karin Neumann, Abteilungsleiterin Rechnungswesen der Konrad Fied KG, Tina Lüders zu einem Gespräch. Frau Neumann legt Tina Lüders eine stark vereinfachte Bilanz vor.

Aktiva	Eröffnungsbilanz zum 1. Januar 20..		Passiva
Geschäftsausstattung	8.000,00	Eigenkapital	20.000,00
Rohstoffe........................	16.000,00	Darlehensschulden	9.000,00
Kasse	3.000,00	Verbindlichkeiten a. LL	4.000,00
Guthaben bei Kreditinstituten	6.000,00		
	33.000,00		33.000,00

Frau Neumann: „Frau Lüders, Sie sollen heute lernen, welche grundsätzlichen Möglichkeiten der Bilanzveränderung es gibt. Dazu habe ich Ihnen auf einem Arbeitsblatt vier typische Geschäftsfälle formuliert. Bearbeiten Sie bitte die Aufgaben a) und b) in Ihrem Arbeitsheft."

Tina Lüders erhält von Frau Neumann ein Arbeitsblatt mit folgendem Inhalt:

> Der Bareinkauf dieses Schreibtisches verändert doch unsere Bilanz ...

Geschäftsfälle:

1. Ein Schreibtisch wird für 900,00 € bar gekauft.
2. Verbindlichkeiten a. LL beim Lieferanten in Höhe von 2.500,00 € werden in langfristige Darlehensschulden umgewandelt.
3. Es werden Rohstoffe auf Ziel für 2.000,00 € eingekauft.
4. Lieferantenschulden in Höhe von 1.500,00 € werden durch Banküberweisung beglichen.

Aufgaben:

a) Stellen Sie die Veränderungen, die die vier Geschäftsfälle bewirken, in der Bilanz dar.
b) Geben Sie jedem der vier Geschäftsfälle einen charakteristischen Namen.

Lernstoff   Die Bilanz verändert sich durch Geschäftsfälle. Da Vermögen (Aktiva) und Kapital (Passiva) zwingend gleich groß sind, bleibt dabei das Bilanzgleichgewicht gewahrt.

Man unterscheidet grundsätzlich vier Möglichkeiten der Bilanzveränderung:

 Aktivtausch, Passivtausch, Aktiv-Passiv-Mehrung, Aktiv-Passiv-Minderung.

Beispiel   Am Anfang des Geschäftsjahres stellt ein Industriebetrieb folgende Ausgangsbilanz auf:

Aktiva	Ausgangsbilanz		Passiva
Maschinen	183.000,00	Eigenkapital	169.000,00
Rohstoffe	110.000,00	Darlehensschulden	155.000,00
Kasse	18.000,00	Verbindlichkeiten a. LL	19.000,00
Guthaben bei Kreditinstituten	32.000,00		
	343.000,00		343.000,00

Geschäftsfall 1: Der Industriebetrieb kauft eine Maschine bar für 10.000,00 €.

Die Ausgangsbilanz ändert sich folgendermaßen:

Aktiva	Bilanz 1		Passiva
Maschinen	193.000,00	Eigenkapital	169.000,00
Rohstoffe	110.000,00	Darlehensschulden	155.000,00
Kasse	8.000,00	Verbindlichkeiten a. LL	19.000,00
Guthaben bei Kreditinstituten	32.000,00		
	343.000,00		343.000,00

Durch den Kauf der Maschine wächst die Position „Maschinen" um **10.000,00 €** auf **193.000,00 €**. Die Kasse vermindert sich im selben Maß auf **8.000,00 €**.

Da ein Werttausch lediglich auf der Aktivseite der Bilanz stattfindet, bezeichnet man diese Bilanzveränderung als **Aktivtausch**.

Geschäftsfall 2: Verbindlichkeiten a. LL beim Lieferanten in Höhe von 8.000,00 € werden in langfristige Darlehensschulden umgewandelt.

Die Bilanz 1 ändert sich folgendermaßen:

Aktiva	Bilanz 2		Passiva
Maschinen	193.000,00	Eigenkapital	169.000,00
Rohstoffe	110.000,00	Darlehensschulden	163.000,00
Kasse	8.000,00	Verbindlichkeiten a. LL	11.000,00
Guthaben bei Kreditinstituten	32.000,00		
	343.000,00		343.000,00

Die Darlehensschulden wachsen um **8.000,00 €** auf **163.000,00 €** und die Verbindlichkeiten a. LL vermindern sich um denselben Betrag auf **11.000,00 €**.

In diesem Fall findet ein Werttausch auf der Passivseite der Bilanz statt. Man spricht von einem **Passivtausch**.

Geschäftsfall 3: Der Industriebetrieb kauft Rohstoffe auf Ziel für 6.300,00 €.

Die Bilanz 2 ändert sich folgendermaßen:

Aktiva	Bilanz 3	Passiva
Maschinen	193.000,00	Eigenkapital 169.000,00
Rohstoffe	116.300,00	Darlehensschulden 163.000,00
Kasse	8.000,00	Verbindlichkeiten a. LL 17.300,00
Guthaben bei Kreditinstituten	32.000,00	
	349.300,00	349.300,00

Der Rohstoffbestand erhöht sich um **6.300,00 €** auf **116.300,00 €**. Um denselben Betrag steigen die Verbindlichkeiten a. LL auf **17.300,00 €**.

Da sich Positionen der Aktivseite und der Passivseite mehren, nennt man diese Bilanzveränderungen **Aktiv-Passiv-Mehrung**.

Geschäftsfall 4: Der Industriebetrieb begleicht Lieferantenverbindlichkeiten in Höhe von 5.500,00 € durch Banküberweisung.

Die Bilanz 3 ändert sich folgendermaßen:

Aktiva	Bilanz 4	Passiva
Maschinen	193.000,00	Eigenkapital 169.000,00
Rohstoffe	116.300,00	Darlehensschulden 163.000,00
Kasse	8.000,00	Verbindlichkeiten a. LL 11.800,00
Guthaben bei Kreditinstituten	26.500,00	
	343.800,00	343.800,00

Das Guthaben bei Kreditinstituten mindert sich um **5.500,00 €** auf **26.500,00 €**. Die Verbindlichkeiten a. LL sinken im selben Maß auf **11.800,00 €**.

Positionen der Aktivseite und der Passivseite mindern sich. Man spricht von einer **Aktiv-Passiv-Minderung**.

Zusammenfassung

1. Aktivtausch

Aktiva	Bilanz	Passiva
Mehrung einer Position **+**		
Minderung einer Position **−**		

2. Passivtausch

Aktiva	Bilanz	Passiva
		Mehrung einer Position **+**
		Minderung einer Position **−**

3. Aktiv-Passiv-Mehrung

Aktiva	Bilanz	Passiva
Mehrung einer Position **+**		Mehrung einer Position **+**

4. Aktiv-Passiv-Minderung

Aktiva	Bilanz	Passiva
Minderung einer Position **−**		Minderung einer Position **−**

Die Gleichheit von Aktiva (Vermögen) und Passiva (Kapital) wird durch Bilanzveränderungen nicht beeinträchtigt.

22543532

Aufgaben

1   Nennen Sie
a) zum Aktivtausch,
b) zum Passivtausch,
c) zur Aktiv-Passiv-Mehrung und
d) zur Aktiv-Passiv-Minderung
je zwei Beispiele.

2   Geben Sie zu den folgenden Geschäftsfällen an,

a) welche Bilanzpositionen berührt werden,
b) ob eine Minderung oder Mehrung der jeweiligen Bilanzposition bewirkt wird und
c) welche Art der Bilanzveränderung vorliegt.

1. Ein Kunde überweist auf unser Postbankkonto.
2. Wir zahlen eine Darlehensschuld durch Banküberweisung zurück.
3. Wir zahlen Bargeld auf unser Bankkonto ein.
4. Wir wandeln eine Darlehensschuld in eine Hypothekenschuld um.
5. Wir kaufen Rohstoffe auf Ziel.
6. Wir heben Geld von unserem Postbankkonto ab.
7. Wir verkaufen eine gebrauchte Maschine auf Ziel.
8. Wir begleichen Lieferantenverbindlichkeiten durch Banküberweisung.
9. Wir wandeln eine Lieferantenverbindlichkeit in eine Darlehensschuld um.
10. Wir verkaufen einen gebrauchten PC bar.

3   Erstellen Sie nach den folgenden Angaben die Bilanz.
Maschinen 178.000,00 €; Rohstoffe 110.000,00 €; Fertigerzeugnisse 250.000,00 €; Forderungen a. LL 60.000,00 €; Kasse 20.000,00 €; Postbank 54.000,00 €; Guthaben bei Kreditinstituten (Bank) 66.000,00 €; Eigenkapital ?; Darlehensschulden 390.000,00 €; Verbindlichkeiten a. LL 100.000,00 €.

a) Erstellen Sie nach jedem der folgenden Geschäftsfälle die neue Bilanz.
b) Geben Sie zu jedem Geschäftsfall an, welche Möglichkeit der Bilanzveränderung vorliegt.
1. Zielverkauf einer gebrauchten Maschine . . . .   20.000,00 €
2. Umwandlung einer Verbindlichkeit a. LL in eine Darlehensschuld . . . .   10.000,00 €
3. Zieleinkauf von Rohstoffen . . . .   30.000,00 €
4. Tilgung einer Darlehensschuld durch Banküberweisung . . . .   5.000,00 €
5. Überweisung vom Postbankkonto auf das Bankkonto . . . .   8.000,00 €

4   Erstellen Sie nach den folgenden Angaben die Bilanz.
Bebaute Grundstücke 250.000,00 €; Maschinen 80.000,00 €; Rohstoffe 115.000,00 €; Forderungen a. LL 11.000,00 €; Kasse 10.000,00 €; Guthaben bei Kreditinstituten (Bank) 17.000,00 €; Eigenkapital ?; Hypothekenschulden 120.000,00 €; Darlehensschulden 38.000,00 €; Verbindlichkeiten a. LL 20.000,00 €.

a) Erstellen Sie nach jedem der folgenden Geschäftsfälle die neue Bilanz.
b) Geben Sie zu jedem Geschäftsfall an, welche Möglichkeit der Bilanzveränderung vorliegt.
1. Umwandlung einer Darlehensschuld in eine Hypothekenschuld . . . .   16.000,00 €
2. Kunde begleicht Rechnung durch Banküberweisung . . . .   3.600,00 €
3. Wir begleichen Lieferantenrechnung durch Banküberweisung . . . .   3.000,00 €
4. Wir wandeln kurzfristige Lieferantenschulden
in eine langfristige Darlehensschuld um . . . .   8.500,00 €
5. Wir tilgen eine Hypothekenschuld durch Banküberweisung . . . .   7.000,00 €

2.5.2   Von der Eröffnung der Bestandskonten bis zum Abschluss der Bestandskonten

Einstieg

Tina Lüders hat verstanden, wie sich eine Bilanz grundsätzlich verändern kann.

Sie überlegt: „Es ist recht einfach, die vier Möglichkeiten der Bilanzveränderung in der Bilanz zu erfassen. Aber ist das gelernte Vorgehen auch praktikabel? Kann ein Buchhalter in der kaufmännischen Praxis nach jedem Geschäftsfall wirklich eine neue Bilanz erstellen? Bei großen Unternehmen oder sogar bei riesigen Weltkonzernen fallen doch monatlich viele Hunderttausend Geschäftsfälle an, vielleicht noch viel mehr …?"

Die folgende vereinfachte Bilanz und die folgenden vier Geschäftsfälle liegen Ihnen vor. Bearbeiten Sie die Aufgaben a), b) und c).

Aktiva	Eröffnungsbilanz zum 1. Jan. 20..		Passiva
Geschäftsausstattung	8.000,00	Eigenkapital	19.000,00
Rohstoffe	23.000,00	Darlehensschulden	9.000,00
Kasse	7.000,00	Verbindlichkeiten a. LL	10.000,00
	38.000,00		38.000,00

Geschäftsfälle:

1. Wir kaufen einen PC bar für 800,00 €.
2. Wir wandeln eine Verbindlichkeit in Höhe von 3.000,00 € in eine langfristige Darlehensschuld um.
3. Wir kaufen Rohstoffe auf Ziel für 2.500,00 €.
4. Wir begleichen Lieferantenschulden in Höhe von 700,00 € bar.

Aufgaben:

a) Informieren Sie sich im Lehrbuch, wie die o. g. Geschäftsfälle in der kaufmännischen Praxis gebucht werden.
b) Buchen Sie die vier Geschäftsfälle entsprechend.
c) Erstellen Sie die aus den vier Geschäftsfällen resultierende neue Bilanz.

Lernstoff

Jeder Geschäftsfall ändert die Bilanz. Nach jedem Geschäftsfall eine neue Bilanz zu erstellen, wäre ein zu aufwendiges Verfahren. Man löst daher die Bilanz in einzelne Verrechnungsstellen, sogenannte Konten, auf.

 Für jeden Bilanzposten wird ein Konto geführt.

22543534

Aus der Aktivseite der Bilanz werden die „aktiven Bestandskonten" (oder auch „Aktivkonten") abgeleitet, aus der Passivseite der Bilanz die „passiven Bestandskonten" (oder auch „Passivkonten").

Zum Geschäftsjahresanfang wird aufgrund der Inventurwerte die Bilanz erstellt. Die Inventurwerte sind zugleich die Anfangsbestände der aktiven und passiven Bestandskonten.

1. Erstellen der Bilanz am Geschäftsjahresanfang

Schemadarstellung

Aktiva	Bilanz[1]	Passiva
Inventurwerte	Inventurwerte	
= Anfangsbestände der aktiven Bestandskonten	= Anfangsbestände der passiven Bestandskonten	

Beispiel

Aktiva		Bilanz[1]		Passiva
Maschinen	40.000,00	Eigenkapital	50.000,00	
Rohstoffe	20.000,00	Darlehensschulden	30.000,00	
Forderungen a. LL	10.000,00	Verbindlichkeiten a. LL	5.000,00	
Guthaben bei Kreditinstituten	15.000,00			
	85.000,00		85.000,00	

Aus der Bilanz werden die Anfangsbestände auf die aktiven und passiven Bestandskonten vorgetragen.

Dabei trägt man die Anfangsbestände der **aktiven Bestandskonten** auf der **linken Kontoseite**, genannt **Sollseite (S),** ein. Begründung: Die Anfangsbestände der aktiven Bestandskonten stehen in der Bilanz auch auf der linken Seite.

Entsprechend werden die Anfangsbestände der **passiven Bestandskonten** auf der **rechten Kontoseite,** genannt **Habenseite (H),** vorgetragen.

2. Übertragen der Anfangsbestände auf die Bestandskonten am Geschäftsjahresanfang

Schemadarstellung

Soll	aktives Bestandskonto	Haben		Soll	passives Bestandskonto	Haben
Anfangsbestand						Anfangsbestand

Beispiel

Soll	Rohstoffe	Haben		Soll	Verbindlichkeiten a. LL	Haben
AB	20.000,00				AB	5.000,00

---

1 *Hinweis für die Lehrerin/den Lehrer:* Die Bilanz wird ab Kapitel 2.5.4 durch das Eröffnungsbilanzkonto bzw. durch das Schlussbilanzkonto ersetzt. An dieser Stelle wird aus methodisch-didaktischen Gründen vereinfacht.

Die Geschäftsfälle, die während der Rechnungsperiode anfallen, mehren oder mindern die Anfangsbestände der aktiven und passiven Bestandskonten.

 Bestandsmehrungen werden auf aktiven Bestandskonten im Soll, auf passiven Bestandskonten im Haben gebucht.

Schemadarstellung

Soll	aktives Bestandskonto	Haben		Soll	passives Bestandskonto	Haben
Anfangsbestand						Anfangsbestand
+ Bestandsmehrungen						+ Bestandsmehrungen

Beispiel

Rohstoffeinkauf auf Ziel 3.000,00 €. (Es ist eine **Bestandsmehrung** sowohl auf dem aktiven Bestandskonto „Rohstoffe" als auch auf dem passiven Bestandskonto „Verbindlichkeiten a. LL" zu buchen.)

Soll	Rohstoffe		Haben		Soll	Verbindlichkeiten a. LL		Haben
AB	20.000,00				AB		5.000,00
Verb. a. LL	3.000,00				Rohstoffe		3.000,00

Vor die gebuchten Beträge werden die Gegenkonten eingetragen, um die Gegenbuchungen kenntlich zu machen.

3. Buchen der Geschäftsfälle im Laufe des Geschäftsjahres

 Bestandsminderungen werden auf aktiven Bestandskonten im Haben, auf passiven Bestandskonten im Soll gebucht.

Schemadarstellung

Soll	aktives Bestandskonto	Haben		Soll	passives Bestandskonto	Haben
Anfangsbestand		– Bestandsminderungen		– Bestandsminderungen		Anfangsbestand
+ Bestandsmehrungen						+ Bestandsmehrungen

Beispiel

Tilgung einer Darlehensschuld durch Banküberweisung 4.000,00 €. (Es ist eine **Bestandsminderung** sowohl auf dem aktiven Bestandskonto „Guthaben bei Kreditinstituten [Bank]" als auch auf dem passiven Bestandskonto „Darlehensschulden" zu buchen.)

Soll	Guthaben bei KI[1] (Bank)		Haben		Soll	Darlehensschulden		Haben
AB	15.000,00	Darl.	4.000,00		G. b. KI[1]	4.000,00	AB	30.000,00

---

1 Guthaben bei Kreditinstituten (Bank)

22543536

Am Geschäftsjahresende ergeben sich aus den Anfangsbeständen, den Bestandsmehrungen und den Bestandsminderungen die Schlussbestände. Diese werden rechnerisch wie folgt ermittelt:

> **Anfangsbestand + Bestandsmehrungen – Bestandsminderungen = Schlussbestand**

 Auf aktiven Bestandskonten werden die Schlussbestände im Haben, auf passiven Bestandskonten im Soll gebucht.

Schemadarstellung

Soll	aktives Bestandskonto	Haben
Anfangsbestand		– Bestandsminderungen
+ Bestandsmehrungen		= Schlussbestand

Soll	passives Bestandskonto	Haben
– Bestandsminderungen		Anfangsbestand
= Schlussbestand		+ Bestandsmehrungen

Beispiel

Soll	Rohstoffe		Haben
AB	20.000,00	–	5.000,00
+	3.000,00	SB	22.000,00
+	4.000,00		
	27.000,00		27.000,00

Soll	Verbindlichkeiten a. LL		Haben
–	6.000,00	AB	5.000,00
SB	10.000,00	+	3.000,00
		+	8.000,00
	16.000,00		16.000,00

Beim Kontoabschluss wird in folgender Reihenfolge vorgegangen:

❶ Die Buchstaben SB für Schlussbestand werden auf die entsprechende Kontoseite eingetragen.

❷ Die Kontoseite, auf der der Anfangsbestand und die Bestandsmehrungen gebucht sind, wird addiert.

❸ Die Kontensumme wird auf die andere Kontoseite übertragen.

❹ Der Schlussbestand wird als Differenz (= Saldo) auf der wertmäßig schwächeren Kontoseite ermittelt.

❺ Falls sich ein Leerraum auf einer Kontoseite ergibt, so wird dieser durch einen Schrägstrich, die sogenannte Buchhalternase, entwertet.

Beispiel

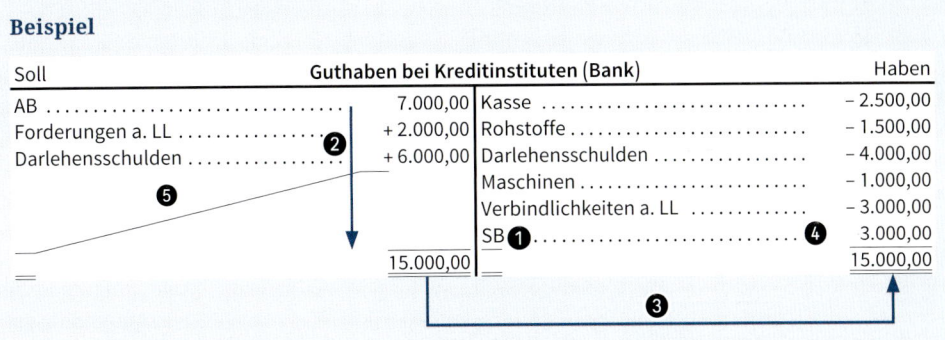

Soll	Guthaben bei Kreditinstituten (Bank)		Haben
AB	7.000,00	Kasse	– 2.500,00
Forderungen a. LL . . . . ❷	+ 2.000,00	Rohstoffe	– 1.500,00
Darlehensschulden	+ 6.000,00	Darlehensschulden	– 4.000,00
❺		Maschinen	– 1.000,00
		Verbindlichkeiten a. LL	– 3.000,00
		SB ❶ . . . . ❹	3.000,00
	15.000,00	❸	15.000,00

Sidebar (left margin): 4. Abschluss der Bestandskonten mit Ermittlung der Schlussbestände am Geschäftsjahresende

Mit den ermittelten Schlussbeständen wird am Geschäftsjahresende die Bilanz[1] erstellt.

Beide Seiten der Bilanz[1] müssen in der Summe identisch sein, da Vermögen (Aktiva) und Kapital (Passiva) gleich groß sind.[2]

5. Erstellen der Bilanz[1] am Geschäftsjahresende

Schemadarstellung

Aktiva	Bilanz[1]	Passiva
Schlussbestände der aktiven Bestandskonten	Schlussbestände der passiven Bestandskonten	

Beispiel

Aktiva		Bilanz[1]		Passiva
Maschinen	42.000,00	Eigenkapital		50.000,00
Rohstoffe	22.000,00	Darlehensschulden		28.000,00
Forderungen a. LL	6.000,00	Verbindlichkeiten a. LL		10.000,00
Guthaben bei Kreditinstituten	18.000,00			
	88.000,00			88.000,00

Zusammenfassung

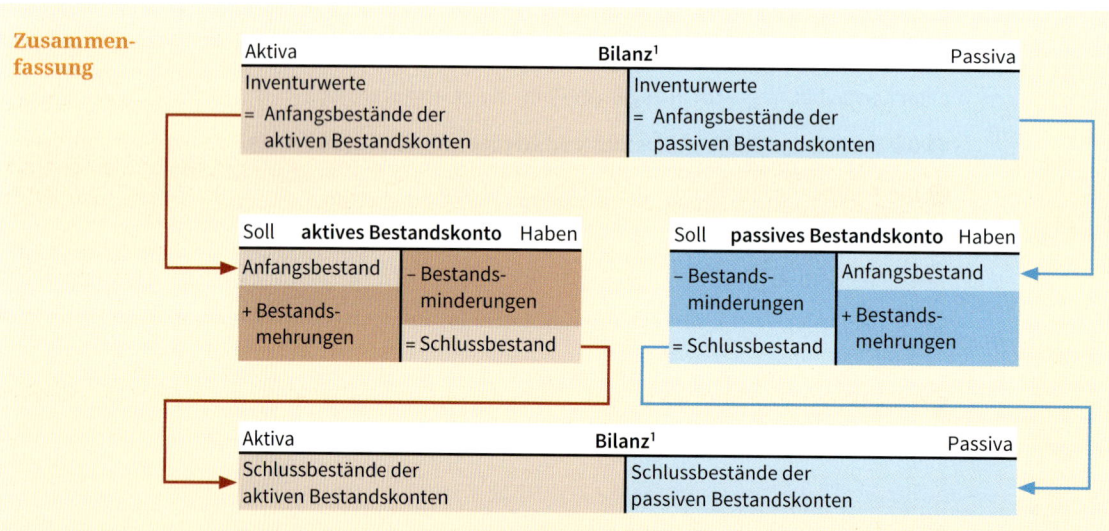

1. Aktive Bestandskonten werden aus der Aktivseite der Bilanz[1] abgeleitet. Passive Bestandskonten werden aus der Passivseite der Bilanz[1] abgeleitet.

2. Auf aktiven Bestandskonten werden die Anfangsbestände im Soll gebucht. Auf passiven Bestandskonten werden die Anfangsbestände im Haben gebucht.

---

1 *Hinweis für die Lehrerin/den Lehrer:* Die Bilanz wird ab Kapitel 2.5.4 durch das Eröffnungsbilanzkonto bzw. durch das Schlussbilanzkonto ersetzt. An dieser Stelle wird aus methodisch-didaktischen Gründen vereinfacht.

2 vgl. Kapitel 2.2

3. Auf aktiven Bestandskonten werden die Bestandsmehrungen im Soll, die Bestandsminderungen im Haben gebucht. Auf passiven Bestandskonten werden die Bestandsmehrungen im Haben, die Bestandsminderungen im Soll gebucht.

4. Auf aktiven Bestandskonten werden die Schlussbestände im Haben ermittelt. Auf passiven Bestandskonten werden die Schlussbestände im Soll ermittelt.

5. Die Schlussbestände der aktiven Bestandskonten werden auf der Aktivseite der Bilanz[1] gegengebucht. Die Schlussbestände der passiven Bestandskonten werden auf der Passivseite der Bilanz[1] gegengebucht.

Aufgaben

1–3:	Regeln für das Buchen auf Bestandskonten	6–8:	Geschäftsgänge
4:	Führen eines aktiven Bestandskontos	9 u. 10:	Deutung von Buchungen
5:	Führen eines passiven Bestandskontos		

1 Geben Sie an, ob im Soll oder im Haben gebucht wird.
1. Der Anfangsbestand auf aktiven Bestandskonten.
2. Die Bestandsmehrung auf passiven Bestandskonten.
3. Die Bestandsminderung auf aktiven Bestandskonten.
4. Der Anfangsbestand auf passiven Bestandskonten.
5. Die Bestandsmehrung auf aktiven Bestandskonten.
6. Der Schlussbestand auf aktiven Bestandskonten.
7. Die Bestandsminderung auf passiven Bestandskonten.
8. Der Schlussbestand auf passiven Bestandskonten.

2 Setzen Sie in Ihrem Arbeitsheft folgende Wörter auf die (mit Fragezeichen versehenen) Zeilen ein.
aktives Bestandskonto, passives Bestandskonto, Anfangsbestand, Anfangsbestand, Bestandsminderung, Bestandsminderung, Bestandsmehrung, Schlussbestand

S	?	H		S	?	H
?	?			?	?	
?	Schlussbestand			?	Bestandsmehrung	

3 Wir zahlen auf unser Bankkonto einen gewissen Betrag bar ein. Warum bucht unser Kreditinstitut diesen Geschäftsfall im Haben unseres Bankkontos?

4 Führen Sie das Bankkonto (ohne Gegenkonten).
a) Tragen Sie den Anfangsbestand ein.
b) Buchen Sie die unten stehenden Geschäftsfälle.
c) Schließen Sie das Bankkonto ab und ermitteln Sie den Schlussbestand.

Anfangsbestand	€
Guthaben bei Kreditinstituten (Bank)	9.000,00

Geschäftsfälle	€
1. Aufnahme eines Darlehens bei der Bank	6.000,00
2. Ausgleich einer Lieferantenrechnung durch Banküberweisung	3.000,00

1 *Hinweis für die Lehrerin/den Lehrer:* Die Bilanz wird ab Kapitel 2.5.4 durch das Eröffnungsbilanzkonto bzw. durch das Schlussbilanzkonto ersetzt. An dieser Stelle wird aus methodisch-didaktischen Gründen vereinfacht.

3. Kauf einer EDV-Anlage mit Girocard unserer Bank 3.000,00
4. Kunde überweist auf unser Bankkonto 2.000,00
5. Tilgung einer Darlehensschuld durch Banküberweisung 4.000,00
6. Bareinzahlung auf Bankkonto 1.500,00
7. Barabhebung vom Bankkonto 2.500,00

5   Führen Sie das Verbindlichkeitenkonto (ohne Gegenkonten).
   a) Tragen Sie den Anfangsbestand ein.
   b) Buchen Sie die unten stehenden Geschäftsfälle.
   c) Schließen Sie das Verbindlichkeitenkonto ab und ermitteln Sie den Schlussbestand.

Anfangsbestand   €
Verbindlichkeiten a. LL 8.000,00

Geschäftsfälle   €
1. Zieleinkauf von Betriebsstoffen 3.000,00
2. Umwandlung einer Lieferantenschuld in eine Darlehensschuld 2.000,00
3. Ausgleich einer Lieferantenrechnung durch Banküberweisung 1.000,00
4. Zieleinkauf von Hilfsstoffen 1.500,00
5. Postbanküberweisung an einen Lieferanten 2.500,00
6. Zieleinkauf von Rohstoffen 3.500,00

Der Weg von der Eröffnung der Bestandskonten bis zum Abschluss der Bestandskonten vollzieht sich in folgenden Schritten:
1. **Erstellen der Bilanz aufgrund der Anfangsbestände (Inventurwerte).**
2. **Übertragen der Anfangsbestände auf die Bestandskonten.**
3. **Buchen der Geschäftsfälle.**
4. **Abschluss der Bestandskonten mit Ermittlung der Schlussbestände.**
5. **Erstellen der Bilanz aufgrund der Schlussbestände.**
Erstellen Sie die Aufgaben 6—8 in diesen Ablaufschritten.

---

6   **Anfangsbestände**   €   €

Maschinen . . . .   115.000,00   Eigenkapital . . . .   ?
Rohstoffe . . . .   92.000,00   Darlehensschulden 96.000,00
Forderungen a. LL . . . .   30.000,00   Verbindlichkeiten a. LL 78.000,00
Guthaben bei KI (Bank) 67.000,00

Geschäftsfälle   €
1. Zieleinkauf von Rohstoffen 12.000,00
2. Kauf einer Maschine mit Girocard unserer Bank 21.000,00
3. Umwandlung einer Lieferantenschuld in eine Darlehensschuld 32.500,00
4. Kunde begleicht Rechnung durch Banküberweisung 23.000,00
5. Ausgleich einer Lieferantenrechnung durch Banküberweisung 11.500,00

7   **Anfangsbestände**   €   €
Maschinen . . . .   120.000,00   Guthaben bei KI (Bank) 55.000,00
Rohstoffe . . . .   90.000,00   Eigenkapital . . . .   ?
Forderungen a. LL . . . .   72.000,00   Darlehensschulden 110.000,00
Kasse . . . .   12.000,00   Verbindlichkeiten a. LL 79.000,00

Geschäftsfälle   €
1. Kauf einer Maschine gegen Bankscheck 21.500,00

2. Zieleinkauf von Rohstoffen 12.000,00
3. Barverkauf einer gebrauchten Maschine 4.500,00
4. Umwandlung einer Lieferantenschuld in eine Darlehensschuld 11.000,00
5. Bareinzahlung auf Bankkonto 2.500,00
6. Tilgung einer Darlehensschuld durch Banküberweisung 2.000,00
7. Kunde überweist auf unser Bankkonto 13.000,00
8. Ausgleich einer Lieferantenrechnung durch Banküberweisung 22.500,00

8 Anfangsbestände

	€		€
Bebaute Grundstücke	195.000,00	Guthaben bei Kredit-	
Maschinen	125.000,00	instituten (Bank)	38.000,00
Rohstoffe	75.000,00	Eigenkapital	?
Forderungen a. LL	90.000,00	Hypothekenschulden	150.000,00
Kasse	15.000,00	Darlehensschulden	115.000,00
Postbank	27.000,00	Verbindlichkeiten a. LL	72.000,00

Geschäftsfälle

	€
1. Überweisung vom Postbankkonto auf das Bankkonto	12.000,00
2. Barabhebung vom Bankkonto	1.500,00
3. Teilrückzahlung der Hypothekenschuld durch Banküberweisung	2.500,00
4. Kauf einer Maschine gegen Bankscheck	9.500,00
5. Kunde begleicht Rechnung durch Postbanküberweisung	23.000,00
6. Zieleinkauf von Rohstoffen	8.500,00
7. Ausgleich einer Lieferantenrechnung durch Banküberweisung	7.000,00
8. Aufnahme eines Darlehens bei der Bank	15.000,00
9. Umwandlung einer Darlehensschuld in eine Hypothekenschuld	24.000,00
10. Kunde überweist auf unser Postbankkonto	9.500,00

9
10

a) Welche Geschäftsfälle liegen den Buchungen in den unten stehenden Konten zugrunde? (Die Gegenkonten sind aus Vereinfachungsgründen nicht vorgegeben.)

b) Geben Sie zu jeder Buchung an, welche Möglichkeit der Bilanzveränderung vorliegt.

9.

S	Postbank		H
AB	10.000,00	2. Guthaben bei KI (Bank)	4.000,00
1. Kasse	2.000,00	3. Darlehensschulden	5.000,00
4. Forderungen a. LL	8.000,00	6. Geschäftsausstattung	1.500,00
5. Maschinen	1.000,00	7. Rohstoffe	2.500,00
8. Geschäftsausstattung	500,00	SB	8.500,00
	21.500,00		21.500,00

10.

S	Darlehensschulden		H
2. Postbank....................	3.000,00	AB	12.000,00
4. Guthaben bei KI (Bank)	4.500,00	1. Guthaben bei KI (Bank)	5.000,00
SB	11.500,00	3. Verbindlichkeiten a. LL	2.000,00
	19.000,00		19.000,00

2.5.3 Der Buchungssatz

Karin Neumann, Abteilungsleiterin Rechnungswesen der Konrad Fied KG, präsentiert Tina Lüders den folgenden Buchungsbeleg:

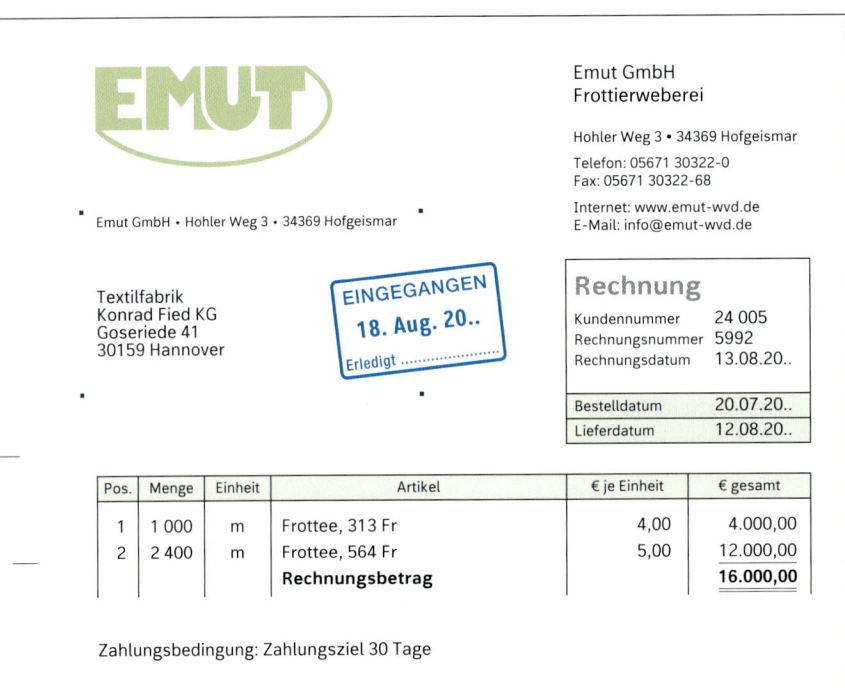

Frau Neumann: „Frau Lüders, welcher Geschäftsfall[1] liegt diesem Beleg zugrunde?"

Tina Lüders überlegt und kommt zu folgendem Ergebnis: „Wir haben bei der Emut GmbH Stoffe für 16.000,00 € auf Ziel eingekauft. Den Rechnungsbetrag müssen wir innerhalb von 30 Tagen begleichen."

Frau Neumann: „Sehr gut. Dann erklären Sie mir bitte noch, wie dieser Geschäftsfall gebucht wird."

Tina Lüders: „Auf dem aktiven Bestandskonto ‚Rohstoffe' wird der Rechnungsbetrag von 16.000,00 € als Bestandsmehrung im Soll gebucht. Auf dem passiven Bestandskonto ‚Verbindlichkeiten a. LL' wird derselbe Betrag als Bestandsmehrung im Haben gebucht."

Eine derartige Ausdrucksweise für eine Buchungsanweisung ist zu ausführlich, zu wortreich. Man verwendet daher eine kurze, eindeutige Form für die Buchungsanweisung, den sogenannten **Buchungssatz.**

Informieren Sie sich im Lehrbuch über den Buchungssatz.

Bilden Sie zu dem obigen Beleg den Buchungssatz.

---

1 Grundlage eines jeden buchhalterischen Geschäftsfalles ist ein Beleg (vgl. Kapitel 2.13).

22543542

Lernstoff 2.5.3.1 **Der einfache Buchungssatz**

Für den Buchungssatz gilt folgende Regel:

Zuerst wird das Konto aufgerufen, auf dem die Sollbuchung erfolgt, dann folgt das Wörtchen „an" und schließlich wird das im Haben berührte Konto genannt.

Beispiel

Wir tilgen eine Darlehensschuld durch Banküberweisung .... 3.500,00 €

Buchungssatz	Soll	Haben
Darlehensschulden	3.500,00	
an Guthaben bei Kreditinstituten (Bank)		3.500,00

Bevor der Kaufmann die Geschäftsfälle auf den Konten bucht, erfasst er sie zunächst in Form von Buchungssätzen mit erklärendem Buchungstext im **Grundbuch (Journal):**

Grundbuch

Buchungssatz und Buchungstext	Soll	Haben
.	.	.
.	.	.
Darlehensschulden	3.500,00	
an Guthaben bei Kreditinstituten (Bank)		3.500,00
Tilgung einer Darlehensschuld (Hannoversche Volksbank)		
.	.	.

Im Grundbuch werden alle Geschäftsfälle in zeitlicher (chronologischer) Reihenfolge fortlaufend aufgezeichnet.

Danach erfolgt die Buchung auf den Konten des **Hauptbuches:**

Fortsetzung des Beispiels

Hauptbuch

S	Guthaben bei Kreditinstituten (Bank)	H	S	Darlehensschulden	H
AB	...	Darlehenssch. 3.500,00	G. b. KI[1] 3.500,00	AB	...
S	...	H	S	...	H

Im Hauptbuch werden die Geschäftsfälle in sachlicher (systematischer) Ordnung auf Sachkonten erfasst.

---

1 Guthaben bei Kreditinstituten (Bank)

2.5.3.2 Der zusammengesetzte Buchungssatz

Werden durch einen Geschäftsfall mehr als zwei Konten berührt, so liegt ein **zusammengesetzter Buchungssatz** vor.

Beispiele

1. Geschäftsfall: Einkauf von Rohstoffen bei der Emut GmbH

bar	1.000,00 €	
auf Ziel	2.000,00 €	3.000,00 €

2. Geschäftsfall: Verkauf einer gebrauchten EDV-Anlage

bar	500,00 €	
auf Ziel	4.000,00 €	4.500,00 €

Grundbuch

Nr.	Buchungstext	Soll	Haben
1.	Rohstoffe	3.000,00	
	an Kasse		1.000,00
	an Verbindlichkeiten a. LL		2.000,00
	Rohstoffeinkauf bei der Emut GmbH		
2.	Kasse	500,00	
	Forderungen a. LL	4.000,00	
	an Geschäftsausstattung		4.500,00
	Verkauf einer gebrauchten EDV-Anlage		

Hauptbuch

S	Rohstoffe		H
AB	12.000,00		
1. Ka./Verb.	3.000,00		

S	Kasse		H
AB	4.000,00	1. Rohstoffe	1.000,00
2. G.-Ausst.	500,00		

S	Forderungen a. LL		H
AB	8.000,00		
2. G.-Ausst.	4.000,00		

S	Verbindlichkeiten a. LL		H
		AB	6.000,00
		1. Rohstoffe	2.000,00

S	Geschäftsausstattung		H
AB	20.000,00	2. Ka./Ford.	4.500,00

 Bei jedem Buchungssatz muss die Summe der im Soll gebuchten Beträge der Summe der im Haben gebuchten Beträge entsprechen (Prinzip der Doppik).

22543544

Zusammen-fassung

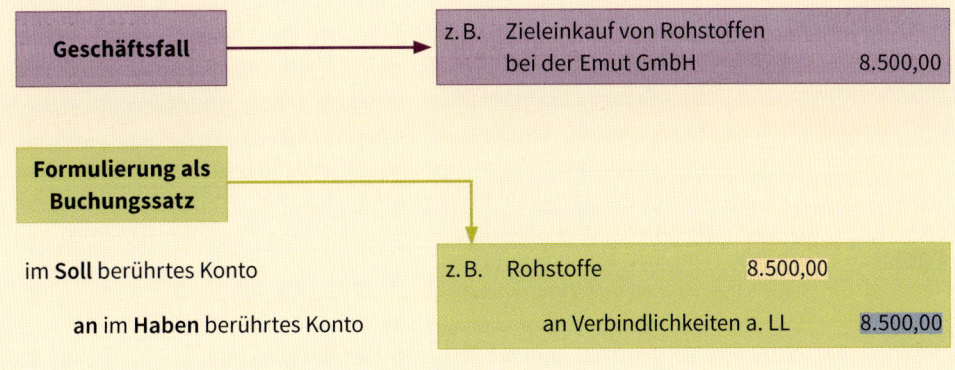

| Geschäftsfall | → | z. B.   Zieleinkauf von Rohstoffen bei der Emut GmbH   8.500,00 |

| **Formulierung als Buchungssatz** | → |

im **Soll** berührtes Konto   z. B.   Rohstoffe   8.500,00

   an im **Haben** berührtes Konto   an Verbindlichkeiten a. LL   8.500,00

Erfassung im Grundbuch

Nr.	Buchungstext	Soll	Haben
. . .		. . .	. .
	Rohstoffe	8.500,00	.
	an Verbindlichkeiten a. LL		8.500,00
	Zieleinkauf von Rohstoffen bei der Emut GmbH		

(zeitliche [chronologische] Ordnung)

Niederschlag im Hauptbuch

S	Rohstoffe	H		S	Verbindlichkeiten a. LL	H
AB	...				AB	...
Verb. a. LL	8.500,00				Rohstoffe	8.500,00

S	...	H		S	...	H

(sachliche [systematische] Ordnung)

1. Ein Buchungssatz ist die sprachliche Kurzfassung eines Geschäftsfalles. Er definiert eindeutig eine vorzunehmende Buchung.

2. Der Buchungssatz nennt zuerst das im Soll berührte Konto, dann folgt das Wörtchen „an" und schließlich wird das im Haben berührte Konto aufgerufen.

3. Buchungssätze mit erklärendem Buchungstext werden zunächst im Grundbuch (Journal) in zeitlicher (chronologischer) Reihenfolge erfasst.

4. Nach der Erfassung im Grundbuch werden die Buchungen in sachlicher (systematischer) Ordnung auf den Sachkonten des Hauptbuches vorgenommen.

Aufgaben

1–5: Einfacher Buchungssatz
6–8: Zusammengesetzter Buchungssatz

1 Richten Sie sich ein Grundbuch ein und buchen Sie darin folgende Geschäftsfälle:

1. Barverkauf eines gebrauchten Pkw .... 5.000,00 €
2. Zieleinkauf von Rohstoffen .... 3.500,00 €
3. Bareinzahlung auf Bankkonto .... 2.100,00 €
4. Barverkauf eines gebrauchten PC .... 300,00 €
5. Tilgung einer Darlehensschuld durch Banküberweisung .... 4.800,00 €
6. Wir begleichen Lieferantenrechnung durch Banküberweisung .... 1.400,00 €
7. Kunde begleicht Rechnung durch Postbanküberweisung .... 3.900,00 €
8. Postbanküberweisung auf Bankkonto .... 3.800,00 €
9. Aufnahme eines Darlehens bei der Bank (gegen Bankgutschrift) .... 6.300,00 €
10. Umwandlung einer Lieferantenschuld in eine Darlehensschuld .... 2.500,00 €
11. Kauf eines Autos gegen Bankscheck .... 18.000,00 €
12. Barabhebung vom Bankkonto .... 1.000,00 €
13. Zieleinkauf von Hilfsstoffen .... 500,00 €
14. Aufnahme einer Hypothek bei der Sparkasse (gegen Bankgutschrift) .... 30.000,00 €
15. Ausgleich einer Lieferantenrechnung durch Barzahlung .... 1.200,00 €
16. Kunde begleicht Rechnung bar .... 800,00 €
17. Tilgung einer Hypothekenschuld durch Postbanküberweisung .... 2.000,00 €
18. Kauf eines Kopiergerätes mit Girocard unserer Bank .... 1.500,00 €

2 Welche Geschäftsfälle liegen den folgenden Buchungssätzen zugrunde?

1. Rohstoffe an Verbindlichkeiten a. LL
2. Forderungen a. LL an Maschinen
3. Fuhrpark an Guthaben bei KI (Bank)
4. Guthaben bei KI (Bank) an Kasse
5. Darlehensschulden an Guthaben bei KI (Bank)
6. Verbindlichkeiten a. LL an Postbank
7. Guthaben bei KI (Bank) an Geschäfts-ausstattung
8. Verbindlichk. a. LL an Darlehensschulden
9. Kasse an Postbank
10. Guthaben bei KI (Bank) an Darlehensschulden
11. Guthaben bei KI (Bank) an Postbank
12. Postbank an Forderungen a. LL
13. Betriebsstoffe an Kasse
14. Geschäftsausstattung an Kasse
15. Guthaben bei KI (Bank) an Maschinen
16. Guthaben bei KI (Bank) an Hypotheken-schulden

3 Nennen Sie
a) die Buchungssätze, b) die Geschäftsfälle, die den Buchungen 1.–7. zugrunde liegen.

S	Rohstoffe		H
AB	10.000,00		
2. Verb. a. LL	2.500,00		

S	Forderungen a. LL		H
AB	9.000,00	4. G. b. KI[1]	3.000,00

S	Verbindlichkeiten a. LL		H
5. G. b. KI[1]	2.500,00	AB	8.000,00
6. Darl.	3.500,00	2. Rohstoffe	2.500,00

S	Guthaben bei Kreditinstituten (Bank)		H
AB	11.000,00	1. G.-Ausst.	1.000,00
4. Ford. a. LL	3.000,00	3. Darl.	3.000,00
7. G.-Ausst.	500,00	5. Verb. a. LL	2.500,00

S	Geschäftsausstattung		H
AB	22.500,00	7. G. b. KI[1]	500,00
1. G. b. KI[1]	1.000,00		

S	Darlehensschulden		H
3. G. b. KI[1]	3.000,00	AB	12.000,00
		6. Verb. a. LL	3.500,00

1 Guthaben bei Kreditinstituten (Bank)

4 Sie sind Angestellte(r) der Textilfabrik Konrad Fied KG, Goseriede 41, 30159 Hannover. Die folgenden Belege liegen Ihnen zur Buchung vor.

a) Welche Geschäftsfälle liegen den Belegen zugrunde?

b) Nennen Sie die Buchungssätze.

Konten: Forderungen a. LL, Verbindlichkeiten a. LL, Guthaben bei Kreditinstituten (Bank), Software, Kasse.

Beleg 1

Beleg 2[1]

		Kontonummer	erstellt am	Auszug	Blatt
		12 345	07.04.20..	27	1/1

Hannoversche Volksbank eG

BLZ 251 900 01 **Kontoauszug**

Bu.-Tag	Wert	Vorgang	alter Kontostand	
			60.000,00	+
05.04.	03.04.	Söffgen OHG, R.-Nr. 487, Kd.-Nr. 24 001,	43.400,00	+
		R.-Dat. 27.03.20..		
05.04.	05.04.	Überweisung	58.950,00	−
		B. Müller OHG, R.-Nr. 256, R.-Dat. 14.03.20..		
05.04.	05.04.	Bareinzahlung, Filiale Lindener Markt	5.000,00	+
		neuer Kontostand vom 07.04.20..	**49.450,00**	**+**

Textilfabrik
Konrad Fied KG
Goseriede 41
30159 Hannover

USt-IdNr.: DE 115 648 359

IBAN: DE73 2519 0001 0000 0123 45   BIC: VOHADE2H

Hinweis: Es sind drei Geschäftsfälle zu bearbeiten.

Beleg 3

Emut GmbH
Frottierweberei

Hohler Weg 3 • 34369 Hofgeismar

Telefon: 05671 30322-0 • Fax: 05671 30322-68

Internet: www.emut-wvd.de
E-Mail: info@emut-wvd.de

Emut GmbH • Hohler Weg 3 • 34369 Hofgeismar

Textilfabrik
Konrad Fied KG
Goseriede 41
30159 Hannover

EINGEGANGEN
22. Jan. 20..
Erledigt ....

E-Mail
biedenstein@emut-wvd.de

Ihr Zeichen, Ihre Nachricht vom	Unser Zeichen, unsere Nachricht vom	Telefon, Name 05671 30322-	Datum
tel. 10.01.20..	bi-he	65 Herr Biedenstein	20.01.20..

Doppelzahlung, Rechnung Nr. 947

Sehr geehrte Frau Kibat,

Sie teilten uns am 10.01.20.. telefonisch mit, dass Sie unsere Rechnung Nr. 947 doppelt bezahlt haben.

Unsere Überprüfung hat dies bestätigt.

Den Betrag von 8.786,00 € haben wir deshalb auf Ihr Konto bei der Hannoverschen Volksbank zurücküberwiesen.

Bitte buchen Sie entsprechend.

Mit freundlichen Grüßen

Emut GmbH

i. V. *Biedenstein*

Biedenstein

Hinweis: Unser Kontoauszug bestätigt die Banküberweisung.

---

1 Bei einigen Kreditinstituten werden auf den Kontoauszügen die Buchungen mit „H" (Haben) statt „+" und mit „S" (Soll) statt „−" ausgewiesen. Siehe hierzu S. 39, Aufgabe 3.

22543548

5 a) Wie bucht die Söffgen OHG den Beleg 2 der Aufgabe 4 (Banküberweisung)?
   b) Wie bucht die Bernhard Müller OHG den Beleg 2 der Aufgabe 4 (Banküberweisung)?
   c) Wie bucht die Emut GmbH den Beleg 3 der Aufgabe 4 (Banküberweisung)?

6 Richten Sie sich ein Grundbuch ein und buchen Sie darin folgende Geschäftsfälle:

> **Konten**
>
> Forderungen a. LL, Kasse, Guthaben bei Kreditinstituten (Bank), Postbank, Rohstoffe, Betriebs-stoffe, Fuhrpark, Betriebs- und Geschäftsausstattung, Unbebaute Grundstücke, Verbindlich-keiten a. LL, Hypothekenschulden, Darlehensschulden.

		€	€
1.	Kunde begleicht Rechnung durch		
	Banküberweisung	2.000,00	
	Postbanküberweisung	3.000,00	5.000,00
2.	Kauf eines gebrauchten Autos		
	bar	1.500,00	
	gegen Bankscheck	10.000,00	11.500,00
3.	Einkauf von Betriebsstoffen		
	bar	1.000,00	
	auf Ziel	3.000,00	4.000,00
4.	Tilgung einer Darlehensschuld durch		
	Banküberweisung	2.500,00	
	Postbanküberweisung	1.500,00	4.000,00
5.	Verkauf eines gebrauchten Autos		
	bar	1.000,00	
	gegen Bankscheck	7.000,00	8.000,00
6.	Einkauf von Rohstoffen		
	bar	500,00	
	gegen Bankscheck	2.000,00	
	auf Ziel	3.500,00	6.000,00
7.	Wir begleichen Lieferantenrechnung		
	bar	1.000,00	
	durch Postbanküberweisung	2.000,00	
	durch Banküberweisung	3.000,00	6.000,00
8.	Verkauf eines gebrauchten PC		
	bar	200,00	
	gegen Bankscheck	300,00	500,00
9.	Kauf eines Grundstücks		
	bar	2.000,00	
	gegen Bankscheck	150.000,00	152.000,00
10.	Tilgung einer Hypothekenschuld		
	durch Banküberweisung	3.000,00	
	bar	1.000,00	
	durch Postbanküberweisung	6.000,00	10.000,00
11.	Kauf eines Kopiergerätes		
	bar	500,00	
	mit Girocard unseres Postbankkontos	1.000,00	1.500,00

7 Nennen Sie
   a) die Buchungssätze und
   b) die Geschäftsfälle, die den Buchungen 1.–5. zugrunde liegen.

S	Rohstoffe		H
AB	10.000,00		
1. Ka./Verb.	5.000,00		

S	Geschäftsausstattung		H
AB	30.000,00	4. KI/Ford. a. LL	1.000,00
3. Ka./Postb.	2.000,00		

S	Forderungen a. LL		H
AB	9.000,00	2. KI/Postb.	4.000,00
4. G.-Ausst.	600,00		

S	Verbindlichkeiten a. LL		H
5. KI/Postb.	5.000,00	AB	11.000,00
		1. Rohst.	4.000,00

S	Kasse		H
AB	5.000,00	1. Rohst.	1.000,00
		3. G.-Ausst.	500,00

S	Postbank		H
AB	4.000,00	3. G.-Ausst.	1.500,00
2. Ford. a. LL	2.500,00	5. Verb. a. LL	1.500,00

S	Guthaben bei Kreditinstituten (Bank)		H
AB	8.000,00	5. Verb. a. LL	3.500,00
2. Ford. a. LL	1.500,00		
4. G.-Ausst.	400,00		

8 Sie sind Angestellte(r) der Textilfabrik Konrad Fied KG, Goseriede 41, 30159 Hannover. Der folgende Beleg liegt Ihnen zur Buchung vor.

a) Welcher Geschäftsfall liegt dem Beleg zugrunde?

b) Wie lautet der Buchungssatz?

Karl-Heinz

More

e. Kfm.

**Betriebs- und Geschäftsausstattungen
Großküchen- und Kantineneinrichtungen
Verkauf und Service**

K.-H. More e. Kfm. • Seelhorststr. 6 • 30175 Hannover

Seelhorststraße 6 • 30175 Hannover
Telefon: 0511 4066-0 • Fax: 0511 4066-18

Internet: www.more-wvd.de
E-Mail: info@more-wvd.de

Textilfabrik
Konrad Fied KG
Goseriede 41
30159 Hannover

EINGEGANGEN
21. Sept. 20..
Erledigt ....

Rechnung

Nummer: 4761

Datum: 19.09.20..

Ihre Bestellung vom: 12.08.20..   Unsere Lieferung vom: 17.09.20..

Wir lieferten Ihnen auf eigene Rechnung und Gefahr:

Bezeichnung	Preis je Einheit/€	Betrag/€
Für Ihre Kantine lieferten wir Ihnen:		
1 Fritteuse KS 317	1.740,00	1.740,00
1 Kartoffelschälmaschine PM 902	2.100,00	2.100,00
Rechnungsbetrag		**3.840,00**

Betrag dankend erhalten.
bar 2.000,00 EUR,
Bankscheck 1.840,00 EUR

Hannover, 21.09.20..   *Hinz*

22543550

2.5.4   Eröffnungsbilanzkonto und Schlussbilanzkonto

Einstieg

Für die doppelte Buchführung gilt der Grundsatz, dass jeder Sollbuchung eine Habenbuchung in gleicher Höhe gegenübersteht (Doppik).

> Wie kann das Prinzip der Doppik bei den Buchungen der Anfangsbestände eingehalten werden?

Dies weiß Tina Lüders. Ihr fällt auf, dass dieser Grundsatz im Buchführungsunterricht in der Berufsschule bei den Konteneröffnungen bisher nicht eingehalten wurde: Die Anfangsbestände wurden auf den Konten auf der Seite gebucht, auf der sie auch in der Bilanz stehen.

AH

Aktiva		Bilanz	Passiva
Geschäftsausstattung	200.000,00	Eigenkapital	180.000,00
Rohstoffe	70.000,00	Darlehensschulden	100.000,00
Guthaben bei KI (Bank)	40.000,00	Verbindlichkeiten a. LL	30.000,00
	310.000,00		310.000,00

a) Gestalten Sie die obige vereinfachte Bilanz so um, dass Buchungssätze für die Eröffnung der Konten gebildet werden können. Geben Sie der umgestalteten Bilanz den Namen „Eröffnungsbilanzkonto".

b) Nehmen Sie im Grund- und Hauptbuch die Eröffnungsbuchungen vor.

c) Buchen Sie im Grund- und Hauptbuch die folgenden Geschäftsfälle:
   1. Zieleinkauf von Rohstoffen .... 5.000,00 €
   2. Kauf eines Schreibtisches mit Girocard .... 500,00 €
   3. Umwandlung von Verbindlichkeiten a. LL in Darlehensschulden .... 10.000,00 €

d) Schließen Sie im Hauptbuch die Konten über das „Schlussbilanzkonto" ab und nehmen Sie im Grundbuch die entsprechenden Abschlussbuchungen vor.

Lernstoff

Um den oben beschriebenen Grundsatz der Doppik (jeder Sollbuchung steht eine Habenbuchung in gleicher Höhe gegenüber) auch bei den Eröffnungsbuchungen zu wahren, wird ein Hilfskonto, das sogenannte **Eröffnungsbilanzkonto (EBK),** eingerichtet.

Dieses Eröffnungsbilanzkonto nimmt die Aktivposten der Bilanz im Haben und die Passivposten der Bilanz im Soll auf. Somit ist das Eröffnungsbilanzkonto das **Spiegelbild** der Bilanz.

Aktiva	Bilanz	Passiva
Aktivposten		Passivposten

Soll	Eröffnungsbilanzkonto	Haben
Passivposten		Aktivposten

Mit den folgenden Eröffnungsbuchungen werden die Anfangsbestände auf die aktiven und passiven Bestandskonten vorgetragen.

1. Eröffnungsbuchungen für aktive Bestandskonten

> aktive Bestandskonten (Soll) an Eröffnungsbilanzkonto (Haben)

2. Eröffnungsbuchungen für passive Bestandskonten

> Eröffnungsbilanzkonto (Soll) an passive Bestandskonten (Haben)

Am Ende des Geschäftsjahres werden die Schlussbestände der aktiven und passiven Bestandskonten ermittelt. Auch für die Schlussbestände werden Gegenbuchungen vorgenommen, und zwar über das sogenannte **Schlussbilanzkonto (SBK)**.

Die Abschlussbuchungen für die aktiven und passiven Bestandskonten lauten:

1. Abschlussbuchungen für aktive Bestandskonten

> Schlussbilanzkonto (Soll) an aktive Bestandskonten (Haben)

2. Abschlussbuchungen für passive Bestandskonten

> passive Bestandskonten (Soll) an Schlussbilanzkonto (Haben)

Die durch die Inventur ermittelten Bestände werden im Inventar und in der Bilanz dokumentiert. Diese tatsächlichen Bestände (Istbestände) sollten mit den Buchbeständen (Sollbeständen) der aktiven und passiven Bestandskonten übereinstimmen.

Liegen Abweichungen vor, so werden die Buchbestände den tatsächlichen Beständen buchhalterisch angepasst.[1]

Das Eröffnungsbilanzkonto, die Sachkonten und das Schlussbilanzkonto werden im **Hauptbuch** geführt, das Inventar und die Bilanz im **Inventar- und Bilanzbuch.**

---

1   siehe Kapitel 2.5.6

Zusammenfassung

Grundbuch	S	H
A. Eröffnungsbuchungen		
aktive Bestandskonten an EBK		
EBK an passive Bestandskonten		
B. Laufende Buchungen		
Buchung der Geschäftsfälle		
C. Abschlussbuchungen		
SBK an aktive Bestandskonten		
passive Bestandskonten an SBK		

Inventur

Niederschlag im ··· Niederschlag im

Hauptbuch ··· Inventar- und Bilanzbuch

1. Das Eröffnungsbilanzkonto (EBK) ist ein Hilfskonto, das bei den Eröffnungsbuchungen das Prinzip der Doppik (jeder Sollbuchung steht eine Habenbuchung in gleicher Höhe gegenüber) wahrt. Es ist das Spiegelbild der Bilanz: Auf der Sollseite stehen die Passivposten, auf der Habenseite die Aktivposten.

2. Das Schlussbilanzkonto (SBK) ist ebenso aufgebaut wie die Bilanz: Auf der Sollseite stehen die Aktivposten, auf der Habenseite die Passivposten.

3. Die Bilanzkonten werden im Hauptbuch geführt.

4. Die Bilanzen werden aufgrund von Inventaren erstellt. Sie werden im Inventar- und Bilanzbuch geführt.

Aufgaben

1 Vergleichen Sie a) Eröffnungsbilanzkonto und Bilanz, b) Schlussbilanzkonto und Bilanz.

2 Erklären Sie, inwiefern das Eröffnungsbilanzkonto bei den Eröffnungsbuchungen das Prinzip der Doppik wahrt.

Gehen Sie bei den Geschäftsgängen der Aufgaben 3 und 4 in folgenden Schritten vor:

1. Erstellen Sie die Bilanz.

2. Erstellen Sie das Eröffnungsbilanzkonto und nehmen Sie die Eröffnungsbuchungen vor.

3. Buchen Sie die Geschäftsfälle.

4. Schließen Sie die Konten ab und nehmen Sie die Abschlussbuchungen über das Schlussbilanzkonto vor.

5. Erstellen Sie die Bilanz. (Unterstellung: Die Buchwerte stimmen mit den Istwerten der Inventur überein.)

3 Anfangsbestände

	€		€
Maschinen	90.000,00	Guthaben bei KI (Bank)	45.000,00
Rohstoffe	95.000,00	Eigenkapital	?
Forderungen a. LL	30.000,00	Langfr. Bankverbindlichkeiten[1]	110.000,00
Kasse	5.600,00	Verbindlichkeiten a. LL	42.000,00

Geschäftsfälle

	a) €	b) €
1. Barabhebung vom Bankkonto	5.000,00	7.000,00
2. Zieleinkauf von Rohstoffen	6.000,00	8.000,00
3. Kunde begleicht Rechnung per Banküberweisung	3.000,00	5.000,00
4. Barverkauf einer gebrauchten Fertigungsmaschine	2.500,00	2.400,00
5. Bareinzahlung auf Bankkonto	1.000,00	1.500,00
6. Wir zahlen an Lieferanten per Banküberweisung	5.000,00	7.000,00
7. Aufnahme eines Darlehens, Bankgutschrift	7.000,00	8.000,00
Barauszahlung	3.000,00	4.000,00

4 Anfangsbestände

	€		€
Maschinen	120.000,00	Guthaben bei Kreditinstituten (Bank)	25.000,00
Geschäftsausst.	85.000,00	Eigenkapital	?
Rohstoffe	110.000,00	Langfr. Bankverbindlichkeiten[1]	160.000,00
Forderungen a. LL	19.000,00	Verbindlichkeiten a. LL	78.000,00
Kasse	10.000,00		

Geschäftsfälle

	a) €	b) €
1. Rohstoffeinkauf, auf Ziel	2.500,00	3.500,00
bar	500,00	800,00
gegen Bankscheck	2.000,00	1.500,00
2. Darlehenstilgung durch Banküberweisung	5.000,00	7.000,00
3. Kauf eines PC, bar	800,00	900,00
mit Girocard unserer Bank	1.000,00	700,00
4. Verkauf einer gebrauchten Fertigungsmaschine, auf Ziel	1.800,00	1.500,00
bar	900,00	800,00
gegen Bankscheck	1.200,00	1.300,00
5. Umwandlung einer Lieferantenverbindlichkeit in eine Darlehensschuld	3.000,00	2.500,00
6. Kunde begleicht Rechnung per Banküberweisung	1.800,00	2.100,00
7. Wir begleichen Lieferantenrechnung, bar	900,00	1.200,00
per Banküberweisung	2.000,00	2.400,00

---

1 Im Konto „Langfristige Bankverbindlichkeiten" werden sowohl die Darlehensschulden als auch die Hypothekenschulden gebucht. In den Anfangskapiteln des Lehrbuches waren dafür zwei einzelne Konten vorgesehen.

2.5.5   Erfolgsvorgänge

Der Ausbildungsleiter der Konrad Fied KG, Dieter Bremer, weiß, dass Tina Lüders inzwischen schon recht erfahren in buchhalterischen Angelegenheiten ist. Er schätzt ihr klares, zielgerichtetes Denken.

Zur weiteren Einführung in die Buchführung übergibt er Tina Lüders ein Arbeitsblatt mit den folgenden Geschäftsfällen, die er speziell für ihre Ausbildung formuliert hat:

1. Gehaltszahlung durch Banküberweisung .... 4.000,00 €
2. Zinsgutschrift auf dem Bankkonto .... 200,00 €
3. Wir zahlen unsere Miete per Banküberweisung..................... 900,00 €
4. Wir erhalten eine Provision durch Banküberweisung .... 9.000,00 €
5. Lastschrift auf dem Bankkonto für Telefongebühren .... 300,00 €
6. Lastschrift auf dem Bankkonto für Überziehungszinsen .... 100,00 €

Herr Bremer: „Frau Lüders, für die Buchung dieser sechs Geschäftsfälle benötigen Sie zusätzlich zu dem Ihnen bereits bekannten Konto ‚Guthaben bei Kreditinstituten‘ die folgenden Konten: ‚Provisionserträge‘, ‚Zinserträge‘, ‚Telekommunikationskosten‘, ‚Gehälter‘, ‚Mietaufwendungen‘ und ‚Zinsaufwendungen‘. Diese Konten haben Sie bisher in Ihrer Ausbildung noch nicht kennengelernt. Buchen Sie diese sechs Geschäftsfälle im Grund- und Hauptbuch. Das Konto ‚Guthaben bei Kreditinstituten‘ hat einen Anfangsbestand von 10.000,00 €. Ermitteln Sie den Erfolg, also einen Gewinn oder einen Verlust, der sich aus diesen sechs Geschäftsfällen ergibt. Sie können Ihr Rechnungswesenlehrbuch zur Lösung dieser Aufgaben zu Hilfe nehmen.“

Wie werden Gehaltszahlungen oder Zinsgutschriften gebucht? Die entsprechenden Buchungen müssten doch eigentlich unser Eigenkapital verändern...

Lösen Sie die Aufgaben, die Herr Bremer Tina Lüders gestellt hat, in Ihrem Arbeitsheft.

2.5.5.1   Buchen auf den Erfolgskonten

Bei allen bisherigen Geschäftsfällen ist das Konto „Eigenkapital“ unberührt geblieben. Das Konto „Eigenkapital“ ändert sich durch **Erträge und Aufwendungen.**

Erträge mehren das Eigenkapital. Hierzu gehören z. B.: Verkaufserlöse, Mieteinnahmen, Provisionserträge und Zinserträge.

Aufwendungen mindern das Eigenkapital. Hierzu gehören z. B.: Personalkosten, Mietaufwendungen, Materialaufwendungen und Betriebsteuern.

Erträge könnten als Bestandsmehrungen im Haben und Aufwendungen als Bestandsminderungen im Soll auf dem passiven Bestandskonto „Eigenkapital“ gebucht werden.

S	Eigenkapital		H
Eigenkapitalminderungen = **Aufwendungen**	Anfangsbestand		
Schlussbestand	Eigenkapitalmehrungen = **Erträge**		

Damit nun aber

1. die sachliche Herkunft der einzelnen Erträge und Aufwendungen zu erkennen ist und
2. das Eigenkapitalkonto nicht zu unübersichtlich wird,

werden für gleichartige Erträge und Aufwendungen spezielle **Erfolgskonten** angelegt.

Ihrem Aufwands- oder Ertragscharakter entsprechend unterteilt man die Erfolgskonten in **Aufwandskonten** und **Ertragskonten**.

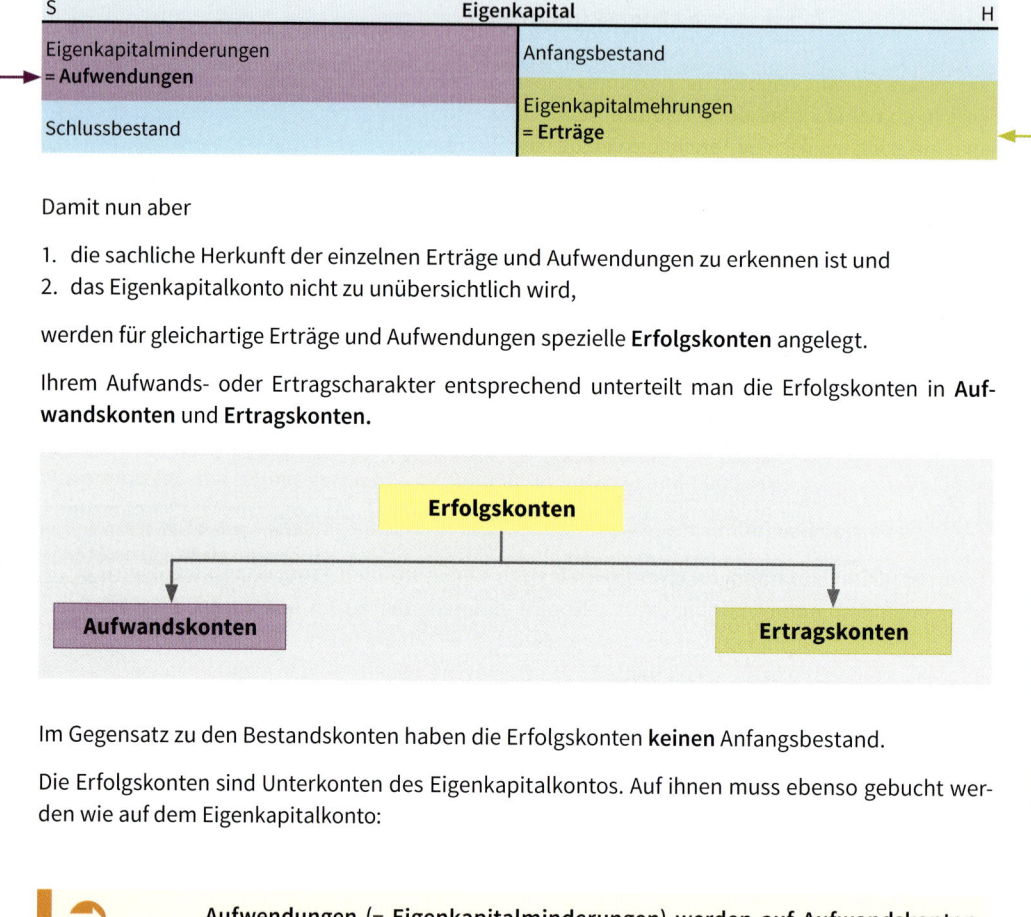

Im Gegensatz zu den Bestandskonten haben die Erfolgskonten **keinen** Anfangsbestand.

Die Erfolgskonten sind Unterkonten des Eigenkapitalkontos. Auf ihnen muss ebenso gebucht werden wie auf dem Eigenkapitalkonto:

> ➡ **Aufwendungen (= Eigenkapitalminderungen) werden auf Aufwandskonten im Soll gebucht. Erträge (= Eigenkapitalmehrungen) werden auf Ertragskonten im Haben gebucht.**

S	Aufwandskonto	H
Aufwendungen		

S	Ertragskonto	H
	Erträge	

Beispiel

1. Löhne werden durch Banküberweisung gezahlt . . . . 14.000,00 €

Buchungssatz	Soll	Haben
Löhne	14.000,00	
an Guthaben bei Kreditinstituten (Bank)		14.000,00

Buchung

S	Löhne	H
G. b. KI	14.000,00	

S	Guthaben bei Kreditinstituten (Bank)	H
AB	. . .	Löhne	14.000,00

Beispiel 2. Wir erhalten eine Zinsgutschrift auf unserem Bankkonto .... 700,00 €

Buchungssatz	Soll	Haben
Guthaben bei Kreditinstituten (Bank)	700,00	
an Zinserträge		700,00

Buchung

S	Guthaben bei Kreditinstituten (Bank)	H		S	Zinserträge	H
AB	...				G. b. KI	700,00
Zinserträge	700,00					

2.5.5.2 Das Gewinn- und Verlustkonto

Am Geschäftsjahresende werden die Aufwands- und Ertragskonten über ein Sammelkonto, das sogenannte **Gewinn- und Verlustkonto (GuV),** abgeschlossen.

Auf dem Gewinn- und Verlustkonto wird als Saldo aller Erträge und Aufwendungen ein **Gewinn** bzw. **Verlust** ermittelt.

	Summe der Erträge
−	Summe der Aufwendungen
=	Gewinn bzw. Verlust

Beispiel

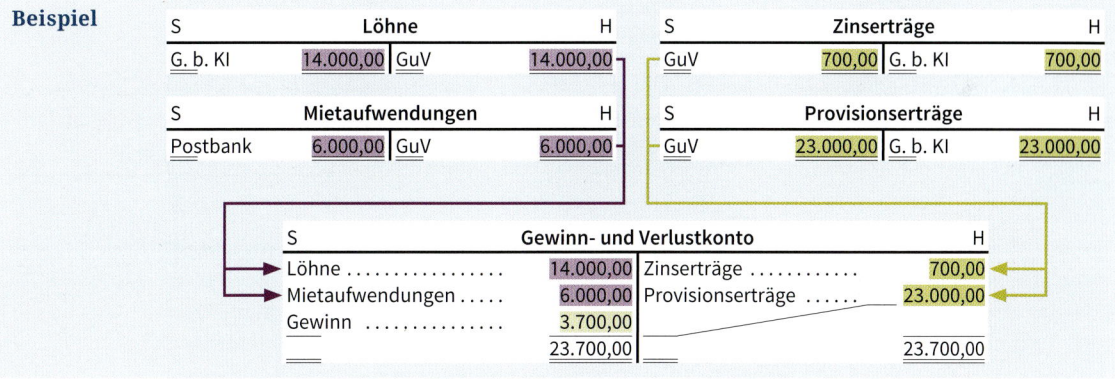

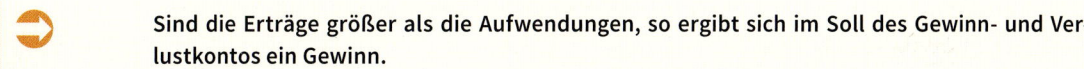
Sind die Erträge größer als die Aufwendungen, so ergibt sich im Soll des Gewinn- und Verlustkontos ein Gewinn.

Sind die Aufwendungen größer als die Erträge, so ergibt sich im Haben des Gewinn- und Verlustkontos ein Verlust.

Der Gewinn bzw. Verlust, der auf dem Gewinn- und Verlustkonto ermittelt wird, gelangt in das Eigenkapitalkonto und mehrt bzw. mindert den Eigenkapitalbestand.

Beispiel

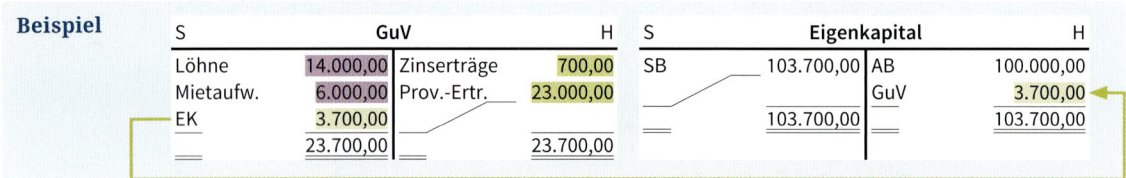

S	GuV	H		S	Eigenkapital	H
Löhne	14.000,00	Zinserträge	700,00	SB	103.700,00	AB	100.000,00
Mietaufw.	6.000,00	Prov.-Ertr.	23.000,00			GuV	3.700,00
EK	3.700,00				103.700,00		103.700,00
	23.700,00		23.700,00				

Offenlegungspflichtigen Unternehmen sind Inhalt und Gliederung der GuV-Rechnung detailliert vorgeschrieben (siehe Kapitel 3.6.3).

Zusammenfassung

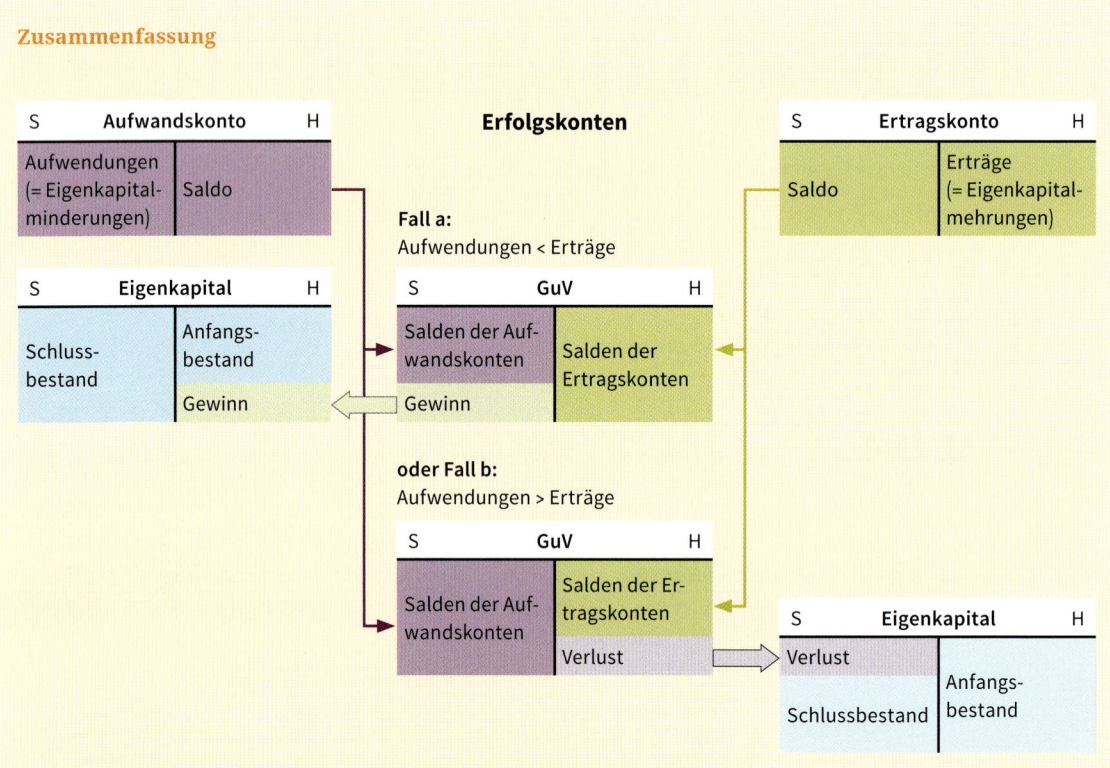

1. Neben dem Bestandskontenkreis gibt es den Erfolgskontenkreis.

2. Im Gegensatz zu den Bestandskonten weisen die Erfolgskonten keinen Anfangsbestand auf.

3. Die Erfolgskonten werden in die Aufwandskonten und Ertragskonten unterteilt.

4. Aufwendungen werden auf Aufwandskonten im Soll gebucht.

5. Erträge werden auf Ertragskonten im Haben gebucht.

6. Die Aufwandskonten und Ertragskonten werden über das Gewinn- und Verlustkonto (GuV) abgeschlossen.

7. Ist die Summe der Erträge größer als die Summe der Aufwendungen, so ergibt sich im Soll des Gewinn- und Verlustkontos ein Gewinn. Umgekehrt ergibt sich im Haben des Gewinn- und Verlustkontos ein Verlust, wenn die Summe der Aufwendungen größer ist als die Summe der Erträge.

8. Das Gewinn- und Verlustkonto wird über das Eigenkapitalkonto abgeschlossen. Ein Gewinn führt zu einer Eigenkapitalmehrung, ein Verlust zu einer Eigenkapitalminderung.

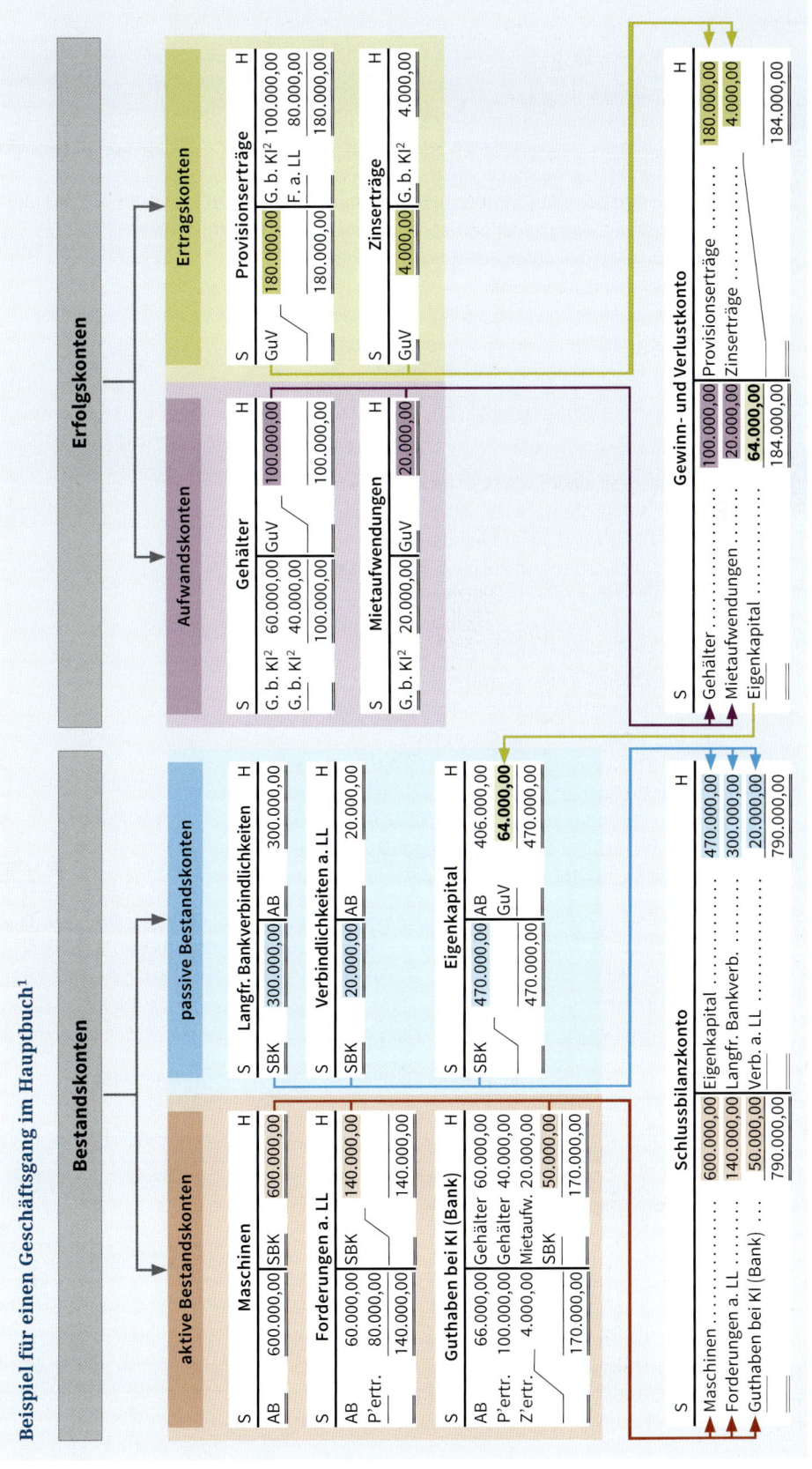

Beispiel für einen Geschäftsgang im Hauptbuch[1]

1 Auf die Darstellung des Eröffnungsbilanzkontos wird verzichtet.
2 Guthaben bei Kreditinstituten (Bank)

Aufgaben

1 u. 2: Einführung in die Thematik
3: Buchungsregeln
4: Übersicht über die Konten der Buchführung

5: Buchen auf Erfolgskonten
6: Belegbuchungen
7 u. 8: Geschäftsgänge

9: Zeitliche Abfolge der Arbeiten bei einem Geschäftsgang

1 Wie lauten die Buchungssätze, wenn direkt über das Konto „Eigenkapital" gebucht wird?

1. Stromkosten werden per Banküberweisung gezahlt .... 1.800,00 €
2. Wir erhalten eine Zinsgutschrift auf unserem Bankkonto .... 900,00 €
3. Banküberweisung der betrieblichen Telekommunikationskosten .... 770,00 €
4. Löhne werden durch Banküberweisung gezahlt .... 12.500,00 €
5. Barzahlung für Inserate .... 420,00 €
6. Wir erhalten Provision per Postbanküberweisung .... 5.100,00 €
7. Wir zahlen Darlehenszinsen per Banküberweisung .... 850,00 €
8. Wir kaufen Büromaterial bar .... 95,00 €

2 Warum ist es unzweckmäßig, Erträge und Aufwendungen direkt über das Konto „Eigenkapital" zu buchen?

3 Geben Sie an, ob im Soll oder im Haben gebucht wird:
a) Der Anfangsbestand auf aktiven Bestandskonten.
b) Einen Aufwand auf Aufwandskonten.
c) Der Schlussbestand auf passiven Bestandskonten.
d) Einen Ertrag auf Ertragskonten.
e) Der Schlussbestand auf aktiven Bestandskonten.
f) Eine Bestandsminderung auf aktiven Bestandskonten.
g) Der Saldo auf Ertragskonten.
h) Der Anfangsbestand auf passiven Bestandskonten.
i) Der Saldo auf Aufwandskonten.
j) Eine Bestandsmehrung auf passiven Bestandskonten.
k) Der Gewinn auf dem Gewinn- und Verlustkonto.
l) Eine Bestandsmehrung auf aktiven Bestandskonten.
m) Der Verlust auf dem Gewinn- und Verlustkonto.
n) Eine Bestandsminderung auf passiven Bestandskonten.

AH

4 Setzen Sie in Ihrem Arbeitsheft auf die gestrichelten Linien die folgenden Begriffe sinngemäß ein: Verlust, Verlust, Gewinn, Aufwand, Ertrag, Aufwandskonten, Ertragskonten, Aufwandskonto, Ertragskonto, Gewinn- und Verlustkonto, AB, AB, SB, SB, Bestandsmehrungen, Bestandsmehrungen, Bestandsminderungen, Bestandsminderungen, Bestandsminderungen, aktives Bestandskonto, passives Bestandskonto, aktiven Bestandskonten, passiven Bestandskonten, Schlussbilanzkonto, Erfolgskonten, Bestandskonten.

Übersicht über die Konten der Buchführung

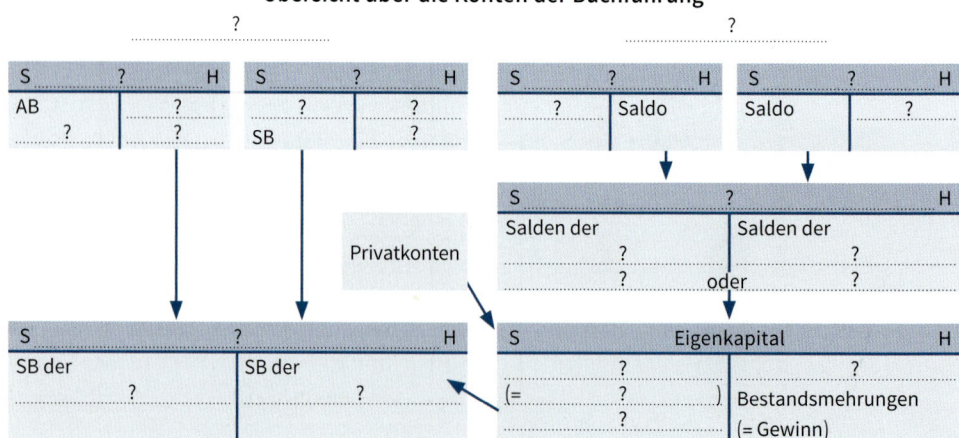

AB = Anfangsbestand,
SB = Schlussbestand

5 a) Richten Sie sich die Konten „Löhne", „Mietaufwendungen", „Büromaterial", „Zinserträge" und „Provisionserträge" ein. Buchen Sie auf diesen Konten, ohne die Gegenkonten zu führen, die folgenden Geschäftsfälle:

1. Bank schreibt uns Zinsen gut .... 950,00 €
2. Lohnzahlung per Banküberweisung .... 3.000,00 €
3. Barzahlung für Büromaterial .... 120,00 €
4. Wir zahlen Miete für Geschäftsräume per Postbanküberweisung .... 1.100,00 €
5. Wir erhalten Provision durch Banküberweisung .... 4.300,00 €

b) Richten Sie sich ein Gewinn- und Verlustkonto ein. Schließen Sie die Konten ab und ermitteln Sie den Gewinn bzw. Verlust.

6 Sie sind Angestellte(r) der Textilfabrik Konrad Fied KG, Goseriede 41, 30159 Hannover. Die folgenden Belege liegen Ihnen zur Buchung vor.

a) Welche Geschäftsfälle liegen den Belegen zugrunde? b) Wie lauten die Buchungssätze?

Konten: Büromaterial, Portokosten, Zinsaufwendungen, Langfristige Bankverbindlichkeiten, Guthaben bei Kreditinstituten (Bank), Reisekosten (oder: Aufwendungen für Betriebsstoffe, oder: Aufwendungen für Energie), Kasse, Verbindlichkeiten a. LL, Nebenerlöse aus Vermietung und Verpachtung, Versicherungsbeiträge, Kosten des Geldverkehrs, Rechts- und Beratungskosten, Zinserträge, Aufwendungen für Energie.

Beleg 1

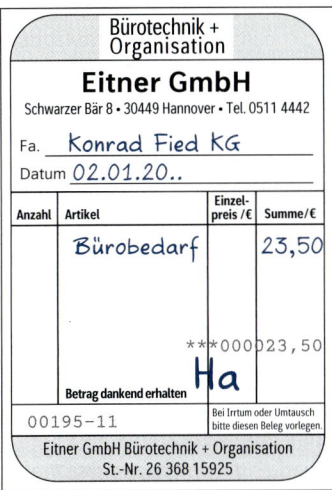

Bürotechnik + Organisation

Eitner GmbH

Schwarzer Bär 8 · 30449 Hannover · Tel. 0511 4442

Fa. _Konrad Fied KG_

Datum _02.01.20.._

Anzahl	Artikel	Einzel-preis / €	Summe/€
	Bürobedarf		23,50
		***000	23,50

Betrag dankend erhalten

00195–11   Bei Irrtum oder Umtausch bitte diesen Beleg vorlegen.

Eitner GmbH Bürotechnik + Organisation
St.-Nr. 26 368 15925

Beleg 2

TANK-CENTER

FREE Klaus Cianciaruso
Blumenauer Str. 10, 30449 Hannover

Tankstellen-Nr: 0950045166
Tel.: 0511 1255864
Fax: 0511 1255865

Beleg-Nr. 280389 03.01.20.. 08:52

St.-Nr. Station: 26 357 33127
USt-IdNr. Gesellschaft: DE 115 236 215

0004 Super bleifrei   53,69 € A
*Zp 02   33,68 l 1,594 €/l   *

Gesamtbetrag   53,69 €

gegeben: 60,69 €
Rückgeld: 7,00 €

Buchungsvermerk: Quittung
unseres Reisenden R. Ramm

Beleg 3[1]

Hannoversche Volksbank eG

			Kontonummer	erstellt am	Auszug	Blatt
			12 345	04.01.20..	3	1/1

BLZ 251 900 01   **Kontoauszug**

Bu.-Tag	Wert	Vorgang		alter Kontostand	80.000,00 +
03.01.	02.01.	Klaus Frost, Miete für Januar 20..			920,00 +
03.01.	02.01.	Energie AG, Vorauszahlungspauschale für Strom, Kd.-Nr. 24 007			4.500,00 –
				neuer Kontostand vom 04.01.20..	**76.420,00 +**

Textilfabrik
Konrad Fied KG
Goseriede 41
30159 Hannover

USt-IdNr.: DE 115 648 359

IBAN: DE73 2519 0001 0000 0123 45   BIC: VOHADE2H

Hinweis: Es sind zwei Geschäftsfälle zu bearbeiten.

1 Bei einigen Kreditinstituten werden auf den Kontoauszügen die Buchungen mit „H" (Haben) statt „+" und mit „S" (Soll) statt „–" ausgewiesen. Siehe hierzu S. 39, Aufgabe 3.

Beleg 4[1]

	Kontonummer	erstellt am	Auszug	Blatt
Hannoversche Volksbank eG	**12 345**	03.07.20..	122	1/1

BLZ 251 900 01 **Kontoauszug**

Bu.-Tag	Wert	Vorgang	alter Kontostand	
02.07.	30.06.	Darlehen 60 531		50.000,00 +
				375,00 -
		Tilgung	76,58 €	
		Zinsen	298,42 €	
		neuer Kontostand vom 03.07.20..		**49.625,00 +**

Textilfabrik
Konrad Fied KG
Goseriede 41
30159 Hannover

USt-IdNr.: DE 115 648 359
IBAN: DE73 2519 0001 0000 0123 45   BIC: VOHADE2H

Beleg 5[1,2]

	Kontonummer	erstellt am	Auszug	Blatt
Hannoversche Volksbank eG	**12 345**	04.07.20..	123	1/1

BLZ 251 900 01 **Kontoauszug**

Bu.-Tag	Wert	Vorgang	alter Kontostand	
02.07.	30.06.	Konto-Abschlussrechnung		60.000,00 +
				573,00 -
		3 % Habenzinsen	75,00 +	
		9 % Sollzinsen	468,00 -	
		0,25 % Kredit-Prov.	55,00 -	
		3 % Überziehungs-Prov.	57,00 -	
		1 % Umsatz-Prov.	30,00 -	
		Gebühren	38,00 -	
		neuer Kontostand vom 04.07.20..		**59.427,00 +**

Textilfabrik
Konrad Fied KG
Goseriede 41
30159 Hannover

USt-IdNr.: DE 115 648 359
IBAN: DE73 2519 0001 0000 0123 45   BIC: VOHADE2H

Beleg 6[1]

	Kontonummer	erstellt am	Auszug	Blatt
Hannoversche Volksbank eG	**12 345**	16.07.20..	131	1/1

BLZ 251 900 01 **Kontoauszug**

Bu.-Tag	Wert	Vorgang	alter Kontostand	
15.07.	13.07.	Arminia-Versicherung AG, Vers.-Nr. 111,		70.000,00 +
				535,00 +
		Lkw H-RJ 662, Rückzahlung Kfz-Versicherung		
		(Abmeldung)		
		neuer Kontostand vom 16.07.20..		**70.535,00 +**

Textilfabrik
Konrad Fied KG
Goseriede 41
30159 Hannover

USt-IdNr.: DE 115 648 359
IBAN: DE73 2519 0001 0000 0123 45   BIC: VOHADE2H

Anmerkung: Der Rückzahlungsbetrag beinhaltet die Kfz-Versicherung des laufenden Geschäftsjahres.

---

1 Bei einigen Kreditinstituten werden auf den Kontoauszügen die Buchungen mit „H" (Haben) statt „+" und mit „S" (Soll) statt „–" ausgewiesen. Siehe hierzu S. 39, Aufgabe 3.
2 Buchung mit hohem Schwierigkeitsgrad

22543562

Beleg 7

Beleg 8

```
Deutsche Post AG
30449 Hannover
81301811 31.01.20..

7027
Postwertzeichen ohne Zuschlag
*30,60 EUR                          A

Bruttoumsatz              *30,60 EUR
umsatzsteuerbefreit nach §4 UStG A
Nettoumsatz A             *30,60 EUR
Steuernummer der Deutschen Post AG:
5205/5777/1510
Vielen Dank für Ihren Besuch.
Ihre Deutsche Post AG
```

```
*****************************
    TURN-ELECTRO
   Elektrohandel GmbH
Ihmezentrum · Spinnereistr. 14
        30449 Hannover
   Steuernummer 26 668 24639
*****************************
4901780385164     12,95 x 1
100 CD-R/700 Spindel   12,95 €

   Total          12,95 €
       bar        103,00 €
    Rückgeld       90,05 €

331    45001       6       2142
17.01.20..              15:38:54
*****************************
```

Hinweis: Barzahlung

Beleg 9

Dr. Detlef Kuhlmann
Rechtsanwalt • Notar

Bödekerstraße 21
30161 Hannover
Tel.: 0511 2234
Fax: 0511 2233
E-Mail: info@kuhlmann-wvd.de

Bankverbindung:
Sparkasse Hannover
Kto.-Nr.: 123 765, BLZ 250 501 80
IBAN DE06 2505 0180 0000 1237 65
BIC SPKHDE2H
St.-Nr. 26 447 25368

Dr. D. Kuhlmann • Bödekerstraße 21 • 30161 Hannover

Textilfabrik
Konrad Fied KG
Goseriede 41
30159 Hannover

EINGEGANGEN
27. Juni 20..
Erledigt ....

Ihr Zeichen, Ihre Nachricht vom	Unser Zeichen	Datum
		25.06.20..

Kostenrechnung
– Endabrechnung –
Beratung Lieferungsverzug Emut GmbH, Hofgeismar
Rechnungsnummer: R00353/..
Leistungszeitraum: 20.06.20..

Pauschalgebühr gemäß Vereinbarung vom 20.06.20..
250,00 €/Std. (6-Minuten-Takt)

Durchsicht Unterlagen 20.06.20.. – 13:20–13:25 Uhr	25,00 €
Besprechung 20.06.20.. – 14:55–15:40 Uhr	200,00 €
Entgelt für Post- und Telekommunikations-dienstleistungen gem. Nr. 7002 VV (pauschal)	20,00 €
Gesamtbetrag	**245,00 €**

Kuhlmann

Dr. D. Kuhlmann
(Rechtsanwalt)

Lösen Sie die Aufgaben 7 und 8 in folgenden Schritten:
1. Erstellen Sie das Eröffnungsbilanzkonto.
2. Buchen Sie die Anfangsbestände auf die Bestandskonten.
3. Buchen Sie die Geschäftsfälle auf den Bestands- und Erfolgskonten.
4. Schließen Sie die Erfolgskonten über das Gewinn- und Verlustkonto ab.
5. Ermitteln Sie den Gewinn bzw. Verlust auf dem Gewinn- und Verlustkonto und schließen Sie das Gewinn- und Verlustkonto über das Eigenkapitalkonto ab.
6. Schließen Sie die Bestandskonten über das Schlussbilanzkonto ab.

7 Anfangsbestände

	€		€
Maschinen	79.000,00	Guthaben bei KI (Bank)	9.000,00
Rohstoffe	45.000,00	Eigenkapital	?
Forderungen a. LL	13.000,00	Langfristige Bankverbindlichk.[1]	42.000,00
Kasse	2.500,00	Verbindlichkeiten a. LL	8.000,00

Erfolgskonten: Büromaterial, Zinsaufwendungen, Löhne, Zinserträge, Provisionserträge.

Eröffnungs- bzw. Abschlusskonten: Eröffnungsbilanzkonto, Gewinn- und Verlustkonto, Schlussbilanzkonto.

Geschäftsfälle

	€
1. Zinsgutschrift der Bank	850,00
2. Zieleinkauf von Rohstoffen	3.000,00
3. Bareinkauf von Büromaterial	120,00
4. Tilgung einer Darlehensschuld durch Banküberweisung	2.000,00
5. Darlehenszinsen werden vom Bankkonto abgebucht	350,00
6. Kunde begleicht Rechnung durch Banküberweisung	4.000,00
7. Lohnzahlung per Banküberweisung	4.500,00
8. Wir erhalten Provision durch Banküberweisung	1.200,00
9. Barverkauf einer gebrauchten Fertigungsmaschine	3.500,00
10. Ausgleich einer Lieferantenrechnung durch Banküberweisung	2.000,00

8 Anfangsbestände

	€		€
Maschinen	70.000,00	Guthaben bei Kredit-	
Geschäftsausstattung	25.000,00	instituten (Bank)	10.000,00
Rohstoffe	80.000,00	Eigenkapital	?
Forderungen a. LL	18.000,00	Langfristige Bankverbindlichk.[1]	50.000,00
Kasse	9.000,00	Verbindlichkeiten a. LL	20.000,00

Erfolgskonten: Aufw. für Verpackungsmaterial, Aufw. für Beiträge, Zinsaufw., Mietaufw., Büromaterial, Nebenerlöse aus Vermietung und Verpachtung, Provisionserträge.

Eröffnungs- bzw. Abschlusskonten: Eröffnungsbilanzkonto, Gewinn- und Verlustkonto, Schlussbilanzkonto.

Geschäftsfälle

	€
1. Bareinkauf von Verpackungsmaterial	700,00
2. Banküberweisung eines Kunden	5.000,00
3. Wir erhalten Miete per Banküberweisung	1.000,00
4. Ausgleich einer Lieferantenrechnung per Banküberweisung	3.000,00
5. Zieleinkauf von Rohstoffen	4.000,00
6. Provisionseingang per Bankscheck	5.000,00

---

1 Im Konto „Langfristige Bankverbindlichkeiten" werden sowohl die Darlehensschulden als auch die Hypothekenschulden gebucht. In den Anfangskapiteln des Lehrbuches waren dafür zwei einzelne Konten vorgesehen.

		€
7.	Zahlung des Industrie- und Handelskammerbeitrages per Banküberweisung ...	800,00
8.	Kunde begleicht Rechnung per Banküberweisung	6.000,00
9.	Banküberweisung für Darlehenstilgung	1.000,00
	für Darlehenszinsen	500,00
10.	Barkauf von zwei Büroschreibtischen	1.500,00
11.	Wir zahlen Miete per Banküberweisung	2.000,00
12.	Barkauf von Büromaterial	200,00
13.	Verkauf einer gebrauchten Fertigungsmaschine gegen Bankscheck	5.000,00

9 Stellen Sie durch Zuordnung den korrekten zeitlichen Ablauf dar.

A	B
1. Arbeitsschritt 1 2. Arbeitsschritt 2 3. Arbeitsschritt 3 4. Arbeitsschritt 4 5. Arbeitsschritt 5 6. Arbeitsschritt 6 7. Arbeitsschritt 7	1. Abschluss der Erfolgskonten über das Gewinn- und Verlust-konto 2. Abschluss des Gewinn- und Verlustkontos über das Eigen-kapitalkonto 3. Ermittlung des Gewinns bzw. Verlustes auf dem Gewinn- und Verlustkonto 4. Erstellen des Eröffnungsbilanzkontos 5. Abschluss der Bestandskonten über das Schlussbilanzkonto 6. Buchen der Geschäftsfälle auf den Bestands- und Erfolgs-konten 7. Buchen der Anfangsbestände auf die Bestandskonten

2.5.6 Abstimmung zwischen den Daten der Buchführung und den Daten der Inventur

> Warum stimmen Inventurbestand und Buchbestand nicht überein?

Einstig

Tina Lüders ist mit Inventurarbeiten beschäftigt. Beim Vergleich des Bankguthabens gemäß Kontoauszug mit dem entsprechenden buchhalterischen Bestand stellt sie eine Ungereimtheit fest.

Der Kontoauszug weist ein Guthaben von 20.825,36 € aus.

Das in der Buchhaltung geführte Bankkonto hat folgendes Aussehen:

Soll	Guthaben bei Kreditinstituten (Bank)		Haben
AB	9.783,25	Verbindlichkeiten a. LL	6.030,52
Forderungen a. LL	5.527,80	Verbindlichkeiten a. LL	1.837,34
Forderungen a. LL	12.732,17		
Nebenerlöse aus V. u. V.[1] (Mieter Just, Dez.)	650,00		
Nebenerlöse aus V. u. V.[1] (Mieter Just, Dez.)	650,00		

---

1 Nebenerlöse aus Vermietung und Verpachtung

a) Ermitteln Sie außerhalb des Bankkontos dessen buchhalterischen Schlussbestand.

b) Errechnen Sie die Inventurdifferenz und ermitteln Sie den Grund der Inventurdifferenz.

c) Nennen Sie den entsprechenden Korrekturbuchungssatz.

d) Nehmen Sie die Korrekturbuchung auf dem Bankkonto vor und schließen Sie das Bankkonto ab.

e) Nennen Sie weitere Gründe für Inventurdifferenzen.

Lernstoff

 Die bei der Inventur ermittelten Bestände sind maßgeblich für die Bilanz.

Nun sind die bei der Inventur ermittelten Bestände (= **Istbestände**) nicht immer mit den in der Buchführung ermittelten Schlussbeständen der aktiven und passiven Bestandskonten (= **Sollbestände**) identisch. In diesen Fällen müssen die Sollbestände der Buchführung den Istbeständen des Inventars angepasst werden.

Die Soll-Ist-Abweichungen werden verursacht durch

■ falsche Buchungen,

■ irrtümlich unterlassene Buchungen,

■ mehrfach vorgenommene Buchungen,

■ in der laufenden Buchführung nicht bekannt gewordene und deshalb buchhalterisch nicht erfasste Bestandsabgänge (z. B. Schwund, Diebstahl).

Die Ursachen sind in jedem Einzelfall zu klären, entsprechende Korrekturbuchungen sind vorzunehmen.

Die erforderlichen buchhalterischen Korrekturen können neben den betroffenen Bestandskonten auch **Erfolgskonten** berühren.

Beispiele

	Werte des Inventars (= Istbestände)	Vorläufige Schlussbestände der Bestandskonten (= Sollbestände)	Inventurdifferenz (= Sollbestände – Istbestände)
Fall 1, Kasse	5.869,55 €	5.969,55 €	+ 100,00 €
Fall 2, Rohstoffe	243.689,00 €	248.689,00 €	+ 5.000,00 €
Fall 3, Hilfsstoffe	15.400,00 €	10.400,00 €	– 5.000,00 €

Ursachenklärung und Korrekturbuchungen:

a) **Fall 1: Ursache:** Die Inventurdifferenz von 100,00 € resultiert aus einem unaufgeklärten Diebstahl.

Korrekturbuchung	Soll	Haben
Verluste aus Kassenbeständen	100,00	
an Kasse		100,00

b) **Fall 2 und Fall 3: Ursache:** Eine noch nicht bezahlte Eingangsrechnung über Hilfsstoffe in Höhe von 5.000,00 € wurde versehentlich auf dem Konto „Rohstoffe" gebucht.

Korrekturbuchungen		Soll	Haben
1. Stornobuchung	Verbindlichkeiten a. LL	5.000,00	
	an Rohstoffe		5.000,00
2. korrekte Buchung	Hilfsstoffe	5.000,00	
	an Verbindlichkeiten a. LL		5.000,00

22543566

Zusammen-fassung

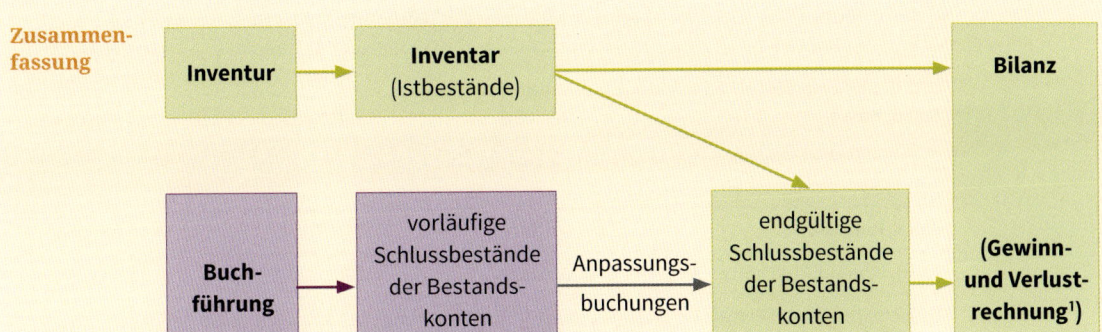

1. Die bei der Inventur ermittelten Bestände sind maßgeblich für die Bilanz.

2. Weichen die Bestände, die bei der Inventur ermittelt werden (= Istbestände), von den buchhalterisch ermittelten Schlussbeständen der Bestandskonten (= Sollbestände) ab, so sind die buchhalterisch ermittelten Werte den Inventurwerten anzupassen.

3. Bei den erforderlichen Korrekturbuchungen können neben Bestandskonten auch Erfolgskonten berührt werden.

Aufgabe

Die Gegenüberstellung der Werte des Inventars und der vorläufigen Schlussbestände der Bestandskonten (Werte der Buchführung) erbrachte die unten stehenden Abweichungen. (Es handelt sich um Fälle aus mehreren Geschäftsjahren.)

Nehmen Sie die erforderlichen Korrekturbuchungen (Buchungssätze) vor.

Bestandskonten: Postbank, Geschäftsausstattung, Forderungen a. LL, Guthaben bei Kreditinstituten (Bank), Kasse, Rohstoffe, Fuhrpark, Maschinen, Verbindlichkeiten a. LL.
Erfolgskonten: Zinsaufwendungen, Verluste aus Kassenbeständen, Nebenerlöse aus Vermietung und Verpachtung, Zinserträge, Provisionserträge, Umsatzerlöse für eigene Erzeugnisse.

Betroffene Konten	Werte des Inventars (Istbestände)	Vorläufige Schlussbestände der Bestandskonten (Sollbestände)	Inventurdifferenz (Sollbestände – Istbestände)
Fall 1, Maschinen	250.000,00 €	253.000,00 €	+ 3.000,00 €
Fall 2, Geschäftsausstattung	83.000,00 €	80.000,00 €	– 3.000,00 €
Ursache (Fall 1 und Fall 2): Ein PC, der mit Girocard unserer Bank bezahlt wurde, wurde versehentlich auf dem Konto „Maschinen" gebucht.			
Fall 3, Kasse	8.600,00 €	8.800,00 €	+ 200,00 €
Ursache (Fall 3): Aus der Kasse wurden 200,00 € gestohlen (unaufgeklärter Diebstahl).			
Fall 4, Fuhrpark	100.000,00 €	140.000,00 €	+ 40.000,00 €
Fall 5, Verbindlichkeiten a. LL	70.000,00 €	110.000,00 €	+ 40.000,00 €
Ursache (Fall 4 und Fall 5): Der Zieleinkauf eines Pkw wurde versehentlich doppelt gebucht.			

---

1 Die Gewinn- und Verlustrechnung ergibt sich nicht aus dem Inventar, sondern nur aus der Buchführung.

Betroffene Konten	Werte des Inventars (Istbestände)	Vorläufige Schlussbestände der Bestandskonten (Sollbestände)	Inventurdifferenz (Sollbestände – Istbestände)
Fall 6, Kasse	7.900,00 €	7.400,00 €	– 500,00 €
Ursache (Fall 6): Eine Barzahlung (Zahlungseingang) über Provisionserträge wurde versehentlich nicht gebucht.			
Fall 7, Rohstoffe	180.000,00 €	170.000,00 €	– 10.000,00 €
Fall 8, Verbindlichkeiten a. LL	50.000,00 €	40.000,00 €	– 10.000,00 €
Ursache (Fall 7 und Fall 8): Ein Zieleinkauf von Rohstoffen wurde versehentlich nicht gebucht.			
Fall 9, Guthaben b. KI (Bank)	95.000,00 €	92.500,00 €	– 2.500,00 €
Fall 10, Postbank	37.500,00 €	40.000,00 €	+ 2.500,00 €
Ursache (Fall 9 und Fall 10): Eine Bareinzahlung auf das Bankkonto wurde versehentlich auf dem Postbankkonto gebucht.			
Fall 11, Kasse	8.000,00 €	7.000,00 €	– 1.000,00 €
Ursache (Fall 11): Unser Mieter hatte die Miete ausnahmsweise bar an uns gezahlt. Dies wurde versehentlich nicht gebucht.			
Fall 12, Guthaben b. KI (Bank)	103.000,00 €	102.400,00 €	– 600,00 €
Ursache (Fall 12): Die Abbuchung von Darlehenszinsen von unserem Bankkonto wurde versehentlich doppelt gebucht.			
Fall 13, Forderungen a. LL	90.000,00 €	97.000,00 €	+ 7.000,00 €
Ursache (Fall 13): Eine Ausgangsrechnung über eigene Erzeugnisse (Konto: „Umsatzerlöse für eigene Erzeugnisse") wurde versehentlich mit einem zu hohen Betrag gebucht.			
Fall 14, Geschäftsausstattung	85.000,00 €	84.600,00 €	– 400,00 €
Fall 15, Verbindlichkeiten a. LL	52.000,00 €	51.600,00 €	– 400,00 €
Ursache (Fall 14 und Fall 15): Der Zieleinkauf eines PC wurde mit einem zu niedrigen Betrag gebucht.			
Fall 16, Postbank	42.000,00 €	40.400,00 €	– 1.600,00 €
Ursache (Fall 16): Der Zahlungseingang von 800,00 € Zinserträgen wurde versehentlich als Zahlungsausgang von 800,00 € Zinsaufwendungen gebucht.			

2.6   Besonderheiten der Erfolgsermittlung im Handelsbetrieb[1]

Einstieg[2]   Herr Bremer übergibt Tina Lüders ein Arbeitsblatt mit folgendem Inhalt:

Im Hauptbuch sind folgende Konten zu führen:
Bestandskonto: Waren
Erfolgskonten: Aufwendungen für Waren, Umsatzerlöse für Waren
Abschlusskonten: Gewinn- und Verlustkonto, Schlussbilanzkonto

Anfangsbestand:
Waren (40 T-Shirts zu je 20,00 €) . . . . 800,00 €

---

1 In Industriebetrieben gelten die Ausführungen dieses Kapitels für Handelswaren.
2 Der Einstieg ist nach dem aufwandsrechnerischen Verfahren zu buchen.

Geschäftsfälle:

1. Zieleinkauf von Waren (80 T-Shirts zu je 20,00 €) .... 1.600,00 €
2. Zielverkauf von Waren (50 T-Shirts zu je 25,00 €) .... 1.250,00 €
3. Bareinkauf von Waren (55 T-Shirts zu je 20,00 €) .... 1.100,00 €
4. Barverkauf von Waren (25 T-Shirts zu je 25,00 €) .... 625,00 €

Schlussbestand laut Inventur:

Waren (100 T-Shirts zu je 20,00 €) .... 2.000,00 €

Arbeitsaufträge:

a) Nehmen Sie die Buchungen der Geschäftsfälle und die Abschlussbuchungen im Grund- und Hauptbuch vor.
b) Ermitteln Sie den Wareneinsatz.
c) Errechnen Sie den Warenrohgewinn bzw. den Warenrohverlust.

Herr Bremer: „Frau Lüders, Sie sollen heute die Buchungen auf den Warenkonten kennenlernen. Dazu habe ich Ihnen schulmäßig eine Aufgabe formuliert, die Sie bitte bearbeiten. Sie werden die Buchungen auf den Warenkonten besser verstehen, wenn Sie zusätzlich zu den Wertangaben ausnahmsweise auch die Mengenangaben auf den T-Konten des Hauptbuches buchen. Ihr Lehrbuch können Sie zur Lösung der Aufgabe heranziehen. Scheuen Sie sich nicht, mich anzusprechen, wenn Sie Fragen haben. Noch ein Lösungshinweis von mir: Buchen Sie die Wareneinkäufe auf dem Konto ,Aufwendungen für Waren'.“

Die Wertbasis von Wareneinkäufen und Warenverkäufen ist unterschiedlich. Wie kann ich dies buchhalterisch berücksichtigen? Am besten, ich schaue einmal ins Lehrbuch.

Lernstoff

In einem Handelsbetrieb (Großhandel, Einzelhandel) liegt der Verkaufspreis einer Ware in der Regel über ihrem Einstandspreis (Bezugspreis)[1]. Die Differenz zwischen dem Verkaufspreis und dem Einstandspreis soll dem Handelsbetrieb

- die Kosten decken und
- einen Gewinn erwirtschaften.

Das folgende Kalkulationsschema zeigt die Wertbasis der Wareneinkäufe und Warenverkäufe eines Handelsbetriebes auf:

	Rechnungspreis	
+	Bezugskosten	
=	Einstandspreis (Bezugspreis)	→ Wertbasis der Ware**einkäufe**
+	Handlungskosten	
=	Selbstkosten	
+	Gewinn	
=	Verkaufspreis	→ Wertbasis der Waren**verkäufe**

Die buchhalterische Trennung von Wareneinkäufen und Warenverkäufen vollzieht sich durch die Einrichtung unterschiedlicher Konten.

---

1 Preis, der für den Erwerb der Ware gezahlt werden muss. Er ergibt sich aus dem Rechnungspreis zuzüglich der Bezugskosten (Verpackung, Transportkosten usw.).

2.6.1   Die Warenverkaufsseite

Die Warenverkäufe (Verkaufserlöse) werden auf dem Konto „Umsatzerlöse für Waren" gebucht.

> **Das Konto „Umsatzerlöse für Waren" ist ein Ertragskonto.**

Beispiel   Wir verkaufen Waren auf Ziel . . . .   80.000,00 €

Buchungssatz	Soll	Haben
Forderungen a. LL	80.000,00	
an Umsatzerlöse für Waren		80.000,00

Buchung

S	Forderungen a. LL		H
AB	...		
UW	80.000,00		

S	Umsatzerlöse für Waren		H
		Ford. a. LL	80.000,00

2.6.2   Die Wareneinkaufsseite

Die Wareneinkäufe können nach dem „**Bestandsrechnerischen Verfahren**" oder nach dem „**Aufwandsrechnerischen Verfahren**" (auch: „**Just-in-time-Verfahren**") gebucht werden.

2.6.2.1   Das „Bestandsrechnerische Verfahren"[1]

Beim traditionellen „**Bestandsrechnerischen Verfahren**" werden auf dem Konto „Waren" im **Soll**
- der **Warenanfangsbestand** und
- die **Wareneinkäufe** gebucht.

Beispiel

Warenanfangsbestand . . . . . .   200.000,00 €
Wareneinkäufe . . . .   50.000,00 €

S	Waren		H
AB	200.000,00		
Einkäufe	50.000,00		

Im **Haben** werden auf dem Warenkonto
- die **Bestandsminderungen** und
- der **Warenschlussbestand** erfasst.

Bestandsminderungen stellen die **Warenverkäufe** dar. Diese werden aber bereits auf dem Konto „**Umsatzerlöse für Waren**" gebucht. Folglich fehlen zunächst die Buchungen der Bestandsminderungen auf dem Warenkonto.

Der **Schlussbestand an Waren** ist daher rechnerisch als Saldo des Warenkontos nicht ermittelbar. Er muss dem **Inventar** entnommen werden.

Als Saldo ergeben sich dann die **Bestandsminderungen**. Diese Bestandsminderungen sind die Warenabgänge, also die **Warenverkäufe** bewertet zum Einstandspreis. Man nennt sie **Wareneinsatz**.

---

1   Es wird davon ausgegangen, dass die Kapitel 2.6.2.1 und 2.6.2.2 alternativ im Unterricht behandelt werden. Insofern werden die grundsätzlichen Lerninhalte in beiden Kapiteln dargestellt.

> **Die verkauften Waren, bewertet zum Einstandspreis (Bezugspreis), werden als Wareneinsatz bezeichnet.**

<table>
<tr><td></td><td>Warenanfangsbestand</td></tr>
<tr><td>+</td><td>Bestandsmehrungen (= Wareneinkäufe)</td></tr>
<tr><td>–</td><td>Warenschlussbestand (lt. Inventur)</td></tr>
<tr><td>=</td><td>Wareneinsatz (= verkaufte Waren bewertet zum Einstandspreis)</td></tr>
</table>

Fortsetzung des obigen Beispiels

Warenschlussbestand laut Inventur .... 190.000,00 €

S	Waren			H	
AB	200.000,00	Wareneinsatz	60.000,00	→	ergibt sich als Saldo
Einkäufe	50.000,00	SB	190.000,00	→	wird bei der Inventur
	250.000,00		250.000,00		ermittelt

Der Wareneinsatz wird nun vom Warenkonto auf das Konto **„Aufwendungen für Waren"**[1] umgebucht. Von dort aus gelangt der Wareneinsatz in das **GuV-Konto.**

Beispiel

Abschluss der Konten „Waren", „Aufwendungen für Waren" und „Umsatzerlöse für Waren" nach dem „Bestandsrechnerischen Verfahren".

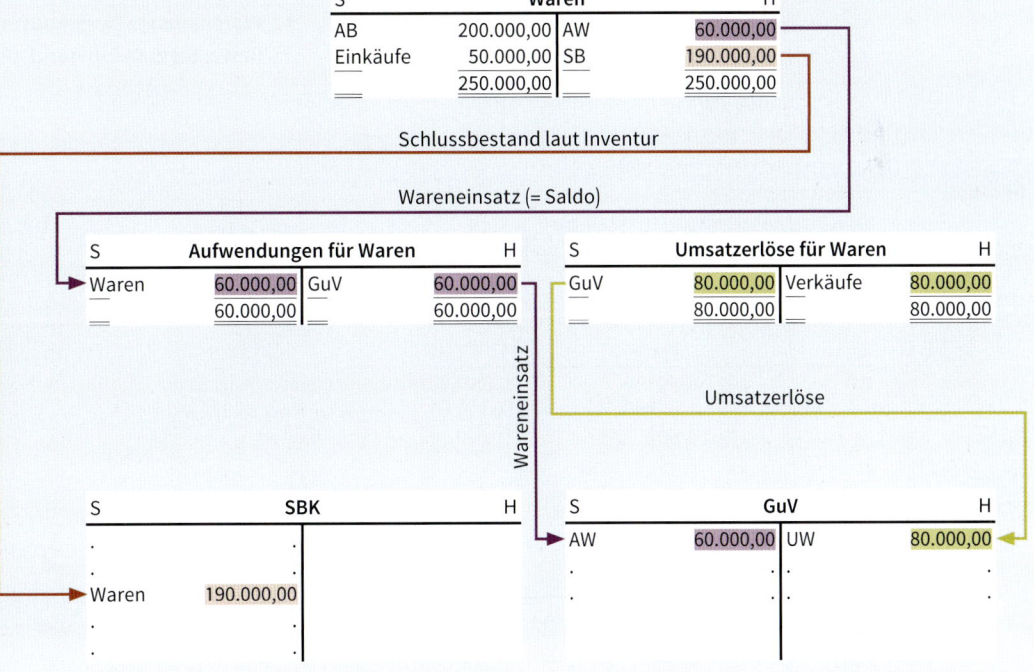

Die Differenz zwischen den Umsatzerlösen (= verkaufte Waren bewertet zum Verkaufspreis) und dem Wareneinsatz (= Aufwendungen für Waren = verkaufte Waren bewertet zum Einstandspreis) ergibt das **Rohergebnis,** in unserem Beispiel einen **Rohgewinn** von 20.000,00 € (= 80.000,00 € – 60.000,00 €).

---

1 *Hinweis für die Lehrerin/den Lehrer:* Die Umbuchung des Wareneinsatzes auf das Konto „Aufwendungen für Waren" trägt § 275 Abs. 2 HGB Rechnung, der diese Position in der GuV-Rechnung vorsieht.

2.6.2.2 Das „Aufwandsrechnerische Verfahren" („Just-in-time-Verfahren")[1]

Beim „**Aufwandsrechnerischen Verfahren**" (auch: „**Just-in-time-Verfahren**") werden die Wareneinkäufe auf dem Konto „**Aufwendungen für Waren**" gebucht.

Auf dem Konto „**Waren**" werden lediglich der Warenanfangsbestand, der Warenschlussbestand, der durch Inventur ermittelt wird, und als Saldo die Bestandsveränderung erfasst.

Die **Bestandsveränderung** (also der Saldo des Kontos „Waren") kann
■ eine **Bestandsmehrung** (Warenschlussbestand ist größer als der Warenanfangsbestand) oder
■ eine **Bestandsminderung** (Warenschlussbestand ist kleiner als der Warenanfangsbestand)
sein.

Die Bestandsveränderung (die Bestandsmehrung oder die Bestandsminderung) wird auf das Konto „**Aufwendungen für Waren**" umgebucht. Auf diese Weise ergibt sich auf diesem Konto als Saldo der **Wareneinsatz**.

 Als Wareneinsatz bezeichnet man die verkauften Waren bewertet zum Einstandspreis (Bezugspreis).

	Wareneinkäufe			Wareneinkäufe
+	Bestandsminderung		–	Bestandsmehrung
=	Wareneinsatz (= verkaufte Waren bewertet zum Einstandspreis)	oder	=	Wareneinsatz (= verkaufte Waren bewertet zum Einstandspreis)

Beispiel

Warenanfangsbestand .... 200.000,00 €
Warenschlussbestand lt. Inventur .... 190.000,00 €
Wareneinkäufe .... 50.000,00 €

Buchungen

S	Waren		H
AB	200.000,00	AW	10.000,00
		SB	190.000,00
	200.000,00		200.000,00

→ ergibt sich als Saldo
→ wird bei der Inventur ermittelt

hier: Bestandsminderung

S	Aufwendungen für Waren		H
Einkäufe	50.000,00	Wareneinsatz	60.000,00
Waren	10.000,00		
	60.000,00		60.000,00

→ ergibt sich als Saldo

---

1 Es wird davon ausgegangen, dass die Kapitel 2.6.2.1 und 2.6.2.2 alternativ im Unterricht behandelt werden. Insofern werden die grundsätzlichen Lerninhalte in beiden Kapiteln dargestellt.

72 22543572

Der Wareneinsatz ist der Aufwand an Waren, der erforderlich ist, um die Umsatzerlöse zu erzielen. Der Wareneinsatz hat Aufwandscharakter.

Er gelangt deshalb auf die Sollseite des GuV-Kontos. Dort wird er den Umsatzerlösen gegenübergestellt.

Beispiel   Abschluss der Konten „Waren", „Aufwendungen für Waren" und „Umsatzerlöse für Waren" nach dem „Aufwandsrechnerischen Verfahren" („Just-in-time-Verfahren").

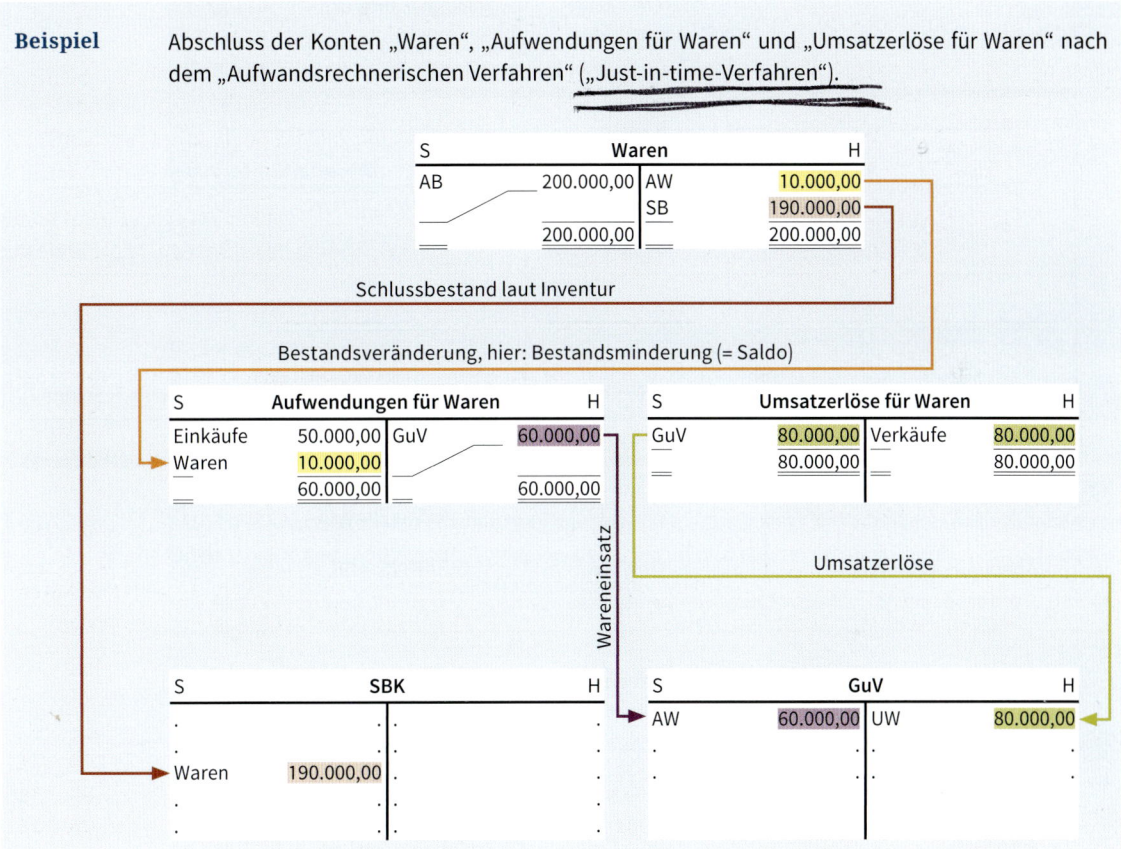

Die Differenz zwischen den Umsatzerlösen (= verkaufte Waren bewertet zum Verkaufspreis) und dem Wareneinsatz (= Aufwendungen für Waren, = verkaufte Waren bewertet zum Einstandspreis) ergibt das **Rohergebnis,** in unserem Beispiel einen **Rohgewinn** von 20.000,00 € (= 80.000,00 € − 60.000,00 €).

1. Das „Bestandsrechnerische Verfahren"

S	Waren	H
Anfangsbestand	**Saldo:** Wareneinsatz	
Wareneinkäufe	Schlussbestand laut Inventur	

S	Aufwendungen für Waren	H
Wareneinsatz	**Saldo:** Wareneinsatz	

S	Umsatzerlöse für Waren	H
Saldo: Umsatzerlöse	Warenverkäufe	

S	SBK	H
Waren		

S	GuV	H
Wareneinsatz	Umsatzerlöse	
übrige Aufwendungen		
Reingewinn	übrige Erträge	

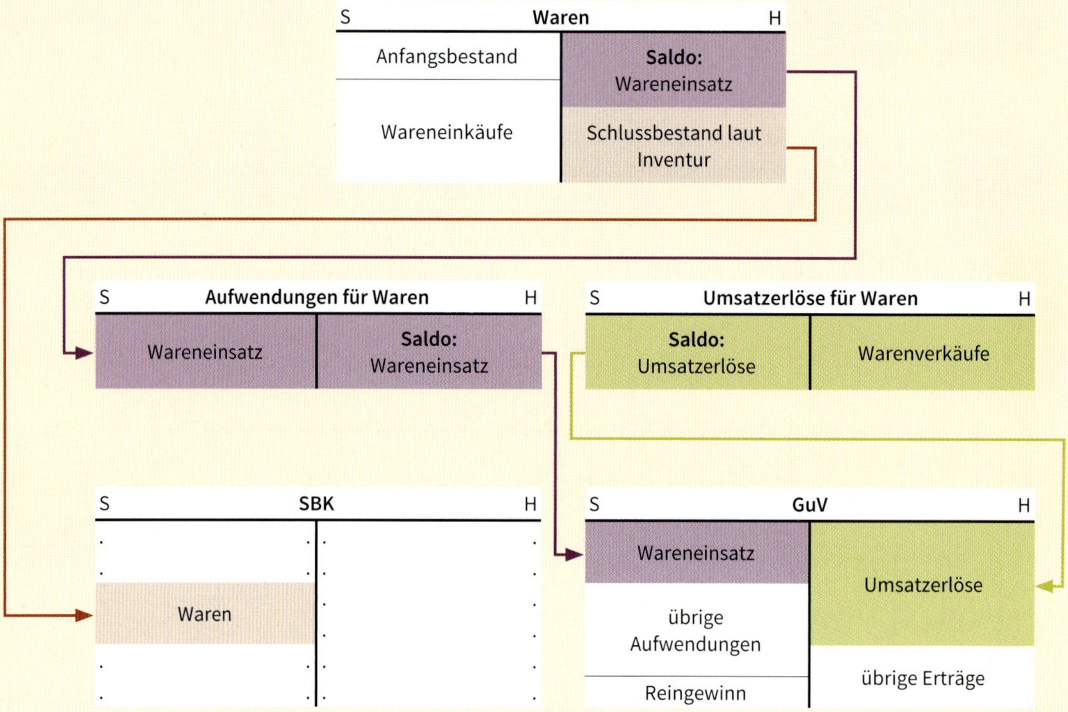

2. Das „Aufwandsrechnerische Verfahren" („Just-in-time-Verfahren")

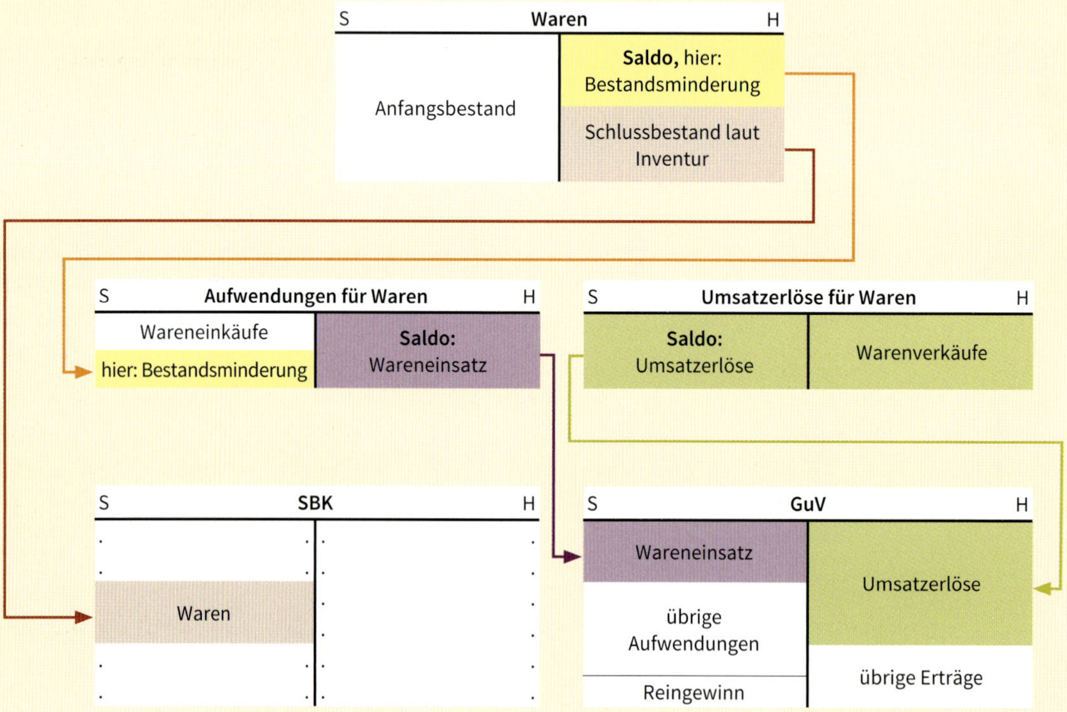

S	Waren	H
Anfangsbestand	**Saldo,** hier: Bestandsminderung	
	Schlussbestand laut Inventur	

S	Aufwendungen für Waren	H
Wareneinkäufe	**Saldo:** Wareneinsatz	
hier: Bestandsminderung		

S	Umsatzerlöse für Waren	H
Saldo: Umsatzerlöse	Warenverkäufe	

S	SBK	H
Waren		

S	GuV	H
Wareneinsatz	Umsatzerlöse	
übrige Aufwendungen		
Reingewinn	übrige Erträge	

Aufgaben[1]

1–4: Ermittlung des Wareneinsatzes, der Umsatzerlöse, des Schlussbestandes an Waren und des Warenrohergebnisses
5: Buchen auf den Warenkonten
6: Geschäftsgang

1 Errechnen Sie den Wareneinsatz.

	a) €	b) €
Warenanfangsbestand	70.000,00	10.000,00
Wareneinkäufe	90.000,00	80.000,00
Warenschlussbestand lt. Inventur	60.000,00	20.000,00

2 Für das abgelaufene Geschäftsjahr liegen Ihnen für die Ware „Herrenhemd xy 99" folgende Informationen vor:
Einstandspreis, netto: 18,50 € (15,60 €); Verkaufspreis, netto: 44,90 € (39,90 €);
eingekaufte Hemden: 160 Stück (220 Stück); verkaufte Hemden: 140 Stück (190 Stück).
Errechnen Sie den Wareneinsatz, die Umsatzerlöse und den Warenrohgewinn.

3 Errechnen Sie den (wertmäßigen) Schlussbestand an Waren.

	a) Stück zu	€	b) kg zu	€
Warenanfangsbestand	2 000	50,00	100	100,00
Wareneinkäufe	5 000	50,00	500	100,00
Warenverkäufe	6 000	70,00	400	120,00

4 Errechnen Sie den Warenrohgewinn bzw. Warenrohverlust.

	a) €	b) €
Warenanfangsbestand	80.000,00	50.000,00
Wareneinkäufe	250.000,00	130.000,00
Warenschlussbestand lt. Inventur	70.000,00	60.000,00
Verkaufserlöse	300.000,00	100.000,00

5 a) Richten Sie sich die Konten „Waren", „Aufwendungen für Waren", „Umsatzerlöse für Waren", „GuV" und „SBK" ein.
b) Buchen Sie auf diesen Konten (ohne Gegenkonten) die unten stehenden Geschäftsfälle.
c) Schließen Sie die Konten ab.
d) Errechnen Sie den Warenrohgewinn bzw. den Warenrohverlust.
e) Errechnen Sie   1. den Kalkulationszuschlag[2] und   2. die Handelsspanne[3].

Anfangsbestand	I. €	II. €
Waren	25.000,00	20.000,00

Geschäftsfälle		
1. Bareinkauf von Waren	5.000,00	5.000,00
2. Barverkauf von Waren	7.000,00	3.000,00
3. Zieleinkauf von Waren	12.000,00	7.000,00
4. Zielverkauf von Waren	13.000,00	16.000,00
Warenschlussbestand lt. Inventur	27.000,00	12.000,00

6 **Anfangsbestände der Bestandskonten**

	€		€
Betriebs- und Geschäftsausstattung	60.000,00	Guthaben bei KI (Bank)	30.000,00
Waren	80.000,00	Eigenkapital	?
Forderungen a. LL	20.000,00	Langfristige Bankverbindlichkeiten[4]	60.000,00
Kasse	9.000,00	Verbindlichkeiten a. LL	40.000,00

---

1 Alle Aufgaben können wahlweise nach dem „Bestandsrechnerischen Verfahren" oder nach dem „Aufwandsrechnerischen Verfahren" bearbeitet werden.

2 Der Kalkulationszuschlag ist der Warenrohgewinn ausgedrückt in Prozent des Wareneinsatzes.

3 Die Handelsspanne ist der Warenrohgewinn ausgedrückt in Prozent der Umsatzerlöse.

4 Im Konto „Langfristige Bankverbindlichkeiten" werden sowohl die Darlehensschulden als auch die Hypothekenschulden gebucht. In den Anfangskapiteln des Lehrbuches waren dafür zwei einzelne Konten vorgesehen.

Erfolgskonten: Gehälter, Zinsaufwendungen, Büromaterial, Telekommunikationskosten, Aufwendungen für Waren, Mietaufwendungen, Umsatzerlöse für Waren, Zinserträge.

Abschlusskonten: Gewinn- und Verlustkonto, Schlussbilanzkonto.

Geschäftsfälle	€
1. Zieleinkauf von Waren	70.000,00
2. Banküberweisung für Gehälter	18.000,00
3. Zielverkauf von Waren	98.000,00
4. Kunde zahlt auf unser Bankkonto ein	20.000,00
5. Banküberweisung	
für Darlehenstilgung	5.000,00
für Darlehenszinsen	2.000,00
6. Barkauf von Büromaterial	500,00
7. Barverkauf von Waren	1.500,00
8. Telefonrechnung wird per Banküberweisung bezahlt	800,00
9. Wir begleichen Lieferantenrechnung per Banküberweisung	8.000,00
10. Zinsgutschrift der Bank	1.000,00
11. Banküberweisung für Miete der Geschäftsräume	2.000,00
12. Verkauf eines gebrauchten Fotokopiergerätes gegen Bankscheck	500,00
13. Bareinkauf von Waren	2.000,00

Abschlussangaben	€
1. Warenschlussbestand lt. Inventur	92.000,00
2. Die Schlussbestände der anderen Bestandskonten entsprechen den Inventurbeständen.	

2.7 Besonderheiten der Erfolgsermittlung im Industriebetrieb[1]

2.7.1 Der Verbrauch von Werkstoffen

Einstieg[2]

In der Fertigungsabteilung der Konrad Fied KG sollen 5000 hochwertige Herrenanzüge in den gängigen Größen hergestellt werden. Tina Lüders beobachtet, dass exakt zu Produktionsbeginn die entsprechenden Anzugstoffe angeliefert werden.

„Das spart Lagerkosten", stellt sie fest. „Wie wird dieses Just-in-time-Verfahren nun aber gebucht?", fragt sie sich.

Lernstoff

Während in Handelsbetrieben der Einkauf und der Verkauf von Waren im Vordergrund stehen, besteht die Haupttätigkeit von Industriebetrieben im Werkstoffeinkauf, in der Produktion und im Verkauf von Fertigerzeugnissen.

 Zur Erzielung von Umsatzerlösen werden in Industriebetrieben die eingekauften Werkstoffe unter Einsatz der Produktionsfaktoren Kapital und Arbeit be- und verarbeitet.

---

1 *Hinweis für die Lehrerin/den Lehrer:* Im Normalfall reicht die Darstellung **eines** Verfahrens im Unterricht aus. Sie sollten es von der Leistungsfähigkeit Ihrer Klasse abhängig machen, ob Sie ein, zwei oder alle drei Verfahren im Unterricht behandeln.

2 Der Einstieg bezieht sich auf das „Aufwandsrechnerische Verfahren".

Bei den Werkstoffen unterscheidet man
- Rohstoffe,
- Fremdbauteile,
- Hilfsstoffe und
- Betriebsstoffe.

Rohstoffe werden zu Hauptbestandteilen der Erzeugnisse, z. B. Holz bei der Möbelherstellung.
Fremdbauteile gehen ebenfalls in die Erzeugnisse ein, z. B. Batterien, Reifen, Keilriemen, Polstersitze im Auto.
Hilfsstoffe sind Nebenbestandteile der Erzeugnisse mit relativ niedrigem Kostenanteil, z. B. Leim, Lack, Schrauben, Dübel, Drähte.
Betriebsstoffe gehen nicht in die Erzeugnisse ein, werden jedoch für den Produktionsprozess benötigt, z. B. Brennstoffe, Treibstoffe, Schmierstoffe, Reinigungsstoffe.

2.7.1.1   Die „Bestandsrechnerischen Verfahren"

Der Einkauf von Rohstoffen, Fremdbauteilen, Hilfsstoffen und Betriebsstoffen wird bei den „Bestandsrechnerischen Verfahren" als **Bestandsmehrung** auf den gleichnamigen **aktiven Bestandskonten** im Soll gebucht.

Erst der **Verbrauch** von Werkstoffen wird **aufwandswirksam** erfasst. Dafür sind folgende **Aufwandskonten** vorgesehen:
- Aufwendungen für Rohstoffe/Fertigungsmaterial,
- Aufwendungen für Vorprodukte/Fremdbauteile,
- Aufwendungen für Hilfsstoffe und
- Aufwendungen für Betriebsstoffe.

Der Verbrauch von Werkstoffen wird einerseits als Bestandsminderung im Haben des Werkstoffbestandskontos und andererseits als Aufwand im Soll des entsprechenden Werkstoffaufwandskontos gebucht.

> Werkstoffaufwandskonto (Soll) an Werkstoffbestandskonto (Haben)

Für die Buchung des Werkstoffverbrauchs gibt es zwei Methoden:

1. Bei der **„Fortschreibungsmethode"** wird der Werkstoffverbrauch **fortlaufend durch Materialentnahmescheine** (MES) belegt und gebucht. Auf diese Weise erfolgt eine **ständige Bestandsfortschreibung** auf dem Werkstoffbestandskonto.
   Die Schlussbestände auf den Werkstoffbestandskonten ergeben sich **buchhalterisch.**

Beispiel

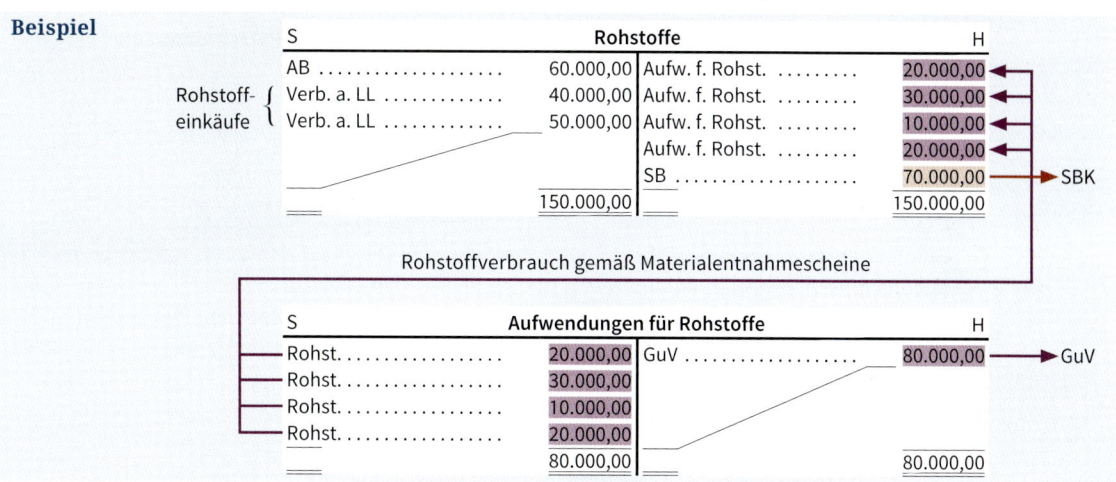

2. Bei der „**Inventurmethode**" wird der Werkstoffverbrauch **am Ende eines Abrechnungszeit-raumes durch Bestandsvergleich** errechnet.
Die Schlussbestände der Werkstoffbestandskonten werden **durch Inventur** ermittelt.

> Anfangsbestand an Werkstoffen
> + Werkstoffeinkäufe
> − Schlussbestand laut Inventur
> = Werkstoffverbrauch

Beispiel

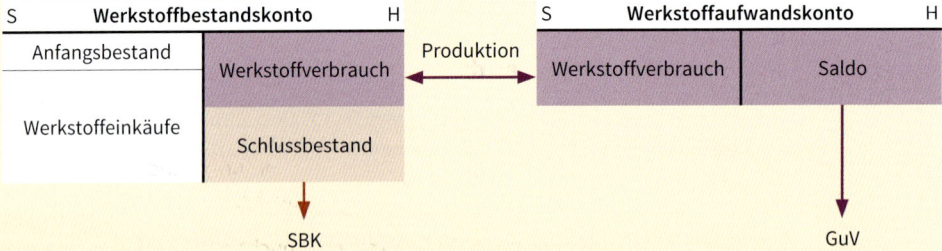

S	Rohstoffe		H
AB	60.000,00	Aufw. f. Rohst.	80.000,00
Verb. a. LL	40.000,00	SB lt. Inventur	70.000,00
Verb. a. LL	50.000,00		
	150.000,00		150.000,00

Rohstoffeinkäufe { Verb. a. LL, Verb. a. LL }

Rohstoffverbrauch (= Saldo)

S	Aufwendungen für Rohstoffe[1]		H
Rohst.	80.000,00	GuV	80.000,00

Zusammenfassung („Bestandsrechnerische Verfahren")

S	Werkstoffbestandskonto	H		S	Werkstoffaufwandskonto	H
Anfangsbestand	Werkstoffverbrauch	Produktion		Werkstoffverbrauch	Saldo
Werkstoffeinkäufe	Schlussbestand				

SBK   GuV

1. Der Verbrauch von Werkstoffen wird einerseits als Bestandsminderung im Haben des Werkstoffbestandskontos und andererseits als Aufwand im Soll des entsprechenden Werkstoffaufwandskontos gebucht.

2. Bei der „**Fortschreibungsmethode**" wird der Werkstoffverbrauch fortlaufend durch Materialentnahmescheine belegt und gebucht.

3. Bei der „**Inventurmethode**" wird der Schlussbestand an Werkstoffen durch Inventur ermittelt. Der Werkstoffverbrauch ergibt sich am Ende des Abrechnungszeitraumes als Saldo auf dem Werkstoffbestandskonto.

2.7.1.2   Inventurdifferenzen bei der „Fortschreibungsmethode"

Bei der „**Fortschreibungsmethode**" wird der Schlussbestand auf den Werkstoffbestandskonten buchhalterisch ermittelt. Aufgrund von Diebstählen, Zählfehlern, Verderb oder Schwund stimmt der Buchbestand nicht immer mit dem Istbestand, der durch die körperliche Bestandsaufnahme festgestellt wird, überein. Die sich unter Umständen ergebende **Inventurdifferenz** muss buchhalterisch ausgeglichen werden.

---

1 *Hinweis für die Lehrerin/den Lehrer:* Die Umbuchung des Rohstoffaufwandes auf das Konto „Aufwendungen für Rohstoffe" trägt § 275 Abs. 2 HGB Rechnung, der diese Position in der GuV-Rechnung vorsieht.

Beispiel

Gemäß Inventarverzeichnis beträgt der tatsächliche Bestand an Rohstoffen 99 Stück à 700,00 €, also 69.300,00 € (= SB lt. Inventur).

Auf dem Werkstoffbestandskonto „Rohstoffe" ergibt sich bei der „Fortschreibungsmethode" ein rechnerischer Schlussbestand von 70.000,00 € (= 100 Stück à 700,00 €).

Die Buchung der Inventurdifferenz von 700,00 € (= 70.000,00 € – 69.300,00 €) erfolgt über das Konto „Aufwendungen für Rohstoffe":

Buchungssatz	Soll	Haben
Aufwendungen für Rohstoffe	700,00	
an Rohstoffe		700,00

2.7.1.3 Das „Aufwandsrechnerische Verfahren" („Just-in-time-Verfahren")

Neben der „Fortschreibungsmethode" und der „Inventurmethode" gibt es noch eine weitere Buchungsmethode zur Erfassung des Werkstoffverbrauchs.

Bei diesem **„Aufwandsrechnerischen Verfahren"** bucht man die Werkstoffeinkäufe sofort auf den Werkstoffaufwandskonten.

Die Werkstoffbestandskonten enthalten nur die **Anfangsbestände,** die **Schlussbestände laut Inventur** und als Salden die **Bestandsveränderungen.**

Die Bestandsveränderungen (die Bestandsmehrungen oder die Bestandsminderungen) werden auf die Werkstoffaufwandskonten umgebucht. Auf diese Weise ergibt sich auf den Werkstoffaufwandskonten als Saldo der **Werkstoffverbrauch (Werkstoffaufwand).**

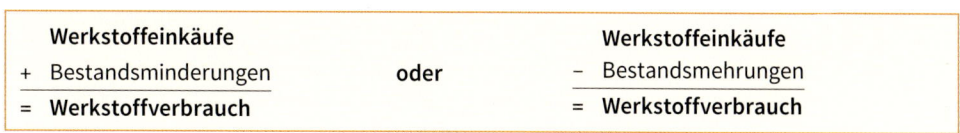

Beispiel

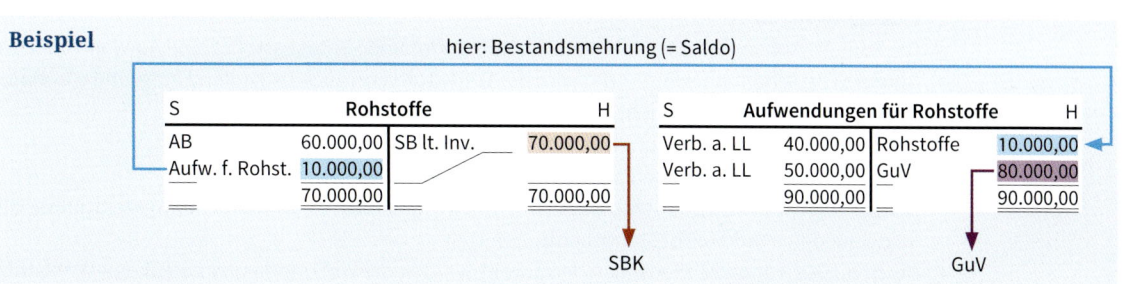

Zusammenfassung („Aufwandsrechnerisches Verfahren", „Just-in-time-Verfahren")

1. Auf dem Werkstoffbestandskonto ergibt sich als Saldo eine Bestandsmehrung.

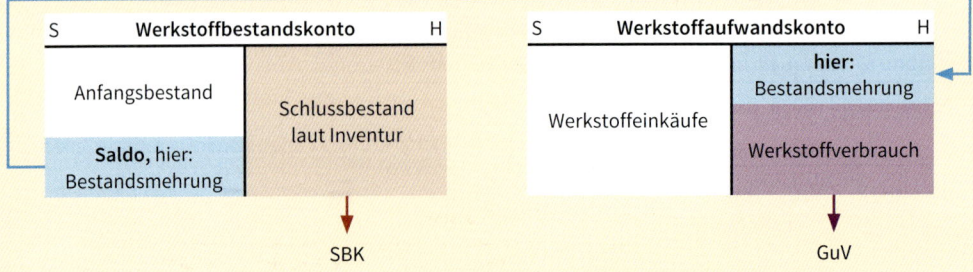

2. Auf dem Werkstoffbestandskonto ergibt sich als Saldo eine Bestandsminderung.

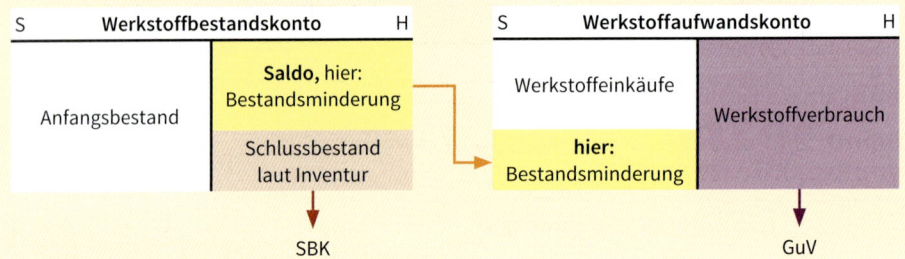

1. Die Einkäufe von Werkstoffen werden auf den entsprechenden Werkstoffaufwandskonten gebucht.

2. Auf den Werkstoffbestandskonten werden nur der Anfangsbestand, der Schlussbestand laut Inventur und die daraus resultierende Bestandsveränderung (Bestandsmehrung oder Bestandsminderung) gebucht.

3. Die Bestandsveränderung (Bestandsmehrung oder Bestandsminderung), die auf dem jeweiligen Werkstoffbestandskonto als Saldo ermittelt wurde, wird auf dem entsprechenden Werkstoffaufwandskonto gegengebucht.

Aufgaben

1:	Einführung in die Thematik		**7 u. 8:**	Aufwandsrechnerisches Verfahren
2 u. 3:	Fortschreibungsmethode		**9:**	Kombination der 3 Methoden
4:	Inventurdifferenzen bei der Fortschreibungsmethode		**10:**	Geschäftsgang
5 u. 6:	Inventurmethode			

1 Welche der folgenden Aussagen sind richtig bzw. falsch? Begründen Sie Ihre Meinung.

a) Rohstoffe gehen als Nebenbestandteile in das zu fertigende Produkt ein.

b) Betriebsstoffe werden nur mittelbar für die Produktion benötigt; sie sind keine Bestandteile der Erzeugnisse.

c) Die Konten „Rohstoffe", „Fremdbauteile", „Hilfsstoffe" und „Betriebsstoffe" sind Aufwandskonten.

d) Bei der „Fortschreibungsmethode" wird der Werkstoffverbrauch fortlaufend aufgrund von Materialentnahmescheinen gebucht.

e) Der Buchungssatz zur Buchung des Werkstoffverbrauchs lautet: „Werkstoffbestandskonto an Werkstoffaufwandskonto".

f) Bei der „Inventurmethode" wird der Werkstoffeinkauf am Ende des Abrechnungszeitraumes als Saldo auf dem Werkstoffbestandskonto ermittelt.

g) Bei dem „Aufwandsrechnerischen Verfahren" werden die Werkstoffeinkäufe auf den Werkstoffbestandskonten gebucht.

2 Sie sind Angestellte(r) der Textilfabrik Konrad Fied KG, Goseriede 41, 30159 Hannover. Die folgenden Belege liegen Ihnen zur Buchung vor.

a) Welche Geschäftsfälle liegen den Belegen zugrunde?

b) Wie lauten die Buchungssätze?

Beleg 1

Konrad Fied KG Hannover	Material-Entnahmeschein	Woutke
		ausgestellt
	08.10.20.. 16 512	Pikras
	Datum Nr.	ausgegeben

Zuschneiderei IV (8)
Kostenstelle   X ☐ Rohstoffe   ▨ Hilfsstoffe   ▨ Betriebsstoffe

Artikel-Nr.	Menge	Einheit	Bezeichnung	€/Einheit	Betrag (€)
219 Vi	360	m	Viskose M	6,00	2.160,00
221 Vi	420	m	Viskose L	7,00	2.940,00
				Summe	5.100,00

Beleg 2

Konrad Fied KG Hannover	Material-Entnahmeschein	Woutke
		ausgestellt
	12.10.20.. 16 564	Pikras
	Datum Nr.	ausgegeben

Näherei II (11)
Kostenstelle   ▨ Rohstoffe   X ☐ Hilfsstoffe   ▨ Betriebsstoffe

Artikel-Nr.	Menge	Einheit	Bezeichnung	€/Einheit	Betrag (€)
1298	1 600	Rolle	Nähgarn b	1,50	2.400,00
2413	1 200	m	Stoßband f	0,90	1.080,00
				Summe	3.480,00

3 Buchen Sie nur auf den Werkstoffaufwandskonten und auf den Werkstoffbestandskonten (ohne Gegenkonten) und ermitteln Sie den jeweiligen Schlussbestand („Fortschreibungsmethode").

Anfangsbestände   €

Rohstoffe 450.000,00

Hilfsstoffe 180.000,00

Betriebsstoffe 60.000,00

Geschäftsfälle   €

1. Zieleinkauf von Rohstoffen 20.000,00

2. Hilfsstoffverbrauch lt. Materialentnahmeschein 2.500,00

3. Zieleinkauf von Betriebsstoffen 3.000,00

4. Rohstoffverbrauch lt. Materialentnahmeschein 12.000,00

5. Betriebsstoffverbrauch lt. Materialentnahmeschein 1.500,00

6. Zieleinkauf von Hilfsstoffen 8.000,00

4 Nennen Sie die Buchungssätze zur Buchung der Inventurdifferenzen („Fortschreibungsmethode").

Werkstoffkonto	Stückpreis	Istbestand	Buchbestand
Rohstoffe	50,00 €	8 720 Stück	8 745 Stück
Fremdbauteile	120,00 €	910 Stück	922 Stück
Hilfsstoffe	8,00 €	560 kg	593 kg
Betriebsstoffe	1,40 €	22 800 l	23 460 l

5

	AB	Einkäufe	SB laut Inventur
Rohstoffe	450.000,00 €	600.000,00 €	500.000,00 €
Hilfsstoffe	120.000,00 €	250.000,00 €	160.000,00 €
Betriebsstoffe	80.000,00 €	110.000,00 €	60.000,00 €
Fremdbauteile	350.000,00 €	400.000,00 €	200.000,00 €

a) Ermitteln Sie den Verbrauch von Roh-, Hilfs-, Betriebsstoffen und Fremdbauteilen („Inventurmethode").

b) Nennen Sie die Buchungssätze für den jeweiligen Werkstoffverbrauch.

6 a) Buchen Sie nur auf den Werkstoffaufwandskonten und auf den Werkstoffbestandskonten (ohne Gegenkonten) und ermitteln Sie den jeweiligen Werkstoffverbrauch („Inventurmethode").

b) Nennen Sie für den jeweiligen Werkstoffverbrauch den Buchungssatz.

Anfangsbestände	€
Rohstoffe	890.000,00
Fremdbauteile	530.000,00
Hilfsstoffe	70.000,00
Betriebsstoffe	50.000,00

Geschäftsfälle	€
1. Zieleinkauf von Rohstoffen	760.000,00
2. Zieleinkauf von Betriebsstoffen	90.000,00
3. Zieleinkauf von Fremdbauteilen	380.000,00
4. Zieleinkauf von Hilfsstoffen	80.000,00

Schlussbestände lt. Inventur	€
Rohstoffe	770.000,00
Fremdbauteile	410.000,00
Hilfsstoffe	78.000,00
Betriebsstoffe	72.000,00

7 a) Richten Sie sich die Konten „Rohstoffe", „Fremdbauteile", „Hilfsstoffe" und „Betriebsstoffe" ein. Tragen Sie die Anfangsbestände der Aufgabe 6 auf diese Werkstoffbestandskonten vor.

b) Richten Sie sich zu den Werkstoffbestandskonten die entsprechenden Werkstoffaufwandskonten ein. Buchen Sie die Geschäftsfälle der Aufgabe 6 (ohne Gegenkonten) nach dem „Aufwandsrechnerischen Verfahren" („Just-in-time-Verfahren").

c) Ermitteln Sie auf den Werkstoffbestandskonten die Bestandsveränderungen und buchen Sie diese („Aufwandsrechnerisches Verfahren").

d) Ermitteln Sie den jeweiligen Werkstoffverbrauch.

8

S	Rohstoffe	H		S	Aufwendungen für Rohstoffe	H
AB	100.000,00			Verb. a. LL	70.000,00	

Rohstoffbestand lt. Inventur: 80.000,00 € (110.000,00 €)

a) Übertragen Sie die Konten in Ihr Arbeitsheft und schließen Sie sie ab („Aufwandsrechnerisches Verfahren").

b) Wie hoch ist der Rohstoffverbrauch?

9[1] Der Verbrauch an Rohstoffen wird aufgrund von Materialentnahmescheinen gebucht („Fortschreibungsmethode").

Der Verbrauch an Hilfsstoffen wird buchhalterisch aufgrund des Schlussbestandes lt. Inventur ermittelt („Inventurmethode").

Der Verbrauch an Betriebsstoffen wird nach dem „Aufwandsrechnerischen Verfahren" ermittelt.

a) Richten Sie sich die Konten „Rohstoffe", „Hilfsstoffe", „Betriebsstoffe", „Aufwendungen für Rohstoffe", „Aufwendungen für Hilfsstoffe" und „Aufwendungen für Betriebsstoffe" ein und buchen Sie die folgenden Geschäftsfälle nur auf diesen Konten.

b) Buchen Sie die Inventurdifferenz bei den Rohstoffen und schließen Sie das Rohstoffkonto ab.

c) Schließen Sie das Hilfsstoffkonto ab und buchen Sie den Hilfsstoffverbrauch.

d) Schließen Sie das Betriebsstoffkonto ab und buchen Sie die Bestandsveränderung.

Anfangsbestände	€
Rohstoffe	540.000,00
Hilfsstoffe	30.000,00
Betriebsstoffe	60.000,00

Geschäftsfälle	€
1. Zieleinkauf von Rohstoffen	100.000,00
2. Zieleinkauf von Betriebsstoffen	50.000,00
3. Zieleinkauf von Hilfsstoffen	40.000,00
4. Verbrauch von Rohstoffen lt. Materialentnahmeschein	150.000,00
5. Zieleinkauf von Betriebsstoffen	30.000,00
6. Zieleinkauf von Hilfsstoffen	20.000,00
7. Verbrauch von Rohstoffen lt. Materialentnahmeschein	200.000,00

Schlussbestände lt. Inventur:		
	Rohstoffe	284.000,00
	Hilfsstoffe	40.000,00
	Betriebsstoffe	100.000,00

10[2]

Anfangsbestände der Bestandskonten	€		€
Maschinen	700.000,00	Kasse	7.000,00
Rohstoffe	250.000,00	Guthaben bei KI (Bank)	260.000,00
Fremdbauteile	100.000,00	Eigenkapital	?
Betriebsstoffe	20.000,00	Langfr. Bankverb.[3]	550.000,00
Forderungen a. LL	80.000,00	Verbindlichkeiten a. LL	227.000,00

Erfolgskonten

Aufwendungen für Rohstoffe, Aufwendungen für Fremdbauteile, Aufwendungen für Betriebsstoffe, Löhne, Gehälter, Büromaterial, Zinsaufwendungen, Mietaufwendungen, Fremdinstandhaltung, Umsatzerlöse für eigene Erzeugnisse.

Abschlusskonten

Gewinn- und Verlustkonto, Schlussbilanzkonto.

---

1 Es handelt sich um eine Aufgabe mit einem hohen Schwierigkeitsgrad, da drei unterschiedliche Buchungsmethoden verlangt werden.

2 Der Geschäftsgang kann alternativ nach der „Fortschreibungsmethode" oder nach der „Inventurmethode" oder nach dem „Aufwandsrechnerischen Verfahren" gebucht werden.

3 Im Konto „Langfristige Bankverbindlichkeiten" werden sowohl die Darlehensschulden als auch die Hypothekenschulden gebucht. In den Anfangskapiteln des Lehrbuches waren dafür zwei einzelne Konten vorgesehen.

Geschäftsfälle   €

1. Verbrauch gemäß Materialentnahmeschein:[1] Rohstoffe 80.000,00
                                             Fremdbauteile 50.000,00
                                             Betriebsstoffe 9.000,00
2. Banküberweisung für Löhne 100.000,00
                     Gehälter 80.000,00
3. Barkauf von Büromaterial 190,00
4. Kunde begleicht Rechnung durch Banküberweisung 20.000,00
5. Ausgleich einer Lieferantenrechnung durch Banküberweisung 40.000,00
6. Wir zahlen die Lagerhallenmiete per Banküberweisung (Dauerauftrag) 18.000,00
7. Verkauf eigener Erzeugnisse gegen Bankscheck 120.000,00
                     auf Ziel 280.000,00
8. Maschinenreparaturrechnung geht ein 3.000,00
9. Lastschrift der Bank für Darlehenstilgung 6.000,00
                     für Darlehenszinsen 4.000,00
10. Kauf einer Maschine mit Girocard unserer Bank 50.000,00
11. Zieleinkauf von Rohstoffen 90.000,00
                     Fremdbauteilen 20.000,00
                     Betriebsstoffen 14.000,00

Abschlussangaben („Fortschreibungsmethode")

1. Bei den Rohstoffen ist der Istbestand gemäß Inventur kleiner
   als der Sollbestand gemäß Buchführung (Inventurdifferenz) 500,00
2. Die übrigen Inventurbestände entsprechen den Buchbeständen.

Abschlussangaben („Inventurmethode", „Aufwandsrechnerisches Verfahren")

Schlussbestände lt. Inventur: Rohstoffe 259.500,00
                     Fremdbauteile 70.000,00
                     Betriebsstoffe 25.000,00

2.7.2 Bestandsveränderungen fertiger und unfertiger Erzeugnisse

Einstieg Tina Lüders liegt der folgende Beleg ihres Ausbildungsbetriebes vor:

Konrad Fied KG, Hannover	**Inventurauswertung**	
Vorräte zum Geschäftsjahresende	31.12. Jahr 2	
	Bilanzwert in €	
	31.12. Jahr 1	31.12. Jahr 2
1. Rohstoffe	190.800,00	180.200,00
2. Handelswaren	130.400,00	118.900,00
3. Betriebsstoffe	32.600,00	19.700,00
4. Hilfsstoffe	42.500,00	47.300,00
5. Unfertige Erzeugnisse	190.100,00	210.600,00
6. Fertige Erzeugnisse	240.800,00	181.500,00
Summe Vorräte	827.200,00	758.200,00

---

1 Soll nach der „Inventurmethode" oder nach dem „Aufwandsrechnerischen Verfahren" gebucht werden, so entfällt dieser Geschäftsfall.

22543584

„Ich habe gelernt, wie der Ein- und der Verkauf von Waren im Handelsbetrieb und der Verbrauch von Werkstoffen im Industriebetrieb gebucht werden. Wie werden nun aber die Bestände und die Bestandsveränderungen der unfertigen und fertigen Erzeugnisse buchhalterisch erfasst? Wie buche ich aufgrund des vorliegenden Beleges die Bestandsmehrung bei den unfertigen Erzeugnissen und die Bestandsminderung bei den fertigen Erzeugnissen?", fragt sich Tina Lüders.

In Industriebetrieben werden durch die Produktion und den Verkauf Bestände an fertigen und unfertigen Erzeugnissen auf- und abgebaut. Wie wird das buchhalterisch erfasst?

a) Informieren Sie sich im Lehrbuch und buchen Sie die Bestandsveränderungen der unfertigen und fertigen Erzeugnisse in Ihrem Arbeitsheft im Grund- und Hauptbuch.

b) Welche Auswirkungen auf den Gewinn/Verlust haben
1. die Bestandsmehrung der unfertigen Erzeugnisse,
2. die Bestandsminderung der fertigen Erzeugnisse?

Lernstoff

In Industriebetrieben befinden sich in der Regel am Abschlussstichtag noch Produkte im Lager, die zum Teil oder ganz fertiggestellt, aber noch nicht verkauft sind.

Diese Bestände an unfertigen bzw. fertigen Erzeugnissen werden auf den Konten
- „Unfertige Erzeugnisse" bzw. - „Fertige Erzeugnisse" erfasst.

Auf diesen **aktiven Bestandskonten** werden lediglich der **Anfangsbestand,** der **Schlussbestand laut Inventur** und als Saldo die **Bestandsveränderung** gebucht.

Die Bestandsveränderung kann eine **Bestandsmehrung** oder eine **Bestandsminderung** sein.

Beispiele

S	Unfertige Erzeugnisse		H
AB	200.000,00	SB lt. Inventur	300.000,00
Bestandsmehrung	100.000,00		
	300.000,00		300.000,00

S	Fertige Erzeugnisse		H
AB	500.000,00	Bestandsminderung	300.000,00
		SB lt. Inventur	200.000,00
	500.000,00		500.000,00

Liegt eine **Bestandsmehrung** an unfertigen bzw. fertigen Erzeugnissen vor, so ist in einer Rechnungsperiode mehr produziert als verkauft worden. Zusätzlich zu den Verkaufserlösen ist in diesem Fall die Bestandsmehrung als betriebliche **Leistung** buchhalterisch zu behandeln.

 Eine Bestandsmehrung an unfertigen bzw. fertigen Erzeugnissen fließt als Ertrag in die GuV-Rechnung ein.

Liegt umgekehrt eine **Bestandsminderung** an unfertigen bzw. fertigen Erzeugnissen vor, so ist in der entsprechenden Rechnungsperiode mehr verkauft als produziert worden. Die abgebauten Lagerbestände werden nun aufwandswirksam gebucht.

 Eine Bestandsminderung an unfertigen bzw. fertigen Erzeugnissen fließt als Aufwand in die GuV-Rechnung ein.

Im GuV-Konto sind also auf der Aufwandsseite eventuelle Bestandsminderungen fertiger und unfertiger Erzeugnisse und auf der Ertragsseite eventuelle Bestandsmehrungen fertiger und unfertiger Erzeugnisse zu erfassen.

S	GuV	H
Aufwendungen	Erträge	
Bestandsminderungen fertiger und unfertiger Erzeugnisse	Bestandsmehrungen fertiger und unfertiger Erzeugnisse	

Die Bestandsveränderungen fertiger und unfertiger Erzeugnisse werden nun nicht direkt über das GuV-Konto gebucht. Sie werden vielmehr zunächst auf den Konten „Bestandsveränderungen an fertigen Erzeugnissen" bzw. „Bestandsveränderungen an unfertigen Erzeugnissen" erfasst, die über das GuV-Konto abgeschlossen werden.

 Die Bestandsveränderungskonten („Bestandsveränderungen an fertigen Erzeugnissen" und „Bestandsveränderungen an unfertigen Erzeugnissen") sind Erfolgskonten, auf denen im Soll Bestandsminderungen aufwandswirksam und im Haben Bestandsmehrungen ertragswirksam gebucht werden.

Weist das jeweilige Bestandsveränderungskonto eine Bestandsminderung aus, so hat es den Charakter eines Aufwandskontos. Wird umgekehrt eine Bestandsmehrung erfasst, so hat das entsprechende Bestandsveränderungskonto den Charakter eines Ertragskontos.

Beispiel

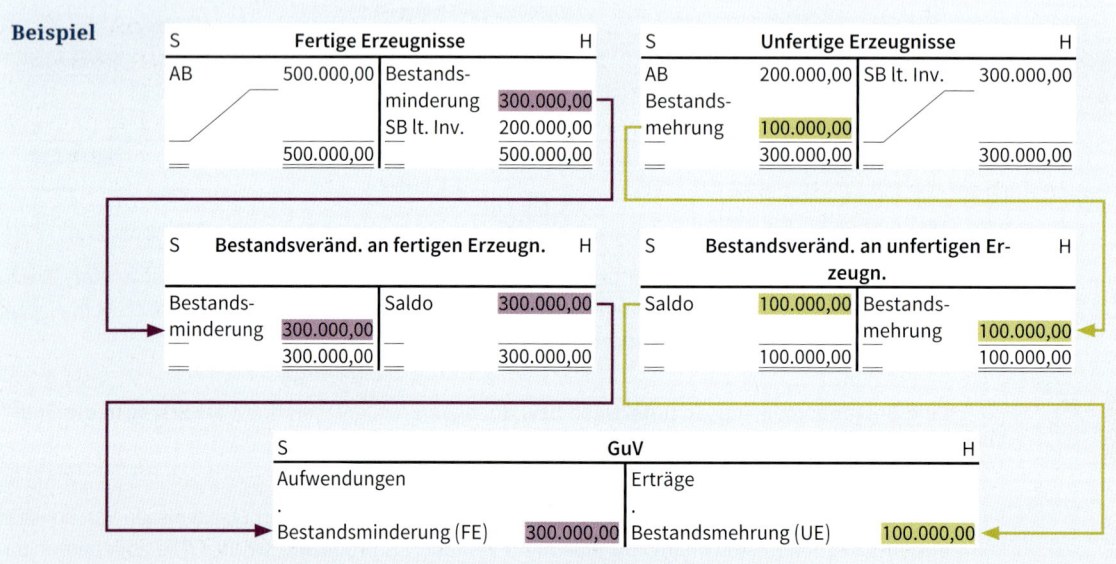

Zusammenfassung

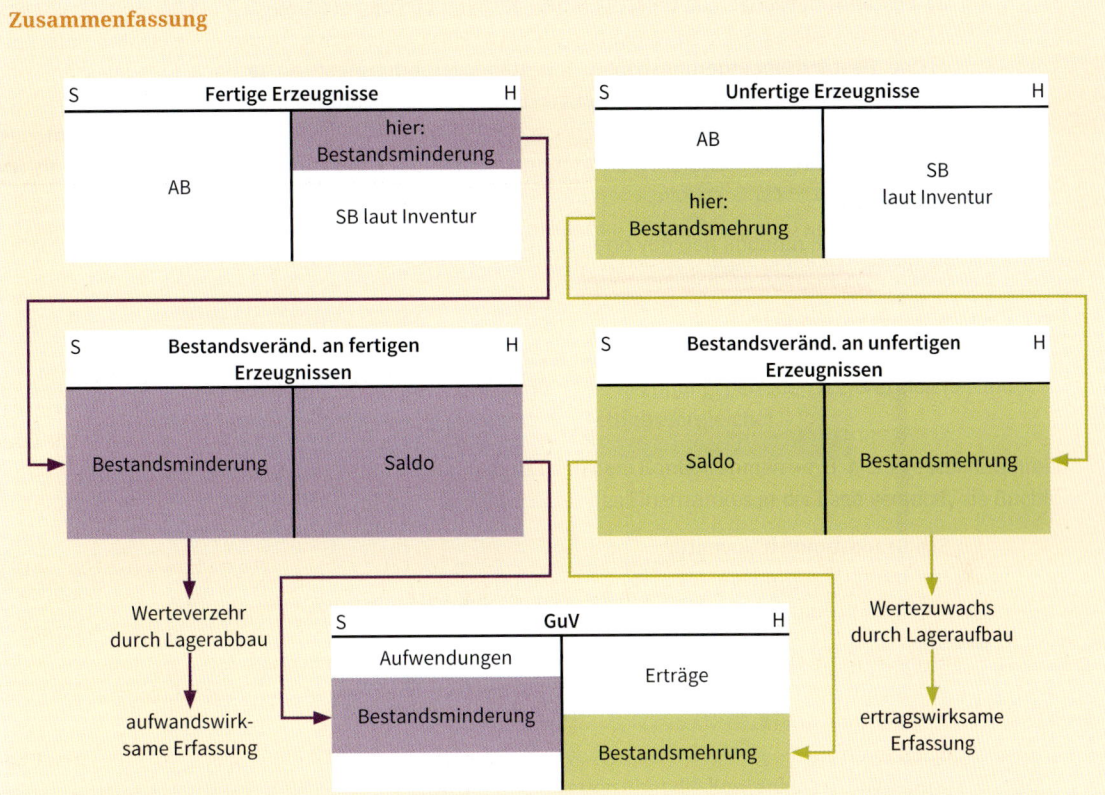

1. Auf den Konten „Unfertige Erzeugnisse" und „Fertige Erzeugnisse" werden lediglich Anfangsbestände, Schlussbestände laut Inventur und als Salden Bestandsmehrungen bzw. Bestandsminderungen erfasst.

2. Bestandsmehrungen fertiger bzw. unfertiger Erzeugnisse werden ertragswirksam auf den Bestandsveränderungskonten („Bestandsveränderungen an fertigen Erzeugnissen" bzw. „Bestandsveränderungen an unfertigen Erzeugnissen") gegengebucht.
   Bestandsminderungen fertiger bzw. unfertiger Erzeugnisse werden aufwandswirksam auf den Bestandsveränderungskonten („Bestandsveränderungen an fertigen Erzeugnissen" bzw. „Bestandsveränderungen an unfertigen Erzeugnissen") gegengebucht.

3. Die Bestandsveränderungskonten („Bestandsveränderungen an fertigen Erzeugnissen" bzw. „Bestandsveränderungen an unfertigen Erzeugnissen") werden über das GuV-Konto abgeschlossen.

Aufgaben

1:   Einführung in die Thematik
2:   Buchungen von Bestandsveränderungen
3:   Geschäftsgang

1   Welche der folgenden Aussagen sind richtig bzw. falsch? Begründen Sie Ihre Meinung.
    a) Eine Bestandsmehrung fertiger Erzeugnisse bedeutet, dass in einer Rechnungsperiode mehr verkauft als produziert wurde.
    b) Das Konto „Fertige Erzeugnisse" ist ein Ertragskonto, auf dem die Verkaufserlöse gebucht werden.
    c) Liegt eine Bestandsminderung an fertigen Erzeugnissen vor, so resultiert ein Teil der Verkaufserlöse aus in vergangenen Perioden aufgebauten Lagerbeständen.

d) Bestandsmehrungen an unfertigen bzw. fertigen Erzeugnissen werden buchhalterisch ertragswirksam erfasst.

e) Die Bestandsveränderungskonten („Bestandsveränderungen an fertigen Erzeugnissen" und „Bestandsveränderungen an unfertigen Erzeugnissen") sind Bestandskonten.

f) Auf den Konten „Unfertige Erzeugnisse" und „Fertige Erzeugnisse" werden lediglich Anfangsbestände, Schlussbestände lt. Inventur und Bestandsveränderungen (Bestandsmehrungen, Bestandsminderungen) gebucht.

g) Bestandsmehrungen mindern und Bestandsminderungen mehren den betrieblichen Gewinn.

h) Bestandsminderungen werden buchhalterisch aufwandswirksam behandelt.

2   Anfangsbestände

	I. €	II. €	III. €
Unfertige Erzeugnisse	200.000,00	250.000,00	180.000,00
Fertige Erzeugnisse	300.000,00	320.000,00	210.000,00

Erfolgssituation

Summe der Aufwendungen	220.000,00	480.000,00	370.000,00
Summe der Erträge	280.000,00	550.000,00	310.000,00

Schlussbestände lt. Inventur

Unfertige Erzeugnisse	225.000,00	180.000,00	150.000,00
Fertige Erzeugnisse	330.000,00	260.000,00	340.000,00

a) Buchen Sie auf den Konten „Unfertige Erzeugnisse", „Fertige Erzeugnisse", „Bestandsveränderungen an unfertigen Erzeugnissen", „Bestandsveränderungen an fertigen Erzeugnissen" und „GuV" und ermitteln Sie den Gewinn/Verlust.

b) Erklären Sie die erfolgswirksame Auswirkung der Bestandsveränderungen.

3[1]   Anfangsbestände der Bestandskonten   €

	€		€
Maschinen	600.000,00	Kasse	10.000,00
Rohstoffe	250.000,00	Postbank	190.000,00
Betriebsstoffe	50.000,00	Eigenkapital	?
Unfertige Erzeugnisse	40.000,00	Langfristige	
Fertige Erzeugnisse	70.000,00	Bankverbindlichkeiten	400.000,00
Forderungen a. LL	80.000,00	Verbindlichkeiten a. LL	190.000,00

Erfolgskonten

Umsatzerlöse für eigene Erzeugnisse; BV an UE; BV an FE; Aufwendungen für Rohstoffe; Aufwendungen für Betriebsstoffe; Löhne; Gehälter; Leasing; Provisionsaufwendungen; Büromaterial; Portokosten; Reisekosten; Verluste aus Kassenbeständen.

Abschlusskonten: Gewinn- und Verlustkonto, Schlussbilanzkonto.

Geschäftsfälle   €

1. Kassenausgänge: für Briefmarken		150,00
für Reisekosten		900,00
2. Zielverkauf eigener Erzeugnisse		296.000,00
3. Kunde begleicht unsere Rechnung durch Postbanküberweisung		50.000,00
4. Barabhebung vom Postbankkonto		3.000,00
5.[2] Verbrauch gemäß Materialentnahmescheine: Rohstoffe		98.000,00
Betriebsstoffe		10.000,00

---

1   Der Geschäftsgang kann alternativ nach der „Fortschreibungsmethode" oder nach der „Inventurmethode" oder nach dem „Aufwandsrechnerischen Verfahren" gebucht werden.

2   Soll nach der „Inventurmethode" oder nach dem „Aufwandsrechnerischen Verfahren" gebucht werden, so entfällt dieser Geschäftsfall.

22543588

6. Postbanklastschrift für   €

	€
Provisionen	2.200,00
Leasinggebühren (Lkw)	1.700,00
Löhne	49.000,00
Gehälter	38.000,00
Lieferantenrechnung	56.000,00
Aufladen der Frankiermaschine	1.900,00

7. Zieleinkauf von

Rohstoffen	20.000,00
Betriebsstoffen	4.000,00

8. Bareinzahlung auf Postbankkonto 1.800,00
9. Zielkauf einer Maschine 60.000,00
10. Barkauf von Büromaterial 500,00

Abschlussangaben

1. **Schlussbestände lt. Inventur**

Unfertige Erzeugnisse	25.000,00
Fertige Erzeugnisse	98.000,00

2. Kassenfehlbestand aufgrund eines
nicht aufgeklärten Diebstahls (Inventurdifferenz) 150,00
3. Die Buchbestände der übrigen Bestandskonten entsprechen den Inventurbeständen.

Zusätzliche Abschlussangaben bei Buchung nach der „Inventurmethode" oder nach dem „Aufwandsrechnerischen Verfahren"

Schlussbestände lt. Inventur: Rohstoffe	172.000,00
Betriebsstoffe	44.000,00

2.8   Die Umsatzsteuer

Einstig

Der Ausbildungsleiter der Konrad Fied KG, Dieter Bremer, legt Tina Lüders die unten stehenden zwei Belege zur Buchung auf den Schreibtisch.

Herr Bremer: „Frau Lüders, Sie sollen heute die buchhalterische Behandlung der Umsatzsteuer kennenlernen. Dazu erhalten Sie von mir zwei Belege, eine Ausgangsrechnung unseres Hauses und eine Eingangsrechnung unseres Handelswarenlieferanten, der Estering GmbH."

Herr Bremer stellt Tina Lüders die folgenden Aufgaben mit dem Hinweis, dass sie zur Lösung das Lehrbuch heranziehen kann:

a) Nehmen Sie in Ihrem Arbeitsheft zu Beleg 1 die Buchungen im Grund- und Hauptbuch vor.
b) Um was für ein Konto handelt es sich bei dem Konto „Umsatzsteuer" (aktives Bestandskonto oder passives Bestandskonto oder Aufwandskonto oder Ertragskonto)? Begründen Sie Ihre Meinung.
c) Nehmen Sie in Ihrem Arbeitsheft zu Beleg 2 die Buchungen im Grund- und Hauptbuch vor.
d) Um was für ein Konto handelt es sich bei dem Konto „Vorsteuer" (aktives Bestandskonto oder passives Bestandskonto oder Aufwandskonto oder Ertragskonto)? Begründen Sie Ihre Meinung.

e) Ermitteln Sie buchhalterisch die Restverbindlichkeit gegenüber dem Finanzamt (= Zahllast), die sich aus den vorgenommenen Buchungen ergibt. Schließen Sie dazu das Konto „Vorsteuer" über das Konto „Umsatzsteuer" ab. Buchen Sie entsprechend im Grund- und Hauptbuch Ihres Arbeitsheftes.

f) Warum wird die Umsatzsteuer auch „Mehrwertsteuer" genannt?

g) Schließen Sie das Konto „Umsatzsteuer" ab.

h) Die Zahllast wird per Banküberweisung an das Finanzamt gezahlt. Buchen Sie entsprechend im Grund- und Hauptbuch Ihres Arbeitsheftes.

Hinweis:
Es handelt sich um Handelswaren.

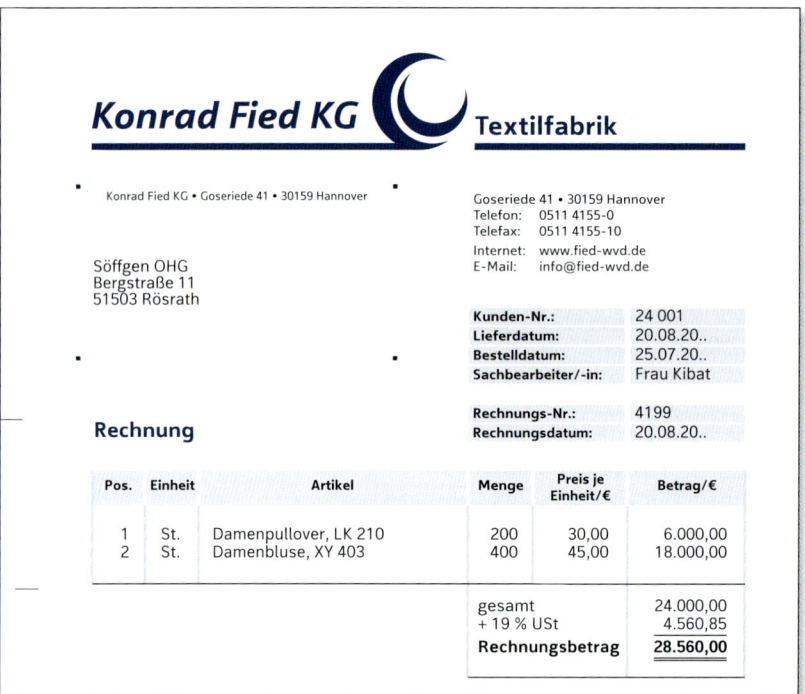

Konrad Fied KG   **Textilfabrik**

Konrad Fied KG • Goseriede 41 • 30159 Hannover

Goseriede 41 • 30159 Hannover
Telefon: 0511 4155-0
Telefax: 0511 4155-10
Internet: www.fied-wvd.de
E-Mail: info@fied-wvd.de

Söffgen OHG
Bergstraße 11
51503 Rösrath

Kunden-Nr.:	24 001
Lieferdatum:	20.08.20..
Bestelldatum:	25.07.20..
Sachbearbeiter/-in:	Frau Kibat
Rechnungs-Nr.:	4199
Rechnungsdatum:	20.08.20..

Rechnung

Pos.	Einheit	Artikel	Menge	Preis je Einheit/€	Betrag/€
1	St.	Damenpullover, LK 210	200	30,00	6.000,00
2	St.	Damenbluse, XY 403	400	45,00	18.000,00
			gesamt		24.000,00
			+ 19 % USt		4.560,85
			Rechnungsbetrag		**28.560,00**

Beleg 1

ESTERING

Estering GmbH
Damenoberbekleidung

Bürgerweide 76 • 20535 Hamburg

Telefon: 040 334455-6
Fax: 040 334455-7

Internet: www.estering-wvd.de
E-Mail: info@estering-wvd.de

Estering GmbH • Bürgerweide 76 • 20535 Hamburg

Textilfabrik
Konrad Fied KG
Goseriede 41
30159 Hannover

EINGEGANGEN
18. Aug. 20..
Erledigt ....

Rechnung

Kundennummer	24 008
Rechnungsnummer	5992
Rechnungsdatum	13.08.20..
Bestelldatum	20.07.20..
Lieferdatum	12.08.20..

Pos.	Menge	Einheit	Artikel	€ je Einheit	€ gesamt
1	200	Stück	Damenpullover, LK 210	20,00	4.000,00
2	400	Stück	Damenbluse, XY 403	30,00	12.000,00
					16.000,00
			+ 19 % USt		3.040,00
			Rechnungsbetrag		**19.040,00**

Zahlungsbedingung: Zahlungsziel 30 Tage

Beleg 2

22543590

Lernstoff   **2.8.1   Steuerbare Umsätze**

Die **steuerbaren Umsätze** sind Gegenstand der Umsatzsteuer. Sie können **steuerpflichtig** oder **steuerfrei** sein.

Der **Steuerbarkeit** unterliegen nach dem Umsatzsteuergesetz[1]

- **alle Lieferungen und sonstige Leistungen, die von einem Unternehmer im Inland gegen Entgelt erbracht werden** (§ 1 Abs. 1 UStG) (z. B. Verkauf von Erzeugnissen, Durchführung von Reparaturen, Vermittlung von Vertragsabschlüssen usw.),
- **der Import von Gegenständen aus Nicht-EU-Mitgliedstaaten in das Zollgebiet**[2] (§ 1 Abs. 1 UStG) (z. B. Einfuhr von Textilien aus China usw.),
- **der innergemeinschaftliche Erwerb im Inland gegen Entgelt**[2] (§ 1 Abs. 1 UStG),
- **die Gegenstandsentnahme für private Zwecke, wenn zuvor ein voller oder teilweiser Vorsteuerabzug**[3] **möglich war** (§ 3 Abs. 1 b Nr. 1 UStG) (z. B. Entnahme von Erzeugnissen durch den Unternehmer),
- **die private Verwendung betrieblicher Gegenstände, wenn zuvor ein voller oder teilweiser Vorsteuerabzug**[3] **möglich war** (§ 3 Abs. 9 a Nr. 1 UStG) (z. B. die private Nutzung des betrieblichen Telefons durch den Unternehmer) und
- **die Entnahme von Dienst- oder Werkleistungen für private Zwecke, unabhängig davon, ob zuvor ein Vorsteuerabzug**[3] **möglich war** (§ 3 Abs. 9 a Nr. 2 UStG) (z. B. Reparaturarbeiten am Privathaus des Unternehmers durch Beschäftigte des Betriebes).

Aus wirtschafts-, kultur- und sozialpolitischen Gründen sind einige steuerbare Umsätze **steuerfrei.** Hierzu zählen (§ 4 UStG) z. B.:

- Ausfuhrlieferungen,
- Entgelte für Kreditgewährung,
- Entgelte für Versicherungsverhältnisse,
- Umsätze aus der Tätigkeit als Versicherungsvertreter,
- Entgelte für Vermietung und Verpachtung von Grundstücken,
- Umsätze aus der Tätigkeit als Arzt, Zahnarzt, Heilpraktiker, Hebamme oder aus vergleichbaren heilberuflichen Tätigkeiten und
- Leistungen (Lehrgänge, Seminare) von Bildungsträgern.

Die Bemessungsgrundlage der Besteuerung ist in der Regel der Wert des steuerpflichtigen Umsatzes (§§ 10 und 11 UStG); auf sie wird der Steuersatz berechnet. Der **Regelsteuersatz** beträgt ab 2007 19 % der Bemessungsgrundlage. Bestimmte Umsätze, z. B. Lebensmittel und Bücher, unterliegen dem **ermäßigten Steuersatz** von 7 %.

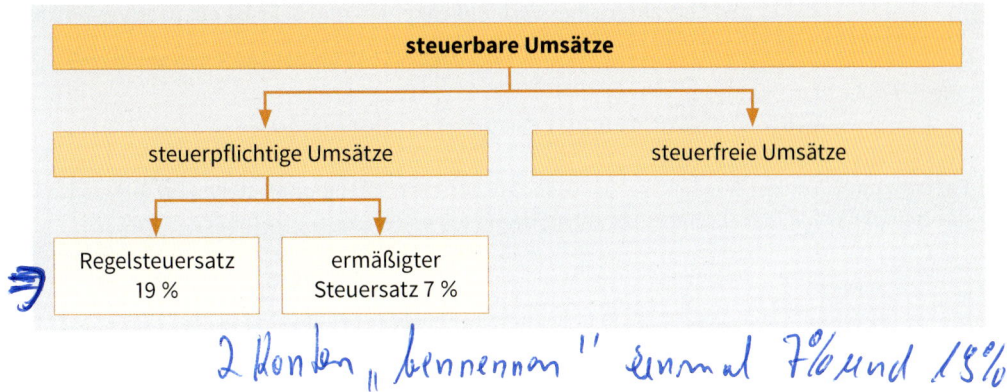

---

1   *Hinweis für die Schülerin/den Schüler:* Hier sind die recht komplizierten steuerrechtlichen Bestimmungen detailliert aufgeführt. Für das Verständnis ist zunächst nur der zuerst aufgeführte Sachverhalt wesentlich.

2   siehe Hermsen, Rechnungswesen der Industrie – IKR, Winklers, Braunschweig, Kapitel 2.1.8

3   siehe Erklärung S. 92 ff.

2.8.2   Die Umsatzsteuerkonten

2.8.2.1   Buchen auf dem Umsatzsteuerkonto

Beispiel

Ein Industriebetrieb schickt die folgende Ausgangsrechnung an seinen Kunden:

Ausgangsrechnung	
Verkaufspreis (eigene Erzeugnisse)	10.000,00 €
+ 19 % Umsatzsteuer	1.900,00 €
Rechnungsbetrag	11.900,00 €

Dieser Industriebetrieb bucht den Zielverkauf von Erzeugnissen wie folgt:

Buchungssatz	Soll	Haben
Forderungen a. LL	11.900,00	
an Umsatzerlöse für eigene Erzeugnisse		10.000,00
an Umsatzsteuer		1.900,00

Buchung

S	Forderungen a. LL	H
UfeE/USt 11.900,00		

S	Umsatzerlöse für eigene Erzeugnisse	H
	Ford. a. LL	10.000,00

S	Umsatzsteuer	H
	Ford. a. LL	1.900,00

Der Kunde wird mit dem vollen Rechnungsbetrag belastet. Er muss neben dem Preis für die Erzeugnisse die Umsatzsteuer an den Industriebetrieb entrichten.

Auf dem Konto „Umsatzerlöse für eigene Erzeugnisse" wird der Nettoverkaufspreis gebucht, die Umsatzsteuer wird gesondert auf dem Konto „Umsatzsteuer" erfasst.

Der Industriebetrieb kann nun die Umsatzsteuer, die er seinem Kunden in Rechnung stellt, selbstverständlich **nicht einbehalten,** sondern muss sie **an das Finanzamt weiterleiten.**

 Die Kunden in Rechnung gestellte Umsatzsteuer wird auf dem Konto „Umsatzsteuer" erfasst. Sie stellt eine Verbindlichkeit gegenüber dem Finanzamt dar. Das Konto „Umsatzsteuer" hat daher den Charakter eines Verbindlichkeitenkontos. Es ist ein passives Bestandskonto.

2.8.2.2   Buchen auf dem Vorsteuerkonto

Fortsetzung des Beispiels

Für die Erzeugnisse, die unser Industriebetrieb mit oben stehender Ausgangsrechnung verkauft hat, hat er seinerseits Rohstoffe mit folgender Eingangsrechnung eingekauft:

Eingangsrechnung	
Rohstoffe	4.000,00 €
+ 19 % Umsatzsteuer	760,00 €
Rechnungsbetrag	4.760,00 €

Den Rohstoffeinkauf bucht der Industriebetrieb wie folgt:

Buchungssatz	Soll	Haben
Aufwendungen für Rohstoffe[1]	4.000,00	
Vorsteuer	760,00	
an Verbindlichkeiten a. LL		4.760,00

Buchung

S	Aufwendungen für Rohstoffe[1]	H
Verb. a. LL	4.000,00	

S	Verbindlichkeiten a. LL	H
		AfR[1]/VSt	4.760,00

S	Vorsteuer	H
Verb. a. LL	760,00	

Unser Industriebetrieb muss den vollen Rechnungsbetrag einschließlich Umsatzsteuer an seinen Lieferanten entrichten.

Auf dem Konto „Aufwendungen für Rohstoffe"[1] wird der Nettoeinkaufspreis gebucht, die zu zahlende Umsatzsteuer wird gesondert auf dem Konto „Vorsteuer" erfasst.

Die ihm in Rechnung gestellte Umsatzsteuer (= Vorsteuer) kann unser Industriebetrieb **vom Finanzamt zurückverlangen.**

Die an Lieferanten zu zahlende Umsatzsteuer wird auf dem Konto „Vorsteuer" erfasst. Sie stellt eine Forderung an das Finanzamt dar. Das Konto „Vorsteuer" hat daher den Charakter eines Forderungskontos. Es ist ein aktives Bestandskonto.

2.8.2.3   Die Verrechnung der Umsatzsteuerschuld gegen die Vorsteuerforderung

Die Umsatzsteuerschuld und die Vorsteuerforderung werden gegeneinander verrechnet, d. h., die Konten „Umsatzsteuer" und „Vorsteuer" werden übereinander abgeschlossen.

Die Zahllast

Fortsetzung des Beispiels Im obigen Beispiel hat unser Industriebetrieb gegenüber dem Finanzamt eine Umsatzsteuerschuld von 1.900,00 € und eine Vorsteuerforderung von 760,00 €.
Die Verrechnung erfolgt buchhalterisch folgendermaßen:

Buchungssatz	Soll	Haben
Umsatzsteuer	760,00	
an Vorsteuer		760,00

Buchung

S	Umsatzsteuer	H		S	Vorsteuer	H
VSt	760,00	Ford. a. LL	1.900,00	Verb. a. LL	760,00	USt	760,00

Verrechnung der Umsatzsteuerschuld gegen die Vorsteuerforderung

Es ergibt sich in unserem Fall auf dem Umsatzsteuerkonto ein **Überhang an Umsatzsteuerschulden** an das Finanzamt in Höhe von **1.140,00 €**, der als **Zahllast** bezeichnet wird.

S	Umsatzsteuer *Finanzamt*		
VSt	760,00	Ford. a. LL	1.900,00
Zahllast	**1.140,00**		

---

1   alternativ: Rohstoffe („Bestandsrechnerisches Verfahren")

Die Zahllast wird wie folgt errechnet:

> Umsatzsteuerschulden gemäß Ausgangsrechnungen
> − Vorsteuerforderungen gemäß Eingangsrechnungen
> = Zahllast

Fortsetzung des Beispiels

Die Zahllast muss als Umsatzsteuerrestverbindlichkeit an das Finanzamt abgeführt werden, z. B. per Banküberweisung:

Buchungssatz	Soll	Haben
Umsatzsteuer	1.140,00	
an Guthaben bei Kreditinstituten (Bank)		1.140,00

Buchung

S	Umsatzsteuer	H		S	Guthaben bei KI (Bank)	H
VSt	760,00	Ford. a. LL 1.900,00		AB	…	USt 1.140,00
G. b. KI	1.140,00					

Überweisung der Zahllast

Die Zahllast wird in der Regel am Ende eines jeden Monats[1] ermittelt. Bis zum 10. des Folgemonats[1] muss eine Umsatzsteuervoranmeldung auf amtlichen Vordrucken über das Internet an das Finanzamt eingereicht werden.[2] Die entsprechende Vorauszahlung der Zahllast muss spätestens 3 Tage später (3 Tage Zahlungsschonfrist), also spätestens bis zum 13. des Folgemonats[1], beim Finanzamt eingehen. Fallen Abgabefrist für die Umsatzsteuervoranmeldung bzw. Zahlungsfrist für die Zahllast auf einen Samstag, Sonntag oder gesetzlichen Feiertag, so verschieben sich Abgabefrist bzw. Zahlungsfrist auf den nächsten Werktag.

Die Zeit ist eng bemessen. Aus diesem Grund kann auf Antrag (**Dauerfristverlängerung**) die Abgabefrist für die Umsatzsteuervoranmeldung und die entsprechende Zahlungsfrist jeweils um einen Monat verlängert werden, beispielsweise für den Monat März bis zum 10. bzw. 13. Mai.

Abhängig von der Höhe der Zahllast des vorangegangenen Kalenderjahres gelten grundsätzlich (Abweichungen sind in Einzelfällen möglich) folgende Fristen:

Betrag der Vorjahreszahllast	Ermittlung der Zahllast	Voranmeldung und Überweisung der Zahllast[3]
0,00 €–1.000,00 €	zum Ende des Kalenderjahres	bis zum 10. bzw. 13. Jan. des Folgejahres[4]
1.000,01 €–7.500,00 €	zum Ende eines jeden Quartals	10 bzw. 13 Tage nach Quartalsende
mehr als 7.500,00 €	zum Ende eines jeden Monats	bis zum 10. bzw. 13. des Folgemonats

Für das ganze Kalenderjahr hat der Unternehmer eine Jahreserklärung abzugeben. Waren die Vorauszahlungen nicht richtig, so muss der Unternehmer eine Abschlusszahlung leisten bzw. das Finanzamt eine Rückzahlung erstatten.

Der Vorsteuerüberhang

Sind z. B. bei hohen saisonbedingten Einkäufen die Vorsteuerforderungen eines Umsatzsteuer-Voranmeldezeitraumes höher als die Umsatzsteuerschulden, so liegt ein **Vorsteuerüberhang** vor.

---

1 siehe letzte Zeile in der unten stehenden Tabelle
2 siehe www.elsterformular.de
3 ohne Dauerfristverlängerung

4 Das Finanzamt kann in diesem Fall die Pflicht zur Übermittlung der Umsatzsteuervoranmeldung und zur Zahlung der Zahllast aufheben. Dann wäre lediglich eine Umsatzsteuererklärung zu erstellen.

Beispiel Es sind insgesamt 8.000,00 € an Umsatzsteuerschulden und 10.000,00 € an Vorsteuerforderungen in einem Umsatzsteuer-Voranmeldezeitraum gebucht worden.

Die Verrechnung erfolgt folgendermaßen:

Buchungssatz	Soll	Haben
Umsatzsteuer	8.000,00	
an Vorsteuer		8.000,00

Buchung

S	Umsatzsteuer		H	S	Vorsteuer		H
VSt	8.000,00	Ford. a. LL	8.000,00	Verb. a. LL	10.000,00	USt	8.000,00

Verrechnung der Umsatzsteuerschuld gegen die Vorsteuerforderung

In diesem Fall sind die Vorsteuerforderungen höher als die Umsatzsteuerschulden. Es ergibt sich ein **Vorsteuerüberhang** von **2.000,00 €**.

S	Vorsteuer Finanzamt		H
Verb. a. LL	10.000,00	USt	8.000,00
		Vorsteuer-überhang	2.000,00

Das Finanzamt erstattet diesen Überschuss bzw. verrechnet ihn gegebenenfalls mit Steuerschulden.

2.8.2.4   Bilanzierung von Zahllast bzw. Vorsteuerüberhang

Ist am Abschlussstichtag (31. Dezember) die Zahllast für den letzten Voranmeldezeitraum noch nicht an das Finanzamt überwiesen (Zahlung muss bis zum 13. Januar[1] erfolgen), so wird diese als Schlussbestand des passiven Bestandskontos „Umsatzsteuer" **passiviert.** Man nennt diesen Vorgang entsprechend **Passivierung der Zahllast.**

Beispiel Die Zahllast beträgt für den Monat Dezember 4.000,00 €.
Buchung

S	Umsatzsteuer		H	S	Schlussbilanzkonto		H
.	.					.	.
.	.					.	.
SBK	4.000,00					USt	4.000,00

Passivierung der Zahllast

Buchungssatz	Soll	Haben
Umsatzsteuer	4.000,00	
an Schlussbilanzkonto		4.000,00

Im Falle eines Vorsteuerüberhanges wird dieser beim Abschluss aktiviert.

2.8.3   Die Versteuerung des Mehrwertes

Beispiel In unserem Beispiel (von S. 92 ff.) hat der Industriebetrieb durch die Herstellung des Erzeugnisses einen **Mehrwert** geschaffen. Dieser Mehrwert ergibt sich aus der Differenz zwischen dem **Netto-verkaufspreis der erbrachten Leistung** und dem **Nettoeinkaufspreis der bezogenen Leistung** (im Beispiel: vereinfacht nur Rohstoffe).

---

1   ohne Dauerfristverlängerung

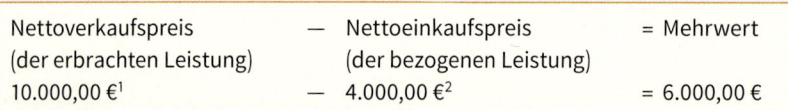

Nettoverkaufspreis	—	Nettoeinkaufspreis	= Mehrwert
(der erbrachten Leistung)		(der bezogenen Leistung)	
10.000,00 €[1]	—	4.000,00 €[2]	= 6.000,00 €

Zahllast (**1.140,00 €**)[3] = 19 % des Mehrwertes (6.000,00 €)

 Die Zahllast stellt eine Versteuerung des Mehrwertes dar.

Dem Unternehmer wird also nicht für seinen vollen Verkaufspreis eine Zahllast aufgebürdet, sondern lediglich für seine Wertschöpfung, d. h. für den Mehrwert auf seiner Produktions- bzw. Handelsstufe. Daher kommt die Bezeichnung **Mehrwertsteuer.**

Die folgende Darstellung zeigt beispielhaft auf, wie sich die Verrechnung der Zahllasten über mehrere Produktions- bzw. Handelsstufen vollzieht.

Produktions- bzw. Handelsstufen	Ausgangsrechnung (= Eingangsrechnung der nachfolgenden Umsatzstufe) (€)		Umsatzsteuer (€)	Vorsteuer (€)	Zahllast (= 19 % vom Mehrwert) (€)	Mehrwert (€)
Urerzeuger	Nettopreis + 19 % USt Bruttopreis	10.000,00 1.900,00 11.900,00	1.900,00	0,00	1.900,00	10.000,00
verarbeitende Industrie	Nettopreis + 19 % USt Bruttopreis	25.000,00 4.750,00 29.750,00	4.750,00	1.900,00	2.850,00	15.000,00
Großhandel	Nettopreis + 19 % USt Bruttopreis	30.000,00 5.700,00 35.700,00	5.700,00	4.750,00	950,00	5.000,00
Einzelhandel	Nettopreis + 19 % USt Bruttopreis	**34.000,00** 6.460,00 40.460,00	6.460,00	5.700,00	760,00	4.000,00
Summe					**6.460,00**	**34.000,00**

Der nicht vorsteuerabzugsberechtigte Endverbraucher trägt die Umsatzsteuer. Sein Umsatzsteueranteil (im obigen Beispiel **6.460,00 €**) entspricht der Summe der an das Finanzamt abgeführten Zahllasten (im obigen Beispiel **6.460,00 €**).

Für die Unternehmen auf allen Produktions- und Handelsstufen ist die Umsatzsteuer **erfolgsneutral.** Sie stellt nur einen **durchlaufenden Posten** dar.

Der Gesetzgeber könnte den Einzug der Umsatzsteuer vereinfachen, indem er nur den Umsatz der letzten Stufe der Handelskette (im obigen Beispiel: Einzelhandel) besteuert. Um jedoch zu vermeiden, dass nur eine Absatzstufe von dem Besteuerungsverfahren betroffen ist, wurde die Umsatzsteuer als Mehrwertsteuer mit dem oben beschriebenen Verrechnungs- und Einzugsverfahren ausgestaltet.

---

1 vgl. Kapitel 2.8.2.1, S. 92   2 vgl. Kapitel 2.8.2.2, S. 92 f.   3 vgl. Kapitel 2.8.2.3, S. 93 f.

22543596

Zusammenfassung

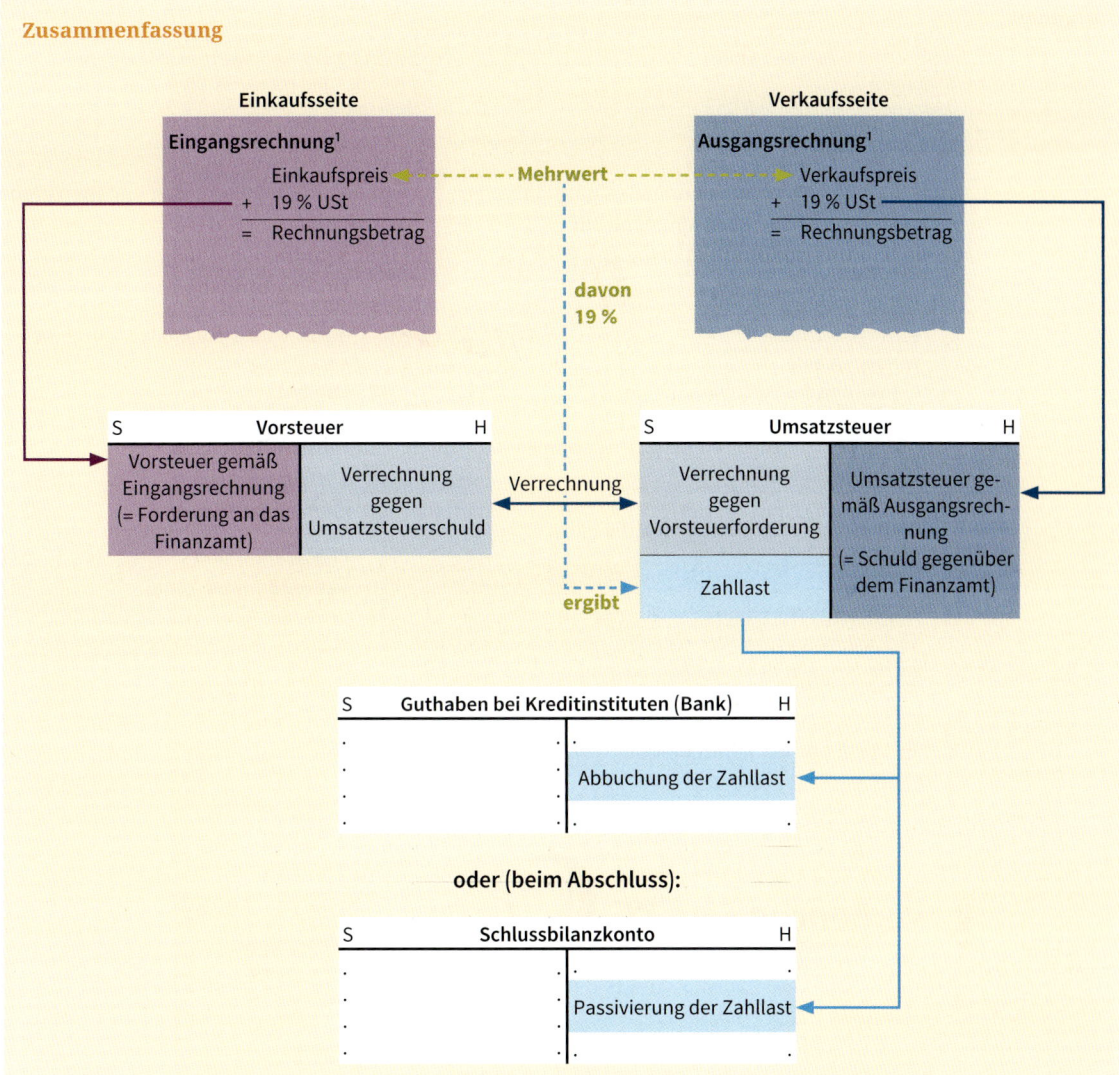

1. Die Umsatzsteuer für bezogene „steuerpflichtige Umsätze" wird beim leistungsempfangenden Unternehmen im Soll des aktiven Bestandskontos „Vorsteuer" erfasst. Die gebuchte Vorsteuer stellt eine Forderung an das Finanzamt dar.

2. Die Umsatzsteuer für erbrachte „steuerpflichtige Umsätze" wird beim leistungsabgebenden Unternehmen im Haben des passiven Bestandskontos „Umsatzsteuer" erfasst. Die gebuchte Umsatzsteuer stellt eine Schuld gegenüber dem Finanzamt dar.

3. Die Vorsteuerforderung wird mit der Umsatzsteuerschuld verrechnet. Überwiegen die Umsatzsteuerschulden, so ergibt sich eine Restschuld gegenüber dem Finanzamt, die sogenannte Zahllast. Überwiegen die Vorsteuerforderungen, so ergibt sich eine Restforderung an das Finanzamt, der sogenannte Vorsteuerüberhang.

4. Auf jeder Produktions- und Handelsstufe ist die Zahllast die Versteuerung der Wertschöpfung (des Mehrwertes).

5. Der nicht vorsteuerabzugsberechtigte Endverbraucher trägt die Umsatzsteuer.

---

1 Liegt der Gesamtbetrag (Entgelt und Umsatzsteuer) unter 250,01 €, so brauchen Entgelt und Umsatzsteuer nicht getrennt ausgewiesen zu werden (Kleinbetragsrechnung).

Aufgaben

1:	Verständnisaufgabe zum Lernstoff	**5:**	Versteuerung des Mehrwertes auf mehreren
2 u. 3:	Belegbuchungen		Produktions- und Handelsstufen
4:	Buchhalterische Behandlung von Umsatzsteuer und	**6:**	Geschäftsgang
	Vorsteuer		

1 Jede der unter A stehenden Angaben passt inhaltlich zu einer der unter B stehenden Angaben. Nehmen Sie die jeweiligen Zuordnungen vor.

A	B
1. Buchung der Umsatzsteuer für bezogene Lieferungen und sonstige Leistungen.	1. Beim Abschluss wird die Umsatzsteuerschuld in der Bilanz ausgewiesen.
2. Vorsteuerkonto.	2. Zahllast.
3. Aktivierung des Vorsteuerüberhanges.	3. Im Soll des Vorsteuerkontos.
4. Buchung der Umsatzsteuer für erbrachte Lieferungen und sonstige Leistungen.	4. Passives Bestandskonto.
5. Umsatzsteuerkonto.	5. Im Haben des Umsatzsteuerkontos.
6. Nach der monatlichen Verrechnung von Umsatzsteuer und Vorsteuer ergibt sich eine Restverbindlichkeit gegenüber dem Finanzamt.	6. Vorsteuerüberhang.
7. Passivierung der Zahllast.	7. Nicht vorsteuerabzugsberechtigter Endverbraucher.
8. Träger der Umsatzsteuer.	8. Aktives Bestandskonto.
9. Nach der monatlichen Verrechnung von Umsatzsteuer und Vorsteuer ergibt sich eine Restforderung an das Finanzamt.	9. Beim Abschluss wird die Umsatzsteuerforderung in der Bilanz ausgewiesen.

2[1] a) Wie bucht die Textilfabrik Konrad Fied KG die Belege 1 und 2?

b) Wie bucht der Textileinzelhandel Tina Hempe e. Kffr. den Beleg 1 und das Unternehmen Heinrich Paulmann e. K. den Beleg 2?

Beleg 1

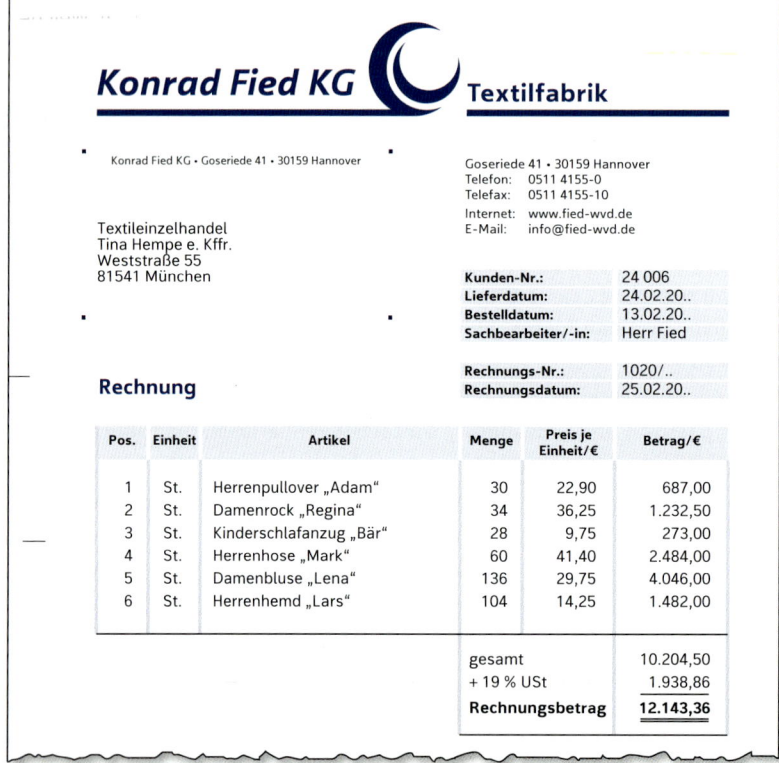

Konrad Fied KG

Textilfabrik

Konrad Fied KG · Goseriede 41 · 30159 Hannover

Goseriede 41 · 30159 Hannover
Telefon: 0511 4155-0
Telefax: 0511 4155-10
Internet: www.fied-wvd.de
E-Mail: info@fied-wvd.de

Textileinzelhandel
Tina Hempe e. Kffr.
Weststraße 55
81541 München

Kunden-Nr.:	24 006
Lieferdatum:	24.02.20..
Bestelldatum:	13.02.20..
Sachbearbeiter/-in:	Herr Fied
Rechnungs-Nr.:	1020/..
Rechnungsdatum:	25.02.20..

Rechnung

Pos.	Einheit	Artikel	Menge	Preis je Einheit/€	Betrag/€
1	St.	Herrenpullover „Adam"	30	22,90	687,00
2	St.	Damenrock „Regina"	34	36,25	1.232,50
3	St.	Kinderschlafanzug „Bär"	28	9,75	273,00
4	St.	Herrenhose „Mark"	60	41,40	2.484,00
5	St.	Damenbluse „Lena"	136	29,75	4.046,00
6	St.	Herrenhemd „Lars"	104	14,25	1.482,00

gesamt	10.204,50
+ 19 % USt	1.938,86
Rechnungsbetrag	**12.143,36**

---

1 **Konten:** Forderungen a. LL, Verbindlichkeiten a. LL, Fremdinstandhaltung, Waren/Aufwendungen für Waren, Umsatzerlöse für eigene Erzeugnisse, Umsatzerlöse für erbrachte Instandsetzung, Vorsteuer, Umsatzsteuer.

Beleg 2

Heinrich Paulmann e. K.
Inhaber M. Happe
Elektrische Licht- und Kraftanlagen

PAULMANN
Elektroanlagen

Paulmann e. K. • Stephanusstr. 8 • 30449 Hannover

Stephanusstraße 8
30449 Hannover
Tel. 0511 4115-0
Fax 0511 4115-235
Internet: www.paulmann-wvd.de
E-Mail: info@paulmann-wvd.de

Textilfabrik
Konrad Fied KG
Goseriede 41
30159 Hannover

EINGEGANGEN
28. Febr. 20..
Erledigt ....

Ihr Zeichen, Ihre Nachricht vom	Unser Zeichen, unsere Nachricht vom	Telefon, Name 0511 4115-	Datum
	hp	334 Herr Happe	27.02.20..

Rechnung Nr. 10027

Erbringung der Leistung: 22.02.20..

Lampenanschlüsse instand gesetzt

Pos.	Beschreibung	Anzahl/Einheit	Einzelpreis/€	Gesamt/€
001	Montage Doering	2,00 Std.	33,93	67,86
002	Auszubildender (2. Jahr) Bergen	2,00 Std.	17,55	35,10
003	Goseriede Fahrauslage	1,00 Psch.	6,60	6,60
004	Schraubenlose Klemmen, Leuchtenklemmen 2 x 2,5 mm²	8 St.	0,20	1,60
				111,16
	+ 19 % USt			21,12
	Rechnungsbetrag			**132,28**

3[1] Sie sind Angestellte(r) der Textilfabrik Konrad Fied KG, Goseriede 41, 30159 Hannover. Die folgenden Belege liegen Ihnen zur Buchung vor.

Beleg 1

GAUF Service GmbH
Das Service-Center der Gauf Mediengruppe

Service-Center Freiburg: Kundenbetreuung	Service-Center München: Kundenbetreuung
Telefon: 0761 9898-83	Telefon: 089 9517-28
Auftragsannahme: -81	Auftragsannahme: -27
Fax: -82	Fax: -25

GAUF Service GmbH • Lörracher Str. 4 • 79115 Freiburg

E-Mail: service@gauf-wvd.de
Internet: www.gauf-wvd.de

Konrad Fied KG
Goseriede 41
30159 Hannover

EINGEGANGEN
6. Okt. 20..
Erledigt................

Wir liefern für Rechnung:
Rudolf Gauf Verlag GmbH & Co. KG
RS Verlag Recht und Steuern GmbH & Co. KG
InfoTex Verlag- und Software Verlag GmbH
Memos Verlag AG

0006053817343

Abonnement-Rechnung

Ihre Bestellung vom	Ihre Zeichen	Kunden-Nr. 24 007	Rechnungs-Nr. 6053817343	Rechnungsdatum 04.10.20..

Bitte bei Zahlung oder Zuschrift immer angeben!

Auftrag/Material	Bezugsgebühren für Ihr Abonnement	Seitenzahl	Seitenpreis € ohne USt	Gesamtpreis €
06963536	Praxislexikon Buchführung Heft 05/20..			
	Heft-Nr. Lieferdatum Seitenzahl			
1120-5024	005 04.10.20.. 220	220	0,19395	42,67

* Abbuchung des Rechnungsbetrags
* zum 02.11.20.. von Ihrem Konto
* IBAN: DE73 2519 0001 0000 0123 45
* BIC: VOHADE2H

	Warenwert	42,67
	+ Umsatzsteuer 7,0 %	2,99
	Rechnungsbetrag	**45,66**

a) Welche Geschäftsfälle liegen den Belegen zugrunde?
b) Wie lauten die Buchungssätze?

1 **Konten:** Verbindlichkeiten a. LL, Guthaben bei Kreditinstituten (Bank), Umsatzsteuer, Vorsteuer, Reisekosten, Leiharbeitskräfte für die Leistungserstellung, Portokosten, Kasse, Werbung, Fremdleistungen für Erzeugnisse, Fuhrpark, Vertriebsprovisionen, Büromaterial, Aufwendungen für Fort- und Weiterbildung, Forderungen a. LL, Sonstige Aufwendungen für bezogene Leistungen, Zeitungen und Fachliteratur.

Beleg 2

Autohaus Sauer KG

Autohaus Sauer KG
Rehbergstraße 24
30173 Hannover
Telefon 0511 3213-0
Telefax 0511 3213-33
Internet: www.sauer-wvd.de
E-Mail: info@sauer-wvd.de

Autohaus Sauer KG · Rehbergstr. 24 · 30173 Hannover

Reg.-Gericht Hannover
HRA 810
St.-Nr. 26 235 86417

EINGEGANGEN
6. Nov. 20..
Erledigt ....

Textilfabrik
Konrad Fied KG
Goseriede 41
30159 Hannover

Sparkasse Hannover
Konto-Nr. 1 122, BLZ 250 501 80
IBAN DE78 2505 0180 0000 0011 22
BIC SPKHDE2H

Rechnung

Amt. Kennzeichen	Fahrzeugtyp	Fahrzeug-Ident-Nr.	Zul.-Datum	Annahmedatum	km-Stand
	Salida	VF34J5FU		22.09.20..	0

Rechnungs-Nr.	Rechnungsdatum	Ihre Bestellung vom	Unsere Lieferung vom
1584	05.11.20..	21.09.20..	05.11.20..

Leistungsbezeichnung/Warenbezeichnung	Preis in €
1 Pkw Salida X200 lt. Spezifikation vom 21.09.20..	45.000,00 *
Sonderausstattung:	
- Klimaanlage	1.000,00 *
- Radio Phoenix	450,00 *
- Navigationssystem Com 3D	400,00 *
	46.850,00 **
+ 19 % USt	8.901,50 *
Rechnungsbetrag	55.751,50 **

Beleg 3[1]

Stephanusstr. 13
30449 Hannover (Linden)
Tel.: 0511 447428
St.-Nr. 26 852 75661

stempel +
schilder
siegfried münch

Fa. Konrad Fied KG

Hannover

Anz./Artikel	Einzel-preis /€	Summe/€
2 Eingangs-stempel	24,50	49,00
3 Stempel-kissen	3,50	10,50

Bei Irrtum oder Umtausch bitte diesen Beleg vorlegen.

Summe	59,50
19 % USt	inkl.

Betrag dankend erhalten: 59,50

Datum, Unterschrift: 10.10.20.. Münch

Beleg 4

Deutsche Post AG
30449 Hannover
81301811 28.08.20..

7114
10 x Office Kopierpapier A4 Standard
```
                              *29,90 EUR
                                   D,1
```

7117
Briefmarken   *12,40 EUR
                                   A,1

Bruttoumsatz	***42,30 EUR**
19,00% USt D	*4,77 EUR
Nettoumsatz D	*25,13 EUR
umsatzsteuerbefreit nach §4 UStG A	
Nettoumsatz A	*12,40 EUR

Steuernummer der Deutschen Post AG:
5205/5777/1510

Vielen Dank für Ihren Besuch.
Ihre Deutsche Post AG

Hinweis:
Barzahlung

---

1 Liegt der Gesamtbetrag (Entgelt und Umsatzsteuer) unter 250,01 €, so brauchen Entgelt und Umsatzsteuer nicht getrennt ausgewiesen zu werden (Kleinbetragsrechnung).

225435100

Beleg 5[1]

Konrad Fied KG Textilfabrik

Konrad Fied KG · Goseriede 41 · 30159 Hannover

Söffgen OHG
Bergstraße 11
51503 Rösrath

Goseriede 41 · 30159 Hannover
Telefon: 0511 4155-0
Telefax: 0511 4155-10
Internet: www.fied-wvd.de
E-Mail: info@fied-wvd.de

Telefax 0511 4155-	E-Mail
32	kibat@fied-wvd.de

Ihr Zeichen, Ihre Nachricht vom	Unser Zeichen, unsere Nachricht vom	Telefon, Name 0511 4155-	Datum
ah-sö 19.09.20..	ki-he	58 Frau Kibat	30.09.20..

Provision

Sehr geehrter Herr Söffgen,

Sie haben unsere Erzeugnisse in Kommission verkauft (siehe beigefügte Auflistung).

Wie vereinbart erteilen wir Ihnen die nachstehende Gutschrift auf unsere noch ausstehenden Forderungen.

Provisionsgutschrift	500,00 €
+ 19 % USt	95,00 €
	595,00 €

Wir bitten um gleichlautende Buchung.

Beleg 6[2]

FUNK-TAXI-RUF 3812

Hannoversche Funk-Taxi-Zentrale eG
Geibelstraße 13 · 30173 Hannover
Tel. Büro: 0511 8001-0 · Fax: 0511 8001-33
St.-Nr. 26 164 33624
Sparkasse Hannover
Kto.-Nr. 6 666 · BLZ 250 501 80
IBAN DE61 2505 0180 0000 0066 66 · BIC SPKHDE2H

für Stadtfahrt ☒ Krankenfahrt ☐ Taxi-Nr. 332

für Frau Kibat
von Goseriede
bis Nussriede

QUITTUNG über 12,84 €

Diesen Betrag haben wir dankend erhalten. In diesem Betrag ist die gesetzl. USt (7 %) enthalten.

12. Dez. 20.. Damm
Hannover, Datum Unterschrift/Stempel des Taxiunternehmens

Buchungsvermerke des Kunden:
Taxi-Fahrt (Frau Kibat) zum Lieferanten
Betrag bar erhalten
Hannover, 13. Dez. 20.. *Kibat*

DEUTSCHE EISENBAHN AG

DE AG

Fahrkarte Normalpreis
1 Erwachsener de.bonus

kein Umtausch/keine Erstattung

SZ von **Hannover** + City-Nutzung
(Hannover Hbf)
nach **Hamburg** + City-Nutzung
(Hamburg Hbf)
Fahrtzeit: 26.04.20..

SZ von **Hamburg** + City-Nutzung
(Hamburg Hbf)
nach **Hannover** + City-Nutzung
(Hannover Hbf)
Fahrtzeit: 26.04.20..

Buchungsvermerk: Geschäftsreise von Konrad Fied nach Hamburg (Besuch der Textilmesse „Textilia").

MWSt D: 0048,00 19,00 % 007,66	EUR***48,00 Zahlung mit Girocard erfolgt

Hf 26.04.20../18735 Rf 26.04.20../27394

Beleg 7

---

1 Buchung mit hohem Schwierigkeitsgrad. Die Söffgen OHG ist eine Kundin, an die wir noch Forderungen a. LL haben. (Unsere Forderungen a. LL an die Söffgen OHG übersteigen die Bruttoprovisionsgutschrift.)

2 Bei einer **Personenbeförderung** bis 50 km oder innerhalb einer Gemeinde beträgt der Umsatzsteuersatz 7 %.

Beleg 8

SAUBERFRAU GMBH
GEBÄUDEREINIGUNG

Sauberfrau GmbH • Minister-Stüve-Str. 17 • 30449 Hannover

Sauberfrau GmbH
Minister-Stüve-Straße 17
30449 Hannover

Telefon: 0511 4444
Telefax: 0511 4443
Internet: www.sauberfrau-wvd.de
E-Mail: info@sauberfrau-wvd.de

Sparkasse Hannover
Konto-Nr. 767 676, BLZ 250 501 80
IBAN DE02 2505 0180 0000 7676 76
BIC SPKHDE2H

USt-IdNr.: DE 382 946 175
Hannover HRB 321
Geschäftsführer:
Dieter Bremer

Textilfabrik
Konrad Fied KG
Goseriede 41
30159 Hannover

EINGEGANGEN
3. April 20..
Erledigt ....

Rechnung

Ihre Bestellung vom	Bestellzeichen	Bitte bei Überweisung angeben	
gemäß Vertrag		**Rechnungs-Nr.**	**Rechnungsdatum**
		597	02.04.20..

Leistungsbezeichnung/Warenbezeichnung	Preis je Einheit/€	Betrag/€
Für die Reinigung Ihres Betriebsgebäudes, Goseriede 41, im März d. J. stellen wir Ihnen in Rechnung:		
Reinigungsmaterial		100,00
Summe Lohnarbeiten		1.300,00
		1.400,00
+ 19 % Umsatzsteuer		266,00
Rechnungsbetrag		**1.666,00**

Eine genaue Auflistung der erbrachten Leistungen fügen wir als Anlage bei.

Zahlungsziel: 20 Tage

Beleg 9

Konrad Fied KG **Textilfabrik**

Konrad Fied KG • Goseriede 41 • 30159 Hannover

Goseriede 41 • 30159 Hannover
Telefon: 0511 4155-0
Telefax: 0511 4155-10
Internet: www.fied-wvd.de
E-Mail: info@fied-wvd.de

Frau
Bettina Meyer e. Kffr.
Erzberger Straße 1
39104 Magdeburg

Kunden-Nr.:	24 008
Ihre St.-Nr.:	27 133 47258
Sachbearbeiter/-in:	Frau Kibat
Beleg-Nr.:	201
Datum:	05.04.20..

Honorarabrechnung

Sehr geehrte Frau Meyer,

für die Entwürfe von Modellkleidern im 1. Quartal des Jahres (siehe Anlage) erteilen wir Ihnen folgende Gutschrift:

Honorar	3.000,00 €
+ 19 % USt	570,00 €
	3.570,00 €

Vereinbarungsgemäß überweisen wir Ihnen den Betrag bis Mitte Mai des Jahres.

225435102

Beleg 10

KREY & Rubin
Personal-Leasing GmbH

Der Dienstleister für die Arbeitswelt
schafft sichere Arbeitsplätze im
kaufmännischen, technischen
und gewerblichen Bereich

Krey & Rubin Personal-Leasing GmbH
Lutherstraße 51 • 30171 Hannover
Telefon: 0511 8140-0
Telefax: 0511 8140-55
E-Mail: info@krey-rubin-wvd.de
Internet: www.krey-rubin-wvd.de

▪ Krey & Rubin GmbH • Lutherstraße 51 • 30171 Hannover ▪

Textilfabrik
Konrad Fied KG
Goseriede 41
30159 Hannover

EINGEGANGEN
21. Dez. 20..
Erledigt ....

bei Zahlungen bitte immer angeben:

Rechnungsnummer:	478
Kundennummer:	24 009
Rechnungsdatum:	20.12.20..

Rechnung

Berufsbezeichnung Einsatzort Mitarbeiter/-in Zeitraum	geleistete Stunden	Zuschläge	%-Satz	Stunden-satz (€)	Gesamt (€)
Näherin Hannover, Goseriede 41					
Anna König 26.11.20.. bis 30.11.20..	22,50 9,50	Normalstunden Nachtzuschlag	100,0 125,0	19,80 24,75	445,50 235,13
Anna König 03.12.20.. bis 07.12.20..	22,50	Normalstunden	100,0	19,80	445,50
Anna König 10.12.20.. bis 14.12.20..	22,50	Normalstunden	100,0	19,80	445,50
			Nettobetrag		1.571,63
			19 % USt		298,61
			Rechnungsbetrag		**1.870,24**

Beleg 11

Werbekönig
Agentur für Mediendesign, Werbung,
Publikationen GmbH

Werbeagentur Werbekönig GmbH
Am Listholze 2
30177 Hannover

Telefon 0511 6963
Fax 0511 6964
E-Mail info@werbekoenig-wvd.de
Internet www.werbekoenig-wvd.de

⌐ Werbekönig GmbH • Am Listholze 2 • 30177 Hannover ¬

Textilfabrik
Konrad Fied KG
Goseriede 41
30159 Hannover

EINGEGANGEN
6. Okt. 20..
Erledigt ....

Rechnung

Seite	1
Rechnungs-Nr.	928/10
Rechnungsdatum	05.10.20..
Kunden-Nr.	24 005

Wir berechnen für unsere Leistung vom 11.09.20.. bis 15.09.20..:

Pos.	Auftragsbezeichnung	Menge	Preis in €
1	Werbewirksame Gestaltung des Verkaufskatalogs 20.. Festpreis gemäß ausführlichem Angebot vom 25.08.20..	1 Katalog, 84 Seiten	9.000,00
	+ 19 % USt		1.710,00
	Rechnungsbetrag		**10.710,00**

Zahlungsziel: 20 Tage ab Rechnungsdatum

Beleg 12

Akademie für Fort- und Weiterbildung Hannover e. V.

AFWH

Information & Beratung
Internet: www.afwh-wvd.de
E-Mail: hotline@afwh-wvd.de
Telefon: 0511 5566

AFWH e. V.
Georgstraße 15 · 30159 Hannover

⌐ AFWH e. V. · Georgstraße 15 · 30159 Hannover ¬

Textilfabrik
Konrad Fied KG
Goseriede 41
30159 Hannover

EINGEGANGEN
24. April 20..
Erledigt ....

Registergericht Hannover
Vorsitzender: Dr. Steffen Decker
Steuernummer: 26/117/012

Postbank Hannover
BLZ: 250 100 30 · Konto-Nr.: 415 920
BIC: PBNKDEFF
IBAN: DE80 2501 0030 0000 4159 20

RECHNUNG über Seminargebühren

Kunden-Nr.:	Rechnungs-Nr.:	Anmelde-Nr.:	Datum:
24 007	0701997	53541	22.04.20..

Tagesseminar für Fach- und Führungskräfte

Thema: Bilanzanalyse
  – Jahresabschlüsse schnell und sicher beurteilen
  – Vermögens-, Ertrags- und Finanzlage einschätzen

Dozentin: Prof. Dr. Kirsten Rotert
Termin: Donnerstag, 23.05.20.., 09:00 bis 16:30 Uhr
Ort: AFWH e. V., Georgstraße 15, 30159 Hannover

	Anzahl	Satz (€)	Summe (€)
Teilnehmerin: Frau Monika Kibat **Seminargebühren:** 560,00 €/Tag	1	560,00	560,00
	Rechnungsbetrag:		**560,00**

Umsatzsteuerfrei gemäß § 4 Nr. 21 a UStG

Bitte überweisen Sie den Rechnungsbetrag innerhalb von 14 Tagen nach Rechnungsdatum.

Beleg 13

Geschenkeshop Knur GmbH
Büntestraße 5 • 38104 Braunschweig

USt-IdNr. DE 123 498 766
Amtsgericht Braunschweig, HRB 203

Deutsche Bank Hannover
BLZ: 250 700 70
Konto-Nr.: 02 115
BIC: DEUTDE2H
IBAN: DE82 2507 0070 0000 0021 15

Knur GmbH • Büntestraße 5 • 38104 Braunschweig

Geschäftsführer: Eva Maroske, Norbert Knur

Textilfabrik
Konrad Fied KG
Goseriede 41
30159 Hannover

EINGEGANGEN
13. Febr. 20..
Erledigt ....

	Kundenservice	Buchhaltung
Telefon:	0180 572	0531 2869
Fax:	0180 573	0531 2865
E-Mail:	info@knur-shop-wvd.de	
Internet:	www.knur-shop-wvd.de	

Bestelldatum: 01.02.20..
Bestellzeichen: Frau Kibat

Bei Zahlungs- und Schriftverkehr immer angeben!

Rechnungsnummer	Rechnungsdatum	Lieferdatum	Auftragsnummer	Kundennummer
711539	12.02.20..	12.02.20..	2115290	24 002

Rechnung

Artikel-Nr.	Artikelbezeichnung/Text	Menge	ME	Einzelpreis (€)	Gesamtpreis (€)
7234	Kugelschreiber Sylt, royalblau, mit Aufdruck: Textilfabrik Konrad Fied KG	1 000	St.	1,10	1.100,00
	Nettowert				1.100,00
	+ Umsatzsteuer 19 %				209,00
	Rechnungsbetrag				**1.309,00**

Zahlungsbedingung: 30 Tage netto

Beleg 14[1]

			Kontonummer	erstellt am	Auszug	Blatt
			12 345	10.11.20..	87	1/1

Hannoversche Volksbank eG

BLZ   251 900 01   **Kontoauszug**

Bu.-Tag	Wert	Vorgang	alter Kontostand		60.000,00 +
08.11.	08.11.	SB-Überweisung, Finanzamt Hannover-Süd,			11.780,00 −
		Steuer-Nr.: 26/306/71722			
		Umsatzsteuer-Zahllast Oktober 20..			
			neuer Kontostand vom 10.11.20..		**48.220,00 +**

Textilfabrik
Konrad Fied KG
Goseriede 41
30159 Hannover

USt-IdNr.: DE 115 648 359

IBAN: DE73 2519 0001 0000 0123 45   BIC: VOHADE2H

Beleg 15[1,2]

Hinweis: Es sind zwei Geschäftsfälle zu bearbeiten.

			Kontonummer	erstellt am	Auszug	Blatt
			12 345	19.04.20..	29	1/1

Hannoversche Volksbank eG

BLZ   251 900 01   **Kontoauszug**

Bu.-Tag	Wert	Vorgang	alter Kontostand		50.000,00 +
18.04.	18.04.	Umsatzsteuererstattung, Finanzamt Hannover Süd,			503,00 +
		Steuer-Nr.: 26/306/71722			
		März 20..			
18.04.	18.04.	Lastschrift 3u3 Telecom AG,			1.946,57 −
		Rechnung-Nr. 250 381 724,			
		Kunden-Nr. D 847 931 524			
			neuer Kontostand vom 19.04.20..		**48.556,43 +**

Textilfabrik
Konrad Fied KG
Goseriede 41
30159 Hannover

USt-IdNr.: DE 115 648 359

IBAN: DE73 2519 0001 0000 0123 45   BIC: VOHADE2H

---

4   Im Umsatzsteuervoranmeldezeitraum sind in der Summe folgende Rohstoffeinkäufe und Verkaufserlöse angefallen:

	I. €	II. €
Zieleinkäufe von Rohstoffen	70.000,00	80.000,00
+ 19 % Umsatzsteuer	13.300,00	15.200,00
Zielverkäufe eigener Erzeugnisse	90.000,00	60.000,00
+ 19 % Umsatzsteuer	17.100,00	11.400,00

a) Buchen Sie auf den Konten „Forderungen a. LL", „Verbindlichkeiten a. LL", „Aufwendungen für Rohstoffe"[3], „Umsatzerlöse für eigene Erzeugnisse", „Vorsteuer" und „Umsatzsteuer" die oben stehenden Zieleinkäufe und Zielverkäufe.

b) Ermitteln Sie buchhalterisch die Zahllast bzw. den Vorsteuerüberhang.

c) Nennen Sie den Buchungssatz zur Passivierung der Zahllast bzw. zur Aktivierung des Vorsteuerüberhanges.

---

1 Bei einigen Kreditinstituten werden auf den Kontoauszügen die Buchungen mit „H" (Haben) statt „+" und mit „S" (Soll) statt „−" ausgewiesen. Siehe hierzu S. 39, Aufgabe 3.

2 zusätzlicher Geschäftsfall im Kontoauszug!

3 alternativ: Rohstoffe („Bestandsrechnerisches Verfahren")

5 Es liegen die folgenden Ausgangsrechnungen eines Betriebes der Grundstoffindustrie, der verarbeitenden Industrie, des Großhandels und des Einzelhandels vor.

	Grundstoff-industrie	verarbeitende Industrie	Groß-handel	Einzel-handel
Ausgangsrechnung	€	€	€	€
Warenwert	40.000,00	100.000,00	120.000,00	130.000,00
+ 19 % USt	7.600,00	19.000,00	22.800,00	24.700,00
Rechnungsbetrag	47.600,00	119.000,00	142.800,00	154.700,00

a) Nennen Sie für jede Produktions- bzw. Handelsstufe den Buchungssatz für den Zieleinkauf und für den Zielverkauf.

b) Richten Sie sich ein Stufenschema nach dem Muster auf S. 96 ein und füllen Sie es ebenso aus.

c) Erklären Sie, weshalb die Umsatzsteuer auch Mehrwertsteuer genannt wird.

d) Erklären Sie, weshalb die Umsatzsteuer nur für den nicht vorsteuerabzugsberechtigten Endverbraucher einen Aufwand darstellt, für die Unternehmen auf allen Produktions- und Absatzstufen hingegen lediglich ein durchlaufender Posten ist.

6[1]

Anfangsbestände

	€		€
Maschinen	220.000,00	Kasse	13.000,00
Fuhrpark	100.000,00	Postbank	18.000,00
Rohstoffe	90.000,00	Guthaben bei KI (Bank)	22.000,00
Hilfsstoffe	30.000,00	Eigenkapital	?
Unfertige Erzeugnisse	20.000,00	Langfristige Bankverbindl.	300.000,00
Fertige Erzeugnisse	50.000,00	Verbindlichkeiten a. LL	100.000,00
Forderungen a. LL	40.000,00	Umsatzsteuer	6.000,00

Erfolgskonten

Aufwendungen für Rohstoffe, Aufwendungen für Hilfsstoffe, Büromaterial, Fremdinstandhaltung, Löhne, Werbung, Zinserträge, Umsatzerlöse für eigene Erzeugnisse, BV an UE, BV an FE.

Abschlusskonten: Gewinn- und Verlustkonto, Schlussbilanzkonto.

Geschäftsfälle   €

1. **Lastschriftanzeige der Bank gemäß Kontoauszug**
   1. für Überweisung der Zahllast 6.000,00
   2. Lohnzahlung 12.000,00
   3. Barabhebung 1.000,00

2. **Ausgangsrechnung an Kunden**
   Nettopreis (eigene Erzeugnisse) 130.000,00
   + 19 % Umsatzsteuer 24.700,00
   Rechnungspreis 154.700,00

3. **Eingangsrechnung**
   1. unseres Rohstofflieferanten, Nettopreis 50.000,00
   + 19 % Umsatzsteuer 9.500,00
   Rechnungspreis 59.500,00

---

1 Der Geschäftsgang kann alternativ nach der „Fortschreibungsmethode" oder nach der „Inventurmethode" oder nach dem „Aufwandsrechnerischen Verfahren" gebucht werden.

	€
2. unseres Hilfsstofflieferanten, Nettopreis	10.000,00
+ 19 % Umsatzsteuer	1.900,00
Rechnungspreis	11.900,00
3. unseres Autohändlers, Nettopreis des Pkw	20.000,00
+ 19 % Umsatzsteuer	3.800,00
Rechnungspreis	23.800,00
4. der Hannover Druck GmbH für den Druck von Werbeprospekten	4.000,00
+ 19 % Umsatzsteuer	760,00
Rechnungspreis	4.760,00

4. Wir begleichen eine Verbindlichkeit a. LL mit einer Lieferung eigener Erzeugnisse.

	€
Nettopreis (eigene Erzeugnisse)	900,00
+ 19 % Umsatzsteuer	171,00
Rechnungspreis	1.071,00

5.[1] Verbrauch gemäß Materialentnahmescheine

	€
1. Rohstoffe	45.000,00
2. Hilfsstoffe	5.000,00

6. Kassenausgänge für

	€
1. Einkauf von Büromaterial, Nettopreis	400,00
+ 19 % Umsatzsteuer	76,00
Rechnungspreis	476,00
2. Kfz-Reparatur, Nettopreis	700,00
+ 19 % Umsatzsteuer	133,00
Rechnungspreis	833,00

7. Bankgutschrift gemäß Kontoauszug für

	€
1. Postbanküberweisung auf Bankkonto	5.000,00
2. Zinsgutschrift	800,00
3. Kundenzahlung	18.000,00

Abschlussangaben

1. Der Bargeldbestand gemäß Inventur (Istbestand) ist größer als der Kassenbestand gemäß Buchführung (Sollbestand) 357,00
Ursache: Ein Barverkauf eigener Erzeugnisse in der Verkaufsfiliale wurde wegen einer defekten Registrierkasse versehentlich nicht gebucht.

2. Ermittlung und Passivierung der Zahllast .... ?

3. **Schlussbestände lt. Inventur**

	€
1. Unfertige Erzeugnisse	24.000,00
2. Fertige Erzeugnisse	36.000,00

4. Die Buchbestände der übrigen Bestandskonten entsprechen den Inventurbeständen.

Zusätzliche Abschlussangaben bei Buchung nach der „Inventurmethode" oder nach dem „Aufwandsrechnerischen Verfahren"
Schlussbestände lt. Inventur

	€
1. Rohstoffe	95.000,00
2. Hilfsstoffe	35.000,00

---

1 Soll nach der „Inventurmethode" oder nach dem „Aufwandsrechnerischen Verfahren" gebucht werden, so entfällt dieser Geschäftsfall.

2.9   Das Privatkonto

Einstieg

Tina Lüders ist zu Ohren gekommen, dass Herr Konrad Fied ein erhebliches Vermögen geerbt hat.

Die Buchhalterin, Frau Inka Boeck: „500.000,00 € der Erbschaft hat Herr Fied zur Verbesserung der Eigenkapitalbasis auf das betriebliche Bankkonto eingezahlt. Ich habe die entsprechende Buchung vorgenommen."

Frau Boeck fährt fort: „Vier Tage später hat Herr Fied allerdings bereits wieder 2.000,00 € aus der Kasse entnommen für einen Kurzurlaub mit seiner Frau auf Sylt."

a) Buchen Sie in Ihrem Arbeitsheft die beiden Geschäftsfälle im Grund- und Hauptbuch.
b) Schließen Sie das Privatkonto ab. Nehmen Sie die entsprechende Buchung auch im Grundbuch vor.
c) Erklären Sie die Auswirkung der beiden Geschäftsfälle auf das betriebliche Eigenkapital der Konrad Fied KG.

Lernstoff

Neben Aufwendungen und Erträgen führen auch **Privatentnahmen** und **Privateinlagen** zu **Eigenkapitaländerungen.**

Privatentnahmen mindern das Eigenkapital; Privateinlagen mehren das Eigenkapital.

2.9.1   Privatentnahmen

Im Vorgriff auf den zu erwartenden Gewinn entnimmt ein Unternehmer seinem Betrieb hin und wieder im Laufe des Geschäftsjahres Wirtschaftsgüter. Man spricht hier von **Privatentnahmen.** Zu den Privatentnahmen zählen nach § 4 Abs. 1 EStG:
- **Barentnahmen** (Beispiele: Ein Unternehmer entnimmt der betrieblichen Kasse 1.000,00 € für eine private Wochenendreise. Ein Unternehmer zahlt seine Einkommensteuer durch Überweisung vom betrieblichen Bankkonto. Ein Unternehmer begleicht den Rechnungsbetrag für private Zeitungsanzeigen per Überweisung vom betrieblichen Postbankkonto.),
- **Warenentnahmen** (Beispiel: Ein Feinkosthändler entnimmt seinem Geschäft Kaviar für eine private Feier.),
- **Erzeugnisentnahmen** (Beispiel: Ein Textilwarenfabrikant entnimmt eine in seinem Betrieb hergestellte Bluse, um sie seiner Frau zu schenken.),
- **Nutzungsentnahmen** (Beispiele: Der Geschäftswagen wird für Privatfahrten eingesetzt. Betriebsräume werden als Privatwohnung genutzt.) und
- **Leistungsentnahmen** (Beispiel: Der Inhaber einer Kfz-Werkstatt lässt während der betrieblichen Arbeitszeit seinen Privatwagen von einem angestellten Kfz-Meister reparieren.).

2.9.2   Privateinlagen

Privateinlagen liegen vor, wenn ein Unternehmer seinem Betrieb im Laufe des Geschäftsjahres Wirtschaftsgüter zuführt. Zu den Privateinlagen zählen nach § 4 Abs. 1 EStG:
- **Bareinzahlungen** (Beispiel: Ein Unternehmer zahlt einen Lottogewinn von 5.000,00 € auf das betriebliche Bankkonto ein.) und
- **sonstige Wirtschaftsgüter** (Beispiele: Der Privatwagen des Unternehmers wird in den Betrieb als Fahrzeug für die Reisenden eingebracht. Die privat entlohnte Putzfrau des Unternehmers reinigt auch das betriebliche Arbeitszimmer.).

2.9.3 Möglichkeit von Privatentnahmen und Privateinlagen bei den Unternehmensformen

Nur bei den **Einzelunternehmen** (e.K.) und den **Personengesellschaften** (OHG, KG) sind Privatentnahmen und Privateinlagen möglich.

Bei den **Kapitalgesellschaften** (GmbH, AG) gibt es keine Privatbuchungen. Hier sind die Eigentümer nicht so eng mit dem Unternehmen verbunden (z.B. die Aktionäre einer großen AG), dass sie Privatentnahmen oder Privateinlagen tätigen können. Die Leitung der Kapitalgesellschaften liegt in den Händen des Vorstandes bzw. der Geschäftsführung.

2.9.4 Buchhalterische Behandlung von Privatentnahmen und Privateinlagen

Das betriebliche Eigenkapital ändert sich durch Privatentnahmen und Privateinlagen.

 Privatentnahmen führen zu Eigenkapitalminderungen. Privateinlagen führen zu Eigenkapitalmehrungen.

Privatentnahmen könnten als Bestandsminderungen im Soll und Privateinlagen als Bestandsmehrungen im Haben des passiven Bestandskontos „Eigenkapital" gebucht werden.

Damit nun aber das Eigenkapitalkonto nicht zu unübersichtlich wird, werden Privatentnahmen und Privateinlagen auf dem „Privatkonto" erfasst.

 Privatentnahmen werden auf dem Privatkonto im Soll gebucht.
Privateinlagen werden auf dem Privatkonto im Haben gebucht.
Das Privatkonto wird über das Eigenkapitalkonto abgeschlossen.

Beispiele

1. Der Unternehmer entnimmt der Kasse 400,00 €, um seiner Frau ein Geschenk zu machen.
2. Der Unternehmer überweist private Ersparnisse von 10.000,00 € auf das betriebliche Bankkonto.
3. Der Unternehmer überweist 20.000,00 € vom betrieblichen Postbankkonto für den Kauf eines Privatwagens.

Buchungssätze	Soll	Haben
1. Privatkonto	400,00	
an Kasse		400,00
2. Guthaben bei Kreditinstituten (Bank)	10.000,00	
an Privatkonto		10.000,00
3. Privatkonto	20.000,00	
an Postbank		20.000,00

Buchungen auf dem Privatkonto

S	Privatkonto		H
1. Kasse	400,00	2. G. b. KI	10.000,00
3. Postbank	20.000,00		

Der Abschluss des Privatkontos erfolgt über das Eigenkapitalkonto. In unserem Fall sind die Privatentnahmen um **10.400,00 €** höher als die Privateinlagen. Das Eigenkapital (angenommener Anfangsbestand: 100.000,00 €) mindert sich um diesen Betrag.

S	Privatkonto		H		S	Eigenkapital		H
1. Kasse	400,00	2. G. b. KI	10.000,00	→	Privat	10.400,00	AB	100.000,00
3. Postbank	20.000,00	EK	10.400,00	┘	SB	89.600,00		
	20.400,00		20.400,00			100.000,00		100.000,00

2.9.5   Umsatzsteuerpflicht der Privatentnahmen[1]

Privatentnahmen sind zum Teil umsatzsteuerpflichtig. Der Unternehmer ist bei der Entnahme für private Zwecke Endverbraucher. Würden die Privatentnahmen nicht der Umsatzsteuer unterliegen, so wäre der Unternehmer bessergestellt als alle anderen Konsumenten, die Umsatzsteuer bezahlen müssen.

Nach dem Umsatzsteuergesetz unterliegen der Umsatzsteuer
- **die Gegenstandsentnahme für private Zwecke, wenn zuvor ein voller oder teilweiser Vorsteuerabzug möglich war** (§ 3 Abs. 1 b Nr. 1 UStG) (z. B. Entnahme von Erzeugnissen),
- **die private Verwendung betrieblicher Gegenstände, wenn zuvor ein voller oder teilweiser Vorsteuerabzug möglich war** (§ 3 Abs. 9 a Nr. 1 UStG) (z. B. die private Nutzung des betrieblichen Telefons durch den Unternehmer) und
- **die Entnahme von Dienst- oder Werkleistungen für private Zwecke, unabhängig davon, ob zuvor ein Vorsteuerabzug möglich war** (§ 3 Abs. 9 a Nr. 2 UStG) (z. B. Reparaturarbeiten am Privathaus durch Beschäftigte des Betriebes).

Die Entnahme von Geld (z. B. aus der Kasse, vom Bankkonto usw.) unterliegt nicht der Umsatzsteuer.

Die umsatzsteuerliche Bemessungsgrundlage für Wirtschaftsgüter, die dem Unternehmen entnommen werden, ist der Einkaufspreis (zuzüglich der Nebenkosten) zum Zeitpunkt der Entnahme (= Wiederbeschaffungskosten).

Beispiele
1. Barentnahme für private Zwecke .... 500,00 €
2. Privatentnahme von Erzeugnissen, Nettowert .... 5.000,00 €
   + 19 % Umsatzsteuer .... 950,00 €
3. Es sind vom Unternehmer private Telefongespräche mit den betriebseigenen Telefonen geführt worden. Der private Anteil an den telefonischen Grund- und Gesprächsgebühren beträgt .... 100,00 €
   darauf 19 % Umsatzsteuer .... 19,00 €
4. Der betriebliche Pkw[2] wurde auch privat benutzt.
   Der private Nutzungsanteil beträgt gemäß Einzelnachweis insgesamt netto ..... 1.500,00 €
   darauf 19 % Umsatzsteuer .... 285,00 €

---

1 *Hinweis für die Lehrerin/den Lehrer:* Der Vollständigkeit halber sind hier die steuerrechtlichen Tatbestände komplett dargestellt. Im Unterricht sollten Sie unter Umständen darauf verzichten.
2 Der Entnahmewert für die private Nutzung des betrieblichen Pkw kann auf zwei Arten (Wahlrecht) ermittelt werden:
   1. Durch **Einzelnachweis** des Entnahmewertes (Fahrtenbuch).
   2. Durch **Pauschalierung** des Entnahmewertes mit monatlich 1 % des Listenpreises (einschließlich Umsatzsteuer). Da nicht alle Aufwendungen für den betrieblichen Pkw mit Vorsteuer belastet sind (z. B. Kraftfahrzeugversicherung, Kraftfahrzeugsteuer, steuerfreie Garagenmiete usw.), wird bei der Pauschalierung zur Vereinfachung lediglich auf 80 % des Entnahmewertes Umsatzsteuer berechnet.

Buchungssätze	Soll	Haben
1. Privatkonto	500,00	
an Kasse		500,00
2. Privatkonto	5.950,00	
an Entnahme von Gegenständen und sonstigen Leistungen		5.000,00
an Umsatzsteuer		950,00
3.[1] Privatkonto	119,00	
an Entnahme von Gegenständen und sonstigen Leistungen		100,00
an Umsatzsteuer		19,00
4. Privatkonto	1.785,00	
an Entnahme von Gegenständen und sonstigen Leistungen		1.500,00
an Umsatzsteuer		285,00

 Das Konto „Entnahme von Gegenständen und sonstigen Leistungen" ist ein Ertragskonto und wird über das GuV-Konto abgeschlossen.

Zusammen-fassung

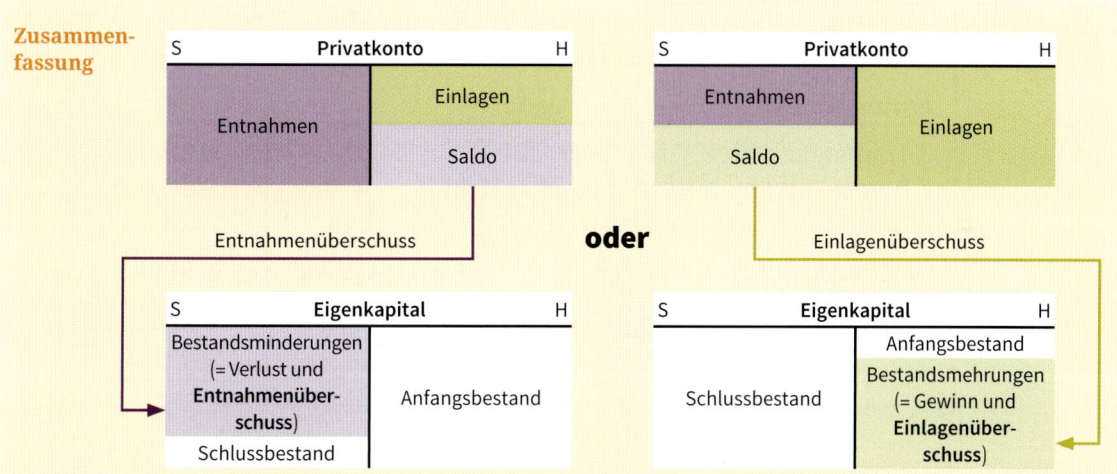

1. **Privatentnahmen werden auf dem Privatkonto im Soll gebucht. Privateinlagen werden auf dem Privatkonto im Haben gebucht.**

2. **Das Privatkonto wird über das Eigenkapitalkonto abgeschlossen.**

3. **Privatentnahmen mindern das betriebliche Eigenkapital. Privateinlagen mehren das betriebliche Eigenkapital.**

4. **Die Privatentnahme betrieblicher Gegenstände und sonstiger Leistungen ist umsatzsteuerpflichtig.**

---

1 Die private Nutzung des betrieblichen Telefons stellt keine umsatzsteuerpflichtige Entnahme dar (BFH-Urteil vom 23. Sept. 1993), wenn der Unternehmer **gemietete** Fernsprecheinrichtungen benutzt (→ Privatkonto an Telekommunikationskosten und an Vorsteuer).

Aufgaben

1:	Arten von Privatentnahmen und Privateinlagen	8:	Buchungssätze
2:	Umsatzsteuerpflichtige Entnahmen	9:	Geschäftsgang
3:	Belegbuchungen		
4–7:	Buchmäßige Auswirkungen von Privateinlagen und -entnahmen		

1 Geben Sie an, in welcher Form

a) Privatentnahmen und

b) Privateinlagen getätigt werden können.

2 Welche der aufgeführten Privatentnahmen sind umsatzsteuerpflichtig?

– Banküberweisung der Einkommensteuer.

– Textilfabrikant entnimmt seinem Unternehmen einen Pullover für seine Frau.

– Barentnahme zum Kauf von Sportschuhen.

– Beschäftigte des Betriebes reinigen die Privatwohnung des Unternehmers.

3 Sie sind Angestellte(r) der Textilfabrik Konrad Fied KG, Goseriede 41, 30159 Hannover. Die folgenden Belege liegen Ihnen zur Buchung vor.

a) Welche Geschäftsfälle liegen den Belegen zugrunde?   b) Wie lauten die Buchungssätze?

Beleg 1

Konrad Fied KG	Datum	Unterschrift
	28.09.20..	*Fied*

Erzeugnisentnahme

Anzahl, Artikel	€
2 Trainingsanzüge, Artikel-Nr. 3210	100,00
2 Herren-Sweatshirts, Artikel-Nr. 3543	50,00
2 Herren-T-Shirts, Artikel-Nr. 5680	28,00
	178,00
+ 19 % Umsatzsteuer	33,82
	211,82

Beleg 2[1]

Konrad Fied KG	Buchungsdatum	Beleg-Nr.
	31.08.20..	568

Buchungsanweisung

Die Grund- und Gesprächsgebühren des Monats August betrugen netto 2.199,00 €.

Der private Anteil an den Telefonaten betrug 5 % (= 109,95 €).

Darauf 19 % Umsatzsteuer (= 20,89 €).

---

1 Es handelt sich um eine betriebseigene Telefonanlage.

Beleg 3[1,2]

Hinweis:
Es sind drei Geschäftsfälle zu bearbeiten.

			Kontonummer	erstellt am	Auszug	Blatt
			12 345	10.03.20..	19	1/1

Hannoversche Volksbank eG

BLZ 251 900 01   **Kontoauszug**

Bu.-Tag	Wert	Vorgang	alter Kontostand	30.000,00 +
08.03.	08.03.	SB-Überweisung, Spende Welthungerhilfe		150,00 −
08.03.	08.03.	SB-Überweisung, Ferienwohnung Sylt		2.788,00 −
08.03.	08.03.	SB-Überweisung, Finanzamt Hannover-Süd, Einkommensteuervorauszahlung I/20.., St.-Nr.: 26/815/08151		8.000,00 −
		neuer Kontostand vom 10.03.20..		**19.062,00 +**

Textilfabrik
Konrad Fied KG
Goseriede 41
30159 Hannover

USt-IdNr.: DE 115 648 359
IBAN: DE73 2519 0001 0000 0123 45   BIC: VOHADE2H

Beleg 4[1]

Hinweis:
Es sind drei Geschäftsfälle zu bearbeiten.

			Kontonummer	erstellt am	Auszug	Blatt
			12 345	18.04.20..	28	1/1

Hannoversche Volksbank eG

BLZ 251 900 01   **Kontoauszug**

Bu.-Tag	Wert	Vorgang	alter Kontostand	25.000,00 +
15.04.	15.04.	Rückerstattung Ferienwohnung Sylt		2.788,00 +
15.04.	15.04.	SB-Überweisung, Dr. Bange, Arztrechnung 512, Anni Fied		443,00 −
16.04.	16.04.	Finanzamt Hannover-Süd, Einkommensteuererstattung 20.., St.-Nr.: 26/815/08151		2.833,00 +
		neuer Kontostand vom 18.04.20..		**30.178,00 +**

Textilfabrik
Konrad Fied KG
Goseriede 41
30159 Hannover

USt-IdNr.: DE 115 648 359
IBAN: DE73 2519 0001 0000 0123 45   BIC: VOHADE2H

4

	I. €	II. €
Anfangsbestand des Eigenkapitalkontos	300.000,00	400.000,00
Aufwendungen, insgesamt	250.000,00	280.000,00
Erträge, insgesamt	320.000,00	250.000,00
Privatentnahmen, insgesamt	70.000,00	40.000,00
Privateinlagen, insgesamt	50.000,00	80.000,00

Konten: Eigenkapital, Gewinn- und Verlustkonto, Privatkonto.

a) Buchen Sie die oben stehenden Angaben.
b) Schließen Sie das Gewinn- und Verlustkonto und das Privatkonto ab.
c) Ermitteln Sie den Schlussbestand des Eigenkapitalkontos.

---

1 Bei einigen Kreditinstituten werden auf den Kontoauszügen die Buchungen mit „H" (Haben) statt „+" und mit „S" (Soll) statt „−" ausgewiesen. Siehe hierzu S. 39, Aufgabe 3.

2 *Hinweis zum 1. Geschäftsfall auf dem Kontoauszug:* Bei **Einzelunternehmen** (e. K.) und bei **Personengesellschaften** (OHG, KG) sind Spenden keine Betriebsausgaben. (Sie können hier im Rahmen bestimmter Höchstbeträge steuerlich als **Sonderausgaben** abgesetzt werden.) Nur bei **Kapitalgesellschaften** (AG, GmbH, KGaA) sind Spenden als **Betriebsausgaben** (Konto „6880 Spenden") zu buchen.

5 Wie hoch sind die Eigenkapitalmehrungen bzw. die Eigenkapitalminderungen?
a) Gewinn = 500.000,00 €;   Einlagenüberschuss[1] =   10.000,00 €
b) Gewinn = 200.000,00 €;   Entnahmenüberschuss[2] = 250.000,00 €
c) Verlust = 100.000,00 €;   Entnahmenüberschuss[2] = 150.000,00 €
d) Verlust = 150.000,00 €;   Einlagenüberschuss[1] =   50.000,00 €
e) Gewinn = 180.000,00 €;   Entnahmenüberschuss[2] = 150.000,00 €
f) Verlust =   60.000,00 €;   Einlagenüberschuss[1] = 100.000,00 €

6 Geben Sie an, welche Fälle zu einer Eigenkapitalmehrung bzw. -minderung führen.
1. Fall: Gewinn > Entnahmenüberschuss[2]   4. Fall: Gewinn + Einlagenüberschuss[1]
2. Fall: Verlust + Entnahmenüberschuss[2]   5. Fall: Gewinn < Entnahmenüberschuss[2]
3. Fall: Verlust > Einlagenüberschuss[1]   6. Fall: Verlust < Einlagenüberschuss[1]

7 Aus dem Eigenkapitalkonto und aus dem Privatkonto ergeben sich folgende Zahlen:

	I. €	II. €
Anfangsbestand des Eigenkapitalkontos	250.000,00	300.000,00
Schlussbestand des Eigenkapitalkontos	200.000,00	400.000,00
Privatentnahmen, insgesamt	10.000,00	60.000,00
Privateinlagen, insgesamt	30.000,00	20.000,00

Errechnen Sie den Gewinn bzw. Verlust.

8

Konten: Privatkonto, Kasse, Mieten/Pachten, Umsatzsteuer, Kraftfahrzeugsteuer, Sonstige betriebliche Steuern, Guthaben bei Kreditinstituten (Bank), Versicherungsbeiträge, Postbank, Entnahme von Gegenständen und sonstigen Leistungen, Eigenkapital.

Nennen Sie die Buchungssätze für die folgenden Geschäftsfälle.   €
1. Hundesteuer für Wachhund des Betriebes 60,00
   für Jagdhund 65,00
   wird per Banküberweisung gezahlt.
2. Private Arztrechnungen werden per Banküberweisung beglichen 300,00
3. Die private Krankenkasse überweist die privaten Arztkosten
   auf das betriebliche Postbankkonto 300,00
4. Ein Lottogewinn wird auf das betriebliche Bankkonto eingezahlt 12.000,00
5. Ein Geburtstagsgeschenk für die Tochter des Unternehmers wird
   mit Bargeld aus der betrieblichen Kasse bezahlt 150,00
6. Banküberweisung für die Miete der Geschäftsräume 3.000,00
   der Privatwohnung 800,00
7. Barentnahme aus der Geschäftskasse für eine private Wochenendreise 1.000,00
8. Private Ersparnisse werden auf das betriebliche Bankkonto
   überwiesen 9.000,00
9. Spende für das Müttergenesungswerk wird per Banküberweisung
   bezahlt 300,00
10. Einlage einer Erbschaft auf das Bankkonto 15.000,00
11. Versicherungsbeiträge werden per Banküberweisung gezahlt,
    Ausbildungsversicherung der Tochter 80,00
    Lagerversicherung 1.300,00
    Lebensversicherung 200,00
12. Zahlung der Einkommensteuer 12.000,00
    Kraftfahrzeugsteuer (betrieblicher Fuhrpark) 1.000,00
    durch Banküberweisung.

1 Privateinlagen übersteigen die Privatentnahmen.
2 Privatentnahmen übersteigen die Privateinlagen.

225435114

	€
13. Banküberweisung für Reparatur am Privathaus, netto	1.000,00
+ 19 % Umsatzsteuer (nicht als Vorsteuer absetzen)	190,00
14. Reparaturrechnung für Privatwagen, netto	500,00
+ 19 % Umsatzsteuer (nicht als Vorsteuer absetzen)	95,00
wird bar bezahlt.	
15. Entnahme eines Kostüms für die Ehefrau des Unternehmers, netto	200,00
+ 19 % Umsatzsteuer	38,00
16. Der private Anteil an den telefonischen Grund- und Gesprächs-	
gebühren (betriebseigene Telefonanlage) beträgt netto	150,00
darauf 19 % Umsatzsteuer	28,50
17. Abschlussbuchungssatz des Privatkontos	
– bei Einlagenüberschuss	7.000,00
– bei Entnahmenüberschuss	60.000,00

9¹ Anfangsbestände

	€
Technische Anlagen und Maschinen	800.000,00
Fuhrpark	105.000,00
Geschäftsausstattung	110.000,00
Rohstoffe	340.000,00
Betriebsstoffe	80.000,00
Unfertige Erzeugnisse	60.000,00
Fertige Erzeugnisse	90.000,00
Forderungen a. LL	45.000,00
Guthaben bei Kreditinstituten (Bank)	30.000,00
Kasse	10.000,00
Eigenkapital	900.000,00
Langfristige Bankverbindlichkeiten	700.000,00
Verbindlichkeiten a. LL	70.000,00

> **Konten:** Technische Anlagen und Maschinen, Fuhrpark, Geschäftsausstattung, Rohstoffe, Betriebsstoffe, Unfertige Erzeugnisse, Fertige Erzeugnisse, Forderungen a. LL, Vorsteuer, Guthaben bei Kreditinstituten (Bank), Kasse, Eigenkapital, Privatkonto, Langfristige Bankverbindlichkeiten, Verbindlichkeiten a. LL, Umsatzsteuer, Umsatzerlöse für eigene Erzeugnisse, BV an UE, BV an FE, Entnahme von Gegenständen und sonstigen Leistungen, Vertriebsprovisionen, Löhne, Büromaterial, Zeitungen und Fachliteratur, Zinsaufwendungen, Aufwendungen für Rohstoffe, Aufwendungen für Betriebsstoffe, EBK, SBK, GuV.

Geschäftsfälle

	€
1. Ausgangsrechnung an Kunden	
Nettobetrag (eigene Erzeugnisse)	70.000,00
+ 19 % Umsatzsteuer	13.300,00
Bruttobetrag	83.300,00
2. **Lastschriftanzeige der Bank gemäß Kontoauszug**	
1. für ungedeckten Kundenscheck ~~D will geben Chef, kann voll ausplast~~	5.000,00
2. für Darlehenstilgung	1.000,00
3. für Darlehenszinsen	3.000,00
4. für Banküberweisung an Lieferanten	7.000,00
5. für Lohnzahlung	8.000,00

---

1 Der Geschäftsgang kann alternativ nach der „Fortschreibungsmethode" oder nach der „Inventurmethode" oder nach dem „Aufwandsrechnerischen Verfahren" gebucht werden.

3. **Eingangsrechnung** €

    1. unseres Vertreters für den Verkauf unserer Erzeugnisse

        Nettoprovision 4.000,00

        + 19 % Umsatzsteuer 760,00

        Bruttobetrag 4.760,00

    2. unseres Rohstofflieferanten

        Nettobetrag (Rohstoffe) 60.000,00

        + 19 % Umsatzsteuer 11.400,00

        Bruttobetrag 71.400,00

4.[1] **Verbrauch gemäß Materialentnahmescheine**

    1. Rohstoffe 20.000,00

    2. Betriebsstoffe 5.000,00

5. **Beleg über Spende eigener Erzeugnisse an das Rote Kreuz**

    Nettobetrag (eigene Erzeugnisse) 1.000,00

    + 19 % Umsatzsteuer 190,00

    Bruttobetrag 1.190,00

6. **Gutschriftanzeige der Bank gemäß Kontoauszug für**

    1. Kundenzahlung 83.300,00

    2. Erstattung der im vergangenen Jahr zu viel gezahlten

        Einkommensteuer 4.000,00

    3. zu viel berechnete Darlehenszinsen 500,00

    4. Bareinzahlung aus der betrieblichen Kasse 2.000,00

7. **Kassenausgänge für**

    1. Privatentnahme 1.500,00

    2. Bareinkauf von Büromaterial

        Nettobetrag 300,00

        + 19 % Umsatzsteuer 57,00

        Bruttobetrag 357,00

    3. Bareinkauf betrieblicher Fachliteratur

        Nettobetrag 200,00

        + 7 % Umsatzsteuer 14,00

        Bruttobetrag 214,00

    4. Kriminalromane 25,00

8. **Beleg über Entnahme eigener Erzeugnisse für Privatzwecke**

    Nettobetrag (eigene Erzeugnisse) 800,00

    + 19 % Umsatzsteuer 152,00

    Bruttobetrag 952,00

Abschlussangaben

1. Ermittlung und Passivierung der Zahllast .... ?

2. **Schlussbestände lt. Inventur:** 1. Unfertige Erzeugnisse 50.000,00

                                   2. Fertige Erzeugnisse 120.000,00

3. Eine Privatentnahme aus der Kasse wurde versehentlich nicht gebucht.

    Kassenfehlbetrag (= Inventurdifferenz) 200,00

4. Die Schlussbestände der anderen Bestandskonten entsprechen den Inventurbeständen.

Zusätzliche Abschlussangaben bei Buchung nach der „Inventurmethode" oder nach dem „Aufwandsrechnerischen Verfahren"

Schlussbestände lt. Inventur: 1. Rohstoffe 380.000,00

                                 2. Betriebsstoffe 75.000,00

---

1 Soll nach der „Inventurmethode" oder nach dem „Aufwandsrechnerischen Verfahren" gebucht werden, so entfällt dieser Geschäftsfall.

2.10 Grundsätze ordnungsmäßiger Buchführung (GoB)

Die Grundsätze ordnungsmäßiger Buchführung sind im HGB (Handelsgesetzbuch) und in der AO (Abgabenordnung) gesetzlich verankert.

HGB	AO	Vorschrift
§ 238 Abs. 1	§ 145 Abs. 1	Die Buchführung muss so beschaffen sein, dass sie einem sachverständigen Dritten innerhalb angemessener Zeit einen Überblick über die Geschäftsvorfälle und über die Lage des Unternehmens vermitteln kann. Die Geschäftsvorfälle müssen sich in ihrer Entstehung und Abwicklung verfolgen lassen.
§ 239 Abs. 1	§ 146 Abs. 3	Bei der Führung der Handelsbücher und bei den sonst erforderlichen Aufzeichnungen hat sich der Kaufmann einer lebenden Sprache zu bedienen. Werden Abkürzungen, Ziffern, Buchstaben oder Symbole verwendet, muss im Einzelfall deren Bedeutung eindeutig festliegen.
	§ 146 Abs. 3	Wird eine andere als die deutsche Sprache verwendet, so kann die Finanzbehörde Übersetzungen verlangen.
	§ 146 Abs. 2	Bücher und die sonst erforderlichen Aufzeichnungen sind im Geltungsbereich dieses Gesetzes (Bundesrepublik Deutschland) zu führen und aufzubewahren.
	§ 146 Abs. 2 a	Abweichend von Absatz 2 [...] kann die zuständige Finanzbehörde auf schriftlichen Antrag des Steuerpflichtigen bewilligen, dass elektronische Bücher [...] in einem Mitgliedstaat der Europäischen Union geführt und aufbewahrt werden.[1]
§ 239 Abs. 2	§ 146 Abs. 1	Die Eintragungen in Büchern und die sonst erforderlichen Aufzeichnungen müssen vollständig, richtig, zeitgerecht und geordnet vorgenommen werden.
	§ 146 Abs. 1	Kasseneinnahmen und Kassenausgaben sollen täglich festgehalten werden.
§ 239 Abs. 3	§ 146 Abs. 4	Eine Eintragung oder eine Aufzeichnung darf nicht in einer Weise verändert werden, dass der ursprüngliche Inhalt nicht mehr feststellbar ist. Auch solche Veränderungen dürfen nicht vorgenommen werden, deren Beschaffenheit es ungewiss lässt, ob sie ursprünglich oder erst später gemacht worden sind.
§ 239 Abs. 4	§ 146 Abs. 5	Bei der Führung der Handelsbücher und der sonst erforderlichen Aufzeichnungen auf Datenträgern muss insbesondere sichergestellt sein, dass die Daten während der Dauer der Aufbewahrungsfrist verfügbar sind und jederzeit innerhalb angemessener Frist lesbar gemacht werden können.
§ 246 Abs. 2		Posten der Aktivseite dürfen nicht mit Posten der Passivseite, Aufwendungen nicht mit Erträgen [...] verrechnet werden.
§ 257 Abs. 3	§ 147 Abs. 2	Sinngemäß: Mit Ausnahme der Bilanzen können die Buchführungsunterlagen auch als Wiedergabe auf einem Bildträger (Mikrofilm[2]) oder auf anderen Datenträgern aufbewahrt werden.
§ 257 Abs. 4	§ 147 Abs. 3	Sinngemäß: Handelsbücher, Inventare, Bilanzen und Buchungsbelege sind 10 Jahre aufzubewahren.
§ 257 Abs. 5	§ 147 Abs. 4	Verkürzt: Die Aufbewahrungsfrist beginnt mit dem Schluss des Kalenderjahres.

Aufgabe

In den folgenden Fällen a) bis q) wird gegen die Grundsätze ordnungsmäßiger Buchführung (GoB) verstoßen. Geben Sie an, welche Vorschrift des HGB bzw. der AO nicht beachtet wird.

a) Der Einfachheit halber werden „Forderungen a. LL" und „Verbindlichkeiten a. LL" gemeinsam auf einem (gemischten) Konto gebucht.

b) Es werden Buchungen vorgenommen, denen kein Beleg zugrunde liegt.

c) Der Inhaber eines gut gehenden Autohauses (Kfz-Verkauf und Kfz-Reparatur) hält sich nahezu ganzjährig in seinem Ferienhaus auf Hawaii auf. Dorthin werden ihm die Buchungsbelege übersandt. Er führt auf Hawaii die Buchführungsbücher und bewahrt sie dort auch auf.

---

1 Für die Finanzverwaltung muss gewährleistet sein, dass für eine Betriebsprüfung die Buchführungsbücher rechtzeitig im Inland zur Verfügung stehen. Außerdem wird die Verlagerung nur bei solchen Steuerpflichtigen bewilligt, die sich in der Vergangenheit kooperativ gezeigt haben.

2 Ein Mikrofilm ist eine stark verkleinerte Fotoaufnahme eines Schriftstückes.

d) Ein in dem Unternehmen selbst geschriebenes Finanzbuchführungsprogramm ermöglicht das Löschen bereits vorgenommener Buchungen. Auf diese Weise erspart man sich Stornobuchungen.

e) Aufgrund der Unklarheit und Unübersichtlichkeit der Buchführung ist der Außenprüfer des Finanzamtes nicht in der Lage, einzelne Buchungen nachzuvollziehen.

f) Bilanzen werden ausschließlich auf der Festplatte gespeichert.

g) Ein französischer Textilfabrikant hat für seinen neuen Betrieb in Rostock einen französischen Buchhalter eingestellt. Er weigert sich gegenüber dem Finanzamt, die Buchführungsaufzeichnungen in die deutsche Sprache zu übersetzen.

h) 10 Jahre nach ihrer buchhalterischen Erfassung werden die Buchungsbelege vernichtet.

i) Es wird vergessen, den Bareingang für einen Verkauf zu buchen.

j) Aufgrund der Kündigung des Finanzbuchhalters ist ein Unternehmen nicht in der Lage, die auf der Festplatte gespeicherten Buchführungsaufzeichnungen für den Außenprüfer des Finanzamtes innerhalb einer angemessenen Frist lesbar zu machen.

k) Die Bücher, Inventare und Bilanzen werden nach der Aufbewahrungsfrist von 6 Jahren vernichtet.

l) Die Kasseneinnahmen und Kassenausgaben werden einmal wöchentlich festgehalten.

m) Eine unkorrekte Buchung wird überschrieben.

n) Eine Ausgangsrechnung wird versehentlich als Eingangsrechnung gebucht.

o) Als Kontenbezeichnungen werden Abkürzungen verwendet, die für den Außenprüfer des Finanzamtes unverständlich sind.

p) Zieleinkäufe werden im falschen Abrechnungszeitraum gebucht.

q) Zur Vereinfachung der Buchführung werden „Zinserträge" und „Zinsaufwendungen" gemeinsam auf dem Konto „Zinsen" gebucht.

2.11   Kontenrahmen, Kontenplan

2.11.1   Der Kontenrahmen

Einstieg

Als Konrad Fied den Betrieb von seinen Eltern übernahm, hatte er lediglich 8 Beschäftigte. Der Betrieb war überschaubar. Für ihn war es damals in Ordnung, dass alle Buchführungsarbeiten außer Haus in einem Steuerberatungsbüro erledigt wurden.

Geschäftsgebäude damals (bei Übernahme)

Mit der Vergrößerung des Betriebes empfand es Konrad Fied allerdings immer mehr als nachteilig, nicht ständig Einsicht in die Buchführungsunterlagen zu haben. Er wollte zu jeder Zeit in der Lage sein, sich einen Überblick über die Erfolgssituation, über die Vermögenslage, über die Verschuldung usw. zu verschaffen.

Deshalb hat Konrad Fied ein eigenes Rechnungswesen aufgebaut. Er hat entschieden, seiner Buchführung den Industriekontenrahmen (IKR) zugrunde zu legen.

Geschäftsgebäude heute (nach Expansion)

a) Was stellt ein Kontenrahmen dar?

b) Welchen Zweck erfüllt ein Kontenrahmen?

c) Erklären Sie den Aufbau des Nummernsystems eines Kontenrahmens.

d) Erklären Sie das Gliederungsprinzip der Konten im IKR.

Lernstoff   2.11.1.1   Definition und Aufgabe des Kontenrahmens

> **Ein Kontenrahmen ist ein Organisations- und Gliederungsplan der Buchführungskonten. In ihm werden die Konten grundlegend systematisch geordnet.**

Der Kontenrahmen schreibt eine einheitliche Kontenbezeichnung vor und ordnet jedem Konto eine bestimmte **Kontonummer** zu.

Dadurch ist jedes Konto eindeutig definiert und von den anderen Konten abgegrenzt. Die Einheitlichkeit und Eindeutigkeit der Konten führt zu einer Angleichung der Buchungen in allen nach demselben Kontenrahmen sich richtenden Unternehmen.

Die eindeutige Definition der Konten im Kontenrahmen ermöglicht

■ innerbetriebliche Vergleiche verschiedener Rechnungsperioden (**Zeitvergleiche**) und
■ Vergleiche mit gleichartigen Betrieben (**Betriebsvergleiche**).

Darüber hinaus werden – bei Buchung nach dem Kontenrahmen – z. B. nicht geschäftsführende Gesellschafter, Gläubiger oder Betriebsprüfer des Finanzamtes in die Lage versetzt, die Buchführung in einer angemessenen Zeit zu überprüfen.

2.11.1.2   Das Nummernsystem des Kontenrahmens

Das Nummernsystem des Kontenrahmens ist nach dem **Zehnersystem** (dekadisches System) aufgebaut. Von links nach rechts gelesen gibt die vierstellige Kontennummer immer detailliertere Informationen über das jeweilige Konto.

■ Die erste Ziffer gibt die gröbste Information über die **Kontenklasse (0–9)**:

Beispiel   **Kontenklassen des Industriekontenrahmens (IKR)**
Kontenklasse 0:   Immaterielle Vermögensgegenstände und Sachanlagen
Kontenklasse 1:   Finanzanlagen
Kontenklasse 2:   Umlaufvermögen und aktive Rechnungsabgrenzung
Kontenklasse 3:   Eigenkapital und Rückstellungen
Kontenklasse 4:   Verbindlichkeiten und passive Rechnungsabgrenzung
Kontenklasse 5:   Erträge
Kontenklasse 6:   Betriebliche Aufwendungen
Kontenklasse 7:   Weitere Aufwendungen
Kontenklasse 8:   Ergebnisrechnungen
Kontenklasse 9:   Kosten- und Leistungsrechnung (KLR)

■ Die ersten beiden Ziffern geben eine schon feinere Information über die **Kontengruppe (00–99)**:

Beispiel   Kontengruppe 60:   Aufwendungen für Roh-, Hilfs- und Betriebsstoffe und für bezogene Waren
Kontengruppe 61:   Aufwendungen für bezogene Leistungen
Kontengruppe 62:   Löhne
Kontengruppe 63:   Gehälter

.
.
.

Kontengruppe 68:   Aufwendungen für Kommunikation (Dokumentation, Information, Reisen, Werbung)
Kontengruppe 69:   Aufwendungen für Beiträge und Sonstiges sowie Wertkorrekturen und periodenfremde Aufwendungen

■ Die ersten drei Ziffern differenzieren noch weiter in die **Kontenart (000–999):**

Beispiel

Kontenart 680:	Büromaterial
Kontenart 681:	Zeitungen und Fachliteratur
Kontenart 682:	Portokosten, Telekommunikationskosten
.	
.	
Kontenart 685:	Reisekosten

■ Alle vier Ziffern schließlich geben die feinste Information über die **Kontenunterart (0000–9999):**

Beispiel[1]

Kontenunterart 6851:	Tagegeld und Übernachtung
Kontenunterart 6852:	Fahrt- und Flugkosten
Kontenunterart 6853:	Erstattung für private Pkw-Benutzung und Parkgebühren

Jede Kontenklasse ist also in 10 Kontengruppen unterteilt. Die Kontengruppen wiederum werden in je 10 Kontenarten aufgeteilt, die schließlich in je 10 Kontenunterarten untergliedert sind.

Da es in verschiedenen Wirtschaftsbereichen unterschiedliche buchhalterische Besonderheiten gibt, sind von den einzelnen Wirtschaftsverbänden speziell zugeschnittene Kontenrahmen z. B. für
■ Industriebetriebe,
■ Großhandelsbetriebe und
■ Einzelhandelsbetriebe
geschaffen worden.

2.11.1.3   Der Industriekontenrahmen (IKR)

Der **Industriekontenrahmen (IKR)** trennt die **Finanzbuchführung** (Geschäftsbuchführung) in den Klassen 0 bis 8 von der **Kosten- und Leistungsrechnung** (Betriebsbuchführung) in der Klasse 9.

Die **Finanzbuchführung** (Klassen 0 bis 8) erfasst die **Erfolgsrechnung** (Erfolgskonten), die in die Gewinn- und Verlustrechnung mündet, und die **Bestandsrechnung** (Bestandskonten), die in die Bilanz fließt.

In der **Kosten- und Leistungsrechnung** (Klasse 9) wird ein **kalkulatorisches Betriebsergebnis** ermittelt.

Beim IKR wird der Unternehmenserfolg zweigleisig sowohl in der Finanzbuchführung als Gewinn als auch in der Kosten- und Leistungsrechnung als kalkulatorisches Betriebsergebnis festgestellt. Deshalb spricht man hier vom **Zweikreissystem** des IKR.

Die Erfolgselemente der beiden Kreise werden auch terminologisch voneinander abgegrenzt: Während die positiven und negativen Erfolgselemente der Gewinn- und Verlustrechnung **Erträge** und **Aufwendungen** heißen, werden sie in der Kosten- und Leistungsrechnung als **Leistungen** und **Kosten** bezeichnet.

Die Konten der **Finanzbuchführung** sind im IKR nach den handelsrechtlichen Gliederungsvorschriften für die Bilanz (§ 266 HGB) und für die Gewinn- und Verlustrechnung (§ 275 HGB) gegliedert. Man spricht deshalb vom **Abschlussgliederungsprinzip.**

Einen Grobüberblick über die Konten der Finanzbuchführung des Industriekontenrahmens gibt die folgende Übersicht, die zusätzlich Schemakonten mit Buchungsregeln enthält:

---

1   Das Beispiel ist dem vollständigen Industriekontenrahmen entnommen.

Bestandskonten					Erfolgskonten			Eröffnungs- und Abschlusskonten
Aktive Bestandskonten			Passive Bestandskonten		Ertragskonten	Aufwandskonten		
Anlagevermögen		Umlaufvermögen						
Klasse 0	Klasse 1	Klasse 2	Klasse 3	Klasse 4	Klasse 5	Klasse 6	Klasse 7	Klasse 8
Immaterielle Vermögensgegenstände und Sachanlagen	Finanzanlagen	Umlaufvermögen und aktive Rechnungsabgrenzung	Eigenkapital und Rückstellungen	Verbindlichkeiten und passive Rechnungsabgrenzungsposten	Erträge	Betriebliche Aufwendungen	Weitere Aufwendungen	Ergebnisrechnungen

aktives Bestandskonto

S		H
AB	Bestandsminderung	
Bestandsmehrung	SB	

passives Bestandskonto

S		H
Bestandsminderung	AB	
SB	Bestandsmehrung	

Ertragskonto

S		H
Storno[1]	Ertrag	
Saldo		

Aufwandskonto

S		H
Aufwand	Storno[1]	
	Saldo	

Schlussbilanzkonto

S		H
SB der aktiven Bestandskonten	SB der passiven Bestandskonten	

Gewinn- und Verlustkonto

S		H
Salden der Aufwandskonten	Salden der Ertragskonten	

AB = Anfangsbestand,   SB = Schlussbestand,   1 = Rückbuchung/Korrekturbuchung

Die Erfolgsrechnung der **Finanzbuchführung** wird entscheidend von steuerrechtlichen und handelsrechtlichen Vorschriften (z. B. Abschreibungs- und Bewertungsvorschriften) bestimmt. Den Anforderungen einer betriebswirtschaftlichen Betrachtung wird die Erfolgsrechnung der Finanzbuchführung nicht gerecht.

Aus diesem Grund sieht der IKR in der Kontenklasse 9 eine **Kosten- und Leistungsrechnung** vor. In diesem zweiten eigenständigen Rechnungskreis baut sich jedes Unternehmen ein individuelles Abrechnungssystem auf, das sich an betriebswirtschaftlichen Erfordernissen orientiert.

Dieses Abrechnungssystem wird auf die speziellen Bedürfnisse der Unternehmen ausgerichtet. Es wird geprägt durch die Branchenzugehörigkeit und durch die Eigenart des Betriebsprozesses.

Wie die Finanzbuchführung (Geschäftsbuchführung) in den Kontenklassen 0 bis 8 kann die Kosten- und Leistungsrechnung in der Kontenklasse 9 kontenmäßig nach dem **Prinzip der Doppik** gestaltet werden. Man spricht dann von der Betriebsbuchführung.

In der betrieblichen Praxis werden Kosten und Leistungen allerdings in der Regel nicht kontenmäßig, sondern **tabellarisch in Ergebnistabellen** (siehe Kapitel 4.2) erfasst. Die tabellarische Erfassung von Kosten und Leistungen ist übersichtlicher und weniger arbeitsaufwendig.

2.11.2 Der Kontenplan

Aus dem allgemeinen Kontenrahmen für die Wirtschaftszweige entwickelt letztlich jedes Unternehmen seinen eigenen **Kontenplan.**

 Ein Kontenplan stellt die tatsächliche, konkrete, betriebsspezifische Kontenorganisation dar.

Der Kontenplan enthält nur die für das Unternehmen wirklich erforderlichen Konten. Nicht benötigte Konten des Kontenrahmens werden nicht in den Kontenplan aufgenommen. Andererseits können im Kontenplan auch zusätzliche Konten eingerichtet werden, die der Kontenrahmen nicht vorsieht.

2.11.3 Das Buchen mit den Kontennummern[1]

Beim Buchen im Grund- und Hauptbuch tritt an die Stelle der Kontenbezeichnung die das Konto eindeutig definierende Kontennummer.

Beispiel

Zieleinkauf von Rohstoffen, Nettowert .... 10.000,00 €

+ 19 % Umsatzsteuer .... 1.900,00 €

_____

11.900,00 €

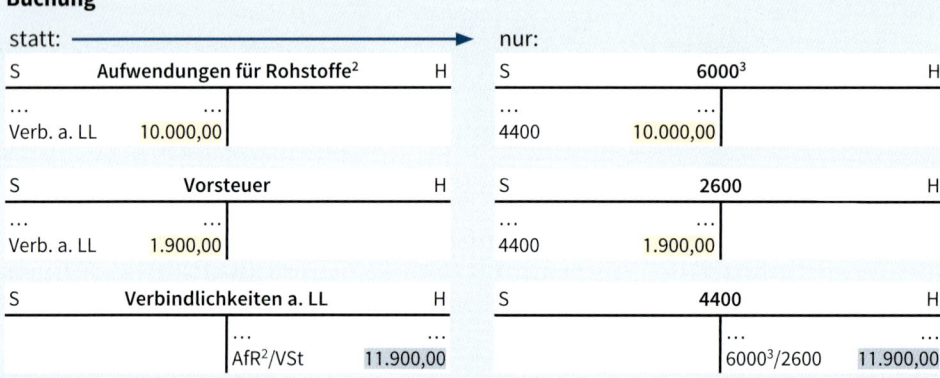

Buchungssatz

statt: ⟶ nur:

Aufw. für Rohst.[2]	Soll	Haben		6000[3]	Soll	Haben
Aufw. für Rohst.[2]	10.000,00			6000[3]	10.000,00	
Vorsteuer	1.900,00			2600	1.900,00	
an Verb. a. LL		11.900,00		an 4400		11.900,00

Buchung

statt: ⟶ nur:

S	Aufwendungen für Rohstoffe[2]	H		S	6000[3]	H
... Verb. a. LL 10.000,00	...			... 4400 10.000,00	...	

S	Vorsteuer	H		S	2600	H
... Verb. a. LL 1.900,00	...			... 4400 1.900,00	...	

S	Verbindlichkeiten a. LL	H		S	4400	H
	... AfR[2]/VSt 11.900,00	...			... 6000[3]/2600 11.900,00	...

Damit im Unterricht nicht nur mit Zahlen gearbeitet wird, sind folgende Bezeichnungen für den schulischen Gebrauch zweckmäßig:

Buchungssatz	Soll	Haben
6000 Aufwendungen für Rohstoffe[4]	10.000,00	
2600 Vorsteuer	1.900,00	
an 4400 Verbindlichkeiten a. LL		11.900,00

Buchung

S	6000 Aufwendungen für Rohstoffe[4]	H		S	4400 Verbindlichkeiten a. LL	H
... 4400 10.000,00	...				... 6000[3]/2600 11.900,00	...

S	2600 Vorsteuer	H
... 4400 1.900,00	...	

---

1 In diesem Lehrbuch werden die Kontennummern EDV-gerecht vierstellig dargestellt.
2 alternativ: Rohstoffe („Bestandsrechnerisches Verfahren")
3 alternativ: 2000 („Bestandsrechnerisches Verfahren")
4 alternativ: 2000 Rohstoffe („Bestandsrechnerisches Verfahren")

Zusammen-fassung

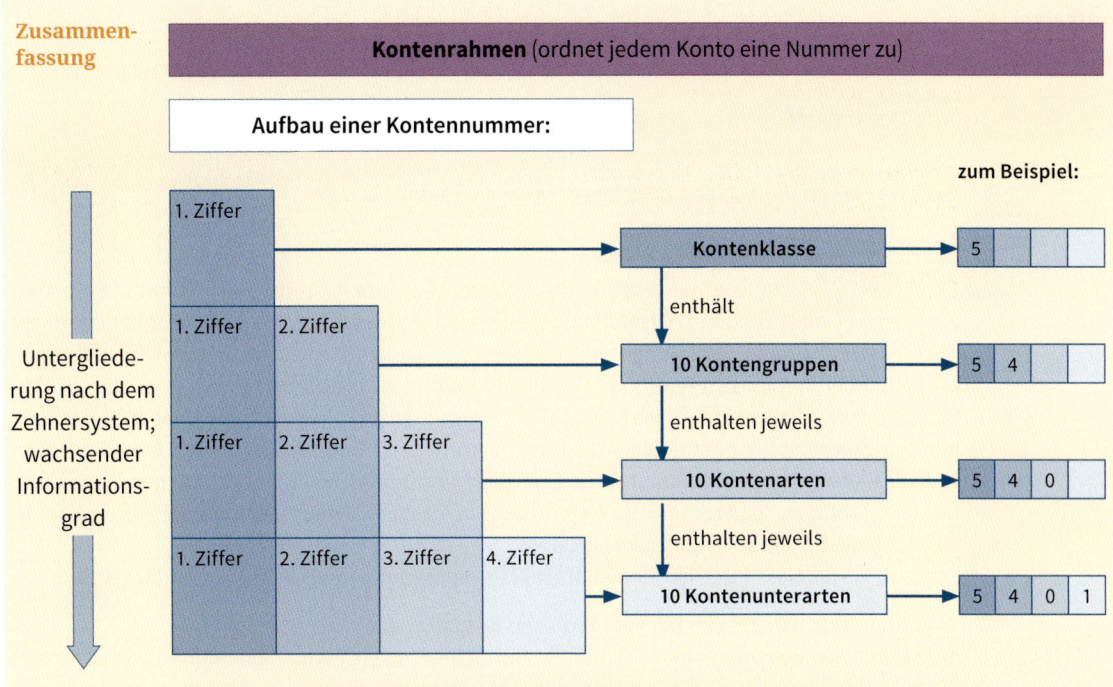

Kontenrahmen (ordnet jedem Konto eine Nummer zu)

Aufbau einer Kontennummer:

Untergliede-rung nach dem Zehnersystem; wachsender Informations-grad

zum Beispiel:

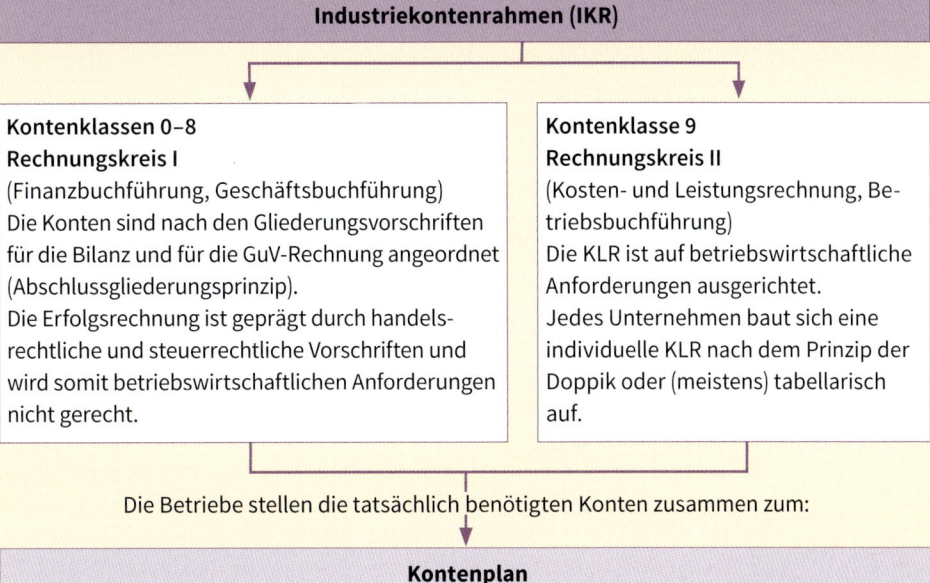

Industriekontenrahmen (IKR)

Kontenklassen 0–8
Rechnungskreis I
(Finanzbuchführung, Geschäftsbuchführung)
Die Konten sind nach den Gliederungsvorschriften für die Bilanz und für die GuV-Rechnung angeordnet (Abschlussgliederungsprinzip).
Die Erfolgsrechnung ist geprägt durch handelsrechtliche und steuerrechtliche Vorschriften und wird somit betriebswirtschaftlichen Anforderungen nicht gerecht.

Kontenklasse 9
Rechnungskreis II
(Kosten- und Leistungsrechnung, Betriebsbuchführung)
Die KLR ist auf betriebswirtschaftliche Anforderungen ausgerichtet.
Jedes Unternehmen baut sich eine individuelle KLR nach dem Prinzip der Doppik oder (meistens) tabellarisch auf.

Die Betriebe stellen die tatsächlich benötigten Konten zusammen zum:

Kontenplan

1. Ein Kontenrahmen ist ein Organisationsmittel, das mit einem Nummernsystem die Konten eines Wirtschaftszweiges gliedert und einheitlich und eindeutig bezeichnet.

2. Das Nummernsystem des Kontenrahmens ist nach dem Zehnersystem aufgebaut.

3. Der Industriekontenrahmen (IKR) sieht für die Finanzbuchführung die Klassen 0 bis 8 und für die Kosten- und Leistungsrechnung die Klasse 9 vor. Die Konten der Finanzbuchführung sind in den Klassen 0 bis 8 nach dem Abschlussgliederungsprinzip geordnet.

4. Ein Kontenplan ist eine betriebsindividuelle Kontenorganisation. In ihm werden die tatsächlich benötigten Konten geführt.

Aufgaben

1:	Unterschied zwischen Kontenrahmen und Kontenplan	**4:**	Interpretation von Kontierungen
2:	Erstellen eines Kontenplans	**5:**	Geschäftsgang
3:	Verständnisfragen zum IKR		

1 Erklären Sie den Unterschied zwischen dem Kontenrahmen und dem Kontenplan.

2 Eine Textilfabrik führt folgende Konten:
Rohstoffe; Umsatzerlöse für eigene Erzeugnisse; Bebaute Grundstücke; Fuhrpark; Vorsteuer; Kasse; Umsatzsteuer; Hilfsstoffe; Eigenkapital; Aufwendungen für Rohstoffe; Werbung; Fremdinstandhaltung; Forderungen a. LL; Unfertige Erzeugnisse; Aufwendungen für Hilfsstoffe; Guthaben bei Kreditinstituten (Bank); Postbank; Büromaterial; Fertige Erzeugnisse; Langfristige Bankverbindlichkeiten; Löhne; Verbindlichkeiten a. LL; Gehälter; Reisekosten; Anlagen und Maschinen der mechanischen Materialbearbeitung, -verarbeitung und -umwandlung; Büromaschinen, Organisationsmittel und Kommunikationsanlagen; Vertriebsprovisionen; Grundsteuer; BV an UE; BV an FE; Eröffnungsbilanzkonto; GuV-Konto; Mieten, Pachten; Schlussbilanzkonto; Zinserträge; Telekommunikationskosten; Zinsaufwendungen.
Erstellen Sie für diesen Betrieb einen Kontenplan, der nach Kontennummern geordnet ist.

3 a) Warum spricht man beim IKR vom Zweikreissystem?
b) Erklären Sie, warum im IKR zwischen Finanzbuchführung (Geschäftsbuchführung) und Kosten- und Leistungsrechnung (Betriebsbuchführung) unterschieden wird.
c) Erklären Sie das Abschlussgliederungsprinzip der Klassen 0 bis 8 im IKR.

4 Welche Geschäftsfälle liegen den folgenden Buchungen nach dem Industriekontenrahmen zugrunde?

a)	6000[1]	e)	2850	i)	3001	m)	6200	q)	6800
	2600		an 3001		an 5420		an 2850		2600
	an 4400	f)	6150		an 4800	n)	4400		an 2880
b)	2400		2600	j)	4250		an 5000		
	an 5000		an 2400		an 2800		an 4800		
	an 4800		an 2800	k)	6700	o)	4800		
c)	2800	g)	3000		an 2850		an 2600		
	an 2880		an 3001	l)	2200	p)	5201		
d)	4800	h)	2880		an 5202		an 2100		
	an 2850		an 2400						

5[2] Anfangsbestände

0720 Anlagen und Maschinen der mechanischen Materialbearbeitung, -verarbeitung und -umwandlung: 900.000,00 €; 0860 Büromaschinen, Organisationsmittel und Kommunikationsanlagen: 150.000,00 €; 2000 Rohstoffe: 450.000,00 €; 2020 Hilfsstoffe: 80.000,00 €; 2100 Unfertige Erzeugnisse: 50.000,00 €; 2200 Fertige Erzeugnisse: 190.000,00 €; 2400 Forderungen a. LL: 90.000,00 €; 2800 Guthaben bei Kreditinstituten (Bank): 65.000,00 €; 2880 Kasse: 15.000,00 €; 3000 Eigenkapital: 950.000,00 €; 4250 Langfristige Bankverbindlichkeiten: 800.000,00 €; 4400 Verbindlichkeiten a. LL: 232.000,00 €; 4800 Umsatzsteuer: 8.000,00 €.

> **Kontenplan**
> 0720, 0860, 2000, 2020, 2100, 2200, 2400, 2600, 2800, 2880, 3000, 3001, 4250, 4400, 4800, 5000, 5201, 5202, 5420, 6000, 6020, 6060, 6100, 6200, 6800, 8000, 8010, 8020.

---

1 alternativ: 2000 („Bestandsrechnerisches Verfahren")

2 Der Geschäftsgang kann alternativ nach der „Fortschreibungsmethode" oder nach der „Inventurmethode" oder nach dem „Aufwandsrechnerischen Verfahren" gebucht werden.

Beleg-Nr.	Geschäftsfälle	€
	1. Lastschriftanzeige der Bank gemäß Kontoauszug	
11	1. für Zahllast	8.000,00
12	2. für Fertigungslöhne	14.000,00
13	3. für Darlehenstilgung	2.000,00
20	**2. Konrad Fied entnimmt dem Betrieb ein**	
	Kleid für seine Ehefrau	160,00
	+ 19 % Umsatzsteuer	30,40
	3. Eingangsrechnung	
31	1. unserer Modedesignerin für die für unsere Textilfabrik entworfenen Modellkleider	
	Nettopreis (Honorar)	5.000,00
	+ 19 % Umsatzsteuer	950,00
	Rechnungsbetrag	5.950,00
32	2. unseres Rohstofflieferanten	
	Nettopreis (Rohstoffe)	40.000,00
	+ 19 % Umsatzsteuer	7.600,00
	Rechnungsbetrag	47.600,00
33	3. unseres Hilfsstofflieferanten	
	Nettopreis (Hilfsstoffe)	8.000,00
	+ 19 % Umsatzsteuer	1.520,00
	Rechnungspreis	9.520,00
	4. Kassenausgänge für	
41	1. Barkauf von Reparaturmaterial	
	Nettopreis	700,00
	+ 19 % Umsatzsteuer	133,00
	Rechnungsbetrag	833,00
42	2. Barkauf von Büromaterial	
	Nettopreis	120,00
	+ 19 % Umsatzsteuer	22,80
	Rechnungsbetrag	142,80
	5.[1] Verbrauch gemäß Materialentnahmescheine	
51	1. Rohstoffe	80.000,00
52	2. Hilfsstoffe	5.000,00
	6. Gutschriftanzeige der Bank gemäß Kontoauszug	
61	1. für zu viel berechnete Darlehenstilgung	500,00
62	2. für im vergangenen Jahr zu viel bezahlte Einkommensteuer	3.000,00
63	3. für Überweisung von einem Kunden	8.000,00
70	**7. Ausgangsrechnung an Kunden**	
	Nettobetrag (eigene Erzeugnisse)	200.000,00
	+ 19 % Umsatzsteuer	38.000,00
	Rechnungsbetrag	238.000,00

---

1 Soll nach der „Inventurmethode" oder nach dem „Aufwandsrechnerischen Verfahren" gebucht werden, so entfällt dieser Geschäftsfall.

Beleg-Nr.	Abschlussangaben	€
80	**8.**[1] **Der Rohstoffbestand gemäß Inventur (= Istbestand)** übersteigt den Rohstoffbestand gemäß Buchführung (= Sollbestand) um 4.000,00 € (= Inventurdifferenz). Ursache: Der Verbrauch von Rohstoffen gemäß Materialentnahmescheine wurde versehentlich doppelt gebucht	4.000,00
90	9. Ermittlung und Passivierung der Zahllast	?
101	**10.** **Schlussbestände lt. Inventur: 1. Unfertige Erzeugnisse**	**70.000,00**
102	2. **Fertige Erzeugnisse**	**180.000,00**
110	11. Die Schlussbestände der anderen Bestandskonten entsprechen den Inventurbeständen.	
	Zusätzliche Abschlussangaben bei Buchung nach der „Inventurmethode" oder nach dem „Aufwandsrechnerischen Verfahren"	
121	**12.** **Schlussbestände lt. Inventur:** 1. Rohstoffe	414.000,00
122	2. Hilfsstoffe	83.000,00

2.12   Die Buchführungsbücher

Einstieg

Die Konrad Fied KG hat zahlreiche kurzfristige Zahlungsverpflichtungen, wie z. B. Ausgleich von Lieferantenrechnungen, Lohn- und Gehaltszahlungen, Pacht- und Mietzahlungen, Steuerzahlungen, Zinszahlungen, Zahlungen der Leasingraten usw.

Um diesen Zahlungsverpflichtungen termingerecht nachkommen zu können, muss die Konrad Fied KG dafür sorgen, dass ihre Zahlungsfähigkeit ständig gewährleistet ist. Dazu müssen insbesondere die Forderungen an die Kunden überwacht und gegebenenfalls eingetrieben werden.
Das Konto „2400 Forderungen a. LL" ist hierzu nur sehr eingeschränkt hilfreich: Es erfasst die Forderungen an alle Kunden, informiert aber nicht über den Forderungsstand gegenüber einzelnen Kunden.

Wie können unsere Forderungen gegenüber einzelnen Kunden systematisch überwacht werden?

Überlegen Sie sich, wie man die Buchführung unter diesem Gesichtspunkt aussagekräftiger gestalten kann.

Lernstoff

Der Begriff „Buchführungsbücher" kommt aus einer Zeit, in der der Kaufmann seine Geschäfte handschriftlich in gebundenen Büchern aufzeichnete. Die Buchform verwendet man heute hierfür meistens nicht mehr. Die Bezeichnung „Buchführungsbücher" soll dennoch beibehalten werden, weil damit eine lange Tradition verknüpft ist.

Heute sind die Inhalte der traditionellen Buchführungsbücher in der Regel auf elektronischen Datenträgern gespeichert.

---

1 Soll nach der „Inventurmethode" oder nach dem „Aufwandsrechnerischen Verfahren" gebucht werden, so entfällt dieser Geschäftsfall.

Bei der Speicherung auf Datenträgern muss „sichergestellt sein, dass die Daten während der Dauer der Aufbewahrungsfrist verfügbar sind und jederzeit innerhalb angemessener Frist lesbar gemacht werden können" (§ 239 Abs. 4 HGB; § 146 Abs. 5 AO).

Man unterscheidet zwei Gruppen von Buchführungsbüchern,

- die **Systembücher** und
- die **Nebenbücher.**

Die **Systembücher** sind unverzichtbarer Bestandteil des Systems der doppelten Buchführung. Zu ihnen gehören:

1. das Inventar- und Bilanzbuch,
2. das Grundbuch und
3. das Hauptbuch.

Die **Nebenbücher** sind für die Buchführungstechnik nicht erforderlich. Sie werden neben der eigentlichen Buchführung geführt und dienen der laufenden Kontrolle wichtiger Werte und der Erklärung einzelner Hauptbuchkonten. Zu den Nebenbüchern zählen:

1. das Kontokorrent- oder Geschäftsfreundebuch,
2. das Lagerbuch,
3. das Wechselbuch,
4. das Lohn- und Gehaltsbuch,
5. das Anlagenbuch und
6. das Kassenbuch.

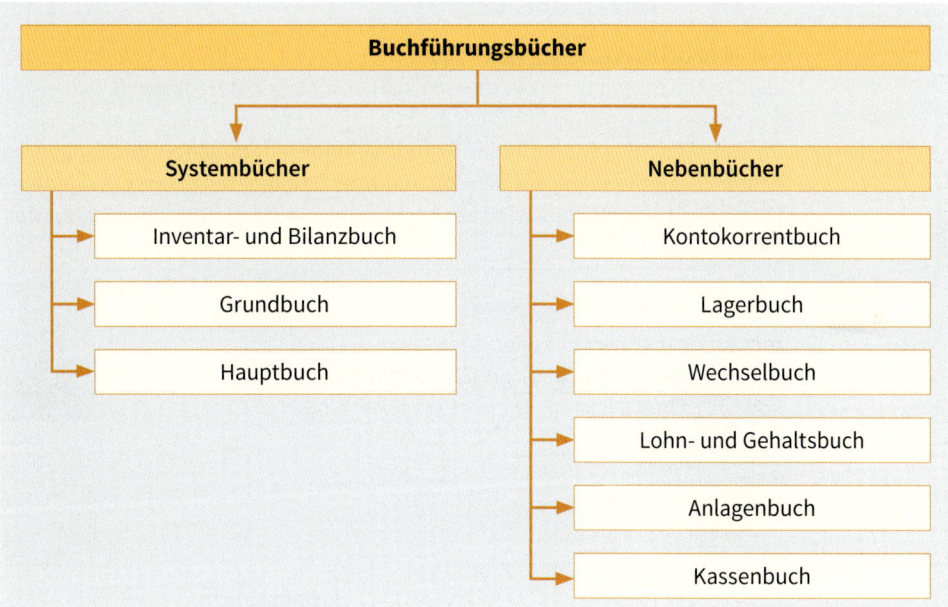

2.12.1 Die Systembücher

2.12.1.1 Das Inventar- und Bilanzbuch

Aus den ermittelten Werten der Inventur wird das Inventarverzeichnis erstellt, das wiederum zur Bilanz zusammengefasst wird.

 Im Inventar- und Bilanzbuch werden alle Inventare und Bilanzen eines Unternehmens aufbewahrt.

2.12.1.2 Das Grundbuch

 Im Grundbuch werden die Buchungssätze aller Geschäftsfälle in zeitlicher Reihenfolge festgehalten.

Das Grundbuch wird auch **Journal**, **Memorial** und **Primanota** genannt. Es ist die **Grundlage** der gesamten Buchführung.

Muster eines Grundbuches

Alle Geschäftsfälle werden in zeitlicher Reihenfolge gebucht.		Tag	Beleg	Buchungstext	Beträge		Kontierung	
					S	H	S	H
	Beispiel	5. Dez.	AR 13[1]	Zielverkauf an				
				T. Hempe e. Kffr., München				
				Rechnungsbetrag	5.950,00		2400	
				Nettowert		5.000,00		5000
				Umsatzsteuer		950,00		4800

2.12.1.3 Das Hauptbuch

Die Veränderung der einzelnen Konten wird aus den in zeitlicher Reihenfolge vorgenommenen Buchungen im Grundbuch nicht ersichtlich. Hierzu dient das Hauptbuch.

 Im Hauptbuch werden alle im Grundbuch vorgenommenen Buchungen nach ihrem sachlichen Zusammenhang auf den sogenannten Sachkonten erfasst. Auf jedem einzelnen Sachkonto des Hauptbuches wird ein bestimmter Bestand oder ein bestimmter Erfolg verrechnet.

Grundbuch

zeitliche Ordnung aller Buchungen	Tag	Beleg	Buchungstext	Beträge		Kontierung	
				S	H	S	H

Hauptbuch

sachliche Ordnung aller Buchungen

S — EBK — H

S — ... — H   S — ... — H   S — ... — H

S — ... — H   S — ... — H   S — ... — H

S — SBK — H

---

1 AR = Ausgangsrechnung

2.12.2 Die Nebenbücher

2.12.2.1 Das Kontokorrentbuch

Die beiden Sachkonten „**2400 Forderungen a. LL**" und „**4400 Verbindlichkeiten a. LL**" werden im Kontokorrentbuch in **Personenkonten** aufgeschlüsselt.

 Für jeden Kunden und für jeden Lieferanten wird im Kontokorrentbuch ein spezielles Personenkonto geführt.

Die Kundenkonten nennt man auch Debitorenkonten, die Lieferantenkonten werden auch Kreditorenkonten genannt.

Beispiele

Kundenkonto (Debitorenkonto)

Kunde: Söffgen OHG, Kd.-Nr.[1]: 24 001					
Datum	Beleg	Buchungstext	S	H	Saldo
1. Febr.		Saldovortrag	2.000,00		2.000,00
8. Febr.	AR 78	Zielverkauf	3.500,00		5.500,00
17. Febr.	AR 82	Zielverkauf	1.800,00		7.300,00
18. Febr.	BA 28	Banküberweisung		7.000,00	300,00
21. Febr.	AR 91	Zielverkauf	4.300,00		4.600,00
28. Febr.	BA 31	Verrechnungsscheck		4.500,00	100,00

Lieferantenkonto (Kreditorenkonto)

Lieferant: Bernhard Müller OHG, L.-Nr.[2]: 44 001					
Datum	Beleg	Buchungstext	S	H	Saldo
3. Febr.		Saldovortrag		7.300,00	7.300,00
5. Febr.	ER 48	Zieleinkauf		3.200,00	10.500,00
16. Febr.	ER 52	Zieleinkauf		5.000,00	15.500,00
18. Febr.	BA 28	Banküberweisung	15.000,00		500,00
19. Febr.	ER 55	Zieleinkauf		3.800,00	4.300,00
28. Febr.	BA 31	Banküberweisung	4.000,00		300,00

AR = Ausgangsrechnung; ER = Eingangsrechnung; BA = Bankauszug.

Die Salden der Debitoren- und Kreditorenkonten geben den jeweiligen Stand an Forderungen bzw. an Verbindlichkeiten gegenüber einzelnen Kunden bzw. einzelnen Lieferanten an. Beim meist monatlichen Abschluss der Personenkonten werden die Salden der Debitoren- und Kreditorenkonten in **Saldenlisten** übertragen.

---

1 Wegen der Vielzahl der Kunden werden in der Praxis die Kundenkontennummern häufig im Bereich der Zahlen 10 000 bis 69 999 vergeben.

2 Wegen der Vielzahl der Lieferanten werden in der Praxis die Lieferantenkontennummern häufig im Bereich der Zahlen 70 000 bis 79 999 vergeben.

Beispiele

Debitorensaldenliste zum 28. Febr. 20..

Konto-Nr.	Kunden	Salden
24 001	Söffgen OHG	100,00
24 002	Gertrud Schön e. Kffr.	22.000,00
24 003	Hampe KG	11.000,00
	Saldensumme	**33.100,00**

Kreditorensaldenliste zum 28. Febr. 20..

Konto-Nr.	Lieferanten	Salden
44 001	Bernhard Müller OHG	300,00
44 002	Emut GmbH	14.000,00
44 003	Winter GmbH	3.000,00
	Saldensumme	**17.300,00**

Die Saldensumme aller Einzelforderungen bzw. aller Einzelverbindlichkeiten muss mit dem Schlussbestand des Hauptbuchkontos „Forderungen a. LL" bzw. „Verbindlichkeiten a. LL" übereinstimmen.

S	2400 Forderungen a. LL	H		S	4400 Verbindlichkeiten a. LL	H
.		.		.		.
.	SB	33.100,00		SB	17.300,00	.

2.12.2.2 Das Lagerbuch

 Im Lagerbuch wird für jeden Artikel (Erzeugnis, Handelsware, Rohstoffe u. a.) ein eigenes Konto geführt, auf dem die Bestandsmehrungen und die Bestandsminderungen (meistens nur) mengenmäßig erfasst werden.

Auf diese Weise ist der Lagerbestand eines jeden Artikels jederzeit – ohne zeitraubende körperliche Bestandsaufnahme – feststellbar (permanente Inventur).

Mindestens einmal im Jahr werden die Salden der Konten (Sollbestände) anhand der Inventurergebnisse (Istbestände) kontrolliert. Durch falsche Buchung, Verderb, Schwund und Diebstahl können Abweichungen auftreten. Falls dies der Fall ist, so sind die Ursachen zu erforschen. Die Konten sind entsprechend den Istbeständen zu korrigieren.

Beispiel

Lagerkonto (Handelsware)

Artikel-Nr.:	237 (Jeanshemd PM)		Bestellbestand:	80 Stück	
Lager-Nr.:	103		Eiserne Reserve:	20 Stück	
Lieferant:	44 009				

Datum	Beleg	Bestandsmehrung (Stück)	Bestandsminderung (Stück)	Bestand (Stück)
.	.	.	.	.
3. Juni	ER 115	150		170
6. Juni	AR 351		30	140
8. Juni	AR 373		20	120
13. Juni	AR 396		40	80
15. Juni	AR 407		50	30
19. Juni	ER 158	150		180

2.12.2.3   Das Wechselbuch

Im Wechselbuch werden Aufzeichnungen über Besitz- und Schuldwechsel vorgenommen. Es dient hauptsächlich der Überwachung von Wechselfälligkeitsterminen.

2.12.2.4   Das Lohn- und Gehaltsbuch

Für jeden Arbeitnehmer wird ein Lohn- oder Gehaltskonto mit Angabe

■ der Steuerklasse, ■ des Bruttoverdienstes, ■ der Steuerabzüge, ■ der Sozialversicherungsabgaben und ■ des Auszahlungsbetrages geführt.

2.12.2.5   Das Anlagenbuch

Im Anlagenbuch werden die Bestände der einzelnen Anlagegüter fortgeschrieben.

2.12.2.6   Das Kassenbuch

Das Kassenbuch erfasst alle baren Zahlungsvorgänge und weist den Kassenbestand aus.

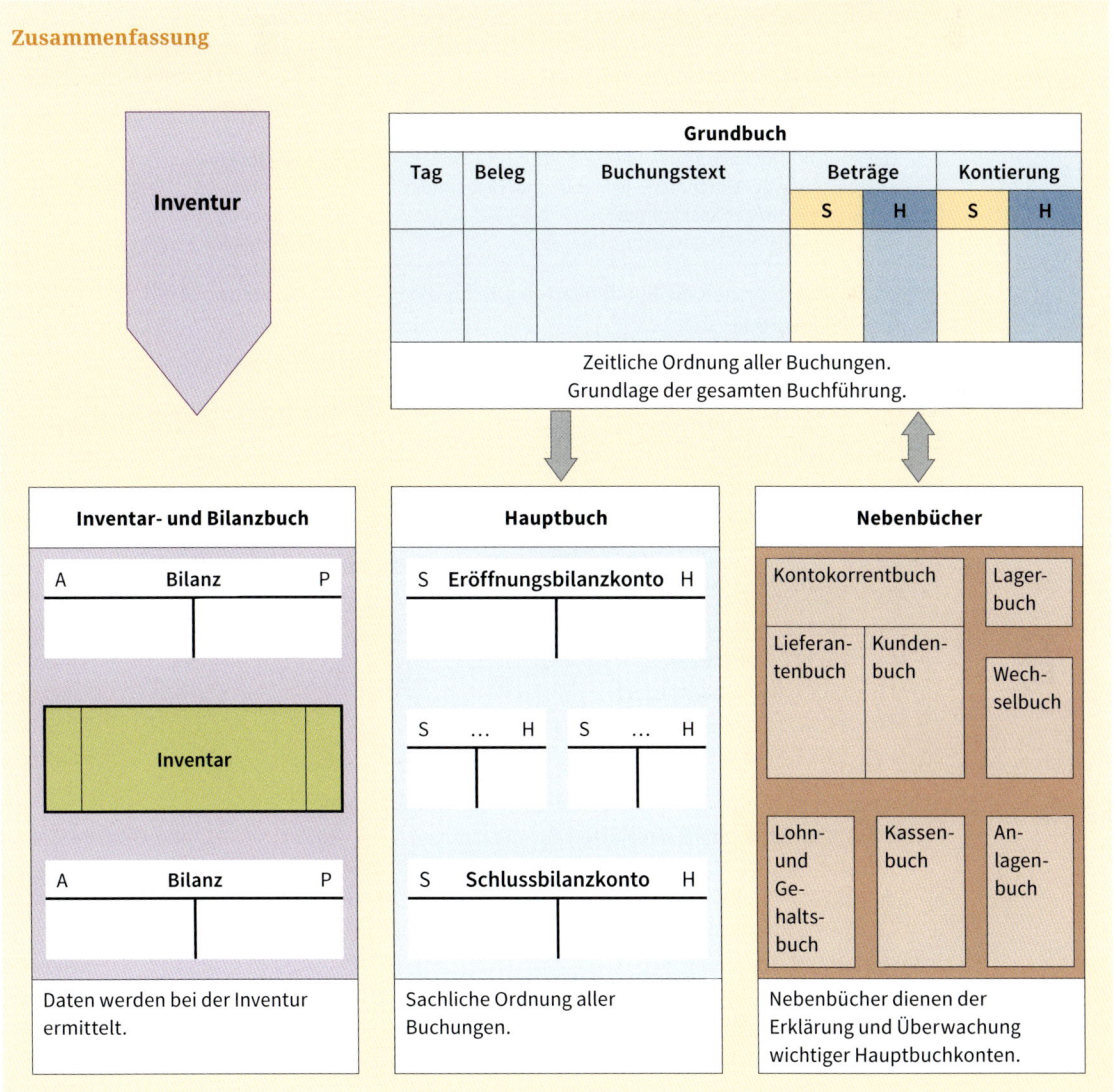

1. Im Inventar- und Bilanzbuch werden die Inventare und Bilanzen – als Ergebnisse der Inventur – aufbewahrt.
2. Im Grundbuch werden in Form von Buchungssätzen alle Geschäftsfälle in zeitlicher Reihenfolge erfasst.
3. Auf den Sachkonten des Hauptbuches werden die Geschäftsfälle nach einer sachlichen Ordnung gebucht.
4. In den Nebenbüchern werden wichtige Hauptbuchkonten erklärt und überwacht.

Aufgaben

1:	Einführung in die Thematik
2–5:	Führen von Kunden- und Lieferantenkonten
6:	Führen eines Lagerkontos
7:	Geschäftsgang

Die unten stehenden Abkürzungen bedeuten: AR = Ausgangsrechnung; ER = Eingangsrechnung; BA = Bankauszug.

1 Ordnen Sie die unter A stehenden Aussagen den unter B stehenden Buchführungsbüchern zu. Es ergeben sich jeweils zwei Zuordnungen zu den Buchführungsbüchern.

A Aussagen	B Buchführungsbücher
1. Überwachung wichtiger Sachkonten	1. Bilanz- und Inventarbuch
2. Verrechnung aller Bestände und Erfolge	2. Bilanz- und Inventarbuch
3. Dokumentation der Inventurergebnisse	3. Hauptbuch
4. Grundlage der doppelten Buchführung	4. Hauptbuch
5. Buchung erfolgt nach sachlicher Ordnung	5. Nebenbücher
6. Aufzeichnung der Geschäftsfälle in zeitlicher Reihenfolge	6. Nebenbücher
7. Erklärung wichtiger Sachkonten	7. Grundbuch
8. Aufbewahrung der Inventare und Bilanzen	8. Grundbuch

2 Führen Sie im Arbeitsheft die Kundenkarteikarte für die Söffgen OHG, Kd.-Nr. 24 001.

4. Aug.	Saldovortrag	4.600,00 €
6. Aug.	AR 812, Zielverkauf	3.450,00 €
11. Aug.	AR 828, Zielverkauf	1.495,00 €
14. Aug.	BA 208, Banküberweisung	9.000,00 €
15. Aug.	AR 839, Zielverkauf	5.175,00 €
19. Aug.	BA 213, Verrechnungsscheck	5.000,00 €
30. Aug.	AR 885, Zielverkauf	2.875,00 €

3 Führen Sie im Arbeitsheft die Lieferantenkarteikarte für die Bernhard Müller OHG, L.-Nr. 44 001.

6. März	Saldovortrag	4.140,00 €
7. März	ER 313, Zieleinkauf	5.980,00 €
9. März	ER 339, Zieleinkauf	6.555,00 €
10. März	BA 69, Banküberweisung	15.000,00 €
21. März	ER 372, Zieleinkauf	7.015,00 €
30. März	BA 76, Scheck	6.800,00 €

4
a) Führen Sie das Konto „Forderungen a. LL" (ohne Gegenkonten).
b) Führen Sie die Kundenkarteikarten für die Söffgen OHG, Kd.-Nr. 24 001, und Gertrud Schön e. Kffr., Kd.-Nr. 24 002.
c) Schließen Sie das Konto „Forderungen a. LL" zum 31. Dezember ab.
d) Erstellen Sie für die Kundenkonten eine Saldenliste zum 31. Dezember.

Anfangsbestand, Forderungen a. LL		9.660,00 €
1. Dez.	Saldovortrag, 24 001	5.290,00 €
1. Dez.	Saldovortrag, 24 002	4.370,00 €
3. Dez.	AR 583, 24 001, Zielverkauf	3.565,00 €
6. Dez.	AR 584, 24 001, Zielverkauf	1.840,00 €

225435132

7. Dez.	AR 585,	24 002, Zielverkauf	5.060,00 €
8. Dez.	BA 301,	24 002, Banküberweisung	9.000,00 €
9. Dez.	BA 302,	24 001, Verrechnungsscheck	10.000,00 €
12. Dez.	AR 586,	24 002, Zielverkauf	2.070,00 €
22. Dez.	AR 587,	24 002, Zielverkauf	4.255,00 €
28. Dez.	AR 588,	24 001, Zielverkauf	5.635,00 €
29. Dez.	BA 317,	24 002, Banküberweisung	6.000,00 €
30. Dez.	BA 318,	24 001, Verrechnungsscheck	5.000,00 €

5 a) Führen Sie das Konto „Verbindlichkeiten a. LL" (ohne Gegenkonten).

b) Führen Sie die Lieferantenkarteikarten für die Bernhard Müller OHG, L.-Nr. 44 001, und die Emut GmbH, L.-Nr. 44 002.

c) Schließen Sie das Konto „Verbindlichkeiten a. LL" zum 31. Dezember ab.

d) Erstellen Sie für die Lieferantenkonten eine Saldenliste zum 31. Dezember.

Anfangsbestand, Verbindlichkeiten a. LL			12.075,00 €
1. Dez.	Saldovortrag, 44 001		8.050,00 €
1. Dez.	Saldovortrag, 44 002		4.025,00 €
4. Dez.	ER 412,	44 001, Zieleinkauf	5.520,00 €
8. Dez.	ER 413,	44 001, Zieleinkauf	3.795,00 €
9. Dez.	ER 414,	44 002, Zieleinkauf	6.785,00 €
10. Dez.	BA 298,	44 002, Banküberweisung	10.500,00 €
11. Dez.	BA 299,	44 001, Banküberweisung	17.000,00 €
20. Dez.	ER 415,	44 002, Zieleinkauf	2.990,00 €
22. Dez.	ER 416,	44 001, Zieleinkauf	4.945,00 €
23. Dez.	BA 305,	44 001, Verrechnungsscheck	4.500,00 €
28. Dez.	ER 417,	44 002, Zieleinkauf	5.175,00 €
30. Dez.	BA 309,	44 002, Banküberweisung	8.000,00 €

6 a) Führen Sie im Arbeitsheft die Lagerkarteikarte für die Handelsware „Jeansjacke RJ" (Bestellbestand: 60, eiserne Reserve: 20).

b) Bezugspreis/Einstandspreis für eine „Jeansjacke RJ" .... 20,00 €

Wie viel € beträgt der wertmäßige Inventurbestand am Bilanzstichtag (31. Dezember)?
(*Hinweis:* Die Bewertung der Bestände für das Inventar und für die Bilanz erfolgt zum Bezugspreis/Einstandspreis [= Anschaffungskosten].)

		Jeansjacke RJ
6. Dez.	Saldovortrag	45
6. Dez.	AR 105	5
7. Dez.	AR 108	18
9. Dez.	ER 64	100
12. Dez.	AR 113	18
14. Dez.	AR 122	15
15. Dez.	AR 126	27
18. Dez.	AR 137	35
22. Dez.	ER 72	100
30. Dez.	AR 143	13

7[1] Führen Sie das Grund-, das Haupt-, das Kunden- und das Lieferantenbuch.

Anfangsbestände

I. Anfangsbestände der Sachkonten

0720 Anlagen und Maschinen der mechanischen
Materialbearbeitung, -verarbeitung und -umwandlung .... 780.000,00 €

---

1 Der Geschäftsgang kann alternativ nach der „Fortschreibungsmethode" oder nach der „Inventurmethode" oder nach dem „Aufwandsrechnerischen Verfahren" gebucht werden.

0860	Büromaschinen, Organisationsmittel und Kommunikationsanlagen	200.000,00 €
2000	Rohstoffe	300.000,00 €
2030	Betriebsstoffe	60.000,00 €
2100	Unfertige Erzeugnisse	40.000,00 €
2200	Fertige Erzeugnisse	90.000,00 €
2400	Forderungen a. LL	59.000,00 €
2800	Guthaben bei Kreditinstituten (Bank)	80.000,00 €
2880	Kasse	30.000,00 €
3000	Eigenkapital	980.000,00 €
4250	Langfristige Bankverbindlichkeiten	602.000,00 €
4400	Verbindlichkeiten a. LL	57.000,00 €

II. Anfangsbestände der Kundenkonten (Offene-Posten-Liste der Debitoren)

Kd.-Nr.	Debitoren	Beleg-Nr.	Betrag (€)
24 001	Söffgen OHG	1	31.000,00
24 002	G. Schön e. Kffr.	2	28.000,00
			59.000,00

III. Anfangsbestände der Lieferantenkonten (Offene-Posten-Liste der Kreditoren)

L.-Nr.	Kreditoren	Beleg-Nr.	Betrag (€)
44 001	B. Müller OHG	3	34.000,00
44 003	Winter GmbH	4	23.000,00
			57.000,00

Kontenplan

Kontenklasse 0 (Immaterielle Vermögensgegenstände und Sachanlagen):

0720 Anlagen und Maschinen der mechanischen Materialbearbeitung, -verarbeitung und -umwandlung; 0860 Büromaschinen, Organisationsmittel und Kommunikationsanlagen.

Kontenklasse 2 (Umlaufvermögen und aktive Rechnungsabgrenzung):

2000 Rohstoffe; 2030 Betriebsstoffe; 2100 Unfertige Erzeugnisse; 2200 Fertige Erzeugnisse; 2400 Forderungen a. LL (24 001 Forderungen an die Söffgen OHG, 24 002 Forderungen an G. Schön e. Kffr.); 2600 Vorsteuer; 2800 Guthaben bei Kreditinstituten (Bank); 2880 Kasse.

Kontenklasse 3 (Eigenkapital und Rückstellungen):

3000 Eigenkapital; 3001 Privatkonto.

Kontenklasse 4 (Verbindlichkeiten und passive Rechnungsabgrenzung):

4250 Langfristige Bankverbindlichkeiten; 4400 Verbindlichkeiten a. LL (44 001 Verbindlichkeiten gegenüber der B. Müller OHG, 44 003 Verbindlichkeiten gegenüber der Winter GmbH); 4800 Umsatzsteuer.

Kontenklasse 5 (Erträge):

5000 Umsatzerlöse für eigene Erzeugnisse; 5201 Bestandsveränderungen an unfertigen Erzeugnissen; 5202 Bestandsveränderungen an fertigen Erzeugnissen.

Kontenklasse 6 (Betriebliche Aufwendungen):

6000 Aufwendungen für Rohstoffe; 6030 Aufwendungen für Betriebsstoffe; 6160 Fremdinstandhaltung; 6200 Löhne; 6700 Mieten, Pachten.

Kontenklasse 8 (Ergebnisrechnungen):

8000 Eröffnungsbilanzkonto; 8010 Schlussbilanzkonto; 8020 Gewinn- und Verlustkonto.

Beleg-Nr.	Geschäftsfälle	€
	1. Eingangsrechnung	
11	1. der Bernhard Müller OHG (L.-Nr. 44 001),	
	Nettopreis (Rohstoffe)	70.000,00
	+ 19 % Umsatzsteuer	13.300,00
	Rechnungsbetrag	83.300,00

Beleg-Nr.		€
12	2. der Winter GmbH (L.-Nr. 44 003),	
	Nettopreis (Betriebsstoffe)	20.000,00
	+ 19 % Umsatzsteuer	3.800,00
	Rechnungsbetrag	23.800,00

2. Gutschriftanzeige der Bank gemäß Kontoauszug für

21	1. Überweisung von der Söffgen OHG	
	(Kd.-Nr. 24 001, betrifft: Beleg-Nr. 1)	31.000,00
22	2. Überweisung von Gertrud Schön e. Kffr.	
	(Kd.-Nr. 24 002, betrifft: Beleg-Nr. 2)	28.000,00

3. Ausgangsrechnung an

31	1. Söffgen OHG (Kd.-Nr. 24 001),	
	Nettopreis (eigene Erzeugnisse)	90.000,00
	+ 19 % Umsatzsteuer	17.100,00
	Rechnungsbetrag	107.100,00
32	2. Gertrud Schön e. Kffr. (Kd.-Nr. 24 002),	
	Nettopreis (eigene Erzeugnisse)	80.000,00
	+ 19 % Umsatzsteuer	15.200,00
	Rechnungsbetrag	95.200,00

4. Lastschriftanzeige der Bank gemäß Kontoauszug für

41	1. Miete der Geschäftsräume	8.000,00
42	2. Fertigungslöhne	10.000,00
43	3. Überweisung an die Bernhard Müller OHG	
	(L.-Nr. 44 001, betrifft: Beleg-Nr. 3)	34.000,00
44	4. Überweisung an die Winter GmbH (L.-Nr. 44 003, betrifft: Beleg-Nr. 4)	23.000,00

5. Kassenausgänge für

51	1. Privatentnahme	4.000,00
52	2. Maschinenreparatur, Nettopreis	600,00
	+ 19 % Umsatzsteuer	114,00
	Rechnungsbetrag	714,00

6.[1] Verbrauch gemäß Materialentnahmescheine

61	1. Rohstoffe	80.000,00
62	2. Betriebsstoffe	6.000,00

Abschlussangaben

70	7. Ermittlung und Passivierung der Zahllast	?

8. Schlussbestände lt. Inventur

81	1. Unfertige Erzeugnisse	60.000,00
82	2. Fertige Erzeugnisse	84.000,00
90	9. Die Schlussbestände der anderen Bestandskonten entsprechen den Inventurbeständen.	

Zusätzliche Abschlussangaben bei Buchung nach der „Inventurmethode" oder nach dem „Aufwandsrechnerischen Verfahren"

10. Schlussbestände lt. Inventur

101	1. Rohstoffe	290.000,00
102	2. Betriebsstoffe	74.000,00

1 Soll nach der „Inventurmethode" oder nach dem „Aufwandsrechnerischen Verfahren" gebucht werden, so entfällt dieser Geschäftsfall.

2.13 Belegorganisation

Tina Lüders ist damit beschäftigt, Buchungsbelege für die Buchhaltung vorzubereiten.

Eine Vielzahl unterschiedlicher Belege liegt ungeordnet auf ihrem Schreibtisch:

Eingangsrechnungen von Lieferanten, Gehalts- und Lohnlisten, Anweisungen für Abschlussbuchungen, Ausgangsrechnungen an Kunden, Kontoauszüge, Ersatzbelege über Trinkgeld, Anweisungen für Stornobuchungen, Briefe an Kunden über Rücksendungen, Reisekostenabrechnungen, Ersatzbelege für verloren gegangene Tankquittungen, Briefe von Lieferanten über Rücksendungen, Kassenquittungen von Lieferanten, Frachtbriefe.

a) Unterteilen Sie die oben aufgeführten Belege in natürliche Belege und künstliche Belege.
b) Unterteilen Sie die natürlichen Belege nochmals in externe Belege und interne Belege.

Lesen Sie dazu den folgenden Informationsteil.

Die Grundlage jeder ordnungsmäßigen Buchführung bildet der Beleg. Die Buchführungsrichtlinien verlangen, dass **keine Buchung ohne Beleg** erfasst werden darf.

Für den erfassten Geschäftsfall ist der Beleg einerseits **Buchungsvorlage** und andererseits **Beweismittel.**

2.13.1 Belegarten

Die Belege werden nach **ihrer Entstehung** in **natürliche** und in **künstliche Belege** und nach der **Anzahl der in ihnen erfassten Geschäftsfälle** in **Einzelbelege** und in **Sammelbelege** untergliedert.

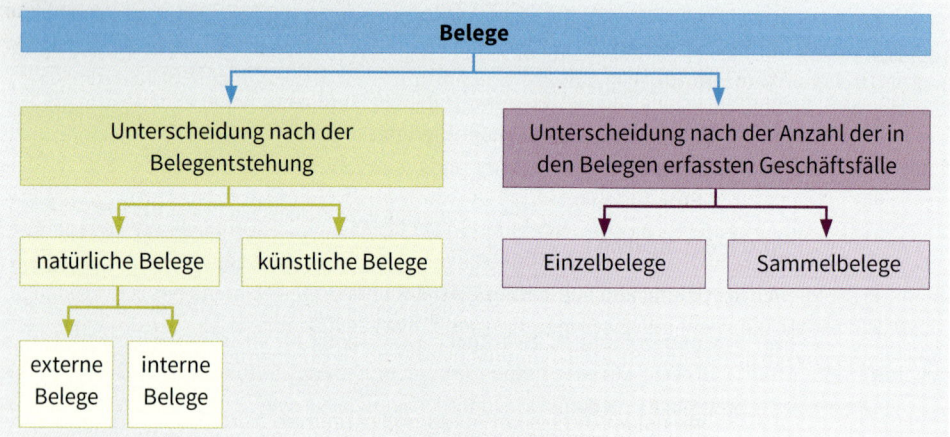

Natürliche Belege entstehen durch außer- und innerbetriebliche Geschäftsvorgänge. Sie werden unterteilt in **externe** und **interne** Belege.
Externe Belege fallen im Geschäftsverkehr mit Außenstehenden an, wie z. B. mit Kunden, Lieferanten, Versicherungen, Banken, Post, Finanzamt usw.

Eingangsrechnungen von Lieferanten; Ausgangsrechnungen an Kunden; Kontoauszüge; Quittungen; Briefe an Kunden über Preisnachlässe, Gutschriften, Rücksendungen; Briefe von Lieferanten über Preisnachlässe, Gutschriften, Rücksendungen; Frachtbriefe usw.

Interne Belege resultieren aus innerbetrieblichen Vorgängen.

Beispiele

Gehalts- und Lohnlisten; Quittungen über Privatentnahmen; Reisekostenabrechnungen; Materialentnahmescheine usw.

Künstliche Belege werden speziell für die Buchführung erstellt.

Beispiele

Anweisungen für Umbuchungen und für Abschlussbuchungen; Anweisungen für Stornobuchungen; Ersatzbelege, weil kein natürlicher Beleg erstellt wurde (z. B. bei Trinkgeldern) oder weil der natürliche Beleg verloren ging usw.

Einzelbelege erfassen nur einen Geschäftsfall.
Sammelbelege werden für mehrere gleichartige Geschäftsfälle erstellt, um die Anzahl der Buchungen zu verringern.

2.13.2 Belegbearbeitung

Die Belege werden in drei Arbeitsschritten bearbeitet:
- **Belegvorbereitung**, ■ **Belegbuchung**, ■ **Belegablage**.

Bei der **Belegvorbereitung** werden die Belege buchungsfertig aufbereitet (siehe Abb. S. 138). Hierzu gehören folgende Arbeiten:
1. Die Belege werden auf sachliche und auf wertmäßige Richtigkeit sowie auf Ordnungsmäßigkeit[1] geprüft.
2. Die Belege werden nach Belegarten, wie z. B. nach Ausgangsrechnungen oder nach Gutschriften an Lieferanten, sortiert. Hierdurch werden Sammelbuchungen möglich.
3. Innerhalb jeder Belegart werden die Belege nummeriert.
4. Die Belege werden vorkontiert. Dazu werden sie in der Regel mit einem Buchungsstempel versehen, in den der entsprechende Buchungssatz eingetragen wird. Die Vorkontierung kann auch auf einem extra dafür vorgesehenen Kontierungszettel erfolgen.

Nach der Belegvorbereitung erfolgt die eigentliche **Belegbuchung.**

Bei der herkömmlichen Buchführung werden die Belege nach der Vorkontierung zunächst nach ihrem zeitlichen Anfall chronologisch im Grundbuch[2] gebucht. Danach erfolgt die Buchung auf den Hauptbuchkonten[2].

Die EDV-mäßige Buchführung vollzieht sich folgendermaßen:

Die Belegdaten werden – entsprechend der Vorkontierung – in das EDV-System eingegeben und auf einem Datenträger gespeichert.

Das EDV-Programm erstellt eine Niederschrift der eingegebenen Buchungssätze in chronologischer Reihenfolge, das Grundbuch oder die Primanota.

Gleichzeitig nimmt das Programm die Buchungen auf den Sachkonten des Hauptbuches vor.

Auf Wunsch können die Primanota (das Grundbuch) und die Hauptbuchkonten auf Bildschirmen sichtbar gemacht oder ausgedruckt werden.

---

1 An die Ordnungsmäßigkeit von **Rechnungen** werden folgende Mindestanforderungen (§ 14 UStG) gestellt:

1. fortlaufende einmalig vergebene Rechnungsnummer, 2. Rechnungsbetrag, ggf. aufgeschlüsselt nach Entgelten und Umsatzsteuerbetrag/-beträgen [entfällt bei Kleinbetragsrechnungen (Rechnungen bis 250,00 €)], 3. ggf. Umsatzsteuersatz/-sätze, 4. vollständiger Name des Rechnungsausstellers, 5. vollständiger Name des Rechnungsempfängers [entfällt bei Kleinbetragsrechnungen (Rechnungen bis 250,00 €)], 6. Ausstellungsdatum, 7. Zeitpunkt der Lieferung bzw. Zeitraum der Leistungserstellung, 8. Steuernummer oder Umsatzsteuer-Identifikationsnummer (USt-IdNr.), 9. Art (handelsübliche Bezeichnung) und Menge der gelieferten Waren bzw. Art und Umfang der erbrachten Leistung, 10. Hinweis auf bereits vereinbarte Skonti usw.,11. bei Steuerbefreiung des Rechnungsausstellers Hinweis auf den Grund der Steuerbefreiung, 12. bei steuerpflichtigen Werklieferungen oder sonstigen Leistungen im Zusammenhang mit einem Grundstück an Nichtunternehmer Hinweis auf die 2-jährige Aufbewahrungsfrist

2 vgl. Kapitel 2.12.1

Die gebuchten Belege werden abgelegt und aufbewahrt. Die **Belegaufbewahrung** geschieht in Ordnern oder auch durch Speicherung auf elektronischen Datenträgern (USB-Stick, CD, DVD, Festplatte) oder auf Mikrofilmen[1].

Die Speicherung auf elektronischen Datenträgern oder auf Mikrofilmen bringt den Vorteil, dass Raum für die Schriftgutablage eingespart werden kann.

Buchungsbelege, Buchführungsbücher, Inventare und Jahresabschlüsse (Bilanzen und Gewinn- und Verlustrechnungen) müssen 10 Jahre aufbewahrt werden, gerechnet vom Ende des Kalenderjahres, in dem sie entstanden sind (§ 257 HGB und § 147 AO).

Die Vorschriften des Handelsrechts (§ 257 HGB) und des Steuerrechts (§ 147 AO) sind hinsichtlich der Aufbewahrungsfristen aufeinander abgestimmt.

Die handelsrechtliche Vorschrift (§ 257 HGB) dient dem Gläubigerschutz: Banken und andere Kreditgeber können sich 10 Jahre rückwirkend über die Finanz- und Vermögenslage informieren. Darüber hinaus können die Buchführungsunterlagen aus der 10-jährigen Vergangenheit bei Rechtsstreitigkeiten als Beweismittel herangezogen werden.

Die steuerrechtliche Vorschrift (§ 147 AO) ermöglicht den Finanzbehörden, z. B. durch eine Betriebsprüfung beim Steuerpflichtigen, die Feststellung und die Nachprüfung von steuerlich relevanten Tatbeständen (insbesondere: Versteuerung des Gewinns, Umsatzsteuerzahlungen).

Beispiel (mit Kontierungsstempel)

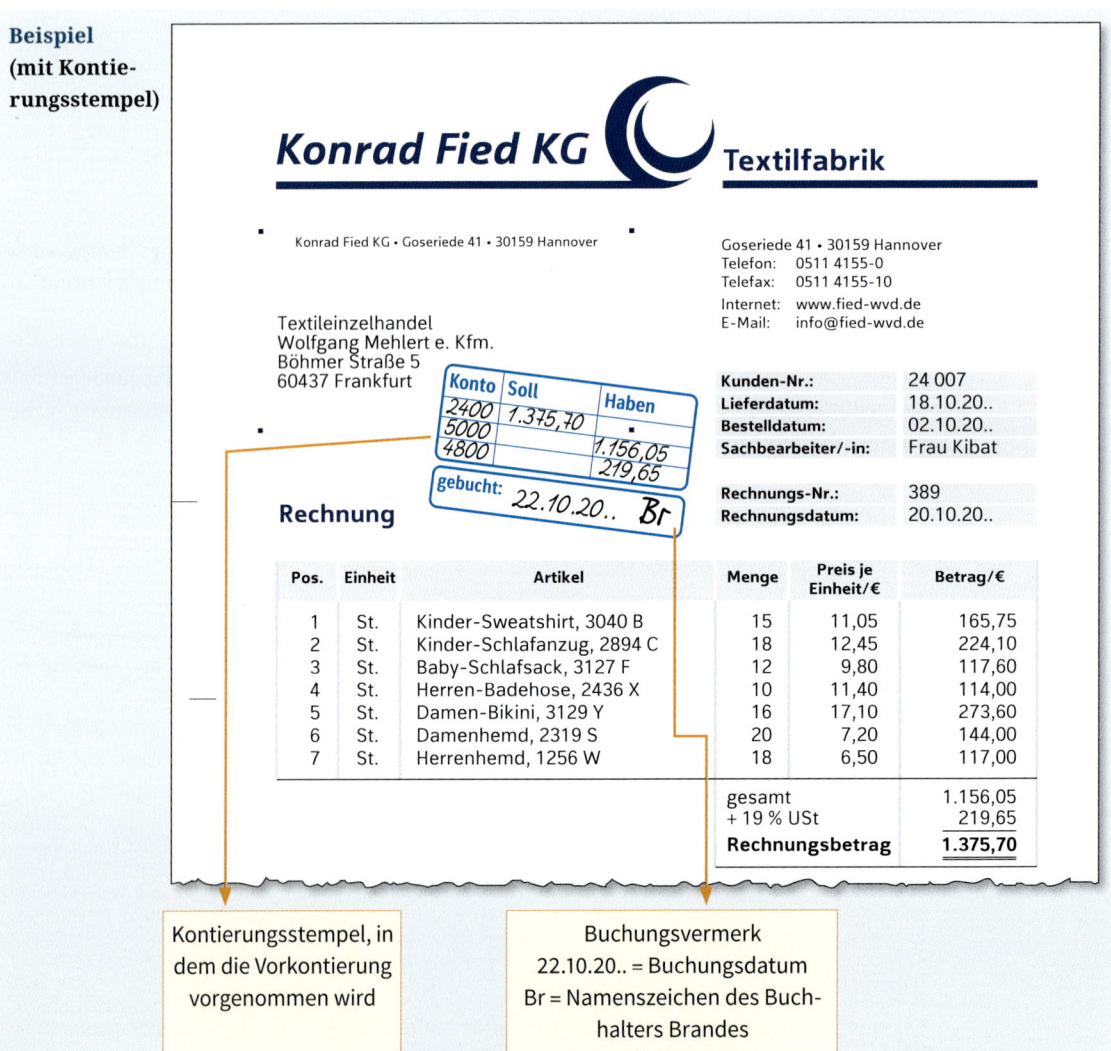

Kontierungsstempel, in dem die Vorkontierung vorgenommen wird

Buchungsvermerk
22.10.20.. = Buchungsdatum
Br = Namenszeichen des Buchhalters Brandes

1 Ein Mikrofilm ist eine stark verkleinerte Fotoaufnahme eines Schriftstückes.

Zusammen-fassung

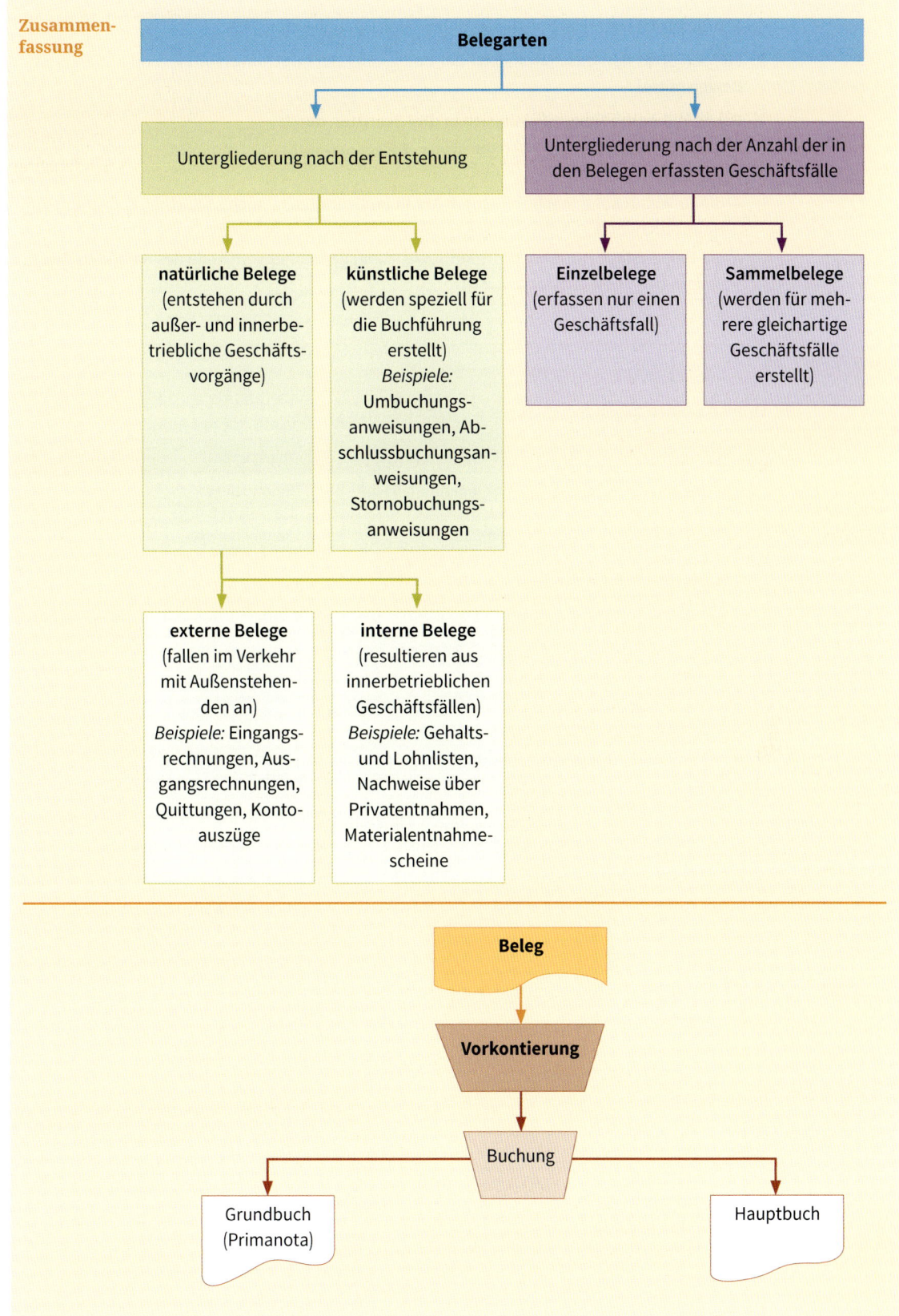

Belegarten

Untergliederung nach der Entstehung

Untergliederung nach der Anzahl der in den Belegen erfassten Geschäftsfälle

natürliche Belege
(entstehen durch außer- und innerbetriebliche Geschäftsvorgänge)

künstliche Belege
(werden speziell für die Buchführung erstellt)
Beispiele:
Umbuchungsanweisungen, Abschlussbuchungsanweisungen, Stornobuchungsanweisungen

Einzelbelege
(erfassen nur einen Geschäftsfall)

Sammelbelege
(werden für mehrere gleichartige Geschäftsfälle erstellt)

externe Belege
(fallen im Verkehr mit Außenstehenden an)
Beispiele: Eingangsrechnungen, Ausgangsrechnungen, Quittungen, Kontoauszüge

interne Belege
(resultieren aus innerbetrieblichen Geschäftsfällen)
Beispiele: Gehalts- und Lohnlisten, Nachweise über Privatentnahmen, Materialentnahmescheine

Beleg

Vorkontierung

Buchung

Grundbuch (Primanota)

Hauptbuch

1. Für die Buchführung gilt der Grundsatz: **Keine Buchung ohne Beleg.**
2. Für den erfassten Geschäftsfall ist der Beleg einerseits **Buchungsvorlage** und andererseits **Beweismittel.**
3. Die Belegbearbeitung vollzieht sich in drei Schritten durch
   – die **Belegvorbereitung** (Belegprüfung, Belegsortierung, Belegnummerierung, Vorkontierung),
   – die **Belegbuchung** (nach zeitlichem Anfall im Grundbuch, nach sachlicher Zuordnung im Hauptbuch) und
   – die **Belegablage** (10 Jahre Belegaufbewahrung, gerechnet vom Ende des Kalenderjahres, in dem der Beleg entstanden ist).

Aufgaben

1 Ordnen Sie den folgenden Aussagen die passende Belegart zu.

A Aussagen	B Belegarten
1. Belege entstehen durch außer- und innerbetriebliche Geschäftsfälle. 2. Belege erfassen nur einen Geschäftsfall. 3. Belege werden speziell für die Buchhaltung erstellt. 4. Belege werden für mehrere gleichartige Geschäftsfälle erstellt.	1. Einzelbelege 2. Natürliche Belege 3. Sammelbelege 4. Künstliche Belege

2 Welchen Vorteil bringen Sammelbelege gegenüber Einzelbelegen?

3 Was versteht man unter der „Vorkontierung" eines Beleges?

4 Welchen Vorteil bringt die Belegaufbewahrung auf elektronischen Datenträgern bzw. auf einem Mikrofilm?

5 Wie lange sind die Buchführungsunterlagen (Buchungsbelege, Buchführungsbücher, Inventare, Bilanzen und Gewinn- und Verlustrechnungen) nach dem HGB und der AO aufzubewahren?

6 Welchen Sinn und Zweck haben a) die handelsrechtlichen und b) die steuerrechtlichen Aufbewahrungsfristen?

7 Buchen Sie den folgenden Beleggeschäftsgang[1] für die Textilfabrik Konrad Fied KG, Goseriede 41, 30159 Hannover.

Anfangsbestände   €

I. Anfangsbestände der Sachkonten

0720	Anlagen und Maschinen	750.000,00
0840	Fuhrpark	140.000,00
0870	Sonstige Geschäftsausstattung	120.000,00
2000	Rohstoffe	230.000,00
2020	Hilfsstoffe	80.000,00
2030	Betriebsstoffe	60.000,00
2100	Unfertige Erzeugnisse	90.000,00

---

1 Die Vorkontierung erfolgte auf Kontierungszetteln (deshalb keine Buchungsstempel).
   Der Geschäftsgang kann alternativ nach der „Fortschreibungsmethode" oder nach der „Inventurmethode" oder nach dem „Aufwandsrechnerischen Verfahren" gebucht werden.

2200	Fertige Erzeugnisse		100.000,00
2400	Forderungen a. LL		70.000,00
2800	Guthaben bei Kreditinstituten (Bank)		80.000,00
2880	Kasse		18.000,00
3000	Eigenkapital		973.000,00
4250	Langfristige Bankverbindlichkeiten		680.000,00
4400	Verbindlichkeiten a. LL		85.000,00

II. Anfangsbestände der Kundenkonten
(Offene-Posten-Liste der Debitoren)

Rechn.-datum	Kd.-Nr.	Debitoren	Beleg-Nr.	Betrag (€)
14. Okt.	24 001	Söffgen OHG	50	45.000,00
25. Okt.	24 002	G. Schön e. Kffr.	51	25.000,00
				70.000,00

III. Anfangsbestände der Lieferantenkonten
(Offene-Posten-Liste der Kreditoren)

Rechn.-datum	L.-Nr.	Kreditoren	Beleg-Nr.	Betrag (€)
20. Okt.	44 001	B. Müller OHG	80	50.000,00
24. Okt.	44 002	Emut GmbH	81	35.000,00
				85.000,00

Kontenplan

Kontenklasse 0 (Immaterielle Vermögensgegenstände und Sachanlagen): 0720 Anlagen und Maschinen; 0840 Fuhrpark; 0870 Sonstige Geschäftsausstattung.

Kontenklasse 2 (Umlaufvermögen und aktive Rechnungsabgrenzung): 2000 Rohstoffe; 2020 Hilfsstoffe; 2030 Betriebsstoffe; 2100 Unfertige Erzeugnisse; 2200 Fertige Erzeugnisse; 2400 Forderungen a. LL (24 001 Forderungen an die Söffgen OHG, 24 002 Forderungen an G. Schön e. Kffr.); 2600 Vorsteuer; 2800 Guthaben bei Kreditinstituten (Bank); 2880 Kasse.

Kontenklasse 3 (Eigenkapital und Rückstellungen): 3000 Eigenkapital; 3001 Privatkonto.

Kontenklasse 4 (Verbindlichkeiten und passive Rechnungsabgrenzung): 4250 Langfristige Bankverbindlichkeiten; 4400 Verbindlichkeiten a. LL (44 001 Verbindlichkeiten gegenüber der B. Müller OHG, 44 002 Verbindlichkeiten gegenüber der Emut GmbH, 44 003 Verbindlichkeiten gegenüber der Winter GmbH, 44 004 Verbindlichkeiten gegenüber K.-H. More e. Kfm., 44 005 Verbindlichkeiten gegenüber der Adsack GmbH); 4800 Umsatzsteuer.

Kontenklasse 5 (Erträge): 5000 Umsatzerlöse für eigene Erzeugnisse; 5201 Bestandsveränderungen an unfertigen Erzeugnissen; 5202 Bestandsveränderungen an fertigen Erzeugnissen; 5420 Entnahme von Gegenständen und sonstigen Leistungen.

Kontenklasse 6 (Betriebliche Aufwendungen): 6000 Aufwendungen für Rohstoffe; 6020 Aufwendungen für Hilfsstoffe; 6030 Aufwendungen für Betriebsstoffe; 6160 Fremdinstandhaltung; 6700 Mieten, Pachten; 6750 Kosten des Geldverkehrs; 6800 Büromaterial; 6870 Werbung; 6920 Beiträge zu Wirtschaftsverbänden.

Kontenklasse 8 (Ergebnisrechnungen): 8000 Eröffnungsbilanzkonto; 8010 Schlussbilanzkonto; 8020 Gewinn- und Verlustkonto.

Geschäftsfälle: Die folgenden Belege sind zu buchen.

Beleg 1

Hinweis:
Es handelt
sich um „ei-
gene Erzeug-
nisse".

Konrad Fied KG Textilfabrik

Konrad Fied KG • Goseriede 41 • 30159 Hannover

Goseriede 41 • 30159 Hannover
Telefon: 0511 4155-0
Telefax: 0511 4155-10
Internet: www.fied-wvd.de
E-Mail: info@fied-wvd.de

Textileinzelhandel
Gertrud Schön e. Kffr.
Sundernstraße 34
22159 Hamburg

Kunden-Nr.:	24 002
Lieferdatum:	01.12.20..
Bestelldatum:	10.11.20..
Sachbearbeiter/-in:	Frau Kibat

Rechnungs-Nr.:	498871
Rechnungsdatum:	02.12.20..

Rechnung

Pos.	Einheit	Artikel	Menge	Preis je Einheit/€	Betrag/€
1	St.	Damenbluse, Gr. 44, FD 239	160	25,00	4.000,00
2	St.	Damenhose, Gr. 36, XY 238	125	20,00	2.500,00
		gesamt			6.500,00
		+ 19 % USt			1.235,00
		Rechnungsbetrag			**7.735,00**

Beleg 2

Hinweis: Es
handelt sich
um „eigene
Erzeug-
nisse".

Konrad Fied KG Textilfabrik

Konrad Fied KG • Goseriede 41 • 30159 Hannover

Goseriede 41 • 30159 Hannover
Telefon: 0511 4155-0
Telefax: 0511 4155-10
Internet: www.fied-wvd.de
E-Mail: info@fied-wvd.de

Söffgen OHG
Bergstraße 11
51503 Rösrath

Kunden-Nr.:	24 001
Lieferdatum:	01.12.20..
Bestelldatum:	12.11.20..
Sachbearbeiter/-in:	Frau Kibat

Rechnungs-Nr.:	498872
Rechnungsdatum:	02.12.20..

Rechnung

Pos.	Einheit	Artikel	Menge	Preis je Einheit/€	Betrag/€
1	St.	Damenhose, GB 665	960	50,00	48.000,00
2	St.	Damenpullover, DV 333	840	25,00	21.000,00
3	St.	Herrenjeans, DS 987	250	40,00	10.000,00
		gesamt			79.000,00
		+ 19 % USt			15.010,00
		Rechnungsbetrag			**94.010,00**

Beleg 3

Bernhard Müller

S t o f f h e r s t e l l u n g

Bernhard Müller OHG
Im Weiher 1 • 69121 Heidelberg
Tel.: 06221 8925-0
Fax: 06221 8925-63

Internet: www.bmueller-wvd.de
E-Mail: info@bmueller-wvd.de

Bernhard Müller OHG • Im Weiher 1 • 69121 Heidelberg

Textilfabrik
Konrad Fied KG
Goseriede 41
30159 Hannover

EINGEGANGEN
4. Dez. 20..
Erledigt ....

L.-Nr.: _44 001_
Beleg-Nr.: _3_

Rechnungsnummer	569
Rechnungsdatum	03.12.20..
Kundennummer	24 009
Ihre Bestellung vom	14.11.20..
Unsere Lieferung vom	01.12.20..

Rechnung

Pos.	m	Artikel	Preis je m/€	Betrag/€
1	1 800	Jeansstoff, 238 Je	4,00	7.200,00
2	2 000	Jeansstoff, 240 Je	4,50	9.000,00
3	1 400	Seide, 220 Se	12,00	16.800,00
4	3 600	Viskose, 219 Vi	6,00	21.600,00
5	2 200	Viskose, 221 Vi	7,00	15.400,00
				70.000,00
		+ 19 % USt		13.300,00
		Rechnungsbetrag		**83.300,00**

Zahlungsziel: 30 Tage.

Beleg 4

Karl-Heinz
More
e. Kfm.

Betriebs- und Geschäftsausstattungen
Großküchen- und Kantineneinrichtungen
Verkauf und Service

K.-H. More e. Kfm. • Seelhorststr. 6 • 30175 Hannover

Seelhorststraße 6 • 30175 Hannover
Telefon: 0511 4066-0 • Fax: 0511 4066-18

Internet: www.more-wvd.de
E-Mail: info@more-wvd.de

Textilfabrik
Konrad Fied KG
Goseriede 41
30159 Hannover

EINGEGANGEN
4. Dez. 20..
Erledigt ....

L.-Nr.: _44 004_
Beleg-Nr.: _4_

Rechnung

Nummer: 4321

Datum: 03.12.20..

Ihre Bestellung vom: 15.11.20..   Unsere Lieferung vom: 02.12.20..

Wir lieferten Ihnen auf eigene Rechnung und Gefahr:

Bezeichnung	Preis je Einheit/€	Betrag/€
Für Ihre Kantine lieferten wir Ihnen:		
2 Melisse-Kaffeeautomaten, Typ 34	750,00	1.500,00
2 Gloko-Geschirrspülautomaten, Typ 332	1.550,00	3.100,00
2 Gleiki-Kartoffelschälmaschinen, Typ Biggi 12	950,00	1.900,00
		6.500,00
+ 19 % USt		1.235,00
Rechnungsbetrag		**7.735,00**

Beleg 5

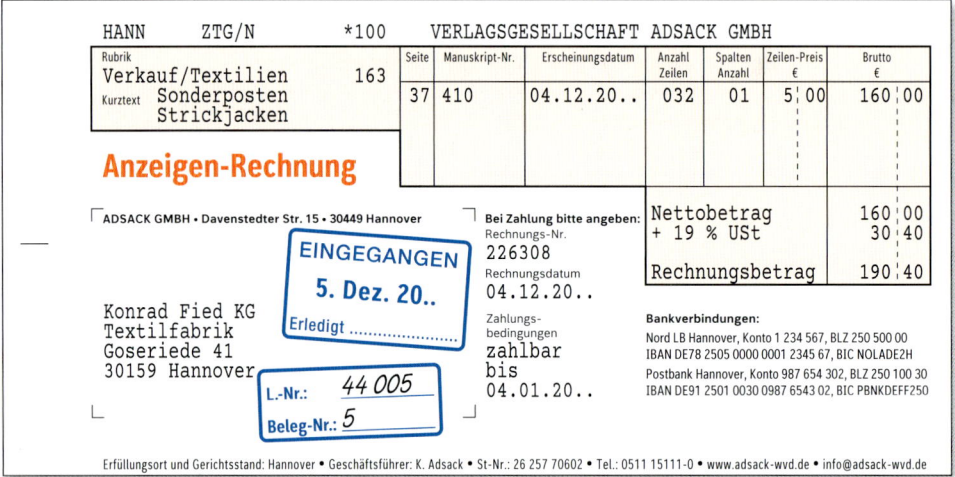

HANN	ZTG/N	*100		VERLAGSGESELLSCHAFT ADSACK GMBH					
			Seite	Manuskript-Nr.	Erscheinungsdatum	Anzahl Zeilen	Spalten Anzahl	Zeilen-Preis €	Brutto €
Rubrik Verkauf/Textilien		163	37	410	04.12.20..	032	01	5 00	160 00
Kurztext Sonderposten Strickjacken									

Anzeigen-Rechnung

ADSACK GMBH • Davenstedter Str. 15 • 30449 Hannover

Bei Zahlung bitte angeben:
Rechnungs-Nr.
226308
Rechnungsdatum
04.12.20..

Nettobetrag	160 00
+ 19 % USt	30 40
Rechnungsbetrag	190 40

EINGEGANGEN
5. Dez. 20..
Erledigt ....

Konrad Fied KG
Textilfabrik
Goseriede 41
30159 Hannover

Zahlungs-bedingungen
zahlbar bis
04.01.20..

Bankverbindungen:
Nord LB Hannover, Konto 1 234 567, BLZ 250 500 00
IBAN DE78 2505 0000 0001 2345 67, BIC NOLADE2H
Postbank Hannover, Konto 987 654 302, BLZ 250 100 30
IBAN DE91 2501 0030 0987 6543 02, BIC PBNKDEFF250

L.-Nr.: 44 005
Beleg-Nr.: 5

Erfüllungsort und Gerichtsstand: Hannover • Geschäftsführer: K. Adsack • St-Nr.: 26 257 70602 • Tel.: 0511 15111-0 • www.adsack-wvd.de • info@adsack-wvd.de

Beleg 6

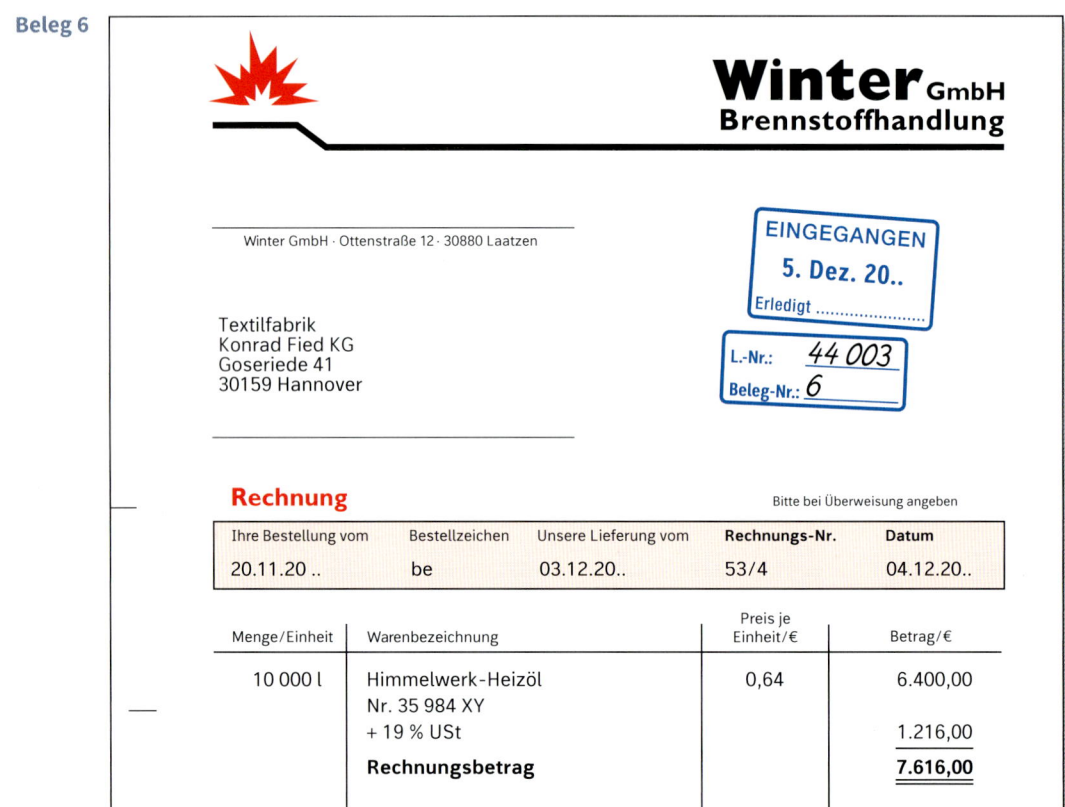

Winter GmbH
Brennstoffhandlung

Winter GmbH · Ottenstraße 12 · 30880 Laatzen

Textilfabrik
Konrad Fied KG
Goseriede 41
30159 Hannover

EINGEGANGEN
5. Dez. 20..
Erledigt ....

L.-Nr.: 44 003
Beleg-Nr.: 6

Rechnung   Bitte bei Überweisung angeben

Ihre Bestellung vom	Bestellzeichen	Unsere Lieferung vom	Rechnungs-Nr.	Datum
20.11.20 ..	be	03.12.20 ..	53/4	04.12.20..

Menge/Einheit	Warenbezeichnung	Preis je Einheit/€	Betrag/€
10 000 l	Himmelwerk-Heizöl Nr. 35 984 XY	0,64	6.400,00
	+ 19 % USt		1.216,00
	Rechnungsbetrag		**7.616,00**

Beleg 7

			Kontonummer	erstellt am	Auszug	Blatt
		VR Hannoversche Volksbank eG	**12 345**	08.12.20..	93	1/3

BLZ 251 900 01   **Kontoauszug**

Bu.-Tag	Wert	Vorgang	
		alter Kontostand	**80.000,00 +**
07.12.	07.12.	Gertrud Schön e. Kffr., Kd.-Nr. 24 002	25.000,00 +
		Beleg-Nr. 51, Rechnung vom 25.10.20..	
07.12.	07.12.	Söffgen OHG, Kd.-Nr. 24 001, Beleg-Nr. 50,	45.000,00 +
		Rechnung vom 14.10.20..	
07.12.	07.12.	SB-Überweisung, Arminia Versicherung,	850,00 −
		Anni Fied, Vers.-Nr. LV 33 333,	
		Jahresbeitrag Lebensversicherung	

Textilfabrik
Konrad Fied KG
Goseriede 41
30159 Hannover

USt-IdNr.: DE 115 648 359

IBAN: DE73 2519 0001 0000 0123 45   BIC: VOHADE2H

Hinweis: Es sind drei Geschäftsfälle zu buchen.

Beleg 8

			Kontonummer	erstellt am	Auszug	Blatt
		VR Hannoversche Volksbank eG	**12 345**	08.12.20..	93	2/3

BLZ 251 900 01   **Kontoauszug**

Bu.-Tag	Wert	Vorgang	
07.12.	07.12.	Kreditkartengebühr	20,00 −
07.12.	07.12.	SB-Überweisung, B. Müller OHG, R.-Nr. 34,	50.000,00 −
		Rechnung vom 20.10.20..	
07.12.	07.12.	SB-Überweisung, Emut GmbH, R.-Nr. 589,	35.000,00 −
		Rechnung vom 24.10.20..	
07.12.	07.12.	Dauerauftrag, H. Gelter, Miete für Geschäftsräume	3.800,00 −

Textilfabrik
Konrad Fied KG
Goseriede 41
30159 Hannover

USt-IdNr.: DE 115 648 359

IBAN: DE73 2519 0001 0000 0123 45   BIC: VOHADE2H

Hinweis: Es sind vier Geschäftsfälle zu buchen.

Beleg 9

			Kontonummer	erstellt am	Auszug	Blatt
		VR Hannoversche Volksbank eG	**12 345**	08.12.20..	93	3/3

BLZ 251 900 01   **Kontoauszug**

Bu.-Tag	Wert	Vorgang	
07.12.	07.12.	SEPA-Lastschrift, IHK Hannover, IHK-Beitrag,	670,00 −
		MR 4312, Gläubiger-ID: DE 68 ZZZ 00000987654,	
		BIC/IBAN: SPKHDE2HXXX, DE 83 2505 0180 0910 0112 23	
		neuer Kontostand vom 08.12.20..	**59.660,00 +**

Textilfabrik
Konrad Fied KG
Goseriede 41
30159 Hannover

USt-IdNr.: DE 115 648 359

IBAN: DE73 2519 0001 0000 0123 45   BIC: VOHADE2H

Beleg 10[1]

Konrad Fied KG Hannover	Material-Entnahmeschein
	09.12.20.. 10
	Datum Nr.

Näherei V
Kostenstelle

☐ Rohstoffe   ☒ Hilfsstoffe   ☐ Betriebsstoffe

Artikel-Nr.	Menge	Einheit	Bezeichnung	€ je Einheit	Betrag (€)
2413	1 000	m	Stoßband f	0,90	900,00
1298	1 800	Rolle	Nähgarn b	1,50	2.700,00
				Summe	3.600,00

Müller
ausgestellt

Schulz
ausgegeben

Beleg 11[1]

Konrad Fied KG Hannover	Material-Entnahmeschein
	10.12.20.. 11
	Datum Nr.

Zuschneiderei II
Kostenstelle

☒ Rohstoffe   ☐ Hilfsstoffe   ☐ Betriebsstoffe

Artikel-Nr.	Menge	Einheit	Bezeichnung	€ je Einheit	Betrag (€)
220 Se	380	m	Seide A	12,00	4.560,00
238 Je	680	m	Jeansstoff X	4,00	2.720,00
				Summe	7.280,00

Wilh
ausgestellt

Kibat
ausgegeben

Die Belege 12 bis 15 sind aufgrund des Kassenberichtes zu buchen.

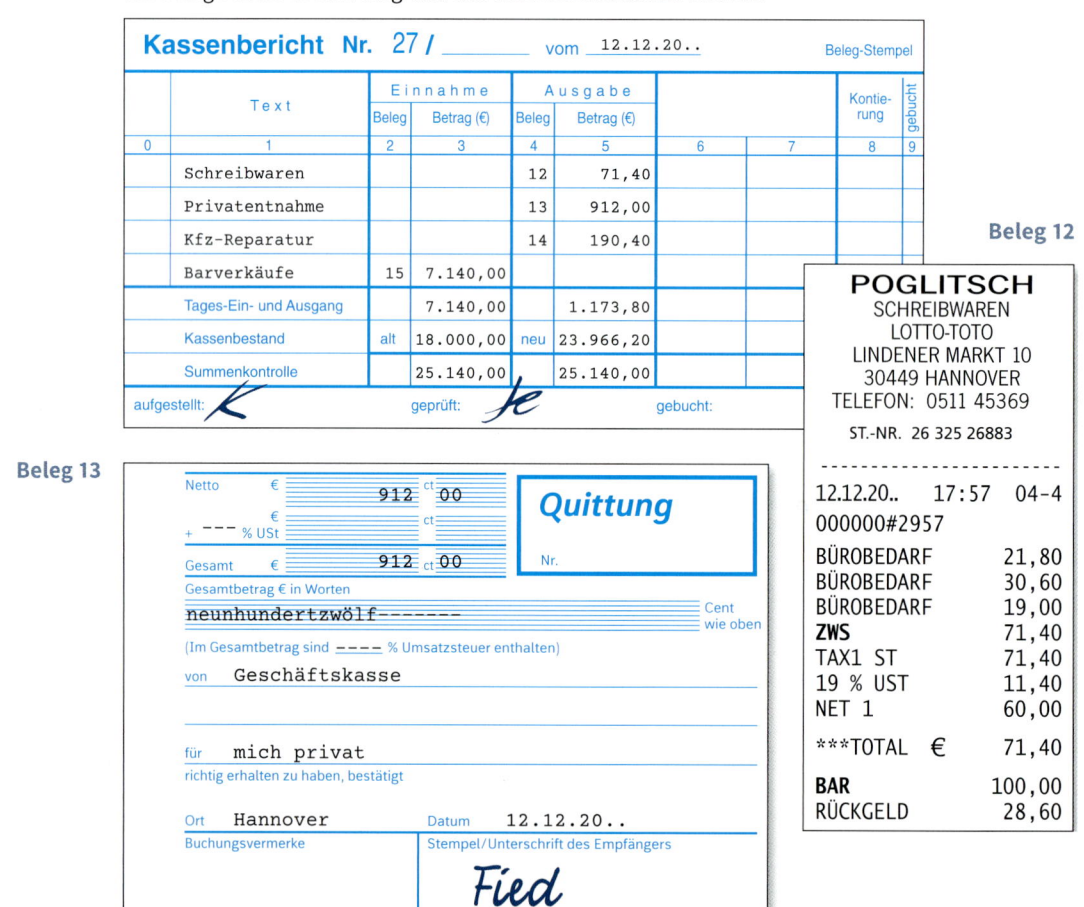

Beleg 12

Beleg 13

---

[1] Soll nach der „Inventurmethode" oder nach dem „Aufwandsrechnerischen Verfahren" gebucht werden, so entfällt dieser Beleg.

Beleg 14

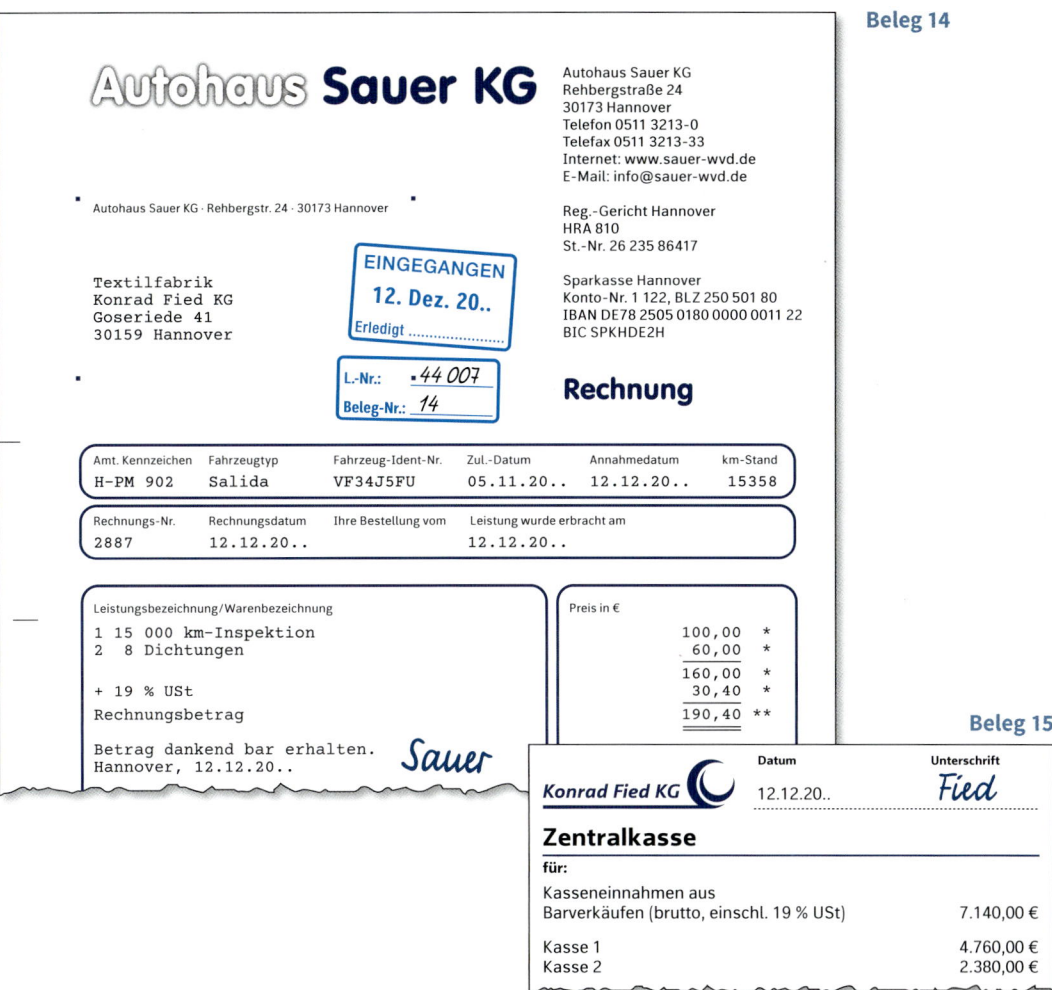

Autohaus **Sauer KG**

Autohaus Sauer KG
Rehbergstraße 24
30173 Hannover
Telefon 0511 3213-0
Telefax 0511 3213-33
Internet: www.sauer-wvd.de
E-Mail: info@sauer-wvd.de

Autohaus Sauer KG · Rehbergstr. 24 · 30173 Hannover

Textilfabrik
Konrad Fied KG
Goseriede 41
30159 Hannover

EINGEGANGEN
12. Dez. 20..
Erledigt ....

Reg.-Gericht Hannover
HRA 810
St.-Nr. 26 235 86417

Sparkasse Hannover
Konto-Nr. 1 122, BLZ 250 501 80
IBAN DE78 2505 0180 0000 0011 22
BIC SPKHDE2H

L.-Nr.: *44 007*
Beleg-Nr.: *14*

Rechnung

Amt. Kennzeichen	Fahrzeugtyp	Fahrzeug-Ident-Nr.	Zul.-Datum	Annahmedatum	km-Stand
H-PM 902	Salida	VF34J5FU	05.11.20..	12.12.20..	15358

Rechnungs-Nr.	Rechnungsdatum	Ihre Bestellung vom	Leistung wurde erbracht am
2887	12.12.20..		12.12.20..

Leistungsbezeichnung/Warenbezeichnung	Preis in €	
1 15 000 km-Inspektion	100,00	*
2 8 Dichtungen	60,00	*
	160,00	*
+ 19 % USt	30,40	*
Rechnungsbetrag	190,40	**

Betrag dankend bar erhalten.
Hannover, 12.12.20..   *Sauer*

Beleg 15

Konrad Fied KG

	Datum	Unterschrift
	12.12.20..	*Fied*

Zentralkasse

für:

Kasseneinnahmen aus Barverkäufen (brutto, einschl. 19 % USt)	7.140,00 €
Kasse 1	4.760,00 €
Kasse 2	2.380,00 €

Beleg 16

Konrad Fied KG

	Datum	Unterschrift
	20.12.20..	*Fied*

Erzeugnisentnahme

Anzahl, Artikel	€
Kleid, Artikel-Nr. 453	160,00
Rock, Artikel-Nr. 332	100,00
	260,00
+ 19 % Umsatzsteuer	49,40
	309,40

Beleg 17

Konrad Fied KG

	Buchungsdatum	Beleg-Nr.
	31.12.20..	17

Buchungsanweisung Abschluss zum 31. Dez. 20..

Ermittlung und Passivierung der Zahllast.

Beleg 18

Konrad Fied KG

	Buchungsdatum	Beleg-Nr.
	31.12.20..	18

Buchungsanweisung Abschluss zum 31. Dez. 20..

Schlussbestand laut Inventur:

Unfertige Erzeugnisse:	100.000,00 €
Fertige Erzeugnisse:	70.000,00 €

Beleg 19[1]

Konrad Fied KG

	Buchungsdatum	Beleg-Nr.
	31.12.20..	19

Buchungsanweisung Abschluss zum 31. Dez. 20..

Schlussbestand laut Inventur:

1. Rohstoffe:	292.720,00 €
2. Hilfsstoffe:	76.400,00 €
3. Betriebsstoffe:	66.400,00 €

1 Zusätzlicher Beleg bei Buchung nach der „Inventurmethode" oder nach dem „Aufwandsrechnerischen Verfahren".

2.14   Skontibuchungen

Einstieg

Tina Lüders hat immer wieder gehört, dass das Thema „Skontibuchungen" hochgradig prüfungsrelevant ist.

Skontibuchungen sind prüfungsrelevant. Okay, kein Problem …

Sie hat bereits gelernt, was eine Skontozahlung ist und weshalb Skonto gewährt wird. Sie kann auch einen Skontoprozentsatz in einen Jahreszinssatz umrechnen.

Während ihrer dualen Ausbildung zur Informatikkauffrau besucht Tina Lüders die Multi-Media BBS in Hannover. Die Konrad Fied KG und die BBS arbeiten sehr gut zusammen.

Zu Übungszwecken hat der Ausbildungsleiter der Konrad Fied KG, Herr Dieter Bremer, der Berufsschulklasse von Tina Lüders Buchungsbelege zur Verfügung gestellt. Der Rechnungswesenlehrer von Tina Lüders, Herr Jürgen Bode, hat zu diesen Buchungsbelegen eine Aufgabe formuliert.

In einer Gruppenarbeit soll nun Tina Lüders Berufsschulklasse unter Zuhilfenahme des Lehrbuches diese Aufgabe selbstständig bearbeiten. Der Rechnungswesenlehrer, Herr Jürgen Bode, bietet seine Unterstützung an und übergibt den Arbeitsgruppen Arbeitsblätter mit folgendem Inhalt:

Sie sind Angestellte(r) der Konrad Fied KG, Goseriede 41, 30159 Hannover. Die folgenden Belege liegen Ihnen zur Buchung vor.

a) Welche Geschäftsfälle liegen den Belegen zugrunde?

b) Wie lauten die Buchungssätze?

c) (Zu Beleg 1) An welchem Tag muss die Bernhard Müller OHG den Zahlungsbetrag spätestens erhalten haben
   1. ohne Inanspruchnahme von Skonto,
   2. bei Inanspruchnahme von Skonto?

d) (Zu Beleg 1 und 4) Rechnen Sie den in den Zahlungsbedingungen angegebenen Skontoprozentsatz in einen Jahreszinssatz um (Genauigkeit: 2 Stellen nach dem Komma)
   1. mit der Überschlagsrechnung,
   2. mit der mathematisch korrekten Rechnung.

e) (Zu Beleg 2) Um Skonto auszunutzen, haben wir einen Kontokorrentkredit (Zinssatz: 10 %) in Anspruch genommen. Errechnen Sie den Nettofinanzierungsgewinn bzw. -verlust bei Inanspruchnahme von Skonto.

Beleg 1

Bernhard Müller

Stoffherstellung

Bernhard Müller OHG
Im Weiher 1 • 69121 Heidelberg
Tel.: 06221 8925-0
Fax: 06221 8925-63

Bernhard Müller OHG • Im Weiher 1 • 69121 Heidelberg

Internet: www.bmueller-wvd.de
E-Mail: info@bmueller-wvd.de

Textilfabrik
Konrad Fied KG
Goseriede 41
30159 Hannover

EINGEGANGEN
4. Juni 20..
Erledigt ....

Rechnungsnummer	5691
Rechnungsdatum	03.06.20..
Kundennummer	24 009
Ihre Bestellung vom	20.05.20..
Unsere Lieferung vom	02.06.20..

Rechnung

Pos.	m	Artikel	Preis je m/€	Betrag/€
1	4 800	Jeansstoff, 238 Je	3,60	17.280,00
2	4 000	Jeansstoff, 240 Je	4,05	16.200,00
				33.480,00
		+ 19 % USt		6.361,20
		Rechnungsbetrag		**39.841,20**

Zahlungsziel: 30 Tage nach Rechnungsdatum.

Bei Zahlung innerhalb von 10 Tagen nach Rechnungsdatum 3 % Skonto vom Warenwert.

Beleg 2[1]

```
                                    Kontonummer   erstellt am    Auszug   Blatt
                                     12 345        14.06.20..       47     1/1
            Hannoversche Volksbank eG
            BLZ  251 900 01      Kontoauszug
Bu.-Tag  Wert   Vorgang         alter Kontostand         10.000,00 -
12.06.   12.06. SB-Überweisung, Bernhard Müller OHG,     38.645,96 -
                Kd.-Nr. 24 009, R.-Nr. 5691, Rechnung
                vom 3. Juni 20.. über 39.841,20 €,
                abzüglich 3 % Skonto 1.195,24 €

                         neuer Kontostand vom 14.06.20..  48.645,96 -


Textilfabrik
Konrad Fied KG
Goseriede 41
30159 Hannover                              USt-IdNr.: DE 115 648 359
                IBAN: DE73 2519 0001 0000 0123 45   BIC: VOHADE2H
```

Beleg 3

Konrad Fied KG

Buchungsdatum	Beleg-Nr.
31.12.20..	10 212

Buchungsanweisung Abschluss zum 31. Dez. 20..

Abschluss des Kontos „Nachlässe für Rohstoffe".

Kontensaldo   1.004,40 €

---

1 Wenn online überwiesen wird, darf eine Banküberweisung innerhalb Europas nur einen Bankarbeitstag dauern. Wenn die Zahlung auf einem Überweisungsträger veranlasst wird, darf die Überweisung zwei Bankarbeitstage dauern.

Beleg 4

Konrad Fied KG ☾ Textilfabrik

Konrad Fied KG · Goseriede 41 · 30159 Hannover

Söffgen OHG
Bergstraße 11
51503 Rösrath

Goseriede 41 · 30159 Hannover
Telefon: 0511 4155-0
Telefax: 0511 4155-10
Internet: www.fied-wvd.de
E-Mail: info@fied-wvd.de

Kunden-Nr.:	24 001
Lieferdatum:	18.09.20..
Bestelldatum:	30.08.20..
Sachbearbeiter/-in:	Frau Kibat
Rechnungs-Nr.:	9324
Rechnungsdatum:	19.09.20..

Rechnung

Pos.	Einheit	Artikel	Menge	Preis je Einheit/€	Betrag/€
1	St.	Trikot „Bayern München", Gr. 52	500	19,00	9.500,00
2	St.	Trikot „BVB Dortmund", Gr. 52	400	23,75	9.500,00
3	St.	Trikot „Hertha BSC", Gr. 52	300	20,90	6.270,00
4	St.	Trikot „Hannover 96", Gr. 52	400	22,80	9.120,00

gesamt	34.390,00
+ 19 % USt	6.534,10
Rechnungsbetrag	**40.924,10**

Zahlungsziel: 40 Tage nach Rechnungsdatum.
Bei Zahlung innerhalb von 7 Tagen nach Rechnungsdatum 3 % Skonto vom Warenwert.

Beleg 5

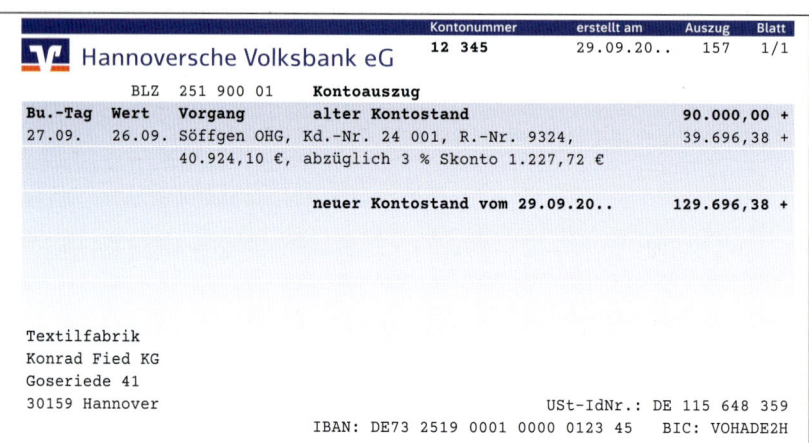

		Kontonummer	erstellt am	Auszug	Blatt
Hannoversche Volksbank eG		**12 345**	29.09.20..	157	1/1

BLZ 251 900 01 **Kontoauszug**

Bu.-Tag	Wert	Vorgang	
		alter Kontostand	90.000,00 +
27.09.	26.09.	Söffgen OHG, Kd.-Nr. 24 001, R.-Nr. 9324,	39.696,38 +
		40.924,10 €, abzüglich 3 % Skonto 1.227,72 €	
		neuer Kontostand vom 29.09.20..	129.696,38 +

```
Textilfabrik
Konrad Fied KG
Goseriede 41
30159 Hannover                              USt-IdNr.: DE 115 648 359
                 IBAN: DE73 2519 0001 0000 0123 45   BIC: VOHADE2H
```

Beleg 6

Konrad Fied KG ☾

Buchungsdatum	Beleg-Nr.
31.12.20..	10 213

Buchungsanweisung Abschluss zum 31. Dez. 20..

Abschluss des Kontos „Erlösberichtigungen".
Kontensaldo   1.031,70 €

Lernstoff

Skonto (Mehrzahl: Skonti) ist ein Preisnachlass, der zur schnelleren Zahlung veranlassen soll. Er wird gewährt bei Begleichung einer Rechnung innerhalb einer vereinbarten vorzeitigen Frist.

Ein Industriebetrieb kann einerseits auf der Beschaffungsseite den von seinen Lieferanten angebotenen Skonto in Anspruch nehmen und andererseits auf der Absatzseite seinen Kunden Skonto gewähren.

2.14.1 Die Umrechnung eines Skontoprozentsatzes auf einen Zinssatz

Beispiel

a) In einer Rechnung heißt es: „Zahlungsziel 30 Tage, bei Zahlung innerhalb von 10 Tagen 3 % Skonto." Welchem Zinssatz entsprechen die 3 % Skonto?

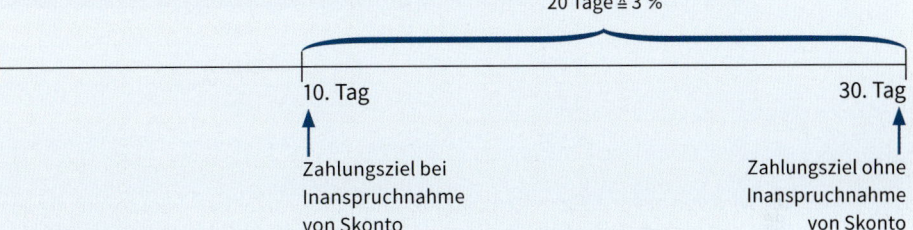

Für die **20-tägige** vorzeitige Zahlung werden **3 %** Skonto eingeräumt.
Damit besteht für den Skontoprozentsatz ein Zeitbezug (**→ 20 Tage ≙ 3 %**).
Ein Zinssatz bezieht sich auf 360 Tage.
Mit der Dreisatzrechnung erfolgt nun die Umrechnung des Skontoprozentsatzes auf einen Zinssatz:

$$20 \text{ Tage} \triangleq 3\,\% \qquad x = \frac{3 \cdot 360}{20} = \underline{\underline{54\,\%}}$$
$$360 \text{ Tage} \triangleq x\,\%$$

In unserem Beispiel entspricht der Skontoprozentsatz einem Zinssatz von 54 %.

b) Lohnt die Ausnutzung des Skontozahlungsziels, wenn für den Rechnungsausgleich ein Überziehungskredit zu 15 % Zinsen in Anspruch genommen werden müsste?
Zinsvorteil (54 %) > Zinsnachteil (15 %). Daraus folgt: Skontoinanspruchnahme lohnt.

Hinweis: Die obige Umrechnung eines Skontoprozentsatzes auf einen Zinssatz erfolgt mit einer **kaufmännischen Überschlagsrechnung,** die in der betrieblichen Praxis herangezogen wird und meistens ausreichend ist.

In den folgenden Ausführungen wird der Skontoprozentsatz mathematisch korrekt in einen **effektiven Zinssatz (p_{eff})** umgerechnet.

Beispiel

Wir haben eine Rechnung über 13.000,00 € zu begleichen. Die Zahlungsbedingung lautet (wie oben): „Zahlungsziel 30 Tage, bei Zahlung innerhalb von 10 Tagen 3 % Skonto." Welchem **effektiven** Zinssatz (p_{eff}) entsprechen die 3 % Skonto?

Wenn Skonto ausgenutzt wird, sind **12.610,00 €** (= **97 %** von 13.000,00 €) zu zahlen. Wir ziehen **390,00 €** Skonto (= **3 %** von 13.000,00 €) vom Rechnungsbetrag ab.

Entsprechend setzen wir in die Formel für den Zinssatz (p) ein:

$$p_{eff} = \frac{z \cdot 100 \cdot 360}{k \cdot t} = \frac{390{,}00 \cdot 100 \cdot 360}{12.610{,}00 \cdot 20} = \underline{\underline{55{,}67\,\%}}$$

$$\textbf{oder} \left(\text{da} \quad \frac{390{,}00 \text{ €} \triangleq 3\,\%}{12.610{,}00 \text{ €} \triangleq 97\,\%}\right): \qquad p_{eff} = \frac{3 \cdot 100 \cdot 360}{97 \cdot 20} = \underline{\underline{55{,}67\,\%}}$$

Der Vergleich mit der kaufmännischen Überschlagsrechnung $\left(\frac{3 \cdot 360}{20} = 54\,\%\right)$ zeigt, dass die kaufmännische Überschlagsrechnung die lediglich **97%ige** Überweisung vernachlässigt.

Aufgaben

1 Mit einem Lieferanten wird ein Zahlungsziel von 40 Tagen vereinbart. Bei Zahlung innerhalb von 10 Tagen gewährt uns unser Lieferant 2 % Skonto. Rechnungsbetrag: 15.000,00 €. Welchem Zinssatz entspricht der Skontoprozentsatz (nach der Überschlagsrechnung und nach der mathematisch korrekten Rechnung)?

2 Rechnen Sie bei den folgenden Zahlungsbedingungen die Skontoprozentsätze in Zinssätze um (nach der Überschlagsrechnung und nach der mathematisch korrekten Rechnung).

	Skontoprozentsatz	Zahlungsziel ohne Inanspruchnahme von Skonto	Zahlungsziel bei Inanspruchnahme von Skonto
a)	1,0 %	60 Tage	10 Tage
b)	3,0 %	30 Tage	5 Tage
c)	2,5 %	30 Tage	10 Tage
d)	1,5 %	40 Tage	10 Tage

3 Wird von einem Lieferanten die Möglichkeit der vorzeitigen Skontozahlung angeboten, so stellt sich häufig die Frage, ob zur Ausnutzung von Skonto ein Überziehungskredit in Anspruch genommen werden soll.
1. Entscheiden Sie durch den Vergleich des umgerechneten Skontozinssatzes (nach der Überschlagsrechnung und nach der mathematisch korrekten Rechnung) mit dem Kreditzinssatz, ob es günstig ist, die vorzeitige Skontozahlung zu wählen.
2. Errechnen Sie den Bruttoskontoabzug, den Nettoskontoabzug und den Zahlungsbetrag bei Skontoinanspruchnahme.
3. Errechnen Sie den Nettofinanzierungsgewinn bzw. -verlust bei Inanspruchnahme von Skonto.

	Bruttorechnungsbetrag (€) (inkl. 19 % USt)	Skontoprozentsatz (%)	Zahlungsziel ohne Inanspruchnahme von Skonto (Tage)	Zahlungsziel bei Inanspruchnahme von Skonto (Tage)	Kreditzinssatz (%)
a)	142.800,00	3,0	60	20	8
b)	59.500,00	1,0	45	5	10
c)	71.400,00	2,5	50	20	6
d)	47.600,00	1,5	60	10	12
e)	95.200,00	3,0	40	5	9

4 Die Emut GmbH gewährt uns auf einen Bruttorechnungsbetrag von 28.274,40 € (inkl. 19 % USt) ein Zahlungsziel von 50 Tagen. Bei Zahlung innerhalb von 10 Tagen erhalten wir 3 % Skonto. Um Skonto ausnutzen zu können, müssten wir einen Kontokorrentkredit (Zinssatz: 10 %) in Anspruch nehmen.
a) Rechnen Sie den Skontoprozentsatz auf einen Jahreszinssatz um (nach der Überschlagsrechnung und nach der mathematisch korrekten Rechnung). Entscheiden Sie, ob die vorzeitige Skontozahlung günstig ist.
b) Errechnen Sie die Zinsen, die für den Kontokorrentkredit zu zahlen sind.
c) Errechnen Sie den Nettofinanzierungsgewinn bzw. -verlust bei Inanspruchnahme von Skonto.

5[1] Bei Zahlung innerhalb von 10 (8) Tagen gewährt uns unser Lieferant 2 % (3 %) Skonto. Bei Inanspruchnahme von Skonto müssten wir unser Konto überziehen und 12 % (15 %) Überziehungszinsen zahlen.
Wie viele Tage darf das Zahlungsziel unseres Lieferanten höchstens betragen, damit die Skontoinanspruchnahme lohnt (nach der Überschlagsrechnung und nach der mathematisch korrekten Rechnung)?

---

1 *Hinweis für die Lehrerin/den Lehrer:* Diese anspruchsvolle Aufgabe sollten Sie nur mit leistungsstarken Klassen bearbeiten.

225435152

2.14.2 Skontibuchungen auf der Beschaffungsseite

Auf der Beschaffungsseite kürzt ein Industriebetrieb bei der Inanspruchnahme von Skonto den zu entrichtenden Rechnungsbetrag. Es ergibt sich dadurch nachträglich eine **Anschaffungspreisminderung**. Ferner mindert sich nachträglich die Bemessungsgrundlage der Umsatzsteuer, sodass die auf die Entgeltminderung entfallende **Vorsteuer** zu **korrigieren** ist.

Der IKR sieht zur Erfassung der Skontibeträge auf der Beschaffungsseite die **Nachlasskonten** vor.

Grundsätzlich sind die Vorräte zu **Anschaffungskosten** zu bewerten. **Anschaffungspreisminderungen**, wozu die Skontiabzüge gehören, sind nach § 255 Abs. 1 HGB abzusetzen. Dies geschieht durch den Abschluss der Nachlasskonten (= Unterkonten) über die entsprechenden Einkaufskonten (= Hauptkonten).

Bei dem „**Aufwandsrechnerischen Verfahren**" (vgl. Kapitel 2.7.1.3) werden die Werkstoffeinkäufe auf den **Werkstoffaufwandskonten** der **Kontenklasse 6** gebucht. In diesem Fall gilt folgende Zuordnung:

Hauptkonten	Unterkonten
6000 Aufw. für Rohstoffe	6002 Nachlässe für Rohstoffe
6010 Aufw. für Vorprodukte/Fremdbauteile	6012 Nachlässe für Vorprodukte/Fremdbauteile
6020 Aufw. für Hilfsstoffe	6022 Nachlässe für Hilfsstoffe
6030 Aufw. für Betriebsstoffe	6032 Nachlässe für Betriebsstoffe
6070 Aufw. für sonstiges Material	6072 Nachlässe für sonstiges Material
6080 Aufw. für Waren	6082 Nachlässe für Waren

Bei der **Inventurmethode**[1] und bei der **Fortschreibungsmethode**[1] (vgl. Kapitel 2.7.1.1) werden die Werkstoffeinkäufe auf den **Werkstoffbestandskonten** der **Kontenklasse 2** gebucht. Insofern ergibt sich bei diesen Methoden folgende Zuordnung:

Hauptkonten	Unterkonten
2000 Rohstoffe	2002 Nachlässe für Rohstoffe
2010 Vorprodukte/Fremdbauteile	2012 Nachlässe für Vorprodukte/Fremdbauteile
2020 Hilfsstoffe	2022 Nachlässe für Hilfsstoffe
2030 Betriebsstoffe	2032 Nachlässe für Betriebsstoffe
2070 Sonstiges Material	2072 Nachlässe für sonstiges Material
2280 Waren	2282 Nachlässe für Waren

---

1 Es handelt sich um die „Bestandsrechnerischen Verfahren".

Beispiel

Zieleinkauf von Rohstoffen, Nettowert	20.000,00 €
+ 19 % Umsatzsteuer	3.800,00 €
	23.800,00 €

Buchungssatz	Soll	Haben
6000 Aufwendungen für Rohstoffe[1]	20.000,00	
2600 Vorsteuer	3.800,00	
an 4400 Verbindlichkeiten a. LL		23.800,00

Der Lieferant gewährt uns bei vorzeitiger Zahlung auf den Rechnungsbetrag von 23.800,00 € 2 % Skonto. Wir nehmen Skonto in Anspruch und zahlen den verminderten Rechnungsbetrag durch Banküberweisung.

Berechnung

Bruttorechnungs-betrag	Bruttoskonto-nachlass (2 %)	Nettoskonto-nachlass	im Bruttoskontonachlass enthaltene Vorsteuer
23.800,00 €	476,00 €	400,00 €	76,00 €
	(≙ 119 %)	(≙ 100 %)	(≙ 19 %)

Überweisungsbetrag: 23.800,00 € – 476,00 € = <u>23.324,00 €</u>

Skontibuchung auf der Beschaffungsseite	Soll	Haben
4400 Verbindlichkeiten a. LL	23.800,00	
an 2800 Guthaben bei Kreditinstituten (Bank)		23.324,00
an 6002 Nachlässe für Rohstoffe[2]		400,00
an 2600 Vorsteuer		76,00

Durch das Begleichen der Rechnung nehmen die Verbindlichkeiten um den vollen Rechnungsbetrag von 23.800,00 € ab.

Das Bankkonto mindert sich nur um den tatsächlich überwiesenen – um Skonto geminderten – Betrag von 23.324,00 €.

Der abgezogene Bruttoskontonachlass ist aufzuteilen in den Nettoskontonachlass, der sich auf den Rohstoffwert bezieht, und in den Umsatzsteueranteil.

Der Nettoskontonachlass in Höhe von 400,00 € stellt eine Anschaffungspreisminderung dar, die im Haben auf dem Konto **„6002 Nachlässe für Rohstoffe"**[2] gebucht wird.

Bedingt durch den Skontoabzug wird die Vorsteuer nicht in ihrer ursprünglich gebuchten vollen Höhe an den Lieferanten entrichtet. Daher ist das Vorsteuerkonto um den im Bruttoskontonachlass enthaltenen Umsatzsteueranteil im Haben zu korrigieren.

Am Ende der Rechnungsperiode wird das Nachlasskonto über das Einkaufskonto abgeschlossen.

Buchungssatz	Soll	Haben
6002 Nachlässe für Rohstoffe[2]	400,00	
an 6000 Aufwendungen für Rohstoffe[1]		400,00

---

1 alternativ: 2000 Rohstoffe („Bestandsrechnerisches Verfahren")
2 alternativ: 2002 Nachlässe für Rohstoffe („Bestandsrechnerisches Verfahren")

Skontibuchungen ohne Nachlasskonten

Wird ein Skontonachlass auf der Beschaffungsseite in Anspruch genommen für **bezogene Vermögensgegenstände des Anlagevermögens** (z. B. 0840 Fuhrpark) oder für **bezogene Aufwandsposten** (z. B. 6800 Büromaterial), für die der Industriekontenrahmen **keine Nachlasskonten** vorsieht, so wird der Nettoskontonachlass **direkt im Haben des betroffenen Kontos** (z. B. 0840 Fuhrpark oder 6800 Büromaterial) gebucht. Der „Umweg" über die Nachlasskonten entfällt.

2.14.3 Skontibuchungen auf der Absatzseite

Bei Inanspruchnahme von Skonto entrichtet ein Kunde nicht den beim Verkauf ursprünglich gebuchten vollen Rechnungsbetrag. Dadurch entsteht nachträglich eine **Erlösschmälerung.** Außerdem mindert sich nachträglich die Bemessungsgrundlage der Umsatzsteuer. Die **Umsatzsteuer** ist daher anteilig zu **korrigieren.**

Der IKR sieht zur Erfassung der Skontibeträge auf der Absatzseite die **Erlösberichtigungskonten** vor. Diese werden als **Unterkonten** über ihre **Hauptkonten**, die **Umsatzerlöskonten**, abgeschlossen.

Hauptkonten	Unterkonten
5000 Umsatzerlöse für eigene Erzeugnisse	5001 Erlösberichtigungen für eigene Erzeugnisse
5050 Umsatzerlöse für andere eigene Leistungen	5051 Erlösberichtigungen für andere eigene Leistungen
5100 Umsatzerlöse für Waren	5101 Erlösberichtigungen für Waren
5190 Sonstige Umsatzerlöse	5191 Erlösberichtigungen für sonstige Umsatzerlöse

Beispiel

Zielverkauf eigener Erzeugnisse, Nettowert	30.000,00 €
+ 19 % Umsatzsteuer	5.700,00 €
	35.700,00 €

Buchungssatz	Soll	Haben
2400 Forderungen a. LL	35.700,00	
an 5000 Umsatzerlöse f. e. E.		30.000,00
an 4800 Umsatzsteuer		5.700,00

Der Kunde nimmt Skonto in Anspruch und zahlt per Banküberweisung den um 2 % Skonto verminderten Rechnungsbetrag.

Berechnung

Bruttorechnungsbetrag	Bruttoskontonachlass (2 %)	Nettoskontonachlass	im Bruttoskontonachlass enthaltene Umsatzsteuer
35.700,00 €	714,00 €	600,00 €	114,00 €
	(≙ 119 %)	(≙ 100 %)	(≙ 19 %)

Überweisungsbetrag: 35.700,00 € – 714,00 € = 34.986,00 €

Skontibuchung auf der Absatzseite	Soll	Haben
2800 Guthaben bei Kreditinstituten (Bank)	34.986,00	
5001 Erlösberichtigungen f. e. E.	600,00	
4800 Umsatzsteuer	114,00	
an 2400 Forderungen a. LL		35.700,00

Durch den Rechnungsausgleich nimmt der Forderungsbestand um den ganzen Rechnungsbetrag von 35.700,00 € ab. Da der Kunde Skonto in Anspruch nimmt, werden dem Bankkonto aber nur 34.986,00 € gutgeschrieben.

Der abgezogene Bruttoskontonachlass ist zu zerlegen in den Nettoskontonachlass und in den Umsatzsteueranteil.

Der Nettoskontonachlass in Höhe von 600,00 € stellt eine Erlösschmälerung dar, die auf dem Konto **„5001 Erlösberichtigungen f. e. E."** im Soll gebucht wird.

Da der Kunde Skonto in Anspruch genommen hat, entrichtet er nicht die ganze – beim Zielverkauf ursprünglich gebuchte – Umsatzsteuer. Die Umsatzsteuerschuld ist daher um den im Bruttoskontonachlass enthaltenen Umsatzsteueranteil zu berichtigen.

Am Ende der Rechnungsperiode wird das Erlösberichtigungskonto über das Umsatzerlöskonto abgeschlossen.

Buchungssatz	Soll	Haben
5000 Umsatzerlöse f. e. E.	600,00	
an 5001 Erlösberichtigungen f. e. E.		600,00

Zusammenfassung

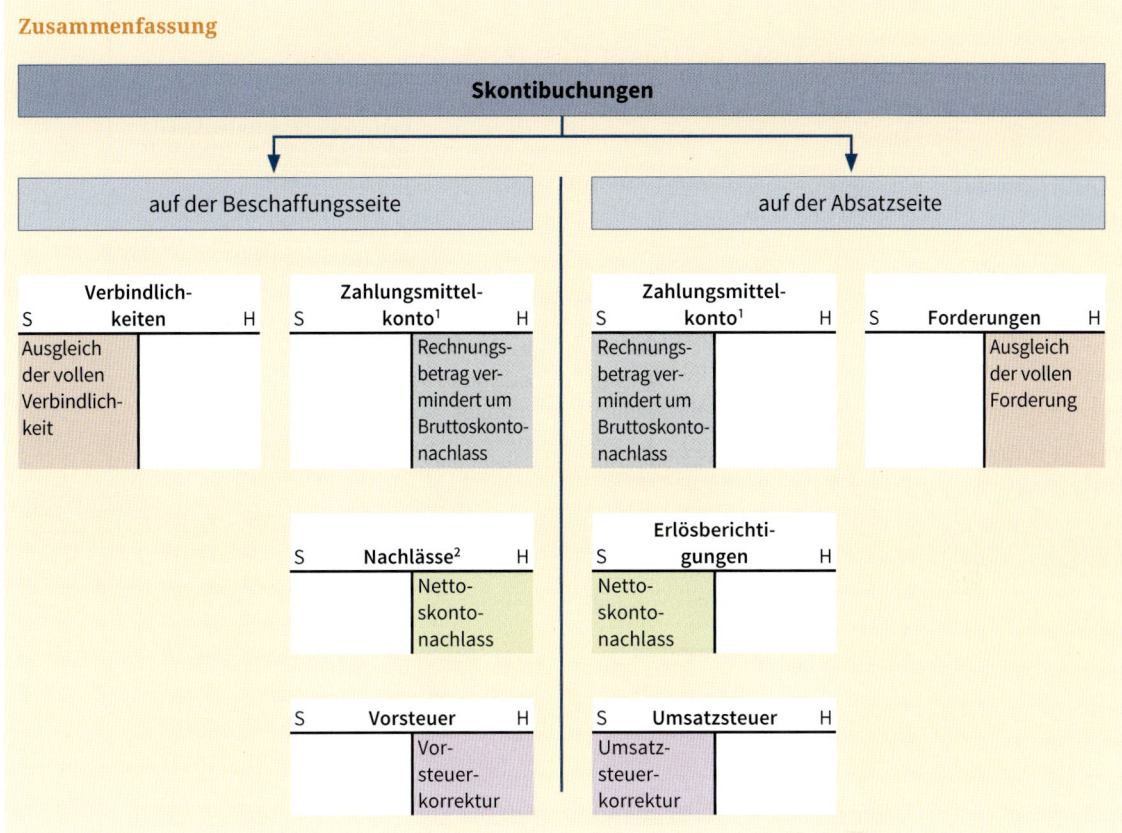

Aufgaben

1 u. 2: Skontibuchungen auf der Beschaffungsseite
und auf der Absatzseite

3: Abschluss der Nachlass- und Erlösberichtigungskonten

1[3] Sie sind Angestellte(r) der Textilfabrik Konrad Fied KG, Goseriede 41, 30159 Hannover. Die folgenden Belege liegen Ihnen zur Buchung vor.

a) Welche Geschäftsfälle liegen den Belegen zugrunde?

b) Wie lauten die Buchungssätze?

c) (Zu Beleg 1) Rechnen Sie den in den Zahlungsbedingungen angegebenen Skontoprozentsatz in einen Jahreszinssatz um (Genauigkeit: 2 Stellen nach dem Komma)

   1. mit der Überschlagsrechnung,

   2. mit der mathematisch korrekten Rechnung.

d) (Zu Beleg 2) Überprüfen Sie die rechnerische Richtigkeit des Bruttoskontoabzuges und des Nettoskontoabzuges.

---

1   z. B. „Guthaben bei Kreditinstituten (Bank)"

2   Für Konten des Anlagevermögens (z. B. 0840 Fuhrpark) und für einige für Skontibuchungen relevante Aufwandskonten (z. B. „6160 Fremdinstandhaltung", „6800 Büromaterial") sieht der IKR keine Nachlasskonten vor. Hier wird der Nettoskonto-nachlass direkt im Haben des betroffenen Kontos (z. B. „0840 Fuhrpark", „6160 Fremdinstandhaltung", „6800 Büromaterial") gebucht. Der „Umweg" über die Nachlasskonten entfällt.

3   *Hinweis für die Lehrerin/den Lehrer:* Diese Aufgabe sollten Sie nur mit leistungsstarken Klassen bearbeiten.

Beleg 1

Beleg 2[1]

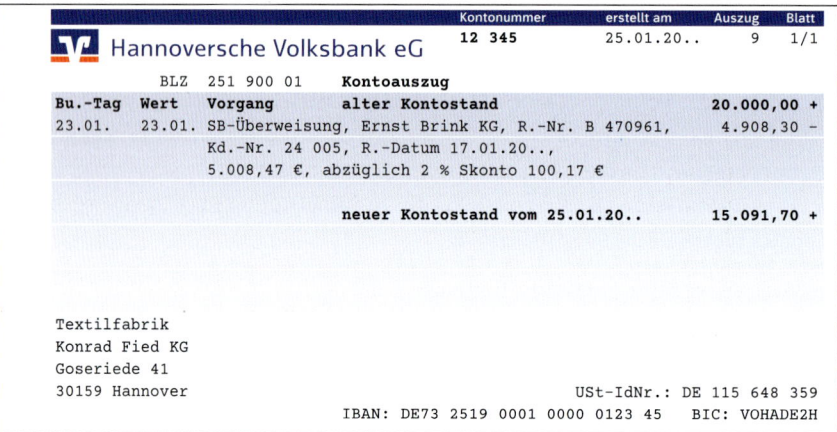

2   Die Konrad Fied KG begleicht bei der Emut GmbH eine Rechnung über 35.700,00 € (einschließlich 19 % Umsatzsteuer) abzüglich 2 % Skonto durch Banküberweisung.

    a) Errechnen Sie ausgehend vom Bruttoskontoabzug den Nettoskontoabzug und die anteilige Umsatzsteuer.

    b) Wie bucht die Konrad Fied KG diesen Zahlungsvorgang? (Dem Zahlungsausgang liegt eine Rohstoffrechnung zugrunde.)

    c) Wie bucht die Emut GmbH diesen Zahlungsvorgang? (Dem Zahlungseingang liegen „Umsatzerlöse für eigene Erzeugnisse" zugrunde.)

---

1   Wenn online überwiesen wird, darf eine Banküberweisung innerhalb Europas nur einen Bankarbeitstag dauern. Wenn die Zahlung auf einem Überweisungsträger veranlasst wird, darf die Überweisung zwei Bankarbeitstage dauern.

3

S	Erlösberichtigungen f. e. E.	H		S	Nachlässe für Rohstoffe	H
2400	1.000,00				4400	1.200,00
2400	500,00				4400	2.300,00
2400	2.340,00				4400	3.500,00
2400	3.400,00				4400	1.600,00

a) Nennen Sie den Abschlussbuchungssatz des Kontos „Erlösberichtigungen für eigene Erzeugnisse".
b) Nennen Sie den Abschlussbuchungssatz des Kontos „Nachlässe für Rohstoffe".

2.15   Personalwirtschaft

Einstieg

Der Ausbildungsleiter der Konrad Fied KG, Dieter Bremer, wendet sich an Tina Lüders:

> Frau Lüders, bearbeiten Sie bitte die Aufgaben auf diesem Arbeitsblatt. Sie können Ihr Lehrbuch zu Hilfe nehmen.

Herr Bremer überreicht Tina Lüders ein Arbeitsblatt mit folgendem Inhalt[1]:

1. SV-Forderungsvortrag aus dem Vormonat Februar: 150,00 €,
   prognostizierte SV-Vorausleistung (März): 3.000,00 €.
   Bilden Sie den Buchungssatz für die Banküberweisung des Sozialversicherungsbeitragssolls am 27. März.

2. Erstellen Sie in Ihrem Arbeitsheft mithilfe der auf der Folgeseite stehenden Auszüge aus der Lohnsteuertabelle[2] (Kirchensteuersatz: 9 %) und anhand der auf der Folgeseite stehenden Übersicht über die Sozialversicherungsbeitragssätze[2] (für alle 3 Arbeitnehmer wird von den Krankenkassen ein Zusatzbeitrag von 0,8 % erhoben) eine Gehaltsliste für den Monat März für die Angestellten:
   Heinz Aust (28 Jahre), Bruttomonatsverdienst im März (einschließlich Überstunden) 2.387,69 €, verheiratet, 1 Kind, Steuerklasse III, ev.-luth.
   Angelika Schuster (37 Jahre), Bruttomonatsverdienst im März (einschließlich Überstunden) 2.399,51 €, verheiratet, 2 Kinder, Steuerklasse III, keine Kirchenzugehörigkeit.
   Gabriele Mönkemeyer (25 Jahre), Bruttomonatsverdienst im März (einschließlich Überstunden) 2.408,74 €, ledig, kein Kind, Steuerklasse I, röm.-kath.

3. Bilden Sie am 31. März den Buchungssatz für die Summenzeile der Gehaltsliste (mit dem Arbeitgeberanteil zur Sozialversicherung). Die Gehälter werden per Banküberweisung gezahlt.

4. Stellen Sie die Buchungen aus 1. und aus 3. auf dem Konto „2640 SV-Beitragsvorauszahlung" dar. Weisen Sie dabei jeden Buchungsbetrag explizit aus. Erklären Sie den Charakter des Saldos, der sich am 31. März auf diesem Konto ergibt.

---

1 Um eine gewisse Konstanz bei dieser Aufgabe zu erreichen, wird sie nur in größeren Abständen aktualisiert.

2 Die Monatslohnsteuertabelle und die Sozialversicherungsbeitragssätze bleiben für einen längeren Zeitraum unverändert (und sind folglich nicht aktualisiert!).

5. Bilden Sie am 8. April den Buchungssatz für das Abführen (Banküberweisung) der noch abzuführenden Steuern.

6. Ermitteln Sie die Personalaufwendungen, die insgesamt im Monat März für die 3 Angestellten anfallen.

Allgemeine Monatslohnsteuertabelle

Quelle: Stollfuß Monatslohnsteuertabelle

Abzüge an Lohnsteuer, Solidaritätszuschlag (SolZ) und Kirchensteuer (8%, 9%) in den Steuerklassen I–VI (ohne Kinderfreibeträge) und I, II, III, IV (mit Zahl der Kinderfreibeträge).

Lohn/Gehalt bis €*	Kl.	LSt	SolZ	8%	9%	Kl.	LSt	0,5 SolZ	0,5 8%	0,5 9%	1 SolZ	1 8%	1 9%	1,5 SolZ	1,5 8%	1,5 9%	2 SolZ	2 8%	2 9%	2,5 SolZ	2,5 8%	2,5 9%	3** SolZ	3** 8%	3** 9%
2 387,99	I,IV	298,25	16,40	23,86	26,84	I	298,25	11,95	17,38	19,55	7,75	11,28	12,69	—	5,58	6,27	—	1,04	1,17	—	—	—	—	—	—
	II	267,50	14,71	21,40	24,07	II	267,50	10,35	15,06	16,94	6,26	9,10	10,24	—	3,70	4,16	—	—	—	—	—	—	—	—	—
	III	89,50	—	7,16	8,05	III	89,50	—	2,85	3,20	—	—	—	—	—	—	—	—	—	—	—	—	—	—	—
	V	556,33	30,59	44,50	50,06	IV	298,25	14,14	20,58	23,15	11,95	17,38	19,55	9,82	14,29	16,07	7,75	11,28	12,69	4,75	8,38	9,42	—	5,58	6,27
	VI	590,66	32,48	47,25	53,15																				
2 390,99	I,IV	299,—	16,44	23,92	26,91	I	299,—	11,99	17,44	19,62	7,79	11,34	12,75	—	5,62	6,32	—	1,07	1,20	—	—	—	—	—	—
	II	268,25	14,75	21,46	24,14	II	268,25	10,39	15,12	17,01	6,29	9,16	10,30	—	3,74	4,20	—	—	—	—	—	—	—	—	—
	III	90,16	—	7,21	8,11	III	90,16	—	2,89	3,25	—	—	—	—	—	—	—	—	—	—	—	—	—	—	—
	V	557,33	30,65	44,58	50,15	IV	299,—	14,18	20,63	23,21	11,99	17,44	19,62	9,86	14,34	16,13	7,79	11,34	12,75	4,86	8,42	9,47	—	5,62	6,32
	VI	591,66	32,54	47,33	53,24																				
2 393,99	I,IV	299,75	16,48	23,98	26,97	I	299,75	12,03	17,50	19,68	7,83	11,39	12,81	—	5,67	6,38	—	1,10	1,24	—	—	—	—	—	—
	II	269,—	14,79	21,52	24,21	II	269,—	10,43	15,17	17,06	6,32	9,20	10,35	—	3,78	4,25	—	—	—	—	—	—	—	—	—
	III	90,66	—	7,25	8,15	III	90,66	—	2,93	3,29	—	—	—	—	—	—	—	—	—	—	—	—	—	—	—
	V	558,33	30,70	44,66	50,24	IV	299,75	14,22	20,69	23,27	12,03	17,50	19,68	9,90	14,40	16,20	7,83	11,39	12,81	5,—	8,48	9,54	—	5,67	6,38
	VI	592,66	32,59	47,41	53,33																				
2 396,99	I,IV	300,50	16,52	24,04	27,04	I	300,50	12,06	17,55	19,74	7,86	11,44	12,87	—	5,72	6,43	—	1,14	1,28	—	—	—	—	—	—
	II	269,66	14,83	21,57	24,26	II	269,66	10,47	15,23	17,13	6,36	9,26	10,41	—	3,82	4,30	—	—	—	—	—	—	—	—	—
	III	91,33	—	7,30	8,21	III	91,33	—	2,97	3,34	—	—	—	—	—	—	—	—	—	—	—	—	—	—	—
	V	559,33	30,76	44,74	50,33	IV	300,50	14,26	20,75	23,34	12,06	17,55	19,74	9,93	14,45	16,25	7,86	11,44	12,87	5,13	8,53	9,59	—	5,72	6,43
	VI	593,83	32,66	47,50	53,44																				
2 399,99	I,IV	301,25	16,56	24,10	27,11	I	301,25	12,10	17,60	19,80	7,90	11,49	12,92	—	5,76	6,48	—	1,17	1,31	—	—	—	—	—	—
	II	270,41	14,87	21,63	24,33	II	270,41	10,50	15,28	17,19	6,39	9,30	10,46	—	3,86	4,34	—	—	—	—	—	—	—	—	—
	III	91,83	—	7,34	8,26	III	91,83	—	3,01	3,38	—	—	—	—	—	—	—	—	—	—	—	—	—	—	—
	V	560,33	30,81	44,82	50,42	IV	301,25	14,30	20,80	23,40	12,10	17,60	19,80	9,97	14,50	16,31	7,90	11,49	12,92	5,25	8,58	9,65	—	5,76	6,48
	VI	594,83	32,71	47,58	53,53																				
2 402,99	I,IV	301,91	16,60	24,15	27,17	I	301,91	12,14	17,66	19,87	7,93	11,54	12,98	—	5,81	6,53	—	1,20	1,35	—	—	—	—	—	—
	II	271,08	14,90	21,68	24,39	II	271,08	10,54	15,34	17,25	6,43	9,36	10,53	—	3,90	4,39	—	—	—	—	—	—	—	—	—
	III	92,50	—	7,40	8,32	III	92,50	—	3,05	3,43	—	—	—	—	—	—	—	—	—	—	—	—	—	—	—
	V	561,33	30,87	44,90	50,51	IV	301,91	14,34	20,86	23,47	12,14	17,66	19,87	10,01	14,56	16,38	7,93	11,54	12,98	5,38	8,63	9,71	—	5,81	6,53
	VI	595,83	32,77	47,66	53,62																				
2 405,99	I,IV	302,66	16,64	24,21	27,23	I	302,66	12,18	17,72	19,93	7,97	11,60	13,05	—	5,86	6,59	—	1,24	1,39	—	—	—	—	—	—
	II	271,83	14,95	21,74	24,46	II	271,83	10,58	15,39	17,31	6,47	9,41	10,58	—	3,94	4,43	—	—	—	—	—	—	—	—	—
	III	93,—	—	7,44	8,37	III	93,—	—	3,09	3,47	—	—	—	—	—	—	—	—	—	—	—	—	—	—	—
	V	562,33	30,92	44,98	50,60	IV	302,66	14,38	20,92	23,53	12,18	17,72	19,93	10,04	14,61	16,43	7,97	11,60	13,05	5,50	8,68	9,76	—	5,86	6,59
	VI	596,83	32,82	47,74	53,71																				
2 408,99	I,IV	303,41	16,68	24,27	27,30	I	303,41	12,21	17,77	19,99	8,01	11,65	13,10	—	5,90	6,64	—	1,27	1,43	—	—	—	—	—	—
	II	272,50	14,98	21,80	24,52	II	272,50	10,61	15,44	17,37	6,50	9,46	10,64	—	3,99	4,49	—	—	—	—	—	—	—	—	—
	III	93,66	—	7,49	8,42	III	93,66	—	3,12	3,51	—	—	—	—	—	—	—	—	—	—	—	—	—	—	—
	V	563,50	30,99	45,08	50,71	IV	303,41	14,41	20,97	23,59	12,21	17,77	19,99	10,08	14,66	16,49	8,01	11,65	13,10	5,63	8,73	9,82	—	5,90	6,64
	VI	597,83	32,88	47,82	53,80																				

Übersicht über die Sozialversicherungsbeitragssätze (nicht aktualisiert!)

	Arbeitnehmer	Arbeitgeber
Krankenversicherung: 14,6 % + ZB[1]	7,3 % + ZB[1]	7,3 %
Pflegeversicherung, für Versicherte mit Kindern: 2,55 %, ohne Kinder, ab dem 23. Lebensjahr: 2,8 %	1,275 % 1,525 %	1,275 % 1,275 %
Rentenversicherung: 18,7 %	9,35 %	9,35 %
Arbeitslosenversicherung: 3 %	1,5 %	1,5 %
Gesamtbeitragssatz, für Versicherte mit Kindern: 38,85 % + ZB[1], ohne Kinder, ab dem 23. Lebensjahr: 39,1 % + ZB[1]	19,425 % + ZB[1] 19,675 % + ZB[1]	19,425 % 19,425 %

Bei der **Pflegeversicherung** sind Versicherte mit Kindern bessergestellt als Versicherte (ab dem 23. Lebensjahr) ohne Kinder. Letztere zahlen 0,25 % mehr in die **Pflegeversicherung** ein. Damit wird ein Urteil des Bundesverfassungsgerichts umgesetzt.

---

1 ZB = Zusatzbeitrag. Zur Abdeckung von Ausgabensteigerungen können die Krankenkassen ausschließlich von den versicherten Arbeitnehmern Zusatzbeiträge erheben. Dieses Instrument fördert den Wettbewerb der Krankenkassen um Mitglieder.

225435160

Lernstoff

Personalkosten ist der Oberbegriff für sämtliche das Personal betreffende Aufwendungen. Löhne sind das Arbeitsentgelt von Arbeitern. Gehälter erhalten kaufmännische und technische Angestellte.

Tarifverträge sind in der Regel die Grundlage des Arbeitsentgeltes. Häufig werden die sozialen Verhältnisse und die Leistungen der Arbeitnehmer berücksichtigt. Mit leitenden Angestellten schließen die Arbeitgeber meistens Einzelarbeitsverträge ab.

2.15.1 Die Lohn- und Gehaltsabrechnung

Eine Lohn- und Gehaltsabrechnung vollzieht sich nach folgendem Schema:

Bruttogehalt bzw. -lohn		
– Abzüge	Arbeitnehmeranteil zur Sozialversicherung	– Krankenversicherung – Pflegeversicherung – Rentenversicherung – Arbeitslosenversicherung
	Steuern	– Lohnsteuer – Solidaritätszuschlag – Kirchensteuer
= Nettogehalt bzw. -lohn (Auszahlung)		

Vom Bruttoverdienst behält der Arbeitgeber zum Zeitpunkt der Lohn- bzw. Gehaltszahlung die im vorstehenden Schema dargestellten Abzüge ein.

Die Gesamtsozialversicherungsbeiträge (**Arbeitgeberanteil[1] und Arbeitnehmeranteil[1]**) sind seit dem 1. Januar 2006 bereits am **drittletzten Bankarbeitstag** des Monats fällig, in dem die Beschäftigung ausgeübt wird, und müssen der Krankenkasse spätestens an diesem Tag wertstellungsmäßig zur Verfügung stehen. Die Meldungen dafür müssen 2 Tage vorher, also am **fünftletzten Bankarbeitstag,** den Krankenkassen vorliegen.

Erfolgen die Lohn- und Gehaltsabrechnungen am Monatsende und erhalten alle oder ein Teil der Beschäftigten sich ändernde Vergütungen, so müssen die **vorab** zu zahlenden Gesamtversicherungsbeiträge (Arbeitgeberanteil und Arbeitnehmeranteil) für den laufenden Monat **prognostiziert** werden.

Die monatlich einbehaltenen **Steuern** müssen bis zum 10. des Folgemonats beim zuständigen Finanzamt eingehen. Vom Finanzamt wird die Kirchensteuer weitergeleitet.

Der Gesetzgeber schreibt vor (§ 41 EStG), dass der Arbeitgeber für jeden Arbeitnehmer einen **Einzelnachweis** über das Arbeitsentgelt führen muss. In der Lohn- und Gehaltsbuchhaltung wird daher für jeden Arbeitnehmer ein **Lohn- bzw. Gehaltskonto** geführt.

In Lohn- und Gehaltslisten werden die Beträge der einzelnen Konten zusammengestellt. Die **Summenzeile der Lohn- bzw. Gehaltsliste** wird an die **Hauptbuchhaltung** weitergeleitet.

2.15.2 Lohn- bzw. Gehaltsbuchungen

Im Personalbereich fallen in Zusammenhang mit den Lohn- und Gehaltszahlungen **drei** Buchungen an:

1. Zunächst muss die **Zahlung des Sozialversicherungsbeitragssolls [geschätzte Vorausleistung des laufenden Monats verrechnet mit einem Forderungs- bzw. Schuldvortrag aus dem Vormonat[2] oder: der tatsächliche Beitragswert des Vormonats (§ 23 Abs. 1 Satz 3 SGB IV)]** an die Krankenkasse gebucht werden. Dieses Sozialversicherungsbeitragssoll muss dem Bankkonto der Krankenkasse spätestens am drittletzten Bankarbeitstag eines jeden Monats wertstellungsmäßig zur Verfügung stehen.[2]

---

1 siehe „Übersicht über die Sozialversicherungsbeitragssätze (nicht aktualisiert!)" auf S. 160

2 Um im Lehrbuch die Thematik nicht weiter zu komplizieren, wird hier nur dieses Schätzverfahren vertieft.

2. Am Monatsende sind dann die **Lohn- bzw. Gehaltsbuchungen** (mit den **tatsächlichen** Sozialversicherungsbeiträgen) vorzunehmen.

3. Bis zum 10. des Folgemonats müssen die **einbehaltenen Steuern** an das zuständige Finanzamt abgeführt werden.

Beispiel

Zu 1.: Das **Sozialversicherungsbeitragssoll** (Arbeitgeberanteil und Arbeitnehmeranteil zur Sozialversicherung) eines Industriebetriebes beträgt für die beschäftigten Arbeiter im Monat April **81.405,00 €**. Es setzt sich zusammen aus einem Schuldvortrag aus dem Vormonat März (Restbeitrag) in Höhe von 500,00 € und einer prognostizierten Vorausleistung für den Monat April in Höhe von 80.905,00 € (81.405,00 € = 500,00 € + 80.905,00 €). Dieser Betrag wird am 26. April an die Krankenkasse gezahlt (Banküberweisung).

Buchungssatz für die Überweisung des Sozialversicherungbeitragssolls am 26. April	Soll	Haben
2640 SV-Beitragsvorauszahlung	81.405,00	
an 2800 Guthaben bei Kreditinstituten (Bank)		81.405,00

In der obigen Buchung sind die Sollbuchungen auf dem Konto „2640 SV-Beitragsvorauszahlung" zusammengefasst. Das Sozialversicherungsbeitragssoll von 81.405,00 € (= 500,00 € + 80.905,00 €) wird zur Vornahme der obigen Buchung außerhalb des Kontos ermittelt.[1]

Zu 2.: Am 30. April steht die **tatsächliche**[2] Höhe der fälligen Lohnzahlung und damit auch die **tatsächliche** Höhe der Gesamtsozialversicherungsbeiträge und die **tatsächliche** Höhe der noch abzuführenden Steuern fest:

Bruttolöhne (30. April)	Abzüge		Gesamt-abzüge	Nettolöhne (Banküber-weisung)	Arbeitgeber-anteil zur Sozial-versicherung
	Steuern	AN-Anteil zur Sozialversicherung			
205.000,00 €	38.000,00 €	41.922,50 €	79.922,50 €	125.077,50 €	40.077,50 €
Tatsächliche Gesamtsozialversicherungsbeiträge: 41.922,50 € + 40.077,50 € = 82.000,00 €					

Buchungssatz[3] für die Lohnzahlung am 30. April	Soll	Haben
6200 Löhne	205.000,00	
6400 AG-Anteil zur Sozialversicherung (Lohnbereich)	40.077,50	
an 2800 Guthaben bei Kreditinstituten (Bank)		125.077,50
an 2640 SV-Beitragsvorauszahlung		82.000,00
an 4830 Sonst. Verb. gegenüber Finanzbehörden		38.000,00

---

1 Wird die Sollbuchung auf dem Konto „2640 SV-Beitragsvorauszahlung" nicht zusammengefasst, so wird gebucht:

   2640 SV-Beitragsvorauszahlung   500,00
   2640 SV-Beitragsvorauszahlung   80.905,00
     an 2800 Guthaben bei Kreditinstituten (Bank)   81.405,00

2 Die Vergütungen ändern sich monatlich bedingt durch unterschiedliche Arbeitsstunden, Überstunden, Urlaubsgeld, Zulagen, unbezahlten Urlaub, Fluktuation usw. Deshalb weichen die tatsächlichen Sozialversicherungsbeiträge von dem zuvor geschätzten Sozialversicherungsbeitragssoll ab.

3 Bei dieser Buchungsmethode wird der Auszahlungsbetrag der Löhne/Gehälter sofort über das Bankkonto gebucht. Man spricht von der **„direkten Methode"**. In der Praxis wird auch häufig die **„indirekte Methode"** angewandt. Bei dieser Buchungsmethode wird zunächst über das Konto „4850 Verbindlichkeiten gegenüber Mitarbeitern" gebucht. Dieses Konto wird dann später durch Banküberweisung ausgeglichen.

2.15.5 Die buchhalterische Behandlung von vermögenswirksamen Leistungen

Nach dem Vermögensbildungsgesetz erhalten die Arbeitnehmer vom **Staat** eine **Arbeitnehmersparzulage.**

Übersicht über die staatliche Förderung

	Bausparen	Beteiligungssparen	Summe
Geförderte Anlageformen	Bausparvertrag	Aktien, Aktienfonds, GmbH-Anteile	
Zulagenbegünstigter Höchstbetrag	470,00 € jährlich	400,00 € jährlich	870,00 € jährlich
Arbeitnehmersparzulage	9 % (max. 42,30 € jährlich)	20 % (max. 80,00 € jährlich)	max. 122,30 € jährlich
Förderungswürdige Einkommensgrenzen (maßgeblich ist das zu versteuernde Einkommen)	17.900,00 € für Ledige 35.800,00 € für Verheiratete	20.000,00 € für Ledige 40.000,00 € für Verheiratete	

Die Arbeitnehmersparzulage wird durch das Finanzamt des Arbeitnehmers festgesetzt. Sie wird ausgezahlt, nachdem die Sperrfristen nach dem Vermögensbildungsgesetz abgelaufen sind oder der Bausparvertrag zugeteilt worden ist.

Das vermögenswirksame Sparen der Arbeitnehmer kann aufgrund von Tarifverträgen, Betriebsvereinbarungen oder Einzelarbeitsverträgen durch den Arbeitgeber bezuschusst werden. Der Zuschuss des Arbeitgebers stellt ein **zusätzliches Arbeitsentgelt** dar, das **steuer-** und **sozialversicherungspflichtig** ist.

Beispiel

Die folgende Gehaltsabrechnung ist zu buchen:

Bruttogehalt		1.600,00 €
+ Arbeitgeberzuschuss zur vermögenswirksamen Anlage		26,00 €
= steuer- und sozialversicherungspflichtiges Gehalt		1.626,00 €
– Steuern	248,00 €	
– Arbeitnehmeranteil zur Sozialversicherung	342,00 €	
– vermögenswirksame Anlage	39,00 €	629,00 €
= Auszahlungsbetrag		997,00 €
Arbeitgeberanteil zur Sozialversicherung		328,00 €

1. Buchungssatz für die Gehaltszahlung	**Soll**	**Haben**
6300 Gehälter	1.600,00	
6320 Sonst. tarifl. oder vertr. Aufwendungen	26,00	
6410 AG-Anteil zur Sozialversicherung (Gehaltsbereich)	328,00	
an 2800 Guthaben bei Kreditinstituten (Bank)		997,00
an 2640 SV-Beitragsvorauszahlung		670,00[1]
an 4830 Sonst. Verb. gegenüber Finanzbehörden		248,00
an 4860 Verb. aus vermögenswirksamen Leistungen		39,00

---

1 = Arbeitnehmeranteil zur SV + Arbeitgeberanteil zur SV (= 342,00 € + 328,00 €)

2. Buchungssatz für die Überweisung der einbehaltenen Abzüge	Soll	Haben
4860 Verb. aus vermögenswirksamen Leistungen	39,00	
4830 Sonst. Verb. gegenüber Finanzbehörden	248,00	
an 2800 Guthaben bei Kreditinstituten (Bank)		287,00

Zusammenfassung

1. Der Staat begünstigt vermögenswirksames Bausparen und Beteiligungssparen mit der Arbeitnehmersparzulage.

2. Die vermögenswirksame Anlage wird häufig vom Arbeitgeber bezuschusst.

Aufgaben

1 u. 2:	Einfache Lohn- und Gehaltsbuchungen
3–6:	Vorschüsse und entgeltliche Erzeugnislieferungen an Arbeitnehmer
7 u. 8:	Vermögenswirksame Leistungen
9:	Belegbuchungen
10:	Sonstige Personalaufwendungen
11:	Geschäftsgang

1 26. Juli: Prognostizierte SV-Vorausleistung (Juli): 7.200,00 €,
SV-Schuldvortrag aus dem Vormonat Juni: 60,00 €.

Bruttogehälter[1] (31. Juli)	Abzüge		Nettogehälter (Banküberweisung)	AG-Anteil zur Sozialversicherung
	Steuern	AN-Anteil zur Sozialversicherung		
17.000,00 €	3.160,00 €	3.638,00 €	10.202,00 €	3.485,00 €

1. Bilden Sie den Buchungssatz für die Banküberweisung des Sozialversicherungsbeitragssolls am 26. Juli.
2. Bilden Sie den Buchungssatz für die Gehaltszahlung (mit dem Arbeitgeberanteil zur Sozialversicherung) am 31. Juli.
3. Stellen Sie die Buchungen aus 1. und 2. auf dem Konto „2640 SV-Beitragsvorauszahlung" dar. Weisen Sie dabei jeden Buchungsbetrag einzeln aus.
   Erklären Sie den Charakter des Saldos, der sich am 31. Juli auf diesem Konto ergibt.
4. Bilden Sie am 9. Aug. den Buchungssatz für das Abführen (Banküberweisung) der noch abzuführenden Steuern.

2 26. Okt.: Prognostizierte SV-Vorausleistung (Oktober): 5.700,00 €,
SV-Forderungsvortrag aus dem Vormonat September: 100,00 €.

Bruttolöhne[1] (31. Okt.)	Abzüge		Nettolöhne (Banküberweisung)	AG-Anteil zur Sozialversicherung
	Steuern	AN-Anteil zur Sozialversicherung		
13.800,00 €	2.484,00 €	2.953,00 €	8.363,00 €	2.829,00 €

---

1 Die Vergütungen ändern sich monatlich bedingt durch unterschiedliche Arbeitsstunden, Überstunden, Urlaubsgeld, Zulagen, unbezahlten Urlaub, Fluktuation usw. Deshalb weichen die tatsächlichen Sozialversicherungsbeiträge von dem zuvor geschätzten Sozialversicherungsbeitragssoll ab.

1. Bilden Sie den Buchungssatz für die Banküberweisung des Sozialversicherungsbeitragssolls am 26. Okt.
2. Bilden Sie den Buchungssatz für die Lohnzahlung (mit dem Arbeitgeberanteil zur Sozialversicherung) am 31. Okt.
3. Stellen Sie die Buchungen aus 1. und 2. auf dem Konto „2640 SV-Beitragsvorauszahlung" dar. Weisen Sie dabei jeden Buchungsbetrag einzeln aus. Erklären Sie den Charakter des Saldos, der sich am 31. Okt. auf diesem Konto ergibt.
4. Bilden Sie am 9. Nov. den Buchungssatz für das Abführen (Banküberweisung) der noch abzuführenden Steuern.

3 15. Jan.: Lohnvorschüsse durch Banküberweisung: 3.000,00 €,
26. Jan.: Prognostizierte SV-Vorausleistung (Januar): 14.300,00 €,
SV-Schuldvortrag aus dem Vormonat Dezember: 50,00 €.

Bruttolöhne[1] (31. Jan.)	Abzüge		Vorschüsse	Auszahlung (Banküber- weisung)	AG-Anteil zur So- zialversicherung
	Steuern	AN-Anteil zur So- zialversicherung			
33.900,00 €	5.200,00 €	7.255,00 €	3.000,00 €	18.445,00 €	6.949,00 €

1. Buchen Sie die Banküberweisung der Vorschusszahlungen am 15. Jan.
2. Bilden Sie den Buchungssatz für die Banküberweisung des Sozialversicherungsbeitragssolls am 26. Jan.
3. Bilden Sie den Buchungssatz für die Lohnzahlung (mit dem Arbeitgeberanteil zur Sozialversicherung) am 31. Jan.
4. Stellen Sie die Buchungen aus 2. und 3. auf dem Konto „2640 SV-Beitragsvorauszahlung" dar. Weisen Sie dabei jeden Buchungsbetrag einzeln aus.
Erklären Sie den Charakter des Saldos, der sich am 31. Jan. auf diesem Konto ergibt.
5. Bilden Sie am 9. Febr. den Buchungssatz für das Abführen (Banküberweisung) der noch abzuführenden Steuern.

4 Sie sind Angestellte(r) der Textilfabrik Konrad Fied KG, Goseriede 41, 30159 Hannover.
Der folgende Beleg liegt Ihnen zur Buchung vor.
a) Welcher Geschäftsfall liegt dem Beleg zugrunde?
b) Wie lautet der Buchungssatz?

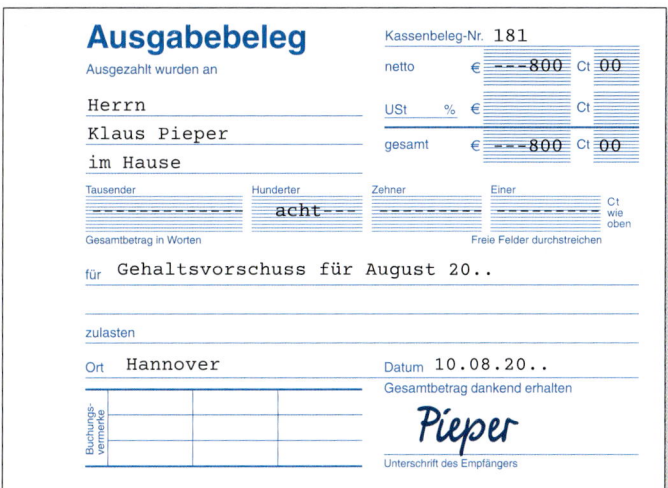

---

1 Die Vergütungen ändern sich monatlich bedingt durch unterschiedliche Arbeitsstunden, Überstunden, Urlaubsgeld, Zulagen, unbezahlten Urlaub, Fluktuation usw. Deshalb weichen die tatsächlichen Sozialversicherungsbeiträge von dem zuvor geschätzten Sozialversicherungsbeitragssoll ab.

5 Buchen Sie folgende Geschäftsfälle:

1. Entgeltliche Erzeugnislieferung an Arbeiter am 9. Nov. .... 1.000,00 €
   + 19 % Umsatzsteuer .... 190,00 €
   (Verrechnung erfolgt bei der Lohnzahlung.)
2. Prognostizierte SV-Vorausleistung (November): 10.900,00 €,
   SV-Forderungsvortrag aus dem Vormonat: 100,00 €,
   Banklastschrift für Überweisung des Sozialversicherungsbeitragssolls am 26. Nov.
3.

Bruttolöhne[1] (30. Nov.) (€)	Abzüge		Erzeugnis-lieferung (€)	Gesamt-abzüge (€)	Auszahlung (Banküberw.) (€)	AG-Anteil (SV) (€)
	Steuern (€)	AN-Anteil (SV) (€)				
25.900,00	4.500,00	5.542,00	1.190,00	11.232,00	14.668,00	5.309,00

4. Abführen der Steuern durch Banküberweisung am 9. Dez. (siehe 3.).

6 Buchen Sie folgende Geschäftsfälle:

1. Vorschusszahlung am 10. Mai an Angestellte, bar .... 2.000,00 €
2. Entgeltliche Erzeugnislieferung am 16. Mai an Angestellte .... 1.500,00 €
   + 19 % Umsatzsteuer .... 285,00 €
   (Verrechnung erfolgt bei der Gehaltszahlung.)
3. Prognostizierte SV-Vorausleistung (Mai): 21.000,00 €,
   SV-Schuldvortrag aus dem Vormonat: 80,00 €,
   Banklastschrift für Überweisung des Sozialversicherungsbeitragssolls am 27. Mai.
4.

Bruttogehäl-ter[1] (31. Mai) (€)	Abzüge		Vor-schuss (€)	Erzeugnis-lieferung (€)	Auszahlung (Banküberw.) (€)	AG-Anteil (SV) (€)
	Steuern (€)	AN-Anteil (SV) (€)				
50.400,00	7.580,00	10.786,00	2.000,00	1.785,00	28.249,00	10.332,00

5. Banküberweisung der Steuern am 9. Juni (siehe 4.).

7 a) Bilden Sie die Buchungssätze.

1. Prognostizierte SV-Vorausleistung (Februar): 5.000,00 €,
   SV-Forderungsvortrag aus dem Vormonat: 120,00 €,
   Banklastschrift für Überweisung des Sozialversicherungsbeitragssolls am 24. Febr.
2.

Bruttolöhne[1] (28. Febr.) (€)	Zuschuss zur vermögensw. Anlage (€)	Abzüge		vermö-genswirks. Anlage (€)	Auszahlung (Bank) (€)	AG-Anteil (SV) (€)
		Steuern (€)	AN-Anteil (SV) (€)			
11.900,00	78,00	2.100,00	2.546,00	130,00	7.202,00	2.439,00

3. Banküberweisung der einbehaltenen vermögenswirksamen Anlagen am 2. März.
4. Banküberweisung der einbehaltenen Steuern am 9. März.

b) Ermitteln Sie die Personalaufwendungen, die insgesamt im Monat Februar anfielen.

---

1 Die Vergütungen ändern sich monatlich bedingt durch unterschiedliche Arbeitsstunden, Überstunden, Urlaubsgeld, Zulagen, unbezahlten Urlaub, Fluktuation usw. Deshalb weichen die tatsächlichen Sozialversicherungsbeiträge von dem zuvor geschätzten Sozialversicherungsbeitragssoll ab.

8

Betrieb	Bruttolöhne	Zuschuss zur vermögensw. Anlage	Abzüge		vermögenswirks. Anlage	Auszahlung (Bank)	AG-Anteil (SV)
			Steuern	AN-Anteil (SV)			
	(€)	(€)	(€)	(€)	(€)	(€)	(€)
1	47.500,00	338,00	8.230,00	10.165,00	676,00	?	9.737,00
2	30.200,00	234,00	5.180,00	6.462,00	468,00	?	6.191,00
3	68.700,00	640,00	11.790,00	14.701,00	832,00	?	14.083,00

a) Errechnen Sie für jeden Betrieb den Auszahlungsbetrag.

b) Bilden Sie für jeden Betrieb die Buchungssätze für

   1. die Lohnzahlung,

   2. die Banküberweisung der einbehaltenen vermögenswirksamen Anlagen und

   3. die Banküberweisung der einbehaltenen Steuern.

c) Ermitteln Sie die Personalaufwendungen, die insgesamt für jeden Betrieb anfallen.

9 Sie sind Angestellte(r) der Textilfabrik Konrad Fied KG, Goseriede 41, 30159 Hannover. Die folgenden Belege liegen Ihnen zur Buchung vor.

a) Welche Geschäftsfälle liegen den Belegen zugrunde?

b) Wie lauten die Buchungssätze?

Beleg 1

Beleg 2[1]

			Kontonummer	erstellt am	Auszug	Blatt
			12 345	27.03.20..	23	1/1

Hannoversche Volksbank eG

BLZ 251 900 01 **Kontoauszug**

Bu.-Tag	Wert	Vorgang	alter Kontostand		
				40.000,00	+
26.03.	26.03.	SB-Überweisung, AB Krankenkasse,		6.300,00	−
		AB-Konto-Nr. 8976, Sozialversicherungs- beitragssoll März 20..			
27.03.	27.03.	SB-Überweisung, Textil-Berufsgenossenschaft,		8.998,00	−
		Vorauszahlung Unfallversicherung 1. Quartal 20..,			
		Mitglieds-Nr. AB/345XY			
		neuer Kontostand vom 27.03.20..		**24.702,00**	**+**

Textilfabrik
Konrad Fied KG
Goseriede 41
30159 Hannover

USt-IdNr.: DE 115 648 359

IBAN: DE73 2519 0001 0000 0123 45   BIC: VOHADE2H

Hinweis: Es sind zwei Geschäftsfälle zu bearbeiten.

Beleg 3

			Kontonummer	erstellt am	Auszug	Blatt
			12 345	10.04.20..	27	1/1

Hannoversche Volksbank eG

BLZ 251 900 01 **Kontoauszug**

Bu.-Tag	Wert	Vorgang	alter Kontostand		
				30.000,00	+
08.04.	08.04.	SB-Überweisung, XY Aktienfonds,		538,00	−
		Vermögenswirksame Leistungen unserer			
		Arbeitnehmer März 20.. gemäß Liste			
09.04.	09.04.	SB-Überweisung, Finanzamt Hannover-Süd,		4.900,00	−
		Lohn- und Kirchensteuer, Solidaritätszuschlag			
		März 20.., Steuer-Nr. 26/306/71722			
		neuer Kontostand vom 10.04.20..		**24.562,00**	**+**

Textilfabrik
Konrad Fied KG
Goseriede 41
30159 Hannover

USt-IdNr.: DE 115 648 359

IBAN: DE73 2519 0001 0000 0123 45   BIC: VOHADE2H

Hinweis: Es sind zwei Geschäftsfälle zu bearbeiten.

Beleg 4

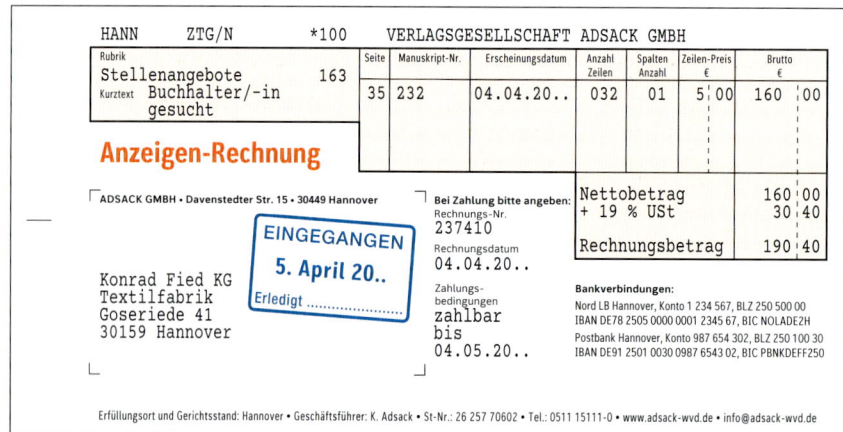

---

1 *Zur Information zum zweiten Geschäftsfall:* Die Beiträge zur Unfallversicherung sind nach Gefahrenklassen gestaffelt und betragen etwa 0,7 % bis 4,5 % der Bruttolohnsumme des Betriebs. Der Arbeitgeber hat für das laufende Jahr **Vorauszahlungen** an die Berufsgenossenschaft zu leisten. Aufgrund der bis Mitte Februar des Folgejahres von den Arbeitgebern einzureichenden Feststellungsbogen ermittelt die Berufsgenossenschaft den endgültig zu zahlenden Betrag. Geht der Arbeitgeber davon aus, dass für das Abschlussjahr zu geringe Vorauszahlungen an die Berufsgenossenschaft geleistet wurden, so hat er am Geschäftsjahresende **Rückstellungen für ungewisse Verbindlichkeiten** (siehe Hermsen, Rechnungswesen der Industrie – IKR, Winklers, Braunschweig, Kapitel 3.2) zu bilden.

10 Nennen Sie die Buchungssätze.

(Suchen Sie sich dazu die entsprechenden Konten aus dem Kontenrahmen heraus.)

1. Einem leitenden Angestellten, der jeden Tag ca. 100 km zur Arbeitsstätte anreisen muss, erstatten wir die monatlichen Fahrtkosten mit der Bahn von 310,00 € durch Banküberweisung.

2. Das 100-jährige Firmenjubiläum wird mit der Belegschaft in einem Restaurant gefeiert. Die Rechnung des Restaurants über 20.825,00 € (einschließlich 19 % Umsatzsteuer) geht bei uns ein.

3. Für die betriebliche Bücherei wird Fachliteratur für 321,00 € (einschließlich 7 % Umsatzsteuer) bar angeschafft.

11[1] **Anfangsbestände**

I. Anfangsbestände der Sachkonten

0720 Anlagen und Maschinen: 900.000,00 €; 0840 Fuhrpark: 350.000,00 €; 2000 Rohstoffe: 250.000,00 €; 2020 Hilfsstoffe: 80.000,00 €; 2100 Unfertige Erzeugnisse: 70.000,00 €; 2200 Fertige Erzeugnisse: 90.000,00 €; 2400 Forderungen a. LL: 120.000,00 €; 2640 SV-Beitragsvorauszahlung: 100,00 € (Anfangsbestand im Soll); 2800 Guthaben bei Kreditinstituten (Bank): 200.000,00 €; 2880 Kasse: 9.000,00 €; 3000 Eigenkapital: 977.700,00 €; 4250 Langfristige Bankverbindlichkeiten: 973.000,00 €; 4400 Verbindlichkeiten a. LL: 118.400,00 €.

II. Anfangsbestände der Kundenkonten
(Offene-Posten-Liste der Debitoren)

Kd.-Nr.	Debitoren	Beleg-Nr.	Betrag (€)
24 001	Söffgen OHG	1	80.000,00
24 002	G. Schön e. Kffr.	2	40.000,00
			120.000,00

III. Anfangsbestände der Lieferantenkonten
(Offene-Posten-Liste der Kreditoren)

L.-Nr.	Kreditoren	Beleg-Nr.	Betrag (€)
44 002	Emut GmbH	3	71.400,00
44 006	Vödisch AG	4	47.000,00
			118.400,00

> **Kontenplan**
>
> **Kontenklasse 0 (Immaterielle Vermögensgegenstände und Sachanlagen):**
> 0720 Anlagen und Maschinen; 0840 Fuhrpark.
>
> **Kontenklasse 2 (Umlaufvermögen und aktive Rechnungsabgrenzung):**
> 2000 Rohstoffe; 2020 Hilfsstoffe; 2100 Unfertige Erzeugnisse; 2200 Fertige Erzeugnisse; 2400 Forderungen a. LL (24 001 Forderungen an die Söffgen OHG, 24 002 Forderungen an G. Schön e. Kffr.); 2600 Vorsteuer; 2640 SV-Beitragsvorauszahlung; 2650 Forderungen an Mitarbeiter; 2800 Guthaben bei Kreditinstituten (Bank); 2880 Kasse.
>
> **Kontenklasse 3 (Eigenkapital und Rückstellungen):**
> 3000 Eigenkapital; 3001 Privatkonto.
>
> **Kontenklasse 4 (Verbindlichkeiten und passive Rechnungsabgrenzung):**
> 4250 Langfristige Bankverbindlichkeiten; 4400 Verbindlichkeiten a. LL (44 002 Verbindlichkeiten gegenüber der Emut GmbH, 44 006 Verbindlichkeiten gegenüber der Vödisch AG); 4800 Umsatzsteuer; 4830 Sonstige Verbindlichkeiten gegenüber Finanzbehörden.

---

1 Der Geschäftsgang kann alternativ nach der „Fortschreibungsmethode" oder nach der „Inventurmethode" oder nach dem „Aufwandsrechnerischen Verfahren" gebucht werden.

Kontenklasse 5 (Erträge):

5000 Umsatzerlöse für eigene Erzeugnisse; 5201 Bestandsveränderungen an unfertigen Erzeugnissen; 5202 Bestandsveränderungen an fertigen Erzeugnissen; 5420 Entnahme von Gegenständen und sonstigen Leistungen.

Kontenklasse 6 (Betriebliche Aufwendungen):

6000 Aufwendungen für Rohstoffe; 6002[1] Nachlässe für Rohstoffe; 6020 Aufwendungen für Hilfsstoffe; 6200 Löhne; 6300 Gehälter; 6400 Arbeitgeberanteil zur Sozialversicherung (Lohnbereich); 6410 Arbeitgeberanteil zur Sozialversicherung (Gehaltsbereich); 6420 Beiträge zur Berufsgenossenschaft; 6690 Übrige sonstige Personalaufwendungen; 6710 Leasing; 6800 Büromaterial.

Kontenklasse 8 (Ergebnisrechnungen):

8000 Eröffnungsbilanzkonto; 8010 Schlussbilanzkonto; 8020 Gewinn- und Verlustkonto.

Beleg-Nr.	Geschäftsfälle	€
	1. Eingangsrechnung der	
11	1. Emut GmbH (L.-Nr. 44 002), Nettopreis (Rohstoffe)	60.000,00
	− 16 $\frac{2}{3}$ % Rabatt[2]	10.000,00
	+ 19 % Umsatzsteuer	9.500,00
	Rechnungsbetrag	59.500,00
12	2. Vödisch AG (L.-Nr. 44 006), Nettopreis (Hilfsstoffe)	25.000,00
	− 20 % Rabatt[2]	5.000,00
	+ 19 % Umsatzsteuer	3.800,00
	Rechnungsbetrag	23.800,00
	2. Der Geschäftsinhaber Konrad Fied hat	
21	1. dem Betrieb eigene Erzeugnisse zum privaten Gebrauch entnommen.	
	Nettowert	500,00
	+ 19 % Umsatzsteuer	95,00
		595,00
22	2. eigene Erzeugnisse für das Müttergenesungswerk gespendet.	
	Nettowert	2.000,00
	+ 19 % Umsatzsteuer	380,00
		2.380,00
	3. Ausgangsrechnung an	
31	1. Söffgen OHG (Kd.-Nr. 24 001),	
	Nettopreis (eigene Erzeugnisse)	275.000,00
	− 20 % Rabatt[2]	55.000,00
	+ 19 % Umsatzsteuer	41.800,00
	Rechnungsbetrag	261.800,00
32	2. Gertrud Schön e. Kffr. (Kd.-Nr. 24 002),	
	Nettopreis (eigene Erzeugnisse)	100.000,00
	− 10 % Rabatt[2]	10.000,00
	+ 19 % Umsatzsteuer	17.100,00
	Rechnungsbetrag	107.100,00

1 alternativ: 2002 („Bestandsrechnerisches Verfahren")
2 Rabatte werden buchhalterisch nicht gesondert erfasst.

Beleg-Nr.		€
40	4. Ein Angestellter erhält eigene Erzeugnisse, die mit seinem Gehalt verrechnet werden.	
	Nettowert	400,00
	+ 19 % Umsatzsteuer	76,00
		476,00
	5. Kassenausgänge für	
51	1. Bareinkauf von Büromaterial. Nettopreis	500,00
	+ 19 % Umsatzsteuer	95,00
	Rechnungsbetrag	595,00
52	2. Vorschusszahlung an Arbeiter	800,00
	6. Banklastschrift gemäß Kontoauszug für	
61	1. Überweisung an die Krankenkasse:	
	prognostizierte SV-Vorausleistung des laufenden Monats	37.300,00
	– SV-Forderungsvortrag aus dem Vormonat	100,00
	Sozialversicherungsbeitragssoll	37.200,00
62	2. Lohnzahlung	
	Bruttolöhne	40.500,00
	einbehaltene Steuern	7.900,00
	Arbeitnehmeranteil zur Sozialversicherung	8.667,00
	Vorschuss (Verrechnung)	800,00
	Auszahlung (Banküberweisung)	23.133,00
	Arbeitgeberanteil zur Sozialversicherung	8.302,00
63	3. Gehaltszahlung	
	Bruttogehälter	48.700,00
	einbehaltene Steuern.	9.200,00
	Arbeitnehmeranteil zur Sozialversicherung	10.420,00
	Bezug von eigenen Erzeugnissen (Verrechnung)	476,00
	Auszahlung (Banküberweisung)	28.604,00
	Arbeitgeberanteil zur Sozialversicherung	9.980,00
64	4. die Leasinggebühr des Lkw (Dauerauftrag), netto	600,00
	+ 19 % Umsatzsteuer	114,00
		714,00
65	5. Überweisung an die Emut GmbH	
	(L.-Nr. 44 002, betrifft: Beleg 3)[1],	
	Bruttorechnungsbetrag (Rohstoffe)	71.400,00
	– 3 % Nettoskontonachlass	1.800,00
	– 19 % Umsatzsteuer (auf Nettoskontonachlass)	342,00
	Lastschrift	69.258,00
66	6. einbehaltene Steuern (Lohnzahlung)	7.900,00
67	7. Vorauszahlung der Beiträge an die Berufsgenossenschaft	
	(SEPA-Lastschrift)	1.200,00
68	8. einbehaltene Steuern (Gehaltszahlung)	9.200,00
69	9. Überweisung der Prüfungsgebühr für die Abschlussprüfung unserer Auszubildenden Tina	
	Lüders an die IHK Hannover (SEPA-Lastschrift)	140,00

---

1 Zahlungsausgang innerhalb des Skontozahlungsziels

Beleg-Nr.		€
	7.[1] Verbrauch gemäß Materialentnahmescheine	
71	1. Rohstoffe	80.000,00
72	2. Hilfsstoffe	9.000,00
80	**8.[1] Rückgabe von Rohstoffen aus der Fertigung an das Lager**	5.000,00
	Abschlussangaben	
90	9. Ermittlung und Passivierung der Zahllast	?
	10. Schlussbestände laut Inventur:	
101	1. Unfertige Erzeugnisse	60.000,00
102	2. Fertige Erzeugnisse	120.000,00
110	**11. Die Schlussbestände der anderen Bestandskonten entsprechen den Inventurbeständen.**	
	Zusätzliche Abschlussangaben bei Buchung nach der „Inventurmethode" oder nach dem „Aufwandsrechnerischen Verfahren"	
	12. Schlussbestände laut Inventur:	
121	1. Rohstoffe	223.200,00
122	2. Hilfsstoffe	91.000,00

2.16   Anlagenwirtschaft

Einstieg

Die Konrad Fied KG hat im Januar des Jahres einen neuen Lkw für 135.000,00 € (netto) gekauft. Der Lkw ist im Anschaffungsjahr ca. 50 000 km gefahren. Auch in Zukunft wird mit einer durchschnittlichen jährlichen Fahrleistung von etwa 50 000 km gerechnet. Die gesamte Fahrleistung des Lkw wird ungefähr 450 000 km betragen.

Tina Lüders überlegt, mit welchem Wert der Lkw am Ende des Geschäftsjahres (31.12.20..) zu bilanzieren ist und wie die Wertminderung buchhalterisch zu erfassen ist.

Wie buchen wir die Wertminderung dieses neuen Lkw?

AH

a) Nennen Sie Ursachen, die zu Wertminderungen von Anlagegütern führen.
b) Auf welchem Konto werden die Wertminderungen von Anlagegütern buchhalterisch erfasst?
c) Zu b): Um was für ein Konto handelt es sich (aktives Bestandskonto, passives Bestandskonto, Ertragskonto, Aufwandskonto)?
d) Errechnen Sie für das Anschaffungsjahr die Wertminderung des in der Konrad Fied KG neu angeschafften Lkw.
e) Buchen Sie die Wertminderung am Ende des Anschaffungsjahres in Ihrem Arbeitsheft im Grund- und Hauptbuch.

---

1   Soll nach der „Inventurmethode" oder nach dem „Aufwandsrechnerischen Verfahren" gebucht werden, so entfällt dieser Geschäftsfall.

f) Schließen Sie das Konto „6520 Abschreibungen" ab. Buchen Sie den Saldo im Grund- und Hauptbuch.

g) Schließen Sie das Konto „0840 Fuhrpark" ab. Buchen Sie den Schlussbestand im Grund- und Hauptbuch.

2.16.1 Ursachen der Wertminderung des Anlagevermögens

Lernstoff

Anlagegüter (z. B. Gebäude, Maschinen, Kraftfahrzeuge, Betriebs- und Geschäftsausstattung) stehen den Unternehmen längerfristig zur Verfügung. Ihre Nutzungsdauer ist jedoch zeitlich begrenzt. Der Wert der Anlagegüter[1] nimmt im Zeitablauf ab.

Die **Ursachen der Wertminderung** der Anlagegüter liegen hauptsächlich begründet

- im **technischen Verschleiß** (verursacht durch Gebrauch, Abgabe von Nutzungen),
- im **natürlichen Verschleiß** (z. B. Verrosten, Verwitterung) und
- im **technischen Fortschritt** (ein neues – technisch verbessertes – Produkt kommt auf den Markt).

2.16.2 Die buchhalterische Behandlung der Wertminderung des Anlagevermögens

Der buchhalterische Vorgang, Wertminderungen der Anlagegüter zu erfassen, wird Abschreibung genannt.
Im Einkommensteuergesetz spricht man von „Absetzung für Abnutzung" (= AfA).

Buchmäßig werden die Wertminderungen der Anlagegüter auf dem **Aufwandskonto „6520 Abschreibungen auf Sachanlagen"** erfasst.

Beispiel

Ein Lkw, der mit 100.000,00 € auf dem Konto „Fuhrpark" geführt wird, hat im Betrachtungsjahr 20.000,00 € an Wert verloren. Er ist entsprechend abzuschreiben.

Buchungssatz	Soll	Haben
6520 Abschreibungen auf Sachanlagen	20.000,00	
an 0840 Fuhrpark		20.000,00

Buchung

S	6520 Abschreibungen auf SA	H		S	0840 Fuhrpark		H
0840	20.000,00			AB	100.000,00	6520	20.000,00

Abschlussbuchungssatz des Abschreibungskontos	Soll	Haben
8020 Gewinn- und Verlustkonto	20.000,00	
an 6520 Abschreibungen auf Sachanlagen		20.000,00

Abschlussbuchungssatz des Fuhrparkkontos	Soll	Haben
8010 Schlussbilanzkonto	80.000,00	
an 0840 Fuhrpark		80.000,00

---

1 Ausnahme: Grund und Boden

Buchungen

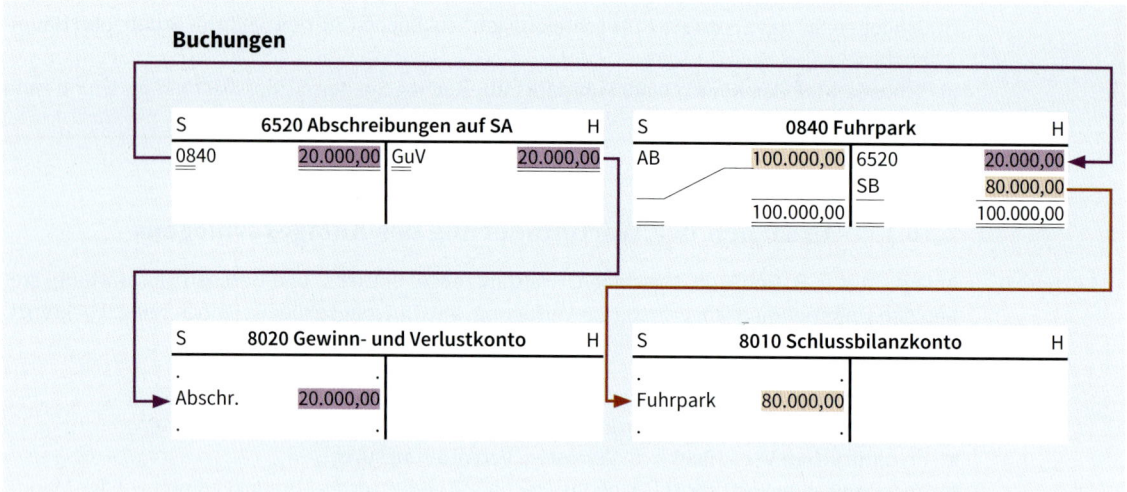

2.16.3 Abschreibungsmethoden

2.16.3.1 Die lineare Abschreibungsmethode

 Bei der linearen Abschreibungsmethode wird mit gleichbleibenden Beträgen von den Anschaffungs- oder Herstellungskosten abgeschrieben.

Abschreibungsprozentsatz und Abschreibungsbetrag werden nach folgenden Formeln ermittelt:

$$\text{Abschreibungsprozentsatz} = \frac{100\,\%}{\text{Nutzungsdauer}}$$

$$\text{Abschreibungsbetrag} = \frac{\text{Anschaffungswert}}{\text{Nutzungsdauer}}$$

Beispiel Ein Pkw mit einem Anschaffungswert (Anschaffung am 4. Januar 20..) von 60.000,00 € soll abgeschrieben werden. Die voraussichtliche Nutzungsdauer beträgt 6 Jahre.

$$\text{Abschreibungsprozentsatz} = \frac{100\,\%}{6} = 16\,{}^{2}\!/_{3}\,\%$$

$$\text{Abschreibungsbetrag} = \frac{60.000,00\,€}{6} = \underline{\underline{10.000,00\,€}}$$

2.16.5   Das Anlagenverzeichnis (Anlagenbuch)

Im Hauptbuch werden die Anlagekonten in der Regel als **Sammelkonten** gemäß Kontenrahmen geführt. In jedem Sammelkonto wird eine Vielzahl von einzelnen Anlagegütern erfasst.

Um nun die Abschreibungen pro Sammelkonto exakt ermitteln zu können, ist das Führen eines **Anlagenbuches** (= Nebenbuch) erforderlich.

Dieses Anlagenbuch kann in Form einer **Anlagenkartei** angelegt sein. Für jeden Gegenstand des Anlagevermögens wird dann eine **Anlagenkarteikarte** geführt.

 Bei der EDV-Buchführung erfolgt die Speicherung (Anlagendatei) auf einem elektronischen Datenträger.

Muster einer Anlagenkarteikarte:

Inventar-Nr.: 662	Bezeichnung: Lkw (H-RW 692)	Kostenstelle: Fuhrpark	
Anlagekonto: 0840	Abschreibungskonto: 6520	Abschreibungsbeginn: 1. Jan., Jahr 1	
Voraussichtliche Nutzungsdauer: 9 Jahre	Abschreibung: linear	Anschaffungskosten: 90.000,00 € Wiederbeschaffungswert: 100.000,00 € Versicherungswert: 90.000,00 €	
Datum	Buchwert (AB)	jährliche AfA	∑ AfA
31. Dez. Jahr 1	90.000,00 €	10.000,00 €	10.000,00 €
31. Dez. Jahr 2	80.000,00 €	10.000,00 €	20.000,00 €
31. Dez. Jahr 3	70.000,00 €	10.000,00 €	30.000,00 €
31. Dez. Jahr 4	60.000,00 €	10.000,00 €	40.000,00 €
31. Dez. Jahr 5	50.000,00 €		
31. Dez. Jahr 6			
31. Dez. Jahr 7			
31. Dez. Jahr 8			
31. Dez. Jahr 9			

Aufgrund der Daten der Anlagenkartei wird ein **Anlagenverzeichnis** erstellt.

Die Kopfzeile eines Anlagenverzeichnisses könnte folgendermaßen aufgebaut sein:

Nr.	Bezeichnung des Anlagegutes	Bilanzwert 1. Jan.	Anschaffungs-/ Herstellungs-		Abgangs-tag	Nut-zungs-dauer	AfA			Bilanzwert 31. Dez.
			tag	kosten			Methode	Satz	Betrag	
1	2	3	4	5	6	7	8	9	10	11

Die Spalten 2 und 11 beinhalten die steuerlichen Mindestanforderungen. Enthält das Bestandsverzeichnis nur diese Informationen, so ist es jährlich aufgrund einer körperlichen Bestandsaufnahme zu erstellen.

Die Spalten 4 bis 6 sind erforderlich, wenn auf die jährliche körperliche Bestandsaufnahme der Gegenstände des beweglichen Anlagevermögens verzichtet werden soll.

Die Spalten 3 und 7 bis 10 stellen sinnvolle betriebswirtschaftliche Ergänzungsinformationen dar.

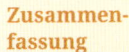

**Zusammen-
fassung**

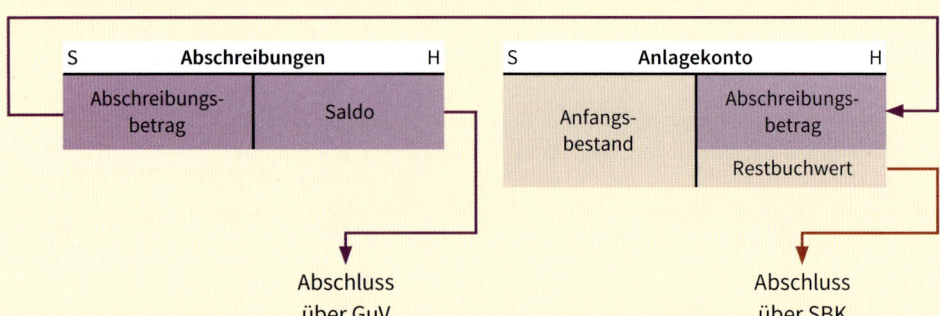

1. Wertminderungen der Anlagegüter werden durch Abschreibungen buchhalterisch erfasst.

2. Abschreibungen werden als Aufwendungen im Soll des Aufwandskontos „Abschreibungen" und als Bestandsminderungen im Haben der Anlagekonten gebucht.

3. Bei der linearen Abschreibungsmethode wird mit gleichbleibenden Beträgen vom Anschaffungs- oder Herstellungswert abgeschrieben.

4. Bei der degressiven Abschreibungsmethode wird mit fallenden Beträgen vom Buchwert abgeschrieben.

5. Bei der Leistungsabschreibung ergibt sich der Abschreibungsbetrag aus der jährlichen Leistung gemessen an der voraussichtlichen Gesamtleistung.

6. Bleibt ein Anlagegut nach seiner vollständigen buchmäßigen Abschreibung weiterhin Bestandteil des Betriebsvermögens, so muss es mit 1,00 € Erinnerungswert auf dem jeweiligen Anlagekonto weitergeführt werden.

7. Anlagegüter, deren Zugang oder Abgang während des Wirtschaftsjahres erfolgt, sind im Zugangs- bzw. Abgangsjahr zeitanteilig abzuschreiben.

8. Jedes Anlagegut wird einzeln in einer Anlagekartei/Anlagedatei geführt (und abgeschrieben). Die Anlagekonten des Hauptbuches ergeben sich aus diesen Anlagekarteien/Anlagedateien.

**Aufgaben
folgen auf
S. 189 ff.**

2.16.6   Geringwertige Wirtschaftsgüter[1]

Abnutzbare bewegliche Güter des Anlagevermögens,

- die selbstständig nutzbar sind und
- deren Anschaffungs- oder Herstellungskosten nicht mehr als 1.000,00 € netto (ohne Umsatzsteuer) betragen,

bezeichnet man als **Geringwertige Wirtschaftsgüter (GWG)**.

 Grundsätzlich sind die Geringwertigen Wirtschaftsgüter nach den allgemeinen Regeln abzuschreiben (Regelabschreibung).

Im Folgenden sind die weiteren zulässigen buchhalterischen Behandlungsmöglichkeiten der Geringwertigen Wirtschaftsgüter dargestellt, die nach dem 1. Januar 2018 angeschafft, hergestellt oder eingelegt wurden.

---

1   Ab 01.01.2018 gelten neue GWG-Grenzen. Die Grenzwerte 150,00 € und 410,00 € sind auf 250,00 € bzw. 800,00 € erhöht worden.

2.16.6.1 Sofortaufwand bei Geringwertigen Wirtschaftsgütern mit Anschaffungs- bzw. Herstellungskosten bis 250,00 €

Die Anschaffungs- bzw. Herstellungskosten von Wirtschaftsgütern, die selbstständig nutzbar sind und deren Wert **250,00 €** netto (ohne Umsatzsteuer) **nicht übersteigt, können** alternativ zur Regelabschreibung[1] (= grundsätzlich vorgeschriebenes Abschreibungsverfahren) im Anschaffungs- bzw. Herstellungsjahr in voller Höhe als Betriebsausgabe (Sofortaufwand) erfasst werden (§ 6 Abs. 2 a Satz 4 EStG).

In diesem Fall wird entsprechend der sachlichen Herkunft gebucht, z. B. auf den Aufwandskonten „6800 Büromaterial", „6822 Telekommunikationskosten" oder „6060 Aufwendungen für Reparaturmaterial". Eine besondere Aufzeichnungspflicht, z. B. in einem Anlagenverzeichnis, besteht für derartige Geringwertige Wirtschaftsgüter nicht.

Beispiel		
Barkauf einer Büroschreibtischlampe		160,00 €
+ 19 % Umsatzsteuer		30,40 €
= Bruttorechnungsbetrag		190,40 €

Buchungssatz	Soll	Haben
6800 Büromaterial	160,00	
2600 Vorsteuer	30,40	
an 2880 Kasse		190,40

Das oben beschriebene Wahlrecht (Regelabschreibung[1] oder Sofortaufwand) kann für jedes Wirtschaftsgut individuell ausgeübt werden (**wirtschaftsgutbezogenes Wahlrecht**).

Die Anwendung der Regelabschreibung[1] für Geringwertige Wirtschaftsgüter mit einem Wert bis 250,00 € ist sehr aufwendig. In der betrieblichen Praxis wird deshalb diese Buchungsmöglichkeit nur selten gewählt.[2]

2.16.6.2 Poolabschreibung bei Geringwertigen Pool-Wirtschaftsgütern mit Anschaffungs- bzw. Herstellungskosten ab 250,01 € bis 1.000,00 €

Selbstständig nutzbare Wirtschaftsgüter, die ohne Umsatzsteuer mehr als **250,00 €**, aber **höchstens 1.000,00 €** kosten, **können [Wahlrecht** zur Sofortabschreibungsmethode (siehe Kapitel 2.16.6.3) bzw. zur Regelabschreibung[1] (= grundsätzlich vorgeschriebenes Abschreibungsverfahren)] in einem Jahressammelposten (Pool) zusammengefasst und gemeinsam über 5 Jahre linear, also mit 20 % pro Jahr, abgeschrieben werden (§ 6 Abs. 2 a EStG).

Dabei ist unerheblich,
- zu welchem Zeitpunkt die Wirtschaftsgüter im Anschaffungsjahr erworben werden (keine zeitanteilige Abschreibung im Anschaffungsjahr),
- wann die Wirtschaftsgüter aus dem Betriebsvermögen ausscheiden (konstante Abschreibungen auf den Jahressammelposten im Fünfjahreszeitraum auch bei vorzeitigem oder nachträglichem Ausscheiden der Wirtschaftsgüter).

Abgesehen von der buchhalterischen Erfassung dieser Wirtschaftsgüter im Jahressammelposten bestehen keine weiteren Dokumentationspflichten.

Verbleibt ein GWG des Jahressammelpostens nach vollständiger Abschreibung im Unternehmen, so wird **kein Erinnerungswert** von 1,00 € gebildet.

---

1 Abschreibungen über die betriebsgewöhnliche Nutzungsdauer

2 In diesem Lehrbuch wird bei allen entsprechenden Aufgaben davon ausgegangen, dass für GWG mit einem Wert bis 250,00 € die Regelabschreibung **nicht** angewandt wird.

Die oben beschriebene Wahlentscheidung in dieser Kategorie (Anschaffungs- bzw. Herstellungs-kosten ab 250,01 € bis 1.000,00 €) muss für alle in einem Wirtschaftsjahr angeschafften, hergestellten oder eingelegten Wirtschaftsgüter einheitlich getroffen werden (**wirtschaftsjahrbezogenes Wahlrecht**).

Beispiel

Kauf eines Notebooks im Geschäftsjahr 1 mit Girocard unserer Bank, netto ...... 700,00 €

+ 19 % Umsatzsteuer .... 133,00 €

= Bruttorechnungsbetrag .... 833,00 €

Buchungssatz für die Anschaffung des Notebooks	Soll	Haben
0891 Sammelposten BGA Jahr 1 (WG ab 250,01 € bis 1.000,00 €)	700,00	
2600 Vorsteuer	133,00	
an 2800 Guthaben bei KI (Bank)		833,00

Im Geschäftsjahr 1 sind ferner auf dem Konto „0891 Sammelposten BGA Jahr 1 (Wirtschaftsgüter ab 250,01 € bis 1.000,00 €)" folgende Anschaffungskosten gebucht worden:
500,00 € für einen Büroschreibtisch und 800,00 € für einen Büroschrank.

a) Errechnen Sie den Poolabschreibungsbetrag des Geschäftsjahres 1.

b) Nennen Sie den Abschreibungsbuchungssatz für den Jahressammelposten.

Lösung

a) Gebuchte Anschaffungskosten: 700,00 € + 500,00 € + 800,00 € = 2.000,00 €.
20 % von 2.000,00 € ergeben einen Poolabschreibungsbetrag von **400,00 €.**

b) **Buchungssatz für die Abschreibung des Jahressammelpostens**	Soll	Haben
6541 Abschreibungen auf Sammelposten Jahr 1	400,00	
an 0891 Sammelposten BGA Jahr 1 (WG ab 250,01 € bis 1.000,00 €)		400,00

Nicht selbstständig nutzbare Wirtschaftsgüter dieser Kategorie (z. B. Drucker, Monitore) werden nicht in diesem Jahressammelposten erfasst, sondern isoliert nach den allgemeinen Regeln abge-schrieben (Regelabschreibung[1]).

2.16.6.3 Sofortabschreibung bei Geringwertigen Wirtschaftsgütern mit Anschaffungs- bzw. Herstellungskosten ab 250,01 € bis 800,00 €

Selbstständig nutzbare Wirtschaftsgüter mit Anschaffungs- bzw. Herstellungskosten **zwischen 250,00 € und 800,01 €** (jeweils netto, ohne Umsatzsteuer) **können (Wahlrecht) alternativ** zu der im Kapitel 2.16.6.2 dargestellten Poolabschreibung und **alternativ** zur Regelabschreibung[1] (= grund-sätzlich vorgeschriebenes Abschreibungsverfahren) im Anschaffungs- bzw. Herstellungsjahr in vol-ler Höhe als Betriebsausgaben abgezogen werden (§ 6 Abs. 2 EStG). Dazu werden sie in der Regel zu-nächst aktiviert und dann am Geschäftsjahresende komplett abgeschrieben (**Sofortabschreibung**).

Die Wahlentscheidung in dieser Kategorie **zwischen der Sofortabschreibung und der Regelab-schreibung**[1] kann für jedes GWG individuell ausgeübt werden (**wirtschaftsgutbezogenes Wahl-recht**).

Bei Wahl der Sofortabschreibungsmethode müssen die entsprechenden GWG in einem besonderen Anlagenverzeichnis mit Angabe des Tages der Anschaffung, der Herstellung oder der Einlage sowie mit Angabe der Anschaffungs- bzw. Herstellungskosten erfasst werden. Dieses Verzeichnis ist nicht erforderlich, wenn die Angaben aus der Buchführung hervorgehen.

---

1 Abschreibungen über die betriebsgewöhnliche Nutzungsdauer

Folgende aktive Bestandskonten sind vorgesehen:

- 0780 Geringwertige Anlagen und Maschinen und
- 0880 Geringwertige Vermögensgegenstände der Betriebs- und Geschäftsausstattung.

Nicht selbstständig nutzbare Wirtschaftsgüter mit Anschaffungs- bzw. Herstellungskosten zwischen 250,00 € und 800,01 € (Drucker, Monitore) müssen isoliert nach den allgemeinen Regeln abgeschrieben werden (Regelabschreibung[1]).

Beispiele

Die folgenden Geschäftsfälle sind – wenn möglich – gemäß der Sofortabschreibungsmethode zu buchen.

1. Kauf eines Büroschranks mit Girocard unserer Bank .... 375,00 €
   + 19 % Umsatzsteuer .... 71,25 €
2. Barkauf eines Büroschreibtisches .... 350,00 €
   + 19 % Umsatzsteuer .... 66,50 €
3. Barkauf eines Druckers für den PC .... 300,00 €
   + 19 % Umsatzsteuer .... 57,00 €

Buchungssätze für die Anschaffung der Wirtschaftsgüter	Soll	Haben
1. 0880 Geringwertige Vermögensgegenstände (BGA)	375,00	
2600 Vorsteuer	71,25	
an 2800 Guthaben bei Kreditinstituten (Bank)		446,25
2. 0880 Geringwertige Vermögensgegenstände (BGA)	350,00	
2600 Vorsteuer	66,50	
an 2880 Kasse		416,50
3. 0860 BM, OM und KA[2]	300,00	
2600 Vorsteuer	57,00	
an 2880 Kasse		357,00

Buchungssatz für die vollständige Abschreibung der Geringwertigen Wirtschaftsgüter	Soll	Haben
6530 Abschreibungen auf GWG	725,00	
an 0880 Geringwertige Vermögensgegenstände (BGA)		725,00

Das Konto „0880 Geringwertige Vermögensgegenstände der Betriebs- und Geschäftsausstattung" hat am Ende des Geschäftsjahres folgendes Aussehen:

S	0880 Geringwertige Vermögensgegenstände der Betriebs- und Geschäftsausstattung		H
1. 2800	375,00	6530	725,00
2. 2880	350,00		
	725,00		725,00

Wird die Sofortabschreibungsmethode gewählt, so unterliegen die Wirtschaftsgüter, die den Wert von 800,00 € überschreiten, der Regelabschreibung[1].

1 Abschreibungen über die betriebsgewöhnliche Nutzungsdauer
2 Der Drucker ist nicht selbstständig nutzbar. Deshalb unterliegt er der Regelabschreibung.

Zusammen-fassung

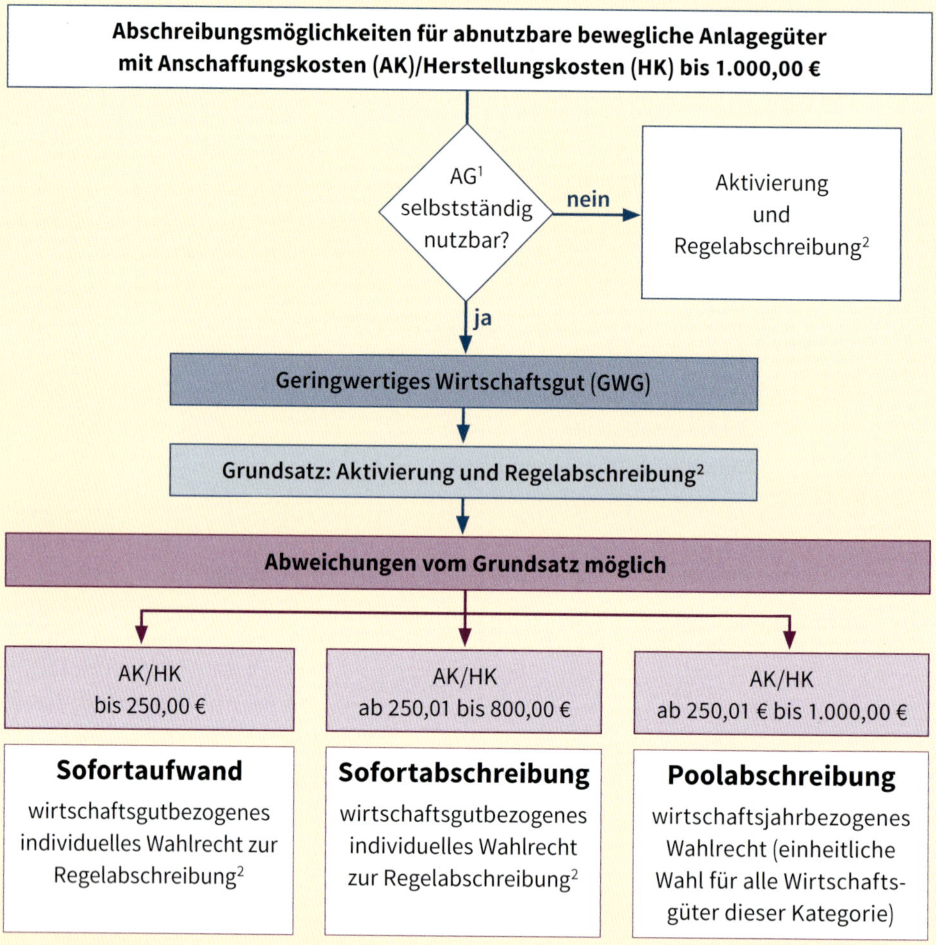

| Abschreibungsmöglichkeiten für abnutzbare bewegliche Anlagegüter mit Anschaffungskosten (AK)/Herstellungskosten (HK) bis 1.000,00 € |

AG[1] selbstständig nutzbar? — **nein** → Aktivierung und Regelabschreibung[2]

↓ **ja**

Geringwertiges Wirtschaftsgut (GWG)

Grundsatz: Aktivierung und Regelabschreibung[2]

Abweichungen vom Grundsatz möglich

AK/HK bis 250,00 €	AK/HK ab 250,01 bis 800,00 €	AK/HK ab 250,01 € bis 1.000,00 €
Sofortaufwand wirtschaftsgutbezogenes individuelles Wahlrecht zur Regelabschreibung[2]	**Sofortabschreibung** wirtschaftsgutbezogenes individuelles Wahlrecht zur Regelabschreibung[2]	**Poolabschreibung** wirtschaftsjahrbezogenes Wahlrecht (einheitliche Wahl für alle Wirtschafts-güter dieser Kategorie)

1. Selbstständig nutzbare Wirtschaftsgüter, deren Anschaffungs- bzw. Herstellungskosten 250,00 € (netto) nicht übersteigen, können im Anschaffungs- bzw. Herstellungsjahr alternativ zur Regelabschreibung[2] sofort als Betriebsausgaben (**Sofortaufwand**) erfasst werden. Das Wahlrecht (Sofortaufwand oder Regelabschreibung[2]) kann für jedes Wirtschaftsgut individuell ausgeübt werden (wirtschaftsgutbezogenes Wahlrecht).

2. Selbstständig nutzbare Wirtschaftsgüter, deren Anschaffungs- bzw. Herstellungskosten zwischen 250,00 € und 800,01 € (jeweils netto) liegen, können (wirtschaftsgutbezogenes individuelles Wahlrecht zur Regelabschreibung[2]) im Anschaffungs- bzw. Herstellungsjahr vollständig abgeschrieben werden (**Sofortabschreibung**). In diesem Fall unterliegen die Wirtschaftsgüter, die den Wert von 800,00 € (netto) überschreiten, der Regelabschreibung.[2]

3. Selbstständig nutzbare Wirtschaftsgüter, deren Anschaffungs- bzw. Herstellungskosten mehr als 250,00 €, höchstens aber 1.000,00 € (jeweils netto) betragen, können (Wahlrecht) in einem Jahressammelposten zusammengefasst und gemeinsam über 5 Jahre mit 20 % linear abgeschrieben werden (**Poolabschreibung**). Die Wahlentscheidung für die Poolabschreibung muss für alle in einem Wirtschaftsjahr angeschafften, hergestellten oder eingelegten Wirtschaftsgüter dieser Kategorie (Anschaffungs- bzw. Herstellungskosten ab 250,01 € bis 1.000,00 €) einheitlich getroffen werden (wirtschaftsjahrbezogenes Wahlrecht).

---

1 Anlagegut

2 Abschreibungen über die betriebsgewöhnliche Nutzungsdauer

Aufgaben

1:   Einführung in die Thematik
2:   Steuerliche Auswirkungen der Abschreibungen
3–5:   Lineare AfA
6:   Abschreibungen im Zeitablauf
7:   Degressive AfA

8–10:   Zeitanteilige Abschreibungen
11:   Leistungsabschreibung
12–15:   Geringwertige Wirtschaftsgüter
16:   Geschäftsgang

1 a) Warum wird der Kauf eines Anlagegutes nicht als Aufwand gebucht?

b) Welche Bilanzveränderung liegt z. B. beim Kauf eines betrieblichen Pkw gegen Bankscheck vor?

c) Nennen Sie die Ursachen für die Wertminderungen von Anlagegütern.

d) Wie werden die Wertminderungen des Anlagevermögens buchhalterisch erfasst?

e) Was für ein Konto ist das Abschreibungskonto?

f) Welchen Vorteil bringen hohe Abschreibungen?

g) Wie wird ein vollständig abgeschriebener Pkw, der weiterhin betrieblich genutzt wird, buchhalterisch erfasst?

h) Warum werden Grund und Boden nicht abgeschrieben?

2 Abschreibungen mindern den steuerpflichtigen Gewinn. Errechnen Sie für die Fälle a) bis e) die durch die linearen Abschreibungen erzielte Steuerersparnis jeweils im Anschaffungsjahr (volle Jahresabschreibung) und jeweils für die gesamte Nutzungsdauer.

	Anschaffungs-kosten	betriebs-gewöhnliche Nutzungsdauer	Steuersatz	Steuerersparnis im Anschaffungsjahr	Steuerersparnis im gesamten Abschreibungszeitraum
a)	100.000,00 €	5 Jahre	50 %	?	?
b)	60.000,00 €	6 Jahre	40 %	?	?
c)	320.000,00 €	8 Jahre	25 %	?	?
d)	200.000,00 €	4 Jahre	32 %	?	?
e)	210.000,00 €	7 Jahre	30 %	?	?

3 Errechnen Sie für die folgenden Anlagegüter
a) den linearen Abschreibungsbetrag,
b) den linearen Abschreibungsprozentsatz.

	betriebsgewöhnliche Nutzungsdauer	Anschaffungswert
Klimageräte	11 Jahre	77.000,00 €
Drucker	6 Jahre	1.500,00 €
Lastkraftwagen	9 Jahre	90.000,00 €

4 Anfangsbestände

0510 Bebaute Grundstücke . . . .   470.000,00 €

0720 Maschinen . . . .   180.000,00 €

0840 Fuhrpark . . . .   120.000,00 €

0870 Sonstige Geschäftsausstattung . . . .   85.000,00 €

Die Anschaffungskosten betrugen:

0510 Bebaute Grundstücke . . . .   500.000,00 €

0720 Maschinen . . . .   250.000,00 €

0840 Fuhrpark . . . .   240.000,00 €

0870 Sonstige Geschäftsausstattung . . . .   150.000,00 €

a) Buchen Sie die Abschreibungen nach der linearen Methode bei folgenden vom Finanzamt aner-
kannten betriebsgewöhnlichen Nutzungsdauern:

0510	Bebaute Grundstücke	50 Jahre
0720	Maschinen	10 Jahre
0840	Fuhrpark	6 Jahre
0870	Sonstige Geschäftsausstattung	5 Jahre

b) Schließen Sie die Konten ab.

5   Der Anfangsbestand auf dem Konto „0860 Büromaschinen, Organisationsmittel und Kommunikationsanlagen" beträgt 40.000,00 € (48.000,00 €). Es handelt sich hierbei lediglich um ein Anlagegut,
das vor 2 Jahren im Januar angeschafft wurde. Die Anschaffungskosten dieses Anlagegutes betrugen 80.000,00 € (72.000,00 €). Es wird linear abgeschrieben.
Der Kauf von 12 PCs im Januar des Betrachtungsjahres bewirkt eine Bestandsmehrung auf dem
Konto „0860" von insgesamt 20.000,00 € (18.000,00 €). Für die PCs gilt eine betriebsgewöhnliche
Nutzungsdauer von 3 Jahren (4 Jahren).

a) Wie hoch sind der Abschreibungsprozentsatz und der jährliche Abschreibungsbetrag für den
bereits 2 Jahre abgeschriebenen Anfangsbestand des Kontos „0860" bei linearer Abschreibung?

b) Wie hoch sind der Abschreibungsprozentsatz und der jährliche Abschreibungsbetrag für die
12 neu angeschafften PCs bei linearer Abschreibung?

c) Wie hoch ist der Abschreibungsbetrag des Kontos „0860" insgesamt nach der Neuanschaffung
der 12 PCs?

AH

6[1]   Die Anschaffungskosten eines Pkw betragen 36.000,00 €.
Betriebsgewöhnliche Nutzungsdauer: 6 Jahre.

a) Errechnen Sie den linearen Abschreibungsprozentsatz (und den maximal möglichen degressiven Abschreibungsprozentsatz bei Anschaffung zwischen dem 1. Jan. 2009 und dem 31. Dez.
2010).

b) Stellen Sie in einer Abschreibungstabelle die lineare (und die degressive) Abschreibungsmethode
bis zum Ende des 6. Jahres dar.

c) Erstellen Sie das Fuhrparkkonto mit Anfangsbestand, Abschreibungsbetrag und Schlussbestand
am Ende des 3. Nutzungsjahres bei linearer Abschreibung.

(d) Erstellen Sie das Fuhrparkkonto mit Anfangsbestand, Abschreibungsbetrag und Schlussbestand
am Ende des 3. Nutzungsjahres bei degressiver Abschreibung.)

e) Wie lautet der Abschreibungsbuchungssatz am Ende des 3. Nutzungsjahres bei linearer (und bei
degressiver) Abschreibung?

f) Wie lautet der Abschlussbuchungssatz des Kontos „Fuhrpark" am Ende des 3. Nutzungsjahres
bei linearer (und bei degressiver) Abschreibung?

g) Wie lautet der Abschreibungsbuchungssatz am Ende des 6. Jahres bei linearer Abschreibung,
wenn der Pkw weiterhin genutzt wird?

7   Wie hoch sind bei Anschaffung der Anlagegüter zwischen dem 1. Januar 2009 und dem 31. Dezember
2010 die degressiven Abschreibungssätze höchstens

a) bei folgenden linearen Abschreibungssätzen:

    5 %,   10 %,   20 %,   12 %,   8 %,   15 %,   6 %,   2 %,   18 %,

b) bei folgenden betriebsgewöhnlichen Nutzungsdauern:

    50 Jahre,   5 Jahre,   25 Jahre,   4 Jahre,   10 Jahre,   8 Jahre,   20 Jahre?

---

1 *Hinweis für die Lehrerin/den Lehrer:* Soll die degressive Abschreibungsmethode im Unterricht nicht mehr besprochen werden, so verzichten Sie bitte auf die Lösung der eingeklammerten Aufgaben/Teilaufgaben.

8 Berechnen Sie die linearen Abschreibungsbeträge für das Anschaffungsjahr.[1]

Anlagegut	Anschaffungsdatum	Anschaffungskosten	Nutzungsdauer
Pkw	27. Juni	48.000,00 €	6 Jahre
Fernsprechanlagen	9. Dez.	8.000,00 €	8 Jahre

9 Berechnen Sie die linearen Abschreibungsbeträge für das Veräußerungsjahr.[1]

Anlagegut	Veräußerungsdatum	Anschaffungskosten	Nutzungsdauer
Pkw	11. Juli	48.000,00 €	6 Jahre
Maschine	2. März	100.000,00 €	10 Jahre
Schreibtisch	21. Sept.	1.500,00 €	8 Jahre

10 Sie sind Angestellte(r) der Textilfabrik Konrad Fied KG, Goseriede 41, 30159 Hannover.
Die folgenden Belege liegen Ihnen zur Buchung vor.
a) Welche Geschäftsfälle liegen den Belegen zugrunde?
b) Wie lauten die Buchungssätze?

Beleg 1

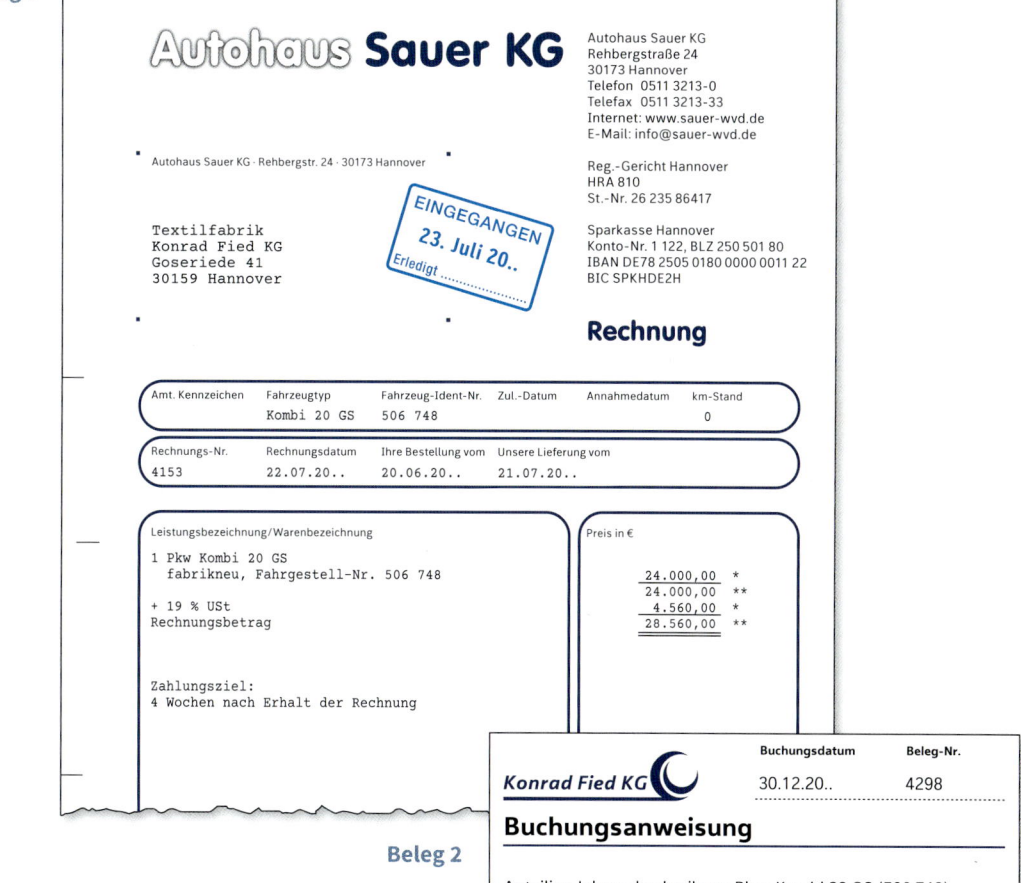

Beleg 2

---

1 Annahme: Wirtschaftsjahr entspricht dem Kalenderjahr.

11 Eine Maschine mit einem Anschaffungswert von 90.000,00 € (110.000,00 €) soll nach Leistungseinheiten abgeschrieben werden. Die Maschine kann insgesamt 20 000 Stück (25 000 Stück) produzieren. Die jährlichen Leistungen betragen:

1. Jahr: 6000 Stück (7000 Stück)   3. Jahr: 7000 Stück (11 000 Stück)
2. Jahr: 4000 Stück (3000 Stück)   4. Jahr: 3000 Stück (4000 Stück)

Erstellen Sie eine Abschreibungstabelle für die 4 Nutzungsjahre.

12 Die Summe der Anschaffungskosten der selbstständig nutzbaren Wirtschaftsgüter im Wert ab 250,01 € bis 1.000,00 € beträgt:

Jahr 1: 3.000,00 €,   Jahr 2: 4.500,00 €,   Jahr 3: 5.200,00 €.

Nennen Sie die Abschreibungsbuchungssätze gemäß Poolabschreibung für die Jahressammelposten der Jahre 1, 2 und 3.

> **Konten**
>
> 0891 Sammelposten BGA Jahr 1 (WG ab 250,01 € bis 1.000,00 €), 0892 Sammelposten BGA Jahr 2 (WG ab 250,01 € bis 1.000,00 €), 0893 Sammelposten BGA Jahr 3 (WG ab 250,01 € bis 1.000,00 €), 6541 Abschreibungen auf Sammelposten Jahr 1, 6542 Abschreibungen auf Sammelposten Jahr 2, 6543 Abschreibungen auf Sammelposten Jahr 3.

 13 **Geschäftsfälle**   €

1. Kauf eines Fotokopiergerätes mit Girocard (Bank) zum Listenpreis von 1.000,00
    – 25 % Rabatt 250,00
    + 19 % Umsatzsteuer 142,50
2. Barkauf eines Schreibtisches zum Listenpreis von 300,00
    + 19 % Umsatzsteuer 57,00
3. Kauf eines Telefaxgerätes mit Girocard (Postbank) zum Listenpreis von 375,00
    + 19 % Umsatzsteuer 71,25
4. Barkauf eines Tresors für 900,00
    + 19 % Umsatzsteuer 171,00

a) Wie lauten die Buchungssätze bei Anwendung der Sofortabschreibungsmethode?

b) Buchen Sie die Geschäftsfälle bei Anwendung der Sofortabschreibungsmethode auf dem Konto „0880 Geringwertige Vermögensgegenstände der Betriebs- und Geschäftsausstattung" (ohne Gegenkonten), soweit dieses Konto berührt wird.

c) Schließen Sie das Konto „0880" ab und nennen Sie den entsprechenden Abschlussbuchungssatz.

14 Sie sind Angestellte(r) der Textilfabrik Konrad Fied KG, Goseriede 41, 30159 Hannover.

Die folgenden Belege liegen Ihnen zur Buchung vor.

a) Welche Geschäftsfälle liegen den Belegen zugrunde?

b) Wie lauten die Buchungssätze (Alle Wirtschaftsgüter werden im Jahr 1 angeschafft. Im GuV-Konto soll ein möglichst geringer steuerpflichtiger Gewinn ausgewiesen werden.)

b1) bei Anwendung der Poolabschreibungsmethode?

b2) bei Anwendung der Sofortabschreibungsmethode?

Beleg 1

Beleg 2

Beleg 3

```
          Ernst Brink KG
        Georgstr. 18 | 30159 HANNOVER
     Tel.: 0511 3022-0 | Fax: 0511 3022-14
           USt-IdNr. DE 843 342 638
     -----------------------------------
     1909 BAR-1     2875 0015 095
     432   Schreibtischlampe
               VK 1A              45,00

               SUMME EUR          45,00
     xxxxxxxxxxxxxxxxxxxxxxxxxxxxxxxxxxxxx
     inklusive 19 % USt            7,18
     xxxxxxxxxxxxxxxxxxxxxxxxxxxxxxxxxxxxx
               BAR                100,00
               RüCKGELD           55,00

       VIELEN DANK FÜR IHREN EINKAUF
     KENNEN SIE SCHON UNSERE BRINK-CARD?

     01.11.20..        14:13
```

```
        TELE-POINT

     Tele-Point Vertriebsgesellschaft mbH
       Angerburger Str. 248 • 30451 Hannover
          Steuernummer: 265/1111/2222

     Art/EAN 41223698
     Telefon Merkur 120 Double      EUR   69,99
     Verkäufer: Moritz Haffer
     SUMME                          EUR   69,99
     Girocard-Zahlung               EUR   69,99
                - Kundenbeleg -
     ----------------------------------------
                - Kundenbeleg -
       Tele-Point Vertriebsgesellschaft mbH
       Angerburger Str. 248 • 30451 Hannover
     Terminal-ID:     69885485
     Girocard-Nr. 001532    BNr. 0854
       ------ Kartenzahlung ------
           Chip Offline
                             EUR   69,99
     Datum: 11.10.20..   10:24 Uhr
     Nr. 6856658854125978236
     Karte 2 gültig bis XX/20..
     AICPara
     03 08 9D 0D 060814 0275
     455553 02 4F 0001 0027
     AID   2A8A53A753FB4D80
             *** Zahlung erfolgt ***
     ----------------------------------------
     NETTOBETRAG             EUR    58,82
     1 = Umsatzsteuer    19 %  =     11,17

     Es bediente Sie: Kassierer: 003

     Datum      Zeit Filiale Pos Bed Transakt
     11.10.20.. 10:24 096659  001 003 C000080
```

Beleg 4

Beleg 5

BRINK BÜROTECHNIK

Ernst Brink KG
Georgstraße 18 · 30159 Hannover
Tel.: 0511 3022-0 · Fax: 0511 3022-14
E-Mail: info@brink-wvd.de
Internet: www.brink-wvd.de

Ernst Brink KG · Georgstraße 18 · 30159 Hannover

Textilfabrik
Konrad Fied KG
Goseriede 41
30159 Hannover

BRINK BÜROTECHNIK
1. Nov. 20..
WARENAUSGABE
Bürotechnikabteilung

Bitte stets angeben:

Rechnungs-Nr. B 600510

Kunden-Nr. 24 005

Datum 01.11.20..

Lieferdatum 01.11.20..

RECHNUNG

Menge	Artikel/Bestellnummer	Einzelpreis €	Gesamtpreis €
1	Samuno XL 530 LED-Display, 23" PC-Bildschirm	395,00	395,00
	Warenwert		395,00
	+ 19 % USt		75,05
	Rechnungsbetrag		**470,05**

```
xxxxxxxxxxxxxxxxxxxxxx
19 % USt          75,05
xxxxxxxxxxxxxxxxxxxxxx
Barzahlung       470,05
```

15 Im GuV-Konto soll ein möglichst geringer steuerpflichtiger Gewinn ausgewiesen werden. Nehmen Sie unter Berücksichtigung dieser Zielsetzung die Zuordnungen vor. Begründen Sie Ihre Zuordnungen.

(AK = Anschaffungskosten, HK = Herstellungskosten)

A	B
1. Die Summe der AK/HK für GWG mit langen betriebsgewöhnlichen Nutzungsdauern im Wertebereich 250,01 € bis 800,00 € ist hoch. 2. Die Summe der AK/HK für GWG mit langen betriebsgewöhnlichen Nutzungsdauern (über 5 Jahre) im Wertebereich 800,01 € bis 1.000,00 € ist hoch.	1. Tendenz zur Poolabschreibungsmethode 2. Tendenz zur Sofortabschreibungsmethode

16 Füllen Sie in Ihrem Arbeitsheft die unten stehende Tabelle nach dem Muster der bereits vorgenommenen Eintragungen aus.

Setzen Sie also bitte jeweils auf die mit Fragezeichen versehenen Linien

- in die 3. Spalte die möglichen Wahlrechte („Regelabschreibung", „Sofortaufwand", „Sofortabschreibung", „Poolabschreibung[1]", die Reihenfolge kann beliebig gewählt werden) oder gegebenenfalls einen Strich zur Entwertung,
- in die 4. Spalte die entsprechende Minderung des steuerpflichtigen Gewinns oder gegebenenfalls einen Strich zur Entwertung,
- in die 5. Spalte „ja" oder „nein" oder gegebenenfalls einen Strich zur Entwertung.

GWG, Anschaffungskosten am 03.01.20..	Nutzungsdauer	Wahlrechte	Minderung des steuerpflichtigen Gewinns im Anschaffungsjahr	Aufzeichnungspflicht
120,00 €	6 Jahre	? ? ?	? ? ?	? ? ?
900,00 €	3 Jahre	? ? ___	? ? ___	? ? ___
400,00 €	8 Jahre	Sofortabschreibung ? ?	400,00 € ? ?	ja ? ?
990,00 €	9 Jahre	? ? ?	? ? ?	? ? ?
140,00 €	5 Jahre	? ? ?	? ? ?	? ? ?
360,00 €	3 Jahre	? ? ?	? ? ?	? ? ?

---

1 Falls die Poolabschreibungsmethode gewählt wird, muss sie im laufenden Geschäftsjahr für alle GWG mit Anschaffungskosten/Herstellungskosten ab 250,01 € bis 1.000,00 € angewandt werden.

FIBU
möglich!

17[1]   Anfangsbestände

I. Anfangsbestände der Sachkonten

0720 Anlagen und Maschinen: 900.000,00 €; 0840 Fuhrpark: 300.000,00 €; 0860 Büromaschinen, Organisationsmittel und Kommunikationsanlagen: 250.000,00 €; 2000 Rohstoffe: 200.000,00 €; 2020 Hilfsstoffe: 70.000,00 €; 2100 Unfertige Erzeugnisse: 80.000,00 €; 2200 Fertige Erzeugnisse: 60.000,00 €; 2400 Forderungen a. LL: 121.120,00 €; 2640 SV-Beitragsvorauszahlung: 120,00 € (Anfangsbestand im Haben); 2800 Guthaben bei Kreditinstituten (Bank): 180.000,00 €; 2880 Kasse: 20.000,00 €; 3000 Eigenkapital: 944.400,00 €; 4250 Langfristige Bankverbindlichkeiten: 985.000,00 €; 4400 Verbindlichkeiten a. LL: 251.600,00 €.

II. Anfangsbestände der Kundenkonten (Offene-Posten-Liste der Debitoren)

Kd.-Nr.	Debitoren	Beleg-Nr.	Betrag (€)
24 001	Söffgen OHG	1	33.320,00
24 002	G. Schön e. Kffr.	2	87.800,00
			121.120,00

III. Anfangsbestände der Lieferantenkonten (Offene-Posten-Liste der Kreditoren)

L.-Nr.	Kreditoren	Beleg-Nr.	Betrag (€)
44 001	B. Müller OHG	3	47.600,00
44 002	Emut GmbH	4	204.000,00
			251.600,00

Kontenplan

Kontenklasse 0 (Immaterielle Vermögensgegenstände und Sachanlagen): 0720 Anlagen und Maschinen; 0840 Fuhrpark; 0860 Büromaschinen, Organisationsmittel und Kommunikationsanlagen.

Kontenklasse 2 (Umlaufvermögen und aktive Rechnungsabgrenzung): 2000 Rohstoffe; 2020 Hilfsstoffe; 2100 Unfertige Erzeugnisse; 2200 Fertige Erzeugnisse; 2400 Forderungen a. LL (24 001 Forderungen an die Söffgen OHG, 24 002 Forderungen an G. Schön e. Kffr.); 2600 Vorsteuer; 2640 SV-Beitragsvorauszahlung; 2800 Guthaben bei Kreditinstituten (Bank); 2880 Kasse.

Kontenklasse 3 (Eigenkapital und Rückstellungen): 3000 Eigenkapital.

Kontenklasse 4 (Verbindlichkeiten und passive Rechnungsabgrenzung): 4250 Langfristige Bankverbindlichkeiten; 4400 Verbindlichkeiten a. LL (44 001 Verb. ggü. der B. Müller OHG, 44 002 Verb. ggü. der Emut GmbH, 44 004 Verb. ggü. K.-H. More e. Kfm., 44 007 Verb. ggü. der Sauer KG, 44 012 Verb. ggü. Marketing Hannover 96 GmbH, 44 013 Verb. ggü. Krey & Rubin); 4800 Umsatzsteuer; 4830 Sonstige Verb. ggü. Finanzbehörden.

Kontenklasse 5 (Erträge): 5000 Umsatzerlöse für eigene Erzeugnisse; 5001 Erlösberichtigungen für eigene Erzeugnisse; 5201 Bestandsveränderungen an unfertigen Erzeugnissen; 5202 Bestandsveränderungen an fertigen Erzeugnissen; 5403 Nebenerlöse aus Werksküche und Kantine; 5710 Zinserträge.

Kontenklasse 6 (Betriebliche Aufwendungen): 6000 Aufw. für Rohstoffe; 6002[2] Nachlässe für Rohstoffe; 6020 Aufw. für Hilfsstoffe; 6132 Leiharbeitskräfte für die Leistungserstellung; 6200 Löhne; 6400 Arbeitgeberanteil zur Sozialversicherung (Lohnbereich); 6520 Abschreibungen auf Sachanlagen; 6870 Werbung; 6930 Verluste aus Schadensfällen.

Kontenklasse 8 (Ergebnisrechnungen): 8000 Eröffnungsbilanzkonto; 8010 Schlussbilanzkonto; 8020 Gewinn- und Verlustkonto.

---

1   Der Geschäftsgang kann alternativ nach der „Fortschreibungsmethode" oder nach der „Inventurmethode" oder nach dem „Aufwandsrechnerischen Verfahren" gebucht werden.

2   alternativ: 2002 („Bestandsrechnerisches Verfahren")

Beleg-Nr.	Geschäftsfälle	€

1. Kasseneingänge für

11	1. 280 verkaufte Einheiten aus dem Getränkeautomaten in der Kantine,	
	netto	280,00
	+ 19 % Umsatzsteuer	53,20
		333,20
12	2. Barverkäufe der Verkaufsfiliale (eigene Erzeugnisse)	
	– Kasse 1 (8.000,00 + 1.520,00 [= 19 % USt])	9.520,00
	– Kasse 2 (9.000,00 + 1.710,00 [= 19 % USt])	10.710,00

2. Ausgangsrechnung an

21	1. Gertrud Schön e. Kffr. (Kd.-Nr. 24 002),	
	Nettopreis (eigene Erzeugnisse)	250.000,00
	– 20 % Rabatt[1]	50.000,00
	+ 19 % Umsatzsteuer	38.000,00
	Rechnungsbetrag	238.000,00
22	2. Söffgen OHG (Kd.-Nr. 24 001),	
	Nettopreis (eigene Erzeugnisse)	300.000,00
	+ 19 % Umsatzsteuer	57.000,00
	Rechnungsbetrag	357.000,00

3. Gutschrift der Bank gemäß Kontoauszug für

31	1. Kundenzahlung (Söffgen OHG, Kd.-Nr. 24 001, betrifft: Beleg 1)[2],	
	Bruttorechnungsbetrag (eigene Erzeugnisse)	33.320,00
	– 3 % Nettoskontonachlass	840,00
	– 19 % Umsatzsteuer (auf Nettoskontonachlass)	159,60
	Gutschrift	32.320,40
32	2. Zinsen	200,00

4. Eingangsrechnung der

41	1. Emut GmbH (L.-Nr. 44 002), Nettopreis (Rohstoffe)	72.000,00
	– 16 2/3 % Rabatt[1]	12.000,00
	+ 19 % Umsatzsteuer	11.400,00
	Rechnungsbetrag	71.400,00
42	2. Sauer KG (L.-Nr. 44 007) für gekauften Pkw, Nettopreis	30.000,00
	+ 19 % Umsatzsteuer	5.700,00
	Rechnungsbetrag	35.700,00
43	3. Marketing Hannover 96 GmbH (L.-Nr. 44 012) für Bandenwerbung in der HDI-Arena,	
	netto	20.000,00
	+ 19 % Umsatzsteuer	3.800,00
	Rechnungsbetrag	23.800,00
44	4. Krey & Rubin Personal-Leasing GmbH (L.-Nr. 44 013)	
	für Leihnäherin, Leasinggebühr, netto	1.800,00
	+ 19 % Umsatzsteuer	342,00
	Rechnungsbetrag	2.142,00

---

1 Rabatte werden buchhalterisch nicht gesondert erfasst.
2 Zahlungseingang innerhalb des Skontozahlungsziels

Beleg-Nr.		€
	5. Lastschrift der Bank gemäß Kontoauszug für Überweisung	
51	1. an Lieferanten (B. Müller OHG, L.-Nr. 44 001, betr.: Beleg 3)[1]	
	Bruttorechnungsbetrag (Rohstoffe)	47.600,00
	– 3 % Nettoskontonachlass	1.200,00
	– 19 % Umsatzsteuer (auf Nettoskontonachlass)	228,00
	Lastschrift	46.172,00
52	2. an die Krankenkasse:	
	prognostizierte SV-Vorausleistung des laufenden Monats	18.180,00
	+ SV-Schuldvortrag aus dem Vormonat	120,00
	Sozialversicherungsbeitragssoll	18.300,00
53	3. der Fertigungslöhne	
	Bruttolöhne	47.000,00
	Steuern	7.960,00
	Arbeitnehmeranteil zur Sozialversicherung	9.500,00
	Auszahlung (Banküberweisung)	29.540,00
	Arbeitgeberanteil zur Sozialversicherung	8.900,00
54	4. der einbehaltenen Steuern	7.960,00
60	**6.** Durch einen Brand im Einkaufslager wurden nicht versicherte Rohstoffe vernichtet	2.000,00
	7.[2] Abgabe an die Fertigung gemäß Materialentnahmescheine	
71	1. Rohstoffe	100.000,00
72	2. Hilfsstoffe	30.000,00
80	**8.[2]** Rückgabe von Rohstoffen aus der Fertigung an das Lager	8.000,00
	Abschlussangaben	
	9. Abschreibungen auf	
91	1. 0720 Anlagen und Maschinen	180.000,00
92	2. 0840 Fuhrpark	60.000,00
93	3. 0860 Büromaschinen, Organisationsmittel und Kommunikationsanlagen ..	50.000,00
100	**10.** Ermittlung und Passivierung der Zahllast	?
	11. Schlussbestände laut Inventur:	
111	1. Unfertige Erzeugnisse	70.000,00
112	2. Fertige Erzeugnisse	190.000,00
120	**12.** Die Schlussbestände der anderen Bestandskonten entsprechen den Inventurbeständen.	
	Zusätzliche Abschlussangaben bei Buchung nach der „Inventurmethode" oder nach dem „Aufwandsrechnerischen Verfahren"	
	13. Schlussbestände laut Inventur:	
131	1. Rohstoffe	164.800,00
132	2. Hilfsstoffe	40.000,00

---

1 Zahlungsausgang innerhalb des Skontozahlungsziels
2 Soll nach der „Inventurmethode" oder nach dem „Aufwandsrechnerischen Verfahren" gebucht werden, so entfällt dieser Geschäftsfall.

JAHRESABSCHLUSS

3.1 Der Jahresabschluss bei offenlegungspflichtigen Unternehmen

Einstieg

Tina Lüders macht ihre Ausbildung in einer Personengesellschaft, der Konrad Fied KG. Sie hat gelernt, dass gemäß § 247 Abs. 1 HGB in der Bilanz der Personengesellschaften und der Einzelkaufleute das Anlage- und das Umlaufvermögen, das Eigenkapital und die Schulden lediglich gesondert auszuweisen und hinreichend aufzugliedern sind. Der Jahresabschluss muss nicht veröffentlicht werden.

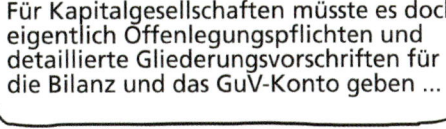

Für Kapitalgesellschaften müsste es doch eigentlich Offenlegungspflichten und detaillierte Gliederungsvorschriften für die Bilanz und das GuV-Konto geben ...

Ganz anders sieht es bei Kapitalgesellschaften aus: Hier gibt es im HGB detaillierte Gliederungsvorschriften und sogar eine Offenlegungspflicht für den Jahresabschluss.

Tina Lüders ist neugierig, sie möchte mehr wissen über den Jahresabschluss bei Kapitalgesellschaften. Zur Übung möchte sie einige Bilanzen und Gewinn- und Verlustrechnungen für Kapitalgesellschaften erstellen.

Warum ist Tina Lüders der Meinung, dass es für den Jahresabschluss von Kapitalgesellschaften a) Offenlegungspflichten und b) detaillierte Gliederungsvorschriften geben müsste?

Lernstoff

Im Gegensatz zu den Einzelunternehmen und zu den Personengesellschaften mit mindestens einer natürlichen Person[1] als Vollhafter schreibt der Gesetzgeber den Kapitalgesellschaften (GmbH, KGaA, AG) die Gliederung der Bilanz (§ 266 HGB) und die Gliederung der Gewinn- und Verlustrechnung (§ 275 HGB) vor. Im Gesetz wird aber hinsichtlich der Offenlegungspflicht und des verbindlich vorgeschriebenen Ausweises aller Einzelpositionen differenziert nach großen, mittelgroßen, kleinen Kapitalgesellschaften und Kleinstkapitalgesellschaften (KleinstKapG).

Gemäß § 264 Abs. 1 HGB haben Kapitalgesellschaften den **Jahresabschluss (Bilanz, Gewinn- und Verlustrechnung**) um einen **Anhang** zu erweitern. Außerdem muss ein **Lagebericht** erstellt werden.

Im **Anhang** (§§ 284–288 HGB) muss der Jahresabschluss erläutert werden (z. B. Angabe der Bilanzierungs- und Bewertungsmethoden; Angabe der Verbindlichkeiten mit einer Restlaufzeit von mehr als 5 Jahren; Aufgliederung der Umsatzerlöse nach Tätigkeitsbereichen sowie nach geografisch bestimmten Märkten; durchschnittliche Zahl der während des Geschäftsjahres beschäftigten Arbeitnehmer getrennt nach Gruppen usw.). Kleine und mittelgroße Kapitalgesellschaften erfahren auch hier wiederum Erleichterungen (§ 288 HGB). Bei KleinstKapG ist kein Anhang zu erstellen, wenn die Bilanz bestimmte Angaben enthält (§ 264 Abs. 1 Satz 5 HGB).

---

1 Gibt es bei Personengesellschaften keine natürliche Person als Vollhafter (z. B. GmbH & Co. KG), so gelten die Vorschriften der Kapitalgesellschaften. (Außerdem sind nach §§ 1 und 9 PublG Unternehmen offenlegungspflichtig, die in drei aufeinanderfolgenden Geschäftsjahren zwei der drei nachfolgenden Merkmale erfüllen: Bilanzsumme über 65 Mio. €, Umsatzerlöse über 130 Mio. €, durchschnittlich über 5 000 Mitarbeiter.)

Im **Lagebericht** (§ 289 HGB) sind der Geschäftsverlauf und die Lage der Kapitalgesellschaft darzustellen. Insbesondere ist einzugehen auf Vorgänge von besonderer Bedeutung, auf die voraussichtliche Entwicklung und auf den Bereich Forschung und Entwicklung. Kleine Kapitalgesellschaften und KleinstKapG brauchen den Lagebericht nicht zu erstellen.

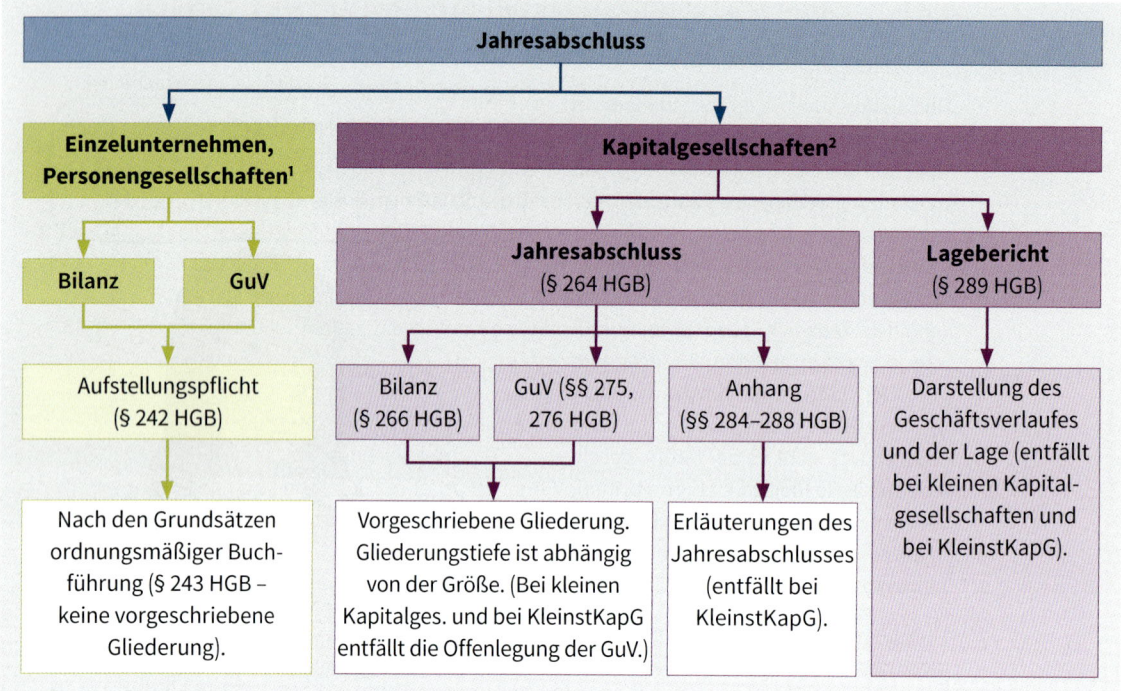

3.1.1 Die Offenlegung des Jahresabschlusses

Die gesetzlichen Vertreter der offenlegungspflichtigen Unternehmen haben den handelsrechtlichen Jahresabschluss und die übrigen im Gesetz aufgeführten Unterlagen (§ 325 Abs. 1 Satz 1 HGB) offenzulegen. Mit **Offenlegung** ist die Bekanntmachung des Jahresabschlusses und der weiteren Unterlagen im elektronischen Bundesanzeiger gemeint. Dazu sind dem Betreiber des elektronischen Bundesanzeigers die entsprechenden Unterlagen auf elektronischem Weg zu übermitteln.

Nach Art und Umfang ist die Offenlegungspflicht unterschiedlich ausgestaltet. Sie hängt von der Größe der jeweiligen Gesellschaft ab. §§ 267 und 267 a HGB unterscheiden 4 Größenklassen von Gesellschaften:

- KleinstKapG,
- kleine Gesellschaften,
- mittelgroße Gesellschaften und
- große Gesellschaften.

In der folgenden Darstellung sind die Größenklassen gemäß §§ 267 und 267 a HGB abgegrenzt. Zwei der drei aufgeführten Merkmale müssen für die Zuordnung an zwei aufeinanderfolgenden Bilanzstichtagen erfüllt sein.

---

1 Gibt es bei Personengesellschaften keine natürliche Person als Vollhafter (z. B. GmbH & Co. KG), so gelten die Vorschriften der Kapitalgesellschaften. (Außerdem sind nach §§ 1 und 9 PublG Unternehmen offenlegungspflichtig, die in drei aufeinanderfolgenden Geschäftsjahren zwei der drei nachfolgenden Merkmale erfüllen: Bilanzsumme über 65 Mio. €, Umsatzerlöse über 130 Mio. €, durchschnittlich über 5000 Mitarbeiter.)

2 Zur Vereinfachung wird hier auf den **Bericht des Aufsichtsrates**, auf den **Vorschlag für die Verwendung des Ergebnisses** bzw. auf den **Beschluss über die Ergebnisverwendung**, auf den **Bestätigungsvermerk des Abschlussprüfers** oder dessen **Versagung** und auf die **Entsprechenserklärung nach § 161 AktG** nicht eingegangen.

	Bilanzsumme	Umsatzerlöse	Anzahl der Arbeitnehmer
Kleinstgesellschaft	bis 350.000,00 €	bis 700.000,00 €	bis durchschnittl. 10
kleine Gesellschaft	bis 6.000.000,00 €	bis 12.000.000,00 €	bis durchschnittl. 50
mittelgroße Gesellschaft	bis 20.000.000,00 €	bis 40.000.000,00 €	bis durchschnittl. 250
große Gesellschaft[1]	über 20.000.000,00 €	über 40.000.000,00 €	über durchschnittl. 250

In der folgenden Tabelle sind die wichtigsten **Pflichten** hinsichtlich der **Offenlegung** zusammengefasst.

	Kapitalgesellschaften			
	große[1]	mittelgroße	kleine	kleinst[2]
Bilanz	ungekürzt gemäß § 266 Abs. 2 und 3 HGB	mit Erleichterungen gemäß § 327 HGB	verkürzt gemäß § 266 Abs. 1 Satz 3 HGB	verkürzt gemäß § 267 a Abs. 1 Satz 2 HGB
GuV	ungekürzt gemäß § 275 HGB	verkürzt gemäß § 276 HGB	entfällt	entfällt
Anhang	ungekürzt gemäß §§ 284 und 285 HGB	verkürzt gemäß § 288 Satz 2 HGB und § 327 Abs. 2 HGB	verkürzt gemäß § 288 Satz 1 HGB	entfällt
Lagebericht	gemäß § 289 HGB	gemäß § 289 HGB	entfällt	entfällt

3.1.2 Die Bilanz gemäß HGB

3.1.2.1 Die Bilanzgliederung gemäß HGB

§ 266 HGB schreibt für Kapitalgesellschaften ein ausführliches Bilanzgliederungsschema vor, das weitgehend Einsicht in die Finanz- und Vermögenslage des jeweiligen Unternehmens gibt.

Um Vergleiche zum Vorjahr zu ermöglichen, ist zu jedem Bilanzposten der Vorjahresbetrag anzugeben.

Die volle Anwendung des Bilanzgliederungsschemas gemäß § 266 Abs. 2 und 3 HGB ist jedoch abhängig von der Größenklasse.

Große Kapitalgesellschaften haben die Bilanz streng nach § 266 Abs. 2 und 3 HGB aufzustellen und offenzulegen.

Bei **mittelgroßen Kapitalgesellschaften** kann die Offenlegung der Bilanz gemäß § 327 HGB in der für kleine Kapitalgesellschaften vorgeschriebenen Form (siehe Folgeseite) erfolgen. Bestimmte Posten des ausführlichen Bilanzgliederungsschemas, wie z. B. Gebäude, technische Anlagen und Maschinen, Beteiligungen und Verbindlichkeiten gegenüber Kreditinstituten, sind jedoch zusätzlich in der Bilanz oder im Anhang gesondert anzugeben.

Kleine Kapitalgesellschaften brauchen nur eine verkürzte Bilanz aufzustellen, in die nur die mit Buchstaben und römischen Zahlen bezeichneten Posten des vollständigen Bilanzgliederungsschemas aufgenommen werden (§ 266 Abs. 1 Satz 3 HGB).

---

1 Eine Kapitalgesellschaft gilt stets als große Gesellschaft, wenn Aktien an einer Börse der EU zugelassen sind (§ 267 Abs. 3 Satz 2 HGB).

2 Gemäß § 326 Abs. 2 HGB können KleinstKapG die Bilanz auch beim Bundesanzeiger-Verlag hinterlegen, statt sie im elektronischen Bundesanzeiger zu veröffentlichen (Wahlrecht).

Für kleine Kapitalgesellschaften gilt das folgende Bilanzgliederungsschema (Grobgliederung):

Verkürzte Bilanz für kleine Kapitalgesellschaften gemäß § 266 Abs. 1 Satz 3 HGB	
Aktiva	**Passiva**

A. Anlagevermögen
  I. Immaterielle Vermögensgegenstände
  II. Sachanlagen
  III. Finanzanlagen
B. Umlaufvermögen
  I. Vorräte
  II. Forderungen und sonstige Vermögens-
   gegenstände
  III. Wertpapiere
  IV. Kassenbestand, Bundesbankguthaben,
   Guthaben bei Kreditinstituten und
   Schecks
C. Rechnungsabgrenzungsposten
D. Aktive latente Steuern[1]
**E. Aktiver Unterschiedsbetrag aus der
  Vermögensverrechnung**
	A. Eigenkapital
	  I. Gezeichnetes Kapital
	  II. Kapitalrücklagen
	  III. Gewinnrücklagen
	  IV. Gewinnvortrag/Verlustvortrag
	  V. Jahresüberschuss/Jahresfehlbetrag
	
	B. Rückstellungen
	
	C. Verbindlichkeiten
	
	D. Rechnungsabgrenzungsposten
	
	E. Passive latente Steuern[1]

KleinstKapG müssen in ihrer Bilanz lediglich die mit Buchstaben bezeichneten Positionen der obigen Bilanz für kleine Kapitalgesellschaften aufführen. Die mit römischen Zahlen ausgewiesenen Positionen können entfallen. (§ 267 a Abs. 1 Satz 2 HGB)

3.1.3 Die Gewinn- und Verlustrechnung gemäß HGB

§ 275 HGB schreibt großen und mittelgroßen Kapitalgesellschaften den Aufbau der zu veröffentlichenden Gewinn- und Verlustrechnung vor (siehe Rückseite des eingeklebten Kontenrahmens).

Die Gewinn- und Verlustrechnung ist in Staffelform zu erstellen. Um Vergleiche zum Vorjahr zu ermöglichen, ist – wie bei der Bilanz – zu jedem Posten der Vorjahresbetrag anzugeben.

Die Gewinn- und Verlustrechnung kann wahlweise nach dem **Gesamtkostenverfahren** (§ 275 Abs. 2 HGB) oder nach dem **Umsatzkostenverfahren** (§ 275 Abs. 3 HGB) aufgestellt werden.

Beim Umsatzkostenverfahren finden – im Gegensatz zum Gesamtkostenverfahren – die **Bestandsveränderungen** an fertigen und unfertigen Erzeugnissen im Ergebnis **keine** Berücksichtigung.

Die beiden Kostenverfahren unterscheiden sich zudem darin, dass die betrieblichen Aufwendungen
- beim **Gesamtkostenverfahren** in „Materialaufwand", „Personalaufwand", „Abschreibungen" und „sonstige betriebliche Aufwendungen" gegliedert sind,
- beim **Umsatzkostenverfahren** hingegen in „Herstellungskosten", „Vertriebskosten", „allgemeine Verwaltungskosten" und „sonstige betriebliche Aufwendungen".

Die Erfolgsrechnung nach dem Umsatzkostenverfahren setzt folglich eine **Kostenstellenrechnung** voraus. Unterschiedliche Gemeinkostenschlüsselungen erschweren hier Betriebsvergleiche.

Das Umsatzkostenverfahren ist besonders in angelsächsischen Ländern verbreitet. In der Bundesrepublik Deutschland ist das Gesamtkostenverfahren vorherrschend.

---

1 kann entfallen, siehe § 274 a Nr. 5 HGB

Zusammen-fassung

Kapitalgesell-schaften	Abschluss			Lagebericht (§ 289 HGB)
	Bilanz (§ 266 HGB)	GuV (§ 275 HGB)	Anhang (§§ 284, 285 HGB)	
große	ungekürzt	ungekürzt	ungekürzt	ja
mittelgroße	mit Erleichte-rungen (§ 327 HGB)	verkürzt (§ 276 HGB)	verkürzt (§ 288 Satz 2, § 327 Abs. 2 HGB)	ja
kleine	verkürzt (§ 266 Abs. 1 Satz 3 HGB)	verkürzt (§ 276 HGB) keine Offenlegung	verkürzt (§ 288 Satz 1 HGB)	nein
kleinst	verkürzt (§ 267 a Abs. 1 Satz 2 HGB)	verkürzt (§ 275 Abs. 5 HGB)	entfällt (§ 264 Abs. 1 Satz 5 HGB)	nein

1. Kapitalgesellschaften haben den handelsrechtlichen Jahresabschluss offenzulegen. Mit Offenlegung ist die Bekanntmachung des Jahresabschlusses und der weiteren Unterlagen im elektronischen Bundesanzeiger gemeint.
2. Nach Art und Umfang ist die Offenlegungspflicht unterschiedlich ausgestaltet. Sie hängt von der Größe der jeweiligen Kapitalgesellschaft ab. Man unterscheidet hier Kleinstkapitalgesellschaften, kleine, mittelgroße und große Kapitalgesellschaften.
3. § 266 HGB schreibt für Kapitalgesellschaften ein ausführliches Bilanzgliederungsschema vor, das weitgehend Einsicht in die Finanz- und Vermögenslage des jeweiligen Unternehmens gibt. Die volle Anwendung des Bilanzgliederungsschemas ist jedoch abhängig von der Größenklasse.
4. § 275 HGB schreibt Kapitalgesellschaften den Aufbau der Gewinn- und Verlustrechnung (in Staffelform) vor. Die volle Anwendung des Gliederungsschemas für die Gewinn- und Verlustrechnung ist abhängig von der Größenklasse. Kleinstkapitalgesellschaften und kleine Kapitalgesellschaften brauchen die Gewinn- und Verlustrechnung nicht offenzulegen.

Aufgaben

1:	Einführung in die Thematik
2 u. 3:	Offenlegungspflichtige Bilanz nach HGB
4 u. 5:	Offenlegungspflichtige GuV-Rechnung nach HGB

1 Welche Aussagen sind richtig? Begründen Sie Ihre Meinung.
a) Eine OHG hat ihre Bilanz gemäß § 266 HGB offenzulegen.
b) Der Lagebericht ist Bestandteil des Jahresabschlusses.
c) Im Lagebericht sind u. a. der Geschäftsverlauf und die Lage der Kapitalgesellschaft darzustellen.
d) Im Anhang ist der Jahresabschluss zu erläutern.
e) Das HGB unterscheidet 2 Größenklassen von Kapitalgesellschaften: kleine und große Kapitalgesellschaften.
f) Mit Offenlegung ist die Bekanntmachung des Jahresabschlusses und der weiteren Unterlagen im elektronischen Bundesanzeiger gemeint.
g) Nur große Kapitalgesellschaften haben den Jahresabschluss (Bilanz, GuV, Anhang) ungekürzt offenzulegen.
h) In der Bilanz ist zu jedem Posten nur der Jahresbetrag anzugeben.
i) Die Gewinn- und Verlustrechnung ist gemäß § 275 HGB in Kontenform zu erstellen.
j) Ein kleines Einzelunternehmen hat eine Gewinn- und Verlustrechnung gemäß § 275 HGB zu erstellen.
k) Kleine und mittelgroße Kapitalgesellschaften dürfen in der Gewinn- und Verlustrechnung die Posten Nr. 1 bis 5 des § 275 Abs. 2 HGB zu einem Posten unter der Bezeichnung „Rohergebnis" zusammenfassen. Bei kleinen Kapitalgesellschaften entfällt zudem die Offenlegung der Gewinn- und Verlustrechnung.

2[1] Erstellen Sie (unter Zuhilfenahme des Kontenrahmens) aus dem folgenden Schlussbilanzkonto eine Bilanz für eine Kapitalgesellschaft

- mit einer Bilanzsumme von ca. 2,1 Mio. €,
- mit Umsatzerlösen von ca. 5,5 Mio. € und
- mit durchschnittlich 48 Arbeitnehmern.

Die Zahlen gelten für die letzten beiden Geschäftsjahre.

S	Schlussbilanzkonto					H
	Berichtsjahr	Vorjahr			Berichtsjahr	Vorjahr
0200	56.000,00	50.000,00	3000		1.038.500,00	1.000.000,00
0510	750.000,00	725.000,00	3100		50.000,00	45.000,00
0720	400.000,00	380.000,00	3210		40.000,00	50.000,00
0860	160.000,00	175.000,00	3320		15.000,00	30.000,00
1300	75.000,00	60.000,00	3400		40.000,00	50.000,00
1500	45.000,00	40.000,00	3700		50.000,00	45.000,00
2000	200.000,00	180.000,00	3800		15.000,00	20.000,00
2010	40.000,00	45.000,00	4200		700.000,00	650.000,00
2020	25.000,00	30.000,00	4400		135.500,00	100.000,00
2030	50.000,00	60.000,00	4800		6.000,00	7.000,00
2100	35.000,00	25.000,00	4830		15.000,00	14.000,00
2200	45.000,00	35.000,00	4840		12.500,00	10.000,00
2400	144.000,00	135.000,00	4890		15.000,00	12.500,00
2690	2.500,00	3.000,00				
2700	20.000,00	22.500,00				
2800	75.000,00	60.000,00				
2880	10.000,00	8.000,00				
	2.132.500,00	2.033.500,00			2.132.500,00	2.033.500,00

3[1] Erstellen Sie (unter Zuhilfenahme des Kontenrahmens) die Bilanz einer kleinen Kapitalgesellschaft.

	Berichtsjahr		Vorjahr	
Konten	Soll	Haben	Soll	Haben
0200	80.000,00	–	80.000,00	–
0510	500.000,00	–	540.000,00	–
0720	750.000,00	–	670.000,00	–
0840	150.000,00	–	120.000,00	–
0860	80.000,00	–	90.000,00	–
1500	70.000,00	–	60.000,00	–
2000	250.000,00	–	220.000,00	–
2020	90.000,00	–	70.000,00	–
2030	80.000,00	–	90.000,00	–
2100	60.000,00	–	50.000,00	–
2200	95.000,00	–	80.000,00	–
2400	220.000,00	–	268.000,00	–
2690	8.000,00	–	7.000,00	–
2700	30.000,00	–	40.000,00	–
2800	158.000,00	–	126.000,00	–
2880	9.000,00	–	10.000,00	–

---

1 Ignorieren Sie bitte, dass Sie die Inhalte einiger Konten des Schlussbilanzkontos nicht kennen. Es geht hier lediglich um die formale Erstellung einer Bilanz nach dem HGB.

3000	–	1.041.000,00	–	878.000,00
3100	–	90.000,00	–	80.000,00
3210	–	50.000,00	–	70.000,00
3320	–	30.000,00	–	40.000,00
3400	–	100.000,00	–	120.000,00
3700	–	30.000,00	–	40.000,00
4200	–	900.000,00	–	950.000,00
4400	–	329.000,00	–	298.000,00
4800	–	15.000,00	–	10.000,00
4830	–	25.000,00	–	20.000,00
4840	–	20.000,00	–	15.000,00
	2.630.000,00	2.630.000,00	2.521.000,00	2.521.000,00

4[1] Erstellen Sie (unter Zuhilfenahme des Kontenrahmens) aus den folgenden Angaben die ungekürzte Gewinn- und Verlustrechnung einer **großen Kapitalgesellschaft** gemäß § 275 Abs. 2 HGB (siehe Rückseite des eingeklebten Kontenrahmens).

	Berichtsjahr		Vorjahr	
Konten	Soll	Haben	Soll	Haben
5000	–	33.190.000,00	–	33.000.000,00
5201	–	80.000,00	–	160.000,00
5202	180.000,00	–	40.000,00	–
5460	–	60.000,00	–	80.000,00
5490	–	50.000,00	–	60.000,00
5710	–	12.000,00	–	20.000,00
6000	21.870.000,00	–	22.630.000,00	–
6020	500.000,00	–	400.000,00	–
6030	600.000,00	–	500.000,00	–
6140	80.000,00	–	70.000,00	–
6200	3.900.000,00	–	3.800.000,00	–
6400	790.000,00	–	740.000,00	–
6520	4.100.000,00	–	3.900.000,00	–
6600	20.000,00	–	10.000,00	–
6610	10.000,00	–	7.000,00	–
6640	40.000,00	–	50.000,00	–
6700	210.000,00	–	180.000,00	–
6800	190.000,00	–	210.000,00	–
6950	20.000,00	–	30.000,00	–
6960	50.000,00	–	60.000,00	–
6990	100.000,00	–	30.000,00	–
7510	30.000,00	–	50.000,00	–
7700	40.000,00	–	30.000,00	–
7710	130.000,00	–	100.000,00	–

1 Ignorieren Sie bitte, dass Sie die Inhalte einiger Konten des Schlussbilanzkontos nicht kennen. Es geht hier lediglich um die formale Erstellung einer Bilanz nach dem HGB.

5 Aufgabenstellung wie Aufgabe 4

	Berichtsjahr		Vorjahr	
Konten	Soll	Haben	Soll	Haben
5000	–	32.380.000,00	–	32.200.000,00
5201	–	170.000,00	–	80.000,00
5202	50.000,00	–	180.000,00	–
5490	–	70.000,00	–	90.000,00
5710	–	30.000,00	–	20.000,00
6000	20.750.000,00	–	20.990.000,00	–
6030	900.000,00	–	800.000,00	–
6160	100.000,00	–	90.000,00	–
6200	3.500.000,00	–	3.200.000,00	–
6300	1.200.000,00	–	1.000.000,00	–
6400	900.000,00	–	800.000,00	–
6410	150.000,00	–	110.000,00	–
6520	3.700.000,00	–	3.900.000,00	–
6650	20.000,00	–	10.000,00	–
6660	50.000,00	–	30.000,00	–
6710	230.000,00	–	280.000,00	–
6800	200.000,00	–	220.000,00	–
6950	50.000,00	–	40.000,00	–
6980	30.000,00	–	50.000,00	–
6990	90.000,00	–	100.000,00	–
7510	60.000,00	–	70.000,00	–
7700	70.000,00	–	60.000,00	–
7710	150.000,00	–	140.000,00	–

3.2   Auswertung des Jahresabschlusses

Einstieg

Das Thema „Auswertung des Jahresabschlusses" bespricht Frau Karin Neumann, Abteilungsleiterin Rechnungswesen der Konrad Fied KG, mit Tina Lüders.

Frau Neumann: „Frau Lüders, bevor Sie die Kennzahlen zur Auswertung des Jahresabschlusses kennenlernen, sollten Sie sich einige grundsätzliche Gedanken zu diesem Thema machen. Beantworten Sie bitte die auf diesem Arbeitsblatt formulierten Fragen."

Tina Lüders erhält ein Arbeitsblatt mit folgenden Fragen:
a) Welche Vorteile bringt eine hohe Eigenkapitalquote?
b) Warum sollten kurzfristige Schulden (z. B. Verbindlichkeiten gegenüber Lieferanten) aus dem liquiden Anteil des Umlaufvermögens tilgbar (zurückzahlbar) sein?
c) Warum ist eine Überliquidität (zu hohe Kassen- und Bankguthaben) nicht erstrebenswert?

Lernstoff

Bei der Auswertung des Jahresabschlusses werden durch Inbeziehungsetzung der Zahlen der Bilanz und der Gewinn- und Verlustrechnung die betriebswirtschaftlichen Zusammenhänge eines Unternehmens ergründet und sichtbar gemacht.

Die Ergebnisse der Auswertung des Jahresabschlusses zeigen
- durch **Zeitvergleiche (Periodenvergleiche)** die Betriebsentwicklung und
- durch **zwischenbetriebliche Vergleiche** die Stellung des Unternehmens innerhalb des Wirtschaftszweiges auf.

Aufschlussreich sind die Jahresabschlussauswertungen einerseits für den Unternehmer selbst zur Kontrolle und Planung, andererseits aber auch für Kreditgeber und Kapitalanleger.

3.2.1 Auswertung der Bilanz

3.2.1.1 Aufbereitung der Bilanz

Zeit- und Branchenvergleiche ergeben nur sinnvolle Aussagen, wenn die zu vergleichenden Daten den gleichen Inhalt haben. Es ist daher erforderlich, das Zahlenmaterial der Bilanz zunächst inhaltlich vergleichbar zu machen. Dazu werden die Bilanzen formal einheitlich aufbereitet. Die Bilanzpositionen werden in übersichtliche, eindeutig definierte Hauptgruppen zusammengefasst.

Bei der Aufbereitung wird das folgende Bilanzgliederungsschema zugrunde gelegt:

Aktiva	aufbereitete Bilanz	Passiva
A. Anlagevermögen	A. Eigenkapital	
B. Umlaufvermögen Vorräte Forderungen flüssige Mittel	B. Fremdkapital langfristiges Fremdkapital kurzfristiges Fremdkapital	

Zur Bilanzanalyse werden die absoluten Zahlen der aufbereiteten Bilanz in Prozentzahlen zur Bilanzsumme umgerechnet (Bilanzsumme ≙ 100 %).

Beispiel

Das folgende Schlussbilanzkonto ist zur Bilanzanalyse aufzubereiten.

S		Schlussbilanzkonto		H
Gebäude	950.000,00	Eigenkapital	700.000,00	
TA und Maschinen	270.000,00	Langfristige Bankverbindlichkeiten ..	1.450.000,00	
Betriebs- und Geschäftsausstattung .	210.000,00	Verbindlichkeiten a. LL	360.000,00	
Vorräte	640.000,00			
Forderungen a. LL	260.000,00			
Kasse	20.000,00			
Guthaben bei Kreditinstituten (Bank)	160.000,00			
	2.510.000,00		2.510.000,00	

Lösung

Aktiva			aufbereitete Bilanz		Passiva
	€	%		€	%
A. Anlagevermögen	1.430.000,00	56,97	A. Eigenkapital	700.000,00	27,89
B. Umlaufvermögen					
Vorräte	640.000,00	25,50	B. Fremdkapital		
Forderungen	260.000,00	10,36	langfr. FK	1.450.000,00	57,77
flüssige Mittel	180.000,00	7,17	kurzfr. FK	360.000,00	14,34
Σ Umlaufverm.	1.080.000,00	43,03	Σ Fremdkapital	1.810.000,00	72,11
	2.510.000,00	100,00		2.510.000,00	100,00

3.2.1.2 Bilanzanalyse

Nach der Aufbereitung der Bilanz werden zur Bilanzanalyse sogenannte Bilanzkennzahlen ermittelt, die Aussagen machen über

- den Vermögensaufbau, ⎫ **vertikale**
- den Kapitalaufbau, ⎭ **Auswertung**
- die Deckung des Anlagevermögens (Investierung) und ⎫ **horizontale**
- die Deckung des kurzfristigen Fremdkapitals (Liquidität). ⎭ **Auswertung**

Der Vermögensaufbau (vertikale Auswertung)

Zur Beurteilung des Vermögensaufbaus werden folgende Kennzahlen herangezogen:

Kennzahlen des Vermögensaufbaus		im Beispiel (S. 207)	
Konstitution	$= \dfrac{\text{Anlagevermögen} \cdot 100}{\text{Umlaufvermögen}}$	$\dfrac{1.430.000,00 \cdot 100}{1.080.000,00}$	= 132,41 %
Anlagenquote/-intensität	$= \dfrac{\text{Anlagevermögen} \cdot 100}{\text{Gesamtvermögen}}$	$\dfrac{1.430.000,00 \cdot 100}{2.510.000,00}$	= 56,97 %
Umlaufquote/-intensität	$= \dfrac{\text{Umlaufvermögen} \cdot 100}{\text{Gesamtvermögen}}$	$\dfrac{1.080.000,00 \cdot 100}{2.510.000,00}$	= 43,03 %
Vorratsquote/-intensität	$= \dfrac{\text{Vorräte} \cdot 100}{\text{Gesamtvermögen}}$	$\dfrac{640.000,00 \cdot 100}{2.510.000,00}$	= 25,50 %
Forderungsquote/-intensität	$= \dfrac{\text{Forderungen} \cdot 100}{\text{Gesamtvermögen}}$	$\dfrac{260.000,00 \cdot 100}{2.510.000,00}$	= 10,36 %
Quote/Intensität der flüssigen Mittel	$= \dfrac{\text{flüssige Mittel} \cdot 100}{\text{Gesamtvermögen}}$	$\dfrac{180.000,00 \cdot 100}{2.510.000,00}$	= 7,17 %

Aus der Konstitution und aus der Gegenüberstellung von Anlagenquote und Umlaufquote ist die grundsätzliche Vermögensstruktur erkennbar.

Industriebetriebe sind in der Regel *anlagenintensiv* mit einer relativ hohen Konstitutionskennzahl und Anlagenquote.

Handelsbetriebe sind *vorratsintensiv* mit einer relativ geringen Konstitutionskennzahl und einer relativ hohen Umlaufquote.

Zur **Anlagenintensität** ist generell festzustellen:

Der **Vorteil anlagenintensiver Betriebe** liegt in ihrem hohen Grad an Rationalisierung und damit in den **geringen variablen Stückkosten.** Dies ist häufig eine Voraussetzung, um überhaupt konkurrenzfähig zu sein (Autoindustrie).

Der **Nachteil anlagenintensiver Betriebe** ist der **hohe Fixkostenblock** (Abschreibungen, Zinsen, Versicherungsprämien). Bei einem Absatzrückgang geraten anlagenintensive Betriebe daher schnell in die Verlustzone. Darüber hinaus können sich anlagenintensive Betriebe häufig aufgrund des feststehenden, relativ starren Produktionsapparates schlecht an veränderte Marktverhältnisse anpassen.

Vergleichbar sind nur die Kennzahlen des Vermögensaufbaus von Unternehmen desselben Wirtschaftszweiges.

Eingeschränkt wird die Vergleichbarkeit und die Aussagefähigkeit der Kennzahlen z. B. durch verschiedene Abschreibungsverfahren, unterschiedliches Alter der Anlagen, Anlageneigentum zum einen oder Anlagenmiete zum anderen sowie durch unterschiedliche Kapazitätsauslastung.

Der Kapitalaufbau (vertikale Auswertung)

Aus den folgenden Kennzahlen wird der Kapitalaufbau ersichtlich:

Kennzahlen des Kapitalaufbaus		im Beispiel (S. 207)	
Finanzierung	$= \dfrac{\text{Eigenkapital} \cdot 100}{\text{Fremdkapital}}$	$\dfrac{700.000,00 \cdot 100}{1.810.000,00}$	$= 38{,}67\%$
Verschuldungskoeffizient	$= \dfrac{\text{Fremdkapital} \cdot 100}{\text{Eigenkapital}}$	$\dfrac{1.810.000,00 \cdot 100}{700.000,00}$	$= 258{,}57\%$
Eigenkapitalquote/-intensität	$= \dfrac{\text{Eigenkapital} \cdot 100}{\text{Gesamtkapital}}$	$\dfrac{700.000,00 \cdot 100}{2.510.000,00}$	$= 27{,}89\%$
Fremdkapitalquote/-intensität	$= \dfrac{\text{Fremdkapital} \cdot 100}{\text{Gesamtkapital}}$	$\dfrac{1.810.000,00 \cdot 100}{2.510.000,00}$	$= 72{,}11\%$

Ein hoher Eigenkapitalanteil und ein niedriger Fremdkapitalanteil bedeuten hohes Haftungskapital und damit gute Kreditwürdigkeit. Die finanzielle Stabilität von Unternehmen mit einer derartigen Kapitalausstattung bleibt z. B. bei vorübergehenden Umsatzeinbrüchen gesichert.

Umgekehrt führen ein hoher Fremdkapitalanteil und ein niedriger Eigenkapitalanteil zu einem größeren Risiko für Kreditgeber und Warenlieferanten. Zudem steigt mit dem Fremdkapitalanteil die Zins- und Tilgungsbelastung.

Die Kapitalausstattung eines Unternehmens muss immer im Zusammenhang mit der **Rentabilität** gesehen werden. Es gelten folgende zwei Grundsätze.

1. Liegt die Verzinsung des Gesamtkapitals (Gesamtkapitalrentabilität[1]) **über** der Verzinsung des Fremdkapitals, so erhöht der Fremdkapitalanteil die Verzinsung des Eigenkapitals (Eigenkapitalrentabilität[2]). In diesem Fall ist eine Fremdkapitalaufstockung anzuraten.

Beispiel

Der Eigenkapitalanteil einer GmbH beträgt 500.000,00 €, der Fremdkapitalanteil 1.000.000,00 €. Die Gesamtkapitalrentabilität[1] beträgt 12 %.

Es soll ein Darlehen über 200.000,00 € zu 7 % aufgenommen werden.

Errechnung der Eigenkapitalrentabilität[2] vor der Aufnahme des Darlehens:

$$\text{Kapitalertrag} = \frac{1 \cdot 500.000,00 \cdot 12}{100} = 180.000,00 \ €$$

$$\text{Eigenkapitalrentabilität}^2 = \frac{100 \cdot 180.000,00}{500.000,00} = \underline{\mathbf{36\ \%}}$$

Errechnung der Eigenkapitalrentabilität[2] nach der Aufnahme des Darlehens:

Ertragssteigerung	$= \dfrac{200.000,00 \cdot 12}{100}$	$= 24.000,00\ €$
– Aufwandssteigerung (= Zinsaufwendungen)	$= \dfrac{200.000,00 \cdot 7}{100}$	$= 14.000,00\ €$
Gewinnsteigerung		$= 10.000,00\ €$

Neuer Kapitalertrag = 180.000,00 € + 10.000,00 € = 190.000,00 €

$$\text{Eigenkapitalrentabilität}^2 = \frac{100 \cdot 190.000,00}{500.000,00} = \underline{\mathbf{38\ \%}}$$

Die Eigenkapitalrentabilität[2] ist durch die Aufnahme des Darlehens um 2 % gestiegen.

2. Liegt die Verzinsung des Gesamtkapitals (Gesamtkapitalrentabilität[1]) **unter** der Verzinsung des Fremdkapitals, so mindert der gesamte Fremdkapitalanteil die Verzinsung des Eigenkapitals (Eigenkapitalrentabilität[2]). Ein weiterer Zuwachs an Fremdkapital würde die Eigenkapitalrentabilität[2] noch weiter herabsetzen.

Beispiel

Die Daten des obigen Beispiels sind wie folgt zu ändern:

Gesamtkapitalrentabilität[1]: 8 %; Darlehenszinsen: 10 %.

Errechnung der Eigenkapitalrentabilität[2] vor der Aufnahme des Darlehens:

$$\text{Kapitalertrag} = \frac{1 \cdot 500.000,00 \cdot 8}{100} = 120.000,00 \ €$$

$$\text{Eigenkapitalrentabilität}^2 = \frac{100 \cdot 120.000,00}{500.000,00} = \underline{\mathbf{24\ \%}}$$

Errechnung der Eigenkapitalrentabilität[2] nach der Aufnahme des Darlehens:

Ertragssteigerung	$= \dfrac{200.000,00 \cdot 8}{100}$	$= 16.000,00\ €$
– Aufwandssteigerung (= Zinsaufwendungen)	$= \dfrac{200.000,00 \cdot 10}{100}$	$= 20.000,00\ €$
Gewinnminderung		$= 4.000,00\ €$

Neuer Kapitalertrag = 120.000,00 € – 4.000,00 € = 116.000,00 €

$$\text{Eigenkapitalrentabilität}^2 = \frac{100 \cdot 116.000,00}{500.000,00} = \underline{\mathbf{23,2\ \%}}$$

Die Eigenkapitalrentabilität[2] ist durch die Aufnahme des Darlehens um 0,8 % gesunken.

---

1   siehe Kapitel 3.2.3.2
2   siehe Kapitel 3.2.3.1

Die Deckung des Anlagevermögens (Investierung) (horizontale Auswertung)

Zur Beurteilung der Deckung des Anlagevermögens werden folgende Kennzahlen herangezogen:

Kennzahlen der Deckung des Anlagevermögens		im Beispiel (S. 207)
Anlagendeckung 1	$= \dfrac{\text{Eigenkapital} \cdot 100}{\text{Anlagevermögen}}$	$\dfrac{700.000,00 \cdot 100}{1.430.000,00} = 48,95\,\%$
Anlagendeckung 2	$= \dfrac{(\text{EK} + \text{langfr. FK}) \cdot 100}{\text{Anlagevermögen}}$	$\dfrac{2.150.000,00 \cdot 100}{1.430.000,00} = 150,35\,\%$

Anlagevermögen ist langfristig gebundenes Vermögen. Es sollte deshalb auch durch langfristiges Kapital, also durch Eigenkapital (Anlagendeckung 1), in jedem Fall aber durch Eigenkapital und langfristiges Fremdkapital (kleine Tilgungsraten) (Anlagendeckung 2) gedeckt sein („goldene Bilanzregel").

Auf diese Weise ist gewährleistet, dass kurzfristige Tilgungsverpflichtungen (z. B. Lieferantenschulden) nicht durch den Verkauf von Anlagegegenständen finanziert werden müssen.

Nicht erkennbar aus den Kennzahlen ist, inwieweit Anlagegegenstände ohne Schädigung der Funktionsbereitschaft des Betriebes z. B. aufgrund von Überkapazitäten verkauft werden und so als Liquiditätsreserve dienen könnten.

Die Deckung des kurzfristigen Fremdkapitals (Liquidität) (horizontale Auswertung)

Aus den folgenden Kennzahlen wird die Deckung des kurzfristigen Fremdkapitals ersichtlich:

Kennzahlen der Deckung des kurzfristigen Fremdkapitals		im Beispiel (S. 207)
Liquidität 1. Grades	$= \dfrac{\text{flüssige Mittel} \cdot 100}{\text{kurzfr. FK}}$	$\dfrac{180.000,00 \cdot 100}{360.000,00} = 50,00\,\%$
Liquidität 2. Grades	$= \dfrac{(\text{flüssige Mittel} + \text{Ford.}) \cdot 100}{\text{kurzfr. FK}}$	$\dfrac{440.000,00 \cdot 100}{360.000,00} = 122,22\,\%$
Liquidität 3. Grades	$= \dfrac{\text{Umlaufvermögen} \cdot 100}{\text{kurzfr. FK}}$	$\dfrac{1.080.000,00 \cdot 100}{360.000,00} = 300,00\,\%$

Die Liquiditätskennzahlen drücken die grundsätzliche Zahlungsbereitschaft des Unternehmens zum Zeitpunkt der Bilanzerstellung aus.

Die Kennzahlen der Liquidität 1. bis 3. Grades besagen, wie viel Prozent des kurzfristigen Fremdkapitals zum Bilanzstichtag
- durch flüssige Mittel (Liquidität 1. Grades) bzw.
- durch flüssige Mittel und Forderungen (Liquidität 2. Grades) bzw.
- durch Umlaufvermögen (Liquidität 3. Grades) gedeckt sind.

Erfahrungsregeln besagen, dass zur Aufrechterhaltung der Zahlungsfähigkeit
- die Liquidität 1. Grades mindestens 20 %,
- die Liquidität 2. Grades mindestens 100 % und
- die Liquidität 3. Grades mindestens 200 % betragen sollen.

Würden zur Rückzahlung kurzfristiger Schulden die eisernen Bestände (betriebsnotwendiges Umlaufvermögen) oder das Anlagevermögen angegriffen, so verlöre das Unternehmen an Funktionsbereitschaft und an Substanz.

Andererseits bringt eine Überliquidität den Nachteil einer zu hohen unproduktiven Kapitalbindung. In einem solchen Fall sollten die überschüssigen Mittel renditebringend, z. B. durch den Kauf von Wertpapieren, oder aufwandsmindernd, z. B. durch Entschuldung (geringere Zinsbelastungen), umgeschichtet werden.

Die Aussagefähigkeit der Liquiditätskennzahlen wird insbesondere dadurch eingeschränkt, dass
- einerseits zahlreiche kurzfristige Zahlungsverpflichtungen, die nach dem Bilanzstichtag fällig sind, wie z. B. Zinszahlungen, Steuervorauszahlungen, Lohn- und Gehaltszahlungen, Zahlungen der Miete, der Leasingraten usw., nicht aus der Bilanz hervorgehen sowie
- andererseits nach dem Bilanzstichtag ausstehende Einnahmen aus Barverkäufen und nicht ausgenutzte Überziehungskredite ebenfalls aus der Bilanz nicht ablesbar sind.

Zudem ist eine exakte fristgerechte Terminierung von Zahlungsverpflichtung und Zahlungsbereitschaft erforderlich. Über die zeitpunktbezogene (statische) Bilanzanalyse hinaus ist eine zeitraumbezogene (dynamische) Betrachtung und Abstimmung unerlässlich. Dies geschieht im Finanzplan.

Zusammenfassung

1. **Weist der Vermögensaufbau ein relativ hohes Anlagevermögen auf, so hat dies den Nachteil hoher Fixkosten, andererseits aber den Vorteil geringer variabler Stückkosten (hoher Grad an Rationalisierung).**
2. **Weist der Kapitalaufbau ein relativ hohes Eigenkapital auf, so ist das Unternehmen in höherem Maße kreditwürdig, bei vorübergehenden Umsatzeinbrüchen liquiditätsmäßig geschützt und mit weniger Zins- und Tilgungszahlungen belastet.**
3. **Liegt der Fremdkapitalzinssatz unter der Gesamtkapitalrentabilität, so erhöht eine Fremdkapitalaufstockung die Eigenkapitalrentabilität. Liegt der Fremdkapitalzinssatz über der Gesamtkapitalrentabilität, so verringert eine Fremdkapitalaufstockung die Eigenkapitalrentabilität.**
4. **Das Anlagevermögen sollte als langfristig gebundenes Vermögen durch Eigenkapital, in jedem Fall aber durch Eigenkapital und langfristiges Fremdkapital gedeckt sein („goldene Bilanzregel").**
5. **Kurzfristige Schulden sollten aus dem liquiden Anteil des Umlaufvermögens tilgbar sein.**
6. **Eine zu hohe Überliquidität ist nicht erstrebenswert, weil sie einen Renditeentgang mit sich bringt.**

Aufgaben

1:	Errechnung der Bilanzkennzahlen	**5–7:**	Deckung des Anlagevermögens
2:	Verständnisfragen zur Konstitutionskennzahl	**8–10:**	Liquidität
3 u. 4:	Kapitalausstattung und Rentabilität	**11 u. 12:**	Bilanzanalyse

1   Es liegt das folgende Schlussbilanzkonto vor:

S	Schlussbilanzkonto		H
Gebäude	730.000,00	Eigenkapital	830.000,00
TA und Maschinen	150.000,00	Langfristige Bankverb.	1.250.000,00
Geschäftsausstattung	130.000,00	Verbindlichkeiten a. LL	360.000,00
Rohstoffe	500.000,00		
Fertige Erzeugnisse	480.000,00		
Forderungen a. LL	240.000,00		
Kasse	10.000,00		
Guthaben bei Kreditinstit. (Bank).....	200.000,00		
	2.440.000,00		2.440.000,00

a) Bereiten Sie das Schlussbilanzkonto nach dem Bilanzgliederungsschema zur Ermittlung der Bilanzkennzahlen auf.

b) Errechnen Sie die folgenden Kennzahlen: Konstitution, Anlagenquote (Anlagenintensität), Umlaufquote (Umlaufintensität), Finanzierung, Eigenkapitalquote (Eigenkapitalintensität), Anlagendeckung 1, Anlagendeckung 2, Liquidität 1. Grades, Liquidität 2. Grades und Liquidität 3. Grades. (Genauigkeit: 2 Stellen nach dem Komma)

2 a) Machen Sie eine generelle Aussage über die Konstitutionskennzahl bei Industriebetrieben und bei Handelsbetrieben.

b) Nennen Sie Vor- und Nachteile von anlagenintensiven Industriebetrieben.

c) Nennen Sie Gründe für ein Wachsen und für ein Sinken der Konstitutionskennzahl.

d) Wodurch wird die Vergleichbarkeit von Konstitutionskennzahlen verschiedener Betriebe eingeschränkt?

3 a) Welche Nachteile bringt ein hoher Fremdkapitalanteil grundsätzlich?

b) Nennen Sie Gründe für ein Wachsen und für ein Sinken des Eigenkapitalanteils.

c) Nennen Sie Gründe für ein Wachsen und für ein Sinken des Fremdkapitalanteils.

d) In welchem Fall empfiehlt es sich, unter Renditegesichtspunkten den Fremdkapitalanteil zu erhöhen?

4 Der Eigenkapitalanteil beträgt 400.000,00 €, der Fremdkapitalanteil 600.000,00 €.
Die Gesamtkapitalrendite beträgt 10 %.
Es soll ein Darlehen zu 6 % über 250.000,00 € aufgenommen werden.
Begründen Sie aufgrund der zu erwartenden Änderung
■ des Kapitalertrages und ■ der Eigenkapitalrentabilität,
ob die Aufnahme des Darlehens zu empfehlen ist.

5 Erklären Sie, weshalb das betriebsnotwendige Anlagevermögen durch Eigenkapital, in jedem Fall aber durch Eigenkapital und langfristiges Fremdkapital abgedeckt sein sollte („goldene Bilanzregel").

6 Errechnen Sie die gesuchte Größe.

Anlagendeckung 1	Eigenkapital	Anlagevermögen
?	6 Mio. €	10 Mio. €
55 %	?	15,4 Mio. €
64 %	9,6 Mio. €	?

7 Errechnen Sie die gesuchte Größe.

Anlagendeckung 2	Eigenkapital	langfristiges Fremdkapital	Anlagevermögen
?	12 Mio. €	10 Mio. €	20 Mio. €
150 %	?	9 Mio. €	22,5 Mio. €
120 %	8 Mio. €	?	12,5 Mio. €
110 %	9 Mio. €	7,5 Mio. €	?

8 a) Nennen Sie Gründe für eine Liquiditätsverbesserung bzw. Liquiditätsverschlechterung.

b) Welchen Nachteil bringt eine Überliquidität mit sich?

c) Was ist für den Fall einer Überliquidität zu empfehlen?

d) Begründen Sie, weshalb die Bilanz lediglich einen relativ groben Eindruck über die Zahlungsfähigkeit eines Unternehmens vermittelt.

9 Der jährliche Bruttoumsatz aus Kreditverkäufen eines mittelständischen Unternehmens beläuft sich auf 43.200.000,00 €. Die durchschnittliche Kundenkreditdauer (= durchschnittliche Laufzeit,

in der die Kunden die Rechnungen begleichen) beträgt 48 Tage. Dem Forderungsmanagement gelingt es, die durchschnittliche Kundenkreditdauer auf 40 Tage zu senken.

a) Nennen Sie geeignete Maßnahmen zur Senkung der Kundenkreditdauer.
b) Welche Liquiditätskennzahl ändert sich? Steigt sie oder sinkt sie?
c) Um wie viele Euro erhöhen sich die flüssigen Mittel im Betrachtungsjahr (1 Jahr = 360 Tage)?
d) Welche Vorteile bringt die Erhöhung der flüssigen Mittel?

10 Errechnen Sie die gesuchte Größe.

Liquidität 2. Grades	flüssige Mittel	Forderungen	kurzfristiges Fremdkapital
?	380 T€	520 T€	750 T€
110 %	?	650 T€	1.000 T€
130 %	600 T€	?	1.100 T€
150 %	750 T€	900 T€	?

11 Es liegt folgende für das Berichtsjahr und das Vorjahr aufbereitete Bilanz vor:

Aktiva	aufbereitete Bilanz									Passiva
	Berichtsjahr		Vorjahr			Berichtsjahr		Vorjahr	
	T€	%	T€	%		T€	%	T€	%
A. Anlagevermögen	940	27,57	950	31,88	A. Eigenkapital	610	17,89	690	23,16
B. Umlaufvermögen									
Vorräte	1.890	55,42	1.430	47,99	B. Fremdkapital				
Forderungen	510	14,96	340	11,41	langfr. FK	1.580	46,33	1.710	57,38
flüssige Mittel	70	2,05	260	8,72	kurzfr. FK	1.220	35,78	580	19,46
Σ Umlaufverm.	2.470	72,43	2.030	68,12	Σ Fremdkapital	2.800	82,11	2.290	76,84
	3.410	100,00	2.980	100,00		3.410	100,00	2.980	100,00

a) Die obige Bilanz enthält bereits einige Kennzahlen des Vermögens- und Kapitalaufbaus. Berechnen Sie für beide Jahre
  1. zur Beurteilung des Vermögensaufbaus die *Konstitution*,
  2. zur Beurteilung des Kapitalaufbaus die *Finanzierung*,
  3. zur Beurteilung der Investierung die *Anlagendeckung 1* und die *Anlagendeckung 2*,
  4. zur Beurteilung der Liquidität die *Liquidität 1. Grades*, die *Liquidität 2. Grades* und die *Liquidität 3. Grades*.
b) Ergründen Sie als Außenstehender die Ursachen der Veränderung (Berichtsjahr gegenüber Vorjahr)
  1. des Vermögensaufbaus, 2. des Kapitalaufbaus, 3. der Investierung und 4. der Liquidität.
c) Welche Maßnahmen zur Verbesserung der Unternehmenssituation sind zu empfehlen?

12 Es liegt die folgende aufbereitete Bilanz der Textilfabrik Konrad Fied KG vor. Zum Vergleich sind Branchenrichtwerte gegenübergestellt.

Aktiva	aufbereitete Bilanz						Passiva
	Konrad Fied KG		Branche		Konrad Fied KG		Branche
	T€	%	%		T€	%	%
A. Anlagevermögen	650	21,24	40	A. Eigenkapital	1.260	41,18	20
B. Umlaufvermögen							
Vorräte	1.580	51,63	30	B. Fremdkapital			
Forderungen	540	17,65	20	langfr. FK	890	29,08	60
flüssige Mittel	290	9,48	10	kurzfr. FK	910	29,74	20
Σ Umlaufverm.	2.410	78,76	60	Σ Fremdkapital	1.800	58,82	80
	3.060	100,00	100		3.060	100,00	100

a) Stellen Sie die wesentlichen Abweichungen von den Branchenrichtwerten heraus.
b) Welche Nachteile können sich aus den unter a) genannten Abweichungen ergeben?
c) Zeigen Sie Möglichkeiten zur Annäherung an die Branchenrichtwerte auf.

3.2.2 Auswertung der Gewinn- und Verlustrechnung

Die Auswertung der Gewinn- und Verlustrechnung besteht in einer **Analyse der Aufwands- und Ertragsstruktur.**

Einzelne Aufwands- bzw. Ertragsarten werden in Prozent von den Gesamtaufwendungen bzw. Gesamterträgen ausgedrückt.

Innerbetriebliche Entwicklungen können aufgezeigt und Branchenvergleiche durchgeführt werden.

Zur Auswertung der Gewinn- und Verlustrechnung werden insbesondere folgende Kennzahlen herangezogen:

$$\text{Intensität des Materialaufwands}^{[1]} = \frac{\text{Materialaufwand} \cdot 100}{\text{Gesamtaufwendungen}}$$

$$\text{Intensität der Personalaufwendungen} = \frac{\text{Personalaufwendungen} \cdot 100}{\text{Gesamtaufwendungen}}$$

$$\text{Intensität der Abschreibungen} = \frac{\text{Abschreibungen} \cdot 100}{\text{Gesamtaufwendungen}}$$

$$\text{Intensität des Umsatzes} = \frac{\text{Umsatz} \cdot 100}{\text{Gesamterträge}}$$

Eine weitere wichtige Kennzahl ist die **Wirtschaftlichkeit.** Sie misst das Verhältnis von Output- zu Inputgrößen, also das Verhältnis von Erfolg zu Mitteleinsatz, und drückt damit die **Effizienz des Mitteleinsatzes** aus.

Geht man von buchhalterischen Größen aus, so ergibt sich folgende Formel:

$$\text{Wirtschaftlichkeit} = \frac{\text{Erträge}}{\text{Aufwendungen}}$$

Es gilt:
Wirtschaftlichkeit > 1: Erträge sind größer als die Aufwendungen → Gewinn
Wirtschaftlichkeit = 1: Erträge und Aufwendungen sind gleich groß → Kostendeckung
Wirtschaftlichkeit < 1: Erträge sind kleiner als die Aufwendungen → Verlust

Je größer die Wirtschaftlichkeit, desto effizienter ist der betriebliche Leistungsprozess.

---

1 oder: Materialeinsatzes (Die Begriffe „Materialaufwand" und „Materialeinsatz" sind gleichbedeutend.)

Aufgaben

1–3: GuV-Kennzahlen   4: Wirtschaftlichkeit

1 Ordnen Sie zu:

A		B	
1. Automobilwerk		1. Hohe Intensität der Personalaufwendungen	
2. Textilgroßhandlung		2. Hohe Intensität der Abschreibungen	
3. Gebäudereinigungsbetrieb		3. Hohe Intensität des Wareneinsatzes	

2 Welche Gefahr kann sich für einen Betrieb mit einer besonders hohen Intensität einer einzelnen Kostenart ergeben?

3 a) Errechnen Sie für das folgende Gewinn- und Verlustkonto (Berichts- und Vorjahr) die Intensität
   – des Materialaufwands (summarisch, Kontengruppe 60),
   – der Lohnaufwendungen (Summe der Konten 6200 und 6400) und
   – der Abschreibungen.
   b) Aus welchem Grund hat sich die Intensität der Lohnaufwendungen und der Abschreibungen verändert?
   c) Errechnen Sie für das Berichts- und Vorjahr die Wirtschaftlichkeit (Genauigkeit: 3 Stellen nach dem Komma) und beurteilen Sie diesen Periodenvergleich.

S			Gewinn- und Verlustkonto			H
	Berichtsjahr	Vorjahr			Berichtsjahr	Vorjahr
6000	4.980.000,00	4.530.000,00	5000		22.100.000,00	21.600.000,00
6010	2.610.000,00	2.550.000,00	5200		300.000,00	200.000,00
6020	390.000,00	350.000,00				
6030	670.000,00	630.000,00				
6200	5.650.000,00	7.362.500,00				
6300	1.400.000,00	1.380.000,00				
6400	850.000,00	1.062.500,00				
6410	210.000,00	207.000,00				
6520	3.500.000,00	2.500.000,00				
6700	800.000,00	780.000,00				
6760	120.000,00	100.000,00				
6800	150.000,00	120.000,00				
6850	60.000,00	40.000,00				
7510	90.000,00	80.000,00				
Gewinn	920.000,00	108.000,00				
	22.400.000,00	21.800.000,00			22.400.000,00	21.800.000,00

4 Die TraPoSys GmbH, Stuttgart, konzipiert und vertreibt innerbetriebliche Transportsysteme. Für einen Kundenauftrag wurde folgende Vorplanung erstellt:

Angebotspreis: 297.000,00 €, Summe Aufwendungen: 270.000,00 €

a) Errechnen Sie die Wirtschaftlichkeit.
b) Die durchschnittliche Wirtschaftlichkeit für derartige Aufträge beträgt 1,15. Auf welchen Betrag muss der Angebotspreis erhöht werden, um die durchschnittliche Wirtschaftlichkeit zu erreichen?

3.2.3   Rentabilität[1]

Zur Beurteilung der Rentabilität wird der Unternehmensgewinn in ein prozentuales Werteverhältnis zum Eigenkapital, Gesamtkapital und Umsatz gesetzt.

Dabei muss bei einigen Unternehmensformen der buchhalterisch ausgewiesene Unternehmensgewinn noch korrigiert werden.

Die mitarbeitenden Gesellschafter erhalten bei Einzelunternehmen und bei Personengesellschaften – im Gegensatz zu den Kapitalgesellschaften – kein Gehalt. Bei diesen Unternehmensformen muss daher der Gewinn noch um einen Unternehmerlohn gemindert werden. Auf diese Weise wird – wie bei den Kapitalgesellschaften – eine Arbeitsvergütung für die Geschäftsführer als Aufwand erfasst. Dieser Teil des Gewinns wird durch die persönliche Leistung der mitarbeitenden Gesellschafter und nicht durch den Einsatz des Eigenkapitals erwirtschaftet. Die Höhe des anzusetzenden Unternehmerlohnes bemisst sich am Gehalt eines leitenden Angestellten in vergleichbarer Position.

3.2.3.1   Eigenkapitalrentabilität (Unternehmerrentabilität)

Die Eigenkapitalrentabilität zeigt das prozentuale Werteverhältnis von Erfolg zu Eigenkapital auf. Sie gibt an, wie sich das in dem Unternehmen angelegte Eigenkapital verzinst.

$$\text{Eigenkapitalrentabilität} = \frac{(\text{Gewinn} - \text{Unternehmerlohn}^2) \cdot 100}{\text{Eigenkapital}}$$

Beispiel

Eigenkapital[3]	650.000,00 €
Gewinn	178.000,00 €
Unternehmerlohn[2] (Jahresgehalt)	100.000,00 €

$$\text{Eigenkapitalrentabilität} = \frac{(178.000,00 - 100.000,00) \cdot 100}{650.000,00} = 12\ \%$$

Zu vergleichen ist die Eigenkapitalrentabilität mit dem landesüblichen Zinssatz für langfristig angelegtes Kapital.

Da eine langfristige Kapitalanlage zum landesüblichen Zins im Gegensatz zu einer unternehmerischen Tätigkeit kein Wagnis in sich birgt, hat der Überschuss der Eigenkapitalrentabilität das Risiko des Unternehmers auszugleichen.

Geht man im obigen Beispiel von einem landesüblichen Zinssatz von 7 % aus, so beträgt die **unternehmerische Risikoprämie** 5 % (= 12 % – 7 %).

3.2.3.2   Gesamtkapitalrentabilität (Unternehmensrentabilität)

Die Gesamtkapitalrentabilität zeigt das prozentuale Werteverhältnis von Erfolg zu Gesamtkapital auf. Sie gibt an, wie sich das in dem Unternehmen tätige Gesamtkapital verzinst.

---

1 Die Begriffe „Rentabilität" und „Rendite" sind in diesem Lehrbuch gleichbedeutend.

2 Entfällt bei Kapitalgesellschaften (siehe Erklärung Kapitel 3.2.3).

3 Da während des Geschäftsjahres Privatentnahmen bzw. Privateinlagen (bei Einzelunternehmen und Personengesellschaften) sowie Gewinne bzw. Verluste das Eigenkapital ständig verändern, ist vom durchschnittlich während des Geschäftsjahres gebundenen Eigenkapital auszugehen. Zur Vereinfachung wird hier und in den folgenden Beispielen von der Berechnung eines durchschnittlich gebundenen Eigenkapitals abgesehen.

Das Fremdkapital wird – wie das Eigenkapital – als **kostenneutral** betrachtet. Im Gewinn berücksichtigte Fremdkapitalzinsen würden bei unterschiedlichen Fremdkapitalausstattungen Vergleiche verfälschen. Deshalb werden die Fremdkapitalzinsen **nicht** als Aufwendungen in die Betrachtung einbezogen. Folglich müssen sie zum Gewinn, den sie ja zunächst gemindert haben, wieder hinzugerechnet werden.

$$\text{Gesamtkapitalrentabilität} = \frac{(\text{Gewinn} - \text{Unternehmerlohn}[1] + \text{Fremdkapitalzinsen}) \cdot 100}{\text{Eigenkapital} + \text{Fremdkapital}}$$

Beispiel

Eigenkapital[2]	600.000,00 €
Fremdkapital	1.000.000,00 €
Gewinn	200.000,00 €
Unternehmerlohn[1] (Jahresgehalt)	120.000,00 €
Fremdkapitalzinsen (8 % von 1.000.000,00 €)	80.000,00 €

$$\text{Gesamtkapitalrentabilität} = \frac{(200.000,00 - 120.000,00 + 80.000,00) \cdot 100}{600.000,00 + 1.000.000,00} = 10\ \%$$

Im obigen Beispiel übersteigt die Gesamtkapitalrentabilität (10 %) den Fremdkapitalzinssatz (8 %). In einem solchen Fall führt eine Aufstockung des Fremdkapitals zu einem höheren Gewinn und damit zu einer höheren Eigenkapitalrentabilität[3].

3.2.3.3 Umsatzrentabilität

 Die Umsatzrentabilität gibt das prozentuale Werteverhältnis von Erfolg zu Umsatz an.

$$\text{Umsatzrentabilität} = \frac{(\text{Gewinn} - \text{Unternehmerlohn}[1]) \cdot 100}{\text{Umsatzerlöse}}$$

Beispiel

Umsatzerlöse	2.000.000,00 €
Gewinn	240.000,00 €
Unternehmerlohn[1]	140.000,00 €

$$\text{Umsatzrentabilität} = \frac{(240.000,00 - 140.000,00) \cdot 100}{2.000.000,00} = 5\ \%$$

Zusammenfassung

1. Zum Ausgleich des unternehmerischen Risikos sollte die Eigenkapitalrentabilität den landesüblichen Zinssatz für langfristig angelegtes Kapital in angemessener Höhe übersteigen.

2. Übersteigt die Gesamtkapitalrentabilität den Fremdkapitalzinssatz, so bringt das in dem Unternehmen angelegte Fremdkapital Gewinn. In diesem Fall ist die Fremdkapitalaufnahme rentabel und erhöht die Eigenkapitalrentabilität[3].

---

1 Entfällt bei Kapitalgesellschaften (siehe Erklärung S. 217).

2 siehe Fußnote 3, S. 217.

3 vgl. S. 209 f.

Aufgaben

1:	Einführung in die Problematik	**6–8:**	Umsatzrentabilität
2:	Unternehmerlohn	**9:**	Rentabilitätsbetrachtungen
3–5:	Verständnisfragen zu den Rentabilitätskennzahlen		

1 Warum hat der absolute Gewinn eines Unternehmens wenig Aussagekraft?

2 a) Warum ist bei Rentabilitätsbetrachtungen von Einzelunternehmen (e. K.) und Personengesellschaften (OHG, KG) – im Gegensatz zu Kapitalgesellschaften (AG, GmbH) – der Gewinn um den Unternehmerlohn zu mindern?

b) Woran wird der Unternehmerlohn bemessen?

3 a) Was sagt die Kennzahl „Eigenkapitalrentabilität" aus?

b) Wie ist in rentabel arbeitenden Betrieben das Verhältnis zwischen Eigenkapitalrentabilität und landesüblichem Zinssatz für langfristig angelegtes Kapital?

4 a) Was sagt die Kennzahl „Gesamtkapitalrentabilität" aus?

b) In welchem Fall erhöht eine Aufnahme von Fremdkapital die Eigenkapitalrentabilität?

5 Wir beabsichtigen, ein Mehrfamilienhaus als Kapitalanlage zu kaufen. Von einem Immobilienmakler erhalten wir folgendes Angebot: Kaufpreis: 1.200.000,00 € (1.400.000,00 €); jährliche Nettomieteinnahmen: 70.000,00 € (80.000,00 €).

Die Anschaffungsnebenkosten (Maklercourtage, Grunderwerbsteuer, Notariatskosten, Grundbuchamt) und die Grundschuldbestellungskosten (Notariatskosten und Grundbuchamt) betragen 13 % vom Kaufpreis.

Unsere Hausbank bietet uns in der gegenwärtigen Niedrigzinsphase folgende Finanzierungskonditionen:

100 % Auszahlung (kein Disagio); 10 Jahre Festzinsbindung; Tilgung: 1,00 %.

Beleihung (jeweils vom Kaufpreis):	50,00 %	80,00 %
Effektiver Jahreszinssatz	1,35 % (1,45 %)	1,65 % (1,75 %)

a) Errechnen Sie die Gesamtkapitalrentabilität bei 50%iger und bei 80%iger Beleihung (jeweils vom Kaufpreis). Genauigkeit: 2 Stellen nach dem Komma.

b) Errechnen Sie die Eigenkapitalrentabilität bei 50%iger und bei 80%iger Beleihung (jeweils vom Kaufpreis). Genauigkeit: 2 Stellen nach dem Komma.

c) Die Eigenkapitalrentabilität ist die entscheidende Größe. Begründen Sie, weshalb die 50%ige und die 80%ige Beleihung zu unterschiedlichen Eigenkapitalrentabilitäten [Ergebnisse der Aufgabe b)] führen.

6 Was sagt die Kennzahl „Umsatzrentabilität" aus?

7 Die Henkel AG hat im abgelaufenen Geschäftsjahr eine Umsatzrentabilität von 8,9 % erzielt. Im neuen Geschäftsjahr wird ein Gewinn von 3,5 Mio. € angestrebt. Die Umsatzrentabilität soll ebenfalls 8,9 % betragen. Wie hoch müssen die Umsatzerlöse im neuen Geschäftsjahr sein (Genauigkeit: 3 Stellen nach dem Komma)?

8 Für das neue Geschäftsjahr prognostiziert die Vertriebsabteilung der Helmut Schmudde GmbH Umsatzerlöse von 14,6 Mio. €. Die Umsatzrentabilität soll 9,1 % betragen. Wie hoch sind die Gewinnerwartungen im neuen Geschäftsjahr (Genauigkeit: 3 Stellen nach dem Komma)?

9 Die Textilfabrik Konrad Fied KG entnimmt ihrer Buchführung folgende Daten:

	Umsatz	Fremdkapital	Eigenkapital	Gewinn
1. Jahr	3.380.000,00	2.000.000,00	820.000,00	267.600,00
2. Jahr	3.000.000,00	1.500.000,00	1.320.000,00	307.600,00
3. Jahr	2.900.000,00	1.950.000,00	900.000,00	275.085,00
4. Jahr	2.000.000,00	1.700.000,00	1.100.000,00	188.000,00
5. Jahr	2.600.000,00	1.000.000,00	1.800.000,00	202.000,00

Unternehmerlohn pro Jahr: 100.000,00 €

Zinssatz für Fremdkapital: 8 %

a) Errechnen Sie für jedes Jahr die Umsatzrentabilität.
b) Nennen Sie mögliche Ursachen für das Wachsen und für das Sinken der Umsatzrentabilität.
c) Errechnen Sie für jedes Jahr die Eigenkapitalrentabilität.
d) In welchen Jahren ist die Textilfabrik Konrad Fied KG mit ihrer Eigenkapitalrentabilität zufrieden bzw. unzufrieden? Begründen Sie Ihre Meinung.
    (Landesüblicher Zinssatz für langfristig angelegtes Kapital: 7 %.)
e) Errechnen Sie für jedes Jahr die Gesamtkapitalrentabilität.
f) Erklären Sie für das 1. bis 3. Jahr die Entwicklung der Eigenkapitalrentabilität in Zusammenhang mit der Entwicklung der Gesamtkapitalrentabilität. Ziehen Sie bei Ihrer Betrachtung auch die absoluten Zahlen (Eigenkapital, Fremdkapital, Gewinn) heran.
g) Welche Auswirkung auf den Gewinn hat der Fremdkapitalanteil im 4. Jahr?
h) Wie wirkt der Fremdkapitalanteil im 5. Jahr auf den Gewinn und auf die Eigenkapitalrentabilität?

4.1 Die Abgrenzung zwischen Geschäftsbuchführung und Kosten- und Leistungsrechnung

Einstieg[1]

S	8020 Gewinn- und Verlustkonto		H
	T€		T€
6000 Aufwendungen für Rohstoffe	18.000	5000 Umsatzerlöse f. e. E.	28.890
6200 Löhne	9.000	5202 BV an FE	1.500
6400 AG-Anteil zur Sozialversicherung	1.500	5401 Nebenerlöse aus Verm. u. Verp.	300
6800 Büromaterial	100	5710 Zinserträge	60
6960 Verluste a. d. A. v. VG[2]	200		
6990 Periodenfr. Aufwendungen	300		
7460 Verluste a. d. A. von Wertp. d. UV[3]	150		
Gesamtgewinn	1.500		
	30.750		30.750

Tina Lüders liegt das oben stehende Gewinn- und Verlustkonto vor. Sie möchte wissen, welcher Gewinn bzw. Verlust aus dem betrieblichen Leistungsprozess resultiert. Einige Aufwands- und Ertragspositionen des Gewinn- und Verlustkontos fallen Tina Lüders auf …

In diesem GuV-Konto fallen mir einige Positionen auf …

Helfen Sie Tina Lüders und ermitteln Sie das Betriebsergebnis in der Ergebnistabelle im Arbeitsheft. Nehmen Sie das Lehrbuch zu Hilfe.

Lernstoff

Der Industriekontenrahmen trennt die **Geschäftsbuchführung** (**Finanzbuchführung**) in den Kontenklassen 0 bis 8 von der **Kosten- und Leistungsrechnung** (**Betriebsbuchführung**) in der Kontenklasse 9. Man spricht deshalb vom **Zweikreissystem.**

Die Geschäftsbuchführung (Kontenklassen 0 bis 8) vollzieht sich im **Rechnungskreis I.** Der Rechnungskreis I stellt ein **geschlossenes Buchführungssystem** dar, dessen **Erfolgsrechnung** (Erfolgskonten) in die Gewinn- und Verlustrechnung mündet und dessen **Bestandsrechnung** (Bestandskonten) in die Bilanz fließt.

Die Erfolgsrechnung der Geschäftsbuchführung wird entscheidend von steuerrechtlichen und handelsrechtlichen Vorschriften (z. B. Abschreibungs- und Bewertungsvorschriften) bestimmt. Den Anforderungen einer betriebswirtschaftlichen Betrachtung wird die Erfolgsrechnung nicht gerecht.

Die positiven und negativen Erfolgselemente der Gewinn- und Verlustrechnung heißen **Erträge** und **Aufwendungen.** Die Gegenüberstellung von Erträgen und Aufwendungen im Gewinn- und Verlustkonto ergibt das **Gesamtergebnis,** einen **Gesamtgewinn** (Erträge > Aufwendungen) oder einen **Gesamtverlust** (Erträge < Aufwendungen).

---

1 Bei dieser Aufgabe sind die kostenrechnerischen Korrekturen (siehe Kapitel 4.2.2) noch nicht vorzunehmen.
2 Gebrauchte Anlagegüter wurden unter Buchwert verkauft. Das Konto „6960" weist den Buchverlust (= Nettoverkaufserlös – Buchwert) aus.
3 7460 Verluste aus dem Abgang von Wertpapieren des Umlaufvermögens

Rechnungskreis I (Kontenklassen 0 bis 8)

Geschäftsbuchführung (Finanzbuchführung) – beinhaltet Bestandsrechnung und **Erfolgsrechnung**

Erfolgsrechnung (GuV)

| Erträge | → Gesamtergebnis ← | Aufwendungen |

Erträge > Aufwendungen = Gesamtgewinn
Erträge < Aufwendungen = Gesamtverlust

Die Kontenklasse 9 des Industriekontenrahmens bildet für die Kosten- und Leistungsrechnung einen zweiten **eigenständigen Rechnungskreis.** In diesem **Rechnungskreis II** baut sich jedes Unternehmen ein **individuelles Abrechnungssystem** auf. Dieses wird geprägt durch die Branchenzugehörigkeit und durch die Eigenart des Betriebsprozesses. Der Rechnungskreis II wird also auf die speziellen Bedürfnisse der Unternehmen ausgerichtet.

Wie die Geschäftsbuchführung (Kontenklassen 0 bis 8) kann die Kosten- und Leistungsrechnung (Kontenklasse 9) kontenmäßig nach dem Prinzip der Doppik gestaltet werden. Man bezeichnet sie dann als **Betriebsbuchführung.**

Die positiven und negativen Erfolgselemente des Rechnungskreises II sind **Leistungen** und **Kosten.**

Leistungen sind betriebsbedingte Erträge, die sich aus dem Wertzuwachs und der Veräußerung betrieblicher Sachgüter oder Dienstleistungen ergeben.
Kosten umfassen den Werteverzehr, der zur betrieblichen Leistungserstellung erforderlich ist.

Die Gegenüberstellung von Leistungen und Kosten ergibt das **Betriebsergebnis,** einen **Betriebsgewinn** (Leistungen > Kosten) oder einen **Betriebsverlust** (Leistungen < Kosten).

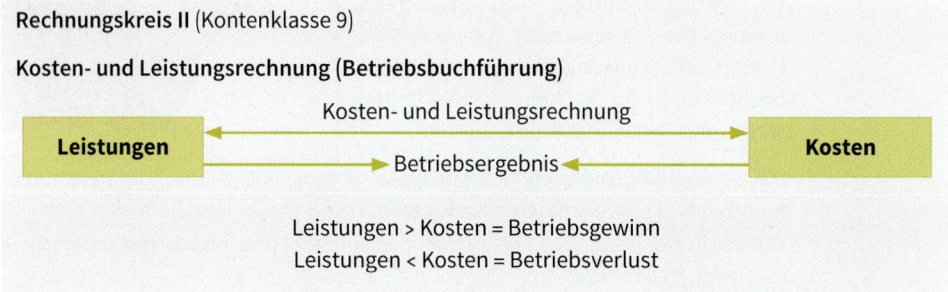

Rechnungskreis II (Kontenklasse 9)

Kosten- und Leistungsrechnung (Betriebsbuchführung)

Kosten- und Leistungsrechnung

| Leistungen | → Betriebsergebnis ← | Kosten |

Leistungen > Kosten = Betriebsgewinn
Leistungen < Kosten = Betriebsverlust

Die Kosten- und Leistungsrechnung orientiert sich an betriebswirtschaftlichen Erfordernissen. Sie bildet die Basis für Planungen und für unternehmerische Entscheidungen.

In der betrieblichen Praxis werden Kosten und Leistungen in der Regel **nicht kontenmäßig,** sondern **tabellarisch in Ergebnistabellen** (siehe Kapitel 4.2) erfasst. Die tabellarische Ergebnisrechnung ist weniger arbeitsaufwendig und übersichtlicher.

4.2   Die Ergebnistabelle

In jedem Unternehmen findet ein Leistungsprozess statt, der einen Gewinn erwirtschaften soll.

In einem Industriebetrieb werden Waren hergestellt und an den Handel geliefert. Der Großhandelsbetrieb kauft die Waren ein, lagert sie und verkauft sie im unveränderten Zustand an den Einzelhandel. Dieser wiederum stellt den Verkaufskontakt zum Endverbraucher her.

Um die Wirtschaftlichkeit eines Unternehmens zu ermitteln, gilt es, speziell für den *betrieblichen Leistungsprozess* (= operatives Geschäft) einen Gewinn oder Verlust festzustellen. Dies geschieht in der Kosten- und Leistungsrechnung durch die Errechnung des *Betriebsergebnisses*.

Das Betriebsergebnis wird in der kaufmännischen Praxis meistens mithilfe einer **Ergebnistabelle** ermittelt.

Eine Ergebnistabelle weist den unten dargestellten Aufbau auf.

Im linken Teil enthält die Ergebnistabelle die **Erfolgsrechnung der Geschäftsbuchführung** (Rechnungskreis I). Hier wird nach **handelsrechtlichen und steuerrechtlichen Vorschriften** ein **Gesamtergebnis**[1] ermittelt. Für die Kosten- und Leistungsrechnung ist dieses Gesamtergebnis unbrauchbar.

Der rechte Teil der Ergebnistabelle beinhaltet die **Kosten- und Leistungsrechnung** (Rechnungskreis II).

Dieser wird unterteilt in den **Abgrenzungsbereich** und in den **Kosten- und Leistungsbereich.**

Rechnungskreis I				Rechnungskreis II					
Geschäftsbuchführung				Kosten- und Leistungsrechnung					
Erfolgsbereich				Abgrenzungsbereich				Kosten- und Leistungsbereich	
Kto.-Nr.	Konten	Aufwendungen	Erträge	Unternehmensbezogene Abgrenzungen		Kostenrechnerische Korrekturen		Kosten	Leistungen
				Aufwendungen	Erträge	Aufwendungen	Erträge		
				Ergebnis aus unternehmensbezogenen Abgrenzungen		Ergebnis aus kostenrechnerischen Korrekturen			Betriebsergebnis
				Abgrenzungsergebnis					
		Gesamtergebnis		Gesamtergebnis					

Im **Abgrenzungsbereich** werden **unternehmensbezogene Abgrenzungen** (siehe Kapitel 4.2.1) und **kostenrechnerische Korrekturen** (siehe Kapitel 4.2.2) vorgenommen. Entsprechend ergibt sich hier ein Ergebnis aus unternehmensbezogenen Abgrenzungen[2] bzw. aus kostenrechnerischen Korrekturen. Die Summe dieser Ergebnisse ist das **Abgrenzungsergebnis.**

Abgrenzungsergebnis =	Ergebnis aus unternehmensbezogenen Abgrenzungen	**+**	Ergebnis aus kostenrechnerischen Korrekturen

---

1   auch: Unternehmensergebnis

2   auch: neutrales Ergebnis

Im **Kosten- und Leistungsbereich** wird aufgrund von Kosten und Leistungen ein **Betriebsergebnis** ausgewiesen.

Die Addition von Abgrenzungsergebnis und Betriebsergebnis ergibt das **Gesamtergebnis,** das auch in der Geschäftsbuchführung ermittelt wird.

> **Gesamtergebnis** = Abgrenzungsergebnis + Betriebsergebnis

Die Kosten- und Leistungsrechnung weist im Gegensatz zur Geschäftsbuchführung die Teilergebnisse differenziert aus.

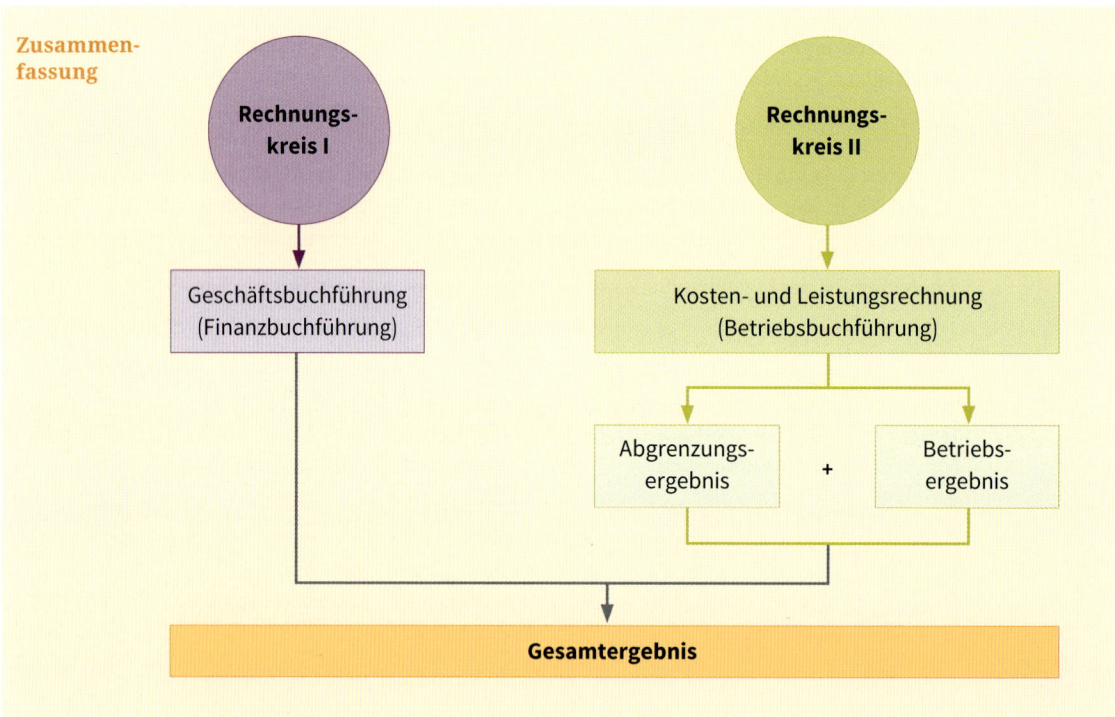

Zusammenfassung

1. **Die Geschäftsbuchführung ist nach handels- und steuerrechtlichen Vorschriften ausgerichtet.**

2. **Die Kosten- und Leistungsrechnung wird nach betriebswirtschaftlichen Gesichtspunkten erstellt. Sie liefert die Daten, auf denen unternehmerische Planungen und Entscheidungen basieren.**

4.2.1   Die unternehmensbezogenen Abgrenzungen in der Ergebnistabelle

Die Ausgangsdaten der Ergebnistabelle liefert die Erfolgsrechnung (GuV-Rechnung) der Geschäftsbuchführung.

Einige dieser Ausgangsdaten sind Erfolgsgrößen, die sowohl in der Geschäftsbuchführung als auch in der Kosten- und Leistungsrechnung in **gleicher Höhe** in Ansatz gebracht werden können. Diese Erfolgselemente passieren den Abgrenzungsbereich unverändert. Sie erscheinen in gleicher Höhe als **Aufwendungen und Erträge in der Geschäftsbuchführung** und als **Kosten und Leistungen im Kosten- und Leistungsbereich.**

In der Spalte mit der Überschrift „Unternehmensbezogene Abgrenzungen" werden **neutrale Aufwendungen und Erträge** abgefiltert. Auf diese Weise gelangen sie nicht in den Kosten- und Leistungsbereich. Eine Erfolgsposition ist neutral, wenn auf sie mindestens eines der folgenden Merkmale zutrifft:

- **betriebsfremd** (Die Erfolgsposition hat nichts mit dem betrieblichen Leistungsprozess zu tun), z. B.: Nebenerlöse aus Vermietung und Verpachtung, Verluste aus dem Abgang von Vermögensgegenständen[1], Zinserträge;
- **untypisch** (Die Erfolgsposition ist außergewöhnlich hoch oder fällt unregelmäßig an[2]);
- **periodenfremd** (Die Erfolgsposition bezieht sich nicht auf den Betrachtungszeitraum), z. B.: Steuernachzahlungen, Erträge aus der Herabsetzung von Rückstellungen.

Beispiel

Alle Beträge in T€.

Kto.-Nr.	Konten	Erfolgsbereich Aufwendungen	Erträge	Unternehmensbezogene Abgrenzungen Aufwendungen	Erträge	Kostenrechnerische Korrekturen Aufwendungen	Erträge	Kosten	Leistungen
	Rechnungskreis I — Geschäftsbuchführung			**Rechnungskreis II** — Kosten- und Leistungsrechnung					
	Erfolgsbereich			Abgrenzungsbereich				Kosten- und Leistungsbereich	
5000	Umsatzerlöse f. e. E.		35.900						35.900
5201	BV an UE		1.000						1.000
5401	Nebenerlöse a. V. u. V.		400		400				
5710	Zinserträge		100		100				
6000	Aufw. f. Rohst.	24.000						24.000	
6200	Löhne	9.000						9.000	
6400	AG-Anteil (Soz.-Vers.)	1.500						1.500	
6960	Verluste a. d. A. v. VG[1]	100		100					
6990	Periodenfr. Aufw.	400		400					
7460	Verl. a. d. Abg. v. WP d. UV[3]	300		300					
		35.300	37.400	800	500			34.500	36.900
		2.100			300			2.400	
		37.400	37.400	800	800			36.900	36.900
		Gesamtgewinn 2.100	=	Verlust aus unternehmensbezogenen Abgrenzungen – 300				Betriebsgewinn + 2.400	

Anmerkung: Der Vollständigkeit halber beinhaltet diese Ergebnistabelle auch die Doppelspalte „Kostenrechnerische Korrekturen", obwohl hier zunächst noch keine Eintragungen erfolgen (siehe Kapitel 4.2.2).

---

1 Vermögensgegenstände wurden unter Buchwert veräußert.

2 Hierunter fallen z. B. Gewinne und Verluste aus der Veräußerung ganzer Betriebe oder wesentlicher Betriebsteile, außerplanmäßige Abschreibungen aufgrund von Betriebsstilllegungen oder Enteignungen oder Katastrophen, außergewöhnliche Schadensfälle aufgrund betrügerischer Machenschaften, Entlassungsentschädigungen bei Massenentlassungen (Sozialpläne), Steuererlasse, einmalige staatliche Zuschüsse.

3 Verluste aus dem Abgang von Wertpapieren des Umlaufvermögens

Zusammenfassung

		Rechnungskreis I			Rechnungskreis II					
		Geschäftsbuchführung			Kosten- und Leistungsrechnung					
		Erfolgsbereich			Abgrenzungsbereich				Kosten- und Leistungsbereich	
	Kto.-Nr.	Konten	Aufwendungen	Erträge	Unternehmensbezogene Abgrenzungen		Kostenrechnerische Korrekturen		Kosten	Leistungen
					Aufwendungen	Erträge	Aufwendungen	Erträge		
1. Direkte Verrechnung zwischen GB und KLR		Erfolgsgrößen genügen den Vorschriften der GB und den Anforderungen der KLR.				betriebsbedingte Erträge →				
					betriebsbedingte Aufwendungen →					
2. Unternehmensbezogene Abgrenzungen		Neutrale Erfolgsgrößen werden abgegrenzt und gelangen nicht in den KL-Bereich.			neutrale Erträge →					
					neutrale Aufwendungen →					

Aufgaben

1–5: Einführung in die Thematik
6: Errechnung der einzelnen Ergebnisse
7: Erstellung einer Ergebnistabelle

1 Ordnen Sie zu.

A	B
1. Ausgaben	1. Negative Erfolgselemente der Geschäftsbuchführung
2. Einnahmen	2. Positive Erfolgselemente der Kosten- und Leistungsrechnung
3. Aufwendungen	3. Negative Erfolgselemente der Finanzrechnung
4. Erträge	4. Negative Erfolgselemente der Kosten- und Leistungsrechnung
5. Kosten	5. Positive Erfolgselemente der Finanzrechnung
6. Leistungen	6. Positive Erfolgselemente der Geschäftsbuchführung

2 Welche Aussagen sind richtig bzw. falsch? Begründen Sie Ihre Meinung.

a) Im Rechnungskreis I des Industriekontenrahmens erfolgt die Kosten- und Leistungsrechnung.

b) Der Rechnungskreis I des Industriekontenrahmens ist nach dem Abschlussgliederungsprinzip aufgebaut.

c) Die Kosten- und Leistungsrechnung, die im Rechnungskreis I vorgenommen wird, ist entscheidend von steuerrechtlichen und handelsrechtlichen Vorschriften (z. B. Abschreibungs- und Bewertungsvorschriften) geprägt.

d) Die Geschäftsbuchführung wird den Anforderungen einer betriebswirtschaftlichen Betrachtung gerecht. Sie liefert die Daten für betriebswirtschaftliche Entscheidungen und Planungen.

e) Die Geschäftsbuchführung wird auch als Finanzbuchführung bezeichnet.

f) Die positiven und negativen Erfolgselemente der Geschäftsbuchführung sind die Erträge und die Aufwendungen.

g) Jedes Unternehmen kann sich seinen eigenen Bedürfnissen entsprechend im Rechnungskreis II ein individuelles Abrechnungssystem aufbauen.

h) Wie die Geschäftsbuchführung muss auch die Kosten- und Leistungsrechnung kontenmäßig nach dem Prinzip der Doppik gestaltet werden.

i)   Die Erfolgsgrößen des Rechnungskreises II sind Kosten und Leistungen.
j)   Kosten umfassen den Wertezuwachs, der zur betrieblichen Leistungserstellung erforderlich ist.
k) Aus dem Saldo von Kosten und Leistungen ergibt sich das Betriebsergebnis.
l)   Die Kosten- und Leistungsrechnung, die nach dem Prinzip der Doppik gestaltet ist, bezeichnet man auch als Betriebsbuchführung.
m) In der Kosten- und Leistungsrechnung ergibt sich das Gesamtergebnis aus der Summe von Abgrenzungsergebnis und Betriebsergebnis.

3   Entscheiden Sie, ob die folgenden Erfolgspositionen unternehmensbezogen abgegrenzt werden. Begründen Sie Ihre Entscheidung.
a) Umsatzerlöse
b) Erträge aus Beteiligungen
c) Nachzahlung der Unfallversicherungsbeiträge des vergangenen Geschäftsjahres
d) Aufwendungen für Energie
e) Einmaliger staatlicher Zuschuss
f)   Zinserträge
g) Löhne
h) Privatentnahme von eigenen Erzeugnissen bei Einzelunternehmen (e. K.) und bei Personengesellschaften (OHG, KG)
i)   Verluste aus dem Abgang von Vermögensgegenständen[1]
j)   Abschreibungen auf Sachanlagen
k) Erstattung der Kfz-Versicherung für einen im vergangenen Jahr abgemeldeten Lkw
l)   Büromaterial
m) Entlassungsentschädigungen bei Massenentlassung
n) Nebenerlöse aus Vermietung und Verpachtung
o) Beiträge zur Berufsgenossenschaft
p) Periodenfremde Aufwendungen

4   Welche unternehmerische Initiative müsste ergriffen werden, wenn sich der Gesamtgewinn über einen langen Zeitraum aus einem Gewinn aus unternehmensbezogenen Abgrenzungen und aus einem Betriebsverlust ergibt?

5   Warum achten die Finanzämter nicht auf eine korrekte unternehmensbezogene Abgrenzung?

6   a) Errechnen Sie das Betriebsergebnis.

1. Gesamtgewinn	450.000,00 €	Gewinn aus unternehmensbezogenen Abgrenzungen	200.000,00 €
2. Gesamtgewinn	300.000,00 €	Verlust aus unternehmensbezogenen Abgrenzungen	100.000,00 €
3. Gesamtverlust	200.000,00 €	Gewinn aus unternehmensbezogenen Abgrenzungen	50.000,00 €
4. Gesamtverlust	250.000,00 €	Verlust aus unternehmensbezogenen Abgrenzungen	350.000,00 €

b) Errechnen Sie das Gesamtergebnis.

1. Betriebsgewinn	300.000,00 €	Gewinn aus unternehmensbezogenen Abgrenzungen	50.000,00 €
2. Betriebsgewinn	200.000,00 €	Verlust aus unternehmensbezogenen Abgrenzungen	150.000,00 €

---

1 Vermögensgegenstände wurden unter Buchwert veräußert.

3. Betriebsverlust .... 250.000,00 €   Gewinn aus unternehmensbezogenen Abgrenzungen ..... 100.000,00 €

4. Betriebsverlust .... 100.000,00 €   Verlust aus unternehmensbezogenen Abgrenzungen ..... 50.000,00 €

c) Errechnen Sie das Ergebnis aus unternehmensbezogenen Abgrenzungen.

1. Gesamtgewinn .... 500.000,00 €   Betriebsgewinn .... 600.000,00 €
2. Gesamtgewinn .... 50.000,00 €   Betriebsverlust .... 150.000,00 €
3. Gesamtverlust .... 250.000,00 €   Betriebsgewinn .... 400.000,00 €
4. Gesamtverlust .... 450.000,00 €   Betriebsverlust .... 200.000,00 €

7[1] Erstellen Sie die Ergebnistabelle mit Ausweis des Gesamtergebnisses, des Ergebnisses aus unternehmensbezogenen Abgrenzungen und des Betriebsergebnisses.

Konten	a) Soll (T€)	a) Haben (T€)	b) Soll (T€)	b) Haben (T€)
5000	–	45.700	–	46.800
5201	–	1.600	–	1.100
5401	–	–	–	300
5460[2]	–	500	–	–
5490	–	700	–	600
5500	–	–	–	200
5710	–	100	–	30
5780	–	150	–	600
6000	7.600	–	12.800	–
6010	3.000	–	–	–
6020	2.000	–	3.000	–
6030	1.000	–	800	–
6140	100	–	–	–
6150	–	–	200	–
6160	500	–	–	–
6200	15.600	–	14.900	–
6300	2.500	–	3.200	–
6400	2.800	–	2.100	–
6410	300	–	400	–
6420	100	–	80	–
6520	9.300	–	8.900	–
6600	20	–	–	–
6700	–	–	500	–
6800	300	–	200	–
6870	600	–	–	–
6900	400	–	–	–
6960[3]	–	–	600	–
6990	500	–	300	–
7460	1.300	–	1.180	–

---

1   Bei dieser Aufgabe sind die kostenrechnerischen Korrekturen (siehe Kapitel 4.2.2) noch nicht vorzunehmen.

2   Gebrauchte Anlagegüter wurden über Buchwert verkauft. Das Konto „5460" weist den Buchgewinn (= Nettoverkaufserlös – Buchwert) aus.

3   Gebrauchte Anlagegüter wurden unter Buchwert verkauft. Das Konto „6960" weist den Buchverlust (= Nettoverkaufserlös – Buchwert) aus.

4.2.2 Die kostenrechnerischen Korrekturen in der Ergebnistabelle (kalkulatorische Kosten)

4.2.2.1 Die Begriffe „Grundkosten", „Anderskosten" und „Zusatzkosten"

Man unterscheidet 3 Kostenbegriffe:
- Grundkosten (auch: Zweckaufwendungen),
- Anderskosten und
- Zusatzkosten.

Die Grundkosten sind die Kosten der Geschäftsbuchführung, die unverändert in die Kosten- und Leistungsrechnung übernommen werden können. Man spricht hier auch von aufwandsgleichen Kosten.

Zu den Grundkosten rechnet man z. B. Personalaufwendungen, Mieten und Pachten, Aufwendungen für Kommunikation usw.

Darüber hinaus gibt es auch **aufwandsungleiche** Kosten. Diese Kosten werden in der Geschäftsbuchführung erfasst; ihre Höhe ist aber für die Kosten- und Leistungsrechnung unbrauchbar. Sie müssen kalkulatorisch **anders** erfasst werden. Man spricht hier von **Anderskosten.**

Anderskosten sind aufwandsungleiche Kosten, deren Werteverzehr in der Kosten- und Leistungsrechnung anders erfasst werden muss als in der Geschäftsbuchführung.

Zu den Anderskosten zählen die kalkulatorischen Abschreibungen, die kalkulatorischen Zinsen für das Fremdkapital und die kalkulatorischen Wagnisse.

Nun gibt es außerdem Kosten, denen keine Aufwandsbuchungen in der Geschäftsbuchführung zugrunde liegen. Dennoch müssen sie in der Kosten- und Leistungsrechnung berücksichtigt werden. Man nennt diese Kosten **Zusatzkosten.**

Den Zusatzkosten gehen keine Aufwandsbuchungen in der Geschäftsbuchführung voraus.

Zu den Zusatzkosten gehören der kalkulatorische Unternehmerlohn in Einzelunternehmen und in Personengesellschaften sowie die kalkulatorischen Zinsen für das Eigenkapital.

Zusatzkosten und Anderskosten werden unter dem Oberbegriff **kalkulatorische Kosten** zusammengefasst.

Aufwendungen gemäß Geschäftsbuchführung			
betriebsfremde, perioden-fremde, untypische Auf-wendungen = **neutrale Aufwendungen** = **Nichtkosten**	betriebsbedingte Aufwendungen		
	aufwandsgleiche Kosten = **Grundkosten** (Zweckaufwand)	aufwandsungleiche Kosten = **Anderskosten**	Zusatzkosten
		kalkulatorische Kosten	
	Kosten im Sinne der Kosten- und Leistungsrechnung		

4.2.2.2   Die Erfassung der kalkulatorischen Kosten in der Kosten- und Leistungsrechnung

Die Erfassung der kalkulatorischen Kosten in der KLR ermöglicht:	Begründung:
■ Wirtschaftlichkeitsbetrachtungen, ■ eine alle Kosten umfassende und keinen Schwankungen unterliegende Preiskalkulation, ■ innerbetriebliche Wirtschaftlichkeitsvergleiche (Zeitvergleiche), ■ außerbetriebliche Wirtschaftlichkeitsvergleiche (Betriebsvergleiche).	■ Aus steuerlichen Gründen vorgenommene überhöhte Abschreibungen werden durch konstante kalkulatorische Abschreibungen ersetzt. ■ Bei Einzelunternehmen und bei Personengesellschaften wird ein kalkulatorischer Unternehmerlohn berücksichtigt. ■ Die gesamten betriebsbedingten Zinsen auf der Basis des betriebsnotwendigen Kapitals (auch Zinsen für das Eigenkapital) werden einbezogen. ■ Kosten für betriebsbedingte Wagnisse, die nicht durch Fremdversicherungen ausgeschlossen werden können, werden zur Erreichung einer gewissen Beständigkeit in der Kostenstruktur gleichmäßig über einen längeren Betrachtungszeitraum verteilt.

Die kalkulatorischen Kosten werden in der Ergebnistabelle in der Spalte „Kosten- und Leistungsbereich" als Kosten erfasst. Damit **mindern** sie das **Betriebsergebnis**.

Im Abgrenzungsbereich (kosten- und leistungsrechnerische Korrekturen) werden sie als Erträge ausgewiesen. Dadurch **verbessern** sie das **Abgrenzungsergebnis**.

Auf das **Gesamtergebnis** (= Betriebsergebnis + Abgrenzungsergebnis) haben die kalkulatorischen Kosten **keinen Einfluss**.

Kalkulatorischer Unternehmerlohn

Bei **Kapitalgesellschaften** erhalten die Vorstandsmitglieder von Aktiengesellschaften bzw. die Geschäftsführer von GmbHs für ihre leitende Tätigkeit Gehälter, die in die Kosten- und Leistungsrechnung eingehen.

Unternehmer, die in **Einzelunternehmen** (e. K.) und **Personengesellschaften** (OHG, KG) leitend tätig sind, dürfen dagegen aus steuerrechtlichen Gründen keine Gehälter beziehen. Ihre Lebensführungskosten decken sie durch Privatentnahmen.

In der Kosten- und Leistungsrechnung müssen alle Kosten berücksichtigt werden, die aus dem leistungsbedingten Verzehr von Sachgütern und Dienstleistungen resultieren. Hierzu gehört auch die dispositive Arbeit des Unternehmers in Einzelunternehmen und Personengesellschaften.

Die planenden und leitenden Arbeitsleistungen des Unternehmers werden deshalb als **kalkulatorische Zusatzkosten** in die Kosten- und Leistungsrechnung einbezogen.

Die Höhe des **kalkulatorischen Unternehmerlohnes** bemisst sich am Gehalt eines mit einer vergleichbaren Tätigkeit beauftragten **leitenden Angestellten**.

Beispiel Der **kalkulatorische Unternehmerlohn** in einer OHG (3 Gesellschafter) beträgt im Mai **20.000,00 €**.

Der **kalkulatorische Unternehmerlohn** findet folgendermaßen in der Ergebnistabelle Berücksichtigung:

Geschäftsbuchführung				Kosten- und Leistungsrechnung					
Erfolgsbereich				Abgrenzungsbereich				Kosten- und Leistungsbereich	
Kto.-Nr.	Konten	Aufwendungen	Erträge	Unternehmensbezogene Abgrenzungen		Kostenrechnerische Korrekturen		Kosten	Leistungen
				Aufwendungen	Erträge	Aufwendungen	Erträge		
.		.	.	.	.	.	.	.	.
.		.	.	.	.	.	.	.	.
.		.	.	.	.	.	.	.	.
	Kalkulatorische Kosten **Kalkulatorischer Unternehmerlohn**						20.000	20.000	
.		.	.	.	.	.	.	.	.
.		.	.	.	.	.	.	.	.
.		.	.	.	.	.	.	.	.

Man sieht, dass der kalkulatorische Unternehmerlohn in die Kosten- und Leistungsrechnung einmal als negatives Erfolgselement (Kosten in der Spalte „Kosten- und Leistungsbereich") und einmal als positives Erfolgselement (Ertrag in der Spalte „Kostenrechnerische Korrekturen") einfließt. Damit verschlechtert er das „Betriebsergebnis" (Kosten- und Leistungsbereich) und verbessert im gleichen Maß das „Ergebnis aus kostenrechnerischen Korrekturen". Auf das „Gesamtergebnis" in der Kosten- und Leistungsrechnung (Rechnungskreis II) wirkt der kalkulatorische Unternehmerlohn **erfolgsneutral**.

Aufgaben
folgen auf
S. 238 ff.

  Der kalkulatorische Unternehmerlohn stellt Zusatzkosten dar.

Kalkulatorische Zinsen

Die Eigen- und Fremdkapitalausstattung von Unternehmen ist sehr unterschiedlich. Bei Betriebsvergleichen würde sich daher ein falsches Bild ergeben, wenn lediglich die Fremdkapitalzinsen in der Kosten- und Leistungsrechnung ihren Niederschlag fänden. Außerdem würde der **Zinsentgang für das eingesetzte Eigenkapital** in der **Preisgestaltung**[1] nicht berücksichtigt werden.

Aus diesen Gründen werden die gesamten **betriebsbedingten Zinsen,** die auf der Basis des **betriebsnotwendigen Kapitals** (also unter Einbeziehung des Eigenkapitals) ermittelt werden, in der Kosten- und Leistungsrechnung erfasst.

Für die **kalkulatorischen Zinsen** wird der **landesübliche Zinssatz für langfristige Darlehen** zugrunde gelegt.

---

1 *Hinweis:* In die Preiskalkulation fließen die Kosten der KLR ein und nicht die in der Geschäftsbuchführung gebuchten Aufwendungen.

Durch die Festsetzung eines über einen längeren Zeitraum konstant bleibenden kalkulatorischen Zinssatzes wird die Kostenrechnung von zufälligen Zinsschwankungen auf dem Kapitalmarkt befreit.

Das betriebsnotwendige Kapital ergibt sich folgendermaßen:

Unternehmensvermögen[1] (= Anlagevermögen + Umlaufvermögen)
– nicht betriebsnotwendiges Vermögen[2]
= betriebsnotwendiges Vermögen
– zinsfreies Fremdkapital[3]
= betriebsnotwendiges Kapital

Beispiel

Im Betrachtungsmonat sind **5.000,00 € tatsächlich angefallene Fremdkapitalzinsen** in der Geschäftsbuchführung gebucht worden.

Das betriebsnotwendige Kapital (k) beträgt 1.000.000,00 €. Der landesübliche Zinssatz (p) für langfristige Darlehen beläuft sich auf 9 %. Betrachtungszeitraum (t): 1 Monat (= 30 Tage).

Errechnung der monatlichen kalkulatorischen Zinsen:

$$z = \frac{k \cdot p \cdot t}{100 \cdot 360} = \frac{1.000.000,00\ € \cdot 9 \cdot 30}{100 \cdot 360} = \underline{\underline{7.500,00\ €}}$$

Die in der **Geschäftsbuchführung tatsächlich gebuchten Fremdkapitalzinsen** und die **kalkulatorischen Zinsen** fließen folgendermaßen in die Ergebnistabelle ein:

Geschäftsbuchführung				Kosten- und Leistungsrechnung					
Erfolgsbereich				Abgrenzungsbereich				Kosten- und Leistungsbereich	
Kto.-Nr.	Konten	Aufwendungen	Erträge	Unternehmensbezogene Abgrenzungen		Kostenrechnerische Korrekturen		Kosten	Leistungen
				Aufwendungen	Erträge	Aufwendungen	Erträge		
.	.	.	.	.	.	.	.	.	.
.	.	.	.	.	.	.	.	.	.
.	.	.	.	.	.	.	.	.	.
7510	Zinsaufwend.	5.000				5.000			
	.	.	.	.	.	.	.	.	.
	.	.	.	.	.	.	.	.	.
	.	.	.	.	.	.	.	.	.
	Kalkulatorische Kosten								
	Kalkulatorische Zinsen							7.500	7.500
.	.	.	.	.	.	.	.	.	.
.	.	.	.	.	.	.	.	.	.
.	.	.	.	.	.	.	.	.	.

---

1 Es wird vom tatsächlichen Betriebsvermögen unter Berücksichtigung der kalkulatorischen Abschreibungen (siehe S. 233 f.) ausgegangen.

2 z. B. Wohnhäuser, Beteiligungen, Wertpapiere, Edelmetalle

3 z. B. Verbindlichkeiten a. LL, Anzahlungen von Kunden

Folgendes wird deutlich:

1. In der Spalte „Kostenrechnerische Korrekturen" werden die in der Geschäftsbuchführung gebuchten Fremdkapitalzinsen für den „Kosten- und Leistungsbereich" abgefiltert. Sie finden nun im „Kosten- und Leistungsbereich" keinen Niederschlag.

2. Die kalkulatorischen Zinsen gehen als negative Erfolgselemente (Kosten) in das „Betriebsergebnis" (Spalte: „Kosten- und Leistungsbereich") und im gleichen Maß als positive Erfolgselemente in das „Ergebnis aus kostenrechnerischen Korrekturen" ein. Auf das Gesamtergebnis der Kosten- und Leistungsrechnung (Rechnungskreis II) haben die kalkulatorischen Zinsen keinen Einfluss. Die positive und die negative Erfassung gleichen sich aus.

Aufgaben folgen auf S. 238 ff.

> **Die kalkulatorischen Zinsen auf das Eigenkapital stellen Zusatzkosten, die kalkulatorischen Zinsen auf das Fremdkapital Anderskosten dar.**

Kalkulatorische Abschreibungen

In der Kosten- und Leistungsrechnung werden **kalkulatorische Abschreibungen** in Ansatz gebracht. Sie weichen in folgenden Punkten von den **bilanzmäßigen Abschreibungen** der **Geschäftsbuchführung** ab:

1. Die bilanzmäßigen Abschreibungen der Geschäftsbuchführung werden vornehmlich nach **steuerlichen Gesichtspunkten** (Minderung des steuerpflichtigen Gewinns durch Abschreibungen) vorgenommen. Die **tatsächliche Wertminderung** des Anlagevermögens soll hingegen in der Kosten- und Leistungsrechnung erfasst werden.
   In der Kosten- und Leistungsrechnung wird nach Leistungseinheiten und linear abgeschrieben. Die **Leistungsabschreibung** berücksichtigt den Werteverzehr des Anlagevermögens durch technische Abnutzung am besten.
   Für die **lineare Abschreibung** legt das Bundesministerium der Finanzen in Abschreibungstabellen Richtgrößen für die Nutzungsdauer einzelner Wirtschaftsgüter fest. In der betrieblichen Praxis weicht die tatsächliche Nutzungsdauer jedoch häufig von diesen Vorgaben ab. In der Kosten- und Leistungsrechnung wird der tatsächliche Werteverzehr erfasst. Deshalb wird hier von der tatsächlichen Nutzungsdauer der Anlagegüter ausgegangen und nicht von den Richtgrößen der Abschreibungstabellen.

2. In der Geschäftsbuchführung gilt das **Nominalprinzip.** Für die Abschreibungen bedeutet dies, dass sie von den **Anschaffungs-** oder **Herstellungskosten** berechnet werden.
   In der Kosten- und Leistungsrechnung hingegen herrscht das **Substanzerhaltungsprinzip** vor. Am Ende der Nutzungsdauer eines Anlagegutes wird ein gleichwertiges Anlagegut gekauft. Die Neuanschaffung muss über die Höhe der Verkaufspreise[1] der verkauften Erzeugnisse erwirtschaftet werden. Da in der Regel Anlagegüter Preisschwankungen unterliegen, müssen sich die Abschreibungen in der Kosten- und Leistungsrechnung – mit der Zielsetzung der **Substanzerhaltung** – an ihren **Wiederbeschaffungskosten** orientieren.

3. Im Gegensatz zur Geschäftsbuchführung werden in der Kosten- und Leistungsrechnung nur Abschreibungen auf **betriebsnotwendige Anlagegüter** vorgenommen. Abschreibungen auf vermietete Wohnhäuser gehen so beispielsweise in einer Textilfabrik nicht in die Kosten- und Leistungsrechnung ein.

---

1 *Hinweis:* In die Preiskalkulation fließen die Kosten der KLR ein und nicht die in der Geschäftsbuchführung gebuchten Aufwendungen.

| | Beispiel | Gemäß Abschreibungstabelle des Bundesministeriums der Finanzen wird in der Geschäftsbuchführung eine maschinelle Anlage mit Anschaffungskosten von 480.000,00 € mit 20 % linear abgeschrieben. Der **bilanzielle Abschreibungsbetrag** beträgt folglich **96.000,00 €**.

Es wird mit Wiederbeschaffungskosten von 525.000,00 € gerechnet. Die tatsächliche Nutzungsdauer wird mit 7 Jahren angesetzt. Der lineare Abschreibungsprozentsatz beträgt daher in der Kosten- und Leistungsrechnung 14 $^2/_7$ %. **Kalkulatorisch** werden also **75.000,00 €** abgeschrieben.

Die **bilanziellen Abschreibungen** von **96.000,00 €** und die **kalkulatorischen Abschreibungen** von **75.000,00 €** gehen folgendermaßen in die Ergebnistabelle ein:

Geschäftsbuchführung				Kosten- und Leistungsrechnung					
Erfolgsbereich				Abgrenzungsbereich				Kosten- und Leistungsbereich	
Kto.-Nr.	Konten	Aufwendungen	Erträge	Unternehmensbezogene Abgrenzungen		Kostenrechnerische Korrekturen		Kosten	Leistungen
				Aufwendungen	Erträge	Aufwendungen	Erträge		
.	.	.	.	.	.	.	.	.	.
.	.	.	.	.	.	.	.	.	.
.	.	.	.	.	.	.	.	.	.
6520	Abschreib.	96.000				96.000			
.	.	.	.	.	.	.	.	.	.
.	.	.	.	.	.	.	.	.	.
.	.	.	.	.	.	.	.	.	.
	Kalkulatorische Kosten								
	Kalkulatorische Abschreibungen							75.000	75.000
.	.	.	.	.	.	.	.	.	.
.	.	.	.	.	.	.	.	.	.

Folgendes wird deutlich:
1. In der Spalte „Kostenrechnerische Korrekturen" werden die in der Geschäftsbuchführung gebuchten bilanzmäßigen Abschreibungen für den „Kosten- und Leistungsbereich" abgefiltert. Sie finden nun im „Kosten- und Leistungsbereich" keinen Niederschlag.
2. Die kalkulatorischen Abschreibungen gehen als negative Erfolgselemente (Kosten) in das „Betriebsergebnis" (Spalte: „Kosten- und Leistungsbereich") und im gleichen Maß als positive Erfolgselemente in das „Ergebnis aus kostenrechnerischen Korrekturen" ein. Auf das Gesamtergebnis der Kosten- und Leistungsrechnung (Rechnungskreis II) haben die kalkulatorischen Abschreibungen keinen Einfluss. Die positive und die negative Erfassung gleichen sich aus.

Aufgaben folgen auf S. 238 ff.

 Die kalkulatorischen Abschreibungen stellen Anderskosten dar.

Kalkulatorische Wagnisse

Das **allgemeine Unternehmerwagnis,** das sich z. B. aus Verlusten
- infolge eines konjunkturell bedingten Absatzrückganges,
- infolge einer strukturellen Nachfrageverschiebung (Modewechsel, technischer Fortschritt, Marktsättigung) oder
- infolge eines Betriebsstillstandes aufgrund politischer Unruhen

ergeben kann, wird durch den **Gewinn** abgegolten und kann daher in der Kosten- und Leistungsrechnung nicht berücksichtigt werden.

Im Gegensatz zum allgemeinen Unternehmerwagnis können **besondere betriebsbedingte Einzelwagnisse** in die Kosten- und Leistungsrechnung einbezogen werden, soweit sie nicht durch eine **Fremdversicherung** abgedeckt sind. Hierzu gehören (nach Mellerowicz[1]):

■ das **Beständewagnis** (Verlustgefahr durch Diebstahl, Schwund, Verderb usw.),

■ das **Anlagewagnis** (Verlustgefahr durch Explosion, Brand usw.),

■ das **Gewährleistungswagnis** (Verlustgefahr durch Garantieübernahmen gegenüber den Abnehmern) und

■ das **Vertriebswagnis** (Verlustgefahr durch Forderungsausfälle, Währungsverluste usw.).

Die **tatsächlich eingetretenen betriebsbedingten Wagnisverluste** werden in der Geschäftsbuchführung erfasst.

Sie fallen in schwankenden Höhen und in unregelmäßigen Zeitabständen an und sind somit unter dem Gesichtspunkt der Stetigkeit des Kostenansatzes für die Kosten- und Leistungsrechnung unbrauchbar.

Um eine gewisse Konstanz beim Kostenansatz in der Kosten- und Leistungsrechnung zu erreichen, werden hier für die kalkulatorischen Wagnisse Durchschnittswerte angesetzt. Diese werden aufgrund von tatsächlich in den vorausgegangenen Jahren eingetretenen Wagnisverlusten errechnet.

Beispiel

1. **Beständewagnis:** In den letzten 6 Jahren betrug der Verlust durch Diebstahl und Schwund 4 % des durchschnittlichen Lagerbestandes. Für das kommende Geschäftsjahr wird mit einem durchschnittlichen Lagerbestand von 500.000,00 € gerechnet. Das Beständewagnis des kommenden Geschäftsjahres beträgt: 4 % von 500.000,00 € = ...   20.000,00 €

2. **Gewährleistungswagnis:** In den letzten 6 Jahren beliefen sich die Gewährleistungskosten auf 2 % vom Umsatz. Der Umsatz des kommenden Geschäftsjahres wird auf 6.000.000,00 € geschätzt. Das Gewährleistungswagnis des kommenden Geschäftsjahres beträgt: 2 % von 6.000.000,00 € = ...   120.000,00 €

3. **Vertriebswagnis:** In den letzten 6 Jahren machten die Forderungsausfälle 1,5 % vom Umsatz aus. Der Umsatz der kommenden Rechnungsperiode wird auf 6.000.000,00 € geschätzt. Das Vertriebswagnis des kommenden Geschäftsjahres beträgt: 1,5 % von 6.000.000,00 € = ...   90.000,00 €

Summe der zu kalkulierenden Wagniskosten: . . . .   230.000,00 €

 Die kalkulatorischen Wagnisse stellen Anderskosten dar.

Aufgaben folgen auf S. 238 ff.

In der Ergebnistabelle werden die kalkulatorischen Wagnisse wie die übrigen Anderskosten behandelt.

Kalkulatorische Miete

Bei Unternehmen, die eigene Geschäfts-, Lager- und Fabrikgebäude besitzen, fallen statt Mietzahlungen hauptsächlich folgende Kosten an:

■ Abschreibungen auf Gebäude,

■ Hypothekenzinsen,

■ Kosten für Gebäudereparaturen und

■ Verwaltungskosten.

---

1 Konrad Mellerowicz (1891-1984), deutscher Betriebswirt

In die Kosten- und Leistungsrechnung sollte aber ein **Mietwert** eingehen, der vergleichsweise für **gemietete Gebäude** hätte bezahlt werden müssen.

 Der kalkulatorische Mietwert stellt Anderskosten dar.

Da nun aber die wesentlichen Bestandteile der Gebäudekosten, nämlich die Gebäudeabschreibungen durch die kalkulatorischen Abschreibungen und die Hypothekenzinsen durch die kalkulatorischen Zinsen, in der Kosten- und Leistungsrechnung bereits kalkulatorisch berücksichtigt sind, wird – zur Vereinfachung – in den meisten Betrieben, die eigene Geschäfts-, Lager- und Fabrikgebäude besitzen, auf die Erfassung einer kalkulatorischen Miete verzichtet.

Zusammen-fassung

1. Die kalkulatorischen Kosten werden in Zusatzkosten und Anderskosten unterteilt.
2. Den Zusatzkosten gehen keine Aufwandsbuchungen in der Geschäftsbuchführung voraus. Hierzu zählen der kalkulatorische Unternehmerlohn in Einzelunternehmen und in Personengesellschaften sowie die kalkulatorischen Zinsen für das Eigenkapital.
3. Anderskosten sind aufwandsungleiche Kosten, die dadurch entstehen, dass der gleiche Werteverzehr in der Kalkulation anders erfasst werden muss als in der Geschäftsbuchführung. Hierzu zählen die kalkulatorischen Zinsen für das Fremdkapital, die kalkulatorischen Abschreibungen und die kalkulatorischen Wagnisse.
4. Auf die Erfassung einer kalkulatorischen Miete wird in den meisten Betrieben, die eigene Immobilien besitzen, verzichtet.

Kalkulatorischer Unternehmerlohn	Kalkulatorische Zinsen	Kalkulatorische Abschreibungen	Kalkulatorische Wagnisse	Kalkulatorische Miete
Zielsetzung: kostenmäßige Berücksichtigung der Arbeitsleistung der Gesellschafter in Einzelunternehmen und Personengesellschaften	**Zielsetzung:** zinsmäßiger Ausgleich bei unterschiedlichen Eigen- und Fremdkapitalausstattungen von Unternehmen, Berücksichtigung einer Verzinsung des Eigenkapitals	**Zielsetzung:** Erfassung der tatsächlichen Wertminderung des betriebsnotwendigen Anlagevermögens (Eliminierung steuerlicher Aspekte)	**Zielsetzung:** gleichmäßige Verteilung tatsächlich eingetretener Wagnisverluste auf die einzelnen Geschäftsjahre (Stetigkeit des Kostenansatzes)	**Zielsetzung:** Ausgleich unterschiedlicher Eigentumsverhältnisse (Miete, Eigentum) von Unternehmen an den Geschäftsgebäuden
Höhe: Gehälter von leitenden Angestellten mit einer vergleichbaren Tätigkeit	**Berechnungsbasis:** betriebsnotwendiges Kapital **Höhe des Zinssatzes:** landesüblicher Zinssatz für langfristige Darlehen	**Berechnungsbasis:** Wiederbeschaffungskosten des betriebsnotwendigen Anlagevermögens **Abschreibungsmethode:** linear (nach der tatsächlichen Nutzungsdauer) oder nach Leistungseinheiten	**Höhe:** Durchschnittswerte (mehrerer Jahre) von tatsächlich angefallenen Wagnisverlusten	**Höhe:** ortsübliche Miete **Praxisrelevanz:** Auf die Erfassung wird in der Regel verzichtet, weil die Gebäudeabschreibungen und die Hypothekenzinsen bereits kalkulatorisch erfasst werden.
Zusatzkosten	Anderskosten (kalk. Zinsen auf Fremdkapital) Zusatzkosten (kalk. Zinsen auf Eigenkapital)	Anderskosten	Anderskosten	Anderskosten

	Kto.-Nr.	Konten	Aufwendungen	Erträge	Unternehmensbezogene Abgrenzungen		Kostenrechnerische Korrekturen		Kosten	Leistungen
Rechnungskreis I / Geschäftsbuchführung / Erfolgsbereich					**Rechnungskreis II** / Kosten- und Leistungsrechnung / Abgrenzungsbereich				Kosten- und Leistungsbereich	
					Aufwendungen	Erträge	Aufwendungen	Erträge		
1. Direkte Verrechnung zwischen GB und KLR (siehe S. 224 f.)		Erfolgsgrößen genügen den Vorschriften der GB und den Anforderungen der KLR.			betriebsbedingte Erträge →					
					aufwandsgleiche Kosten →					
2. Unternehmensbezogene Abgrenzungen (siehe S. 224 f.)		Neutrale Erfolgsgrößen werden abgegrenzt und gelangen nicht in den KL-Bereich.			neutrale Erträge →					
					neutrale Aufwendungen →					
3. Kostenrechnerische Korrekturen durch Berücksichtigung kalkulatorischer Kosten (siehe S. 229 ff.)		a) **Kalk. Zusatzkosten** werden in der KLR erfolgsneutral erfasst.							kalkulatorische Zusatzkosten ←	
		b) **Kalk. Anderskosten** werden in der KLR erfolgsneutral erfasst. Die entsprechenden Aufwendungen aus der GB werden abgegrenzt und gelangen nicht in den KL-Bereich.			→				kalkulatorische Anderskosten ←	

Die Auswertung der Ergebnistabelle

Die Auswertung der Ergebnistabelle besteht in einer Analyse der **Kosten- und Leistungsstruktur** und in der Errechnung der **Wirtschaftlichkeit.** Es gelten analog die Ausführungen des Kapitels „3.2.2 Auswertung der Gewinn- und Verlustrechnung". In den Kennzahlen werden lediglich die negativen und positiven Erfolgselemente „Aufwendungen" und „Erträge" der Geschäftsbuchführung durch die negativen und positiven Erfolgselemente „Kosten" und „Leistungen" der KLR ersetzt:

$$\text{Intensität der Materialkosten} = \frac{\text{Materialkosten} \cdot 100}{\text{Gesamtkosten}}$$

$$\text{Intensität der Personalkosten} = \frac{\text{Personalkosten} \cdot 100}{\text{Gesamtkosten}}$$

$$\text{Intensität der Abschreibungen} = \frac{\text{kalkulatorische Abschreibungen} \cdot 100}{\text{Gesamtkosten}}$$

$$\text{Intensität des Umsatzes} = \frac{\text{Umsatz} \cdot 100}{\text{Gesamtleistungen}}$$

$$\text{Wirtschaftlichkeit} = \frac{\text{Leistungen}}{\text{Kosten}}$$

Auch die Umsatzrentabilitätskennziffer (Kapitel 3.2.3.3) kann zur Auswertung des Betriebsergebnisses herangezogen werden:

$$\text{Umsatzrentabilität} = \frac{\text{Betriebsgewinn}[1] \cdot 100}{\text{Umsatzerlöse}}$$

Aufgaben

1 u. 2: Einführung in die Thematik	**9 u. 10:** Ergebnistabellen
3: Kalkulatorischer Unternehmerlohn	**11 u. 12:** Analyse und Auswertung von
4: Kalkulatorische Zinsen	Ergebnistabellen
5–7: Kalkulatorische Abschreibungen	**13:** Wirtschaftlichkeit
8: Kalkulatorische Wagnisse	

1 Ordnen Sie zu.

A	B
1. Grundkosten (Zweckaufwand)	1. Kalkulatorischer Unternehmerlohn
2. Neutrale Aufwendungen	2. Kalkulatorische Abschreibungen
3. Anderskosten	3. Fertigungslöhne
4. Zusatzkosten	4. Verluste aus dem Verkauf von Wertpapieren

2 Welche Aussagen sind richtig bzw. falsch? Begründen Sie Ihre Meinung.
a) Alle Kosten sind zugleich Aufwendungen.
b) Bei Einzelunternehmen und Personengesellschaften zählt der kalkulatorische Unternehmerlohn zu den Anderskosten.
c) Der Arbeitgeberanteil zur Sozialversicherung gehört zu den Zusatzkosten.
d) Die betriebsfremden Aufwendungen werden auch als Anderskosten bezeichnet.
e) Grundkosten nennt man auch Zweckaufwendungen.
f) Anderskosten sind aufwandsungleiche Kosten.
g) Zusatzkosten und Anderskosten sind kalkulatorische Kosten.
h) Die kalkulatorischen Kosten zählt man zu den Zusatzkosten.
i) Zusatzkosten sind aufwandsgleiche Kosten.
j) Kalkulatorische Wagnisse gehören zu den Anderskosten.
k) Die Erfassung der kalkulatorischen Kosten in der Ergebnistabelle verändert im Rechnungskreis II das Gesamtergebnis.

---

1 Im Betriebsgewinn der Kosten- und Leistungsrechnung ist der kalkulatorische Unternehmerlohn (bei Einzelunternehmen und Personengesellschaften) bereits berücksichtigt. (Er muss deshalb nicht noch abgezogen werden.)

l) Die kalkulatorischen Kosten finden im Betriebsergebnis ihren Niederschlag.

m) Kalkulatorische Zinsen zählen zu den Grundkosten.

n) Die Höhe des kalkulatorischen Unternehmerlohnes bemisst sich am Gehalt eines mit einer vergleichbaren Tätigkeit beauftragten leitenden Angestellten.

o) Die kalkulatorischen Zinsen werden vom betriebsnotwendigen Kapital berechnet.

p) In der Geschäftsbuchführung wird nach dem Substanzerhaltungsprinzip von den Wiederbeschaffungskosten abgeschrieben.

q) Unter dem Gesichtspunkt der Stetigkeit des Kostenansatzes werden für die kalkulatorischen Wagnisse Durchschnittswerte aus tatsächlich eingetretenen Wagnisverlusten angesetzt.

3 Die Ergebnistabelle weist folgende Zwischensummen für den Monat Mai auf:

Geschäftsbuchführung				Kosten- und Leistungsrechnung					
Erfolgsbereich				Abgrenzungsbereich				Kosten- und Leistungsbereich	
Kto.-Nr.	Konten	Aufwen-dungen	Erträge	Unternehmens-bezogene Abgren-zungen		Kostenrechnerische Korrekturen		Kosten	Leistungen
				Aufwen-dungen	Erträge	Aufwen-dungen	Erträge		
	Zwischen-summen ❶	820.000,00	950.000,00	90.000,00	150.000,00	80.000,00	50.000,00	760.000,00	860.000,00
	❷	780.000,00	930.000,00	120.000,00	130.000,00	90.000,00	100.000,00	710.000,00	840.000,00
	❸	690.000,00	640.000,00	70.000,00	80.000,00	70.000,00	50.000,00	580.000,00	540.000,00

Noch nicht berücksichtigt ist der monatliche kalkulatorische Unternehmerlohn von ❶ 10.000,00 €, ❷ 8.000,00 €, ❸ 13.000,00 €.

Wie hoch ist (jeweils für ❶, ❷ und ❸)

a) das Betriebsergebnis,

b) das Ergebnis aus kostenrechnerischen Korrekturen,

c) das Ergebnis aus unternehmensbezogenen Abgrenzungen und

d) das Gesamtergebnis,

wenn der kalkulatorische Unternehmerlohn zusätzlich in die Ergebnistabelle eingeht?

4

I. Angaben zur Berechnung des betriebsnotwendigen Kapitals:	❶	❷	❸
Anlagevermögen	3.000.000,00	4.000.000,00	4.400.000,00
Umlaufvermögen	1.000.000,00	1.500.000,00	1.700.000,00
Im Anlagevermögen ist ein vermietetes Wohnhaus enthalten	900.000,00	1.200.000,00	1.400.000,00
Im Umlaufvermögen sind Wertpapiere enthalten	200.000,00	250.000,00	320.000,00
Zinsfreies Fremdkapital	400.000,00	300.000,00	410.000,00
II. Landesüblicher Zinssatz	9 %	8 %	6 %
III. Lastschrift der Bank für tatsächlich gezahlte Fremdkapitalzinsen im Mai	10.000,00	15.000,00	12.000,00

a) Errechnen Sie die monatlichen kalkulatorischen Zinsen (jeweils für ❶ bis ❸).

b) Gehen Sie von den Zwischensummen ❶ bis ❸ der Ergebnistabelle der Aufgabe 3 aus. Noch nicht berücksichtigt sind in den Zwischensummen die tatsächlich gezahlten Fremdkapitalzinsen und die kalkulatorischen Zinsen.
Nehmen Sie die Buchungen für die tatsächlich gezahlten Fremdkapitalzinsen und für die kalkulatorischen Zinsen in der Ergebnistabelle vor (jeweils für ❶ bis ❸).

c) Errechnen Sie (jeweils für ❶ bis ❸)
  – das Betriebsergebnis,
  – das Ergebnis aus kostenrechnerischen Korrekturen,
  – das Ergebnis aus unternehmensbezogenen Abgrenzungen und
  – das Gesamtergebnis.

5 Die Anschaffungskosten eines Personenkraftwagens betragen 60.000,00 €. Gemäß AfA-Tabelle der Finanzbehörden beträgt die Nutzungsdauer 6 Jahre. Es wird mit einer tatsächlichen Nutzungsdauer von 10 Jahren und mit Wiederbeschaffungskosten in Höhe von 72.000,00 € gerechnet. Bilanzmäßig und kalkulatorisch wird linear abgeschrieben.
Errechnen Sie den jährlichen bilanzmäßigen und den jährlichen kalkulatorischen Abschreibungsbetrag.

6

I. Bilanzmäßige Abschreibungen	❶	❷	❸
– auf Fuhrpark, 20 % linear, Anschaffungskosten	240.000,00	312.000,00	225.000,00
– auf Büromaschinen, Organisationsmittel und Kommunikationsanlagen, 20 % linear, Anschaffungskosten	144.000,00	180.000,00	114.000,00
II. Kalkulatorische Abschreibungen			
– auf Fuhrpark, 8 Jahre linear, Wiederbeschaffungskosten	288.000,00	384.000,00	268.800,00
– auf Büromaschinen, Organisationsmittel und Kommunikationsanlagen, 7 Jahre linear, Wiederbeschaffungskosten	151.200,00	210.000,00	117.600,00

a) Errechnen Sie für den Monat Mai (jeweils für ❶ bis ❸)
  – die bilanzmäßigen Abschreibungen und
  – die kalkulatorischen Abschreibungen.

b) Gehen Sie von den Zwischensummen ❶ bis ❸ der Ergebnistabelle der Aufgabe 3 aus. Noch nicht berücksichtigt sind in den Zwischensummen sowohl die bilanzmäßigen als auch die kalkulatorischen Abschreibungen. Nehmen Sie die Buchungen für die bilanzmäßigen und für die kalkulatorischen Abschreibungen in der Ergebnistabelle vor (jeweils für ❶ bis ❸).

c) Errechnen Sie (jeweils für ❶ bis ❸)
  – das Betriebsergebnis,
  – das Ergebnis aus kostenrechnerischen Korrekturen,
  – das Ergebnis aus unternehmensbezogenen Abgrenzungen und
  – das Gesamtergebnis.

7 Ein Anlagegut mit Anschaffungskosten von 80.000,00 € wird bilanzmäßig mit 20 % linear abgeschrieben.
Die tatsächliche Nutzungsdauer des Anlagegutes beträgt 9 Jahre. Die Teuerung des Anlagegutes wird auf jährlich 3 % geschätzt.
a) Errechnen Sie den bilanzmäßigen jährlichen Abschreibungsbetrag.
b) Errechnen Sie die Wiederbeschaffungskosten des Anlagegutes am Ende seiner (9-jährigen) Nutzungsdauer.
c) Errechnen Sie den kalkulatorischen jährlichen Abschreibungsbetrag.
d) Erklären Sie, weshalb bei den kalkulatorischen Abschreibungen
  1. von der tatsächlichen Nutzungsdauer und
  2. von den Wiederbeschaffungskosten ausgegangen wird.

8 1. **Beständewagnis:** In den letzten 5 Jahren betrug der Verlust durch Diebstahl und Schwund 3,5 % des durchschnittlichen Lagerbestandes. Der durchschnittliche Lagerbestand wird für das kommende Geschäftsjahr auf 700.000,00 € geschätzt.
   2. **Anlagewagnis:** In den letzten 5 Jahren belief sich die Wertminderung der maschinellen Anlagen durch Brand und Explosion auf insgesamt 100.000,00 €.
   3. **Gewährleistungswagnis:** In den letzten 5 Jahren betrugen die Gewährleistungskosten durchschnittlich 3 % vom Nettoumsatz. Der Nettoumsatz des kommenden Geschäftsjahres wird auf 5.600.000,00 € geschätzt.
       a) Errechnen Sie die Summe der jährlichen kalkulatorischen Wagniskosten.
       b) Erklären Sie, weshalb die tatsächlich eingetretenen, in der Geschäftsbuchführung erfassten Wagnisverluste für die Kosten- und Leistungsrechnung unbrauchbar sind.
       c) In welche Ergebnisse der Abgrenzungstabelle fließen die tatsächlich eingetretenen Wagnisverluste und die kalkulatorischen Wagnisse ein?

9[1] In der Geschäftsbuchführung sind im Monat März folgende Beträge erfasst worden:

Konten	a)		b)	
	Soll (T€)	Haben (T€)	Soll (T€)	Haben (T€)
5000	–	5.700	–	5.400
5202	–	100	–	50
5401	–	20	–	30
5460[2]	–	10	–	8
5710	–	12	–	15
5780	–	50	–	40
6000	3.600	–	3.580	–
6030	200	–	300	–
6200	900	–	800	–
6300	200	–	180	–
6400	100	–	90	–
6410	30	–	20	–
6520	200	–	180	–
6700	100	–	120	–
6960[3]	30	–	10	–
7460	40	–	20	–
7510	50	–	30	–

Ansätze der Kosten- und Leistungsrechnung:

1. Der kalkulatorische Unternehmerlohn beläuft sich auf monatlich a) 10 T€, b) 12 T€.
2. Das betriebsnotwendige Kapital beträgt a) 12.000 T€, b) 10.000 T€. Der kalkulatorische Zinssatz ist a) 8 %, b) 6 %.
3. Die kalkulatorischen Abschreibungen belaufen sich auf monatlich a) 120 T€, b) 100 T€.

Erstellen Sie die **monatliche** Ergebnistabelle mit Ausweis der einzelnen Ergebnisse.

---

1   Es wird empfohlen, diese Aufgabe zunächst manuell im Arbeitsheft und erst danach am PC auf dem Excel-Arbeitsblatt zu lösen.
2   Gebrauchte Anlagegüter wurden über Buchwert verkauft. Das Konto „5460" weist den Buchgewinn (= Nettoverkaufserlös – Buchwert) aus.
3   Gebrauchte Anlagegüter wurden unter Buchwert verkauft. Das Konto „6960" weist den Buchverlust (= Nettoverkaufserlös – Buchwert) aus.

10[1] Erstellen Sie aufgrund der in der Geschäftsbuchführung erfassten Beträge die **jährliche** Ergebnistabelle mit Ausweis der einzelnen Ergebnisse.

Beträge der Geschäftsbuchführung:

Konten	a) Soll (T€)	a) Haben (T€)	b) Soll (T€)	b) Haben (T€)
5000	–	42.680	–	35.250
5202	–	200	10	–
5401	–	900	–	800
5490	–	100	–	200
5710	–	80	–	100
5780	–	20	–	18
6000	20.000	–	12.500	–
6030	900	–	800	–
6160	2.000	–	3.000	–
6200	10.000	–	11.000	–
6300	3.000	–	4.000	–
6400	1.500	–	2.000	–
6410	400	–	500	–
6520	1.500	–	1.600	–
6700	800	–	700	–
6960[2]	50	–	40	–
7460	20	–	50	–
7510	200	–	120	–

Ansätze der Kosten- und Leistungsrechnung:
1. Der kalkulatorische Unternehmerlohn (2 geschäftsführende Gesellschafter) beläuft sich jährlich auf a) 180 T€, b) 220 T€.
2. Die kalkulatorischen Zinsen betragen jährlich a) 600 T€, b) 800 T€.
3. Die kalkulatorischen Abschreibungen belaufen sich jährlich auf a) 800 T€, b) 1.200 T€.

11 Die Ergebnistabelle der Aufgabe 10 a) liegt Ihnen zur Auswertung vor.
Sind die folgenden Aussagen richtig oder falsch? Begründen Sie Ihre Meinung, gegebenenfalls auch rechnerisch.

a) Die bilanziellen Abschreibungen betragen 800 T€.

b) Es wurden im vorausgegangenen Geschäftsjahr zu hohe Rückstellungen gebildet.

c) Es wurden weniger „fertige Erzeugnisse" verkauft als hergestellt.

d) „Aktivierte Eigenleistungen" würde man in der Ergebnistabelle in den Spalten „Geschäftsbuchführung, Erträge" und „Unternehmensbezogene Abgrenzungen, Erträge" eintragen.

e) Die Umsatzrentabilität des Kosten- und Leistungsbereiches beträgt 4,5 %.

f) Die Wirtschaftlichkeit im Kosten- und Leistungsbereich wird erhöht, wenn eine Rationalisierungsinvestition vorgenommen wird, bei der die Fertigungslöhne und die anteiligen Lohnnebenkosten stärker sinken, als die kalkulatorischen Abschreibungen steigen.

---

1 Es wird empfohlen, diese Aufgabe zunächst manuell im Arbeitsheft und erst danach am PC auf dem Excel-Arbeitsblatt zu lösen.
2 Gebrauchte Anlagegüter wurden unter Buchwert verkauft. Das Konto „6960" weist den Buchverlust (= Nettoverkaufserlös - Buchwert) aus.

225435242

g) Die kalkulatorischen Abschreibungen verschlechtern das Ergebnis der Geschäftsbuchführung um 800 T€; die bilanziellen Abschreibungen verschlechtern das Betriebsergebnis um 1.500 T€.

h) Ein gebrauchter Geschäftswagen wurde für 11.900,00 € (brutto, einschl. 19 % Umsatzsteuer) gegen Bankscheck veräußert. Zum Zeitpunkt des Verkaufs hatte dieser Geschäftswagen einen Buchwert von 11.000,00 €. Im Ergebnis aus unternehmensbezogenen Abgrenzungen schlägt sich dieser Verkauf mit – 2.000,00 € nieder.

i) Die Wirtschaftlichkeit im Kosten- und Leistungsbereich steigt, wenn die „Umsatzerlöse für eigene Erzeugnisse" steigen.

j) Nicht versicherte betriebsbedingte Schäden (Konto: „6930 Verluste aus Schadensfällen") würde man in der Ergebnistabelle in den Spalten „Geschäftsbuchführung, Aufwendungen" und „Kosten- und Leistungsbereich, Kosten" eintragen. Die entsprechenden kalkulatorischen Wagnisse würde man in den Spalten „Kostenrechnerische Korrekturen, Erträge" und „Kosten- und Leistungsbereich, Kosten" erfassen.

12[1] I. Erstellen Sie aufgrund der in der Geschäftsbuchführung erfassten Beträge die Ergebnistabelle für das Vorjahr und für das Berichtsjahr.

II. Errechnen Sie jeweils für das Vorjahr und für das Berichtsjahr: 1. die Intensität der Rohstoffkosten, 2. die Intensität der Lohnkosten (Konten 6200 und 6400), 3. die Intensität der kalkulatorischen Abschreibungen, 4. die Umsatzrentabilität, 5. die Wirtschaftlichkeit.

III. Analysieren Sie die unter II. errechneten Kennziffern und die Betriebsergebnisse der beiden Jahre.

	Vorjahr		Berichtsjahr	
Konten	**Soll (T€)**	**Haben (T€)**	**Soll (T€)**	**Haben (T€)**
5000	–	44.000	–	42.300
5401	–	850	–	910
5490	–	120	–	105
5710	–	85	–	75
5780	–	25	–	19
6000	23.000	–	21.000	–
6160	1.100	–	1.050	–
6200	9.800	–	7.800	–
6300	2.000	–	2.000	–
6400	1.960	–	1.560	–
6410	400	–	400	–
6520	4.600	–	5.100	–
6700	830	–	795	–
6960[2]	48	–	50	–
7460	25	–	23	–
7510	180	–	360	–

Ansätze der Kosten- und Leistungsrechnung:

1. Der kalkulatorische Unternehmerlohn beträgt im Vorjahr und im Berichtsjahr jeweils 200 T€ (2 geschäftsführende Gesellschafter).
2. Die kalkulatorischen Zinsen betragen a) im Vorjahr 580 T€, b) im Berichtsjahr 910 T€.
3. Die kalkulatorischen Abschreibungen betragen a) im Vorjahr 4.100 T€, b) im Berichtsjahr 4.400 T€.

---

1 Es wird empfohlen, diese Aufgabe zunächst manuell im Arbeitsheft und erst danach am PC auf dem Excel-Arbeitsblatt zu lösen.
2 Gebrauchte Anlagegüter wurden unter Buchwert verkauft. Das Konto "6960" weist den Buchverlust (= Nettoverkaufserlös - Buchwert) aus.

13 Für die 3 Unternehmensbereiche (Fahrzeugtechnik, Reifen und Kfz-Zubehör) der Himulz GmbH liegen – abgeleitet aus den Ergebnistabellen – für das abgelaufene Geschäftsjahr folgende Daten vor:

Unternehmensbereich 1: Summe Kosten: 850.000,00 €, Summe Leistungen: 980.000,00 €

Unternehmensbereich 2: Summe Kosten: 620.000,00 €, Summe Leistungen: 860.000,00 €

Unternehmensbereich 3: Summe Kosten: 390.000,00 €, Summe Leistungen: 530.000,00 €

Errechnen Sie den wirtschaftlichsten Unternehmensbereich (Genauigkeit: 3 Stellen nach dem Komma).

4.3 Die Kostenartenrechnung

Einstig

Die Sachbearbeiter der Rechnungswesenabteilung der Konrad Fied KG sprechen häufig von „fixen Kosten", „variablen Kosten", „Gemeinkosten" und „Einzelkosten".

Tina Lüders überlegt: „Was verbirgt sich hinter diesen Begriffen?"

Erklären Sie – unter Zuhilfenahme des Lehrbuches – die oben genannten Kostenbegriffe und nennen Sie dazu jeweils typische Beispiele.

Lernstoff

Die **Kostenrechnung**
- ermöglicht eine exakte Preisberechnung (**Kalkulation**),
- gewährleistet eine ständige Überwachung der Kostenentwicklung (**Kostenkontrolle**) und
- bietet ein Instrumentarium zur Führung eines Unternehmens (**Planungs- und Entscheidungsgrundlage**).

Um diesen Anforderungen gerecht zu werden, stellt die Kostenrechnung fest,
- **wodurch** die Kosten entstehen (**Kostenartenrechnung:** z. B. Mieten, Personalkosten, allgemeine Verwaltungskosten, Abschreibungen),
- **wo** die Kosten entstehen (**Kostenstellenrechnung:** z. B. Einkauf, Fertigung, Lager, Verwaltung, Vertrieb),
- **wofür** die Kosten entstehen (**Kostenträgerrechnung:** z. B. Leistungseinheit, Auftrag).

4.3.1 Die Aufgaben der Kostenartenrechnung

Die Kostenartenrechnung ermöglicht innerbetriebliche Kostenvergleiche (Zeitvergleiche) und außerbetriebliche Kostenvergleiche (Betriebsvergleiche). Darüber hinaus kann die Kostenartenrechnung aufzeigen, wie sich bestimmte Kostenarten im Verhältnis zu anderen prozentual entwickeln.

Bei auffälligen Abweichungen sind – soweit nicht bekannt – die Ursachen zu erforschen und entsprechende Maßnahmen zu ergreifen. Fehlentwicklungen sind zu beheben, positive Entwicklungen sind zu fördern.

 Die Kostenstruktur eines Betriebes soll mithilfe der Kostenartenrechnung überwacht, beurteilt und verbessert werden.

4.3.2 Die Kostenarten

Die Kostenarten werden nach folgenden Kriterien eingeteilt:
- nach ihrer **Entstehungsursache** (z. B. Personalkosten, Abschreibungen),
- nach ihrer **kalkulatorischen Verrechenbarkeit** (Einzelkosten [direkte Kosten], Gemeinkosten [indirekte Kosten]),
- nach ihrem **Verhalten bei schwankendem Beschäftigungsgrad** (fixe Kosten, variable Kosten) und
- nach ihrer **Ermittlung** (Ist-, Normal- und Plankosten).

4.3.2.1 Die Kostenarten nach ihrer Entstehungsursache

Die Kostenarten nach ihrer Entstehungsursache werden in den Kontenrahmen[1] der jeweiligen Wirtschaftszweige geordnet. Im IKR sind die Kostenarten in den Kontenklassen 6 und 7 erfasst.

Nach der Ursache ihrer Entstehung sind als wichtigste Kostenarten zu nennen:
- Materialaufwendungen,   ■ Personalaufwendungen,   ■ Abschreibungen[2],
- Aufwendungen für Kommunikation,   ■ Betriebliche Steuern.

4.3.2.2 Die Kostenarten nach ihrer kalkulatorischen Verrechenbarkeit (Einzelkosten und Gemeinkosten)

In Bezug auf die kalkulatorische Verrechenbarkeit unterscheidet man **Einzelkosten** (auch: **direkte Kosten**) und **Gemeinkosten** (auch: **indirekte Kosten**).

 Einzelkosten (auch: direkte Kosten) können kalkulatorisch den betrieblichen Produkten unmittelbar zugerechnet werden.

Die wichtigsten Einzelkosten sind:
- Fertigungsmaterial (Rohstoffaufwendungen),
- Einzellöhne (Fertigungslöhne),
- Sondereinzelkosten der Fertigung (z. B. Produktionslizenzen, Konstruktionskosten),
- Sondereinzelkosten des Vertriebs (z. B. Verkaufsprovision, Versandverpackung, Absatzwerbung für ein Produkt).

Einzelkosten sind meistens proportionale Kosten, d. h., sie verändern sich in einem konstanten Verhältnis zum Beschäftigungsgrad.

 Gemeinkosten (auch: indirekte Kosten) werden nicht unmittelbar durch ein betriebliches Produkt verursacht und können kalkulatorisch daher nur indirekt (über die Verrechnung auf Kostenstellen[3]) dem betrieblichen Produkt zugeordnet werden.

Die wichtigsten Gemeinkosten sind:
- Steuern und Abgaben,
- Abschreibungen auf Gebäude, auf Geschäfts- und Betriebsausstattung, auf Maschinen und auf Fuhrpark,
- Gehälter und Hilfslöhne (z. B. für technische und kaufmännische Angestellte, Meister, Lagerarbeiter, Pförtner),
- Zinsen,
- Betriebsstoffkosten (z. B. Schmierstoffe, Brennstoffe).

Aufgaben folgen auf S. 251 ff.

Gemeinkosten können sowohl fixe[4] als auch variable[4] Kosten sein.

---

1 In die Kosten- und Leistungsrechnung übertragbar sind nur die Grundkosten (= aufwandsgleiche Kosten).
2 In der Kosten- und Leistungsrechnung werden kalkulatorische Abschreibungen angesetzt.
3 siehe Kapitel 4.4   4 siehe Kapitel 4.3.2.3

4.3.2.3   Die Kostenarten nach ihrem Verhalten bei schwankendem Beschäftigungsgrad (fixe und variable Kosten)

In Bezug auf das Verhalten bei schwankendem Beschäftigungsgrad (Ausbringung) werden die Kosten in **fixe** und **variable Kosten** unterteilt.

 Fixe Kosten werden durch Veränderungen des Beschäftigungsgrades (Ausbringung) nicht beeinflusst.

Bei Umlage der fixen Kosten auf eine Leistungseinheit ergeben sich bei steigendem Beschäftigungsgrad fallende Stückkosten.

Nach ihrer Abhängigkeit von betrieblichen Anpassungsprozessen unterscheidet man **absolut-fixe Kosten** und **intervall-fixe Kosten** (auch: **sprungfixe Kosten**).

Absolut-fixe Kosten entstehen allein durch die Existenz des Betriebes. Hierzu zählen z. B. die Kapitalkosten und die Abschreibungen auf Gebäude.

Beispiel

Beschäftigungsgrad	Ausbringung (Stück)	Gesamtkosten (€)	Stückkosten (€)
1	50	3.000,00	60,00
2	100	3.000,00	30,00
3	150	3.000,00	20,00
4	200	3.000,00	15,00
5	250	3.000,00	12,00
6	300	3.000,00	10,00

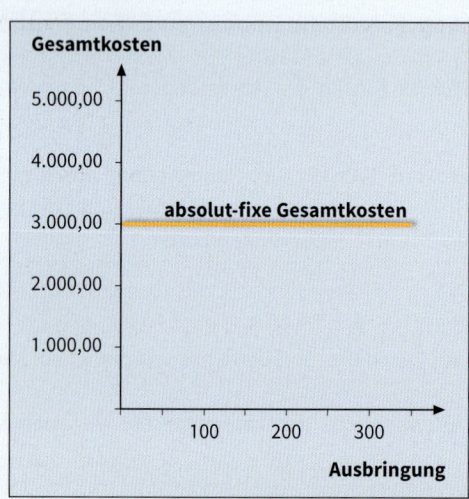
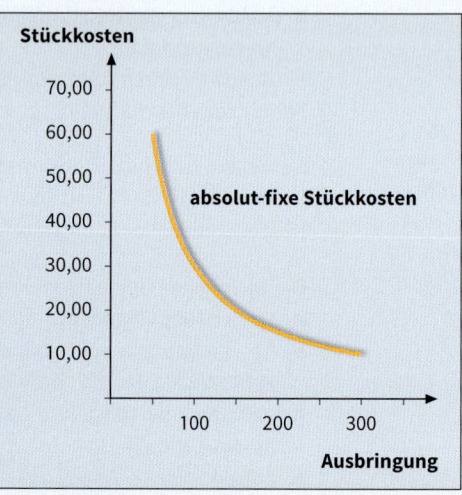

Intervall-fixe Gesamtkosten bleiben in bestimmten Beschäftigungsbereichen unverändert. Sie steigen sprunghaft an, wenn die Beschäftigung z. B. den zusätzlichen Einsatz von Angestellten, Meistern, Maschinen (Abschreibungen) oder Fahrzeugen (Abschreibungen, Kfz-Steuern, Kfz-Versicherungen) erfordert.

Aufgaben

1: Definitionen der Kostenbegriffe	**4–7:** Fixe Kosten, variable Kosten
2 u. 3: Einzelkosten, Gemeinkosten, fixe Kosten, variable Kosten	**8 u. 9:** Istkosten, Normalkosten, Plankosten

1 Welcher Begriff gehört zu welcher Definition? Ordnen Sie zu.

A Begriffe	B Definitionen
1. Einzelkosten	1. Die Kosten sind unabhängig von der Veränderung des Beschäftigungsgrades.
2. Gemeinkosten	2. Es handelt sich um Durchschnittswerte von Istkosten mehrerer Abrechnungsperioden.
3. Fixe Kosten	
4. Variable Kosten	3. Die Kosten können den betrieblichen Produkten unmittelbar zugerechnet werden.
5. Istkosten	4. Die Kosten werden aufgrund exakter Arbeitsablauf-, Arbeitszeit- und Verbrauchsstudien ermittelt.
6. Normalkosten	
7. Plankosten	5. Die Kosten verändern sich in Abhängigkeit vom Beschäftigungsgrad.
	6. Es handelt sich um die tatsächlich angefallenen Kosten.
	7. Die Kosten werden nicht unmittelbar durch ein betriebliches Produkt verursacht und können daher nur indirekt dem betrieblichen Produkt zugerechnet werden.

2 Nennen Sie jeweils zwei Beispiele für
a) Einzelkosten,
b) Gemeinkosten,
c) fixe Kosten,
d) variable Kosten.

3 Geben Sie an, welche der unten aufgeführten Kosten eines Industriebetriebes
a) Einzelkosten,
b) Gemeinkosten,
c) fixe Kosten bzw.
d) variable Kosten
sind.
Fertigungsmaterial, Benzinverbrauch des Lieferwagens, Gehälter der kaufmännischen Angestellten, Hypothekenzinsen, Einkaufsprovision (prozentual vom Zieleinkaufspreis), Energiekosten in der Fertigung, Abschreibungen der Büromöbel und sonstigen Geschäftsausstattung, Absatzwerbung für ein Produkt, Miete für das Verwaltungsgebäude, Versandverpackung für einzelne Produkte.

4 Ordnen Sie zu.

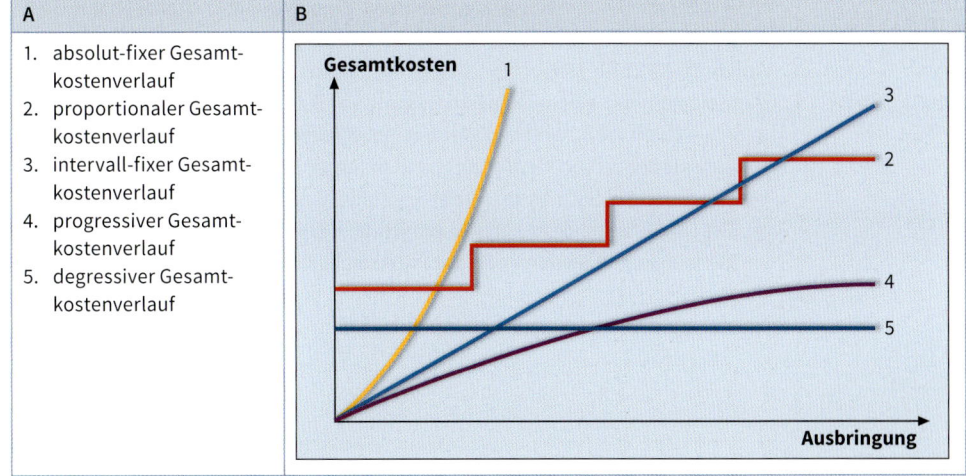

A	B
1. absolut-fixer Gesamtkostenverlauf	
2. proportionaler Gesamtkostenverlauf	
3. intervall-fixer Gesamtkostenverlauf	
4. progressiver Gesamtkostenverlauf	
5. degressiver Gesamtkostenverlauf	

5 Die Gesamtkosten für 1 000 hochwertige Fernseher der Marke „Fafe 2000" belaufen sich auf 1.100.000,00 €. Die variablen Kosten pro Stück betragen 900,00 €.
   a) Errechnen Sie die fixen Kosten.
   b) Stellen Sie die Gesamtkostenkurve im Koordinatensystem dar und erklären Sie den Kostenverlauf. (Für die grafische Darstellung gilt: Ordinate: 100.000,00 € ≙ 1 cm; Abszisse: 100 Fernseher ≙ 1 cm).
   c) Stellen Sie die Stückkostenkurve im Koordinatensystem dar und erklären Sie den Kostenverlauf. (Für die grafische Darstellung gilt: Ordinate: 500,00 € ≙ 2 cm; Abszisse: 100 Fernseher ≙ 1 cm).

6 Die Marktforschung ermittelt für Damensocken (95 % Baumwolle, 5 % Elasthan) folgende Absatzmöglichkeiten:

Absatz	30 000 Paar	50 000 Paar	70 000 Paar
Verkaufspreis	4,00 €	3,50 €	3,00 €

Die fixen Kosten betragen 25.000,00 €, die variablen Kosten 2,50 € pro Sockenpaar.
   a) Errechnen Sie für jede Absatzprognose den Gesamtgewinn.
   b) Errechnen Sie für jede Absatzprognose den Stückgewinn.
   c) Welchen Verkaufspreis würden Sie empfehlen?

7 Die Alfons Böging GmbH, Dresden, hat sich auf die Herstellung eines elektronischen Mikrochips im Hochfrequenzbereich für Mobiltelefone spezialisiert (Einproduktunternehmen).

Dieser Mikrochip wird in den Werken in Dresden (jährliche Produktionskapazität: 14 Mio. Stück), in Regensburg (jährliche Produktionskapazität: 12 Mio. Stück), in Freiburg (jährliche Produktionskapazität: 10 Mio. Stück) und in Hamburg (jährliche Produktionskapazität: 18 Mio. Stück) hergestellt.

In den vier Werken fallen folgende Kosten an:
Dresden: fixe Kosten: 20 Mio. €;   variable Stückkosten: 3,00 €.
Regensburg: fixe Kosten: 8 Mio. €;   variable Stückkosten: 3,50 €.
Freiburg: fixe Kosten: 5 Mio. €;   variable Stückkosten: 4,00 €.
Hamburg: fixe Kosten: 32 Mio. €;   variable Stückkosten: 2,50 €.

I. Für das laufende Jahr prognostiziert der Vertrieb einen Absatz von 54 Mio. Stück. Der auf dem Markt erzielbare Preis beträgt 4,80 € (ohne Umsatzsteuer) pro Mikrochip.
   a) Errechnen Sie das Ergebnis[1] (Gewinn/Verlust) des laufenden Jahres.
   b) Errechnen Sie die Umsatzrentabilität[2] (Genauigkeit: 2 Stellen nach dem Komma) des laufenden Jahres.
II. Auf dem Markt für Mikrochips gibt es weltweit einen Umsatzeinbruch. Der Vertrieb rechnet für das Folgejahr mit einem Umsatzrückgang von 7,5 Mio. Stück.
   a) In welchem Werk/welchen Werken ist im Folgejahr unter Kostengesichtspunkten die Produktionsmenge zu verringern? Begründen Sie Ihre Meinung.
   b) Errechnen Sie das bestmögliche Ergebnis (Gewinn/Verlust) des Folgejahres.
   c) Errechnen Sie zu dem unter b) ermittelten Ergebnis die Umsatzrentabilität[2] (Genauigkeit: 2 Stellen nach dem Komma).

---

1 Bestandsveränderungen sind zu vernachlässigen. Alle hergestellten Chips werden verkauft.
2 Gewinn prozentual gemessen am Umsatz

8 Grenzen Sie die Kostenbegriffe „Istkosten", „Normalkosten" und „Plankosten" gegeneinander ab.

9 Ordnen Sie zu.

A Kostenbegriffe	B Aussagen
1. Istkosten 2. Normalkosten 3. Plankosten	1. Die im Zeitablauf in der Kostenstruktur auftretenden Schwankungen werden eliminiert. Die Kalkulationsergebnisse sind von zufälligen Kostenveränderungen bereinigt. 2. Es handelt sich um Kosten, die bei normalem Betriebsablauf Norm- und Vorgabecharakter haben. 3. Es handelt sich um Kosten, die für Kontrollzwecke (Zeitvergleiche) relativ ungeeignet sind, weil Preisänderungen, Beschäftigungsschwankungen und Verbrauchsänderungen die Kostenstruktur ständig verändern.

4.4 Die Kostenstellenrechnung

4.4.1 Die Aufgaben der Kostenstellenrechnung

Einstieg

Tina Lüders gefällt die fetzige Jeans HF 2, die in der Konrad Fied KG hergestellt wird.

„Wie sieht die betriebswirtschaftliche Seite aus? Wie kann der Erfolg, den diese Jeans für die Konrad Fied KG erwirtschaftet, ermittelt werden?", überlegt sie.

„Die Verkaufserlöse sind aus der Buchführung bekannt. Die angefallenen Einzelkosten, wie beispielsweise der Stoff und der Näherlohn, können leicht ermittelt und der Jeans direkt zugerechnet werden. In unseren vier Kostenstellen Material, Fertigung, Verwaltung und Vertrieb fallen jedoch noch etliche Gemeinkosten an, wie zum Beispiel die Gehälter der Angestellten, die kalkulatorischen Abschreibungen, die Energiekosten usw. ..."

Wir haben im 3. Quartal 5 342 Jeans verkauft. Bei Herstellung und Vertrieb sind jedoch enorme Kosten angefallen. Haben wir mit dieser Jeans überhaupt einen Gewinn erzielt?

Tina Lüders wendet sich an Frau Karin Neumann, Abteilungsleiterin Rechnungswesen der Konrad Fied KG.

Frau Neumann erklärt: „Frau Lüders, zunächst werden die in unserem Betrieb angefallenen Gemeinkosten im Betriebsabrechnungsbogen I auf unsere vier Kostenstellen zugeschlüsselt. Dann werden pro Kostenstelle sogenannte Gemeinkostenzuschlagssätze errechnet. Diese Zuschlagssätze decken in der Kalkulation die Gemeinkosten prozentual ab. Sie werden auf die Einzelkosten eines jeden Produktes aufgeschlagen. Auf diese Weise ermitteln wir die Gesamtkosten pro Produkt, oder besser pro Kostenträger, wie man in der Fachsprache sagt. Die Saldierung der Gesamtkosten mit den entsprechenden Verkaufserlösen ergibt dann schließlich den Betriebsgewinn bzw. -verlust pro Kostenträger. Ich weiß, Frau Lüders, das klingt jetzt sehr kompliziert. Machen Sie sich aber keine Sorgen, wir werden uns die Zusammenhänge Schritt für Schritt erarbeiten."

Lernstoff   In der Kostenstellenrechnung werden die **Gemeinkosten** nach dem Verursachungsprinzip auf die betrieblichen Abteilungen (Kostenstellen) verrechnet, in denen sie entstanden sind.

 Die Aufgabe der Kostenstellenrechnung besteht darin, den Kostenverbrauch einzelner Betriebsabteilungen zu überwachen.

Darüber hinaus bereitet die Kostenstellenrechnung die **Zurechnung der Gemeinkosten auf die Kostenträger vor.**[1]

4.4.2   Die Bildung der Kostenstellen

Kostenstellen können nach den verschiedensten Kriterien eingerichtet werden, z. B. nach organisatorischen, räumlichen, funktionellen oder nach rein rechnungstechnischen Merkmalen.

In Industriebetrieben werden in der Regel Kostenstellen aufgrund der folgenden vier **Funktionsbereiche** eingerichtet:
- Materialbereich,
- Fertigungsbereich,
- Verwaltungsbereich und
- Vertriebsbereich.

Die Funktionsbereiche (Kostenbereiche) werden in Kostenstellen untergliedert.

Funktionsbereich Kostenbereich	Materialbereich	Fertigungsbereich	Verwaltungs-bereich	Vertriebsbereich
Kostenstellen	z. B.: Einkauf, Prüfung, Lagerung von Werkstoffen	z. B.: Fräserei, Schlosserei, Dreherei, Montage	z. B.: kaufmännische Verwaltung, Kalkulation, Buchhaltung, Personalabteilung	z. B.: Verkaufsabteilung, Fertiglager, Versandabteilung, Werbung

Pro Kostenbereich wird mindestens eine Kostenstelle eingerichtet. Je tiefer die Kostenbereiche untergliedert werden, desto besser sind die Kostenkontrollmöglichkeiten. Die Zurechnung der Gemeinkosten auf die Kostenstellen wird jedoch schwieriger bei wachsender Gliederungstiefe.

---

1   vgl. Kapitel 4.5.1 und Kapitel 4.5.2.2

4.4.3 Die Zurechnung der Gemeinkosten auf die Kostenstellen

Die Zurechnung der **Gemeinkosten** auf die Kostenstellen kann direkt mithilfe von Belegen erfolgen.

Beispiele   Personalkosten anhand von Lohn- und Gehaltslisten;

Abschreibungen anhand der Anlagenkartei;

Stromverbrauch anhand von Stromzählern;

Reparaturaufwand anhand von Reparaturrechnungen.

 Können die Gemeinkosten den Kostenstellen direkt zugeordnet werden, so handelt es sich um Kostenstelleneinzelkosten.

Fallen **Gemeinkosten** für mehrere Kostenstellen gemeinsam an, so müssen sie mithilfe von **Verteilungsschlüsseln** auf die einzelnen Kostenstellen umgelegt werden.

Beispiele   Mietaufwendungen, Reinigungskosten, Grundsteuern nach der Raumfläche;

Sachversicherungskosten nach den angelegten Werten;

Unfallversicherung nach der Anzahl der Beschäftigten;

Büromaterial nach der Anzahl der Angestellten.

 Können die Gemeinkosten den Kostenstellen nur indirekt über Verteilungsschlüssel zugeordnet werden, so handelt es sich um Kostenstellengemeinkosten.

4.4.4 Die Kostenstellenrechnung mithilfe des Betriebsabrechnungsbogens I

Der Betriebsabrechnungsbogen I (BAB I) ist das Formular, auf dem die Verteilung der **Gemeinkosten** auf die Kostenstellen erfolgt. Er ist senkrecht nach Kostenarten, waagerecht nach Kostenstellen unterteilt.

4.4.4.1 Der einstufige Betriebsabrechnungsbogen I

Im einstufigen Betriebsabrechnungsbogen I begnügt man sich mit der Verteilung der Gemeinkosten auf die Kostenstellen „Material", „Fertigung", „Verwaltung" und „Vertrieb". Es wird pro Kostenbereich also nur eine Kostenstelle eingerichtet.

Der einstufige Betriebsabrechnungsbogen I findet in kleinen Industriebetrieben Anwendung.

Beispiel

Einstufiger BAB I

Gemein-kostenart	Betrag	Verteilungs-schlüssel	Kostenstellen			
			Material	Fertigung	Verwaltung	Vertrieb
Gemein-kostenmaterial	56.700,00	Entnahme-scheine	19.300,00	37.400,00	–	–
Gehälter	405.800,00	Gehaltsliste	40.800,00	50.100,00	223.700,00	91.200,00
Hilfslöhne	237.400,00	Lohnliste	31.300,00	165.300,00	–	40.800,00
Sozialkosten	91.300,00	Lohn- und Gehaltsliste	8.300,00	44.100,00	10.500,00	28.400,00
Instandhaltung	48.200,00	Rechnungen	5.500,00	25.700,00	9.100,00	7.900,00
Energie	12.700,00	kWh	1.500,00	8.900,00	1.200,00	1.100,00
Miete	5.500,00	m²	300,00	3.600,00	900,00	700,00
Kfz-Kosten	24.200,00	km	800,00	4.200,00	5.800,00	13.400,00
kalk. Abschrei-bungen	87.300,00	Anlagenkartei	7.400,00	64.500,00	7.000,00	8.400,00
	969.100,00		115.200,00	403.800,00	258.200,00	191.900,00

4.4.4.2   Der erweiterte mehrstufige Betriebsabrechnungsbogen I

In mittelgroßen und großen Industriebetrieben ermöglichen die vier Kostenstellen „Material", „Fertigung", „Verwaltung" und „Vertrieb" keine ausreichende Kostenrechnung.

Um für die vielseitige und differenzierte Leistungserstellung eine bessere Kostenkontrolle zu erreichen, wird hier zunächst der Kostenbereich „Fertigung" in sogenannte **Fertigungshauptkostenstellen** unterteilt. Es kann sich dabei z. B. um die „Zuschneiderei", „Schlosserei", „Dreherei", „Fräserei" oder „Montage" handeln.

Einen BAB I mit mehreren Fertigungshauptkostenstellen bezeichnet man als „erweiterten BAB I".

Neben den Fertigungshauptkostenstellen gibt es noch die sogenannten **Fertigungshilfskostenstellen.** Sie erbringen Hilfsleistungen für die Fertigungshauptkostenstellen. Fertigungshilfskostenstellen sind z. B. die Arbeitsvorbereitungsabteilung, die Instandsetzungsabteilung, die Konstruktionsabteilung oder die Werkzeugmacherei.

In großen Industriebetrieben sind zudem Abteilungen anzutreffen, die nicht unmittelbar an der betrieblichen Leistungserstellung beteiligt sind. Es handelt sich hier z. B. um den Gesundheitsdienst, die Kantine, die Pförtnerei, den Werkschutz, die Heizungszentrale, den Werkskindergarten usw.

Diese Kostenstellen werden als **allgemeine Kostenstellen** bezeichnet. Ihre Leistungen kommen allen übrigen Abteilungen zugute.

Die allgemeinen Kostenstellen zählen wie die Fertigungshilfskostenstellen zu den **Hilfskostenstellen.**

Die anteiligen Gemeinkosten der Hilfskostenstellen werden auf andere Kostenstellen umgelegt.
Einen BAB I mit Hilfskostenstellen bezeichnet man als „mehrstufigen BAB I".

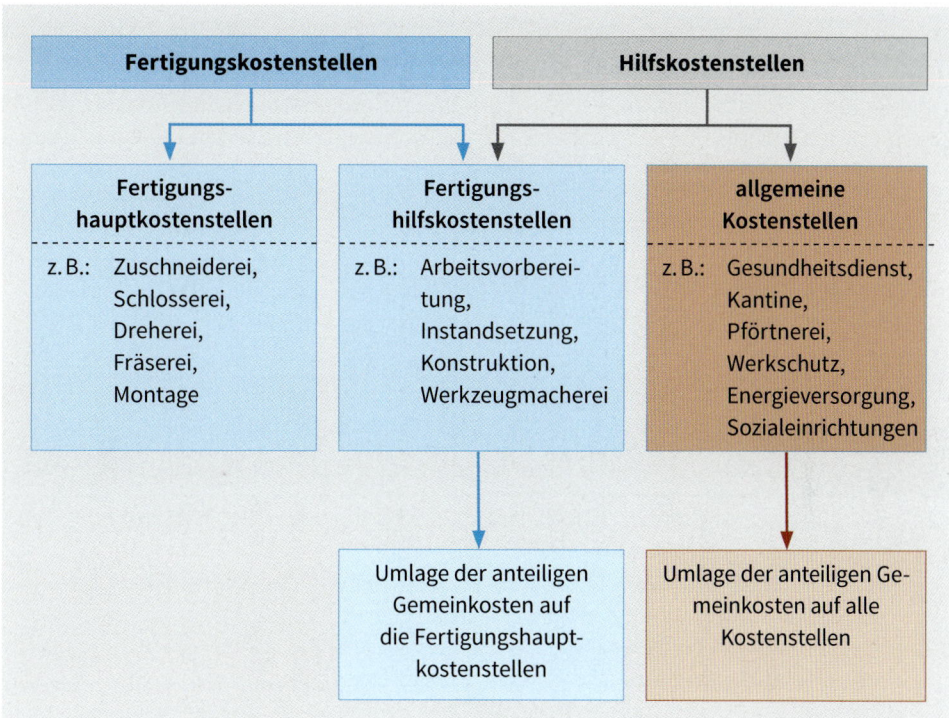

Das Erstellen eines erweiterten mehrstufigen BAB I (siehe Beispiel auf der folgenden Seite) erfolgt in folgenden Schritten:

❶ Die Gemeinkosten werden auf alle Kostenstellen umgelegt (1. Verteilungsstufe).

❷ Die Gemeinkostensummen pro Kostenstelle werden errechnet (Zwischensummen 1).

❸ Die Gemeinkosten der allgemeinen Kostenstellen werden auf alle übrigen Kostenstellen umgelegt (2. Verteilungsstufe).

❹ Wiederum werden die Gemeinkostensummen pro Kostenstelle errechnet (Zwischensummen 2).

❺ Die Gemeinkosten der Fertigungshilfskostenstellen werden auf die Fertigungshauptkostenstellen umgelegt (3. Verteilungsstufe).

❻ Die endgültigen Gemeinkostensummen pro Hauptkostenstelle werden errechnet (Endsummen der Hauptkostenstellen).

Die Einrichtung von Fertigungshauptkostenstellen, Fertigungshilfskostenstellen und allgemeinen Kostenstellen ermöglicht eine differenzierte Kontrolle und Beeinflussung der Kostenentwicklung.

Beispiel

Erweiterter mehrstufiger BAB I

| Gemein-kostenart | Betrag | Verteilungs-schlüssel | Allgemeine Kostenstellen | | Material-bereich | Fertigungsbereich | | | | | Verwaltungs-bereich | Vertriebs-bereich |
| | | | | | | Fertigungshauptkostenstellen | | | Fertigungshilfskostenstellen | | | |
			Kantine	Pförtnerei		Schlosserei	Dreherei	Montage	Arbeitsvorbereitung	Werkzeugmacherei		
Hilfslöhne	180.000,00	Lohnliste	12.000,00	4.000,00	15.000,00	43.000,00	34.000,00	64.000,00	–	8.000,00	–	–
Gehälter	140.000,00	Gehaltsliste	8.000,00	5.000,00	9.000,00	7.000,00	6.000,00	10.000,00	18.000,00	4.000,00	52.000,00	21.000,00
Sozialkosten	35.000,00	Lohn- und Gehaltsliste	1.500,00	1.000,00	2.000,00	6.000,00	5.500,00	7.000,00	2.000,00	1.500,00	6.000,00	2.500,00
Energie	40.000,00	kWh	4.000,00	1.000,00	2.000,00	8.000,00	4.000,00	6.000,00	3.000,00	2.000,00	7.000,00	3.000,00
kalk. Abschr.	160.000,00	Anlagenkartei	3.000,00	1.000,00	18.000,00	30.000,00	34.000,00	40.000,00	2.000,00	18.000,00	8.000,00	6.000,00
kalk. Zinsen	133.500,00	Anlagenkartei	2.500,00	800,00	16.000,00	25.000,00	30.000,00	34.000,00	1.200,00	12.000,00	7.000,00	5.000,00
Zwischensummen 1	688.500,00		31.000,00	12.800,00	62.000,00	119.000,00	113.500,00	161.000,00	26.200,00	45.500,00	80.000,00	37.500,00
Umlage Allg. Kostenstellen												
a) Kantine		3:6:6:7:1:2:5:1			3.000,00	6.000,00	6.000,00	7.000,00	1.000,00	2.000,00	5.000,00	1.000,00
b) Pförtnerei		2:4:4:5:1:2:4:1			1.113,00	2.226,00	2.226,00	2.782,00	557,00	1.113,00	2.226,00	557,00
Zwischensummen 2	688.500,00		–	–	66.113,00	127.226,00	121.726,00	170.782,00	27.757,00	48.613,00	87.226,00	39.057,00
Umlage Fertigungshilfskostenstellen												
a) Arbeitsvorbereitung		4:5:6	–	–	–	7.402,00	9.252,00	11.103,00			–	–
b) Werkzeugmacherei		3:5:7	–	–	–	9.723,00	16.204,00	22.686,00			–	–
Endsummen d. Hauptkostenst.	688.500,00		–	–	66.113,00	144.351,00	147.182,00	204.571,00	–	–	87.226,00	39.057,00

Zusammenfassung

Kostenstellenrechnung
Verrechnung der Gemeinkosten nach dem Verursachungsprinzip auf die Kostenstellen

Errechnung der Gemeinkostenzuschlagssätze[1]

einstufiger BAB I (findet Anwendung in kleinen Industriebetrieben)

Gemein-kostenart	Betrag	Verteilungs-schlüssel	Kostenstellen			
			Material	Fertigung	Verwaltung	Vertrieb

erweiterter mehrstufiger BAB I (findet Anwendung in mittelgroßen und großen Industriebetrieben)

Gemein-kosten-art	Betrag	Vertei-lungs-schlüs-sel	Allg. Kostenstellen		Material	Fertigung					Verwal-tung	Vertrieb
						Fertigungshaupt-kostenstellen		Fertigungshilfs-kostenstellen				
			Kantine[2]	Pfört-nerei[2]		Schlos-serei[2]	Mon-tage[2]	Arbeits-vorbe-reitung[2]	Werk-zeugma-cherei[2]			
End-sum-men d. Haupt-kosten-stellen					▪	▪	▪				▪	▪

1 siehe Kapitel 4.5.1.1

2 beispielhaft

Aufgaben[1]

1 u. 2:   Einstufiger BAB I[2]
3–5:   Erweiterter mehrstufiger BAB I[2]

1   Erstellen Sie aufgrund der folgenden Angaben den monatlichen BAB I. (Die Kosten für Miete und Energie sind noch aufzuschlüsseln.)

Gemein-kostenart	Betrag (€)	Verteilungs-basis	Kostenstellen			
			Material	Fertigung	Verwaltung	Vertrieb
Gehälter	348.400,00	Gehaltsliste →	48.300,00	58.800,00	142.900,00	98.400,00
Hilfslöhne	263.700,00	Lohnliste →	44.500,00	179.100,00	–	40.100,00
Sozialkosten	99.500,00	Lohn- und Ge-haltsliste →	15.085,00	38.672,00	23.229,00	22.514,00
Miete	20.800,00	m²	400 m²	1 400 m²	600 m²	200 m²
Energie	54.200,00	Verteilungs-schlüssel	1	6	2	1
kalk. Abschreib. (monatlich)	97.900,00	Anlagen-kartei →	6.334,00	75.451,00	10.526,00	5.589,00

2[3]   Der Kostenartenrechnung werden für den Monat März folgende Kosten entnommen:

Gemein-kostenart	Betrag (€)	Kostenstellen			
		Material	Fertigung	Verwaltung	Vertrieb
Betriebsstoffe	20.800,00	2.900,00	11.000,00	4.800,00	2.100,00
Hilfslöhne	194.700,00	18.800,00	156.200,00	9.300,00	10.400,00
Gehälter	171.300,00	12.500,00	17.300,00	105.900,00	35.600,00
Soz. Abgaben	54.900,00	4.695,00	26.025,00	17.280,00	6.900,00

Für die Kostenstellenrechnung sind noch zu berücksichtigen: Energiekosten, Mieten, Versicherungen, kalkulatorische Abschreibungen und kalkulatorische Zinsen.

Energiekosten (März) . . . . 27.576,00 €
Energieverbrauch:
Material: 32 520 kWh
Fertigung: 214 440 kWh
Verwaltung: 17 040 kWh
Vertrieb: 11 760 kWh

Monatsmiete (März) . . . . 140.000,00 €
Flächen:
Material: 5 000 m²
Fertigung: 16 000 m²
Verwaltung: 4 000 m²
Vertrieb: 3 000 m²

---

1   In allen Betriebsabrechnungsbögen ist auf volle €-Beträge zu runden. In einigen Betriebsabrechnungsbögen sind Ausgleichsrundungen erforderlich.

2   Weitere Aufgaben zum einstufigen und mehrstufigen BAB I finden Sie auf S. 273 ff.

3   Es wird empfohlen, diese Aufgabe zunächst manuell im Arbeitsheft und erst danach am PC auf dem Excel-Arbeitsblatt zu lösen.

Versicherungen, jährlich .... 41.760,00 €

Versicherungswerte:
Material: 280.000,00 €
Fertigung: 2.400.000,00 €
Verwaltung: 550.000,00 €
Vertrieb: 250.000,00 €

Kalkulatorische Abschreibungen im Abrechnungsjahr .... 504.000,00 €

Anlagevermögen:
Material: 120.000,00 €
Fertigung: 1.800.000,00 €
Verwaltung: 400.000,00 €
Vertrieb: 200.000,00 €

Kalkulatorische Zinsen im Abrechnungsjahr:
9 % vom betriebsnotwendigen Kapital von 3.600.000,00 €.
Verhältniszahlen:
Material: 2 Teile
Fertigung: 9 Teile
Verwaltung: 3 Teile
Vertrieb: 1 Teil

Erstellen Sie den Betriebsabrechnungsbogen I für den Monat März.

3[1]   In einem Industriebetrieb gibt es die folgenden Kostenstellen:

Sozialeinrichtungen   A **(Allgemeine Kostenstelle)**
Material   B **(Materialhauptkostenstelle)**
Schlosserei   C **(Fertigungshauptkostenstelle 1)**
Montage   D **(Fertigungshauptkostenstelle 2)**
Konstruktion   E **(Fertigungshilfskostenstelle)**
Verwaltung   F **(Verwaltungshauptkostenstelle)**
Vertrieb   G **(Vertriebshauptkostenstelle)**

Für den Monat Mai liegen folgende Zahlen vor:

Gemein-kostenart	Betrag (€)	Kostenstellen						
		A	B	C	D	E	F	G
Betriebsstoffe	200.100	2.500	10.800	100.400	70.200	1.800	7.900	6.500
Hilfslöhne	180.500	2.400	19.300	90.900	47.900	2.400	9.200	8.400
Gehälter	195.500	3.800	10.100	20.100	13.400	8.800	110.500	28.800
kalk. Abschr.	40.500	1	3	9	8	1	4	4
kalk. Zinsen	30.000	1	4	8	7	1	2	2

Erstellen Sie den kompletten BAB I in folgenden Teilschritten:

1. Aufteilung der kalkulatorischen Abschreibungen und kalkulatorischen Zinsen nach dem oben vorgegebenen Verhältnis auf die Kostenstellen.
2. Aufschlüsselung der Gemeinkosten der allgemeinen Kostenstelle A (Sozialeinrichtungen) auf die übrigen Kostenstellen im Verhältnis 3 : 6 : 6 : 1 : 4 : 3 (von links nach rechts).
3. Aufschlüsselung der Gemeinkosten der Fertigungshilfskostenstelle E (Konstruktion) auf die Fertigungshauptkostenstellen C (Gesenkschmiede) und D (Entgratung) im Verhältnis 5 : 2.

---

1 Es wird empfohlen, diese Aufgabe zunächst manuell im Arbeitsheft und erst danach am PC auf dem Excel-Arbeitsblatt zu lösen.

4 Im BAB I sind bis auf die Energiekosten von 14.685,00 € und die sozialen Abgaben von 54.900,00 € bereits alle Gemeinkosten auf die Kostenstellen zugeschlüsselt.
Es liegen folgende Informationen vor:

	Kostenstel-lennummer	Zwischensumme (€)	kWh	Mitarbeiter-zahl
Allgemeiner Bereich – Kantine	1	21.000,00	1 200	16
Materialbereich	2	120.000,00	20 500	40
Fertigungsbereich – Fertigungshauptkostenstelle 1 – Fertigungshauptkostenstelle 2 – Fertigungshilfskostenstelle 1 – Fertigungshilfskostenstelle 2	3 4 5 6	180.000,00 220.000,00 50.000,00 30.000,00	38 700 44 800 2 100 1 400	130 80 8 12
Verwaltungsbereich	7	90.000,00	15 600	60
Vertriebsbereich	8	70.000,00	9 200	20

Umlageschlüssel:
1. Energiekosten nach kWh auf die Kostenstellen 1–8.
2. Soziale Abgaben nach der Mitarbeiterzahl auf die Kostenstellen 1–8.
3. Allgemeiner Bereich (Kantine) nach der Mitarbeiterzahl auf die Kostenstellen 2–8.
4. Fertigungshilfskostenstelle 1 auf die Fertigungshauptkostenstellen 1 und 2 im Verhältnis 3 : 4.
5. Fertigungshilfskostenstelle 2 auf die Fertigungshauptkostenstellen 1 und 2 im Verhältnis 2 : 3.

Erstellen Sie den BAB I bis zu den Endsummen der Hauptkostenstellen.

5 Es liegt folgender BAB vor, in dem – bis auf die kalkulatorischen Zinsen – sämtliche Gemeinkosten bereits auf die Kostenstellen verteilt sind.

Gemein-kostenart	Betrag (€)	Allgem. Bereich	Material-bereich	Fertigungsbereich			Verwalt.-Bereich	Vertriebs-bereich
				Fert. 1	Fert. 2	Arbeits-vorber.		
Zwischen-summe	860.000	50.000	140.000	180.000	220.000	40.000	150.000	80.000
kalk. Zinsen	55.000							

a) Verteilen Sie die kalkulatorischen Zinsen im Verhältnis der kapitalmäßig gebundenen Anlagenwerte auf die einzelnen Kostenstellen und errechnen Sie die vorläufigen Kostenstellensummen.
Anlagenwerte in den Kostenstellen:
Allgemeiner Bereich: 300.000,00 €; Materialbereich: 1.000.000,00 €; Fertigungshauptkostenstelle 1: 4.000.000,00 €; Fertigungshauptkostenstelle 2: 3.000.000,00 €; Fertigungshilfskostenstelle (Arbeitsvorbereitung): 400.000,00 €; Verwaltungsbereich: 1.600.000,00 €; Vertriebsbereich: 700.000,00 €.
b) Schlüsseln Sie die Gemeinkosten des allgemeinen Bereichs im Verhältnis 2 : 6 : 5 : 1 : 2 : 1 (von links nach rechts im obigen BAB) auf die übrigen Kostenstellen auf und errechnen Sie wiederum die neuen vorläufigen Kostenstellensummen.
c) Legen Sie die Gemeinkosten der Fertigungshilfskostenstelle (Arbeitsvorbereitung) im Verhältnis 5 : 3 auf die Fertigungshauptkostenstellen 1 und 2 um.
d) Errechnen Sie die Gemeinkostenendsummen der Hauptkostenstellen.

4.5 Die Kostenträgerrechnung

Die Kostenträger sind die Leistungseinheiten des Betriebes, also im Industriebetrieb die hergestellten Erzeugnisse und im Handelsbetrieb die zum Verkauf vorgesehenen Artikel. Es kann sich dabei um ein einzelnes Erzeugnis (Artikel), um eine Erzeugnisgruppe (Artikelgruppe) oder um einen Auftrag handeln. Die Kostenträger haben – was ihr Name bereits sagt – alle Kosten zu tragen, denn für sie sind die Kosten entstanden.

Die Kostenträgerrechnung beinhaltet die **Kostenträgerzeitrechnung** und die **Kostenträgerstückrechnung.**

Sie bezieht sich in der Kostenträgerzeitrechnung auf die **Periode (zeitliche Erfolgsrechnung)** und in der Kostenträgerstückrechnung auf die **Leistungseinheit (stückbezogene Kalkulation).**

4.5.1 Die Kostenträgerzeitrechnung

Die Kostenträgerzeitrechnung verrechnet alle angefallenen Kosten einer Rechnungsperiode auf die einzelnen Kostenträger[1] (nicht stückbezogene summarische Nachkalkulation). Zweck der Kostenträgerzeitrechnung ist die Kontrolle der Wirtschaftlichkeit der Kostenträger.

4.5.1.1 Die Ermittlung der Gemeinkostenzuschlagssätze

Werden in einem Industriebetrieb **unterschiedliche Produkte** mit **unterschiedlichen Produktionsgängen** hergestellt, so wird die Kostenträgerzeitrechnung in Form einer **Zuschlagskalkulation** durchgeführt (siehe auch Kapitel 4.5.2.2, S. 282 ff.).

Grundlage der Zuschlagskalkulation ist die Verteilung der Gemeinkosten auf die Kostenstellen im Betriebsabrechnungsbogen I (siehe S. 265 f.).

Die kalkulatorische Berücksichtigung der im Betriebsabrechnungsbogen I auf Kostenstellen zugeschlüsselten Gemeinkosten erfolgt durch Zuschlagssätze auf die Einzelkosten.

Die **Materialgemeinkosten** werden durch einen prozentualen Aufschlag (= **Materialgemeinkostenzuschlagssatz**) auf das **Fertigungsmaterial** (= Rohstoffverbrauch, = Einzelkosten) berücksichtigt. Hierbei unterstellt man, dass sich die Materialgemeinkosten in gleicher Weise wie das Fertigungsmaterial verändern.

$$\text{Materialgemeinkostenzuschlagssatz } = \frac{\text{Materialgemeinkosten} \cdot 100}{\text{Fertigungsmaterial}}$$

Addiert man die Materialgemeinkosten auf das Fertigungsmaterial, so erhält man die **Materialkosten.**

Fertigungsmaterial (= Rohstoffverbrauch)
+ Materialgemeinkosten in % des Fertigungsmaterials
= Materialkosten

Die **Fertigungsgemeinkosten** werden durch einen prozentualen Aufschlag (= **Fertigungsgemeinkostenzuschlagssatz**) auf die **Fertigungslöhne** (= Einzelkosten) berücksichtigt. Dabei wird angenommen, dass sich die Fertigungsgemeinkosten proportional zu den Fertigungslöhnen verhalten.

---

1 in der Regel Erzeugnisgruppen

$$\text{Fertigungsgemeinkostenzuschlagssatz} = \frac{\text{Fertigungsgemeinkosten} \cdot 100}{\text{Fertigungslöhne}}$$

Die Summe aus Fertigungslöhnen, Fertigungsgemeinkosten und ggf. Sondereinzelkosten der Fertigung (z. B. Kosten für Spezialwerkzeuge, Kosten für Modelle, Lizenzgebühren) ergibt die **Fertigungskosten.**

Zählt man zu den Materialkosten die Fertigungskosten hinzu, so erhält man die **Herstellkosten der Produktion:**

	€	€	€
Fertigungsmaterial	…		
+ Materialgemeinkosten in % des Fertigungsmaterials	…		
= Materialkosten		…	
Fertigungslöhne	…		
+ Fertigungsgemeinkosten in % der Fertigungslöhne	…		
+ Sondereinzelkosten der Fertigung	…		
= Fertigungskosten		…	
■ **Herstellkosten der Produktion**			…

Während die **Materialgemeinkosten** und die **Fertigungsgemeinkosten** abhängig sind von den **hergestellten** Produkten (Herstellkosten der **Produktion**), sind die **Vertriebsgemeinkosten** und die **Verwaltungsgemeinkosten**[1] abhängig von den **verkauften** Produkten.

Bei der Berechnung des **Vertriebs-** und **Verwaltungsgemeinkostenzuschlagssatzes** müssen daher als Bezugsbasis die **Herstellkosten des Umsatzes** herangezogen werden.

Herstellkosten der Produktion
+ Bestandsabbau an fertigen/unfertigen Erzeugnissen
− Bestandsaufbau an fertigen/unfertigen Erzeugnissen
= Herstellkosten des Umsatzes

$$\text{Verwaltungsgemeinkostenzuschlagssatz} = \frac{\text{Verwaltungsgemeinkosten} \cdot 100}{\text{Herstellkosten des Umsatzes}}$$

$$\text{Vertriebsgemeinkostenzuschlagssatz} = \frac{\text{Vertriebsgemeinkosten} \cdot 100}{\text{Herstellkosten des Umsatzes}}$$

Addiert man auf die Herstellkosten des Umsatzes die Verwaltungs- und Vertriebsgemeinkosten sowie die Sondereinzelkosten des Vertriebs (z. B. Vertreterprovision, Transportversicherung, Fracht, Verpackungsmaterial), so erhält man die **Selbstkosten des Umsatzes.**

---

1   Bei den Verwaltungsgemeinkosten ist die kostenmäßige Abhängigkeit von den verkauften Produkten nicht ganz eindeutig. Zur Vereinfachung wollen wir hier jedoch eine Abhängigkeit unterstellen. Sie ist mit Einschränkungen auch plausibel. (Bei einer Absatzsteigerung erhöhen sich beispielsweise die Kosten für die Rechnungsstellung.)

Das Kalkulationsschema (bis zu den **Selbstkosten des Umsatzes**) sieht nun folgendermaßen aus:

			€	€	€	€	€
		Fertigungsmaterial	...				
	+	Materialgemeinkosten in % des Fertigungs-materials	...				
	=	**Materialkosten**	...	...			
		Fertigungslöhne	...				
	+	Fertigungsgemeinkosten in % der Fertigungs-löhne	...				
+	+	Sondereinzelkosten der Fertigung	...				
	=	**Fertigungskosten**		...			
	=	**Herstellkosten der Produktion**			...		
	+	Bestandsabbau an fertigen/unfertigen Erzeugnissen			...		
	–	Bestandsaufbau an fertigen/unfertigen Erzeugnissen			...		
	=	**Herstellkosten des Umsatzes**				...	
	+	Verwaltungsgemeinkosten in % der Herstellkosten des Umsatzes				...	
	+	Vertriebsgemeinkosten in % der Herstellkosten des Umsatzes					...
	+	Sondereinzelkosten des Vertriebs					...
	=	**Selbstkosten des Umsatzes**					...

(Pfeilspitzen zeigen auf den Grundwert [≙ 100 %].)

Die Gemeinkostenzuschlagssätze werden im BAB I ermittelt.

Beispiel Betriebsabrechnungsbogen I eines Industriebetriebes mit errechneten Gemeinkostenzuschlags-sätzen

Gemeinkostenart	Betrag	Verteilungsschlüssel	Kostenstellen			
			Material	Fertigung	Verwaltung	Vertrieb
Gemeinkostenmaterial	56.700,00	Entnahmescheine	19.300,00	37.400,00	–	–
Gehälter	405.800,00	Gehaltsliste	40.800,00	50.100,00	223.700,00	91.200,00
Hilfslöhne	237.400,00	Lohnliste	31.300,00	165.300,00	–	40.800,00
Sozialkosten	91.300,00	Lohn- u. Gehaltsliste	8.300,00	44.100,00	10.500,00	28.400,00
Instandhaltung	48.200,00	Rechnungen	5.500,00	25.700,00	9.100,00	7.900,00
Energie	12.700,00	kWh	1.500,00	8.900,00	1.200,00	1.100,00
Miete	5.500,00	m²	300,00	3.600,00	900,00	700,00
Kfz-Kosten	24.200,00	km	800,00	4.200,00	5.800,00	13.400,00
kalk. Abschreibungen	87.300,00	Anlagenkartei	7.400,00	64.500,00	7.000,00	8.400,00
	969.100,00		115.200,00	403.800,00	258.200,00	191.900,00
Zuschlagsgrundlagen 1. Fertigungsmaterial[1] 2. Fertigungslöhne[1] 3. Herstellkosten des Umsatzes			1.250.300,00	530.900,00	2.343.900,00	2.343.900,00
Gemeinkostenzuschlagssätze			9,21379 %	76,05952 %	11,01583 %	8,18721 %

---

1 gemäß Buchführung

Ermittlung der Zuschlagssätze:

1. Materialgemeinkostenzuschlagssatz (MGKZ)

$$\text{MGKZ} = \frac{\text{Materialgemeinkosten} \cdot 100}{\text{Fertigungsmaterial}} = \frac{115.200,00 \cdot 100}{1.250.300,00} = \underline{9,21379\ \%}$$

2. Fertigungsgemeinkostenzuschlagssatz (FGKZ)

$$\text{FGKZ} = \frac{\text{Fertigungsgemeinkosten} \cdot 100}{\text{Fertigungslöhne}} = \frac{403.800,00 \cdot 100}{530.900,00} = \underline{76,05952\ \%}$$

3. Verwaltungsgemeinkostenzuschlagssatz (VwGKZ)

Zuschlagsgrundlage für die Verwaltungs- und die Vertriebsgemeinkosten sind die Herstellkosten des Umsatzes. Diese müssen zunächst kalkuliert werden:

	Fertigungsmaterial[1]	1.250.300,00 €		
+	Materialgemeinkosten gem. BAB I	115.200,00 €		
=	**Materialkosten**		1.365.500,00 €	
	Fertigungslöhne[1]	530.900,00 €		
+	Fertigungsgemeinkosten gem. BAB I	403.800,00 €		
+	SEK der Fertigung[1]	23.700,00 €		
=	**Fertigungskosten**		958.400,00 €	
=	**Herstellkosten der Produktion**			2.323.900,00 €
+	Bestandsabbau Fertigerzeugnisse[1]			110.000,00 €
–	Bestandsaufbau unfertige Erzeugnisse[1]			90.000,00 €
=	**Herstellkosten des Umsatzes**			2.343.900,00 €

$$\text{VwGKZ} = \frac{\text{Verwaltungsgemeinkosten} \cdot 100}{\text{Herstellkosten des Umsatzes}} = \frac{258.200,00 \cdot 100}{2.343.900,00} = \underline{11,01583\ \%}$$

4. Vertriebsgemeinkostenzuschlagssatz (VtGKZ)

Aufgaben folgen auf S. 273 ff.

$$\text{VtGKZ} = \frac{\text{Vertriebsgemeinkosten} \cdot 100}{\text{Herstellkosten des Umsatzes}} = \frac{191.900,00 \cdot 100}{2.343.900,00} = \underline{8,18721\ \%}$$

---

1 gemäß Buchführung

4.5.1.2 Das Kostenträgerblatt (BAB II)

Aufgrund der im BAB I ermittelten Gemeinkostenzuschlagssätze wird nun das **Kostenträgerblatt (BAB II)** erstellt. Es enthält die **Kostenträgerzeitrechnung.**

> Im Kostenträgerblatt (BAB II) werden alle Einzel- und Gemeinkosten einer Abrechnungsperiode auf die einzelnen Kostenträger[1] verrechnet.

Dabei wird das auf S. 265 dargestellte Kalkulationsschema zugrunde gelegt.

Zur Ermittlung des Erfolges einzelner Kostenträger werden im Kostenträgerblatt (BAB II) die Verkaufserlöse und die Selbstkosten der Abrechnungsperiode saldiert.

> Im Kostenträgerblatt (BAB II) wird das Betriebsergebnis pro Kostenträger des Abrechnungszeitraumes errechnet.

Die Kostenträgerzeitrechnung liefert somit die Grundlage zur Kontrolle der Wirtschaftlichkeit der einzelnen Kostenträger[1].

Beispiel

Es gelten die Gemeinkostenzuschlagssätze des BAB I auf S. 265.
Folgende Zahlen werden der Buchführung entnommen:

Einzelkosten: €

Kostenträger I:
- Fertigungsmaterial 780.500,00
- Fertigungslöhne 340.400,00

Kostenträger II:
- Fertigungsmaterial 469.800,00
- Fertigungslöhne 190.500,00

Summe Fertigungsmaterial 1.250.300,00
Summe Fertigungslöhne 530.900,00

Sondereinzelkosten der Fertigung:

Kostenträger I 15.300,00
Kostenträger II 8.400,00
Summe 23.700,00

Sondereinzelkosten des Vertriebs:

Kostenträger I 6.700,00
Kostenträger II 5.900,00
Summe 12.600,00

Bestandsveränderungen:

Kostenträger I
- Bestandsabbau FE 80.000,00
- Bestandsaufbau UE 50.000,00

Kostenträger II
- Bestandsabbau FE 30.000,00
- Bestandsaufbau UE 40.000,00

---

1 in der Regel Erzeugnisgruppen

Summe:	€
– Bestandsabbau	110.000,00
– Bestandsaufbau	90.000,00
Verkaufserlöse:	
Kostenträger I	1.958.500,00
Kostenträger II	1.321.700,00
Summe	3.280.200,00

Kostenträgerblatt (BAB II)

	Summe €	Kostenträger I €	Kostenträger II €
Fertigungsmaterial	1.250.300,00	780.500,00	469.800,00
+ Materialgemeinkosten (9,21379 %)	115.200,00	71.914,00	43.286,00
= Materialkosten	**1.365.500,00**	**852.414,00**	**513.086,00**
Fertigungslöhne	530.900,00	340.400,00	190.500,00
+ Fertigungsgemeinkosten (76,05952 %)	403.800,00	258.907,00	144.893,00
+ Sondereinzelkosten der Fertigung	23.700,00	15.300,00	8.400,00
= Fertigungskosten	**958.400,00**	**614.607,00**	**343.793,00**
= Herstellkosten der Produktion	**2.323.900,00**	**1.467.021,00**	**856.879,00**
+ Bestandsabbau	110.000,00	80.000,00	30.000,00
– Bestandsaufbau	90.000,00	50.000,00	40.000,00
= Herstellkosten des Umsatzes	**2.343.900,00**	**1.497.021,00**	**846.879,00**
+ Verwaltungsgemeinkosten (11,01583 %)	258.200,00	164.909,00	93.291,00
+ Vertriebsgemeinkosten (8,18721 %)	191.900,00	122.564,00	69.336,00
+ Sondereinzelkosten des Vertriebs	12.600,00	6.700,00	5.900,00
= Selbstkosten des Umsatzes	**2.806.600,00**	**1.791.194,00**	**1.015.406,00**
Verkaufserlöse	3.280.200,00	1.958.500,00	1.321.700,00
= Betriebsergebnis	**473.600,00**	**167.306,00**	**306.294,00**

Aufgaben folgen auf S. 273 ff.

(Es wurde eurogenau gerechnet. Rundungsbedingte Abweichungen wurden ausgeglichen.)

4.5.1.3   Kostenüberdeckung und Kostenunterdeckung bei Verwendung von Normalzuschlagssätzen

Die Gemeinkosten bleiben in der Regel nicht konstant. Sie ändern sich ständig. Es kann dafür inner- und außerbetriebliche Gründe geben.

Innerbetriebliche Gründe: unterschiedlicher Beschäftigungsgrad, Zahlung von Zulagen, Urlaubs- geld, Weihnachtsgeld, zunehmende Rationalisierung, unterschiedliche Reparaturkosten, Verwen- dung anderer (neuer) Stoffe.

Außerbetriebliche Gründe: Preisänderungen der Hilfs- und Betriebsstoffe, höhere Personalkosten aufgrund eines neuen Tarifvertrages.

Die ständigen Schwankungen der Gemeinkosten würden nach jedem erstellten BAB I zu neuen Ge- meinkostenzuschlagssätzen führen. Damit nun aber die Kalkulation eine gewisse **Stetigkeit** auf- weist, wird mit **Normalzuschlagssätzen**[1] gerechnet. Diese Normalzuschlagssätze werden für einen längeren Zeitraum beibehalten.

Die Normalzuschlagssätze werden zum einen aufgrund mehrerer Istzuschlagssätze (z. B. Durch- schnittswerte aus den letzten 10 BAB I), zum anderen aber auch aufgrund der zu erwartenden Ver- änderungen der Gemeinkosten (z. B. bedingt durch Rationalisierung, Preis- und Lohnsteigerungen) festgelegt.

Die **Istgemeinkosten** bzw. **Istzuschlagssätze** werden nach jedem erstellten BAB I den **Normalge- meinkosten** bzw. den **Normalzuschlagssätzen** gegenübergestellt. Auf diese Weise erfolgt eine **Kos- tenüberwachung.**

 Sind die Normalgemeinkosten höher als die Istgemeinkosten, so liegt eine Kostenüber- deckung[2] vor. Sind die Normalgemeinkosten niedriger als die Istgemeinkosten, so liegt eine Kostenunterdeckung[2] vor.

Ergeben sich erhebliche Kostenabweichungen, so sind die entsprechenden Gründe zu suchen (Kos- tenkontrolle). Unter Umständen ist der Normalzuschlagssatz zu korrigieren.

Da im Kostenträgerblatt mit **Normalzuschlagssätzen** kalkuliert wird, erhält man das **tatsächliche Betriebsergebnis** erst durch Berücksichtigung der **Kostenüberdeckung** bzw. **Kostenunterdeckung.**

 Das Umsatzergebnis ist das Ergebnis, das aufgrund der Kostenträgerzeitrechnung mit Nor- malzuschlagssätzen (Normalkostenrechnung) erzielt wird. Es unterscheidet sich vom tat- sächlichen Betriebsergebnis, das sich aufgrund der Kostenträgerzeitrechnung mit Istzu- schlagssätzen (Istkostenrechnung) ergibt, durch die Kostenüber- bzw. Kostenunterdeckung.

Wurden in der Normalkostenrechnung (mit Normalzuschlagssätzen) **zu hohe Kosten** verrechnet (= Kostenüberdeckung), so ist das daraus resultierende **Umsatzergebnis zu niedrig.** Wurden umge- kehrt in der Normalkostenrechnung **zu geringe Kosten** verrechnet (= Kostenunterdeckung), so ist das daraus resultierende **Umsatzergebnis zu hoch.** Es gilt daher:

> **Betriebsergebnis = Umsatzergebnis + Kostenüberdeckung**   bzw.
>
> **Betriebsergebnis = Umsatzergebnis – Kostenunterdeckung**

---

1   vgl. Kapitel 4.3.2.4 ➞ Normalkosten

2   Sichtweise: aus der Sicht der Normalkostenrechnung

Kostenträgerblatt (mit Ist- und Normalkostenrechnung) (BAB II)

	Ist-zuschlags-sätze	Kosten-träger I, Istkosten	Kosten-träger II, Istkosten	Vorliegende Istkosten (Summe)	Kosten-abweichung	Normal-zuschlags-sätze	Kostenträ-ger I, Nor-malkosten	Kostenträ-ger II, Nor-malkosten	Verrechnete Normalkos-ten (Summe)
Fertigungsmaterial		780.500,00	469.800,00	1.250.300,00			780.500,00	469.800,00	1.250.300,00
+ Material-gemeinkosten	9,21379 %	71.914,00	43.286,00	115.200,00	– 2.673,00	9 %	70.245,00	42.282,00	112.527,00
= Materialkosten		852.414,00	513.086,00	1.365.500,00			850.745,00	512.082,00	1.362.827,00
Fertigungslöhne		340.400,00	190.500,00	530.900,00			340.400,00	190.500,00	530.900,00
+ Fertigungs-gemeinkosten	76,05952 %	258.907,00	144.893,00	403.800,00	+ 10.302,00	78 %	265.512,00	148.590,00	414.102,00
+ Sondereinzelkos-ten der Fertigung		15.300,00	8.400,00	23.700,00			15.300,00	8.400,00	23.700,00
= Fertigungskosten		614.607,00	343.793,00	958.400,00			621.212,00	347.490,00	968.702,00
= Herstellkosten der Produktion		1.467.021,00	856.879,00	2.323.900,00			1.471.957,00	859.572,00	2.331.529,00
+ Bestandsabbau an UE/FE		80.000,00	30.000,00	110.000,00			80.000,00	30.000,00	110.000,00
– Bestandsaufbau an UE/FE		50.000,00	40.000,00	90.000,00			50.000,00	40.000,00	90.000,00
= Herstellkosten des Umsatzes		1.497.021,00	846.879,00	2.343.900,00			1.501.957,00	849.572,00	2.351.529,00
+ Verwaltungs-gemeinkosten	11,01583 %	164.909,00	93.291,00	258.200,00	+ 23.983,00	12 %	180.235,00	101.948,00	282.183,00
+ Vertriebs-gemeinkosten	8,18721 %	122.564,00	69.336,00	191.900,00	– 3.778,00	8 %	120.156,00	67.966,00	188.122,00
+ Sondereinzelkos-ten des Vertriebs		6.700,00	5.900,00	12.600,00			6.700,00	5.900,00	12.600,00
= Selbstkosten des Umsatzes		1.791.194,00	1.015.406,00	2.806.600,00	+ 27.834,00		1.809.048,00	1.025.386,00	2.834.434,00
Verkaufserlöse		1.958.500,00	1.321.700,00	3.280.200,00			1.958.500,00	1.321.700,00	3.280.200,00
= Umsatzergebnis		167.306,00	306.294,00	473.600,00			149.452,00	296.314,00	445.766,00
+ Kosten-überdeckung							17.854,00	9.980,00	27.834,00
= Betriebsergebnis		167.306,00	306.294,00	473.600,00			167.306,00	306.294,00	473.600,00

(Es wurde eurogenau gerechnet. Rundungsbedingte Abweichungen wurden ausgeglichen.)

Die Kostenüberdeckung der Kostenträger I und II ergibt sich wie folgt:

	Kostenträger I	Kostenträger II
Normalselbstkosten des Umsatzes	1.809.048,00	1.025.386,00
– Istselbstkosten des Umsatzes	1.791.194,00	1.015.406,00
= Kostenüberdeckung	**17.854,00**	**9.980,00**

225435270

Unter Berücksichtigung von Kostenüber- bzw. Kostenunterdeckungen sieht der BAB I wie folgt aus (vgl. S. 265):

Betriebsabrechnungsbogen eines Industriebetriebes (BAB I)

Gemein-kostenart	Betrag	Verteilungs-schlüssel	Kostenstellen			
			Material	Fertigung	Verwaltung	Vertrieb
Gemeinkos-tenmaterial	56.700,00	Entnahme-scheine	19.300,00	37.400,00	–	–
Gehälter	405.800,00	Gehaltsliste	40.800,00	50.100,00	223.700,00	91.200,00
Hilfslöhne	237.400,00	Lohnliste	31.300,00	165.300,00	–	40.800,00
Sozialkosten	91.300,00	Lohn- und Gehaltsliste	8.300,00	44.100,00	10.500,00	28.400,00
Instand-haltung	48.200,00	Rechnungen	5.500,00	25.700,00	9.100,00	7.900,00
Energie	12.700,00	kWh	1.500,00	8.900,00	1.200,00	1.100,00
Miete	5.500,00	m²	300,00	3.600,00	900,00	700,00
Kfz-Kosten	24.200,00	km	800,00	4.200,00	5.800,00	13.400,00
kalk. Abschr.	87.300,00	Anlagenkartei	7.400,00	64.500,00	7.000,00	8.400,00
Istgemein-kosten	969.100,00		115.200,00	403.800,00	258.200,00	191.900,00
Zuschlags-grundlagen						
1. Fertigungs-material			1.250.300,00			
2. Fertigungs-löhne				530.900,00		
3. Herstell-kosten des Umsatzes					2.343.900,00	2.343.900,00
Istzuschlags-sätze			9,21379 %	76,05952 %	11,01583 %	8,18721 %
Normalzu-schlagssätze			9 %	78 %	12 %	8 %
Normalge-meinkosten	996.934,00		112.527,00	414.102,00	282.183,00	188.122,00
Kostenstellen-unterdeckung			– 2.673,00			– 3.778,00
Kostenstellen-überdeckung				+ 10.302,00	+ 23.983,00	
Kostenstellen-überdeckung insgesamt	+ 27.834,00					

Lösungshinweis:

Die Material- und Fertigungsnormalgemeinkosten werden von den vorgegebenen Zuschlagsgrundlagen (Fertigungsmaterial: 1.250.300,00 €; Fertigungslöhne: 530.900,00 €) berechnet.

Die Verwaltungs- und Vertriebsnormalgemeinkosten müssen von den Normalherstellkosten des Umsatzes (2.351.529,00 €) kalkuliert werden (siehe Kostenträgerblatt [BAB II] auf S. 270).

Zusammen-fassung

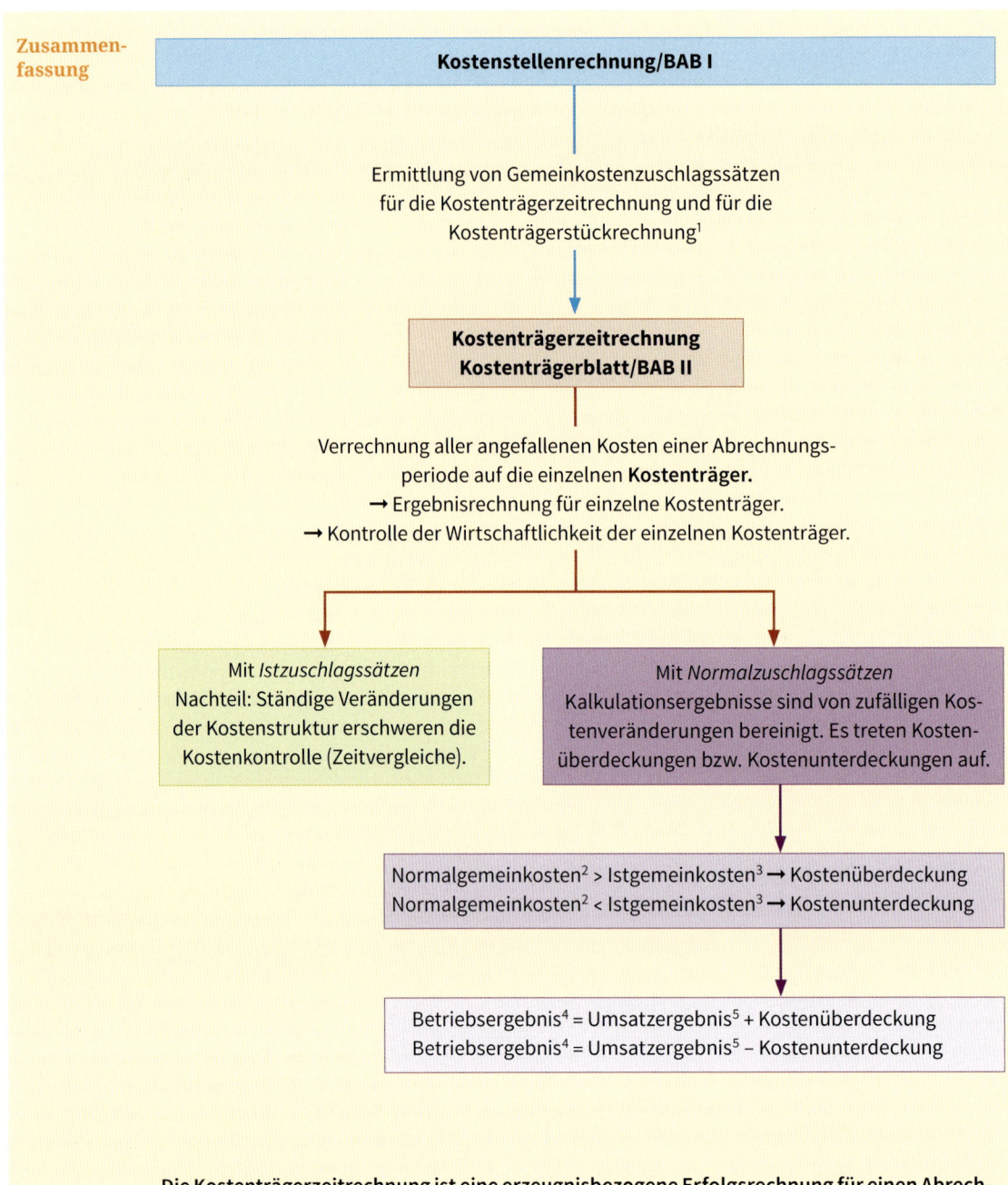

Kostenstellenrechnung/BAB I

Ermittlung von Gemeinkostenzuschlagssätzen für die Kostenträgerzeitrechnung und für die Kostenträgerstückrechnung[1]

Kostenträgerzeitrechnung Kostenträgerblatt/BAB II

Verrechnung aller angefallenen Kosten einer Abrechnungsperiode auf die einzelnen **Kostenträger.**
→ Ergebnisrechnung für einzelne Kostenträger.
→ Kontrolle der Wirtschaftlichkeit der einzelnen Kostenträger.

Mit *Istzuschlagssätzen*
Nachteil: Ständige Veränderungen der Kostenstruktur erschweren die Kostenkontrolle (Zeitvergleiche).

Mit *Normalzuschlagssätzen*
Kalkulationsergebnisse sind von zufälligen Kostenveränderungen bereinigt. Es treten Kostenüberdeckungen bzw. Kostenunterdeckungen auf.

Normalgemeinkosten[2] > Istgemeinkosten[3] → Kostenüberdeckung
Normalgemeinkosten[2] < Istgemeinkosten[3] → Kostenunterdeckung

Betriebsergebnis[4] = Umsatzergebnis[5] + Kostenüberdeckung
Betriebsergebnis[4] = Umsatzergebnis[5] – Kostenunterdeckung

Die Kostenträgerzeitrechnung ist eine erzeugnisbezogene Erfolgsrechnung für einen Abrechnungszeitraum.

---

1 siehe Kapitel 4.5.2.2

2 Normalgemeinkosten ergeben sich aufgrund der Normalzuschlagssätze.

3 Istgemeinkosten ergeben sich aufgrund der Istzuschlagssätze.

4 Das Betriebsergebnis ergibt sich aufgrund der Istkostenrechnung (mit Istzuschlagssätzen).

5 Das Umsatzergebnis ergibt sich aufgrund der Normalkostenrechnung (mit Normalzuschlagssätzen).

Aufgaben[1]

1–3:	Ermittlung der Gemeinkostenzuschlagssätze (einstufiger BAB I)	10:	Erstellung eines BAB II ohne Kostenüber- bzw. Kostenunterdeckung
4–7:	Ermittlung der Gemeinkostenzuschlagssätze (erweiterter mehrstufiger BAB I)	11:	Erstellung eines BAB I (einstufig) und BAB II ohne Kostenüber- bzw. Kostenunterdeckung
8:	Erstellung eines einstufigen BAB I mit Ermittlung der Gemeinkostenzuschlagssätze	12:	Erstellung eines BAB I (einstufig) und BAB II mit Kostenüber- bzw. Kostenunterdeckung
9:	Erstellung eines erweiterten mehrstufigen BAB I mit Ermittlung der Gemeinkostenzuschlagssätze	13:	Erstellung eines BAB I (erweitert, mehrstufig) und BAB II mit Kostenüber- bzw. Kostenunterdeckung
		14 u. 15:	Verständnisaufgaben

1 Ermitteln Sie

a) den Materialgemeinkostenzuschlagssatz,
b) den Fertigungsgemeinkostenzuschlagssatz,
c) den Verwaltungsgemeinkostenzuschlagssatz und
d) den Vertriebsgemeinkostenzuschlagssatz.

Gemeinkosten gemäß Betriebsabrechnungsbogen I:

Materialgemeinkosten	179.400,00 €
Fertigungsgemeinkosten	461.500,00 €
Verwaltungsgemeinkosten	235.800,00 €
Vertriebsgemeinkosten	146.200,00 €

Einzelkosten:

Fertigungsmaterial	1.820.600,00 €
Fertigungslöhne	571.400,00 €

Berücksichtigen Sie bei c) und d)
1. keine Bestandsveränderungen,
2. folgende Bestandsveränderungen:

Bestandsaufbau (UE)	80.000,00 €
Bestandsabbau (FE)	20.000,00 €

2 Zur Aufgabe 1 auf S. 260 (BAB I) liegen folgende Einzelkosten vor:

Fertigungsmaterialverbrauch	1.300.500,00 €
Fertigungslöhne	680.000,00 €

Errechnen Sie die Gemeinkostenzuschlagssätze, wenn
a) keine Bestandsveränderungen aufgetreten sind,
b) im Abrechnungszeitraum folgende Bestandsveränderungen vorliegen:

Bestandsaufbau an fertigen Erzeugnissen	520.000,00 €
Bestandsabbau an unfertigen Erzeugnissen	40.000,00 €

3 Zur Aufgabe 2 auf S. 260 f. (BAB I) liegen folgende Einzelkosten vor:

Fertigungsmaterialverbrauch	448.060,00 €
Fertigungslöhne	750.000,00 €

Errechnen Sie die Gemeinkostenzuschlagssätze, wenn
a) im Abrechnungszeitraum keine Bestandsveränderungen aufgetreten sind,
b) sich im Abrechnungszeitraum folgende Bestandsveränderungen ergeben haben:

Bestandsabbau an fertigen Erzeugnissen	360.000,00 €
Bestandsaufbau an unfertigen Erzeugnissen	90.000,00 €

---

1 Soweit Betriebsabrechnungsbögen zu erstellen sind, ist auf volle €-Beträge zu runden. In einigen Betriebsabrechnungsbögen sind Ausgleichsrundungen vorzunehmen.

4 Errechnen Sie die Gemeinkostenzuschlagssätze.

Gemeinkosten gemäß Betriebsabrechnungsbogen I:

Materialgemeinkosten	130.000,00 €
Fertigungsgemeinkosten (Fertigungshauptkostenstelle I)	280.000,00 €
Fertigungsgemeinkosten (Fertigungshauptkostenstelle II)	160.000,00 €
Verwaltungsgemeinkosten	220.000,00 €
Vertriebsgemeinkosten	150.000,00 €

Einzelkosten:

Fertigungsmaterial	980.000,00 €
Fertigungslöhne (Fertigungshauptkostenstelle I)	330.000,00 €
Fertigungslöhne (Fertigungshauptkostenstelle II)	210.000,00 €

Berücksichtigen Sie bei der Berechnung des Verwaltungs- und Vertriebsgemeinkostenzuschlagssatzes, dass
a) keine Bestandsveränderung bzw.
b) ein Bestandsaufbau (FE) von 150.000,00 € und ein Bestandsabbau (UE) von 390.000,00 € vorliegen.

5 Zur Aufgabe 3 auf S. 261 (BAB I) liegen folgende Einzelkosten vor:

Fertigungsmaterialverbrauch	360.000,00 €
Einzellöhne (Schlosserei)	420.000,00 €
Einzellöhne (Montage)	340.000,00 €

Errechnen Sie die Gemeinkostenzuschlagssätze, wenn
a) im Abrechnungszeitraum keine Bestandsveränderungen aufgetreten sind bzw.
b) sich im Abrechnungszeitraum folgende Bestandsveränderungen ergeben haben:

Bestandsaufbau an fertigen Erzeugnissen	380.000,00 €
Bestandsabbau an unfertigen Erzeugnissen	150.000,00 €

6 Zur Aufgabe 4 auf S. 262 (BAB I) liegen folgende Einzelkosten vor:

Fertigungsmaterialverbrauch	720.000,00 €
Einzellöhne (Fertigungshauptkostenstelle 1)	270.000,00 €
Einzellöhne (Fertigungshauptkostenstelle 2)	360.000,00 €

Errechnen Sie die Gemeinkostenzuschlagssätze, wenn
a) im Abrechnungszeitraum keine Bestandsveränderungen aufgetreten sind bzw.
b) sich im Abrechnungszeitraum folgende Bestandsveränderungen ergeben haben:

Bestandsaufbau an fertigen Erzeugnissen	250.000,00 €
Bestandsabbau an unfertigen Erzeugnissen	50.000,00 €

7 Zur Aufgabe 5 auf S. 262 (BAB I) liegen folgende Einzelkosten vor:

Fertigungsmaterialverbrauch	680.000,00 €
Einzellöhne (Fertigungshauptkostenstelle 1)	220.000,00 €
Einzellöhne (Fertigungshauptkostenstelle 2)	280.000,00 €

Errechnen Sie die Gemeinkostenzuschlagssätze, wenn
a) im Abrechnungszeitraum keine Bestandsveränderungen aufgetreten sind bzw.
b) sich im Abrechnungszeitraum folgende Bestandsveränderungen ergeben haben:

Bestandsabbau an fertigen Erzeugnissen	90.000,00 €
Bestandsaufbau an unfertigen Erzeugnissen	320.000,00 €

8 In einem Industriebetrieb sind in einem Monat für Fertigungsmaterial 1.303.789,00 € und für Fertigungslöhne 575.560,00 € angefallen.

Für die Gemeinkosten liegen die folgenden Buchungsbeträge und Verteilungsangaben vor:

Gemein-kostenart	Buchungs-betrag (€)	Verteilungs-basis	Kostenstellen			
			Material	Fertigung	Verwaltung	Vertrieb
Gehälter	298.400,00	Gehaltsliste →	38.200,00	47.800,00	131.500,00	80.900,00
Hilfslöhne	215.300,00	Lohnliste →	29.600,00	158.900,00	–	26.800,00
Sozial-kosten	88.700,00	Lohn- und Gehaltsliste →	11.708,00	35.658,00	22.707,00	18.627,00
Miete	20.000,00	m²	300 m²	1 200 m²	400 m²	100 m²
Energie	46.100,00	Rechnungen →	5.100,00	24.800,00	8.900,00	7.300,00
kalk. Abschreib.	86.400,00	Anlage-vermögen	384.000,00	4.680.000,00	660.000,00	300.000,00

Die Bestandsveränderungen betragen:
Bestandsabbau: 40.000,00 € (UE)
Bestandsaufbau: 90.000,00 € (FE)

Erstellen Sie den monatlichen BAB I mit Ausweis der Gemeinkostenzuschlagssätze. (Die Beträge für Miete und Abschreibungen sind noch aufzuschlüsseln.)

9 Angaben zum BAB I:

Gemein-kostenart	Betrag (€)	Allgem. Bereich	Material-bereich	Fertigungs-haupt-kosten-stelle 1	Fertigungs-haupt-kosten-stelle 2	Ferti-gungs-hilfskos-tenstelle	Verwal-tungs-bereich	Ver-triebs-bereich
Betriebsstoffe	72.800 →	2.900	15.000	20.800	24.200	5.600	3.100	1.200
Hilfslöhne	180.500 →	4.200	8.500	86.400	63.400	8.900	5.300	3.800
Gehälter	203.100 →	4.400	5.700	8.800	6.600	6.100	150.600	20.900
Energie	30.200	1 800 kWh	9 400 kWh	120 400 kWh	146 000 kWh	1 000 kWh	14 900 kWh	8 500 kWh
kalk. Abschr.	38.640	1	2	7	8	1	3	2

Weitere Angaben:
Fertigungsmaterial: 340.000,00 €
Fertigungslöhne 1:   180.000,00 €
Fertigungslöhne 2:   130.000,00 €
fertige Erzeugnisse: Bestandsaufbau von 300.000,00 €
unfertige Erzeugnisse: Bestandsabbau von 160.000,00 €

a) Erstellen Sie den kompletten BAB I.

 Verteilungshinweise:

 Verteilungsstufe 1:   Energie nach kWh, kalkulatorische Abschreibungen im oben angegebenen Verhältnis

 Verteilungsstufe 2:   Gemeinkosten des allgemeinen Bereichs im Verhältnis 2 : 6 : 7 : 1 : 2 : 1 auf die übrigen Kostenstellen (von links nach rechts)

 Verteilungsstufe 3:   Gemeinkosten der Fertigungshilfskostenstelle auf die Fertigungshauptkostenstellen 1 und 2 im Verhältnis 3 : 4

b) Errechnen Sie die Gemeinkostenzuschlagssätze.

10[1] Erstellen Sie aufgrund der folgenden Angaben die Kostenträgerzeitrechnung (BAB II).

Einzelkosten

Fertigungsmaterial:	– Kostenträger I	850.000,00 €
	– Kostenträger II	930.000,00 €
Fertigungslöhne:	– Kostenträger I	431.000,00 €
	– Kostenträger II	382.000,00 €

Gemeinkosten (gemäß Betriebsabrechnungsbogen I)

Materialgemeinkosten	....	153.080,00 €
Fertigungsgemeinkosten	....	552.840,00 €
Verwaltungsgemeinkosten	....	515.838,00 €
Vertriebsgemeinkosten	....	171.946,00 €

Bestandsveränderungen

Bestandsaufbau:	– Kostenträger I (UE)	110.000,00 €
	– Kostenträger II (FE)	150.000,00 €
Bestandsabbau:	– Kostenträger I (FE)	220.000,00 €
	– Kostenträger II (UE)	180.000,00 €
Verkaufserlöse	– Kostenträger I	2.800.000,00 €
	– Kostenträger II	1.970.000,00 €

11[1] a) Erstellen Sie den monatlichen BAB I (Miete, Energiekosten und Abschreibungen sind noch aufzu-schlüsseln). (Genauigkeit der Gemeinkostenzuschlagssätze: 4 Stellen nach dem Komma)

b) Erstellen Sie aufgrund des BAB I (mit Istzuschlagssätzen) und aufgrund der folgenden Angaben die monatliche Kostenträgerzeitrechnung (BAB II).

Gemein-kostenart	Betrag (€)	Verteilungs-basis	Kostenstellen			
			Material	Fertigung	Verwaltung	Vertrieb
Gehälter	322.500,00	Gehaltsliste →	44.500,00	53.900,00	131.800,00	92.300,00
Hilfslöhne	254.900,00	Lohnliste →	40.900,00	181.100,00	–	32.900,00
Sozial-kosten	95.700,00	Lohn- und Gehaltsliste →	14.154,00	38.950,00	21.845,00	20.751,00
Miete	33.600,00	m²	1 000 m²	3 000 m²	1 200 m²	400 m²
Energie	60.500,00	Verteilungs-schlüssel	2	7	1	1
kalk. Abschreib. (monatl.)	111.000,00	Anlage-vermögen	420.000,00	5.160.000,00	720.000,00	360.000,00

Einzelkosten

Fertigungsmaterial:	– Kostenträger I	790.322,00 €
	– Kostenträger II	569.167,00 €
Fertigungslöhne:	– Kostenträger I	260.022,00 €
	– Kostenträger II	241.725,00 €
Sondereinzelkosten der Fertigung:	– Kostenträger I	40.000,00 €
	– Kostenträger II	60.000,00 €

Bestandsveränderungen

Bestandsaufbau:	– Kostenträger I (FE)	180.000,00 €
	– Kostenträger II (UE)	210.000,00 €
Bestandsabbau:	– Kostenträger I (UE)	150.000,00 €
	– Kostenträger II (FE)	170.000,00 €
Verkaufserlöse	– Kostenträger I	1.398.000,00 €
	– Kostenträger II	2.680.000,00 €

---

1 Es wird empfohlen, diese Aufgabe zunächst manuell im Arbeitsheft und erst danach am PC auf dem Excel-Arbeitsblatt zu lösen.

12[1] a) Erstellen Sie die Kostenstellenrechnung (BAB I) mit Ausweis der Kostenüber- bzw. Kostenunter-deckungen (siehe Muster auf S. 271). (Energie und Abschreibungen sind noch aufzuschlüsseln. Genauigkeit der Istgemeinkostenzuschlagssätze: 4 Stellen nach dem Komma)

b) Erstellen Sie die Kostenträgerzeitrechnung (BAB II) mit Istkosten und Normalkosten (siehe Muster auf S. 270).

Gemein-kostenart	Betrag (€)	Verteilungs-basis	Kostenstellen			
			Material	Fertigung	Verwaltung	Vertrieb
Gehälter	406.700,00	Gehaltsliste →	52.900,00	64.300,00	195.900,00	93.600,00
Hilfslöhne	297.100,00	Lohnliste →	74.800,00	199.700,00	–	22.600,00
Sozial-kosten	104.800,00	Lohn- und Gehaltsliste →	13.624,00	42.968,00	29.344,00	18.864,00
Betriebs-stoffe	140.000,00	Entnahme-scheine →	3.600,00	126.000,00	2.000,00	8.400,00
Energie	56.000,00	Verteilungs-schlüssel	3	8	2	1
kalk. Abschreib. (monatl.)	121.000,00	Anlage-vermögen	480.000,00	5.700.000,00	660.000,00	420.000,00

Normalzuschlagssätze

Materialgemeinkostenzuschlagssatz:	10,0 %
Fertigungsgemeinkostenzuschlagssatz:	90,0 %
Verwaltungsgemeinkostenzuschlagssatz:	8,0 %
Vertriebsgemeinkostenzuschlagssatz:	5,3 %

Einzelkosten

Fertigungsmaterial:	– Kostenträger I	780.900,00 €
	– Kostenträger II	836.002,00 €
Fertigungslöhne:	– Kostenträger I	385.400,00 €
	– Kostenträger II	244.485,00 €

Bestandsveränderungen

Bestandsaufbau:	– Kostenträger I (UE)	40.000,00 €
	– Kostenträger II (UE)	30.000,00 €
Bestandsabbau:	– Kostenträger I (FE)	80.000,00 €
	– Kostenträger II (FE)	70.000,00 €
Verkaufserlöse	– Kostenträger I	2.100.300,00 €
	– Kostenträger II	1.980.200,00 €

13[1] In einem BAB I sind bereits die Gemeinkosten auf die Kostenstellen verteilt worden (Verteilungs-stufe 1). Es haben sich folgende Zwischensummen ergeben:

Allgemeiner Bereich	14.000,00 €
Materialbereich	52.000,00 €
Fertigungshauptkostenstelle 1	83.000,00 €
Fertigungshauptkostenstelle 2	98.000,00 €
Fertigungshilfskostenstelle	12.000,00 €

---

1 Gehen Sie bei Aufgabe 12 und Aufgabe 13 in folgenden Schritten vor:
    1. Erstellen Sie den BAB I [Aufgabe a)] bis einschließlich der Zeile „Istgemeinkosten".
    2. Erstellen Sie den kompletten BAB II [Aufgabe b)] (1. Istkostenrechnung, 2. Normalkostenrechnung, 3. Kostenabweichung).
    3. Vervollständigen Sie den BAB I [Aufgabe a)].
    Es wird empfohlen, die Aufgabe 12 zunächst manuell im Arbeitsheft und erst danach am PC auf dem Excel-Arbeitsblatt zu lösen.

| Verwaltungsbereich | 44.000,00 € |
| Vertriebsbereich | 29.000,00 € |

Weitere Angaben:

Verteilungsstufe 2: Gemeinkosten des **allgemeinen Bereichs** im Verhältnis 3 : 5 : 7 : 1 : 2 : 2 auf die übrigen Kostenstellen (von oben nach unten).

Verteilungsstufe 3: Gemeinkosten der **Fertigungshilfskostenstelle** auf die Fertigungshauptkostenstellen 1 und 2 im Verhältnis 5 : 7.

Einzelkosten

Fertigungsmaterial:	– Kostenträger I	310.000,00 €
	– Kostenträger II	240.000,00 €
Fertigungslöhne 1:	– Kostenträger I	60.000,00 €
	– Kostenträger II	80.000,00 €
Fertigungslöhne 2:	– Kostenträger I	70.000,00 €
	– Kostenträger II	50.000,00 €

Bestandsveränderungen

Bestandsaufbau:	– Kostenträger I (FE)	80.000,00 €
	– Kostenträger II (UE)	220.000,00 €
Bestandsabbau:	– Kostenträger I (UE)	110.000,00 €
	– Kostenträger II (FE)	50.000,00 €

| **Verkaufserlöse** | – Kostenträger I | 820.000,00 € |
| | – Kostenträger II | 460.000,00 € |

Normalzuschlagssätze

MGKZ: 10 %; FGKZ 1: 60 %; FGKZ 2: 90 %; VwGKZ: 5 %; VtGKZ: 3 %.

a) Erstellen Sie die Kostenstellenrechnung (BAB I) mit Ausweis der Kostenüber- bzw. Kostenunterdeckungen (siehe Muster auf S. 271). (Genauigkeit der Istgemeinkostenzuschlagssätze: 4 Stellen nach dem Komma)

b) Erstellen Sie die Kostenträgerzeitrechnung (BAB II) mit Istkosten und Normalkosten und Ausweis der Kostenüber- bzw. Kostenunterdeckungen (siehe Muster auf S. 270).

14 Jede der unter A stehenden Aussagen passt inhaltlich zu einem der unter B stehenden Begriffe. Nehmen Sie die jeweiligen Zuordnungen vor. (Für die Begriffe „Umsatzergebnis" und „Betriebsergebnis" ergeben sich jeweils zwei Zuordnungen.)

A	B
1. Umsatzergebnis + Kostenüberdeckung	1. Normalkostenrechnung
2. Die Normalgemeinkosten sind größer als die Istgemeinkosten.	2. Istkostenrechnung
3. Verkaufserlöse – Istselbstkosten des Umsatzes	3. Kostenunterdeckung
4. Betriebsergebnis + Kostenunterdeckung	4. Kostenüberdeckung
5. Es wird mit den aktuellen Gemeinkostenzuschlagssätzen kalkuliert.	5. Umsatzergebnis
6. Die Normalgemeinkosten sind kleiner als die Istgemeinkosten.	6. Umsatzergebnis
7. Es wird mit Gemeinkostenzuschlagssätzen kalkuliert, die sich aus Durchschnittswerten vergangener Abrechnungsperioden ergeben.	7. Betriebsergebnis
8. Verkaufserlöse – Normalselbstkosten des Umsatzes	8. Betriebsergebnis

15 Stellen Sie durch Zuordnung den korrekten zeitlichen Ablauf dar.

A	B
1. Arbeitsschritt 1 2. Arbeitsschritt 2 3. Arbeitsschritt 3 4. Arbeitsschritt 4 5. Arbeitsschritt 5 6. Arbeitsschritt 6 7. Arbeitsschritt 7 8. Arbeitsschritt 8	1. Übertrag der Aufwendungen und der Erträge in die Ergebnistabelle 2. Aufschlüsselung der Gemeinkosten auf die Kostenstellen im BAB l 3. Erstellen des GuV-Kontos (Ermittlung des Gewinns bzw. Verlustes durch Saldierung der Erträge und der Aufwendungen) 4. Kostenträgerzeitrechnung und Kostenträgerstückrechnung[1] (jeweils in Form der Zuschlagskalkulation) 5. Eventuelle Korrektur der Normalgemeinkostenzuschlagssätze 6. Errechnung der Istgemeinkostenzuschlagssätze 7. Trennung der Kosten in Einzelkosten und Gemeinkosten 8. Ermittlung von Leistungen und Kosten sowie Errechnung des Betriebsergebnisses durch Saldierung der Leistungen und der Kosten

4.5.2   Die Kostenträgerstückrechnung

Einstieg

Tina Lüders hat verstanden, wie mithilfe der Kostenträgerzeitrechnung der Betriebsgewinn bzw. -verlust eines jeden Kostenträgers für einen bestimmten Abrechnungszeitraum ermittelt werden kann.

„Wie wird nun aber der Preis eines einzigen Kostenträgers, z. B. der Preis einer Jeans HF 2, kalkuliert?", überlegt Tina Lüders.

„Man könnte die Gemeinkosten – ähnlich wie bei der Kostenträgerzeitrechnung – wiederum durch Gemeinkostenzuschlagssätze abdecken. In diesem Fall sollen allerdings Stückkosten, z.B. die Kosten einer Jeans HF 2, errechnet werden. Deshalb müssten nun die bekannten Gemeinkostenzuschläge auf die Stückeinzelkosten und nicht auf die in der

Wie wird der Preis einer Jeans kalkuliert?

Abrechnungsperiode angefallenen Einzelkosten aufgeschlagen werden", stellt Tina Lüders fest.

„Damit werde ich sicherlich keine Probleme haben. Das entsprechende Kalkulationsschema ist mir aus der Kostenträgerzeitrechnung bestens bekannt. Nun gibt es jedoch Betriebe, die nur ein Produkt herstellen. Elektrizitätswerke produzieren beispielsweise ausschließlich Strom. Andere Betriebe stellen lediglich mehrere Varianten von einem Produkt her, Brauereien brauen z.B. in der Regel mehrere Biersorten. Ist die Kalkulation in diesen Betrieben nicht noch einfacher?"

Lernstoff

Im Gegensatz zur Kostenträgerzeitrechnung ermittelt die Kostenträgerstückrechnung Kosten und Preise pro Kostenträger (= Kalkulation).

---

1 Umfangreiche Ausführungen zur Kostenträgerstückrechnung (in Form der Zuschlagskalkulation) folgen im Kapitel 4.5.2.2.

4.5.2.1   Die Divisionskalkulation

Die Divisionskalkulation ist ein einfaches Kalkulationsverfahren, das – im Gegensatz zur Zuschlagskalkulation (vgl. Kapitel 4.5.2.2) – nicht auf den im BAB I ermittelten Gemeinkostenzuschlagssätzen basiert.

Die einstufige Divisionskalkulation

Die Divisionskalkulation wenden Betriebe an, die nur ein Erzeugnis in großen Massen herstellen (Einproduktbetriebe mit Massenfertigung, z. B. Zement- und Kalkwerke, Ziegeleien, Zuckerfabriken, Brennereien, Mühlen, Brauereien, Wasser- und Elektrizitätswerke usw.).

Die Selbstkosten pro Stück ergeben sich bei der einstufigen Divisionskalkulation aus dem Quotienten aus Gesamtkosten und Produktionsmenge.

$$\text{Selbstkosten pro Stück}[1] = \frac{\text{Gesamtkosten}}{\text{Produktionsmenge}}$$

Beispiel

In einer Brauerei sind in einer Rechnungsperiode insgesamt 3.242.696,00 € an Kosten angefallen. Hergestellt und verkauft wurden 72 268 hl Bier.

$$\text{Selbstkosten pro Stück (hier: hl)} = \frac{3.242.696,00}{72268} = \underline{44,87 \text{ €/hl}}$$

Aufgaben folgen auf S. 289 ff.

Die **einstufige** Divisionskalkulation trennt die Kosten nicht in produktionsabhängige und vertriebsabhängige Kosten. Sie geht davon aus, dass die Produktionsmenge der Verkaufsmenge entspricht. Es dürfen also bei diesem Kalkulationsverfahren **keine Bestandsveränderungen** auftreten.

Die mehrstufige Divisionskalkulation

Die mehrstufige Divisionskalkulation stellt eine Erweiterung der einstufigen Divisionskalkulation dar. Sie ist – als Erweiterung der einstufigen Divisionskalkulation – anwendbar für Einproduktbetriebe, deren Absatz- und Produktionsmenge voneinander abweichen.

Während die **Herstellkosten** abhängig sind von der **Produktionsmenge,** sind die **Verwaltungs- und Vertriebskosten** abhängig von der **Absatzmenge.** Entsprechend werden bei der Berechnung der Selbstkosten pro Stück die Herstellkosten verursachungsgerecht auf die Produktionsmenge und die Verwaltungs- und Vertriebskosten verursachungsgerecht auf die Absatzmenge bezogen.

$$\text{Selbstkosten pro Stück}[1] = \frac{\text{Herstellkosten}}{\text{Produktionsmenge}} + \frac{\text{Verwaltungs- und Vertriebskosten}}{\text{Absatzmenge}}$$

Beispiel

In unserer Brauerei sind in einer Rechnungsperiode folgende Kosten angefallen:

Herstellkosten	2.503.300,00 €
Verwaltungs- und Vertriebskosten	1.464.545,00 €
Summe der angefallenen Kosten	3.967.845,00 €

Aufgaben folgen auf S. 289 ff.

Hergestellt wurden in der Abrechnungsperiode 84 387 hl Bier, verkauft wurden 75 109 hl Bier.

$$\text{Selbstkosten pro hl} = \frac{2.503.300,00}{84387} + \frac{1.464.545,00}{75109} = \underline{49,16 \text{ €/hl}}$$

---

1   Die Kalkulation von den Selbstkosten bis zum Listenverkaufspreis wird aus dem Kalkulationsschema der Zuschlagskalkulation auf S. 284 ersichtlich.

Die Divisionskalkulation mit Äquivalenzziffern

Betriebe, die *artverwandte Erzeugnisse* **mit** *gleichem Fertigungsmaterial* **und mit** *ähnlichen Produktionsgängen* **herstellen (=** *Sortenfertigung,* **z. B. in Brauereien, Ziegeleien, Baustoffher-stellungsbetrieben, Walzwerken), wenden die** *Divisionskalkulation mit Äquivalenzziffern* **an.**

Sind die oben genannten Voraussetzungen gegeben, so lassen sich die **Kostenunterschiede** der Erzeugnisse durch **Wertigkeitsziffern (Äquivalenzziffern)** ausdrücken.

Ein Erzeugnis (in der Regel das Haupterzeugnis) erhält dabei die **Wertigkeitsziffer (Äquivalenzziffer) 1.** Je nachdem, ob die Kosten für die anderen artverwandten Erzeugnisse höher oder geringer sind, erhalten diese Produkte eine Äquivalenzziffer unter 1 oder über 1.

Das Produkt aus Herstellungsmenge und Äquivalenzziffer bezeichnet man als **Recheneinheit.**

Beispiel

Unsere Brauerei hat bisher nur Export-Bier hergestellt. Sie erweitert nun ihr Angebot durch die zusätzliche Herstellung eines Pils-Bieres.

Das Pils-Bier ist in der Herstellung 20 % teurer als das Export-Bier.

Das Kostenverhältnis von Export-Bier zu Pils-Bier beträgt also 100 % zu 120 % bzw. in Äquivalenzziffern ausgedrückt 1 zu 1,2.

Hergestellte Menge:
Export-Bier: 58 329 hl
Pils-Bier: 29 437 hl
Selbstkosten: 3.948.597,50 €

| | | ❶ | | ❸ | ❹ |
Sorte	Menge (hl)	Äquivalenz-ziffer	Rechen-einheiten	Selbstkosten pro Sorte	Selbstkosten[1] pro hl
Export-Bier	58 329	1	58 329	2.459.267,12 €	42,16 €
Pils-Bier	29 437	1,2	35 324	1.489.330,38 €	50,59 €

93 653 RE ≙ 3.948.597,50 €

1 RE ≙   42,161997 €

Lösungs-schritte

❶ Recheneinheiten = hergestellte Menge · Äquivalenzziffer
  58 329 = 58 329 · 1
  35 324 = 29 437 · 1,2

❷ Kosten pro Recheneinheit $= \dfrac{\text{Gesamtkosten}}{\Sigma \text{ Recheneinheit}}$

  1 RE $= \dfrac{3.948.597,50}{93\,653}$ = 42,161997 €

❸ Selbstkosten pro Sorte = Recheneinheiten pro Sorte · Kosten pro Recheneinheit
  2.459.267,12 € = 58 329 · 42,161997 €
  1.489.330,38 € = 35 324 · 42,161997 €

❹ Selbstkosten pro Stück[1] = Selbstkosten pro Sorte : Mengeneinheiten pro Sorte
  42,16 € = 2.459.267,12 € : 58 329
  50,59 € = 1.489.330,38 € : 29 437

---

1 Die Kalkulation von den Selbstkosten bis zum Listenverkaufspreis wird aus dem Kalkulationsschema der Zuschlags-kalkulation auf S. 284 ersichtlich.

Häufig müssen die Äquivalenzziffern noch ermittelt werden, z.B. aus Maßen, aus Gewichten, aus prozentualen Zusammensetzungen, aus Arbeitsstunden, aus Stückkosten usw.

Beispiel   Ein Spanplattenbetrieb stellt Spanplatten mit den Plattenstärken 0,60 cm, 0,80 cm (= Hauptprodukt) und 1,20 cm her.

Errechnen Sie aus den Plattenstärken die Äquivalenzziffern.

Lösung   Damit das Hauptprodukt die Äquivalenzziffer 1 bekommt, wird durch 0,80 dividiert (**gekürzt**):

$$0,60 : 0,80 \ = \ \underline{0,75} \ \rightarrow \ \text{Äquivalenzziffer}$$

$$0,80 : 0,80 \ = \ \underline{1} \ \rightarrow \ \text{Äquivalenzziffer}$$

$$1,20 : 0,80 \ = \ \underline{1,5} \ \rightarrow \ \text{Äquivalenzziffer}$$

Aufgaben folgen auf S. 289 ff.

Durch **Kürzen** können in jedem Fall die Äquivalenzziffern errechnet werden.

4.5.2.2   Die Zuschlagskalkulation

Werden in einem Betrieb unterschiedliche Produkte mit unterschiedlichen Produktionsgängen in Einzelfertigung (nur ein Erzeugnis wird produziert) oder in Serienfertigung (eine bestimmte Erzeugnismenge wird produziert) hergestellt, so wird die Zuschlagskalkulation herangezogen.

Kalkulatorisch einfach ist die direkte Zurechnung der **Einzelkosten** auf die Kostenträger.

Es handelt sich hierbei um
- das Fertigungsmaterial (= Verbrauch an Einzelteilen und Rohstoffen je Kostenträger gemäß Materialentnahmescheinen),
- die Fertigungslöhne (= Arbeitszeit je Kostenträger),
- die Sondereinzelkosten der Fertigung (z.B. Kosten für Spezialwerkzeuge, Kosten für Modelle, Lizenzgebühren) und
- die Sondereinzelkosten des Vertriebs (z.B. Vertreterprovision, Transportversicherung, Fracht, Verpackungsmaterial).

Problematischer ist die Zurechnung der **Gemeinkosten** auf die Kostenträger.

Man unterscheidet
- die Materialgemeinkosten (Kosten für Einkauf, Prüfung, Lagerung und Versicherung des Fertigungsmaterials),
- die Fertigungsgemeinkosten (Gehälter für Meister und technische Angestellte, Hilfsarbeiterlöhne, Energiekosten, Hilfs- und Betriebsstoffkosten, Abschreibungen auf Produktionsmaschinen),
- die Verwaltungsgemeinkosten (Gehälter für kaufmännische Angestellte, Gehälter für die Geschäftsleitung, Büromaterial, Abschreibungen auf Geschäftsausstattung) und
- die Vertriebsgemeinkosten (Kosten des Verkaufslagers, Kosten der Vertriebsabteilung, Versand- und Verpackungskosten, Kosten des Auslieferungsfuhrparks).

Die Gemeinkosten werden zunächst im BAB I (siehe Kapitel 4.4.4) auf die einzelnen sie verursachenden Kostenstellen verteilt. Dann werden sie – je nach Inanspruchnahme – dem einzelnen Kostenträger durch einen prozentualen Zuschlag auf die Einzelkosten zugerechnet.

Die folgende Grafik stellt den Weg von der **Ergebnistabelle** bis zur **Zuschlagskalkulation** dar.

Beispiel

Erweiterter mehrstufiger BAB I

Gemeinkostenart	Betrag	Verteilungsschlüssel	Allgemeine Kostenstellen		Materialbereich	Fertigungsbereich					Verwaltungsbereich	Vertriebsbereich
						Fertigungshauptkostenstellen			Fertigungshilfskostenstellen			
			Kantine	Pförtnerei		Schlosserei	Dreherei	Montage	Arbeitsvorbereitung	Werkzeugmacherei		
Hilfslöhne	180.000,00	Lohnliste	12.000,00	4.000,00	15.000,00	43.000,00	34.000,00	64.000,00	–	8.000,00	–	–
Gehälter	140.000,00	Gehaltsliste	8.000,00	5.000,00	9.000,00	7.000,00	6.000,00	10.000,00	18.000,00	4.000,00	52.000,00	21.000,00
Sozialkosten	35.000,00	Lohn- und Gehaltsliste	1.500,00	1.000,00	2.000,00	6.000,00	5.500,00	7.000,00	2.000,00	1.500,00	6.000,00	2.500,00
Energie	40.000,00	kWh	4.000,00	1.000,00	2.000,00	8.000,00	4.000,00	6.000,00	3.000,00	2.000,00	7.000,00	3.000,00
kalk. Abschr.	160.000,00	Anlagenkartei	3.000,00	1.000,00	18.000,00	30.000,00	34.000,00	40.000,00	2.000,00	18.000,00	8.000,00	6.000,00
kalk. Zinsen	133.500,00	Anlagenkartei	2.500,00	800,00	16.000,00	25.000,00	30.000,00	34.000,00	1.200,00	12.000,00	7.000,00	5.000,00
Zwischensummen 1	688.500,00		31.000,00	12.800,00	62.000,00	119.000,00	113.500,00	161.000,00	26.200,00	45.500,00	80.000,00	37.500,00
Umlage Allg. Kostenstellen												
a) Kantine		3:6:6:7:1:2:5:1			3.000,00	6.000,00	6.000,00	7.000,00	1.000,00	2.000,00	5.000,00	1.000,00
b) Pförtnerei		2:4:4:5:1:2:4:1			1.113,00	2.226,00	2.226,00	2.782,00	557,00	1.113,00	2.226,00	557,00
Zwischensummen 2	688.500,00				66.113,00	127.226,00	121.726,00	170.782,00	27.757,00	48.613,00	87.226,00	39.057,00
Umlage Fertigungshilfskostenstellen												
a) Arbeitsvorbereitung		4:5:6			–	7.402,00	9.252,00	11.103,00	–		–	–
b) Werkzeugmacherei		3:5:7			–	9.723,00	16.204,00	22.686,00		–	–	–
Endsummen d. Hauptkostenst.	688.500,00				66.113,00	144.351,00	147.182,00	204.571,00			87.226,00	39.057,00
Zuschlagsbasis					480.000,00 FM	310.000,00 FL	380.000,00 FL	610.000,00 FL			2.450.000,00 Hk d. Ums.	2.450.000,00 Hk d. Ums.
Zuschlagssatz					13,8 %	46,6 %	38,7 %	33,5 %			3,6 %	1,6 %

Zusammen-fassung

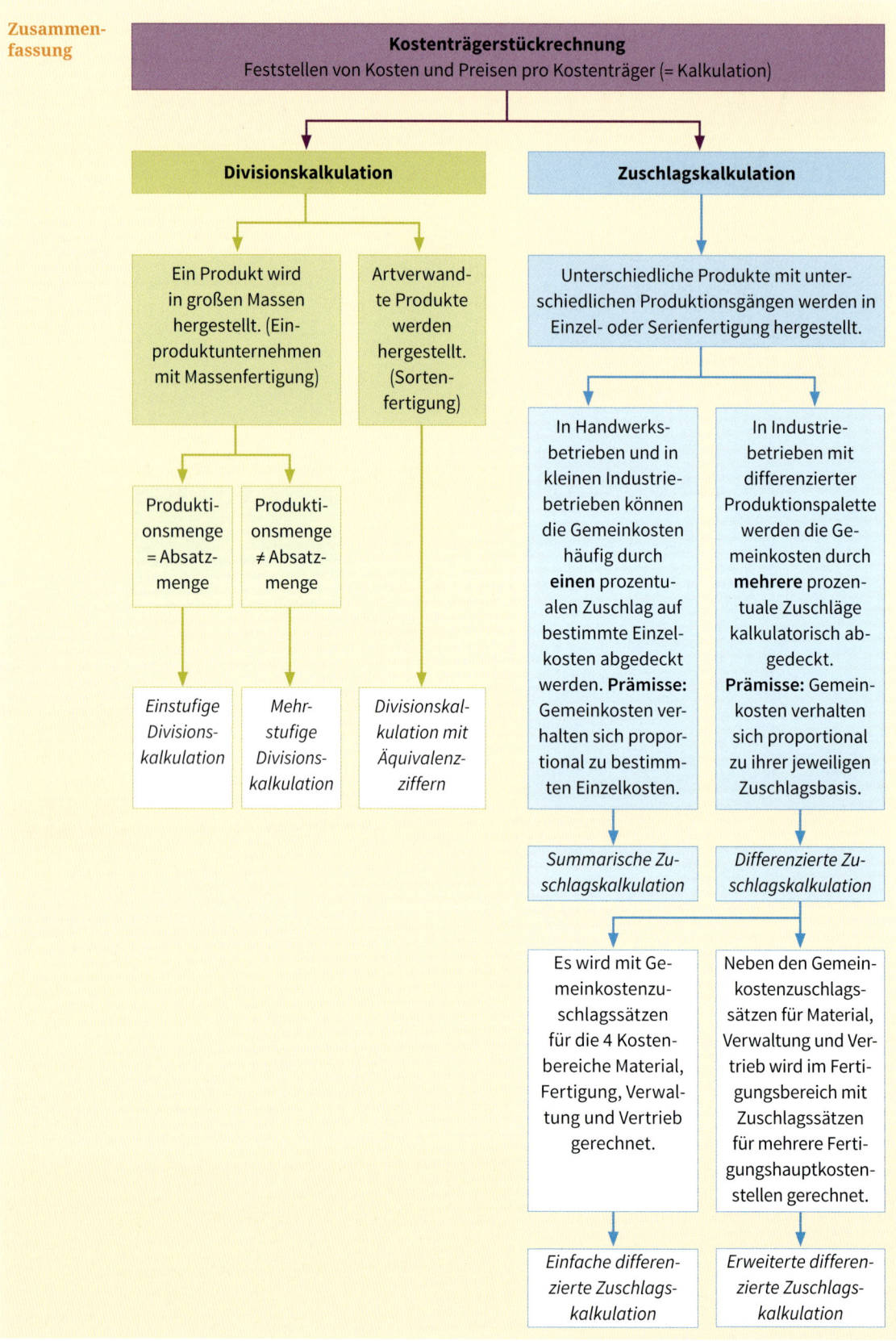

Kostenträgerstückrechnung
Feststellen von Kosten und Preisen pro Kostenträger (= Kalkulation)

Divisionskalkulation

Zuschlagskalkulation

Ein Produkt wird in großen Massen hergestellt. (Einproduktunternehmen mit Massenfertigung)

Artverwandte Produkte werden hergestellt. (Sortenfertigung)

Unterschiedliche Produkte mit unterschiedlichen Produktionsgängen werden in Einzel- oder Serienfertigung hergestellt.

Produktionsmenge = Absatzmenge

Produktionsmenge ≠ Absatzmenge

In Handwerksbetrieben und in kleinen Industriebetrieben können die Gemeinkosten häufig durch **einen** prozentualen Zuschlag auf bestimmte Einzelkosten abgedeckt werden. **Prämisse:** Gemeinkosten verhalten sich proportional zu bestimmten Einzelkosten.

In Industriebetrieben mit differenzierter Produktionspalette werden die Gemeinkosten durch **mehrere** prozentuale Zuschläge kalkulatorisch abgedeckt. **Prämisse:** Gemeinkosten verhalten sich proportional zu ihrer jeweiligen Zuschlagsbasis.

Einstufige Divisionskalkulation

Mehrstufige Divisionskalkulation

Divisionskalkulation mit Äquivalenzziffern

Summarische Zuschlagskalkulation

Differenzierte Zuschlagskalkulation

Es wird mit Gemeinkostenzuschlagssätzen für die 4 Kostenbereiche Material, Fertigung, Verwaltung und Vertrieb gerechnet.

Neben den Gemeinkostenzuschlagssätzen für Material, Verwaltung und Vertrieb wird im Fertigungsbereich mit Zuschlagssätzen für mehrere Fertigungshauptkostenstellen gerechnet.

Einfache differenzierte Zuschlagskalkulation

Erweiterte differenzierte Zuschlagskalkulation

Aufgaben

1–7: Einstufige Divisionskalkulation
8–11: Mehrstufige Divisionskalkulation
12–22: Divisionskalkulation mit Äquivalenzziffern
23–27: Summarische Zuschlagskalkulation

28–36: Einfache differenzierte Zuschlagskalkulation
37: Auftragsbearbeitung mit einfacher differenzierter Zuschlagskalkulation
38–42: Erweiterte differenzierte Zuschlagskalkulation
43: Zusammenfassende Verständnisaufgabe
44: Angebotsvergleich mit Nutzwertanalyse

1 Die Hildesheimer Elektrizitätswerke GmbH erzeugten im Abrechnungszeitraum 3 876 000 kWh Strom.

Angefallene Kosten:

	€
– Personalkosten	106.500,00
– Sozialkosten	29.700,00
– Raumkosten	62.400,00
– kalkulatorische Abschreibungen	54.300,00
– Instandhaltung	12.600,00
– Sonstige Verwaltungskosten	25.200,00

Errechnen Sie die Selbstkosten pro kWh.

2 Die Wontke Kunststoff GmbH, Jena, stellt eine Kunststofffolie her. Im Mai d. J. wurden 25 500 m Folie produziert und verkauft.

Angefallene Kosten:

	€
– Personalkosten	12.000,00
– Sozialkosten	4.000,00
– Materialkosten	20.000,00
– Raumkosten	5.000,00
– kalkulatorische Abschreibungen	6.000,00
– Instandhaltung	1.000,00
– Sonstige Verwaltungskosten	3.000,00

a) Errechnen Sie die Selbstkosten pro Meter.
b) Ermitteln Sie den Listenverkaufspreis für 1 m Folie (Gewinn: 20 %, Kundenskonto: 3 %, Kundenrabatt: 12,5 %).

3 Die Fieleus GmbH stellte im Abrechnungszeitraum 840 000 l Apfelmost her, die auch verkauft wurden. Folgende Kosten sind entstanden:

		€	€	€
	Fertigungsmaterial (Äpfel)	90.000,00		
+	Materialgemeinkosten	8.900,00		
=	**Materialkosten**		98.900,00	
	Fertigungslöhne	32.000,00		
+	Fertigungsgemeinkosten	25.000,00		
=	**Fertigungskosten**		57.000,00	
=	**Herstellkosten**			155.900,00
+	Verwaltungs- und Vertriebsgemeinkosten			12.000,00
=	**Selbstkosten**			167.900,00

Errechnen Sie   a) die Herstellkosten pro l,   b) die Selbstkosten pro l.

4 Für die Produktion und den Verkauf von 2 400 t Dünger sind in den Kostenbereichen Material, Fertigung, Verwaltung und Vertrieb folgende Kosten entstanden:

Material: 800.000,00 €; Fertigung: 280.000,00 €; Verwaltung: 150.000,00 €; Vertrieb: 200.000,00 €.

a) Errechnen Sie die Selbstkosten pro kg.
b) Errechnen Sie den Listenverkaufspreis für 1 kg (Gewinn: 25 %, Kundenskonto: 2 %, Kundenrabatt: 10 %).

5   Ein Fliesenhersteller hat sich auf die Produktion einer Standardfliese spezialisiert. Im Abrechnungs-
    zeitraum wurden 18 540 000 Fliesen produziert und verkauft.
    Es fielen dafür folgende Kosten an: Fertigungsmaterial: 6.430.000,00 €; Materialgemeinkosten:
    690.000,00 €; Fertigungslöhne: 530.000,00 €; Fertigungsgemeinkosten: 350.000,00 €; Verwaltungs-
    gemeinkosten: 220.000,00 €; Vertriebsgemeinkosten: 180.000,00 €.
    Gewinn: 10 %; Skonto: 3 %; Rabatt: 10 %.
    a) Errechnen Sie die Herstellkosten (siehe Kalkulationsschema von Aufgabe 3) insgesamt und für
       10 000 Fliesen.
    b) Errechnen Sie die Selbstkosten (siehe Kalkulationsschema von Aufgabe 3) insgesamt und für
       10 000 Fliesen.
    c) Errechnen Sie den Listenverkaufspreis für 10 000 Fliesen.
    d) Errechnen Sie den Rechnungspreis einschließlich 19 % Umsatzsteuer für 10 000 Fliesen.

6   In einem Kieswerk fielen in einer Abrechnungsperiode für 106 944 m³ Kies folgende Kosten an: Hilfs-
    und Betriebsstoffe: 32.800,00 €; Personalkosten: 257.500,00 €; Energiekosten: 41.600,00 €; Abschrei-
    bungen: 64.300,00 €; Pacht: 28.900,00 €.
    Es wird mit einem Gewinn von 15 % und 3 % Skonto kalkuliert.
    a) Errechnen Sie die Selbstkosten insgesamt und pro m³.
    b) Errechnen Sie den Zielverkaufspreis insgesamt und pro m³.

7   Für die Herstellung und den Vertrieb von 61 000 hl Bier sind in der Magdeburger Brauerei AG fol-
    gende Kosten angefallen:
    Fertigungsmaterial: 1.560.000,00 €;   Materialgemeinkosten: 146.500,00 €;   Fertigungslöhne:
    64.900,00 €; Fertigungsgemeinkosten: 110.200,00 €; Verwaltungsgemeinkosten: 60.100,00 €; Ver-
    triebsgemeinkosten: 40.600,00 €.
    Gewinn: 30 %; Skonto: 2 %; Rabatt: 10 %.
    Errechnen Sie a) die Herstellkosten insgesamt und pro hl, b) die Selbstkosten insgesamt und pro
    hl, c) den Listenverkaufspreis pro hl.

8   Bei einem Apfelsafthersteller sind im vergangenen Abrechnungszeitraum folgende Kosten
    angefallen: Herstellkosten: 2.800.000,00 €; Verwaltungskosten: 400.000,00 €; Vertriebskosten:
    500.500,00 €.
    Verkauft wurden 160 000 hl Apfelsaft, hergestellt wurden 180 000 hl Apfelsaft.
    a) Errechnen Sie die Herstellkosten pro hl.
    b) Errechnen Sie die Selbstkosten pro hl.
    c) Errechnen Sie den Listenverkaufspreis pro hl bei folgenden Bedingungen:
       Gewinn: 35 %; Kundenskonto: 2 %; Kundenrabatt: 20 %.

9   Die Stahlwerke GmbH, Essen, produzierten im Betrachtungszeitraum 24 000 t Stahl. Verkauft wur-
    den 20 000 t Stahl.
    Folgende Kosten sind angefallen:
    Materialkosten . . . .   10.600.000,00 €
    Fertigungskosten . . . .   13.400.000,00 €
    Verwaltungskosten . . . .   1.500.000,00 €
    Vertriebskosten . . . .   2.000.000,00 €
    Es gelten folgende Konditionen: Gewinn 5 %, Kundenskonto 2 %, Kundenrabatt 10 %.
    a) Errechnen Sie die Herstellkosten pro t.
    b) Errechnen Sie die Selbstkosten pro t.
    c) Errechnen Sie den Listenverkaufspreis pro t.

10 Eine Ziegelei hat im Abrechnungszeitraum 16 960 000 Klinkersteine verkauft und 14 580 000 Klinkersteine hergestellt. Dabei sind folgende Kosten angefallen:

Fertigungsmaterial	1.060.000,00 €
Materialgemeinkosten	140.000,00 €
Fertigungslöhne	310.000,00 €
Fertigungsgemeinkosten	180.000,00 €
Verwaltungsgemeinkosten	210.000,00 €
Vertriebsgemeinkosten	108.000,00 €

Der Gewinnzuschlag beträgt 10 %. Es werden 3 % Kundenskonto und 20 % Wiederverkäuferrabatt gewährt. Errechnen Sie
a) die Herstellkosten für 20 000 Steine,
b) die Selbstkosten für 20 000 Steine,
c) den Listenverkaufspreis für 20 000 Steine und
d) den Rechnungspreis (einschl. 19 % Umsatzsteuer) für 20 000 Steine.

11 Im März sind in einer Tuchweberei 192.680,00 € Herstellkosten entstanden. Die Verwaltungs- und Vertriebskosten belaufen sich auf 25.790,00 €.
Verkauft werden im März 64 000 m Tuch, hergestellt werden im selben Zeitraum 80 000 m.
Gewinn: 20 %; Skonto: 3 %; Rabatt: 15 %.
Errechnen Sie den Rechnungspreis (einschl. 19 % Umsatzsteuer) für 1 m Tuch.

12 Ein Holz verarbeitender Betrieb hat sich auf die Herstellung von Spanplatten spezialisiert. Es werden 3 verschiedene Spanplatten mit unterschiedlichen Plattenstärken hergestellt. Spanplatte A hat eine Plattenstärke von 0,8 cm, Spanplatte B von 1 cm und Spanplatte C von 1,4 cm.
Von Spanplatte A wurden 10 000 Platten, von Spanplatte B 9 000 Platten und von Spanplatte C 8 000 Platten produziert. An Selbstkosten sind 352.500,00 € angefallen.
Ermitteln Sie die Selbstkosten pro Platte für Spanplatte A, B und C. (Spanplatte B erhält die Äquivalenzziffer 1.)

13 Ein Fliesenhersteller produziert 2 Sorten hochwertiger Fliesen. Fliese B verursacht aufgrund ihres teuren Materials 30 % höhere Kosten als Fliese A. Fliese A erhält die Äquivalenzziffer 1. Im Betrachtungszeitraum sind insgesamt 3.060.000,00 € an Selbstkosten angefallen.
Von Fliese A wurden 1 000 000 Stück und von Fliese B 800 000 Stück produziert.
Es gelten folgende Kalkulationsbedingungen:
Fliese A: 10 % Gewinn, 15 % Rabatt;   Fliese B: 20 % Gewinn, 10 % Rabatt.
Errechnen Sie für Fliese A und B
a) die Selbstkosten pro Stück,
b) den Listenverkaufspreis pro Stück.

14 Ein Matratzenhersteller produziert Federkernmatratzen in den Größen 90 cm x 190 cm (Größe I), 100 cm x 200 cm (Größe II) und 150 cm x 200 cm (Größe III).
Im Betrachtungszeitraum wurden von Größe I 5 000 Stück, von Größe II 12 000 Stück und von Größe III 8 000 Stück hergestellt. Dafür sind an Selbstkosten 2.120.625,00 € angefallen. Wählen Sie für die Größe II die Äquivalenzziffer 1.
Errechnen Sie für die Größen I bis III die Selbstkosten pro Matratze.

15 Errechnen Sie die Äquivalenzziffern, wobei das Hauptprodukt die Äquivalenzziffer 1 erhalten soll.
a) Sorte A (Hauptprodukt) ....   3,0 Arbeitsstunden
   Sorte B ....   4,5 Arbeitsstunden
   Sorte C ....   1,8 Arbeitsstunden

b) Sorte A .... 5,0 kg Materialeinsatz
  Sorte B (Hauptprodukt) .... 2,5 kg Materialeinsatz
  Sorte C .... 2,0 kg Materialeinsatz
c) Sorte A .... 60 % Säure
  Sorte B .... 90 % Säure
  Sorte C (Hauptprodukt) .... 80 % Säure

16 In einer Ziegelei werden 3 verschiedene Ziegelsorten produziert. Es gelten folgende Daten:

Sorte	A	B	C
Äquivalenzziffer	0,8	1	1,5
Produktionsmenge	48 000 Stück	72 000 Stück	40 000 Stück

An Gesamtkosten sind 213.000,00 € angefallen. Errechnen Sie für die Ziegelsorten A, B und C die Selbstkosten pro Stück.

17 Ein Schokoladenhersteller produziert im Betrachtungszeitraum von der Schokolade der Qualität A 40 000 kg, von der Schokolade der Qualität B 60 000 kg und von der Schokolade der Qualität C 70 000 kg. An Kosten sind insgesamt 303.000,00 € angefallen.
Aus den Kosten für den Materialeinsatz wurden die Äquivalenzziffern 1,5 für Qualität A, 1,2 für Qualität B und 1 für Qualität C ermittelt.
a) Errechnen Sie die Selbstkosten insgesamt für die Qualitäten A, B und C.
b) Errechnen Sie die Selbstkosten für jeweils 1 kg Schokolade der Qualitäten A, B und C.

18 Die Breitfeld GmbH stellt Kühlschränke in 3 verschiedenen Größen her. Die Einzelkosten (Fertigungsmaterial und Fertigungslöhne) liegen für jede Kühlschrankgröße getrennt vor. Die Gemeinkosten sollen nach Äquivalenzziffern zugeschlüsselt werden.

Größe	Fertigungs-material (€)	Fertigungs-löhne (€)	Gemeinkosten (€)	Produktions-menge	Äquivalenz-ziffer
150 l	405.000,00	270.000,00		9 000	0,8
180 l	840.000,00	560.000,00	5.895.000,00	16 000	1,0
200 l	798.000,00	532.000,00		14 000	1,15

Gewinn: 10,0 % für 150-l- und 180-l-Modell
        7,5 % für 200-l-Modell
Skonto: 3,0 % für alle Modelle
Rabatt: 10,0 % für alle Modelle
Errechnen Sie für jedes Modell den Listenverkaufspreis.

19 Ein Schreibtischhersteller stellt 4 Schreibtischmodelle in verschiedenen Ausführungen und Größen her.
Die Einzelkosten (Fertigungsmaterial und Fertigungslöhne) werden den Schreibtischen unmittelbar zugeordnet. Die Gemeinkosten werden über Äquivalenzziffern auf die Kostenträger umgelegt.

Schreibtisch-modell	Äquivalenzziffer	Produktions-menge	Einzelkosten (€)	Gemeinkosten (€)
I	0,8	6 000	270.000,00	
II	1,0	10 000	600.000,00	1.825.000,00
III	1,1	8 000	560.000,00	
IV	1,4	4 000	320.000,00	

Gewinn: 12,5 % für Modell I und II
     10,0 % für Modell III und IV
Skonto: 2,0 % für alle Modelle
Rabatt: 10,0 % für alle Modelle
Errechnen Sie den Listenverkaufspreis für jedes Modell.

20   Ein Waschbeckenhersteller stellt 3 verschiedene Handwaschbecken her. Im Abrechnungszeitraum wurden folgende Stückzahlen produziert:

Einfachausführung für gewerbliche Zwecke (Typ I)   3 600 Stück
Standardausführung für Haushalte (Typ II)   5 000 Stück
Luxusausführung (Typ III)   1 800 Stück

Die Herstellkosten (Material- und Fertigungskosten) beliefen sich auf 127.750,00 €. Sie werden mit den Äquivalenzziffern 0,7 (Typ I), 1,0 (Typ II) und 1,5 (Typ III) auf die 3 Produkte umgelegt. Verkauft wurden im selben Betrachtungszeitraum:

Typ I 4 000 Stück,   Typ II 4 200 Stück,   Typ III 2 600 Stück.

Im Verwaltungs- und Vertriebsbereich sind 75.200,00 € an Kosten angefallen. Da für die 3 Erzeugnisse unterschiedliche Verwaltungs- und Vertriebsaktivitäten erforderlich sind, gelten hier andere Äquivalenzziffern als im Herstellungsbereich. Es wird mit den Äquivalenzziffern 0,5 (Typ I), 1,0 (Typ II) und 3,4 (Typ III) gerechnet.
Gewinn: 30 % für alle Typen, Skonto: 2 % für alle Typen, Rabatt: 20 % für alle Typen.
a) Errechnen Sie für jeden Typ die Herstellkosten pro Stück.
b) Errechnen Sie für jeden Typ die Verwaltungs- und Vertriebskosten pro Stück.
c) Errechnen Sie für jeden Typ die Selbstkosten pro Stück.
d) Errechnen Sie für jeden Typ den Listenverkaufspreis pro Stück.

21   In einer chemischen Fabrik werden 4 Säuren hergestellt. Im Betrachtungszeitraum sind 298.800,00 € Herstellkosten entstanden, die nach Äquivalenzziffern verteilt werden.
Die Umlage der Verwaltungs- und Vertriebskosten von 64.875,00 € auf die 4 Säuren erfolgt ebenfalls nach Äquivalenzziffern.
Da die Kostenbeanspruchung der 4 Säuren im Verwaltungs- und Vertriebsbereich sehr von der Kostenbeanspruchung im Herstellbereich abweicht, gelten andere Äquivalenzziffern.

Umlagebasis Säure	Herstellbereich		Verwaltungs- und Vertriebsbereich	
	hergestellte Menge (l)	Äquivalenzziffer	verkaufte Menge (l)	Äquivalenzziffer
I	30 000	0,8	25 000	1,1
II	80 000	1,0	90 000	1,0
III	60 000	1,5	50 000	1,3
IV	50 000	1,1	55 000	1,4

Errechnen Sie für jede Säure den Listenverkaufspreis pro hl, wenn zu berücksichtigen sind:
1. Verpackungskosten für 20-l-Kunststoffkanister zu je 3,00 €,
2. ein Gewinnzuschlag von 20 % bei jeder Säure,
3. Kundenskonto von 2 % bei jeder Säure,
4. Kundenrabatt von 10 % bei jeder Säure.

22   In einem Industriebetrieb werden 3 artverwandte Produkte hergestellt.
Die zeitliche Beanspruchung der Produktionsanlagen ist der Hauptkostenfaktor und bildet daher die Grundlage für die Ermittlung der Äquivalenzziffern.

Produkt	zeitliche Beanspruchung der Produktionsanlagen pro Stück	hergestellte Stückzahlen
1	15 Minuten	320
2	25 Minuten	430
3	30 Minuten	180

An Produktionskosten sind insgesamt 108.940,00 € angefallen.
a) Ermitteln Sie die Äquivalenzziffern. (Produkt 2 ist das Hauptprodukt.)
b) Errechnen Sie die Herstellkosten pro Stück für jedes Produkt.

23 In einer Zentralheizungsinstallationsfirma sind im Abrechnungszeitraum folgende Kosten angefallen:

Fertigungsmaterial .... 90.460,00 €
Fertigungslöhne .... 48.500,00 €
Gemeinkosten .... 9.230,00 €

Die Zuschlagsbasis für den Gemeinkostenzuschlagssatz bildet die Summe aus Fertigungsmaterial und Fertigungslöhnen. Für einen Auftrag fallen 5.500,00 € an Materialkosten und 100 Arbeitsstunden zu je 20,00 € an.
a) Errechnen Sie den Gemeinkostenzuschlagssatz.
b) Errechnen Sie die Selbstkosten des Auftrages.

24 Errechnen Sie die Gemeinkostenzuschlagssätze (summarische Zuschlagskalkulation).

	Gemeinkosten	Zuschlagsbasis	Fertigungslöhne (FL)	Fertigungsmaterial (FM)
a)	92.760,00 €	FL	80.520,00 €	103.890,00 €
b)	84.970,00 €	FM	112.160,00 €	96.410,00 €
c)	120.512,00 €	FM	92.488,00 €	104.590,00 €
d)	79.998,00 €	FL	60.122,00 €	40.460,00 €
e)	162.438,00 €	FL + FM	71.337,00 €	84.547,00 €
f)	193.548,00 €	FL + FM	94.894,00 €	79.376,00 €

25 Errechnen Sie die Rechnungspreise (einschl. 19 % Umsatzsteuer – summarische Zuschlagskalkulation).

	Fertigungs-material (FM)	Fertigungs-löhne (FL)	Gemein-kostenzu-schlagssatz	Zuschlags-basis	Gewinn-zuschlag	Skonto
a)	2.809,00 €	4.680,00 €	36 %	FL	12 %	2 %
b)	6.938,00 €	5.240,00 €	24 %	FM	25 %	1 %
c)	9.419,00 €	12.648,00 €	18 %	FM + FL	20 %	3 %
d)	4.980,00 €	2.436,00 €	68 %	FL	16 ⅔ %	2 %

26 Der Monatsabschluss eines kleinen Industriebetriebes ergibt folgende Zahlen:
Fertigungsmaterial: 296.410,00 €; Fertigungslöhne: 320.812,00 €; Gehälter: 84.530,00 €; Soziale Abgaben: 78.380,00 €; Abschreibungen: 42.560,00 €; Mieten, Pachten, Leasing: 8.430,00 €; Büromaterial: 1.970,00 €; Betriebliche Steuern: 12.920,00 €; Zinsaufwendungen: 8.460,00 €.
Die Zuschlagsgrundlage für die Gemeinkosten bilden die Fertigungslöhne (summarische Zuschlagskalkulation).

a) Errechnen Sie den Gemeinkostenzuschlagssatz.

b) Errechnen Sie den Rechnungspreis (einschl. 19 % Umsatzsteuer) für einen Auftrag, für den

1. 10.380,00 € Fertigungsmaterial anfallen,
2. 260 Fertigungsstunden zu je 22,50 € anfallen,
3. ein Gewinn von 20 % veranschlagt werden soll und
4. 3 % Skonto gewährt werden sollen.

27 Errechnen Sie den Rechnungspreis (einschl. 19 % Umsatzsteuer) einer geräumigen, komfortablen Laube. Holzverbrauch: 12.800,00 €; Kleinmaterial: 810,00 €; Fertigungslöhne: 1.460,00 €; Gewinn: 10 %; Skonto: 2 %. Der Gemeinkostenzuschlagssatz, der auf die Fertigungslöhne berechnet wird, ist aus den Zahlen des letzten Rechnungsabschnitts (Fertigungslöhne: 124.500,00 €; Gemeinkosten: 72.490,00 €) zu berechnen.

28 Errechnen Sie die Gemeinkostenzuschlagssätze.

Gemeinkostenart	Betrag (€)	Material (€)	Fertigung (€)	Verwaltung (€)	Vertrieb (€)
Hilfslöhne	185.000,00	22.000,00	158.000,00	2.000,00	3.000,00
Gehälter	207.000,00	25.000,00	30.000,00	110.000,00	42.000,00
Energie	95.000,00	8.000,00	74.000,00	9.000,00	4.000,00
kalk. Abschreibungen	34.000,00	2.000,00	28.000,00	3.000,00	1.000,00
kalk. Zinsen	14.000,00	1.000,00	10.000,00	2.000,00	1.000,00

Einzelkosten:

Fertigungsmaterial .... 580.000,00 €

Fertigungslöhne .... 200.000,00 €

Bestandsveränderungen[1]:

Fertigerzeugnisse .... + 190.000,00 €

Unfertige Erzeugnisse .... − 40.000,00 €

29 Errechnen Sie die Gemeinkostenzuschlagssätze.

	Σ Gemeinkosten				Σ Einzelkosten		Bestandsveränderungen[1]	
	MGK (€)	FGK (€)	VwGK (€)	VtGK (€)	FM (€)	FL (€)	FE (€)	UE (€)
a)	72.000,00	428.000,00	180.000,00	75.000,00	610.000,00	405.000,00	+ 180.000,00	− 70.000,00
b)	85.000,00	730.000,00	210.000,00	100.000,00	790.000,00	600.000,00	− 50.000,00	+ 120.000,00
c)	44.000,00	810.000,00	150.000,00	80.000,00	460.000,00	720.000,00	+ 40.000,00	− 150.000,00
d)	60.000,00	950.000,00	190.000,00	90.000,00	580.000,00	860.000,00	− 140.000,00	+ 30.000,00

30 Der Buchführung und dem BAB I werden für die letzte Rechnungsperiode folgende Daten entnommen:

Gemeinkosten:

Materialgemeinkosten .... 140.000,00 €

Fertigungsgemeinkosten .... 860.000,00 €

Verwaltungsgemeinkosten .... 410.000,00 €

Vertriebsgemeinkosten .... 180.000,00 €

Einzelkosten:

Fertigungsmaterial .... 1.180.000,00 €

Fertigungslöhne .... 730.000,00 €

---

1 + bedeutet Bestandsaufbau, − bedeutet Bestandsabbau

Bestandsabbau:

Fertigerzeugnisse .... 90.000,00 €

Unfertige Erzeugnisse .... 50.000,00 €

a) Errechnen Sie die Gemeinkostenzuschlagssätze. (Genauigkeit: 2 Stellen nach dem Komma)

b) Errechnen Sie den Rechnungspreis (einschl. 19 % Umsatzsteuer) für einen Auftrag, für den

     1. 3.890,00 € Fertigungsmaterial anfallen,

     2. 3.480,00 € Fertigungslöhne zu zahlen sind,

     3. ein Gewinn von 16 $\frac{2}{3}$ % veranschlagt wird und

     4. 2 % Skonto gewährt werden sollen.

31 Ermitteln Sie den Listenverkaufspreis.

Aufgrund einer Kundenanfrage erstellen wir ein Angebot über eine maschinelle Anlage.

	a)	b)	c)	d)
Fertigungsmaterial	7.900,00 €	4.200,00 €	8.300,00 €	5.500,00 €
Fertigungslohn	4.200,00 €	3.800,00 €	2.400,00 €	3.300,00 €
MGKZ	7 %	9 %	8 %	5 %
FGKZ	120 %	95 %	150 %	130 %
VwGKZ	10 %	8 %	9 %	7 %
VtGKZ	9 %	6 %	5 %	4 %
Gewinn	10 %	8 %	20 %	12 %
Kundenskonto	2 %	3 %	1 %	2 %
Kundenrabatt	10 %	20 %	15 %	10 %

32 An Einzelkosten sind zu berücksichtigen: Fertigungsmaterial: 8.000,00 €; Fertigungslöhne: 5.000,00 €; Sondereinzelkosten der Fertigung: 500,00 €.

Aus dem BAB I haben wir die folgenden Gemeinkostenzuschlagssätze ermittelt:

MGKZ: 10 %; FGKZ: 120 %; VwGKZ: 8 %; VtGKZ: 5 %.

Wir kalkulieren mit 20 % Gewinn, 2 % Kundenskonto und 10 % Kundenrabatt.

Ermitteln Sie den Listenverkaufspreis.

33 In einer Möbelfabrik liegen für den BAB I folgende Angaben vor:

Gemein-kostenart	Betrag (€)	Verteilungsbasis	Kostenstellen			
			Material	Fertigung	Verwaltung	Vertrieb
Gehälter	318.000,00	Gehaltsliste	➔ 40.000,00	58.000,00	160.000,00	60.000,00
Hilfslöhne	297.000,00	Lohnliste	➔ 73.000,00	210.000,00	4.000,00	10.000,00
Sozialkosten	75.400,00	Lohn- u. Gehaltsliste	➔ 14.000,00	33.000,00	20.000,00	8.400,00
Miete	36.000,00	1 : 5 : 2 : 1	?	?	?	?
kalk. Kosten	49.000,00	2 : 8 : 3 : 1	?	?	?	?

An Einzelkosten sind für Fertigungsmaterial 1.250.000,00 €, für Fertigungslöhne 510.000,00 € angefallen.

Bei Fertigerzeugnissen ist ein Bestandsabbau von 150.000,00 € zu verzeichnen, bei unfertigen Erzeugnissen ein Bestandsaufbau von 20.000,00 €.

a) Errechnen Sie die Gemeinkostenzuschlagssätze (Genauigkeit: 2 Stellen nach dem Komma).

     Für einen Auftrag erhält die Kalkulationsabteilung von der Arbeitsvorbereitung folgende Einzelkosten: Fertigungsmaterial: 36.000,00 €, Fertigungslöhne: 15.000,00 €, Sondereinzelkosten der Fertigung: 600,00 €, Sondereinzelkosten des Vertriebs: 400,00 €. Es wird mit 20 % Gewinn, 3 % Skonto und 10 % Rabatt kalkuliert.

b) Errechnen Sie den Listenverkaufspreis für den Auftrag.

34 Für die Herstellung eines Laptops entstehen 320,00 € Fertigungsmaterialkosten und 180,00 € Fertigungslöhne. Die Gemeinkostenzuschlagssätze betragen:
MGKZ: 12 %, FGKZ: 140 %, VwGKZ: 11 %, VtGKZ: 5 %.
Errechnen Sie die Selbstkosten.

35 Der BAB der PC-Technik und Netzwerke GmbH weist in den Kostenstellen „Material", „Werkstatt" und „Vertrieb" für den letzten Abrechnungszeitraum folgende Gemeinkosten aus:
Material: 248.000,00 €; Werkstatt: 980.000,00 €; Vertrieb: 875.000,00 €.
Die Einzelkosten des letzten Abrechnungszeitraumes betragen:
Fertigungsmaterial: 1.800.000,00 €; Fertigungslöhne: 920.000,00 €.
a) Errechnen Sie die Gemeinkostenzuschlagssätze (Genauigkeit: 4 Stellen nach dem Komma) für die drei Kostenstellen. (Die PC-Technik und Netzwerke GmbH vernachlässigt bei der Ermittlung des Vertriebsgemeinkostenzuschlagssatzes die Bestandsveränderungen fertiger und unfertiger Erzeugnisse.)
Ein Kunde beabsichtigt, 1 Server, 6 Notebooks und 35 Workstations zu kaufen.
Auf diesen Auftrag entfallen folgende Einzelkosten:
Fertigungsmaterial: 80.000,00 €; Fertigungslöhne: 900,00 €.
Es wird mit einem Gewinnzuschlag von 12,5 % kalkuliert. Rabatt und Skonto werden nicht gewährt.
b) Errechnen Sie für diesen Auftrag den Angebotspreis.

36 Fertigungsmaterial: 200,00 € pro Stück, Materialkosten: 240,00 € pro Stück,
Fertigungskosten: 162,00 € pro Stück, FGKZ: 80 %, VwGKZ: 6 %, VtGKZ: 4 %,
Gewinnzuschlagsatz: 20 %. Kundenskonto und Kundenrabatt werden nicht gewährt.
a) Errechnen Sie den Listenverkaufspreis pro Stück.
b) Errechnen Sie den MGKZ.
c) Errechnen Sie die Fertigungslöhne pro Stück.

37 Sie sind Angestellte(r) der PC-Technik und Netzwerke GmbH.
a) **9. März 20..:** Es liegt Ihnen die folgende Eingangsrechnung ER 968 unseres Lieferanten, der Krause GmbH, über Fremdbauteile vor:

Zieleinkauf, Fremdbauteile (ER 968), Nettowert	300.000,00 €
– 10 % Rabatt	30.000,00 €
+ 19 % Umsatzsteuer	51.300,00 €
Rechnungsbetrag	321.300,00 €

Nennen Sie den Buchungssatz.
b) Unser Lieferant, die Krause GmbH, gewährt bei Zahlung innerhalb von 10 Tagen 2 % Skonto.
12. März 20..: Wir begleichen die Eingangsrechnung ER 968 vom 9. März bei unserem Lieferanten, der Krause GmbH, durch Banküberweisung.
Errechnen Sie den Überweisungsbetrag und nennen Sie den entsprechenden Buchungssatz.
c) **27. März 20..:** Für die Produktion der EDV-Konfiguration „Galileo 3000" in unserer Werkstatt werden dem Einkaufslager Fremdbauteile entnommen.
Verbrauch gemäß Materialentnahmeschein, Fremdbauteile .... 80.000,00 €
Nennen Sie den Buchungssatz (entfällt bei Buchung nach dem „Just-in-time-Verfahren" und nach der „Inventurmethode").
d) Der Verkaufspreis der EDV-Konfiguration „Galileo 3000" soll kalkuliert werden.
An Einzelkosten sind angefallen:
Fertigungsmaterial: 80.000,00 €
Fertigungslohn: 1.300,00 €
Die Gemeinkosten werden in der Preiskalkulation durch folgende Gemeinkostenzuschlagssätze, die im BAB ermittelt wurden, abgedeckt:

MGKZ: 9 %, FGKZ: 120 %, VwGKZ: 6 %, VtGKZ: 4 %.

Die PC-Technik und Netzwerke GmbH kalkuliert bei der EDV-Konfiguration „Galileo 3000" mit 20 % Gewinn, 3 % Kundenskonto (bei Zahlung innerhalb von 8 Tagen) und 15 % Kundenrabatt. Errechnen Sie den Listenverkaufspreis für die EDV-Konfiguration „Galileo 3000".

e) **18. April 20..:** Die PC-Technik und Netzwerke GmbH verkauft die EDV-Konfiguration „Galileo 3000" auf Ziel an ihren Kunden, die Klimpel OHG, gemäß Ausgangsrechnung AR 895.
Bilden Sie den Buchungssatz für die Ausgangsrechnung AR 895.
Berücksichtigen Sie dabei den Kundenrabatt von 15 %.

f) **25. April 20..:** Der Kontoauszug BA 87 der Hannoverschen Volksbank eG weist den Zahlungseingang für die Ausgangsrechnung AR 895 aus.
Bilden Sie den entsprechenden Buchungssatz.

38 Errechnen Sie den Listenverkaufspreis.

		a)	b)	c)	d)
Fertigungs-stelle I	FM	8.200,00 €	4.300,00 €	5.600,00 €	7.900,00 €
	MGKZ	8 %	12 %	14 %	15 %
	FL I	2.900,00 €	1.400,00 €	2.800,00 €	4.100,00 €
	FGKZ I	150 %	90 %	130 %	80 %
Fertigungs-stelle II	FL II	3.400,00 €	2.300,00 €	1.100,00 €	1.700,00 €
	FGKZ II	120 %	110 %	150 %	130 %
Fertigungs-stelle III	FL III	4.100,00 €	900,00 €	3.600,00 €	2.900,00 €
	FGKZ III	140 %	160 %	110 %	120 %
	VwGKZ	12 %	10 %	14 %	15 %
	VtGKZ	5 %	4 %	6 %	8 %
	Gewinn	10 %	12,5 %	20 %	16 $\frac{2}{3}$ %
	Skonto	2 %	3 %	1 %	2 %
	Rabatt	20 %	10 %	–	12,5 %

39 Ein Produkt verursacht folgende Kosten:

Materialkosten: Fertigungsmaterial I: 48,00 €, Materialgemeinkostenzuschlag I: 8 %
Fertigungsmaterial II: 32,00 €, Materialgemeinkostenzuschlag II: 12 %

Fertigungskosten:
Fertigungsstelle A: Fertigungslöhne A: 18,90 €,
Fertigungsgemeinkostenzuschlag A: 132 %
Fertigungsstelle B: Fertigungslöhne B: 12,30 €,
Fertigungsgemeinkostenzuschlag B: 108 %
Fertigungsstelle C: Fertigungslöhne C: 34,20 €,
Fertigungsgemeinkostenzuschlag C: 160 %

Sondereinzelkosten der Fertigung: 18,90 €
Verwaltungsgemeinkostenzuschlag: 12 %
Vertriebsgemeinkostenzuschlag: 5 %

a) Kalkulieren Sie die Selbstkosten.
b) Es sind zu berücksichtigen: 20 % Gewinn, 2 % Skonto, 10 % Rabatt.
Kalkulieren Sie den Listenverkaufspreis.

40 Für die Herstellung eines Erzeugnisses werden berechnet:
Fertigungsmaterial A: 18,00 €, MGKZ (A): 10 %;
Fertigungsmaterial B: 34,00 €, MGKZ (B): 5 %;
Gutschrift für Abfallverwertung: 8 % auf Materialkosten insgesamt (einschl. MGK); Fertigungslöhne (Schlosserei): 12,50 €, FGKZ (Schlosserei): 160 %; Fertigungslöhne (Dreherei): 19,80 €, FGKZ (Dreherei): 110 %; Fertigungslöhne (Fräserei): 8,30 €, FGKZ (Fräserei): 140 %; Fertigungslöhne (Montage): 24,60 €, FGKZ (Montage): 150 %; Sondereinzelkosten der Fertigung: 5,90 €;
VwGKZ und VtGKZ: insgesamt 18 %; Sondereinzelkosten des Vertriebs: 4,50 €;
Gewinn: $16\,\frac{2}{3}$ %, Kundenskonto: 3 %, Kundenrabatt: 12,5 %.
Errechnen Sie den Listenverkaufspreis.

41 Eine Baumaschinenfabrik kalkuliert den Zielverkaufspreis für eine Sonderanfertigung einer Straßenbaumaschine.
Die Arbeitsvorbereitung hat folgende Einzelkosten ermittelt:
Fertigungsmaterial: 2.800,00 €; Fertigungslöhne in Fertigungsabteilung A: 160 Stunden zu 25,00 €; Fertigungslöhne in Fertigungsabteilung B: 290 Stunden zu 28,00 €; Fertigungslöhne in Fertigungsabteilung C: 30 Stunden zu 32,00 €; Sondereinzelkosten der Fertigung: 1.200,00 €.
Dem BAB werden folgende Gemeinkostenzuschlagssätze entnommen: MGKZ: 10 %; FGKZ (A): 150 %; FGKZ (B): 80 %; FGKZ (C): 160 %; VwGKZ: 8 %; VtGKZ: 3 %.
Ferner gilt: Gewinn: 8 %; Skonto: 2 %.
Errechnen Sie den Zielverkaufspreis.

42 Ihnen liegt die folgende Kalkulationskarte für ein Schaltgehäuse vor.
Errechnen Sie den Listenverkaufspreis.

Kalkulationskarte	Vorkalkulation		
Erzeugnis: Schaltgehäuse	%	€	€
Fertigungsmaterial		490,00	
Materialgemeinkosten	14 %		
Materialkosten			
Fertigungslöhne (Vorrichterei)		110,00	
Fertigungsgemeinkosten (Vorrichterei)	120 %		
Fertigungslöhne (Formerei)		58,00	
Fertigungsgemeinkosten (Formerei)	80 %		
Fertigungslöhne (Schlosserei)		360,00	
Fertigungsgemeinkosten (Schlosserei)	125 %		
Fertigungslöhne (Montage)		210,00	
Fertigungsgemeinkosten (Montage)	110 %		
Sondereinzelkosten der Fertigung		60,00	
Fertigungskosten			
Herstellkosten			
Verwaltungs- und Vertriebsgemeinkosten	15 %		
Sondereinzelkosten des Vertriebs			80,00
Selbstkosten			
Gewinn	10 %		
Barverkaufspreis			
Skonto	3 %		
Zielverkaufspreis			
Rabatt	10 %		
Listenverkaufspreis			

43 Welche Aussagen sind richtig? Begründen Sie Ihre Meinung.

a) Die Divisionskalkulation ist anwendbar in Einproduktbetrieben mit Massenfertigung.

b) Die Kostenträgerstückrechnung ermittelt die Kosten eines Abrechnungszeitraumes.

c) Ein Kostenträger ist ein einzelnes Erzeugnis, eine Erzeugnisgruppe oder ein Auftrag.

d) Äquivalenzziffern sind Zahlen, die die unterschiedliche Kostenverursachung einzelner Kostenträger ausdrücken.

e) Eine typische Serienfertigung erfolgt in Brauereien, Ziegeleien und Walzwerken.

f) Die Divisionskalkulation mit Äquivalenzziffern findet Anwendung in Betrieben, die unterschiedliche Produkte mit unterschiedlichen Produktionsgängen in Einzelfertigung oder in Serienfertigung herstellen.

g) Sortenfertigung liegt vor, wenn artverwandte Erzeugnisse mit gleichem Fertigungsmaterial und mit ähnlichen Produktionsgängen hergestellt werden.

h) Bei der Äquivalenzziffernrechnung erhält in der Regel das Haupterzeugnis die Wertigkeitsziffer 1.

i) Äquivalenzziffern können z. B. aus Maßen, aus Gewichten oder aus Arbeitsstunden ermittelt werden.

j) Fertigungsmaterial und Fertigungslöhne sind Gemeinkosten.

k) Bei den Sondereinzelkosten der Fertigung handelt es sich z. B. um Transportversicherung, Verpackungsmaterial, Fracht oder Vertreterprovision.

l) Kosten, die unmittelbar einem Erzeugnis zugerechnet werden können, sind Einzelkosten.

m) In Betrieben mit Sortenfertigung wird die Zuschlagskalkulation angewandt.

n) Bei der Zuschlagskalkulation werden die Einzelkosten dem einzelnen Kostenträger durch einen prozentualen Zuschlag auf die Gemeinkosten zugerechnet.

o) Man spricht von der differenzierten Zuschlagskalkulation, wenn die Gemeinkosten durch einen einzigen prozentualen Zuschlag auf bestimmte Einzelkosten abgedeckt werden.

p) Bei der summarischen Zuschlagskalkulation wird unterstellt, dass sich sämtliche Gemeinkosten zu einer bestimmten Einzelkostenart, z. B. zu den Fertigungslöhnen, proportional verhalten.

q) Große Industriebetriebe mit einer breiten und differenzierten Produktionspalette, die ihre Produkte in Einzel- oder Serienfertigung herstellen, wenden meistens die summarische Zuschlagskalkulation an.

r) Die Gemeinkostenzuschlagssätze (differenzierte Zuschlagskalkulation) werden aufgrund des Betriebsabrechnungsbogens ermittelt.

s) Im Kalkulationsschema der differenzierten Zuschlagskalkulation ergibt die Summe aus Materialkosten und Herstellkosten die Fertigungskosten.

t) Bei der Angebotskalkulation wird der Gewinn in Prozent von den Selbstkosten ausgedrückt.

u) Der Grundwert (≙ 100 %) für die Berechnung von Kundenskonto und Vertreterprovision ist der Barverkaufspreis.

v) Bei der erweiterten differenzierten Zuschlagskalkulation wird mit Fertigungsgemeinkostenzuschlagssätzen für mehrere Fertigungshauptkostenstellen gerechnet.

44 Die Konrad Fied KG plant, für die Mitarbeiter ein modernes Schulungscenter einzurichten. Für die Ausstattung (Tische, Bestuhlung, Personal Computer, Whiteboard, Beamer usw.) liegen folgende Komplettangebote vor:

Angebot der Firma „Modernes Büro GmbH":
Listeneinkaufspreis: 72.000,00 €, Lieferantenrabatt: 10 %, Lieferantenskonto: 2 %, Nettobezugskosten (inklusive Anlieferung, Einbau, Installationen usw.): 800,00 €

Angebot der Firma „Büroausstattung GmbH":
Listeneinkaufspreis: 67.000,00 €, Lieferantenrabatt: 8 %, Lieferantenskonto: 3 %, Nettobezugskosten (inklusive Anlieferung, Einbau, Installationen usw.): 1.000,00 €

Bei der Lieferantenauswahl soll der geeignetste Anbieter letztlich mithilfe einer Nutzwertanalyse ermittelt werden. Hausintern wurde hierzu folgende Tabelle zusammengestellt:

		Modernes Büro GmbH		Büroausstattung GmbH	
Entscheidungs-kriterien	Gewichtung	Punkte	gewichtete Punkte	Punkte	gewichtete Punkte
Bezugspreis	45 %				
Qualität	35 %	9		7	
Ruf der Firma	5 %	8		7	
Service	10 %	6		5	
Lieferbe-dingungen	5 %	5		4	
Summe	100 %	–		–	

Erklärungen: Die Gewichtung legt die Relevanz der Entscheidungskriterien fest. Die Punkte bewerten die Entscheidungskriterien. Hier gilt: „10" entspricht „sehr gut", „0" entspricht „sehr schlecht".

a) Ermitteln Sie mit einem quantitativen Angebotsvergleich den preisgünstigsten Lieferanten.
b) Nehmen Sie bei der Nutzwertanalyse folgende Punktewertung für das Entscheidungskriterium „Bezugspreis" vor:
   – Der Lieferant mit dem günstigeren Bezugspreis erhält 10 Punkte.
   – Für den Lieferanten mit dem höheren Bezugspreis gilt folgende Staffelung bei der Punktebewertung: Liegt sein Bezugspreis bis zu 10 % höher, erhält sein Angebot 9 Punkte, liegt sein Bezugspreis über 10 % bis 20 % höher, erhält sein Angebot 8 Punkte, liegt sein Angebot über 20 % bis 30 % höher, erhält sein Angebot 7 Punkte ... usw.
c) Ermitteln Sie den Lieferanten, der sich aufgrund der Nutzwertanalyse ergibt.
d) Nennen Sie den entscheidenden Vorteil und den entscheidenden Nachteil einer Auftragsvergabe, die aufgrund einer Nutzwertanalyse getroffen wird.

Die Vor- und Nachkalkulation
(dargestellt am Beispiel der Zuschlagskalkulation)

Nach dem Zeitpunkt der Durchführung der Kalkulation unterscheidet man die **Vorkalkulation** und die **Nachkalkulation.**

Mit der *Vorkalkulation* werden die Kosten einer noch zu erbringenden Leistung berechnet. Zugrunde gelegt werden dabei *prognostizierte Einzelkosten* (Fertigungsmaterialverbrauch und Fertigungslöhne) und *Normalgemeinkostenzuschlagssätze.*
Erst nach Durchführung einer Leistung können die dafür angefallenen Kosten exakt berechnet werden. Dies erfolgt in Form einer *Nachkalkulation.* Diese basiert auf den *tatsächlich entstandenen Einzelkosten* und in der Regel auf den *Istgemeinkostenzuschlagssätzen* gemäß BAB I.

Weichen Vor- und Nachkalkulation voneinander ab, so sind die Ursachen zu erforschen.

Häufig errechnet man mit der **Vorkalkulation** lediglich einen **freibleibenden (unverbindlichen) Angebotspreis.** Die **Nachkalkulation** ergibt dann den tatsächlichen **Verkaufspreis.**

Beispiel

Mithilfe der Vorkalkulation soll für einen Auftrag ein freibleibender Angebotspreis errechnet werden. Es wird mit folgenden Einzelkosten und Normalzuschlagssätzen kalkuliert:

Fertigungsmaterialverbrauch: 8.000,00 €; MGKZ: 10 %;
Fertigungslöhne: 6.000,00 €; FGKZ: 120 %;
VwGKZ und VtGKZ: 18 %.

Der Gewinnzuschlag beträgt 20 %, Skonto 3 %.
Nach Fertigstellung des Auftrages wird bei der Nachkalkulation festgestellt, dass der geplante Materialverbrauch um 1.000,00 € unterschritten wurde; andererseits sind Mehrkosten von 600,00 € für Fertigungslöhne angefallen.
Im letzten BAB I wurde für die Verwaltungs- und Vertriebsgemeinkosten ein Istzuschlagssatz von 20 % errechnet. Die anderen Istzuschlagssätze stimmen mit den Normalzuschlagssätzen überein.

a) Welcher **freibleibende Angebotspreis** wurde kalkuliert?
b) Welcher **tatsächliche Verkaufspreis** ergibt sich bei der Nachkalkulation?

Lösung

		a) Vorkalkulation		b) Nachkalkulation	
		€	€	€	€
	Fertigungsmaterial	8.000,00		7.000,00	
+	MGK (10,0 %)	800,00		700,00	
=	**Materialkosten**		**8.800,00**		**7.700,00**
	Fertigungslöhne	6.000,00		6.600,00	
+	FGK (120 %)	7.200,00		7.920,00	
=	**Fertigungskosten**		**13.200,00**		**14.520,00**
	Herstellkosten		**22.000,00**		**22.220,00**
+	VwGK und VtGK (18 %)		3.960,00	(20 %)	4.444,00
=	**Selbstkosten**		**25.960,00**		**26.664,00**
+	Gewinn (20 %)		5.192,00		5.332,80
=	**Barverkaufspreis**		**31.152,00**		**31.996,80**
+	Kundenskonto (3 %)		963,46		989,59
=	**Angebotspreis**		**32.115,46**		**32.986,39**
			= freibleibender Angebotspreis		= tatsächlicher Verkaufspreis

Aufgrund der Vorkalkulation kann auch ein **verbindliches Angebot** abgegeben werden. Weichen in diesem Fall die tatsächlichen Kosten von den vorkalkulierten Kosten ab, so ergeben sich im Nachhinein **Ergebnisänderungen.**

Der tatsächlich erzielte Gewinn ergibt sich aus einer **Differenzkalkulation.**

Beispiel

Es gelten die Angaben des Beispiels von S. 302. Der Angebotspreis von 32.115,46 €, der sich aufgrund der Vorkalkulation ergeben hat, ist verbindlich.

Welche Gewinnänderung ergibt sich durch die Nachkalkulation?

Lösung

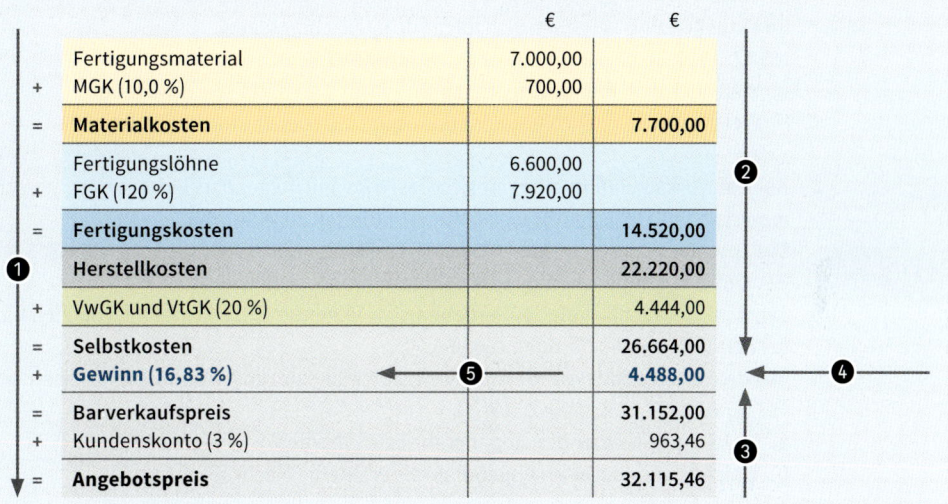

		€	€
	Fertigungsmaterial	7.000,00	
+	MGK (10,0 %)	700,00	
=	**Materialkosten**		7.700,00
	Fertigungslöhne	6.600,00	
+	FGK (120 %)	7.920,00	
=	**Fertigungskosten**		14.520,00
	Herstellkosten		22.220,00
+	VwGK und VtGK (20 %)		4.444,00
=	Selbstkosten		26.664,00
+	**Gewinn (16,83 %)**		**4.488,00**
=	**Barverkaufspreis**		31.152,00
+	Kundenskonto (3 %)		963,46
=	**Angebotspreis**		32.115,46

Lösungsweg

❶ Aufstellen des Kalkulationsschemas.

❷ Kalkulation vom „Fertigungsmaterial" bis zu den „Selbstkosten" (Vorwärtskalkulation).

❸ Kalkulation vom „Angebotspreis" bis zum „Barverkaufspreis" (Rückwärtskalkulation).

❹ Ermittlung des Gewinns als Differenz zwischen den „Selbstkosten" und dem „Barverkaufspreis".

❺ Errechnung des Gewinnzuschlags.

$$26.664,00 \triangleq 100\ \%$$
$$4.488,00 \triangleq \quad x\ \%$$

$$x = \frac{100 \cdot 4.488,00}{26.664,00} = \underline{\underline{16,83\ \%}}$$

Zusammenfassung

1. Mit der Vorkalkulation werden Kosten einer noch zu erbringenden Leistung berechnet. Die Vorkalkulation basiert auf prognostizierten Einzelkosten und in der Regel auf Normalzuschlagssätzen.

2. Mit der Nachkalkulation werden Kosten einer bereits erbrachten Leistung berechnet. Die Nachkalkulation basiert auf den tatsächlich angefallenen Einzelkosten und in der Regel auf Istzuschlagssätzen.

3. Bei freibleibendem Angebotspreis wird mit der Nachkalkulation in Form einer erneuten Vorwärtskalkulation der verbindliche Angebotspreis berechnet.

4. Bei verbindlichem Angebotspreis wird mit der Nachkalkulation in Form einer Differenzkalkulation der erzielte Gewinn berechnet.

Aufgaben

1–4: Vor- und Nachkalkulation mit freibleibendem (unverbindlichem) Angebotspreis
5–9: Vor- und Nachkalkulation mit festem (verbindlichem) Angebotspreis

1 Die Möbelfabrik Wontke GmbH kalkuliert aufgrund folgender Einzelkosten und Normalzuschlagssätze einen freibleibenden Angebotspreis für eine Schrankwand:
Fertigungsmaterial: 500,00 €; Fertigungslöhne: 300,00 €; MGKZ: 20 %; FGKZ: 70 %; VwGKZ: 10 %; VtGKZ: 5 %.
Der Gewinnzuschlag beträgt 30 %. Es werden 2 % Skonto und 5 % Rabatt gewährt.
Nach Fertigstellung des Auftrages wird festgestellt, dass tatsächlich folgende Einzelkosten entstanden sind: Fertigungsmaterial: 600,00 €; Fertigungslöhne: 250,00 €.
Im aktuellen BAB I ergeben sich folgende Istzuschlagssätze:
MGKZ: 18 %; FGKZ: 72 %; VwGKZ: 11 %; VtGKZ: 3 %.
a) Welcher freibleibende Angebotspreis wurde kalkuliert (Vorkalkulation)?
b) Welcher tatsächliche Verkaufspreis ergibt sich bei der Nachkalkulation?

2 Bei der Vorkalkulation eines Angebotes wird mit folgenden Einzelkosten gerechnet: Fertigungsmaterial: 2.100,00 €; Fertigungslöhne: 47 Stunden zu je 34,00 €.
Die Zuschlagssätze betragen: MGKZ: 36 %; FGKZ: 160 %; VwGKZ: 12 %; VtGKZ: 5 %. Es wird mit 20 % Gewinn, 3 % Kundenskonto und 6 % Kundenrabatt kalkuliert.
Tatsächlich (Nachkalkulation) ergeben sich folgende Einzelkosten: Fertigungsmaterial: 2.200,00 €; Fertigungslöhne: 50 Stunden zu je 34,00 €.
Aus dem letzten BAB I werden folgende Gemeinkostenzuschlagssätze ermittelt: MGKZ: 40 %; FGKZ: 157 %; VwGKZ: 15 %; VtGKZ: 4 %.
a) Welchen freibleibenden Angebotspreis ergibt die Vorkalkulation?
b) Welchen verbindlichen Angebotspreis ergibt die Nachkalkulation?

3 Es gilt, für einen Auftrag einen freibleibenden Angebotspreis zu kalkulieren. Laut Berechnungen der Arbeitsvorbereitung ist mit Fertigungsmaterialkosten von 5.200,00 € und mit Fertigungslohnkosten von 3.800,00 € zu rechnen.
Bei der Vorkalkulation wird mit folgenden Normalzuschlagssätzen gerechnet:
MGKZ: 42 %; FGKZ: 136 %; VwGKZ: 10 %; VtGKZ: 3 %.
Nach der Fertigstellung des Auftrages wird festgestellt, dass sich die Fertigungsmaterialkosten auf 5.250,00 € belaufen und die Fertigungslohnkosten auf 3.900,00 €.
Der BAB I des letzten Monats weist folgende Istzuschlagssätze aus:
MGKZ: 40 %; FGKZ: 137 %; VwGKZ: 11 %; VtGKZ: 3 %.
Um wie viel € ist der Angebotspreis zu korrigieren? (Gewinn: 20 %; Skonto: 2 %; Rabatt: 5 %)

4 Errechnen Sie den freibleibenden Angebotspreis aufgrund der Vorkalkulation und den verbindlichen Angebotspreis aufgrund der Nachkalkulation.

		Einzelkosten		Gemeinkosten					
		FM (€)	FL (€)	MGKZ	FGKZ	VwGKZ	VtGKZ	Gewinn	Skonto
a)	Vorkalkulation	580,00	610,00	43 %	120 %	9 %	3 %	20 %	2 %
	Nachkalkulation	560,00	610,00	44 %	115 %	10 %	3 %	20 %	2 %
b)	Vorkalkulation	930,00	820,00	25 %	143 %	9 %	5 %	25 %	3 %
	Nachkalkulation	915,00	835,00	26 %	149 %	8 %	4 %	25 %	3 %
c)	Vorkalkulation	420,00	570,00	36 %	128 %	10 %	5 %	12,5 %	1 %
	Nachkalkulation	400,00	580,00	36 %	130 %	12 %	5 %	12,5 %	1 %
d)	Vorkalkulation	740,00	610,00	10 %	80 %	12 %	4 %	$16\,\frac{2}{3}$ %	3 %
	Nachkalkulation	790,00	600,00	12 %	79 %	15 %	6 %	$16\,\frac{2}{3}$ %	3 %

5 Ein Auftrag wird mit folgenden Einzelkosten und Normalzuschlagssätzen vorkalkuliert:
Fertigungsmaterial: 5.000,00 €; MGKZ: 30 %;
Fertigungslöhne: 3.800,00 €; FGKZ: 140 %;
VwGKZ: 12 %; VtGKZ: 4 %.
Der Gewinnzuschlag beträgt 25 %, Skonto 2 % und Rabatt 5 %.
Für die Nachkalkulation werden folgende tatsächlich angefallene Einzelkosten und Istzuschlagssätze ermittelt:
Fertigungsmaterial: 4.800,00 €; MGKZ: 29 %;
Fertigungslöhne: 4.100,00 €; FGKZ: 141 %;
VwGKZ: 12 %; VtGKZ: 5 %.
a) Errechnen Sie den verbindlichen Angebotspreis (Vorkalkulation).
b) Errechnen Sie den tatsächlich erzielten Gewinn in € und in Prozent.

6 Ein Industriebetrieb kalkuliert (Vorkalkulation) ein Produkt mit 560,00 € Fertigungsmaterialkosten und 380,00 € Fertigungslohnkosten.
Folgende Gemeinkostenzuschlagssätze werden zugrunde gelegt: MGKZ: 25 %; FGKZ: 160 %; VwGKZ + VtGKZ: 18 %.
Es wird ferner mit 20 % Gewinn, 2 % Kundenskonto und 10 % Kundenrabatt gerechnet.
Bei der Nachkalkulation ergeben sich geänderte Einzelkosten: Fertigungsmaterial: 520,00 €; Fertigungslöhne: 415,00 €.
Die Gemeinkostenzuschlagssätze bleiben für die Nachkalkulation unverändert.
Mit der Vorkalkulation wurde ein verbindlicher Angebotspreis errechnet.
Wie hoch ist der tatsächliche Gewinn in € und in Prozent?

7 Für einen Auftrag wurde in der Vorkalkulation ein verbindlicher Angebotspreis von 7.510,00 € ermittelt.
Die Nachkalkulation ergibt folgende Werte:
FM: 1.420,00 €; MGKZ: 10 %;
Fertigungsstelle I: FL: 380,00 €   Fertigungsstelle III: FL: 560,00 €
                     FGKZ: 120 %   FGKZ: 220 %
Fertigungsstelle II: FL: 410,00 €
                      FGKZ: 160 %
VwGKZ: 12 %, VtGKZ: 5 %; Sondereinzelkosten des Vertriebs: 80,00 €; Skonto: 3 %.
Bei der Vorkalkulation wurde mit einem Gewinn von 25 % kalkuliert.
Wie viel Prozent beträgt der Gewinnzuschlag tatsächlich?

8 1. Errechnen Sie aufgrund der Vorkalkulation den verbindlichen Angebotspreis.
2. Errechnen Sie aufgrund der Nachkalkulation den tatsächlichen Gewinn in € und in Prozent.

		Einzelkosten		Gemeinkosten					
		FM (€)	FL (€)	MGKZ	FGKZ	VwGKZ	VtGKZ	Gewinn	Skonto
a)	Vorkalkulation	610,00	490,00	20 %	140 %	10 %	5 %	12,5 %	2 %
	Nachkalkulation	600,00	520,00	20 %	140 %	10 %	5 %	?	2 %
b)	Vorkalkulation	790,00	630,00	30 %	160 %	12 %	6 %	20 %	3 %
	Nachkalkulation	810,00	610,00	28 %	159 %	11 %	5 %	?	3 %
c)	Vorkalkulation	420,00	830,00	40 %	180 %	11 %	4 %	30 %	1 %
	Nachkalkulation	450,00	790,00	42 %	183 %	12 %	5 %	?	1 %
d)	Vorkalkulation	950,00	480,00	36 %	210 %	8 %	3 %	16 2/3 %	2 %
	Nachkalkulation	920,00	500,00	34 %	215 %	7 %	3 %	?	2 %

9 Die PC-Technik und Netzwerke GmbH hat für einen Auftrag über 2 Server, 10 Notebooks und 40 Workstations einen verbindlichen Angebotspreis von 172.000,00 € ermittelt.
Für die Nachkalkulation ergeben sich für diesen Auftrag folgende tatsächlich angefallenen Einzelkosten und Istzuschlagssätze:
Fertigungsmaterial: 120.000,00 €; Fertigungslöhne: 1.600,00 €;
MGKZ: 14,787 %; FGKZ: 110,256 %; VwGKZ: 5,483 %; VtGKZ: 7,619 %.
Errechnen Sie den tatsächlich erzielten Gewinn in € und in Prozent. (Genauigkeit: 3 Stellen nach dem Komma)

4.6 Die Handelskalkulation

Einstieg

Tina Lüders hat die Kalkulation in Herstellungsbetrieben kennengelernt. Ihr Ausbildungsbetrieb, die Konrad Fied KG, ist eine Textilfabrik, die auch Handelswaren führt. Die Handelskalkulation ist Tina Lüders noch nicht vertraut.

Sie überlegt: „Der Wareneinsatz stellt doch die einzigen Einzelkosten in einem Handelsbetrieb dar. Folglich kann man doch sämtliche Gemeinkosten durch lediglich einen Aufschlag auf den Wareneinsatz abdecken."

Handelskalkulation ist doch ganz einfach!

Lernstoff

Die Kalkulation von Handelswaren (entspricht der Handelskalkulation) wird in Form der **Zuschlagskalkulation** durchgeführt.

Die Gemeinkosten (= Handlungskosten) werden bei der Handelskalkulation durch den sogenannten **Handlungskostenzuschlagssatz** abgedeckt.

Der Handlungskostenzuschlagssatz gibt das prozentuale Verhältnis der Gemeinkosten (= Handlungskosten) zum Wareneinsatz an (Wareneinsatz ≙ 100 %).
Oder (bei einer Stückbetrachtung): Der Handlungskostenzuschlagssatz gibt das prozentuale Verhältnis von Handlungskosten pro Stück zum Bezugspreis (Einstandspreis) an (Bezugspreis ≙ 100 %).

Perioden-betrachtung

$$\text{Handlungskostenzuschlagssatz} = \frac{\text{Handlungskosten} \cdot 100}{\text{Wareneinsatz}}$$

oder:

Stück-betrachtung

$$\text{Handlungskostenzuschlagssatz} = \frac{\text{Handlungskosten pro Stück} \cdot 100}{\text{Bezugspreis}}$$

Die Handlungskostenzuschlagssätze der einzelnen Kostenträger werden in der Kostenstellenrechnung (BAB I) ermittelt.

In der Praxis wird das folgende **Kalkulationsschema** angewandt:

	Listeneinkaufspreis (netto)
−	Lieferantenrabatt
	Zieleinkaufspreis
−	Lieferantenskonto
	Bareinkaufspreis
+	Bezugskosten (netto)
	Bezugspreis (Einstandspreis)
+	Handlungskosten (Gemeinkosten)
	Selbstkosten
+	Gewinn
	Barverkaufspreis
+	Kundenskonto
+	Vertreterprovision
	Zielverkaufspreis
+	Kundenrabatt
	Listenverkaufspreis (netto)

(Pfeilspitzen zeigen auf den Grundwert [≙ 100 %].)

Zur Vereinfachung der Kalkulation werden die Einzelzuschläge für die Handlungskosten, für den Gewinn, für die Vertreterprovision, für den Kundenskonto und für den Kundenrabatt zu einem **Gesamtzuschlag** zusammengefasst.

Man unterscheidet hier den **Kalkulationszuschlag** und die **Handelsspanne**.

 Der Kalkulationszuschlag drückt die Differenz (= Stückrohgewinn) zwischen dem Angebotspreis und dem Bezugspreis (Einstandspreis) in Prozent vom Bezugspreis (Bezugspreis ≙ 100 %) aus.

Beispiel

	Listenverkaufspreis	1.240,00 €
−	Bezugspreis	680,00 €
	Stückrohgewinn	560,00 €

680,00 € ≙ 100 %
560,00 € ≙ x %

$$\text{Kalkulationszuschlag} = \frac{100 \cdot 560,00}{680,00} = \mathbf{82,35\ \%}$$

Stückbetrachtung

$$\text{Kalkulationszuschlag} = \frac{100 \cdot (\text{Angebotspreis} - \text{Bezugspreis})[1]}{\text{Bezugspreis}}$$

oder:

Periodenbetrachtung

$$\text{Kalkulationszuschlag} = \frac{100 \cdot (\text{Umsatzerlöse} - \text{Wareneinsatz})[2]}{\text{Wareneinsatz}}$$

 Die Handelsspanne drückt die Differenz (= Stückrohgewinn) zwischen dem Angebotspreis und dem Bezugspreis (Einstandspreis) in Prozent vom Angebotspreis (Angebotspreis ≙ 100 %) aus.

Beispiel

	Listenverkaufspreis	1.240,00 €
−	Bezugspreis	680,00 €
	Stückrohgewinn	560,00 €

1.240,00 € ≙ 100 %
560,00 € ≙ x %

$$\text{Handelsspanne} = \frac{100 \cdot 560,00}{1.240,00} = \mathbf{45,16\ \%}$$

1 = Stückrohgewinn   2 = Periodenrohgewinn

Stück-
betrachtung

$$\text{Handelsspanne} = \frac{100 \cdot (\text{Angebotspreis} - \text{Bezugspreis})^1}{\text{Angebotspreis}}$$

oder:

Perioden-
betrachtung

$$\text{Handelsspanne} = \frac{100 \cdot (\text{Umsatzerlöse} - \text{Wareneinsatz})^2}{\text{Umsatzerlöse}}$$

Eine weitere Vereinfachung der Kalkulation ergibt sich bei Zuhilfenahme des **Kalkulationsfaktors.**

 Der Kalkulationsfaktor ist die Zahl, mit der man den Bezugspreis multiplizieren muss, um den Angebotspreis zu erhalten.

Bezugspreis · Kalkulationsfaktor = Angebotspreis

oder: $\text{Bezugspreis} = \dfrac{\text{Angebotspreis}}{\text{Kalkulationsfaktor}}$ oder: $\text{Kalkulationsfaktor} = \dfrac{\text{Angebotspreis}}{\text{Bezugspreis}}$

Bei einer Periodenbetrachtung ist in diesen Formeln der Begriff „Bezugspreis" durch den Begriff „Wareneinsatz" und der Begriff „Angebotspreis" durch den Begriff „Umsatzerlöse" zu ersetzen.

Beispiel   Listenverkaufspreis: 1.240,00 €; Bezugspreis: 680,00 €

$$\text{Kalkulationsfaktor} = \frac{1.240,00}{680,00} = \mathbf{1{,}8235}$$

Zusammenhang zwischen Kalkulationszuschlag und Kalkulationsfaktor:

Versetzt man das Komma beim Kalkulationszuschlag um 2 Stellen nach links und addiert eine 1 hinzu, so erhält man aus dem Kalkulationszuschlag (im obigen Beispiel **82,35**) den Kalkulationsfaktor (im obigen Beispiel **1,8235**). Geht man umgekehrt vor, so erhält man aus dem Kalkulationsfaktor den Kalkulationszuschlag.

4.6.1   Die Vorwärtskalkulation

Der Einkaufspreis einer Handelsware ist durch den Markt vorgegeben.

 Mithilfe der Vorwärtskalkulation wird ausgehend vom Einkaufspreis der Preis kalkuliert, zu dem die Handelsware mindestens verkauft werden muss.

Beispiel   Die Textilfabrik Konrad Fied KG kalkuliert den Listenverkaufspreis der Handelsware I.

Der Listeneinkaufspreis beträgt 450,00 € (netto).

Der Lieferantenrabatt beträgt 20 %, der Lieferantenskonto 3 %. Die Bezugskosten belaufen sich auf 5,40 € (netto).

Die Berechnung des Handlungskostenzuschlagssatzes ergibt 32,15 %.

Die Textilfabrik Konrad Fied KG kalkuliert mit 15 % Gewinn. Sie gewährt ihren Kunden 2 % Skonto und 10 % Rabatt. Die Vertreterprovision beträgt 5 %.

---

1 = Stückrohgewinn   2 = Periodenrohgewinn

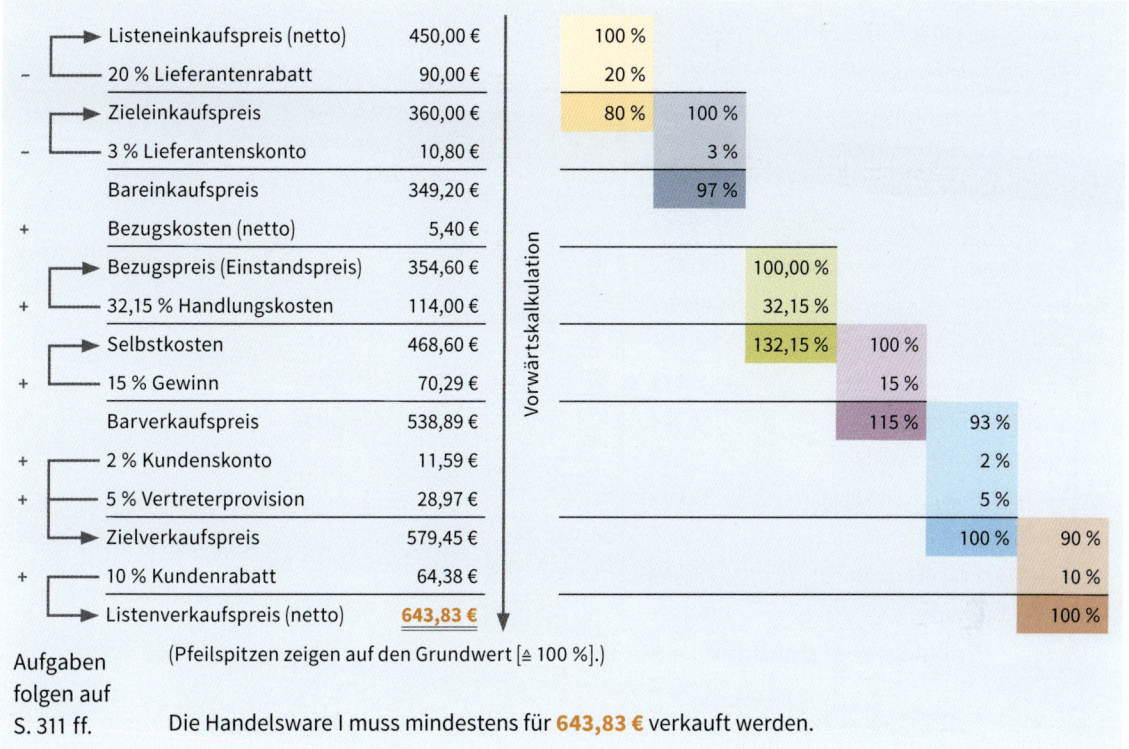

	Listeneinkaufspreis (netto)	450,00 €
−	20 % Lieferantenrabatt	90,00 €
	Zieleinkaufspreis	360,00 €
−	3 % Lieferantenskonto	10,80 €
	Bareinkaufspreis	349,20 €
+	Bezugskosten (netto)	5,40 €
	Bezugspreis (Einstandspreis)	354,60 €
+	32,15 % Handlungskosten	114,00 €
	Selbstkosten	468,60 €
+	15 % Gewinn	70,29 €
	Barverkaufspreis	538,89 €
+	2 % Kundenskonto	11,59 €
+	5 % Vertreterprovision	28,97 €
	Zielverkaufspreis	579,45 €
+	10 % Kundenrabatt	64,38 €
	Listenverkaufspreis (netto)	**643,83 €**

Vorwärtskalkulation

100 %
20 %
80 % 100 %
3 %
97 %

100,00 %
32,15 %
132,15 % 100 %
15 %
115 % 93 %
2 %
5 %
100 % 90 %
10 %
100 %

Aufgaben folgen auf S. 311 ff.

(Pfeilspitzen zeigen auf den Grundwert [≙ 100 %].)

Die Handelsware I muss mindestens für **643,83 €** verkauft werden.

4.6.2 Die Rückwärtskalkulation

Der Verkaufspreis einer Handelsware ist durch den Markt vorgegeben (z. B.: durch den Verkaufspreis der Konkurrenz, aufgrund gesetzlicher Preisvorschriften). In diesem Fall muss ermittelt werden, zu welchem Bezugspreis bzw. Einkaufspreis ein Geschäft noch lohnend ist.

 Mithilfe der Rückwärtskalkulation wird ausgehend vom Verkaufspreis der Preis kalkuliert, zu dem die Handelsware höchstens eingekauft werden darf.

Beispiel

Der Listenverkaufspreis der Handelsware II ist durch den Angebotspreis der Konkurrenz vorgegeben und beträgt 400,00 € (netto).

Es ist zu ermitteln, zu welchem Preis die Handelsware II höchstens eingekauft werden darf, damit das Geschäft lohnend ist.

Die Textilfabrik Konrad Fied KG rechnet mit 10 % Lieferantenrabatt und 3 % Lieferantenskonto.

Die Bezugskosten belaufen sich auf 5,64 € (netto).

Der Handlungskostenzuschlagssatz beträgt 28,10 %.

Es wird mit einem Gewinnzuschlag von 20 % kalkuliert.

Die Textilfabrik Konrad Fied KG gewährt ihren Kunden 25 % Kundenrabatt und 2 % Kundenskonto.

Die Vertreterprovision beträgt 8 %.

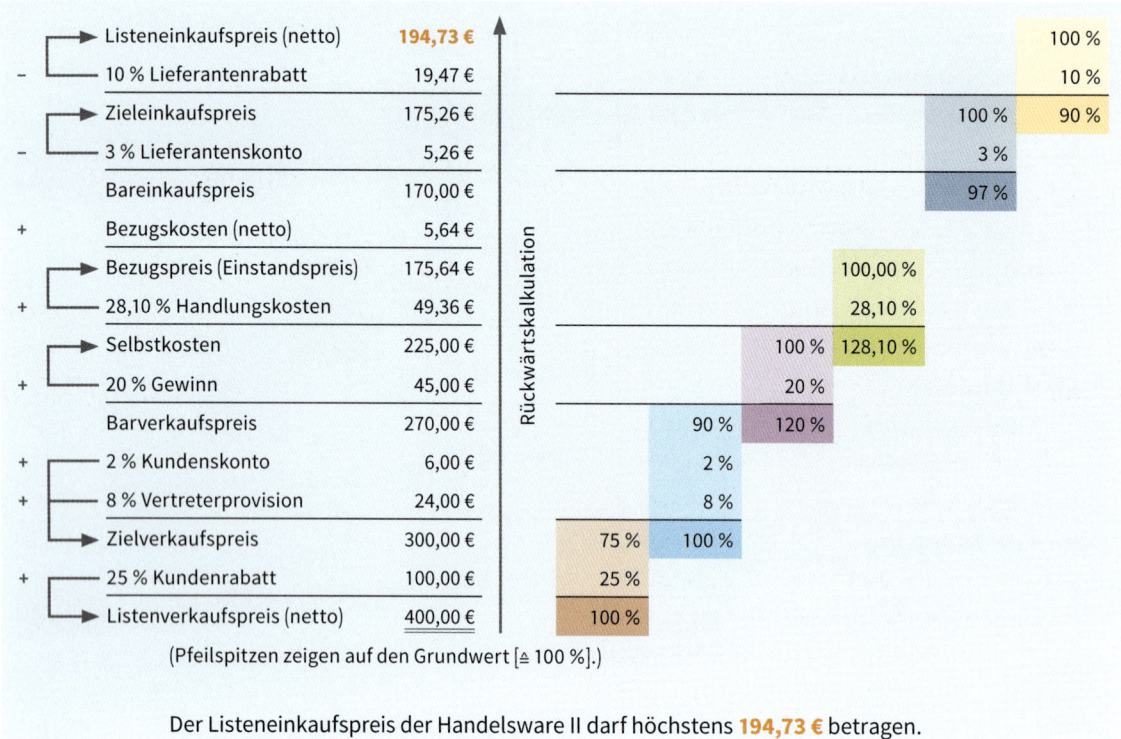

	Listeneinkaufspreis (netto)	194,73 €			100 %
–	10 % Lieferantenrabatt	19,47 €			10 %
	Zieleinkaufspreis	175,26 €		100 %	90 %
–	3 % Lieferantenskonto	5,26 €			3 %
	Bareinkaufspreis	170,00 €			97 %
+	Bezugskosten (netto)	5,64 €			
	Bezugspreis (Einstandspreis)	175,64 €			100,00 %
+	28,10 % Handlungskosten	49,36 €			28,10 %
	Selbstkosten	225,00 €		100 %	128,10 %
+	20 % Gewinn	45,00 €		20 %	
	Barverkaufspreis	270,00 €	90 %	120 %	
+	2 % Kundenskonto	6,00 €	2 %		
+	8 % Vertreterprovision	24,00 €	8 %		
	Zielverkaufspreis	300,00 €	75 %	100 %	
+	25 % Kundenrabatt	100,00 €	25 %		
	Listenverkaufspreis (netto)	400,00 €	100 %		

(Pfeilspitzen zeigen auf den Grundwert [≙ 100 %].)

Der Listeneinkaufspreis der Handelsware II darf höchstens **194,73 €** betragen.

Aufgaben
folgen auf
S. 311 ff.

4.6.3 Die Differenzkalkulation

In manchen Fällen steht nicht nur der Verkaufspreis, sondern auch der Einkaufspreis fest. In einem solchen Fall muss geprüft werden, ob es sich lohnt, den entsprechenden Artikel ins Sortiment aufzunehmen. Es muss also festgestellt werden, ob bei den gegebenen Kalkulationssätzen ein angemessener Gewinn erzielt wird.

Bei vorgegebenem Einkaufspreis und Verkaufspreis wird – zur Ermittlung des Gewinns – mit der Vorwärtskalkulation der Selbstkostenpreis und mit der Rückwärtskalkulation der Barverkaufspreis errechnet. Da sich der Gewinn als Differenz zwischen dem Barverkaufspreis und dem Selbstkostenpreis ergibt, spricht man von Differenzkalkulation.

Beispiel

Vom Einkaufsmarkt ist der Einkaufspreis der Handelsware III vorgegeben. Er beträgt 200,00 € (netto).

Vom Verkaufsmarkt ist der Verkaufspreis dieser Handelsware ebenfalls vorgegeben. Er beträgt 350,00 € (netto).

Der Lieferant gewährt 10 % Lieferantenrabatt und 2 % Skonto.

Die Bezugskosten belaufen sich auf 2,60 € (netto).

Es wird mit einem Handlungskostenzuschlagssatz von 25 % kalkuliert.

Die Textilfabrik Konrad Fied KG gewährt ihren Kunden 3 % Kundenskonto und 20 % Kundenrabatt. Die Vertreterprovision beträgt 10 %.

Lohnt sich die Aufnahme dieser Handelsware ins Sortiment, wenn ein Gewinn von mindestens 12 % erzielt werden soll?

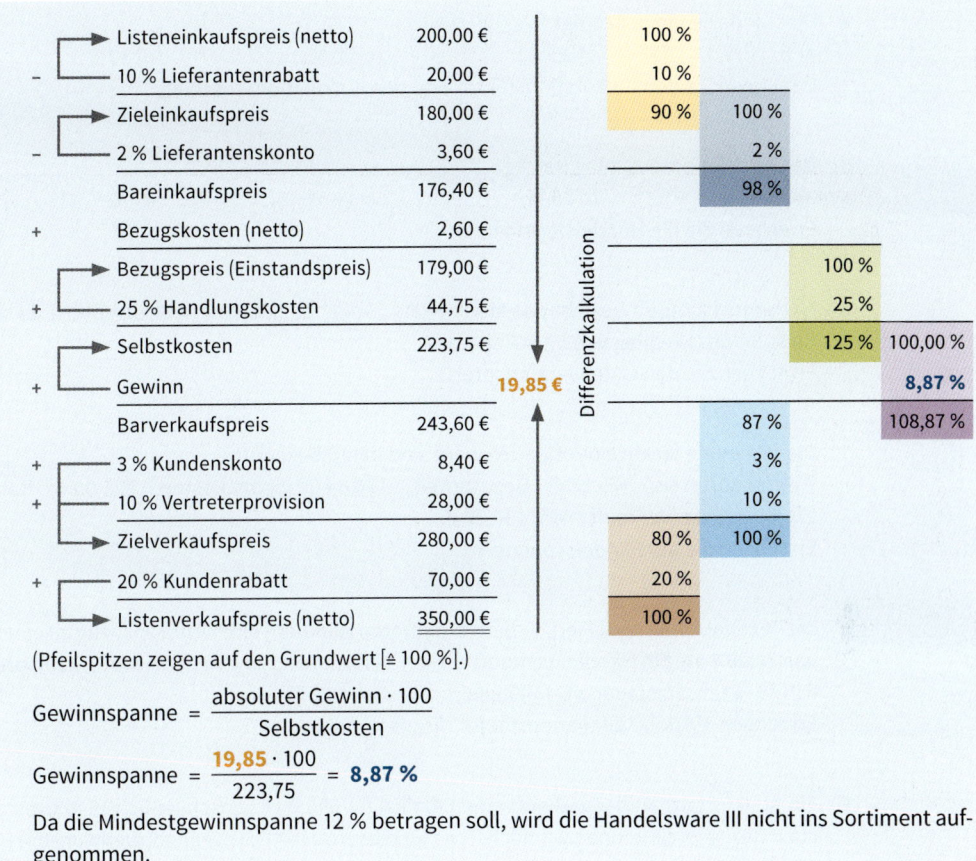

(Pfeilspitzen zeigen auf den Grundwert [≙ 100 %].)

$$\text{Gewinnspanne} = \frac{\text{absoluter Gewinn} \cdot 100}{\text{Selbstkosten}}$$

$$\text{Gewinnspanne} = \frac{19,85 \cdot 100}{223,75} = 8,87\,\%$$

Da die Mindestgewinnspanne 12 % betragen soll, wird die Handelsware III nicht ins Sortiment aufgenommen.

Aufgaben

1–16: Kalkulationsvereinfachung mit Kalkulationszuschlag, Kalkulationsfaktor und Handelsspanne
17–26: Vorwärtskalkulation
27–32: Rückwärtskalkulation
33–38: Differenzkalkulation

1 Berechnen Sie den Kalkulationszuschlag, den Kalkulationsfaktor und die Handelsspanne.

	a)	b)	c)
Bezugspreis, netto	72,00 €	4.218,00 €	216,00 €
Listenverkaufspreis, netto	103,00 €	4.901,00 €	324,00 €

2 Berechnen Sie den Verkaufspreis, den Kalkulationsfaktor und die Handelsspanne.

	a)	b)	c)
Bezugspreis, netto	482,00 €	1.235,00 €	43,00 €
Kalkulationszuschlag	68 %	85 %	72 %

3 Berechnen Sie den Bezugspreis, den Kalkulationszuschlag und den Kalkulationsfaktor.

	a)	b)	c)
Listenverkaufspreis, netto	78,00 €	813,00 €	3.497,00 €
Handelsspanne	30 %	42 %	47 %

4 Die Handelsspanne beträgt
   a) 16 ²/₃ %,   b) 25 %,   c) 20 %,   d) 30 %.
   Errechnen Sie den Kalkulationsfaktor und den Kalkulationszuschlag.

5 Der Kalkulationszuschlag beträgt
   a) 30 %,   b) 25 %,   c) 20 %,   d) 16 ²/₃ %.
   Errechnen Sie die Handelsspanne.

6 Ein Handelsbetrieb bezieht das Modellkleid „Anke" zu 580,00 € (= Bezugspreis). Es wird mit einem Kalkulationszuschlag von 52 % kalkuliert.
   Errechnen Sie den Listenverkaufspreis.

7 Die folgenden Werte einer Handelsware sind Ihnen bekannt:
   Zieleinkaufspreis: 175,26 €; Bezugspreis: 175,64 €; Selbstkosten: 225,00 €; Barverkaufspreis: 270,00 €; Listenverkaufspreis: 400,00 €.
   Errechnen Sie die Handelsspanne.

8 Die Textilfabrik Konrad Fied KG bietet mehreren Händlern einen Herrenanzug zu einem Bezugspreis von 70,00 € an. Ein Händler verkauft diesen Herrenanzug zu einem Bruttoverkaufspreis (einschließlich 19 % Umsatzsteuer) von 149,94 €.
   Errechnen Sie den Kalkulationsfaktor dieses Händlers.

9 Ein Konkurrenzhändler verkauft einen Artikel für 595,00 € (einschließlich 19 % Umsatzsteuer). Welchen Bezugspreis können wir höchstens für diesen Artikel aufwenden, wenn unsere Handelsspanne 40 % beträgt?

10 Wir beziehen ein Herren-Sakko aus Kaschmir zu 120,00 € (= Bezugspreis). Unser Kalkulationsfaktor beträgt 1,7. Wir passen uns dem Listenverkaufspreis der Konkurrenz von 199,00 € an.
   Um wie viel € haben wir den Preis herabgesetzt?

11 Der Listeneinkaufspreis eines Damenlederkostüms beträgt 220,00 €.
   Unser Lieferant gewährt uns 10 % Lieferantenrabatt und 3 % Lieferantenskonto. Die Bezugskosten betragen 9,52 € (einschließlich 19 % Umsatzsteuer). Wir kalkulieren mit einer Handelsspanne von 45 %.
   Errechnen Sie den Listenverkaufspreis.

12 Der Listeneinkaufspreis eines Smokings beträgt 240,00 €.
   Der Lieferantenrabatt beträgt 12,5 %, der Lieferantenskonto 2 %.
   Die Bezugskosten belaufen sich auf 10,71 € (einschließlich 19 % Umsatzsteuer). Unser Kalkulationszuschlag beträgt 52 %.
   Errechnen Sie den Listenverkaufspreis.

13 Wir verkaufen einen Damenmantel des bekannten Modedesigners „Armano" zu 280,00 € (= Listenverkaufspreis). Unsere Handelsspanne beträgt 40 %.
   Errechnen Sie den Bezugspreis.

14   Wir bieten einen Herrenmantel des bekannten Modedesigners „Jaap" zu 315,00 € (= Listenverkaufspreis) an. Unser Kalkulationszuschlag beträgt 50 %.
Errechnen Sie den Bezugspreis.

15   Die Textilfabrik Konrad Fied KG kalkuliert die Handelswarengruppe II mit folgenden Zuschlagssätzen:
Handlungskostenzuschlagssatz: 25 %; Gewinnzuschlagssatz: 20 %; Kundenskonto: 3 %; Kundenrabatt: 12,5 %.
Errechnen Sie den Kalkulationszuschlag, den Kalkulationsfaktor und die Handelsspanne.

16   Der Kalkulationszuschlag für die Handelsware „PC Maleo 180" beträgt 80 %; der Kalkulationszuschlag für die Handelsware „Drucker Kurei 279" beträgt 60 %.
Versehentlich wurden bei der Erstellung der Ausgangsrechnung AR 763 über 20 „PC Maleo 180" und über 50 „Drucker Kurei 279" die Kalkulationszuschläge vertauscht. Auf diese Weise ergab sich in der Ausgangsrechnung AR 763 für die 20 „PC Maleo 180" der unkorrekte Rechnungspreis von 19.200,00 € (netto) und für die 50 „Drucker Kurei 279" der unkorrekte Rechnungspreis von 9.000,00 € (netto).
Errechnen Sie den korrekten Nettoverkaufspreis für einen „PC Maleo 180" und für einen „Drucker Kurei 279" sowie den korrekten Nettogesamtrechnungspreis der Ausgangsrechnung AR 763.

17   Berechnen Sie den Listenverkaufspreis.

	a)	b)	c)
Listeneinkaufspreis (ohne USt)	65,00 €	112,00 €	2.310,00 €
Lieferantenrabatt	20 %	15 %	25 %
Lieferantenskonto	2 %	2,5 %	3 %
Bezugskosten (ohne USt)	5,80 €	7,40 €	40,00 €
Handlungskosten	22 %	34 %	28 %
Gewinn	15 %	10 %	12 %
Kundenskonto	2,5 %	3 %	2 %
Vertreterprovision	19 %	12 %	15 %
Kundenrabatt	10 %	15 %	20 %

18   Zielverkaufspreis: 180,00 € (300,00 €), Barverkaufspreis: 175,50 € (291,00 €). Wie viel Prozent Skonto gewähren wir?

19   Listenverkaufspreis: 385,00 € (250,00 €), Zielverkaufspreis: 308,00 € (225,00 €). Wie viel Prozent Rabatt gewähren wir?

20   Die folgenden Werte sind Ihnen bekannt:
Selbstkosten: 390,00 €; Kalkulationsfaktor: 1,8; Listenverkaufspreis: 540,00 €.
Errechnen Sie die Handlungskosten (in €) und den Handlungskostenzuschlagssatz.

4

21   Der Barverkaufspreis eines hochwertigen Modellkleides beträgt 600,00 €. Der Handlungskostenzuschlagssatz beträgt 66 $\frac{2}{3}$ %. Die Handlungskosten belaufen sich auf 200,00 €.
Errechnen Sie den Gewinn (in €) und die Gewinnspanne.

22   Dem GuV-Konto entnehmen Sie folgende Zahlen:

Handlungskosten . . . .   100.000,00 €
Wareneinsatz . . . .   400.000,00 €
Verkaufserlöse (netto) . . . .   550.000,00 €
Gewinn . . . .   50.000,00 €
Errechnen Sie den Handlungskostenzuschlagssatz.

23   Der Listeneinkaufspreis eines Herrenanzuges (100 % Kaschmir) beträgt 240,00 € (netto). Unser Lieferant gewährt uns 12,5 % Lieferantenrabatt und 2 % Lieferantenskonto. Die Bezugskosten betragen 7,14 € (einschließlich 19 % Umsatzsteuer). Wir kalkulieren mit 32 % Handlungskosten. Unser Gewinnzuschlagssatz beläuft sich auf 15 %. Unsere Kunden erhalten 2 % Kundenskonto und 10 % Kundenrabatt.
Errechnen Sie den Listenverkaufspreis.

24   Bei einer Ware erzielen wir einen Gewinn von 60,00 €. Dies entspricht einer Gewinnspanne von 20 %.
Wir gewähren unseren Kunden 3 % Kundenskonto und 12,5 % Kundenrabatt.
Errechnen Sie den Listenverkaufspreis.

25   Die auf eine Handelsware umgelegten Handlungskosten betragen 45,00 €. Dies entspricht einem Handlungskostenzuschlagssatz von 30 %. Wir kalkulieren mit 20 % Gewinnzuschlag, 2 % Kundenskonto und 20 % Kundenrabatt.
Errechnen Sie den Listenverkaufspreis.

26   Ihnen liegt das folgende Gewinn- und Verlustkonto vor.
a) Errechnen Sie den Handlungskostenzuschlagssatz.
b) Errechnen Sie den prozentualen Gewinnzuschlag.

S	8020 Gewinn- und Verlustkonto	H
6080 Aufwendungen für Waren 900.000,00	5100 Umsatzerlöse für Waren 1.400.000,00	
6300 Gehälter 180.000,00		
6700 Mieten, Pachten 60.000,00		
6800 Büromaterial 10.000,00		
6870 Werbung 50.000,00		
3000 Eigenkapital 200.000,00		
1.400.000,00	1.400.000,00	

27 Berechnen Sie den Listeneinkaufspreis.

	a)	b)	c)
Lieferantenrabatt	10 %	20 %	15 %
Lieferantenskonto	3 %	2,5 %	3 %
Bezugskosten (ohne USt)	12,30 €	25,00 €	48,00 €
Handlungskosten	28 %	33 %	37 %
Gewinn	12 %	20 %	15 %
Kundenskonto	2 %	3 %	2,5 %
Vertreterprovision	12 %	10 %	15 %
Kundenrabatt	20 %	15 %	10 %
Listenverkaufspreis (ohne USt)	850,00 €	1.680,00 €	6.512,00 €

28 Der Selbstkostenpreis eines hochwertigen Anzuges beträgt 185,00 €. Er wird mit 48 % Handlungskosten kalkuliert.
Errechnen Sie den Bezugspreis.

29 Die Textilfabrik Konrad Fied KG kalkuliert eine Handelsware mit 2 % Kundenskonto, 25 % Handlungskosten, 12,5 % Gewinn und 20 % Kundenrabatt. Der Listenverkaufspreis beträgt 300,00 €. Errechnen Sie den Barverkaufspreis.

30 Es wird mit 20 % Gewinn und 50 % Handlungskosten kalkuliert.
Den Kunden wird weder Rabatt noch Skonto gewährt. Der Bruttoverkaufspreis beträgt 1.071,00 € (Umsatzsteuer = 19 %).
Errechnen Sie den Bezugspreis.

31 Die Selbstkosten eines Damenledermantels betragen 153,70 €. Wir kalkulieren mit einem Handlungskostenzuschlagssatz von 52 %. Unser Lieferant, die Emut GmbH, gewährt uns 3 % Skonto und 20 % Rabatt. An Bezugskosten sind 9,52 € (einschließlich 19 % Umsatzsteuer) angefallen.
Errechnen Sie den Listeneinkaufspreis.

32 Der Listenverkaufspreis eines Herrenanzuges ist durch den Listenverkaufspreis der Konkurrenz vorgegeben und beträgt 190,00 €. Unser Lieferant gewährt uns 12,5 % Lieferantenrabatt und 3 % Lieferantenskonto. Die Bezugskosten betragen 11,90 € (einschließlich 19 % Umsatzsteuer). Wir kalkulieren mit 32 % Handlungskosten, 25 % Gewinn, 20 % Kundenrabatt und 2 % Kundenskonto.
Errechnen Sie, zu welchem Listeneinkaufspreis der Herrenanzug höchstens eingekauft werden darf, damit die Aufnahme ins Sortiment lohnend ist.

33 Berechnen Sie den Gewinn in € und in Prozent.

	a)	b)	c)
Listeneinkaufspreis (ohne USt)	980,00 €	2.900,00 €	5.780,00 €
Lieferantenrabatt	20 %	25 %	10 %
Lieferantenskonto	3 %	2,5 %	2 %
Bezugskosten (ohne USt)	18,00 €	45,00 €	68,00 €
Handlungskosten	29 %	35 %	22 %
Kundenskonto	2 %	1 %	3 %
Vertreterprovision	10 %	12 %	15 %
Kundenrabatt	20 %	10 %	15 %
Listenverkaufspreis (ohne USt)	1.780,00 €	4.300,00 €	7.940,00 €

34   Die folgenden Werte sind Ihnen bekannt:

Bezugspreis	320,00 €
Handlungskostenzuschlagssatz	30 %
Kundenskonto	2 %
Kundenrabatt	20 %
Bruttoverkaufspreis	789,29 €
Umsatzsteuersatz	19 %

Errechnen Sie den Gewinn (in €) und die Gewinnspanne.

35   Unser größter Konkurrent bietet den Herrenledermantel XY 212 zu einem Listenverkaufspreis von 240,00 € an. Der Listeneinkaufspreis dieses Herrenledermantels beträgt 135,00 €. Unser Lieferant gewährt uns 10 % Lieferantenrabatt und 2 % Lieferantenskonto. Die Bezugskosten belaufen sich auf 10,71 € (einschließlich 19 % Umsatzsteuer). Wir kalkulieren mit 28 % Handlungskosten. Unsere Kunden erhalten 3 % Kundenskonto und 12,5 % Kundenrabatt.
Welchen Gewinn (in €) und welche Gewinnspanne können wir erzielen?

36   Die Handlungskosten einer Ware betragen 60,00 €. Dies entspricht einem Handlungskostenzuschlagssatz von 30 %. Der Listenverkaufspreis dieser Handelsware beträgt 397,96 €. Wir gewähren unseren Kunden 2 % Kundenskonto und 20 % Kundenrabatt.
Errechnen Sie den Gewinn (in €) und die Gewinnspanne.

37   Der Selbstkostenpreis eines Herrenanzuges aus dem bekannten Modehaus „Kenzi" beträgt 240,00 €. Aufgrund der Marktsituation müssen wir diesen Anzug für 340,00 € (= Listenverkaufspreis) verkaufen. Wir gewähren unseren Kunden 3 % Kundenskonto und 20 % Kundenrabatt.
Errechnen Sie den Gewinn (in €) und die Gewinnspanne.

38   Wir verkaufen eine Ware zu einem Barverkaufspreis von 390,00 €. Der Bezugspreis dieser Ware beträgt 286,00 €. Wir kalkulieren mit einem Handlungskostenzuschlagssatz von 24 %.
Errechnen Sie die Gewinnspanne.

4.7 Die Deckungsbeitragsrechnung (Teilkostenrechnung)

Einstieg

Herr Bremer, der Ausbildungsleiter der Konrad Fied KG, übergibt Tina Lüders ein Arbeitsblatt mit den Worten: „Frau Lüders, die Kostenrechnung, die Sie bisher kennengelernt haben, ist eine sogenannte Vollkostenrechnung. Bei einer Vollkostenrechnung erfolgt eine volle Umlegung aller Kosten auf die Kostenträger, daher der Begriff ‚Vollkostenrechnung'. Mit einem Vollkostenrechnungssystem sind einige Nachteile verbunden. Ich habe Ihnen auf diesem Arbeitsblatt eine Aufgabe formuliert, bei deren Lösung Sie eigenständig einen entscheidenden Nachteil der Vollkostenrechnung herausarbeiten sollen."

Das Arbeitsblatt enthält die folgende Aufgabe:

In einem Einproduktunternehmen (die fixen Kosten fallen nur für ein Produkt an) betragen die variablen Kosten 200,00 € pro Stück und die fixen Kosten 1.000.000,00 €. Der Gewinnzuschlag ist 20 %.
a) Es wird mit einem Absatz von 10 000 Stück in der Betrachtungsperiode gerechnet. Kalkulieren Sie mithilfe der Vollkostenrechnung den Verkaufspreis.
b) Der erwartete Absatz wird übertroffen. Es können 15 000 Stück zu dem [unter a)] errechneten Verkaufspreis in der Betrachtungsperiode verkauft werden.
    Ermitteln Sie den Gewinnzuschlagssatz bei dieser Absatzsituation.
c) Der erwartete Absatz wird nicht erreicht. Es können nur 5 000 Stück zu dem [unter a)] errechneten Verkaufspreis in der Betrachtungsperiode verkauft werden.
    Ermitteln Sie den Gewinn/Verlust pro Stück bei dieser Absatzsituation.
d) Erklären Sie, weshalb bei den Absatzsituationen der Aufgaben b) und c) der kalkulierte Gewinnzuschlag (20 %) nicht erzielt wird.
e) Stellen Sie im Koordinatensystem die Zusammenhänge dar. Zeichnen Sie dazu die Erlösfunktion (E), die Kostenkurve der Vollkostenrechnung (K_{voll}) und die Kostenkurve des tatsächlichen Kostenverlaufs (K_{eff}). Erklären Sie die Grafik.
    (Für die grafische Darstellung gilt: Ordinate: 1 Mio. € ≙ 2 cm. Abszisse: 1 000 Stück ≙ 1 cm.)

Lernstoff

4.7.1 Die Nachteile der Vollkostenrechnung

Bei der im Kapitel 4.5.2 dargestellten Kostenträgerstückrechnung werden zum Zweck der Kalkulation alle fixen und variablen Kosten auf einen Kostenträger umgelegt. Es erfolgt eine **volle Umlegung** der Kosten auf den Kostenträger. Man spricht hier von einer **Vollkostenrechnung**. Ein Nachteil der Vollkostenrechnung ist, dass sie den Beschäftigungsgrad des Betriebes vernachlässigt.

Bei der Vollkostenrechnung wird nicht berücksichtigt, dass
– **mit wachsender Ausbringung die fixen Kosten pro Stück sinken und umgekehrt**
– **mit sinkender Ausbringung die fixen Kosten pro Stück steigen.**

Aus diesem Grund wird bei verändertem Beschäftigungsgrad der (gemäß der Vollkostenrechnung) erwartete Gewinn tatsächlich nicht erzielt.

Beispiel

Ein Einproduktunternehmen (die fixen Kosten fallen nur für ein Produkt an) hat fixe Kosten von 400.000,00 € und variable Kosten von 100,00 € pro Stück.
Bei der Kalkulation wird von einem Absatz von 5000 Stück ausgegangen.
Der Gewinnzuschlag beträgt **20 %**.
Es ergibt sich folgende Preiskalkulation:

	fixe Kosten pro Stück:	$\dfrac{400.000,00}{5000}$	=	80,00 €
+	variable Stückkosten			100,00 €
=	Selbstkosten pro Stück			180,00 €
+	**20 % Gewinn**			36,00 €
=	Verkaufspreis			216,00 €

Bei dem **unterstellten Absatz** von 5000 Stück ergibt sich folgende Erfolgssituation:

	Verkaufserlöse	5000 · 216,00	=		1.080.000,00 €
	fixe Kosten			400.000,00 €	
	variable Kosten	5000 · 100,00	=	500.000,00 €	
–	Selbstkosten				900.000,00 €
=	**absoluter Gewinn**				**180.000,00 €**

prozentualer Gewinn: 900.000,00 € ≙ 100 %
180.000,00 € ≙   x %

$$x = \frac{100 \cdot 180.000,00}{900.000,00} = 20\,\%$$

Der prozentuale Gewinn beträgt – wie erwartet – **20 %**.

Die Verkaufslage ändert sich:

1. Ein **höherer Absatz** als erwartet wird realisiert. 6000 Stück werden verkauft. Es ergibt sich folgende Erfolgssituation:

	Verkaufserlöse	6000 · 216,00	=		1.296.000,00 €
	fixe Kosten			400.000,00 €	
	variable Kosten	6000 · 100,00	=	600.000,00 €	
–	Selbstkosten				1.000.000,00 €
=	**absoluter Gewinn**				**296.000,00 €**

prozentualer Gewinn: 1.000.000,00 € ≙ 100 %
180.000,00 € ≙   x %

$$x = \frac{100 \cdot 296.000,00}{1.000.000,00} = 29,6\,\%$$

Der prozentuale Gewinn beträgt **29,6 %**. Er ist größer als erwartet, weil aufgrund der höheren Ausbringung die fixen Kosten pro Stück gesunken sind.

2. Ein **geringerer Absatz** als erwartet wird realisiert. 3000 Stück werden verkauft. Es ergibt sich folgende Erfolgssituation:

	Verkaufserlöse	3000 · 216,00	=		648.000,00 €
	fixe Kosten			400.000,00 €	
	variable Kosten	3000 · 100,00	=	300.000,00 €	
–	Selbstkosten				700.000,00 €
=	**Verlust**				**– 52.000,00 €**

In diesem Fall wird – entgegen der Erwartung – ein Verlust erzielt, weil die fixen Kosten pro Stück aufgrund der geringeren Ausbringung gestiegen sind.

Die folgende Grafik gibt den Zusammenhang wieder:

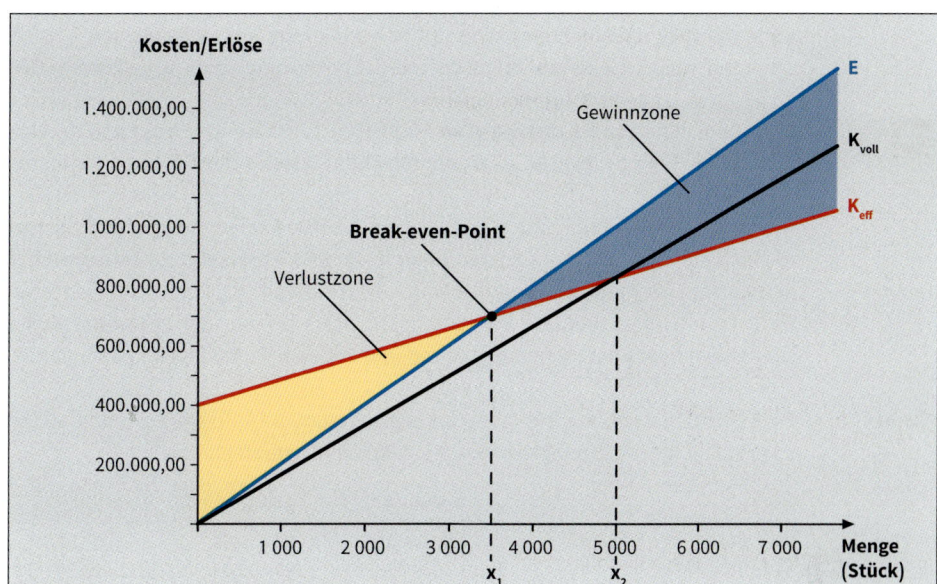

E stellt die Erlösfunktion dar. Sie ergibt sich aus dem Produkt von Preis mal Menge ($E = 216,00 \cdot x$).

K_{voll} stellt die verrechnete Kostenkurve der Vollkostenrechnung dar. Sie ergibt sich aus dem Produkt von Selbstkosten pro Stück mal Menge ($K_{voll} = 180,00 \cdot x$).

K_{eff} stellt den tatsächlichen Kostenverlauf dar. Der tatsächliche Kostenverlauf ergibt sich aus der Summe der fixen Kosten und der variablen Kosten ($K_{eff} = 400.000,00 + 100,00 \cdot x$).

Die proportionalisierte Kostenkurve K_{voll} der Vollkostenrechnung verläuft unter der Erlösfunktion E. Insofern weist die Vollkostenrechnung fälschlicherweise immer einen Gewinn aus.

Tatsächlich wird aber erst ein Gewinn ab der Absatzmenge x_1 (= 3449 Stück[1]) erzielt. Diesen Punkt bezeichnet man als **Break-even-Point** oder **Gewinnschwelle**. Ab x_1 übersteigen die Erlöse (E) die tatsächlichen Kosten (K_{eff}). Ist die Absatzmenge kleiner als x_1, so liegt das Unternehmen in der Verlustzone, obwohl die Vollkostenrechnung einen Gewinn ausweist.

Der Break-even-Point liegt im **Schnittpunkt** der Erlösfunktion (E) und der Kostenfunktion (K_{eff}). Er wird rechnerisch wie folgt ermittelt:

$$E = K_{eff}$$
$$216,00\,x_1 = 400.000,00 + 100,00\,x_1$$
$$116,00\,x_1 = 400.000,00$$
$$x_1 = \frac{\textbf{400.000,00}}{\textbf{116,00}}$$
$$x_1 = 3448,28 \text{ Stück}$$

Da **400.000,00 = Fixkosten**
und **116,00 = Verkaufspreis (≙ 216,00) – variable Stückkosten (≙ 100,00)**, gilt:

$$\text{Absatzmenge beim Break-even-Point} = \frac{\textbf{Fixkosten}}{\textbf{Verkaufspreis – variable Stückkosten}^2}$$

---

1   Siehe unten: rechnerische Ermittlung des Break-even-Points.

2   Da „Verkaufspreis – variable Stückkosten" = „Deckungsbeitrag pro Stück" (siehe S. 322), gilt:

$$\textbf{Absatzmenge beim Break-even-Point} = \frac{\text{Fixkosten}}{\text{Deckungsbeitrag pro Stück}}$$

Bis zur Absatzmenge x_2 (= 5000 Stück[1]), die die Basis der Kalkulation bildet, sind die tatsächlichen Kosten (K_{eff}) höher als die in der Vollkostenrechnung verrechneten Kosten (K_{voll}). In diesem Bereich weist die Vollkostenrechnung einen zu hohen Gewinn aus. Jenseits von x_2 ist es umgekehrt: Der tatsächliche Gewinn ist größer als der mit der Vollkostenrechnung kalkulierte Gewinn.

 Aufgrund der proportionalisierten Fixkosten führt bei der Vollkostenrechnung ein veränderter Beschäftigungsgrad zu einem falschen Ausweis des Gewinns/Verlustes.

Neben diesem Nachteil gibt es noch einen weiteren schwerwiegenden Nachteil der Vollkostenrechnung: Die Frage, ob ein Kostenträger in einem **Mehrproduktunternehmen (fixe Kosten fallen gemeinsam für mehrere Produkte an)** „wirtschaftlich" ist, kann mithilfe der Vollkostenrechnung nicht beantwortet werden. Das Entscheidungskriterium, die **gesamten Kosten je Stück (einschließlich fixer Kosten)** heranzuziehen und mit dem Verkaufspreis zu vergleichen, ist ungeeignet.

Beispiel

Ein Industriebetrieb plant im Abrechnungszeitraum die Aufträge A, B und C zu fertigen. Es gilt die folgende Zuschlagskalkulation (der Vollkostenrechnung):

		Auftrag A	Auftrag B	Auftrag C	Summe
	Fertigungsmaterial	80.000,00	100.000,00	60.000,00	240.000,00
+	20 % MGKZ	16.000,00	20.000,00	12.000,00	48.000,00
	Materialkosten	96.000,00	120.000,00	72.000,00	288.000,00
	Fertigungslöhne	120.000,00	90.000,00	80.000,00	290.000,00
+	110 % FGKZ	132.000,00	99.000,00	88.000,00	319.000,00
	Fertigungskosten	252.000,00	189.000,00	168.000,00	609.000,00
	Herstellkosten	348.000,00	309.000,00	240.000,00	897.000,00
+	10 % Vw- und VtGKZ	34.800,00	30.900,00	24.000,00	89.700,00
	Selbstkosten	382.800,00	339.900,00	264.000,00	986.700,00
	Verkaufserlöse	420.000,00	310.000,00	264.000,00	994.000,00
	Betriebsergebnis im Abrechnungszeitraum	37.200,00	– 29.900,00	0,00	**7.300,00**

An **Einzelkosten** fallen im Abrechnungszeitraum insgesamt an:

	Fertigungsmaterial	240.000,00 €
+	Fertigungslöhne	290.000,00 €
=	Summe Einzelkosten	530.000,00 €

An **Gemeinkosten** fallen im Abrechnungszeitraum insgesamt an:

	Materialgemeinkosten	48.000,00 €
+	Fertigungsgemeinkosten	319.000,00 €
+	Verwaltungs- und Vertriebsgemeinkosten	89.700,00 €
=	Summe Gemeinkosten	456.700,00 €

Zur **Vereinfachung** wird unterstellt, dass lediglich die Einzelkosten variable Kosten darstellen und sämtliche Gemeinkosten fixe Kosten sind. (Tatsächlich wird ein hoher Prozentsatz der Gemeinkosten fixe Kosten beinhalten und ein geringer Prozentsatz der Gemeinkosten variable Kosten ausmachen.)

---

[1]
$$K_{voll} = K_{eff}$$
$$180,00\, x_2 = 400.000,00 + 100,00\, x_2$$
$$x_2 = 5000 \text{ Stück}$$

Das Betriebsergebnis des Abrechnungszeitraumes ergibt sich dann auch folgendermaßen:

	Summe Verkaufserlöse	994.000,00 €
–	variable Kosten	530.000,00 €
–	fixe Kosten	456.700,00 €
=	**Betriebsergebnis**	**7.300,00 €**

Aufgrund der mit der Zuschlagskalkulation durchgeführten Vollkostenrechnung erbringt der Auftrag B einen Verlust von 29.900,00 €. Der Auftrag B wird deshalb aus dem Produktionsprogramm herausgenommen.

Bei dieser Unternehmenspolitik, die auf der Vollkostenrechnung basiert, würde sich das Betriebsergebnis verschlechtern:

	Verkaufserlöse A	420.000,00 €
+	Verkaufserlöse C	264.000,00 €
–	variable Kosten A (= Einzelkosten A)	200.000,00 €[1]
–	variable Kosten C (= Einzelkosten C)	140.000,00 €[2]
–	fixe Kosten	456.700,00 €
=	**Betriebsverlust**	**– 112.700,00 €**

Würde man zusätzlich den Auftrag C, der nach der Vollkostenkalkulation einen Erfolg von 0,00 € erbringt, aus dem Produktionsprogramm nehmen, so würde sich die Verlustsituation noch weiter verschlechtern:

	Verkaufserlöse A	420.000,00 €
–	variable Kosten A (= Einzelkosten A)	200.000,00 €[1]
–	fixe Kosten	456.700,00 €
=	**Betriebsverlust**	**– 236.700,00 €**

 Die Vollkostenrechnung kann nicht als Grundlage für Entscheidungen über das Produktionsprogramm herangezogen werden. Begründung: Durch die nicht verursachungsgerechte Zuordnung von fixen Kosten auf die Kostenträger wird bei der Vollkostenrechnung fälschlicherweise unterstellt, dass fixe Kosten durch die Herausnahme von Kostenträgern aus dem Produktionsprogramm abgebaut werden können.

Aufgaben folgen auf S. 329 ff.

4.7.2 Der Deckungsbeitrag

Die Deckungsbeitragsrechnung versucht die Mängel der Vollkostenrechnung zu vermeiden und dem **Kostenverursachungsprinzip** mehr Rechnung zu tragen.

Sie beruht auf der Grundüberlegung, dem Kostenträger nur einen Teil der Gesamtkosten, die **variablen Kosten,** zuzuordnen. Man spricht deshalb auch von **Teilkostenrechnung.**

 Bei der Teilkostenrechnung werden allein die variablen Kosten den Kostenträgern zugerechnet.

Die variablen Kosten entstehen durch den Kostenträger (z. B. Erzeugnis, Erzeugnisgruppe, Auftrag) direkt. Sie stellen eine Kostengröße dar, die vom einzelnen Kostenträger beeinflusst wird.

---

1 Fertigungsmaterial A + Fertigungslöhne A = 80.000,00 € + 120.000,00 €
2 Fertigungsmaterial C + Fertigungslöhne C = 60.000,00 € + 80.000,00 €

Daneben gibt es den Fixkostenblock, der nicht in Zusammenhang mit einzelnen Kostenträgern zu bringen ist. Er entsteht durch die bloße Betriebsbereitschaft.

Die Fixkosten werden daher den Kostenträgern nicht zugeordnet.

Bei Teilkostenrechnungssystemen ist der **Gewinn nur für den Gesamtbetrieb** ermittelbar. Der Versuch, ihn auf Kostenträger zuzurechnen, vernachlässigt die Leistungsverbundenheit (gemeinsamer Einkauf, gemeinsames Lager, gemeinsame Verwaltung, gemeinsamer Verkauf) der einzelnen Kostenträger.

An die Stelle des Gewinns pro Kostenträger tritt bei Teilkostenrechnungssystemen der **Deckungsbeitrag.**

 Die Differenz zwischen den Verkaufserlösen und den variablen Kosten eines Kostenträgers ist der Deckungsbeitrag. Er gibt an, welchen Beitrag der jeweilige Kostenträger zur Deckung der fixen Kosten und zur Erzielung eines Gewinns leistet.

Man unterscheidet den **Deckungsbeitrag pro Stück (d)** und den **Deckungsbeitrag pro Periode (D).**

Deckungsbeitrag pro Stück	=	**Verkaufspreis – variable Stückkosten**
d	=	$p - k_v$

Deckungsbeitrag pro Periode	=	**Verkaufserlöse der Periode – variable Kosten der Periode**
D	=	$E - K_v$

Der Betriebserfolg ergibt sich folgendermaßen:

	Summe der Deckungsbeiträge aller Kostenträger pro Periode
–	**Fixkosten der Periode**
=	**Betriebsgewinn/Betriebsverlust**

Beispiel (identisch mit dem Beispiel auf S. 320 f.)

Für die Daten des Beispiels der S. 320 f. ergibt sich folgende Deckungsbeitragsrechnung:

	Auftrag A	Auftrag B	Auftrag C
Verkaufserlöse der Periode	420.000,00 €	310.000,00 €	264.000,00 €
– variable Kosten der Periode[1]	200.000,00 €	190.000,00 €	140.000,00 €
= Deckungsbeitrag der Periode	**220.000,00 €**	**120.000,00 €**	**124.000,00 €**

Summe der Deckungsbeiträge (= **220.000,00 € + 120.000,00 € + 124.000,00 €**)	464.000,00 €
– fixe Kosten[2]	456.700,00 €
= **Betriebsergebnis**	**7.300,00 €**

Es wird deutlich, dass sich das Betriebsergebnis verschlechtert, wenn Aufträge mit einem positiven Deckungsbeitrag aus dem Produktionsprogramm herausgenommen werden (vgl. S. 323).

1 Im Beispiel auf S. 320 f. wurde – zur Vereinfachung – unterstellt, dass lediglich die Einzelkosten (= Fertigungsmaterial + Fertigungslöhne) variable Kosten darstellen.

2 Im Beispiel auf S. 320 f. wurde – zur Vereinfachung – unterstellt, dass die Gemeinkosten (= Materialgemeinkosten + Fertigungsgemeinkosten + Verwaltungsgemeinkosten + Vertriebsgemeinkosten) ausschließlich fixe Kosten sind.

Aufgaben
folgen auf
S. 329 ff.

Die Gegenüberstellung der Summe aller Deckungsbeiträge mit den fixen Kosten ergibt den Betriebserfolg. Nicht feststellbar ist, ob einzelne Kostenträger einen Stückgewinn oder einen Stückverlust erwirtschaften. Es steht aber fest, dass jeder Kostenträger mit einem Preis, der über den variablen Stückkosten liegt, zur Deckung der fixen Kosten und zur Erzielung eines Gewinns beiträgt.

4.7.3   Die Zerlegung der Kostenarten in variable und fixe Kosten

Die Ermittlung von Deckungsbeiträgen setzt voraus, dass die Kostenarten in variable und fixe Bestandteile zerlegt werden können. Dies geschieht mithilfe der **Verfahren der Kostenspaltung.**

In der Praxis wird überwiegend das Verfahren der **buchtechnischen Kostenspaltung**[1] herangezogen. Dieses Verfahren beschränkt sich auf eine **näherungsweise Zerlegung** der Kostenarten in variable und fixe Kosten. Die Kostenspaltung wird aufgrund von **praktischen Erfahrungen** vorgenommen. Kostenarten, die sowohl variable als auch fixe Bestandteile aufweisen, werden entweder – zur Vereinfachung – einem der beiden Blöcke zugeordnet oder aufgrund von Beobachtungen in variable und fixe Kosten gespalten.

4.7.4   Die Anwendungsmöglichkeiten der Deckungsbeitragsrechnung

Die Deckungsbeitragsrechnung dient
1. der Wirtschaftlichkeitsprüfung der Produkte (Produktionsprogrammplanung),
2. der Entscheidung, ob Produkte selbst hergestellt oder fremdbezogen werden sollen, und
3. der Preisbildung.

4.7.4.1   Die Produktionsprogrammplanung mithilfe der Deckungsbeitragsrechnung

Die Produktionsprogrammplanung bei freier Kapazität

Ziel der Produktionsprogrammplanung ist es, die wirtschaftlichsten Erzeugnisse bzw. Erzeugnisgruppen ins Produktionsprogramm aufzunehmen.

Beispiel   Ein Industriebetrieb produziert die Erzeugnisse I, II, III und IV. Es gelten folgende Daten:

Erzeugnis	I	II	III	IV
Verkaufserlöse	260.000,00 €	325.000,00 €	680.000,00 €	450.000,00 €
– Einzelkosten	120.000,00 €	300.000,00 €	400.000,00 €	270.000,00 €
– variable Gemeinkosten	40.000,00 €	150.000,00 €	120.000,00 €	120.000,00 €
= Deckungsbeitrag	100.000,00 €	– 125.000,00 €	160.000,00 €	60.000,00 €
fixe Kosten: 250.000,00 €				

Bei dem vorliegenden Produktionsprogramm wird mit Verlust gearbeitet:

	Deckungsbeitrag der Betrachtungsperiode von Erzeugnis I:	100.000,00 €
–	Deckungsbeitrag der Betrachtungsperiode von Erzeugnis II:	– 125.000,00 €
+	Deckungsbeitrag der Betrachtungsperiode von Erzeugnis III:	+ 160.000,00 €
+	Deckungsbeitrag der Betrachtungsperiode von Erzeugnis IV:	+ 60.000,00 €
–	fixe Kosten	– 250.000,00 €
	Verlust	**– 55.000,00 €**

---

1   Es gibt ferner das Differenz-Quotienten-Verfahren („mathematisches Verfahren") und die mathematisch-statistische Kostenspaltung.

Das Produktionsprogramm wird geändert. Erzeugnis II weist einen negativen Deckungsbeitrag (– 125.000,00 €) auf und wird aus dem Produktionsprogramm genommen. Die Erfolgssituation verbessert sich entsprechend um 125.000,00 € auf einen Gewinn von **70.000,00 €**.

Ist in dem Unternehmen freie Kapazität vorhanden, so ist keine Entscheidung hinsichtlich einer alternativen Produktauswahl zu treffen. Alle Produkte/Aufträge[1] mit einem positiven Deckungsbeitrag werden ins Produktionsprogramm aufgenommen. Ein positiver Deckungsbeitrag trägt dazu bei, den Fixkostenblock abzudecken und darüber hinaus einen Gewinn zu erzielen.

Fortsetzung des Beispiels

Der Betrieb möchte wegen der frei gewordenen Kapazität den Umsatz der übrigen drei Erzeugnisse durch Werbemaßnahmen steigern. Es stellt sich die Frage, bei welchem Erzeugnis Werbemaßnahmen die betriebliche Erfolgssituation am meisten verbessern.

Die Rangfolge der wirtschaftlichsten Erzeugnisse wird durch die **Deckungsbeiträge in Prozent von den Verkaufserlösen[2]** festgelegt:

Erzeugnis	I	III	IV
Deckungsbeitrag in Prozent von den Verkaufserlösen[2]	38,462 %	23,529 %	13,333 %

Werbemaßnahmen zur Steigerung des Umsatzes sind in unserem Beispiel in folgender Rangfolge am erfolgversprechendsten: Erzeugnis I, Erzeugnis III, Erzeugnis IV.

Eine Umsatzsteigerung von beispielsweise 100.000,00 € würde bei Erzeugnis I zu einem Zuwachs des Deckungsbeitrages der Periode von 38.462,00 € (38,462 % von 100.000,00 €) führen. Bei Erzeugnis III wird in diesem Fall ein Zuwachs des Deckungsbeitrages der Periode von 23.529,00 € (23,529 % von 100.000,00 €) erzielt. Bei Erzeugnis IV beträgt er 13.333,00 € (13,333 % von 100.000,00 €).

Bei freier Kapazität ergibt sich die Rangfolge der wirtschaftlichsten Kostenträger durch die Deckungsbeiträge in Prozent von den Verkaufserlösen.

Aufgaben folgen auf S. 329 ff.

Die Produktionsprogrammplanung bei knapper Kapazität

Bisher wurde von freier Kapazität ausgegangen. Anders ist die Situation bei begrenzter Kapazität. In Industriebetrieben kann auf jeder Produktionsstufe ein Engpass auftreten.

Bei Vorliegen eines Kapazitätsengpasses ist die Frage zu beantworten, welche Produkte mit positivem Deckungsbeitrag ins Produktionsprogramm aufgenommen werden. Entscheidend ist jetzt, dass die knappe Kapazität möglichst gut genutzt wird. Als Entscheidungskriterium dient der **relative Deckungsbeitrag.**

---

[1] Es spielt dabei keine Rolle, ob es sich um bestehende oder um sogenannte „Zusatzaufträge" (wie oft unnötigerweise in der Literatur explizit herausgestellt) handelt.

[2] Verkaufserlöse $\triangleq$ 100 %
Deckungsbeitrag $\triangleq$ x %
$$x = \frac{100 \cdot \text{Deckungsbeitrag}}{\text{Verkaufserlöse}}$$

Der relative Deckungsbeitrag ergibt sich durch Division des absoluten Deckungsbeitrages pro Kostenträger durch die benötigte Engpasskapazität des Kostenträgers.

$$\text{relativer Deckungsbeitrag} = \frac{\text{Deckungsbeitrages pro Kostenträger)}}{\text{benötigte Engpasskapazität des Kostenträger}}$$

Beispiel

Es liegen die folgenden Daten vor:

Kostenträger	1	2	3	4	5	6
Verkaufspreis	600,00	800,00	700,00	900,00	1.000,00	500,00
– Einzelkosten	300,00	500,00	400,00	500,00	600,00	200,00
– variable Gemeinkosten	100,00	200,00	100,00	300,00	100,00	200,00
= Deckungsbeitrag pro Stück (d)	200,00	100,00	200,00	100,00	300,00	100,00
Absatzmenge (Stück) (x)	500	600	300	700	400	800
Deckungsbeitrag pro Periode (d · x)	100.000,00	60.000,00	60.000,00	70.000,00	120.000,00	80.000,00

Fixe Kosten: 300.000,00 € (Es handelt sich ausschließlich um Unternehmensfixkosten.)

Vorhandene Engpasskapazität: **4450 h** (Stunden)

Die folgende Tabelle stellt die **Engpasssituation** dar:

Kostenträger	1	2	3	4	5	6
Kapazitäts-beanspruchung pro Kostenträger	2 h	3 h	1,5 h	2,5 h	3,5 h	2 h
Absatzmenge	500 Stück	600 Stück	300 Stück	700 Stück	400 Stück	800 Stück
Kapazitäts-beanspruchung für die Absatzmenge	1000 h	1800 h	450 h	1750 h	1400 h	1600 h

Die Kostenträger beanspruchen für den möglichen Absatz eine Kapazität von 8000 h

(= 1000 h + 1800 h + 450 h + 1750 h + 1400 h + 1600 h).

Eine Engpasskapazität von **4450 h** steht aber nur zur Verfügung.

Es gilt, die knappe Kapazität bestmöglich zu nutzen. Die **relativen Deckungsbeiträge pro Stück** liefern das Beurteilungskriterium:

Kostenträger	1	2	3	4	5	6
absoluter Deckungs-beitrag pro Stück (d)	200,00	100,00	200,00	100,00	300,00	100,00
Kapazitäts-beanspruchung pro Kostenträger (k)	2 h	3 h	1,5 h	2,5 h	3,5 h	2 h
relativer Deckungs-beitrag pro Stück (d : k)	100,00	33,33	133,33	40,00	85,71	50,00

Die Entscheidung über das Produktionsprogramm richtet sich nach der Höhe der **relativen Deckungsbeiträge pro Stück**. In der folgenden Reihenfolge werden die Kostenträger ins Produktionsprogramm aufgenommen:

3 / 1 / 5 / 6 / 4 / 2.

Danach ergibt sich folgendes Produktionsprogramm:

Rangfolge der Kostenträger	Kapazitätsbeanspruchung	kumulierte Kapazitätsbeanspruchung	
3	450 h	450 h	
1	1 000 h	1 450 h	
5	1 400 h	2 850 h	
6	1 600 h	**4 450 h**	Kapazitätsengpass

Das Produktionsprogramm ergibt sich aus den Kostenträgern **3 / 1 / 5 / 6**.

Die Kostenträger **4** und **2** können aufgrund des Kapazitätsengpasses nicht ins Produktionsprogramm aufgenommen werden.

Es kann folgender Gewinn realisiert werden (siehe S. 325):

	Deckungsbeitrag pro Periode von Kostenträger **3**:	60.000,00 €
+	Deckungsbeitrag pro Periode von Kostenträger **1**:	100.000,00 €
+	Deckungsbeitrag pro Periode von Kostenträger **5**:	120.000,00 €
+	Deckungsbeitrag pro Periode von Kostenträger **6**:	80.000,00 €
–	fixe Kosten	300.000,00 €
	Gewinn	**60.000,00 €**

Bei Vorliegen eines Kapazitätsengpasses bildet der relative Deckungsbeitrag das Auswahlkriterium für das Produktionsprogramm.

Aufgaben folgen auf S. 329 ff.

4.7.4.2 Die Wahl zwischen Eigenfertigung und Fremdbezug

Industriebetriebe haben häufig die Wahl: Sollen bestimmte Erzeugnisse des Absatzprogramms selbst hergestellt oder sollen sie von anderen Unternehmen fremdbezogen werden?

Beispiel

Ein Industriebetrieb verkauft 5 verschiedene Kostenträger. Die Kostenträger 1, 2, 3 und 4 werden selbst hergestellt. Der Kostenträger 5 wird fremdbezogen und lediglich als Handelsware verkauft.

Es ist freie Produktionskapazität vorhanden. Deshalb soll die Entscheidung getroffen werden, ob der Kostenträger 5 in das Produktionsprogramm aufgenommen wird.

Der Kostenträger 5 wird zurzeit zu einem Einstandspreis von **13.000,00 €** von einem anderen Unternehmen bezogen.

Für den Fall, dass der Kostenträger 5 im eigenen Betrieb hergestellt wird, gilt folgende Kalkulation.

	Vollkostenrechnung	davon variabel	Teilkostenrechnung
Fertigungsmaterial	4.000,00 €	100 %	4.000,00 €
+ Materialgemeinkosten	400,00 €	25 %	100,00 €
Materialkosten	4.400,00 €		4.100,00 €
Fertigungslöhne	5.000,00 €	100 %	5.000,00 €
+ Fertigungsgemeinkosten	6.000,00 €	40 %	2.400,00 €
Fertigungskosten	11.000,00 €		7.400,00 €
Herstellkosten	15.400,00 €		**11.500,00 €**

Die **fixen Kosten** würden sich durch die Aufnahme von Kostenträger 5 ins Produktionsprogramm nicht ändern. Sie werden deshalb in die Betrachtung nicht einbezogen.

Entscheidend sind also die **variablen Herstellkosten** (Teilkostenrechnung) von **11.500,00 €**. Sie werden dem Einstandspreis bei Fremdbezug von **13.000,00 €** gegenübergestellt.

Dieser Vergleich der relevanten Kosten ergibt einen Vorteil für die Eigenfertigung. Gegenüber dem Fremdbezug können bei Eigenfertigung 1.500,00 € (**13.000,00 €** – **11.500,00 €**) pro Stück eingespart werden.

Bei freier Kapazität[1] ist die Entscheidung „Fremdbezug oder Eigenfertigung" aufgrund des Kostenvergleiches „Einstandspreis (Bezugspreis) bei Fremdbezug ⟷ variable Herstellkosten bei Eigenfertigung" zu treffen.

4.7.4.3 Die Preisbildung mithilfe der Deckungsbeitragsrechnung

In der Praxis ist es häufig wichtig zu wissen, zu welchem Preis ein Erzeugnis gerade noch verkauft werden kann, ohne einen Verlust zu erzielen. Dieser Preis wird als **Preisuntergrenze** bezeichnet.

Die Preisuntergrenze eines Erzeugnisses liegt dort, wo der Verkaufspreis die variablen Kosten deckt, der Deckungsbeitrag also null ist.
Durch Erzeugnisse, die zur Preisuntergrenze verkauft werden, wird das Betriebsergebnis weder verbessert noch verschlechtert.

Gründe für den Verkauf an der Preisuntergrenze: Verbesserung der Beschäftigungslage; Weiterbeschäftigung von Mitarbeitern; Absicherung von Einkaufsrabatten bei den Lieferanten; Verteidigung des Marktanteiles; Einführung neuer Produkte; Lockangebot zur Umsatzsteigerung anderer Produkte.

Beispiel

Einem Hersteller von hochwertigen Laserdruckern entstehen variable Einzelkosten von 300,00 € pro Stück. Die variablen Gemeinkosten belaufen sich auf 200,00 € pro Stück.

Die Preisuntergrenze bildet die Summe der variablen Stückkosten, also 500,00 €. Preise über 500,00 € tragen zur Abdeckung der fixen Kosten bzw. zur Erzielung eines Gewinns bei.

Aufgaben folgen auf S. 329 ff.

---

1 Bei knapper Kapazität: Siehe Hermsen, Rechnungswesen der Industrie – IKR, Winklers, Braunschweig, „Die Wahl zwischen Eigenfertigung und Fremdbezug bei knapper Kapazität"

Zusammen-
fassung

Deckungsbeitragsrechnung/Teilkostenrechnung

Ermittlung des Deckungsbeitrages

Verkaufspreis	Verkaufserlöse pro Periode
− variable Stückkosten	− variable Gesamtkosten pro Periode
= Deckungsbeitrag pro Stück	= Deckungsbeitrag pro Periode

Vorteile gegenüber der Vollkostenrechnung

- verursachungsgerechte Zuordnung der Kosten auf die Kostenträger
- keine Proportionalisierung der Fixkosten bei verändertem Beschäftigungsgrad

Anwendungen der Deckungsbeitragsrechnung

- Produktionsprogrammplanung:
  Entscheidungskriterium:　ohne Engpass:　positiver Deckungsbeitrag
  　　　　　　　　　　　　mit Engpass:　relativer Deckungsbeitrag
- Wahl zwischen Eigenfertigung und Fremdbezug:
  Entscheidungskriterium:　Kostenvergleich:
  　　　　　　　　　　　　variable Herstellkosten ⟷ Bezugspreis
- Preisbildung:
  Preisuntergrenze ⟶ Deckungsbeitrag pro Stück = 0　(Verkaufspreis = variable Stück-
  　　　　　　　　　　　　　　　　　　　　　　　　　　　　　　　　　　kosten)

1. Die Deckungsbeitragsrechnung (Teilkostenrechnung) ordnet nur die variablen Kosten verursachungsgerecht auf die Kostenträger zu. Im Gegensatz zur Vollkostenrechnung proportionalisiert sie (bei verändertem Beschäftigungsgrad) nicht die Fixkosten.

2. Der Deckungsbeitrag pro Stück ergibt sich aus dem Verkaufspreis abzüglich der variablen Stückkosten. Der Deckungsbeitrag pro Periode ergibt sich aus den Verkaufserlösen pro Periode abzüglich der variablen Gesamtkosten pro Periode.

3. Liegt in einem Betrieb kein Kapazitätsengpass vor, so ist keine Entscheidung hinsichtlich einer alternativen Produktauswahl zu treffen. Alle Produkte mit einem positiven Deckungsbeitrag werden ins Produktionsprogramm aufgenommen.

4. Bei freier Kapazität ergibt sich die Rangfolge der wirtschaftlichsten Kostenträger durch die Deckungsbeiträge in Prozent von den Verkaufserlösen.

5. Bei Vorliegen eines Kapazitätsengpasses bildet der relative Deckungsbeitrag
$$\left(= \frac{\text{Deckungsbeitrages pro Kostenträger}}{\text{benötigte Engpasskapazität des Kostenträger}}\right)$$
das Auswahlkriterium für das Produktionsprogramm.

6. Die Wahl zwischen Eigenfertigung und Fremdbezug wird bei freier Kapazität aufgrund des Kostenvergleiches „variable Herstellkosten ⟷ Bezugspreis" getroffen.

7. Die Preisuntergrenze eines Erzeugnisses liegt dort, wo der Verkaufspreis die variablen Kosten deckt, der Deckungsbeitrag also null ist.

Aufgaben

1: Mängel der Vollkostenrechnung
2–4: Errechnung von Deckungsbeiträgen bzw. von Betriebsergebnissen
5–8: Break-even-Point (Gewinnschwelle)
9–11: Produktionsprogrammplanung ohne Engpass
12: Produktionsprogrammplanung mit Engpass
13: Wahl zwischen Eigenfertigung und Fremdbezug bei freier Kapazität
14–17: Ermittlung der Preisuntergrenze
18 u. 19: sogenannte „langfristige Preisuntergrenze" und Break-even-Preis
20: Zusammenfassung

1 Ein Industriebetrieb plant im Betrachtungszeitraum die Aufträge 1, 2 und 3 zu fertigen. Es gelten folgende Daten:

		Auftrag 1	Auftrag 2	Auftrag 3
Verkaufserlöse		450.000,00	460.000,00	540.000,00
Einzelkosten	Fertigungsmaterial	120.000,00	80.000,00	150.000,00
	Fertigungslöhne	140.000,00	120.000,00	130.000,00

MGKZ: 25 %; FGKZ: 120 %; Vw- und VtGKZ: 10 %.
80 % der Gemeinkosten sind fixe Kosten, 20 % der Gemeinkosten sind variable Kosten.

I. a) Kalkulieren Sie für die Aufträge 1, 2 und 3 die Selbstkosten (der Vollkostenrechnung).
   b) Führen Sie einen Kosten-Preis-Vergleich auf der Grundlage der Vollkostenrechnung durch.
   c) Wie ist das Produktionsprogramm aufgrund der durchgeführten Vollkostenrechnung umzustrukturieren?

II. Errechnen Sie mithilfe der Deckungsbeitragsrechnung das Betriebsergebnis
   a) vor der Umstrukturierung des Produktionsprogramms und
   b) nach der Umstrukturierung des Produktionsprogramms.

III. Erklären Sie, weshalb die Vollkostenrechnung zu einer falschen Produktionsprogrammpolitik führt.

2 Die Thren OHG, München, produziert u. a. den PC RJ 662 und den Laptop KY 346.
Für beide Kostenträger hat sich auf dem Verkaufsmarkt ein fester Preis gebildet.
Listenverkaufspreis des PC RJ 662: 750,00 € (netto).
Listenverkaufspreis des Laptops KY 346: 1.180,00 € (netto).
Die Einzelkosten betragen 400,00 € für RJ 662 und 600,00 € für KY 346.
Auf RJ 662 entfallen 100,00 € variable Gemeinkosten, auf KY 346 150,00 €.
Die Thren OHG gewährt ihren Kunden 2 % Kundenskonto und 20 % Kundenrabatt.
Der Quartalsabsatz beläuft sich für RJ 662 auf 1 000 Stück und für KY 346 auf 1 200 Stück.

Errechnen Sie
a) für den PC RJ 662 und für den Laptop KY 346 den Deckungsbeitrag pro Stück.
b) für den PC RJ 662 und für den Laptop KY 346 den Deckungsbeitrag pro Quartal.

3 Eine Textilfabrik führt die Handelswarengruppen „Herrenanzüge", „Herrenmäntel", „Damenkostüme" und „Damenmäntel", für die folgende Daten gelten:

Herrenanzüge:	Verkaufserlöse gemäß Buchführung	210.800,00 €
	Wareneinsatz gemäß Buchführung	98.400,00 €
	variable Handlungskosten (Gemeinkosten)	25.900,00 €
Herrenmäntel:	Verkaufserlöse gemäß Buchführung	480.200,00 €
	Wareneinsatz gemäß Buchführung	280.500,00 €
	variable Handlungskosten (Gemeinkosten)	44.700,00 €
Damenkostüme:	Verkaufserlöse gemäß Buchführung	360.400,00 €
	Wareneinsatz gemäß Buchführung	160.100,00 €
	variable Handlungskosten (Gemeinkosten)	50.300,00 €
Damenmäntel:	Verkaufserlöse gemäß Buchführung	510.900,00 €
	Wareneinsatz gemäß Buchführung	330.800,00 €
	variable Handlungskosten (Gemeinkosten)	40.900,00 €
Fixe Kosten des Gesamtunternehmens (Unternehmensfixkosten)		162.910,00 €

a) Ermitteln Sie den Deckungsbeitrag pro Periode für jede Handelswarengruppe.

b) Ermitteln Sie den Betriebsgewinn.

4 Die Breitfeld GmbH produziert die Erzeugnisse A, B und C.
Das Kostenträgerblatt (BAB II) weist folgende Zahlen aus:

Erzeugnis	A	B	C
Verkaufserlöse (€)	1.850.000,00	720.000,00	1.330.000,00
Einzelkosten (€)	920.000,00	280.000,00	490.000,00
Gemeinkosten (€)	980.000,00	390.000,00	650.000,00

Die Kostenspaltung ergibt, dass 80 % der Gemeinkosten Unternehmensfixkosten und 20 % der Gemeinkosten variable Kosten sind. Die Einzelkosten sind zu 100 % variable Kosten.

a) Ermitteln Sie den Deckungsbeitrag pro Periode für jedes Erzeugnis.

b) Errechnen Sie das Betriebsergebnis.

5 Ein Einproduktunternehmen weist für das letzte Quartal folgende Daten auf:
Absatz: 120 000 Stück. Preis pro Stück: 7,90 €. Gesamtkosten: 840.000,00 €.
Die Kostenspaltung ergibt, dass 30 % der Gesamtkosten Fixkosten sind.

a) Ermitteln Sie den Deckungsbeitrag pro Stück.

b) Ermitteln Sie den Deckungsbeitrag für den Betrachtungszeitraum.

c) Ermitteln Sie den Absatz beim Break-even-Point (Gewinnschwelle).

d) Stellen Sie die Erlös- und die Kostenfunktion im Koordinatensystem dar. (Für die grafische Darstellung gilt: Ordinate: 100.000,00 € = 1 cm, Abszisse: 10 000 Stück = 1 cm.)

e) Kennzeichnen Sie in der grafischen Darstellung [von d)] den Break-even-Point (Gewinnschwelle), die Verlustzone und die Gewinnzone.

6 Preis: 80,00 € (90,00 €); variable Stückkosten: 60,00 € (70,00 €); fixe Kosten: 120.000,00 € (140.000,00 €).
Errechnen Sie die Absatzmenge beim Break-even-Point.

7 Der Deckungsbeitrag pro Stück beträgt 220,00 € (180,00 €). 3 000 Stück (4 000 Stück) werden verkauft. Es wird ein Gewinn von 154.000,00 € (90.000,00 €) erzielt. Errechnen Sie die Absatzmenge beim Break-even-Point.

8 Ordnen Sie zu:

A	B
1. Gewinnschwelle (Break-even-Point) 2. Verlustzone 3. Erlösfunktion 4. Fixkostenblock 5. Gewinnzone 6. Kostenfunktion	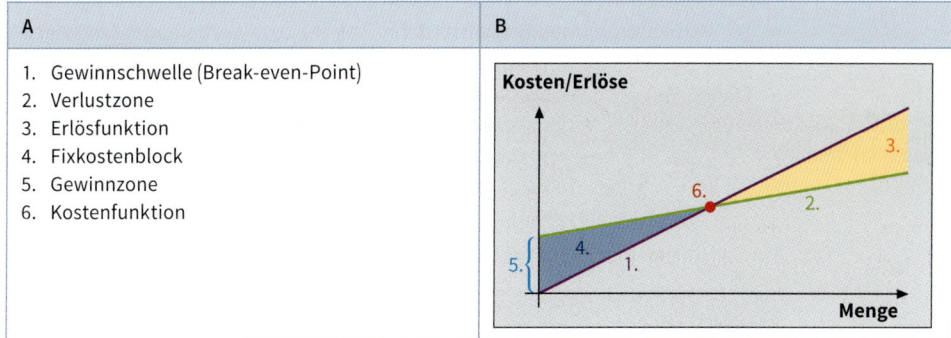

9 Für das nächste Quartal sind in der Martina Dold KG verschiedene Aufträge eingegangen, die auf einer speziellen maschinellen Anlage produziert werden. Für dieses Quartal gelten die folgenden Daten:

a) Produktionskapazität der maschinellen Anlage: 10 000 Stück,
   fixe Kosten der maschinellen Anlage: 200.000,00 €
   Auftrag 1: Stückzahl: 5 000; Verkaufspreis: 100,00 €; variable Stückkosten: 70,00 €
   Auftrag 2: Stückzahl: 3 000; Verkaufspreis: 110,00 €; variable Stückkosten: 90,00 €
   Auftrag 3: Stückzahl: 2 000; Verkaufspreis: 150,00 €; variable Stückkosten: 110,00 €

b) Produktionskapazität der maschinellen Anlage: 15 000 Stück,
   fixe Kosten der maschinellen Anlage: 350.000,00 €
   Auftrag 1: Stückzahl: 6 000; Verkaufspreis: 200,00 €; variable Stückkosten: 150,00 €
   Auftrag 2: Stückzahl: 4 000; Verkaufspreis: 180,00 €; variable Stückkosten: 140,00 €
   Auftrag 3: Stückzahl: 3 000; Verkaufspreis: 160,00 €; variable Stückkosten: 160,00 €

c) Produktionskapazität der maschinellen Anlage: 20 000 Stück,
   fixe Kosten der maschinellen Anlage: 700.000,00 €
   Auftrag 1: Stückzahl: 8 000; Verkaufspreis: 220,00 €; variable Stückkosten: 160,00 €
   Auftrag 2: Stückzahl: 7 000; Verkaufspreis: 200,00 €; variable Stückkosten: 150,00 €
   Auftrag 3: Stückzahl: 4 000; Verkaufspreis: 180,00 €; variable Stückkosten: 190,00 €

Ermitteln Sie für a), b) und c) jeweils das optimale Produktionsprogramm mit dem entsprechenden Betriebsergebnis.

10 Die Marktforschung eines Industriebetriebes ermittelt folgende Absatzmöglichkeiten:

Erzeugnis	A	B	C	D	E
Absatz (Stück)	80 000	110 000	100 000	90 000	60 000
Verkaufspreis (€)	12,00	15,00	9,00	10,00	8,00

Den Kunden sollen auf alle Erzeugnisse 2 % Skonto und 20 % Wiederverkäuferrabatt gewährt werden. Es wird mit folgenden Kosten gerechnet:

Erzeugnis	A	B	C	D	E
variable Stückkosten (€)	6,00	13,00	5,00	6,00	5,00

Unternehmensfixkosten: 650.000,00 €.

a) Welches Produktionsprogramm empfehlen Sie dem Industriebetrieb?
   Welcher Gewinn/Verlust ist bei Ihrer Empfehlung zu erwarten?

b) Zur Verbesserung des Betriebsergebnisses werden Werbemaßnahmen erwogen. Bei welchen Erzeugnissen sind Werbemaßnahmen am erfolgversprechendsten?
   Stellen Sie eine entsprechende Rangfolge der Erzeugnisse auf.

11 Ein Sportartikelhersteller produziert 4 verschiedene Fitnessgeräte (Typ I, II, III, IV).

Fitnessgerät	Typ I	Typ II	Typ III	Typ IV
Verkaufserlöse (€)	800.000,00	600.000,00	300.000,00	900.000,00
variable Kosten (€)	570.000,00	460.000,00	340.000,00	654.000,00

Unternehmensfixkosten: 606.000,00 €

a) Ermitteln Sie den Betriebserfolg.

b) Zur Verbesserung der Erfolgssituation soll das Produktionsprogramm umstrukturiert werden.
   Welches Produktionsprogramm empfehlen Sie dem Sportartikelhersteller?
   Zu welchem Betriebsergebnis hätte Ihr Produktionsprogramm geführt?

c) Zur weiteren Verbesserung des Betriebsergebnisses sollen Werbeaktionen durchgeführt werden.
   Bei welchem Gerätetyp sind Werbemaßnahmen am erfolgversprechendsten?
   Stellen Sie eine entsprechende Rangfolge der Gerätetypen auf.

d) Die Werbeaktionen kosten 10.000,00 €. Damit könnte bei jedem Gerätetyp eine Umsatzsteigerung von 100.000,00 € erreicht werden.
   Es soll für den Gerätetyp geworben werden, bei dem der Werbegewinn am höchsten ist.
   Mit welcher Ergebnisverbesserung ist zu rechnen?

12 Ein Industriebetrieb kann mit den vorhandenen Anlagen und Maschinen verschiedene Erzeugnisse produzieren.
Es gelten folgende Daten:

Erzeugnis	1	2	3	4	5	6	7	8
Verkaufspreis (€)	580,00	600,00	550,00	400,00	660,00	480,00	640,00	700,00
variable Stückkosten (€)	400,00	540,00	580,00	320,00	700,00	380,00	600,00	640,00
maximal absetzbare Menge pro Monat (Stück)	1 000	800	2 000	1 500	1 400	900	1 200	2 100

Unternehmensfixkosten pro Monat: 480.000,00 €.

Der Produktionsbereich umfasst die 4 Abteilungen Dreherei, Bohrerei, Fräserei und Montage.
Zur Herstellung der 8 Erzeugnisse werden in den einzelnen Fertigungsabteilungen die in der folgenden Tabelle aufgeführten Fertigungszeiten (Minuten) benötigt:

Fertigungszeiten pro Stück (Minuten)	Erzeugnisse							
	1	2	3	4	5	6	7	8
Dreherei	9	8	6	10	7	12	11	9
Bohrerei	12	9	10	8	5	11	7	10
Fräserei	8	11	7	13	12	9	6	5
Montage	45	10	14	13	7	20	9	8

I. Im Monat März stehen in den 4 Fertigungsabteilungen folgende Produktionskapazitäten, gemessen in Fertigungsminuten, zur Verfügung:

	Dreherei	Bohrerei	Fräserei	Montage
Kapazität	98 000 Min.	102 000 Min.	96 000 Min.	160 000 Min.

    a) Liegt ein Produktionsengpass vor?
    b) Welches Produktionsprogramm erbringt den höchsten Gewinn?
    c) Wie hoch ist der maximal erzielbare Gewinn?

II. Im Monat April fallen bedingt durch ein Feuer in der Montageabteilung Produktionsmaschinen aus. Die Produktionskapazität beträgt in der Montageabteilung nun nur noch 66 800 Minuten.
    a) Legen Sie eine Rangfolge für die zu fertigenden Erzeugnisse fest.
    b) Ermitteln Sie das optimale Produktionsprogramm.
    c) Welches Betriebsergebnis wird mit dem optimalen Produktionsprogramm erzielt?

13 Ein Industriebetrieb verkauft 7 verschiedene Produkte. Die Produkte 1 bis 5 werden im eigenen Unternehmen hergestellt. Die Produkte 6 und 7 werden bei einem anderen Unternehmen eingekauft und unverändert als Handelsware wieder verkauft.
Im eigenen Unternehmen ist Produktionskapazität frei. Es soll deshalb die Entscheidung getroffen werden, ob die Produkte 6 und 7 ins Produktionsprogramm aufgenommen werden. Es gelten folgende Daten:

	Produkt 6		Produkt 7		
Bezugspreis	9.000,00 €	(8.500,00 €)	10.000,00 €	(8.200,00 €)	} Fremdbezug
Fertigungsmaterial	2.000,00 €	(2.500,00 €)	3.000,00 €	(2.000,00 €)	⎱
Fertigungslöhne	4.000,00 €	(5.000,00 €)	5.000,00 €	(3.000,00 €)	⎰ Eigenfertigung

Materialgemeinkostenzuschlagssatz: 25 % (40 %).
Von den Materialgemeinkosten sind 20 % (25 %) variable Kosten.
Fertigungsgemeinkostenzuschlagssatz: 120 % (140 %).
Von den Fertigungsgemeinkosten sind 40 % (30 %) variable Kosten.

Entscheiden Sie, ob die Produkte 6 und 7 in Zukunft selbst hergestellt werden.

14 Ein Elektrogerätehersteller will die hochwertigen Fernseher FF 753 und SW 683, die als Handelsware geführt werden, als Lockangebot zur Steigerung des Umsatzes anderer Artikel verkaufen. Es gelten folgende Daten:

	FF 753	SW 683
Listeneinkaufspreis	600,00 €	500,00 €
Lieferantenrabatt	10 %	20 %
Lieferantenskonto	3 %	2 %
Bezugskosten (ohne VSt)	10,00 €	15,00 €
variable Gemeinkosten pro Fernseher	60,00 €	50,00 €

Errechnen Sie die Preisuntergrenzen für die Fernseher FF 753 und SW 683.

15 Es liegen Ihnen die folgenden Informationen vor:
Monatsproduktion eines Einproduktunternehmens: 6 000 Stück (8 000 Stück), Fertigungsmaterial pro Monat: 164.000,00 € (170.000,00 €), Fertigungslöhne pro Monat: 70.000,00 € (80.000,00 €), Summe der monatlichen Gemeinkosten: 180.000,00 € (200.000,00 €) (davon sind gemäß Kostenspaltung 85 % fixe Kosten).
Errechnen Sie die Preisuntergrenze.

16 Zu einem Einproduktunternehmen liegen Ihnen die folgenden Informationen vor:
Monatsproduktion: 10 000 Stück (6 000 Stück), monatliche Umsatzerlöse: 100.000,00 € (90.000,00 €), monatliche Gesamtkosten: 80.000,00 € (72.000,00 €), monatliche Fixkosten: 20.000,00 € (30.000,00 €).
Errechnen Sie die Preisuntergrenze.

17 Der Umsatz für Damenschuhe ist in der Schuhfabrik Köhler OHG stark zurückgegangen.
Für den Damenschuh „Tina" liegen folgende kostenrechnerische Daten vor:

Verkaufserlöse	980.000,00 €
Einzelkosten	560.000,00 €
variable Gemeinkosten	180.000,00 €
erzeugnisfixe Kosten	100.000,00 €

Um Mitarbeiter weiter beschäftigen zu können, soll die Beschäftigungslage verbessert werden. Zur Umsatzsteigerung soll der Preis so weit gesenkt werden, dass der Deckungsbeitrag null ist. Um wie viel Prozent können die Preise gesenkt werden?

18 Die sogenannte „langfristige Preisuntergrenze[1]" wird mit folgender Formel errechnet:

langfristige Preisuntergrenze = variable Stückkosten + (fixe Kosten : Stückzahl)[2]

Zeigen Sie anhand des folgenden Zahlenbeispiels auf, dass die o.g. Formel zu **gravierenden Fehlentscheidungen** führen kann.

---

1   *Hinweis für die Lehrerin/den Lehrer:* In der einschlägigen Literatur wird die sogenannte „langfristige Preisuntergrenze" – oftmals ohne die Prämissen zu nennen – errechnet. Es gelten folgende Prämissen: Die Ermittlung der sogenannten „langfristigen Preisuntergrenze" setzt voraus, dass fixe Kosten dem Kostenträger **verursachungsgerecht** zugerechnet werden können. Dies ist nur der Fall 1. in einem **Einproduktunternehmen** (Die fixen Kosten fallen nur für einen Kostenträger an) oder 2. bei der **mehrstufigen Deckungsbeitragsrechnung,** bei der den Kostenträgern erzeugnisfixe Kosten zugeordnet werden können. (In diesem Fall ist in der Formel der Begriff „fixe Kosten" durch den Begriff „erzeugnisfixe Kosten" zu ersetzen.)
Bei einem **Mehrproduktunternehmen mit einstufiger Deckungsbeitragsrechnung** (Der Fixkostenblock kann nicht **verursachungsgerecht** auf die einzelnen Kostenträger aufgeteilt werden) ist die Formel für die sogenannte „langfristige Preisuntergrenze" **nicht anwendbar.**

2   Bei der Errechnung der sogenannten „langfristigen Preisuntergrenze" werden fixe Kosten proportionalisiert und auf die Kostenträger umgelegt (Vollkostenrechnung), was zu den auf S. 317 ff. geschilderten Nachteilen führt.

Das letzte Quartal ergab in einem **Einproduktunternehmen** folgende Daten: variable Stückkosten: 1.000,00 €, fixe Kosten: 150.000,00 €, Produktions- und Absatzmenge: 500 Stück.

a) Errechnen Sie aufgrund dieser Daten die sogenannte „langfristige Preisuntergrenze".

b) Im folgenden Quartal können unvorhersehbarerweise nur 300 Stück verkauft werden. Errechnen Sie den Verlust in diesem Quartal.

c) Warum ist das Eigenschaftswort „langfristig[1]" in der oben aufgeführten Formel irreführend?

19   In einem Einproduktunternehmen (Die fixen Kosten fallen ausschließlich für einen Kostenträger an) liegen für das kommende Quartal folgende Daten vor: fixe Kosten: 600.000,00 €, variable Stückkosten: 2.700,00 €, prognostizierte Absatzmenge (≙ Produktionsmenge): 1 000 Stück.

a) Errechnen Sie den Mindestpreis (Break-even-Preis), der bei Realisierung der prognostizierten Absatzmenge (≙ Produktionsmenge) im kommenden Quartal kurzfristig[2] die Kosten abdeckt.

b) Errechnen Sie den Preis, der bei unverändertem Beschäftigungsgrad (bei unveränderter Absatz- und Produktionsmenge) im kommenden Quartal kurzfristig einen Gewinn in Höhe von 900.000,00 € erwirtschaftet.

c) Errechnen Sie die Mindestabsatzmenge (Break-even-Point), die zu dem unter b) ermittelten Preis die Kosten im kommenden Quartal abdeckt.

20   Welche der folgenden Aussagen sind richtig? Begründen Sie Ihre Meinung.

a) Bei verändertem Beschäftigungsgrad führt die Vollkostenrechnung zu einem falschen Ausweis des Betriebsergebnisses.

b) Bei der Kostenträgerstückrechnung der Vollkostenrechnung werden nur die variablen Kosten voll auf den Kostenträger umgelegt.

c) Der Deckungsbeitrag pro Periode ergibt sich aus dem Verkaufspreis abzüglich der variablen Stückkosten.

d) Die Kostenträgerstückrechnung der Vollkostenrechnung kann als Entscheidungsgrundlage über das Produktionsprogramm herangezogen werden.

e) Liegt in einem Betrieb kein Kapazitätsengpass vor, so ist keine Entscheidung hinsichtlich einer alternativen Erzeugnisauswahl zu treffen. Alle Erzeugnisse mit einem positiven Deckungsbeitrag werden ins Produktionsprogramm aufgenommen.

f) Liegt ein Kapazitätsengpass vor, so sind die Deckungsbeiträge in Prozent von den Verkaufserlösen ein Auswahlkriterium für das Produktionsprogramm.

g) Die Wahl zwischen Eigenfertigung und Fremdbezug wird bei freier Kapazität aufgrund des „relativen Deckungsbeitrages" getroffen.

---

1   Besser ist es, hier nicht von einer „langfristigen Preisuntergrenze" zu sprechen, sondern stattdessen vom „Break-even-Preis" (siehe Aufgabe 19).

2   Der Break-even-Preis wird aufgrund der Größen „variable Stückkosten", „fixe Kosten" und „Stückzahl" (= Beschäftigungsgrad) errechnet (siehe Formel). Im Zeitablauf bleiben diese Parameter in der betrieblichen Praxis nicht konstant. Deshalb hat der Break-even-Preis in der Regel nur kurzfristig Gültigkeit (statische (zeitpunktbezogene) Betrachtung).

CONTROLLING

 Controlling ist ein Instrument, das den betriebswirtschaftlichen Steuerungs- und Entscheidungsprozess unterstützt.

Man unterscheidet das „**operative Controlling**" und das „**strategische Controlling**". Die folgende Tabelle zeigt die Unterschiede.

	Betrachtungszeitraum	Ziele	Informationsgrundlagen
Operatives Controlling	kurz- und mittelfristig	Realisierung der kurz- und mittelfristigen Unternehmensziele	Daten aus der Kosten- und Leistungsrechnung, Marktdaten
Strategisches Controlling	langfristig	Zukunftssicherung des Unternehmens	gesellschaftliche, politische, wirtschaftliche, technologische und ökologische Daten über die Entwicklung der Zukunft

5.1 Die Einordnung des Controllings in die Unternehmensorganisation

In deutschen **Großunternehmen** gibt es in der Regel eigene Controllingabteilungen, die als Stabsstellen in die Führungshierarchie eingegliedert sind.

Stabsstellen haben Beratungsfunktionen und bereiten wichtige Entscheidungen vor. Sie haben keine Weisungsbefugnis.

Damit die Controllingabteilungen Vorhaben durchsetzen können, müssen sie über eine gewisse Autorität verfügen. Aus diesem Grund besitzen Controllingabteilungen häufig für controllingspezifische Probleme ein **fachliches Weisungsrecht.** Dies unterscheidet sie von den reinen Stabsabteilungen.

In Großunternehmen sind die Controllingaufgaben so komplex, dass mehrere Controllingabteilungen eingerichtet werden müssen. Es gibt im Regelfall innerhalb der Unternehmenshierarchie eine eigene Controllingorganisation.

Die zentrale Unternehmenscontrollingabteilung hat meistens ein **fachliches Weisungsrecht** für die dezentralen Controllingbereiche.

Hinsichtlich des **disziplinarischen Weisungsrechtes** gibt es unterschiedliche Auffassungen. Entweder wird es für die dezentralen Controllingbereiche auch von der zentralen Unternehmenscontrollingabteilung ausgeübt oder von den entsprechenden Gebietsleitern.

225435336

Beispiel

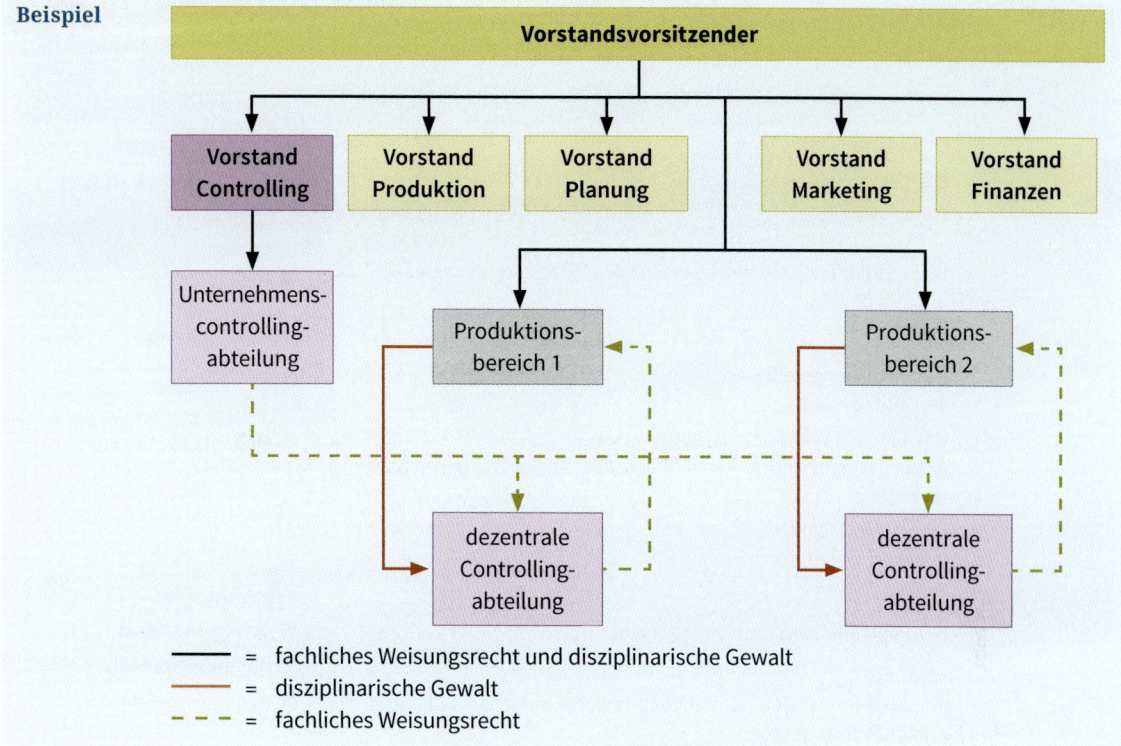

```
                              Vorstandsvorsitzender
```

| Vorstand Controlling | Vorstand Produktion | Vorstand Planung | Vorstand Marketing | Vorstand Finanzen |

Unternehmens-controlling-abteilung

Produktions-bereich 1

Produktions-bereich 2

dezentrale Controlling-abteilung

dezentrale Controlling-abteilung

———— = fachliches Weisungsrecht und disziplinarische Gewalt
———— = disziplinarische Gewalt
– – – – = fachliches Weisungsrecht

5.2   Die Bausteine des Controllings

Ein betriebliches Controllingsystem enthält drei Bausteine:

1. **Informationssystem:** ■ Informationsermittlung, ■ Berichtswesen (Informationsweitergabe)
2. **Planungssystem:** ■ Zielvorgaben, ■ Maßnahmenplanung
3. **Kontrollsystem:** ■ Soll-Ist-Vergleich, ■ Abweichungsanalyse, ■ Korrekturmaßnahmen

| Beispiel | Auch Kleinbetriebe bedienen sich des Controllings – ohne es allerdings immer zu wissen. Die Bausteine des Controllings sollen am Beispiel eines Kleinstgewerbetreibenden erklärt werden. |

Handlung	Controllingbaustein
	Informationssystem
Ein Kleinstgewerbetreibender will Eis oder heiße Würstchen verkaufen. Wegen des unbeständigen Wetters entscheidet er sich für heiße Würstchen.	■ Informationsermittlung
Diese Information teilt er seiner einzigen Mitarbeiterin, seiner Ehefrau, mit.	■ Berichtswesen
	Planungssystem
Im Betrachtungszeitraum sollen 20 000 heiße Würstchen zu je 2,00 € verkauft werden.	■ Zielvorgabe
Um mit diesem Absatz einen Gewinn von 20.000,00 € zu erzielen, muss er einen Würstchenlieferanten finden, der ihm das Würstchen für 0,80 € verkauft.	■ Maßnahmenplanung
Als Standort für seine Würstchenbude wählt er die Nähe einer kaufmännischen Berufsschule.	
	Kontrollsystem
Den geplanten Absatz erreicht er nicht.	■ Soll-Ist-Vergleich
Der Hunger und die Kaufkraft der Berufsschüler reichen nicht aus.	■ Abweichungsanalyse
Als Standort für seine Würstchenbude wählt er nun die Nähe eines großen Industriebetriebes.	■ Korrekturmaßnahme

5.3   Das Informationssystem im Controlling

Jede betriebswirtschaftliche Entscheidung baut auf Informationen auf. Die Qualität der Informationen bestimmt wesentlich den Erfolg der Entscheidung. Deshalb ist ein aussagefähiges betriebliches Informationssystem von großer Bedeutung.

Ein Informationssystem muss folgenden Anforderungen genügen:
- Die Informationen müssen sachlich richtig sein.
- Die Informationen müssen klar und möglichst einfach sein.
- Planabweichungen und Schwachstellen müssen deutlich hervorgehoben werden.
- Die Informationen müssen anschaulich dargestellt werden.
- Ermittlung, Aufbereitung und Weitergabe der Informationen müssen wirtschaftlich sein.

Die betriebswirtschaftlichen Gegebenheiten eines **Kleinbetriebes** sind überschaubar. Hier ist ein direkter Informationsfluss gegeben. Alle Entscheidungsträger sind in der Regel über die wesentlichen Daten informiert.

Mit wachsender Betriebsgröße wird die Informationsweitergabe schwieriger.

Ab einer bestimmten Betriebsgröße ergibt sich die Notwendigkeit, ein **Berichtswesen** aufzubauen.

 Für das betriebliche Berichtswesen gilt der Grundsatz der Wirtschaftlichkeit, d. h., es sind so wenige Informationen wie möglich und so viele Informationen wie nötig zu ermitteln, aufzubereiten und weiterzugeben.

Das Controlling-Berichtswesen ist **empfängerorientiert** zu gestalten. Insbesondere die folgenden zwei Punkte sind zu beachten:

1. Je höher die Unternehmenshierarchie, umso mehr sind die Informationen zu verdichten.

2. Auf höheren Hierarchieebenen spielen Informationen für langfristige Betrachtungen (strategisches Controlling) eine größere Rolle. Auf unteren Hierarchieebenen spielen Informationen für kurz- und mittelfristige Betrachtungen eine größere Rolle (operatives Controlling).

Ein Controlling-Berichtswesen sollte folgende Bausteine aufweisen:

Kosten- und Leistungsbereich
- Produktivität
- Plankosten
- Istkosten
- Sollkosten
- fixe Kosten
- variable Kosten
- Kostenarten
- Kostenstellenrechnung
- Ausschuss
- Betriebsergebnisrechnung (Ergebnistabellen)
- Kostenträgerzeitrechnung
- Kostenträgerstückrechnung
- Deckungsbeitragsrechnung
- Kennzahlen

Personalbereich
- Beschäftigtenstand
- Lohn- und Gehaltskosten
- Fluktuation
- Krankenstand
- Kennzahlen

Finanzbereich
- Liquidität
- Kennzahlen

Absatzbereich
- Gesamtumsatz
- Umsatz nach Produktgruppen
- In- und Auslandsumsatz
- Kennzahlen

Lagerbereich
- Kapazitätsauslastung Kennzahlen

5.4   Das Planungssystem im Controlling

5.4.1   Operative Planung und strategische Planung

Man unterscheidet „**operative Planung**" und „**strategische Planung**". Die folgende Tabelle zeigt die Unterschiede[1]:

	Betrachtungs-zeitraum	Zielvorgabe	Ausmaß	Kontrolle
Operative Planung	1 bis 2 Jahre	in der Regel quantifizierte Unternehmensziele (Kennzahlen)	Detailplanung	Soll-Ist-Vergleich
Strategische Planung	3 bis 6 Jahre	in der Regel nicht quantifizierte Zielvorgaben (Zukunftssicherung)	Grobplanung	Vergleich mit Planvorgaben des Vorjahres

---

1 Die grundsätzlichen Unterschiede zwischen operativem und strategischem Controlling zeigt die Tabelle auf S. 336.

5.4.2 Das Kennzahlensystem des operativen Controllings

Eine unabdingbare Voraussetzung für das Controlling sind Planvorgaben (Zielvorgaben).

 Für das strategische Controlling werden in der Regel verbale und weniger konkrete Ziele festgelegt.
Für das operative Controlling hingegen sind von der Unternehmensleitung (nicht vom Controller) verbindliche, erreichbare, konkrete, eindeutige und messbare Ziele festzulegen.

Die folgenden Ausführungen beziehen sich auf das **operative Controlling.**

Die Zielvorgaben des operativen Controllings müssen mindestens den **Zielinhalt,** das **Zielausmaß** (möglichst in Zahlen ausgedrückt) und den **Zielzeitpunkt** (möglichst an einen Termin gebunden) enthalten.

Nicht geeignet sind Zielvorgaben wie z. B. „Erhöhung der Produktivität" oder „Streben nach Gewinn". Vielmehr sind exakte Ziele zu formulieren, die am besten durch **Kennzahlen** vorgegeben werden.

 Mit Kennzahlen werden Sachverhalte quantitativ gemessen und in konzentrierter Form dargestellt.

Kennzahlen können absolute Zahlen oder Verhältniszahlen (= Gliederungszahlen, Messzahlen, Beziehungszahlen oder Indexzahlen) sein.

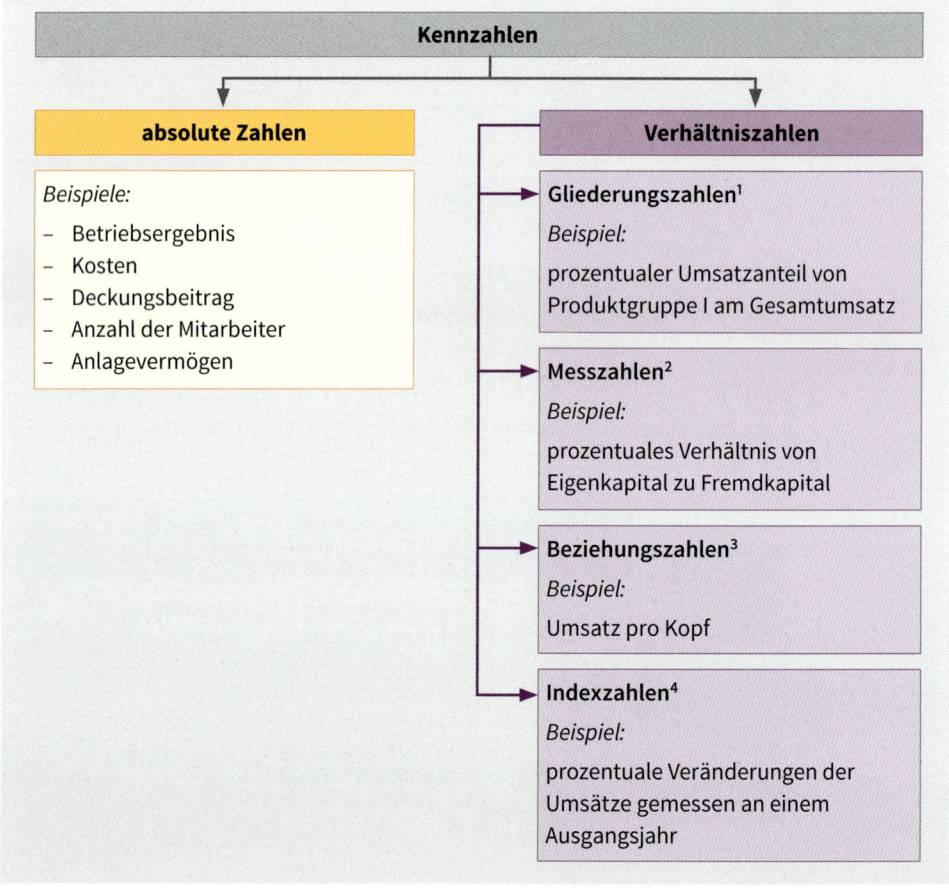

---

1 siehe Kapitel 6.2.1   2 siehe Kapitel 6.2.2   3 siehe Kapitel 6.2.3   4 siehe Kapitel 6.2.4

In einem Industriebetrieb gibt es folgende wichtige Kennzahlen:

Produktions-kennzahlen

- Produktionsmenge pro Kopf $\left(= \dfrac{\text{Produktionsmenge}}{\text{Mitarbeiter}}\right)$

- Investitionen pro Arbeitsplatz $\left(= \dfrac{\text{produktives Anlagevermögen}}{\text{Mitarbeiter}}\right)$

- Intensität der Fertigungsmaterialkosten $\left(= \dfrac{\text{Fertigungsmaterial} \cdot 100}{\text{Gesamtkosten}}\right)$

- Intensität der Lohnkosten $\left(= \dfrac{\text{Lohnkosten} \cdot 100}{\text{Gesamtkosten}}\right)$

- Intensität der Abschreibungen $\left(= \dfrac{\text{Abschreibungen} \cdot 100}{\text{Gesamtkosten}}\right)$

- Ausschussmenge

- fixe Kosten, variable Kosten

- Istkosten, Sollkosten, Plankosten (Abweichungsanalyse)

Erfolgs-kennzahlen

- absoluter Gewinn/Verlust pro Periode

- Deckungsbeiträge

- Eigenkapitalrentabilität $\left(= \dfrac{(\text{Gewinn} - \text{Unternehmerlohn}^{1}) \cdot 100}{\text{Eigenkapital}}\right)$

- Gesamtkapitalrentabilität $\left(= \dfrac{(\text{Gewinn} - \text{Unternehmerlohn}^{1} + \text{Fremdkapitalzinsen}) \cdot 100}{\text{Eigenkapital} + \text{Fremdkapital}}\right)$

- Umsatzrentabilität $\left(= \dfrac{(\text{Gewinn} - \text{Unternehmerlohn}^{1}) \cdot 100}{\text{Umsatzerlöse}}\right)$

- Wirtschaftlichkeit $\left(= \dfrac{\text{Erträge}}{\text{Aufwendungen}} \text{ bzw. } = \dfrac{\text{Leistungen}}{\text{Kosten}}\right)$

Lager-kennzahlen

- durchschnittlicher Lagerbestand $\left(= \dfrac{\text{Jahresanfangsbestand} + 12\ \text{Monatsbestände}}{13}\right)$

- Lagerumschlagshäufigkeit $\left(= \dfrac{\text{Werkstoffeinsatz/-aufwand}}{\text{durchschnittlicher Lagerbestand}}\right)$

- durchschnittliche Lagerdauer $\left(= \dfrac{360}{\text{Umschlagshäufigkeit}}\right)$

Personal-kennzahlen

- Altersstruktur (prozentuale Zusammensetzung)
- Bildungsstruktur (prozentuale Zusammensetzung)
- Gehaltsstruktur (prozentuale Zusammensetzung nach Gehaltsgruppen)
- Lohnstruktur (prozentuale Zusammensetzung nach Lohngruppen)

Absatz-kennzahlen

- absoluter Umsatz
- absolute und prozentuale Abweichung vom Umsatzplan
- Break-even-Point (Gewinnschwelle)
- prozentuale Zusammensetzung des Umsatzes nach Produktgruppen
- prozentuale Zusammensetzung des Umsatzes nach Großkunden
- Umsatzindex
- Umsatz pro Kopf $\left(= \dfrac{\text{Umsatz}}{\text{Mitarbeiter}}\right)$

---

1 entfällt bei Kapitalgesellschaften (vgl. Kapitel 3.2.3)

Finanz-kennzahlen[1]

- Finanzierung $\left(= \dfrac{\text{Eigenkapital} \cdot 100}{\text{Fremdkapital}}\right)$

- Verschuldungskoeffizient $\left(= \dfrac{\text{Fremdkapital} \cdot 100}{\text{Eigenkapital}}\right)$

- Eigenkapitalquote[2] $\left(= \dfrac{\text{Eigenkapital} \cdot 100}{\text{Gesamtkapital}}\right)$

- Fremdkapitalquote[3] $\left(= \dfrac{\text{Fremdkapital} \cdot 100}{\text{Gesamtkapital}}\right)$

- Intensität der flüssigen Mittel $\left(= \dfrac{\text{flüssige Mittel} \cdot 100}{\text{Gesamtvermögen}}\right)$

- Anlagendeckung 1 $\left(= \dfrac{\text{Eigenkapital} \cdot 100}{\text{Anlagevermögen}}\right)$

- Anlagendeckung 2 $\left(= \dfrac{(\text{Eigenkapital} + \text{langfristiges Fremdkapital}) \cdot 100}{\text{Anlagevermögen}}\right)$

- Liquidität 1. Grades $\left(= \dfrac{\text{flüssige Mittel} \cdot 100}{\text{kurzfristiges Fremdkapital}}\right)$

- Liquidität 2. Grades $\left(= \dfrac{(\text{flüssige Mittel} + \text{Forderungen}) \cdot 100}{\text{kurzfristiges Fremdkapital}}\right)$

- Liquidität 3. Grades $\left(= \dfrac{\text{Umlaufvermögen} \cdot 100}{\text{kurzfristiges Fremdkapital}}\right)$

5.4.3   Die Koordination der Planung

Das Hauptproblem der Planung ist die Koordination der Teilpläne.

Es gibt grundsätzlich zwei Planungsmöglichkeiten:
1. Die „Planung von unten nach oben".
2. Die „Planung von oben nach unten".

Bei der **„Planung von unten nach oben"** werden auf den untersten Hierarchieebenen Teilpläne erstellt, die für höhere Hierarchieebenen immer weiter verdichtet werden.

Bei der **„Planung von oben nach unten"** gibt die Unternehmensleitung eine globale Planvorgabe vor, die bis zu den untersten Hierarchieebenen immer detaillierter in Teilpläne aufgeschlüsselt werden muss.

 Die Aufgabe des Controllers besteht darin, einen abgestimmten vorgabefähigen Gesamtplan zu erstellen, der das Erreichen realistischer Unternehmensziele bestmöglich garantiert.

Dies kann am ehesten durch eine **Kombination** der „Planung von unten nach oben" und der „Planung von oben nach unten" verwirklicht werden.

Zunächst sollten die globalen Zielvorgaben der Unternehmensleitung in detaillierte Zielvorgaben für die Basis umgewandelt werden.

Nicht realisierbare „Basisziele" sollten dann „von unten nach oben" zu einer Überprüfung und unter Umständen zu einer Korrektur der globalen Ziele führen.

---

1   siehe Kapitel 3.2.1
2   auch: Eigenkapitalintensität
3   auch: Fremdkapitalintensität

5.4.4   Die Budgetierung

Den einzelnen Verantwortungsbereichen werden Ziele gesetzt. Folglich müssen ihnen auch Mittel zugestanden werden, die zum Erreichen der Ziele einzusetzen sind.

 Unter Budgetierung versteht man eine betriebswirtschaftliche Planung, die die zukünftige Entwicklung des Unternehmens in Wert- und/oder Mengeneinheiten darstellen soll.

Die **Ausgestaltung des Budgets** durch eine adäquate **Maßnahmenplanung** obliegt den einzelnen Verantwortungsbereichen. Damit wird die **Verantwortung** für die Zielerreichung den jeweiligen Kostenstellen übertragen.

5.5   Das Kontrollsystem im Controlling

5.5.1   Der Soll-Ist-Vergleich

Beim Soll-Ist-Vergleich werden geplante Werte mit erreichten Werten verglichen. Es kann sich dabei um **quantitative Vergleiche** (z. B. Umsätze) oder um **qualitative Vergleiche** (z. B. Verbesserung des Betriebsklimas) handeln.

Einen Schwerpunkt beim Soll-Ist-Vergleich bildet immer die **Kostenkontrolle** (operatives Controlling).

Dabei werden die Sollkosten (= geplante Kosten, die bei wirtschaftlicher Leistungserstellung erreicht werden können) den Istkosten (= tatsächlich entstandene Kosten) gegenübergestellt.

5.5.2   Die Abweichungsanalyse

Abweichungsanalysen werden hinsichtlich aller operativen und strategischen Zielvorgaben vorgenommen.

Im operativen Bereich spielt die Analyse der **Kostenabweichungen** eine wesentliche Rolle.

Beim in der Regel monatlich durchzuführenden Soll-Ist-Kostenvergleich[1] werden die Kostenabweichungen analysiert.

Es sind zu unterscheiden
- Preisabweichungen,
- Beschäftigungsabweichungen und
- Verbrauchsabweichungen.

Preisabweichungen ergeben sich aus Differenzen zwischen den Planpreisen und den Istpreisen der **bezogenen Güter** und **Dienstleistungen.**

Preisabweichungen der **bezogenen Güter** können sich durch Marktpreiserhöhungen ergeben. Sie können aber auch darin begründet liegen, dass die Einkaufsabteilung die in der Planung unterstellten Einkaufsbedingungen nicht erreichen konnte.

Preisabweichungen bei den **bezogenen Dienstleistungen** können durch unerwartete Tariflohnerhöhungen hervorgerufen werden.

 Die Kostenstellenleiter haben Preisabweichungen nur dann zu verantworten, wenn sie Einfluss auf die Preise/Tarife haben. Dies ist in den meisten Fällen nicht gegeben.

---

1   siehe Kapitel 7.2.3 und 7.3.1

Beschäftigungsabweichungen treten auf, wenn Plan- und Istbeschäftigung sich nicht entsprechen.

Für die entstandenen Kosten pro Kostenträger (Stückkosten) spielt (in der Vollkostenrechnung) die Auslastung der gegebenen Kapazitäten eine entscheidende Rolle. Je nach Kapazitätsauslastung werden mehr oder weniger Fixkosten auf die Kostenträger umgelegt.

Die Kostenstellenleiter haben Beschäftigungsabweichungen nicht zu verantworten.

Verbrauchsabweichungen entstehen durch den Mehr- oder Minderverbrauch von Gütermengen und Dienstleistungen (z. B. Material, Maschinenabnutzung, Energie, Arbeitskraft).

In den Kostenstellen ist auf die sparsame Verwendung der Verbrauchsmengen zu achten.

Die Kostenstellenleiter haben Verbrauchsabweichungen zu verantworten.

Der Controller ermittelt Preisabweichungen, Beschäftigungsabweichungen und Verbrauchsabweichungen und analysiert deren Ursachen.

Die Abweichungsanalysen bespricht er in der Regel mit den Kostenstellenleitern und der Geschäftsführung. Diese Besprechung sollte in einer kooperativen Art stattfinden und nicht in Form von Vorwürfen und Rechtfertigungen.

Die sich bei den Abweichungsanalysen ergebenden positiven Entwicklungen sind zu fördern. Fehlentwicklungen sind durch Gegensteuerungsmaßnahmen zu beheben.

Zusammen-
fassung

Controlling

Controlling ist ein Instrument, das den betriebswirtschaftlichen Steuerungs- und Entscheidungsprozess unterstützt.

operatives Controlling: konkretes kurz- und mittelfristiges Controlling

strategisches Controlling: langfristiges Controlling

Bausteine

1. Informationssystem
  – Informationsermittlung
  – Berichtswesen
    (Informationsweitergabe)

2. Planungssystem
  – Zielvorgaben
  – Maßnahmenplanung

3. Kontrollsystem
  – Soll-Ist-Vergleich
  – Abweichungsanalyse
  – Korrekturmaßnahmen

Aufgaben

1:	Verständnisaufgabe zum Lernstoff	**4–6:**	Komplexe problemorientierte Aufgaben
2:	Controllingbausteine		(für Unterrichtsprojekte geeignet)
3:	Operatives Controlling und strategisches Controlling		

1 Welche Aussagen sind richtig bzw. falsch? Begründen Sie Ihre Meinung.

a) Es ist die Aufgabe des Controllers, die Zielvorgaben (Planvorgaben) zu realisieren.

b) Controllingabteilungen besitzen häufig für controllingspezifische Probleme ein fachliches Weisungsrecht.

c) Je höher die Unternehmenshierarchie, umso detaillierter sind die Informationen des betrieblichen Berichtswesens aufzubereiten.

d) „Erhöhung der Rentabilität" ist eine typische Zielvorgabe des operativen Controllings.

e) Kennzahlen sind als operative Zielvorgaben am besten geeignet.

f) Die Aufgabe des Controllers besteht darin, einen abgestimmten vorgabefähigen Gesamtplan zu erstellen, der das Erreichen realistischer Unternehmensziele bestmöglich garantiert.

g) Bei der „Planung von unten nach oben" gibt die Unternehmensleitung eine globale Planvorgabe vor, die bis zu den unteren Hierarchieebenen immer detaillierter in Teilpläne aufgeschlüsselt wird.

h) Die Bewilligung und Zuteilung von finanziellen Mitteln für die organisatorischen Verantwortungsbereiche nennt man Budgetierung.

i) Die Ausgestaltung des Budgets der einzelnen Kostenstellen obliegt der Geschäftsführung.

j) Die operative Planung enthält grobe Hauptpläne, die strategische Planung detaillierte Einzelpläne.

k) Die strategische Planung enthält häufig verbale Zielvorgaben.

l) Die Zielvorgaben des operativen Controllings müssen mindestens den Zielinhalt, das Zielausmaß und den Zielzeitpunkt enthalten.

m) Preisabweichungen treten auf, wenn Plan- und Istbeschäftigung sich nicht entsprechen.

n) Verbrauchsabweichungen entstehen durch den Mehr- oder Minderverbrauch von Gütermengen oder Dienstleistungen.

o) Die Kostenstellenleiter haben Preis- und Verbrauchsabweichungen nicht zu vertreten. Für Beschäftigungsabweichungen hingegen sind sie verantwortlich.

p) Die sich bei den Abweichungsanalysen ergebenden Fehlentwicklungen sind zu fördern.

2 Skizzieren Sie sich eine Tabelle nach dem Muster des Beispiels auf S. 338. Formulieren Sie ein eigenes Beispiel, das die Controllingbausteine aufzeigt.

3 Jede der unter A stehenden Angaben passt inhaltlich zu einer der unter B stehenden Angaben. Nehmen Sie die jeweiligen Zuordnungen vor.

A	B
1. Betrachtungszeitraum des operativen Controllings	1. Zukunftssicherung des Unternehmens
2. Betrachtungszeitraum des strategischen Controllings	2. 1 bis 2 Jahre
3. Zielvorgaben des operativen Controllings	3. Gesellschaftliche, politische, wirtschaftliche, technologische und ökologische Daten über die Entwicklung der Zukunft
4. Zielsetzung des strategischen Controllings	4. Zum Großteil Daten aus der Kosten- und Leistungsrechnung sowie Marktdaten
5. Informationsgrundlagen des operativen Controllings	5. Konkrete, meistens in Zahlen ausgedrückte Unternehmensziele
6. Informationsgrundlagen des strategischen Controllings	6. 3 bis 6 Jahre

AH

Excel

4[1] Sie sind in der Controllingabteilung des Einproduktunternehmens Kuhlmann GmbH beschäftigt. Es liegen Ihnen folgende Daten vor:

Jahr	Umsatz (€)	produktives Anlagevermögen[2] (€)	Beschäftigte
1	25.420.967,00 (43.215.643,00)	6.795.524,00 (8.834.181,00)	98 (147)
2	22.645.893,00 (38.498.018,00)	6.343.798,00 (8.296.937,00)	98 (147)
3	26.883.547,00 (45.702.029,00)	6.956.342,00 (9.043.245,00)	120 (180)
4	27.218.657,00 (46.271.716,00)	6.901.856,00 (8.972.413,00)	127 (191)
5	27.052.931,00 (45.989.982,00)	6.895.847,00 (8.964.601,00)	131 (197)

a) Errechnen Sie für die Jahre 1 bis 5 den „Umsatz pro Kopf".

b) Errechnen Sie für die Jahre 1 bis 5 das „produktive Anlagevermögen pro Kopf" (= Investitionen pro Arbeitsplatz).

c) Stellen Sie den „Umsatz pro Kopf" und das „produktive Anlagevermögen pro Kopf" (= Investitionen pro Arbeitsplatz) in je einem Balkendiagramm grafisch dar.

d) Interpretieren Sie als Mitarbeiter/-in der Controllingabteilung die errechneten und grafisch dargestellten Kennzahlen. Welche Gegenmaßnahmen könnten ergriffen werden?

e) Die Geschäftsleitung hat für das kommende Geschäftsjahr folgende Zielvorgaben formuliert:

   1. Der absolute Gewinn soll mindestens 1,5 Mio. € (2,0 Mio. €) betragen.
   2. Die Gesamtkapitalrendite soll mindestens 4,0 % (4,2 %) betragen.
   3. Die Eigenkapitalrendite soll mindestens 12,5 % (10,0 %) betragen.
   4. Die Umsatzrendite soll mindestens 5,5 % (5,0 %) betragen.

Kostensituation:

Ausbringung (Stück/Jahr)		Fixe Kosten (€)		Variable Kosten (€)	
0	(0)	7.500.000,00	(15.000.000,00)	0	(0)
20 000	(10 000)	7.500.000,00	(15.000.000,00)	2.400.000,00	(4.300.000,00)
40 000	(20 000)	7.500.000,00	(15.000.000,00)	4.800.000,00	(8.600.000,00)
60 000	(30 000)	7.500.000,00	(15.000.000,00)	7.200.000,00	(12.900.000,00)
80 000	(40 000)	7.500.000,00	(15.000.000,00)	9.600.000,00	(17.200.000,00)
100 000	(50 000)	7.500.000,00	(15.000.000,00)	12.000.000,00	(21.500.000,00)
120 000	(60 000)	7.500.000,00	(15.000.000,00)	14.400.000,00	(25.800.000,00)
140 000	(70 000)	7.500.000,00	(15.000.000,00)	16.800.000,00	(30.100.000,00)
160 000	(80 000)	7.500.000,00	(15.000.000,00)	19.200.000,00	(34.400.000,00)
180 000	(90 000)	7.500.000,00	(15.000.000,00)	21.600.000,00	(38.700.000,00)

Absatzsituation:

Für unser Produkt erzielen wir einen Preis von 170,00 € (657,00 €).

Der Vertrieb hat Absatzzahlen von 160 000 (70 000) Stück pro Jahr prognostiziert. Aufgrund der starken Konkurrenz stagnieren unsere Umsätze seit einiger Zeit. Auch in Zukunft rechnet der Vertrieb nicht mit steigenden Absatzzahlen.

---

1 Wegen der vorgegebenen Tabellen empfiehlt es sich, bei dieser Aufgabe die Lösung im Arbeitsheft und/oder auf den Excel-Arbeitsblättern vorzunehmen.

2 Das produktive Anlagevermögen dient ausschließlich dem betrieblichen Leistungsprozess. Im produktiven Anlagevermögen sind folglich Grundstücke, Gebäude, Beteiligungen, Wertpapiere usw. nicht enthalten.

Kapitalausstattung:

Eigenkapital: 8,2 Mio. € (15,3 Mio. €); Fremdkapital: 14,35 Mio. € (23,1 Mio. €).

Stellen Sie als Mitarbeiter/-in der Controllingabteilung fest, ob die o. g. Zielvorgaben der Geschäftsführung bei der gegebenen Kapitalausstattung und bei der gegebenen Kosten- und Absatzsituation erreicht werden.[1]

f) Absatzsteigerungen sind – wie oben dargelegt – am Markt nicht erzielbar.

Folglich müssen zur Verbesserung der nicht zufriedenstellenden Ergebnissituation die Kosten gesenkt werden. Dies ist mit innovativer Technik (**Maßnahmenplanung**) möglich.

Nach einer grundlegenden, kapitalintensiven Rationalisierungsinvestition ergibt sich folgende veränderte **Kostensituation:**

Ausbringung (Stück/Jahr)		Fixe Kosten (€)		Variable Kosten (€)	
0	(0)	13.500.000,00	(22.600.000,00)	0	(0)
20 000	(10 000)	13.500.000,00	(22.600.000,00)	1.500.000,00	(3.000.000,00)
40 000	(20 000)	13.500.000,00	(22.600.000,00)	3.000.000,00	(6.000.000,00)
60 000	(30 000)	13.500.000,00	(22.600.000,00)	4.500.000,00	(9.000.000,00)
80 000	(40 000)	13.500.000,00	(22.600.000,00)	6.000.000,00	(12.000.000,00)
100 000	(50 000)	13.500.000,00	(22.600.000,00)	7.500.000,00	(15.000.000,00)
120 000	(60 000)	13.500.000,00	(22.600.000,00)	9.000.000,00	(18.000.000,00)
140 000	(70 000)	13.500.000,00	(22.600.000,00)	10.500.000,00	(21.000.000,00)
160 000	(80 000)	13.500.000,00	(22.600.000,00)	12.000.000,00	(24.000.000,00)
180 000	(90 000)	13.500.000,00	(22.600.000,00)	13.500.000,00	(27.000.000,00)

Absatzsituation:

Unverändert [wie oben bei Aufgabe e)].

Kapitalausstattung:

Die grundlegende Rationalisierungsinvestition (modernste Produktionstechnologie) wurde über eine Eigenkapitalaufstockung und über eine Fremdkapitalaufnahme finanziert.

Neues Eigenkapital: 12,6 Mio. € (21,7 Mio. €); neues Fremdkapital: 21,5 Mio. € (32,1 Mio. €).

Stellen Sie als Controller/-in fest, ob die o. g. Zielvorgaben [Aufgabe e) 1.–4.] der Geschäftsführung nun bei der veränderten Kostensituation erreicht wurden (**Kontrolle**).

g) Stellen Sie in einem Koordinatensystem

1. den Gesamtkostenverlauf vor der Rationalisierung,
2. den Gesamtkostenverlauf nach der Rationalisierung und
3. den Verlauf der Erlöse dar.

Interpretieren Sie die grafische Darstellung.

h) Die Rationalisierungsmaßnahme hat steigende fixe Kosten und sinkende variable Kosten zur Folge. Wie erklären Sie sich diese Tatsache?

i) Formulieren Sie jeweils eine (mathematische) Gleichung für den Kostenverlauf vor der Rationalisierung (K_1), für den Kostenverlauf nach der Rationalisierung (K_2) und für die Erlöse (E).

Errechnen Sie

1. ab welcher Absatzmenge die Rationalisierung wirtschaftlich ist,
2. den Break-even-Point vor der Rationalisierung und
3. den Break-even-Point nach der Rationalisierung.

---

1 Aus Vereinfachungsgründen ist bei der Errechnung der **Gesamtkapitalrendite** die Addition der Fremdkapitalzinsen zum Gewinn (siehe Kapitel 3.2.3.2) **nicht** vorzunehmen.

5[1] Sie sind Mitarbeiter/-in in der Controllingabteilung der Fahrradgroßhandlung[2] Fahrrad Bremer KG.

a) Im abgelaufenen Geschäftsjahr wurden für die drei Kostenträger „Stadtrad SR5", „Trekkingrad TR3" und „Mountainbike MB7" folgende Absatzmengen und Verkaufspreise erzielt:

	Stadtrad SR5	Trekkingrad TR3	Mountainbike MB7
Absatzmenge (Stück)	23 600	18 400	16 900
Verkaufspreis (€)	200,00	220,00	350,00

Für das neue Geschäftsjahr liegen Ihnen aus der Marketing- und Kalkulationsabteilung folgende prognostizierte/kalkulierte Absatz- und Preiserwartungen vor:

	Stadtrad SR5	Trekkingrad TR3	Mountainbike MB7
Absatzerwartung	– 20 %	+ 10 %	+ 15 %
Preiserwartung	+ 10 %	0 %	+ 4 %

Stellen Sie tabellarisch für jeden Kostenträger
1. die Absatzmengen,   2. die Verkaufspreise und   3. die Umsätze
des alten Geschäftsjahres (Istzahlen) und des neuen Geschäftsjahres (**Absatzplan**) dar.

b) Für das neue Geschäftsjahr rechnet die Einkaufsabteilung mit unveränderten Bezugspreisen (Einstandspreisen):

	Stadtrad SR5	Trekkingrad TR3	Mountainbike MB7
Bezugspreis (€)	125,00	130,00	220,00

Errechnen Sie für das neue Geschäftsjahr in einer tabellarischen Übersicht für jeden Kostenträger
1. den geplanten jährlichen Wareneinsatz, 2. den geplanten jährlichen Warenrohgewinn. (**Planung von Wareneinsatz und Warenrohgewinn**).

c) Im neuen Geschäftsjahr sollen die Lagerbestände reduziert werden.
Die folgende Übersicht gibt den tatsächlichen Lagerbestand am Anfang und den geplanten Lagerbestand am Ende des neuen Geschäftsjahres wieder:

	Stadtrad SR5	Trekkingrad TR3	Mountainbike MB7
Istlageranfangsbestand (Stück)	3 680	1 960	4 790
Planlagerendbestand (Stück)	500	500	1 000

Errechnen Sie in einer Tabelle für jeden Kostenträger (**Beschaffungsplan**)
1. die geplanten jährlichen Einkaufsmengen,
2. die geplanten jährlichen Ausgaben für die einzukaufenden Waren (= **Planbezugsausgaben**).

d) Für das alte Geschäftsjahr liegt Ihnen die Ergebnistabelle auf S. 351 vor. Für das neue Geschäftsjahr sind die geplanten/zu erwartenden Änderungen der einzelnen Positionen prozentual in der Spalte hinter dieser Ergebnistabelle aufgeführt. Erstellen Sie einen **Kostenplan**.

---

1 Wegen der vorgegebenen Tabellen empfiehlt es sich, bei dieser Aufgabe die Lösung im Arbeitsheft und/oder auf den Excel-Arbeitsblättern vorzunehmen. Eine komplette betriebliche Situation kann nicht simuliert werden. An einigen Stellen wird vereinfacht.

2 In Aufgabe 6 ist diese Aufgabe auf einen Industriebetrieb zugeschnitten.

348   225435348

e) Erstellen Sie für das neue Geschäftsjahr eine Ergebnistabelle mit den geplanten Daten (**Planergebnistabelle**).

f) Die Geschäftsführung hat für das neue Geschäftsjahr folgende Zielvorgaben formuliert:
   1. Der Betriebsgewinn soll mindestens 800.000,00 € betragen.
   2. Die Umsatzrendite soll mindestens 5,5 % betragen.
   Stellen Sie als Controller/-in fest, ob die o. g. Zielvorgaben der Geschäftsführung für das neue Geschäftsjahr voraussichtlich erreicht werden (**Überprüfung der betriebswirtschaftlichen Zielvorgaben**).

g) Für das neue Geschäftsjahr sind Investitionen von 4,0 Mio. € geplant. Diese sollen zu 75 % aus flüssigen Mitteln und zu 25 % aus einer Eigenkapitalaufstockung finanziert werden.
   Die Gesellschafter planen für das kommende Geschäftsjahr Privatentnahmen von 80.000,00 €.
   Die Fremdkapitaltilgungen werden sich voraussichtlich auf 200.000,00 € belaufen.
   Der Jahresanfangsbestand an liquiden Mitteln (einschließlich der Forderungen) beträgt 1.400.000,00 €.
   Erstellen Sie einen **Finanzplan,** in dem Sie den Jahresendbestand an liquiden Mitteln (einschließlich der Forderungen) errechnen.
   Lösungshinweis: Berücksichtigen Sie dabei
   1. die geplanten Einnahmen [aus der Planergebnistabelle von e)],
   2. die geplanten Ausgaben [aus der Planergebnistabelle von e)],
   3. die geplanten Investitionen,
   4. die geplanten Privatentnahmen und
   5. die geplanten Fremdkapitaltilgungen.

h) Im neuen Geschäftsjahr werden für die drei Kostenträger „Stadtrad SR5", „Trekkingrad TR3" und „Mountainbike MB7" folgende Absatzmengen und Verkaufspreise tatsächlich erzielt:

	Stadtrad SR5	Trekkingrad TR3	Mountainbike MB7
Absatzmenge (Stück)	20 000	19 500	19 440
Verkaufspreis (€)	213,00	226,00	362,00

Stellen Sie tabellarisch für jeden Kostenträger den Istabsatzzahlen (Istabsatzmenge, Istverkaufspreis, Istumsatz) die Planabsatzzahlen (Planabsatzmenge, Planverkaufspreis, Planumsatz) gegenüber. Errechnen Sie dabei in der Tabelle die jeweiligen Abweichungen (**Soll-Ist-Vergleich beim Absatzplan**).
In der betrieblichen Praxis müssten nun für jeden Kostenträger die Mengen- und Preisabweichungen analysiert werden. Hierauf wollen wir aus Vereinfachungsgründen verzichten.
Nennen Sie jedoch für jeden Kostenträger denkbare Gründe für die Umsatzabweichungen [siehe dazu Tabelle Aufgabe i) (tatsächlich erzielte Bezugspreise)].

i) Im neuen Geschäftsjahr werden für die drei Kostenträger „Stadtrad SR5", „Trekkingrad TR3" und „Mountainbike MB7" folgende Bezugspreise (Einstandspreise) tatsächlich erzielt:

	Stadtrad SR5	Trekkingrad TR3	Mountainbike MB7
Bezugspreis (€)	121,00	134,00	219,00

Stellen Sie tabellarisch für jeden Kostenträger dem jährlichen Istwareneinsatz den jährlichen Planwareneinsatz sowie dem jährlichen Istrohgewinn den jährlichen Planrohgewinn gegenüber. Errechnen Sie dabei in der Tabelle die jeweiligen Abweichungen (**Soll-Ist-Vergleich beim Wareneinsatz und beim Rohgewinn**).

j) Im neuen Geschäftsjahr werden für die drei Kostenträger „Stadtrad SR5", „Trekkingrad TR3" und „Mountainbike MB7" folgende Einkäufe tatsächlich getätigt:

	Stadtrad SR5	Trekkingrad TR3	Mountainbike MB7
Bezugsmenge (Stück)	17 000	18 400	15 600

Stellen Sie tabellarisch für jeden Kostenträger den Istbezugszahlen (Istbezugsmenge, Istbezugspreis, Istbezugsausgaben) die Planbezugszahlen (Planbezugsmenge, Planbezugspreis, Planbezugsausgaben) gegenüber.
Errechnen Sie dabei in der Tabelle die jeweiligen Abweichungen (**Soll-Ist-Vergleich beim Beschaffungsplan**).
In der betrieblichen Praxis müssten nun für jeden Kostenträger die Mengen- und Preisabweichungen analysiert werden. Hierauf wollen wir aus Vereinfachungsgründen verzichten.
Nennen Sie jedoch für jeden Kostenträger denkbare Gründe für die Mengen- und Preisabweichungen.

k) Die Lagerbestände werden durch eine Bestandsfortschreibung ermittelt (permanente Inventur).
Errechnen Sie, ob bei den drei Kostenträgern die geplanten Lagerendbestände erreicht wurden [siehe unter c)] (**Soll-Ist-Vergleich der Lagerendbestände**).

l) Für das neue Geschäftsjahr liegt Ihnen die Ergebnistabelle auf S. 352 vor.
Stellen Sie als Controller/-in tabellarisch die Istkosten den Plankosten gegenüber und ermitteln Sie die Kostenabweichungen (**Soll-Ist-Vergleich beim Kostenplan**).
In der betrieblichen Praxis müsste nun bei jeder Kostenart festgestellt werden, ob die Kostenabweichungen aus Preis-, Beschäftigungs- oder Verbrauchsabweichungen resultieren. (Die Kostenstellenleiter haben nur Verbrauchsabweichungen zu verantworten.)[1] Aus Vereinfachungsgründen wollen wir hier auf eine Abweichungsanalyse verzichten.
Nennen Sie jedoch denkbare Gründe für den Anstieg des Wareneinsatzes, der Personalkosten und der Mieten und Pachten.

m) Stellen Sie fest, ob die von der Geschäftsführung angestrebten Ergebnisse [siehe unter f)] im neuen Geschäftsjahr erzielt wurden (**Soll-Ist-Vergleich beim Ergebnisplan**).
Wird die Geschäftsführung mit dem Ergebnis zufrieden sein?

n) Die geplanten Investitionen [siehe unter g)] wurden vorgenommen. Entgegen der Planung verursachten sie lediglich Ausgaben von 3.800.000,00 €. Wie geplant wurden die Investitionen zu 75 % aus flüssigen Mitteln und zu 25 % aus einer Eigenkapitalaufstockung finanziert.
Die Privatentnahmen betrugen im neuen Geschäftsjahr 90.000,00 €.
Die Fremdkapitaltilgungen betrugen 190.000,00 €.
Stellen Sie dem Sollfinanzplan [bei g) erstellt] den Istfinanzplan gegenüber (**Soll-Ist-Vergleich beim Finanzplan**). Wird die Geschäftsführung mit dem Ergebnis zufrieden sein?

---

1   siehe Kapitel 7.2.3, Soll-Ist-Kostenvergleich

Istergebnistabelle, altes Geschäftsjahr[1]

Kto.-Nr.	Konten	Geschäftsbuchführung Erfolgsbereich Aufw.	Erträge	Unternehmensbezogene Abgrenzungen Aufw.	Erträge	Kostenrechnerische Korrekturen Aufw.	Erträge	Kosten- und Leistungsbereich Kosten	Leistungen	prozentuale Änderungen
5100	Umsatzerlöse für Waren		14.683.000						14.683.000	
5401	Nebenerlöse aus V. u. V.		485.000		485.000					+ 5,0 %
5710	Zinserträge		44.000		44.000					+ 4,0 %
5780	Erträge aus Wertpapieren des UV		6.000		6.000					0,0 %
6080	Aufwendungen für Waren	8.900.000						8.900.000		+ 10,0 %
6100	Aufw. für bezogene Leistungen	50.000						50.000		+ 5,0 %
6200	Löhne	1.100.000						1.100.000		+ 4,0 %
6300	Gehälter	2.200.000						2.200.000		+ 5,0 %
6400	AG-Anteil zur SV (LB + GB)	780.000						780.000		+ 4,0 %
6520	Abschreibungen auf Sachanlagen	750.000				750.000				+ 3,0 %
6700	Mieten, Pachten	350.000						350.000		+ 2,0 %
6990	Periodenfremde Aufwendungen	10.000		10.000						0,0 %
7510	Zinsaufwendungen	100.000				100.000				+ 5,0 %
	Kalkulatorischer Unternehmerlohn						90.000	90.000		+ 3,0 %
	Kalkulatorische Zinsen						300.000	300.000		+ 2,0 %
	Kalkulatorische Abschreibungen						400.000	400.000		
		14.240.000	15.218.000	10.000	535.000	850.000	790.000	14.170.000	14.683.000	
		978.000		525.000			60.000	513.000		
		15.218.000	15.218.000	535.000	535.000	850.000	850.000	14.683.000	14.683.000	
		Gesamtgewinn		Gewinn aus unternehmensbez. Abgrenzungen		Verlust aus kostenrechnerischen Korrekturen		Betriebsgewinn		
		978.000		525.000		− 60.000		513.000		

1 zu Aufgabenteil d)

Istergebnistabelle, neues Geschäftsjahr[1]

		Geschäftsbuchführung – Erfolgsbereich		Kosten- und Leistungsrechnung					
				Abgrenzungsbereich				Kosten- und Leistungsbereich	
				Unternehmensbezogene Abgrenzungen		Kostenrechnerische Korrekturen			
Kto.-Nr.	Konten	Aufw.	Erträge	Aufw.	Erträge	Aufw.	Erträge	Kosten	Leistungen
5100	Umsatzerlöse für Waren		15.704.280						15.704.280
5401	Nebenerlöse aus V. u. V.		506.825		506.825				
5710	Zinserträge		46.640		46.640				
5780	Erträge aus Wertpapieren des UV		5.900		5.900				
6080	Aufwendungen für Waren	9.290.360						9.290.360	
6100	Aufw. für bezogene Leistungen	52.000						52.000	
6200	Löhne	1.177.000						1.177.000	
6300	Gehälter	2.354.000						2.354.000	
6400	AG-Anteil zur SV (LB + GB)	826.800						826.800	
6520	Abschreibungen auf Sachanlagen	780.000				780.000			
6700	Mieten, Pachten	370.000						370.000	
6990	Periodenfremde Aufwendungen	9.000		9.000					
7510	Zinsaufwendungen	101.000				101.000			
	Kalkulatorischer Unternehmerlohn						95.000	95.000	
	Kalkulatorische Zinsen						308.000	308.000	
	Kalkulatorische Abschreibungen						410.000	410.000	
		14.960.160	16.263.645	9.000	559.365	881.000	813.000	14.883.160	15.704.280
		1.303.485		550.365			68.000	821.120	
		16.263.645	16.263.645	559.365	559.365	881.000	881.000	15.704.280	15.704.280
		Gesamtgewinn		Gewinn aus unternehmensbez. Abgrenzungen		Verlust aus kostenrechnerischen Korrekturen		Betriebsgewinn	
		1.303.485		550.365		– 68.000		821.120	

1 zu Aufgabenteil I)

6[1] Sie sind Mitarbeiter/-in in der Controllingabteilung der Fahrradfabrik[2] Fahrrad Bremer KG.

a) Im abgelaufenen Geschäftsjahr wurden für die drei Kostenträger „Stadtrad SR5", „Trekkingrad TR3" und „Mountainbike MB7" folgende Absatzmengen und Verkaufspreise erzielt:

	Stadtrad SR5	Trekkingrad TR3	Mountainbike MB7
Absatzmenge (Stück)	23 600	18 400	16 900
Verkaufspreis (€)	200,00	220,00	350,00

Für das neue Geschäftsjahr liegen Ihnen aus der Marketing- und Kalkulationsabteilung folgende prognostizierte/kalkulierte Absatz- und Preiserwartungen vor:

	Stadtrad SR5	Trekkingrad TR3	Mountainbike MB7
Absatzerwartung	– 10 %	+ 12 %	+ 16 %
Preiserwartung	+ 10 %	0 %	+ 4 %

Stellen Sie tabellarisch für jeden Kostenträger
1. die Absatzmengen, 2. die Verkaufspreise und 3. die Umsätze
des alten Geschäftsjahres (Istzahlen) und des neuen Geschäftsjahres (**Absatzplan**) dar.

b) Im neuen Geschäftsjahr sollen die Lagerbestände des Fertigwarenlagers reduziert werden. Die folgende Übersicht gibt den tatsächlichen Lagerbestand am Anfang und den geplanten Lagerbestand am Ende des neuen Geschäftsjahres wieder:

	Stadtrad SR5	Trekkingrad TR3	Mountainbike MB7
Istlageranfangs- bestand (Stück)	3 680	1 960	4 790
Planlagerendbestand (Stück)	3 000	1 500	4 000

Errechnen Sie in einer Tabelle für jeden Kostenträger die geplanten jährlichen Produktionsmengen (**Produktionsplan**).

c) Für das alte Geschäftsjahr liegt Ihnen die Ergebnistabelle auf S. 356 vor. Für das neue Geschäftsjahr sind die geplanten/zu erwartenden Änderungen der einzelnen Positionen prozentual in der Spalte hinter der unten stehenden Ergebnistabelle aufgeführt. Erstellen Sie einen **Kostenplan**.

d) Erstellen Sie für das neue Geschäftsjahr eine Ergebnistabelle mit den geplanten Daten (**Planergebnistabelle**). Der geplante Bestandsabbau an fertigen Erzeugnissen (FE) ist mit den Planherstellungskosten zu bewerten.

	Stadtrad SR5	Trekkingrad TR3	Mountainbike MB7
Planherstellungs- kosten (€)	125,00	130,00	220,00

e) Die Geschäftsführung hat für das neue Geschäftsjahr folgende Zielvorgaben formuliert:
1. Der Betriebsgewinn soll mindestens 850.000,00 € betragen.
2. Die Umsatzrendite soll mindestens 5,5 % betragen.
Stellen Sie als Controller/-in fest, ob die o. g. Zielvorgaben der Geschäftsführung für das neue Geschäftsjahr voraussichtlich erreicht werden (**Überprüfung der betriebswirtschaftlichen Zielvorgaben**).

---

1 Wegen der vorgegebenen Tabellen empfiehlt es sich, bei dieser Aufgabe die Lösung im Arbeitsheft und/oder auf den Excel-Arbeitsblättern vorzunehmen. Eine komplette betriebliche Situation kann nicht simuliert werden. An einigen Stellen wird vereinfacht.
2 In Aufgabe 5 ist diese Aufgabe auf einen Handelsbetrieb zugeschnitten.

f) Für das neue Geschäftsjahr sind Investitionen von 4,0 Mio. € geplant. Diese sollen zu 75 % aus flüssigen Mitteln und zu 25 % aus einer Eigenkapitalaufstockung finanziert werden.
Die Gesellschafter planen für das kommende Geschäftsjahr Privatentnahmen von 80.000,00 €.
Die Fremdkapitaltilgungen werden sich voraussichtlich auf 150.000,00 € belaufen.
Die zur Produktion benötigten Rohstoffe, Fremdbauteile, Hilfsstoffe und Betriebsstoffe werden jeweils zu Produktionsbeginn (just in time) bezogen. Die Ausgaben für den Bezug dieser Werkstoffe entsprechen folglich den jeweiligen Werkstoffaufwendungen, die in der Planergebnistabelle bereits errechnet wurden.[1]
Der Jahresanfangsbestand an liquiden Mitteln (einschließlich der Forderungen) beträgt 1.900.000,00 €.
Erstellen Sie einen **Finanzplan,** in dem Sie den Jahresendbestand an liquiden Mitteln (einschließlich der Forderungen) errechnen.
Lösungshinweis: Berücksichtigen Sie dabei
1. die geplanten Einnahmen [aus der Planergebnistabelle von d)],
2. die geplanten Ausgaben [aus der Planergebnistabelle von d)],
3. die geplanten Investitionen,
4. die geplanten Privatentnahmen und
5. die geplanten Fremdkapitaltilgungen.

g) Im neuen Geschäftsjahr werden für die drei Kostenträger „Stadtrad SR5", „Trekkingrad TR3" und „Mountainbike MB7" folgende Absatzmengen und Verkaufspreise tatsächlich erzielt:

	Stadtrad SR5	Trekkingrad TR3	Mountainbike MB7
Absatzmenge (Stück)	21 600	20 250	19 690
Verkaufspreis (€)	220,00	220,00	364,00

Stellen Sie tabellarisch für jeden Kostenträger den Istabsatzzahlen (Istabsatzmenge, Istverkaufspreis, Istumsatz) die Planabsatzzahlen (Planabsatzmenge, Planverkaufspreis, Planumsatz) gegenüber. Errechnen Sie dabei in der Tabelle die jeweiligen Abweichungen (**Soll-Ist-Vergleich beim Absatzplan**). Wie sind die Abweichungen bei den Absatzmengen erklärbar?

h) Am Ende des neuen Geschäftsjahres ergeben sich bei der Inventur für die drei Kostenträger folgende Lagerendbestände:

	Stadtrad SR5	Trekkingrad TR3	Mountainbike MB7
Lagerendbestände (Stück)	3 030	1 480	3 990

Errechnen Sie, ob die geplanten Produktionsmengen realisiert wurden (**Soll-Ist-Vergleich beim Produktionsplan**).

i) Errechnen Sie die mengen- und wertmäßigen Bestandsveränderungen für die drei Kostenträger. Die Bestandsveränderungen sind mit den Istherstellungskosten zu bewerten.

	Stadtrad SR5	Trekkingrad TR3	Mountainbike MB7
Istherstellungskosten (€)	126,00	128,00	221,00

---

1 Die Bestandsveränderungen der Werkstoffe werden zur Vereinfachung vernachlässigt.

j) Für das neue Geschäftsjahr liegt Ihnen die Ergebnistabelle auf S. 357 vor.
Stellen Sie als Controller/-in tabellarisch die Istkosten den Plankosten gegenüber und ermitteln Sie die Kostenabweichungen **(Soll-Ist-Vergleich beim Kostenplan)**.
In der betrieblichen Praxis müsste nun für jeden Kostenträger festgestellt werden, ob die Kostenabweichungen aus Preis-, Beschäftigungs- oder Verbrauchsabweichungen resultieren. (Die Kostenstellenleiter haben nur Verbrauchsabweichungen zu verantworten.)[1] Aus Vereinfachungsgründen wollen wir hier auf eine Abweichungsanalyse verzichten.
Nennen Sie jedoch denkbare Gründe für den Anstieg der Rohstoffaufwendungen, der Personalkosten und der Mieten und Pachten.

k) Stellen Sie fest, ob die von der Geschäftsführung angestrebten Ergebnisse [siehe unter e)] im neuen Geschäftsjahr erzielt wurden **(Soll-Ist-Vergleich beim Ergebnisplan)**.
Wird die Geschäftsführung mit dem Ergebnis zufrieden sein?

l) Die geplanten Investitionen [siehe unter f)] wurden vorgenommen. Entgegen der Planung verursachten sie lediglich Ausgaben von 3.800.000,00 €. Wie geplant wurden die Investitionen zu 75 % aus flüssigen Mitteln und zu 25 % aus einer Eigenkapitalaufstockung finanziert.
Die Privatentnahmen betrugen im neuen Geschäftsjahr 90.000,00 €.
Die Fremdkapitaltilgungen betrugen 170.000,00 €.
Die zur Produktion benötigten Rohstoffe, Fremdbauteile, Hilfsstoffe und Betriebsstoffe wurden jeweils zu Produktionsbeginn (just in time) bezogen. Die Ausgaben für den Bezug dieser Werkstoffe entsprechen folglich den jeweiligen Werkstoffaufwendungen, die in der Istergebnistabelle des neuen Jahres bereits enthalten sind.[2]
Stellen Sie dem Sollfinanzplan [bei f) erstellt] den Istfinanzplan gegenüber **(Soll-Ist-Vergleich beim Finanzplan)**. Wird die Geschäftsführung mit dem Ergebnis zufrieden sein?

---

1 siehe Kapitel 7.2.3, Soll-Ist-Kostenvergleich
2 Die Bestandsveränderungen der Werkstoffe werden zur Vereinfachung vernachlässigt.

Istergebnistabelle, altes Geschäftsjahr[1]

Kto.-Nr.	Konten	Geschäftsbuchführung / Erfolgsbereich Aufw.	Erträge	Abgrenzungsbereich – Unternehmensbezogene Abgrenzungen Aufw.	Erträge	Kostenrechnerische Korrekturen Aufw.	Erträge	Kosten- und Leistungsbereich Kosten	Leistungen	prozentuale Änderungen
5000	Umsatzerlöse f. e. E.		14.683.000						14.683.000	
5202	Bestandsveränderungen an FE		617.000						617.000	
5401	Nebenerlöse aus V. u. V.		485.000		485.000					+ 5,0 %
5710	Zinserträge		44.000		44.000					+ 4,0 %
5780	Erträge aus Wertpapieren des UV		6.000		6.000					0,0 %
6000	Aufwendungen für Rohstoffe	1.300.000						1.300.000		+ 0,2 %
6010	Aufwendungen für Fremdbauteile	7.480.000						7.480.000		+ 0,3 %
6020	Aufwendungen für Hilfsstoffe	613.000						613.000		+ 0,4 %
6030	Aufwendungen für Betriebsstoffe	124.000						124.000		+ 1,0 %
6100	Aufw. für bezogene Leistungen	50.000						50.000		+ 10,0 %
6200	Löhne	2.200.000						2.200.000		+ 4,0 %
6300	Gehälter	1.100.000						1.100.000		+ 5,0 %
6400	AG-Anteil zur SV (LB + GB)	780.000						780.000		+ 5,0 %
6520	Abschreibungen auf Sachanlagen	750.000				750.000				+ 4,0 %
6700	Mieten, Pachten	350.000						350.000		+ 3,0 %
6990	Periodenfremde Aufwendungen	10.000		10.000						+ 2,0 %
7510	Zinsaufwendungen	100.000				100.000				0,0 %
	Kalkulatorischer Unternehmerlohn						90.000	90.000		+ 5,0 %
	Kalkulatorische Zinsen						300.000	300.000		+ 3,0 %
	Kalkulatorische Abschreibungen						400.000	400.000		+ 2,0 %
		14.857.000	15.835.000	10.000	535.000	850.000	790.000	14.787.000	15.300.000	
		978.000		525.000			60.000	513.000		
		15.835.000	15.835.000	535.000	535.000	850.000	850.000	15.300.000	15.300.000	
		Gesamtgewinn 978.000		Gewinn aus unternehmensbez. Abgrenzungen 525.000		Verlust aus kostenrechnerischen Korrekturen − 60.000		Betriebsgewinn 513.000		

1 zu Aufgabenteil c)

Istergebnistabelle, neues Geschäftsjahr[1]

		Geschäftsbuchführung Erfolgsbereich		Abgrenzungsbereich				Kosten- und Leistungsbereich	
				Unternehmensbezogene Abgrenzungen		Kostenrechnerische Korrekturen			
Kto.-Nr.	Konten	Aufw.	Erträge	Aufw.	Erträge	Aufw.	Erträge	Kosten	Leistungen
5000	Umsatzerlöse f. e. E.		16.374.160						16.374.160
5202	Bestandsveränderungen an FE	320.140						320.140	
5401	Nebenerlöse aus V. u. V.		506.825		506.825				
5710	Zinserträge		46.640		46.640				
5780	Erträge aus Wertpapieren des UV		5.900		5.900				
6000	Aufwendungen für Rohstoffe	1.320.000						1.320.000	
6010	Aufwendungen für Fremdbauteile	7.510.000						7.510.000	
6020	Aufwendungen für Hilfsstoffe	609.000						609.000	
6030	Aufwendungen für Betriebsstoffe	129.000						129.000	
6100	Aufw. für bezogene Leistungen	52.000						52.000	
6200	Löhne	2.354.000						2.354.000	
6300	Gehälter	1.177.000						1.177.000	
6400	AG-Anteil zur SV (LB + GB)	826.800						826.800	
6520	Abschreibungen auf Sachanlagen	780.000				780.000			
6700	Mieten, Pachten	370.000						370.000	
6990	Periodenfremde Aufwendungen	9.000		9.000					
7510	Zinsaufwendungen	101.000				101.000			
	Kalkulatorischer Unternehmerlohn						95.000	95.000	
	Kalkulatorische Zinsen						308.000	308.000	
	Kalkulatorische Abschreibungen						410.000	410.000	
		15.557.940	16.933.525	9.000	559.365	881.000	813.000	15.480.940	16.374.160
		1.375.585		550.365			68.000	893.220	
		16.933.525	16.933.525	559.365	559.365	881.000	881.000	16.374.160	16.374.160
		Gesamtgewinn		Gewinn aus unternehmensbez. Abgrenzungen 550.365		Verlust aus kostenrechnerischen Korrekturen – 68.000		Betriebsgewinn 893.220	

1 zu Aufgabenteil j)

Die **Betriebsstatistik** gehört neben der **Buchführung,** der **Kostenrechnung** und der **Planungsrechnung** zum betrieblichen Rechnungswesen. Sie sammelt Zahlenmaterial aus allen betrieblichen Bereichen, vergleicht es und wertet es aus.

Es gibt betriebliche Produktionsstatistiken, Kostenstatistiken, Lagerstatistiken, Personalstatistiken, Einkaufsstatistiken, Verkaufsstatistiken, Werbestatistiken usw.

Neben den reinen Betriebsstatistiken werden in den Unternehmen auch **volkswirtschaftliche Statistiken** geführt, die unternehmerische Entscheidungen unterstützen.

Hierzu gehören z. B. Statistiken über die Wertpapierbörsen, die Devisenbörsen, die Einkommensverteilung, den Bevölkerungsaufbau, die Geburtenentwicklung usw.

Die grafische Darstellung von Statistiken ist besonders anschaulich.

6.1 Grafische Darstellungsformen

Man unterscheidet bei den grafischen Darstellungen
1. Stab-, Säulen- und Kurvendiagramme, 2. Flächendiagramme und 3. Bildstatistiken.

6.1.1 Stab-, Säulen- und Kurvendiagramme

Bei Stab-, Säulen- und Kurvendiagrammen werden statistische Zusammenhänge in einem Koordinatensystem veranschaulicht.

Auf der x-Achse (Abszisse) werden statistische Merkmale (z. B. Zeitpunkte) und auf der y-Achse (Ordinate) statistische Zahlenwerte (z. B. Umsätze) abgetragen.

Beispiel Ein Industriebetrieb weist für das vergangene Geschäftsjahr folgende Personalentwicklung (Lohnempfänger) auf:

Jan.	Febr.	März	April	Mai	Juni	Juli	Aug.	Sept.	Okt.	Nov.	Dez.
710	718	735	748	752	722	708	705	725	738	742	719

Jahresdurchschnitt: 727

Darstellung der Personalentwicklung in Form eines Stabdiagramms

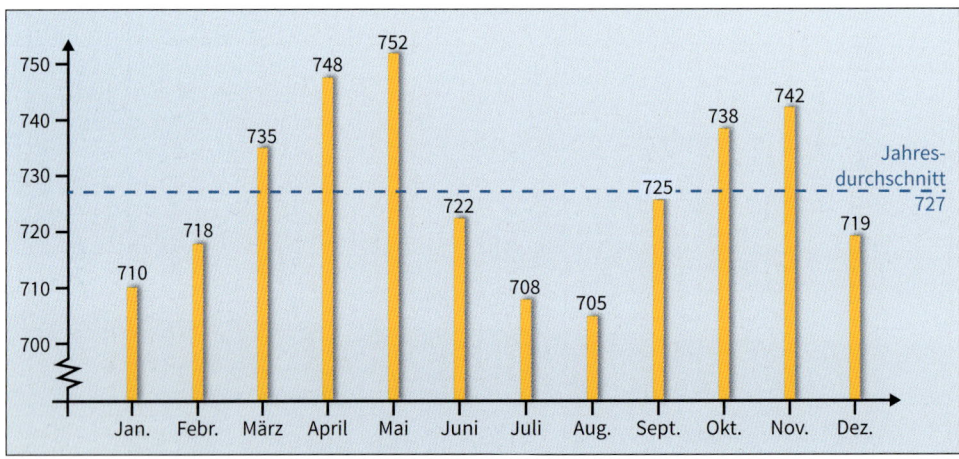

1 Informationen und Aufgaben zur Interpretation und Auswertung der Kennzahlen des Jahresabschlusses finden Sie im Kapitel „3.2 Auswertung des Jahresabschlusses".

358

Darstellung der Personalentwicklung in Form eines Säulendiagramms

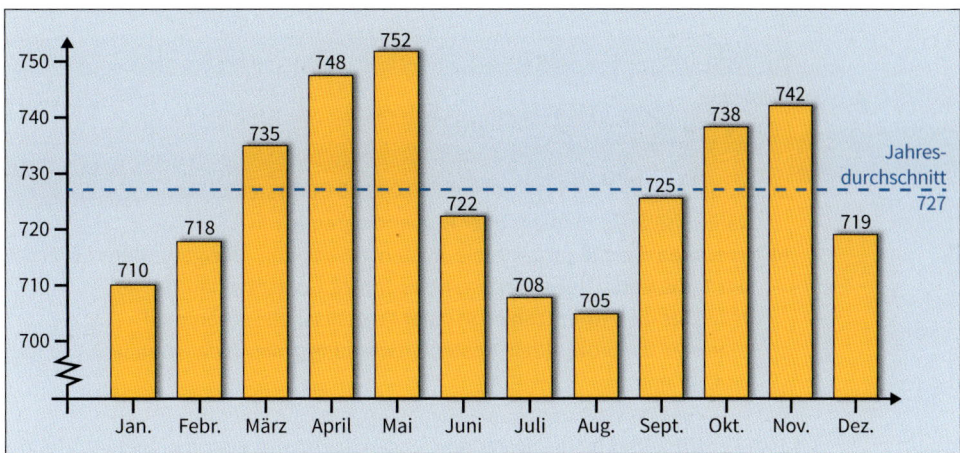

Darstellung der Personalentwicklung in Form eines Kurvendiagramms

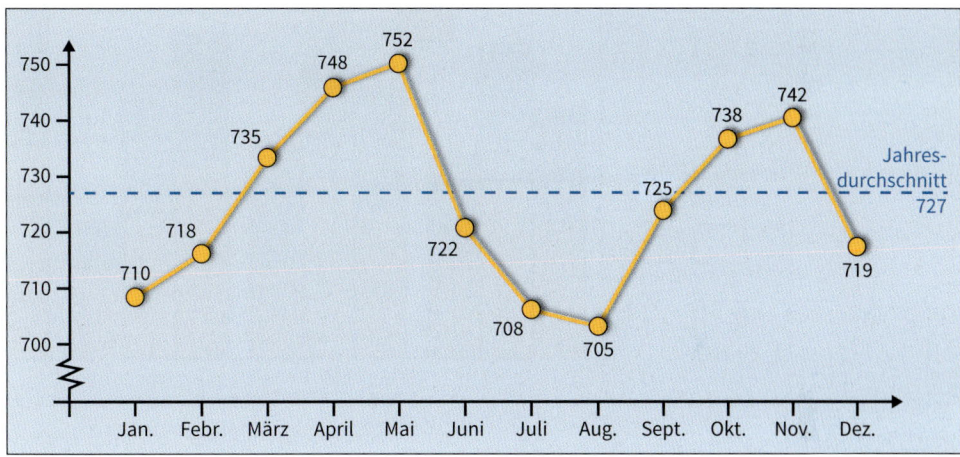

Aufgaben

1 Der Rohstoffbestand eines Industriebetriebes weist im 1. Halbjahr folgende Entwicklung auf (jeweils Anfangsbestände):

Monat	Lagerbestand jeweils am 1. des Monats in t
Januar	190
Februar	210
März	220
April	180
Mai	170
Juni	200
Juli	160

a) Errechnen Sie den durchschnittlichen Lagerbestand.
b) Stellen Sie die Lagerbestandsentwicklung in einem Stabdiagramm, in einem Säulendiagramm und in einem Kurvendiagramm dar.
   Tragen Sie in das jeweilige Diagramm den durchschnittlichen Lagerbestand ein.

2 Die Materialgemeinkosten eines Industriebetriebes haben sich in den letzten 5 Jahren wie folgt entwickelt (in €):

	Jahr 1	Jahr 2	Jahr 3	Jahr 4	Jahr 5
Material-gemeinkosten	597.822,00	641.560,00	618.589,00	719.473,00	793.510,00

a) Runden Sie die €-Beträge auf volle 10.000,00 € und stellen Sie die Kostenentwicklung grafisch dar (wahlweise Stab-, Säulen- oder Kurvendiagramm).

b) Berechnen Sie die prozentuale Kostenentwicklung (der gerundeten Beträge) gegenüber dem Jahr 1 (die Materialgemeinkosten des Jahres 1 entsprechen 100 %).
Stellen Sie die Prozentzahlen in einer Prozenttabelle zusammen.

c) Stellen Sie die prozentuale Kostenentwicklung grafisch dar (wahlweise Stab-, Säulen- oder Kurvendiagramm).

3 Erstellen Sie aufgrund des folgenden Säulendiagramms eine geeignete Umsatztabelle.

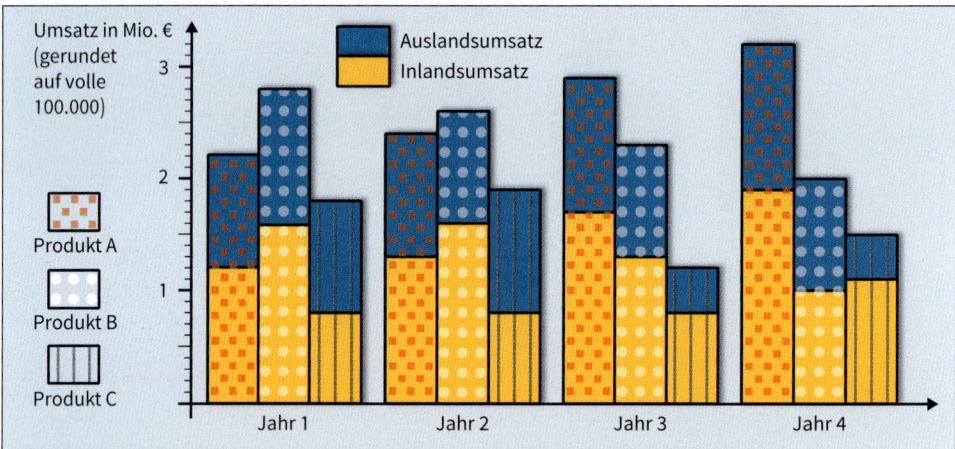

4 Die Mitarbeiterzahl und der Umsatz haben sich in den letzten 5 Jahren wie folgt entwickelt:

Jahr	1	2	3	4	5
ø Mitarbeiterzahl	530	560	540	590	620
Umsatz in Mio. €	66,25	72,8	75,6	85,55	93,0

a) Errechnen Sie für jedes Jahr den „Umsatz pro Kopf".

b) Stellen Sie die Entwicklung des „Umsatzes pro Kopf" in einem Säulendiagramm dar.

c) Wie interpretieren Sie die Entwicklung des „Umsatzes pro Kopf"?

5

Jahr	1	2	3	4
ø Rohstoffbestand in Mio. €	16,2	17,8	17,1	18,2
Rohstoffeinsatz in Mio. €	121,5	106,8	136,8	163,8

a) Stellen Sie die Lagerbestandsentwicklung in einem Säulendiagramm dar.

b) Errechnen Sie die Lagerumschlagshäufigkeiten und stellen Sie diese in einem Säulendiagramm dar.

c) Errechnen Sie für jedes Jahr die durchschnittliche Lagerdauer und erstellen Sie ein entsprechendes Säulendiagramm.

6 In einer Verkaufsfiliale ergaben sich im Vorjahr für den Monat März folgende durchschnittliche Tagesumsätze:

Tag	Mo.	Di.	Mi.	Do.	Fr.	Sa.
März (Vorjahr) (T€)	12	14	15	13	16	11

Im laufenden Geschäftsjahr wurden im März folgende Tagesumsätze registriert:

Tag	Mo.	Di.	Mi.	Do.	Fr.	Sa.
März, 1. Woche (T€)	11	13	12	11	16	9
März, 2. Woche (T€)	13	17	14	15	18	13
März, 3. Woche (T€)	14	16	16	14	19	12
März, 4. Woche (T€)	14	14	14	12	15	10

a) Errechnen Sie die durchschnittlichen Tagesumsätze des Monats März für das laufende Geschäftsjahr.

b) Stellen Sie die durchschnittlichen Tagesumsatzzahlen des Monats März für das Vorjahr und für das laufende Geschäftsjahr in einem Säulendiagramm gegenüber.

c) Lösen Sie die Aufgabe b) in einem Kurvendiagramm.

d) Welches Diagramm stellt Ihrer Meinung nach die Vergleichswerte besser gegenüber? Begründen Sie Ihre Meinung.

6.1.2   Flächendiagramme

Flächendiagramme sind geeignet zur Darstellung von prozentualen Anteilen an einer Gesamtgröße. Die Veranschaulichung kann durch Rechteckdiagramme oder Kreisdiagramme erfolgen.

Beispiel   Das Sortiment A ist mit 40 %, das Sortiment B mit 35 % und das Sortiment C mit 25 % am Umsatz eines Unternehmens beteiligt.

Darstellung der Umsatzstruktur in Form eines Rechteckdiagramms

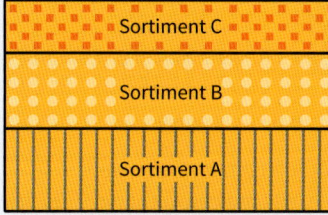

25 %

35 %   Die Höhe der übereinanderliegenden Flächen bildet den Maßstab.

40 %

Darstellung der Umsatzstruktur in Form eines Kreisdiagramms

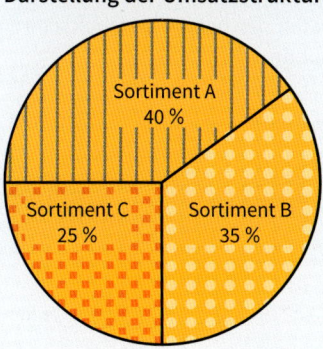

Die Gradanteile der Kreisausschnitte bilden den Maßstab.

Sie werden mit Dreisatz errechnet.

Zum Beispiel für Sortiment A:

100 % ≙ 360°

40 % ≙   x°

$$x = \frac{360 \cdot 40}{100} = \underline{144°}$$

6.1.3 Bildstatistiken

Neben den dargebotenen relativ nüchternen Darstellungsformen von Statistiken gibt es noch sogenannte Bildstatistiken. Sie enthalten die oben dargestellten Elemente. Die statistischen Informationen werden dabei für den Nichtfachmann möglichst einfach und bildhaft aufbereitet.

Bildstatistiken erscheinen häufig in Tageszeitungen und Werbezeitschriften.

Beispiel

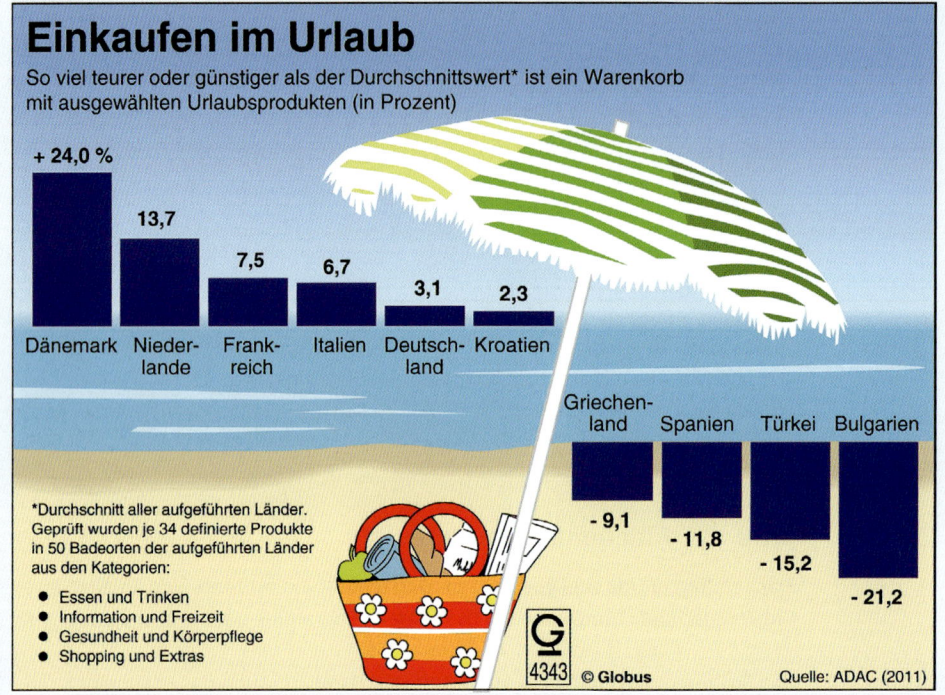

Einkaufen im Urlaub

So viel teurer oder günstiger als der Durchschnittswert* ist ein Warenkorb
mit ausgewählten Urlaubsprodukten (in Prozent)

+ 24,0 % — Dänemark
13,7 — Niederlande
7,5 — Frankreich
6,7 — Italien
3,1 — Deutschland
2,3 — Kroatien
- 9,1 — Griechenland
- 11,8 — Spanien
- 15,2 — Türkei
- 21,2 — Bulgarien

*Durchschnitt aller aufgeführten Länder.
Geprüft wurden je 34 definierte Produkte
in 50 Badeorten der aufgeführten Länder
aus den Kategorien:

- Essen und Trinken
- Information und Freizeit
- Gesundheit und Körperpflege
- Shopping und Extras

4343 © Globus   Quelle: ADAC (2011)

Aufgaben

1 Die Werbekosten setzten sich im vergangenen Geschäftsjahr wie folgt zusammen:

| Fernsehwerbung: | 45 %, | Zeitschriftenwerbung: | 20 %, |
| Rundfunkwerbung: | 25 %, | Plakatwerbung: | 10 %. |

Im laufenden Geschäftsjahr teilt sich der Werbeetat folgendermaßen auf:

| Fernsehwerbung: | 4,8 Mio. €, | Zeitschriftenwerbung: | 3 Mio. €, |
| Rundfunkwerbung: | 3,6 Mio. €, | Plakatwerbung: | 0,6 Mio. €. |

Stellen Sie die Zusammensetzung der Werbekosten der beiden Geschäftsjahre in vergleichbaren
Rechteckdiagrammen (Kreisdiagrammen) gegenüber.

2 In der Personalabteilung eines Industriebetriebes soll eine grafische Statistik (mit absoluten Zahlen
und Prozentzahlen) über die Vorbildung der Angestellten angefertigt werden.

| Hochschul-
abschluss | Abitur | Realschul-
abschluss | Hauptschul-
abschluss | ohne
Abschluss |
|---|---|---|---|---|
| 27 | 108 | 324 | 81 | – |

Erstellen Sie ein entsprechendes Rechteckdiagramm (Kreisdiagramm).

3

Aktiva			aufbereitete Bilanz			Passiva
	Berichts-jahr Mio. €	Vorjahr Mio. €			Berichts-jahr Mio. €	Vorjahr Mio. €
A. Anlagevermögen	52,25	52,80	A. Eigenkapital		33,25	29,04
B. Umlaufvermögen			B. Fremdkapital			
Vorräte	23,75	19,36	langfristiges FK		42,75	42,24
Forderungen	11,40	8,80	kurzfristiges FK		19,00	16,72
flüssige Mittel	7,60	7,04				
	95,00	88,00			95,00	88,00

Stellen Sie jeweils in einem Rechteckdiagramm (Kreisdiagramm) die prozentuale Zusammensetzung der Bilanz (Aktiv- und Passivseite) für das Berichtsjahr und das Vorjahr gegenüber. (Anmerkung: Die Oberbegriffe „Umlaufvermögen" und „Fremdkapital" sollen nicht in den Diagrammen erscheinen.)

4 Der Betriebsabrechnungsbogen eines Industriebetriebes weist folgende Gemeinkostensummen im 1. Quartal aus:

Kostenstellen				
Monat	Material (€)	Fertigung (€)	Verwaltung (€)	Vertrieb (€)
Januar	98.000,00	588.000,00	245.000,00	49.000,00
Februar	110.400,00	579.600,00	202.400,00	27.600,00
März	147.000,00	609.000,00	231.000,00	63.000,00

a) Errechnen Sie für jeden Monat die prozentuale Zusammensetzung der Gemeinkosten.
b) Stellen Sie die prozentuale Gemeinkostenverteilung der 3 Monate in Kreisdiagrammen (Rechteckdiagrammen) gegenüber.
c) Errechnen Sie für das 1. Quartal die durchschnittliche prozentuale Zusammensetzung der Gemeinkosten.
d) Stellen Sie die in c) ermittelten Werte in einem Kreisdiagramm dar.

5 Die Produktionskapazität eines Industriebetriebes verteilt sich wie folgt:

	1. Quartal	2. Quartal	3. Quartal	4. Quartal
Produkt A	39 %	42 %	40 %	45 %
Produkt B	21 %	24 %	20 %	23 %
Produkt C	16 %	14 %	12 %	14 %
Leerkapazität	24 %	20 %	28 %	18 %

a) Stellen Sie die Kapazitätsverteilung der 4 Quartale in Kreisdiagrammen (Rechteckdiagrammen) gegenüber.
b) Errechnen Sie die durchschnittliche Kapazitätsverteilung des Jahres und erstellen Sie ein entsprechendes Kreisdiagramm (Rechteckdiagramm).

6.2   Verhältniszahlen

Mit **Verhältniszahlen** werden statistische Größen miteinander in Beziehung gesetzt, in der Regel in ein prozentuales Verhältnis gebracht.

Man unterteilt die Verhältniszahlen in **Gliederungszahlen, Messzahlen, Indexzahlen** und **Beziehungszahlen.**

6.2.1   Gliederungszahlen

 Eine Gliederungszahl drückt das prozentuale Verhältnis einer Teilmasse zu ihrer Gesamtmasse aus.

Beispiele   Prozentualer Anteil des Eigenkapitals am Gesamtkapital; prozentualer Anteil der Personalkosten an den Gesamtkosten.

Gesamtmasse	≙	100 %			
Teilmasse	≙	x %	(= Gliederungszahl)	$\text{Gliederungszahl} = \dfrac{100 \cdot \text{Teilmasse}}{\text{Gesamtmasse}}$	

Beispiel   Der Gesamtumsatz beträgt 2.385.780,00 €. Der Umsatz der Produktgruppe I beträgt 321.512,00 €. Wie hoch ist der prozentuale Anteil des Umsatzes der Produktgruppe I am Gesamtumsatz?

$$\text{Gliederungszahl} = \frac{100 \cdot 321.512,00}{2.385.780,00} = \underline{13,48\,\%}$$

Der prozentuale Anteil der Produktgruppe I beträgt 13,48 % am Gesamtumsatz.

Aufgaben

1

	Mio. €	ø Branche (%)
Materialaufwendungen	355,2	37
Personalaufwendungen	268,8	36
Abschreibungen	240,0	17
Sonstige Aufwendungen	38,4	3
Steueraufwendungen	57,6	7

a) Errechnen Sie die prozentualen Anteile der einzelnen Aufwandsarten am Gesamtaufwand.
b) Wie heißen die Verhältniszahlen, die Sie in a) errechnet haben?
c) Vergleichen Sie die Aufwandsstruktur mit der branchendurchschnittlichen Aufwandsstruktur.
d) Welche Kostensenkung könnte insgesamt erzielt werden (absolut und prozentual), wenn bedingt durch Rationalisierungsinvestitionen die Abschreibungen um 10 % steigen und die Personalaufwendungen um 15 % sinken (bei Konstanz der übrigen Aufwendungen)?
e) Errechnen Sie bei Vornahme der Rationalisierungsinvestition die prozentuale Zusammensetzung der Aufwendungen (Genauigkeit: 1 Stelle nach dem Komma). Welcher Trend wird beim Vergleich mit dem Branchendurchschnitt erkennbar?

2 Eine Umfrage bei unseren Reisenden hat folgende Verteilung der wöchentlichen Arbeitszeit ergeben:

	Reisender A (Stunden)	Reisender B (Stunden)	Reisender C (Stunden)
Fahrtzeit	11,40	12,92	12,16
Wartezeit beim Kunden	7,60	8,36	7,98
Verkaufsgespräche	6,08	6,84	6,46
Führen der Verkaufsunterlagen	9,50	7,60	8,74
Sonstiges	3,42	2,28	2,66
Wochenstunden	38,00	38,00	38,00

a) Errechnen Sie für jeden Reisenden die prozentuale Aufteilung der wöchentlichen Arbeitszeit.
b) Errechnen Sie die durchschnittliche prozentuale Aufteilung der wöchentlichen Arbeitszeit insgesamt.
c) Erstellen Sie ein Kreisdiagramm über die durchschnittliche prozentuale Aufteilung der wöchentlichen Arbeitszeit.

3 Unsere Textilfabrik hat – nach Produktgruppen differenziert – folgende Jahresumsätze erzielt:

Monat	Herrenbekleidung (€)	Damenbekleidung (€)	Kinderbekleidung (€)
Januar	120.000,00	170.000,00	60.000,00
Februar	100.000,00	130.000,00	40.000,00
März	140.000,00	160.000,00	50.000,00
April	150.000,00	180.000,00	70.000,00
Mai	160.000,00	170.000,00	80.000,00
Juni	130.000,00	140.000,00	60.000,00
Juli	110.000,00	120.000,00	40.000,00
August	140.000,00	160.000,00	80.000,00
September	120.000,00	140.000,00	70.000,00
Oktober	110.000,00	120.000,00	50.000,00
November	140.000,00	180.000,00	60.000,00
Dezember	170.000,00	200.000,00	90.000,00

a) Errechnen Sie die prozentualen Anteile der Produktgruppen am Jahresumsatz (Genauigkeit: 1 Stelle nach dem Komma).
b) Errechnen Sie die prozentualen Anteile der Monatsumsätze (insgesamt) am Jahresumsatz (insgesamt). (Genauigkeit: 1 Stelle nach dem Komma)
c) Durch eine Werbekampagne soll der Umsatz der Herrenbekleidung im Folgejahr um 10 % erhöht werden. Errechnen Sie für diesen Fall die neuen prozentualen Anteile der Produktgruppen am Jahresumsatz (bei Konstanz der Umsätze für Damen- und Kinderbekleidung). (Genauigkeit: 1 Stelle nach dem Komma)
d) Stellen Sie die sich aus c) ergebende Umsatzstruktur in einem Rechteckdiagramm dar.

6.2.2   Messzahlen

Eine Messzahl drückt das prozentuale Verhältnis einer Teilmasse zu einer anderen Teilmasse oder einer Gesamtmasse zu einer anderen Gesamtmasse aus.

Beispiele   Prozentuales Verhältnis von Eigenkapital zu Fremdkapital; prozentuales Verhältnis von Personalkosten zu Abschreibungen; prozentuales Verhältnis zweier Jahresumsätze.

| Masse A | ≙ | 100 % | (= Basis) |
| Masse B | ≙ | x % | (= Messzahl) |

$$\text{Messzahl} = \frac{100 \cdot \text{Masse B}}{\text{Masse A}}$$

Beispiel   Der Umsatz der Artikelgruppe I beträgt 321.512,00 €. Der Umsatz der Artikelgruppe II beträgt 108.793,00 €. Wie verhält sich der Umsatz der Artikelgruppe II prozentual zum Umsatz der Artikelgruppe I (= Basis → 100 %)?

$$\text{Messzahl} = \frac{100 \cdot 108.793,00}{321.512,00} = \underline{33,84\ \%}$$

Der Umsatz der Artikelgruppe II macht 33,84 % des Umsatzes der Artikelgruppe I aus.

Aufgaben

1   Ein Kühlschrankhersteller verkauft im März 980 Kühlschränke der Marke „Nordpol". Im April werden 870 Kühlschränke dieser Marke verkauft.
   a) Auf wie viel Prozent ist die Verkaufszahl des Monats April gegenüber der Verkaufszahl des Monats März gesunken? (Genauigkeit: 2 Stellen nach dem Komma)
   b) Wie heißt die Verhältniszahl, die Sie in a) errechnet haben?

2   In einem Industriebetrieb beträgt das Umlaufvermögen 155,6 Mio. €. Das Anlagevermögen beläuft sich auf 82,4 Mio. €.

   Wie viel Prozent macht das Anlagevermögen gemessen am Umlaufvermögen aus (= Konstitution)? (Genauigkeit: 1 Stelle nach dem Komma)

3   Eigenkapital: 33,6 Mio. €   Fremdkapital: 61,2 Mio. €
   a) Wie viel Prozent des Fremdkapitals macht das Eigenkapital aus (= Finanzierung)? (Genauigkeit: 1 Stelle nach dem Komma)
   b) Wie viel Prozent des Eigenkapitals macht das Fremdkapital aus (= Verschuldungskoeffizient)? (Genauigkeit: 1 Stelle nach dem Komma)

4   Eigenkapital: 54,8 Mio. €
   Anlagevermögen: 49,6 Mio. €

   Wie viel Prozent des Anlagevermögens sind durch Eigenkapital gedeckt (= Anlagendeckung I)? (Genauigkeit: 1 Stelle nach dem Komma)

5   Die monatlichen Erträge eines Unternehmens betragen 2.527.285,00 €. Die Aufwendungen belaufen sich auf 2.298.632,00 €. Wie hoch ist der prozentuale Anteil der Aufwendungen an den Erträgen?

6   Errechnen Sie die Messzahlen (Berichtsjahr gemessen am Vorjahr).
(Genauigkeit: 1 Stelle nach dem Komma)

	Vorjahr	Berichtsjahr
Umsatz	328,7 Mio. €	369,8 Mio. €
ø Lagerbestand	14,3 Mio. €	13,1 Mio. €
Arbeiter	759	788
Ausschuss	1 485 Stück	1 232 Stück
Fixe Kosten	80,9 Mio. €	78,4 Mio. €
Forderungsausfälle	0,5 Mio. €	0,6 Mio. €

6.2.3   Beziehungszahlen

 Beziehungszahlen drücken das Verhältnis zweier verschiedenartiger Massen zueinander aus.

Beispiele   Herstellkosten pro Fertigungsstunde; Verkaufssumme pro Auftrag; Jahresumsatz je m^2 Verkaufsfläche.

$$\text{Beziehungszahl} = \frac{\text{Masse von Art 1}}{\text{Masse von Art 2}}$$

Beispiel   In einer Verkaufsfiliale eines Industriebetriebes wurde in 502 Arbeitsstunden ein Umsatz von 279.112,00 € erzielt. Wie hoch ist der Umsatz pro Arbeitsstunde?

$$\text{Beziehungszahl} = \frac{279.112,00}{502} = \underline{\underline{556,00 \text{ €}}}$$

Der Umsatz pro Arbeitsstunde beträgt 556,00 €.

Aufgaben

1   Ein Industriebetrieb unterhält 3 Verkaufsfilialen. Hinsichtlich der Beschäftigtenzahl, der Verkaufsfläche, des Jahresumsatzes und der Betriebskosten ergeben sich folgende Zahlen:

Filiale	Mitarbeiter	Verkaufsfläche (m²)	Umsatz (€)	Betriebskosten (€)
I	10	560	5.880.000,00	1.764.000,00
II	24	1 152	14.169.600,00	3.542.400,00
III	18	756	10.886.400,00	2.177.280,00

Errechnen Sie für jede Filiale
a) die Verkaufsfläche pro Mitarbeiter,
b) den Umsatz pro m^2 Verkaufsfläche,
c) den „Umsatz pro Kopf",
d) die Betriebskosten pro m^2 Verkaufsfläche,
e) die Betriebskosten pro Mitarbeiter,
f) die Betriebskosten pro 100,00 € Umsatz.
Welche Filiale schneidet beim Vergleich dieser Beziehungszahlen am besten ab?

2

Jahr	Umsatz (€)	produktives Anlagevermögen[1] (€)	Beschäftigte
1	462.000.000,00	41.250.000,00	3 300
2	511.500.000,00	47.740.000,00	3 410
3	584.000.000,00	54.750.000,00	3 650
4	644.000.000,00	58.880.000,00	3 680

a) Errechnen Sie für die Jahre 1 bis 4 den „Umsatz pro Kopf".

b) Errechnen Sie für die Jahre 1 bis 4 das „produktive Anlagevermögen pro Kopf" (= Investitionen pro Arbeitsplatz).

c) Stellen Sie den „Umsatz pro Kopf" und das „produktive Anlagevermögen pro Kopf" (= Investitionen pro Arbeitsplatz) in je einem Balkendiagramm grafisch dar.

d) Wie heißen die Verhältniszahlen, die Sie in a) und b) errechnet haben?

e) Wie interpretieren Sie die Ergebnisse aus a) und b)?

3 Errechnen Sie die Beziehungszahlen.

a) Gewinn: 2.520.000,00 €; Beschäftigte: 840
b) Umsatz: 37.500.000,00 €; Verkaufsfläche: 5 000 m²
c) Umsatz: 25.600.050,00 €; Anzahl der Aufträge: 11 340
d) Unfälle: 360; Beschäftigte: 18 000
e) produzierte Stückzahl: 241 020; Arbeiter: 585

6.2.4 Indexzahlen

 Indexzahlen geben die prozentuale Veränderung von Größen im Zeitablauf an. Die Ausgangsgröße wird als Basiszahl bezeichnet und entspricht 100 %.

Beispiel Die prozentuale Veränderung der Jahresumsätze wird gegenüber einem Ausgangsjahr (= Basisjahr) berechnet.

Wird die prozentuale Veränderung einer Größe von Zeitpunkt zu Zeitpunkt berechnet, so liegt eine **Kettenindexierung** (= Indexreihe mit veränderlicher Basis) vor.

Beispiel Die prozentuale Veränderung der Jahresumsätze wird gegenüber dem jeweiligen Vorjahr berechnet.

Wert zum Basiszeitpunkt	≙	100 %		
Wert zum jeweiligen Zeitpunkt	≙	x %	**Indexzahl** =	$\dfrac{100 \cdot \text{Wert zum jeweiligen Zeitpunkt}}{\text{Wert zum Basiszeitpunkt}}$

Beispiel Die folgende Tabelle zeigt die Entwicklung der variablen Kosten des Artikels A auf. Es werden eine einfache Indexierung (Basisjahr: 4) und eine Kettenindexierung gegenüber dem jeweiligen Vorjahr vorgenommen.

Jahr	1	2	3	4	5	6	7	8
variable Kosten (€)	8,00	8,20	8,32	8,55	8,96	9,12	9,43	9,74
Index	93,6	95,9	97,3	100,0	104,8	106,7	110,3	113,9
Kettenindex	–	102,5	101,5	102,8	104,8	101,8	103,4	103,3

---

1 Das produktive Anlagevermögen dient ausschließlich dem betrieblichen Leistungsprozess. Im produktiven Anlagevermögen sind folglich Grundstücke, Gebäude, Beteiligungen, Wertpapiere usw. **nicht** enthalten.

Aufgaben

1 Die Textilfabrik Konrad Fied KG registriert folgende Umsatzentwicklungen:

Jahr	Jeanshosen	Jeansjacken	Jeanshemden
1	279.400,00 €	120.300,00 €	80.800,00 €
2	291.600,00 €	131.900,00 €	85.900,00 €
3	303.100,00 €	138.400,00 €	89.200,00 €
4	296.500,00 €	144.200,00 €	84.300,00 €
5	308.700,00 €	139.100,00 €	92.700,00 €
6	313.400,00 €	158.900,00 €	99.100,00 €
7	309.900,00 €	152.500,00 €	96.600,00 €

a) Errechnen Sie für jede Produktgruppe die Indexzahlen (Basisjahr: 3. Jahr).
b) Nehmen Sie für jede Produktgruppe eine Kettenindexierung gegenüber dem jeweiligen Vorjahr vor.
(Genauigkeit bei a) und b): 1 Stelle nach dem Komma)

2 Für den durchschnittlichen Lagerbestand an Rohstoffen wurden folgende Indexzahlen errechnet:

Jahr	1	2	3	4	5	6
Rohstoff I	94,5	96,7	100	104,1	102,9	109,1
Rohstoff II	93,8	95,9	100	103,5	106,7	104,5
Rohstoff III	92,9	95,1	100	102,9	108,2	106,8

a) Welches ist das Basisjahr?
b) Im 6. Jahr beträgt der durchschnittliche Lagerbestand von Rohstoff I 680.000,00 €, von Rohstoff II 520.000,00 € und von Rohstoff III 860.000,00 €.
Errechnen Sie für jedes Jahr die durchschnittlichen Lagerbestände.
(Runden Sie dabei auf ganze €-Beträge.)
c) Nehmen Sie für jeden Rohstoff eine Kettenindexierung gegenüber dem jeweiligen Vorjahr vor.
(Genauigkeit: 1 Stelle nach dem Komma)

3 In einem Industriebetrieb gibt es folgende Entwicklung bei der Anzahl der Beschäftigten und bei den Abschreibungen:

Jahr	1	2	3	4	5
Beschäftigte	1 960	1 882	1 788	1 695	1 635
Abschreibungen Mio. €	3,10	3,18	3,31	3,44	3,56

a) Errechnen Sie für die Anzahl der Beschäftigten und für die Abschreibungen die Indexzahlen (Basisjahr: 1. Jahr).
(Genauigkeit: 1 Stelle nach dem Komma)
b) Stellen Sie die Indexzahlen für die Anzahl der Beschäftigten und für die Abschreibungen in einem Kurvendiagramm gegenüber.
c) Interpretieren Sie das Diagramm.

DIE PLANKOSTENRECHNUNG

Die Plankostenrechnung ermöglicht
- eine Plankalkulation und
- eine Kontrolle der Wirtschaftlichkeit der Leistungserstellung in den Kostenstellen.

Die Plankostenrechnung basiert auf **Plankosten.**

Plankosten werden aufgrund exakter Arbeitsablauf-, Arbeitszeit- und Verbrauchsstudien ermittelt. Unter Mitwirkung von Kostenrechnern, leitenden Technikern und Arbeitsvorbereitern werden die Plankosten für jede einzelne Kostenart getrennt festgestellt.

Bei normalem Betriebsablauf haben die Plankosten Norm- und Vorgabecharakter. Sie werden deshalb auch als Vorgabekosten bezeichnet.

Man unterscheidet
- die **starre Plankostenrechnung,**
- die **flexible Plankostenrechnung** und
- die **Grenzplankostenrechnung.**

7.1 Die starre Plankostenrechnung

Bei der starren Plankostenrechnung werden die Plankosten der Kostenstellen für eine zu erwartende Planbeschäftigung (z. B. Fertigungsstunden) vorgegeben. An Beschäftigungsschwankungen können die Plankosten nicht angepasst werden.

Der Nachteil der starren Plankostenrechnung besteht deshalb darin, dass bei **Beschäftigungsschwankungen** in den einzelnen Kostenstellen eine wirksame Kostenkontrolle nicht möglich ist.

7.2 Die flexible Plankostenrechnung

7.2.1 Der Kostenstellenplan

Beschäftigungsschwankungen haben einen erheblichen Einfluss auf die Kostenstruktur der Kostenstellen.

Fixe Kosten bleiben bei allen Beschäftigungsgraden unverändert. Diese Tatsache wird bei der flexiblen Plankostenrechnung berücksichtigt. Hierzu dient der sogenannte „**Variator**".

Ein Variator zeigt an, wie hoch der variable (proportionale) Anteil einer Kostenart bei der Planbeschäftigung ist.

Der Kostenverlauf der einzelnen Kostenarten bei Beschäftigungsschwankungen hängt entscheidend vom Anteil der fixen Kosten ab.

Besteht eine Kostenart ausschließlich aus Fixkosten, so ist sie unabhängig von Beschäftigungsänderungen. Der Variator ist folglich 0.

Besteht hingegen eine Kostenart ausschließlich aus variablen (proportionalen) Kosten, so ist der Variator 1.

Bei Kostenarten, die sowohl fixe als auch variable Kostenanteile enthalten, liegt der Variator zwischen 0 und 1 (über 0 und unter 1). Ein Variator von 0,6 bedeutet beispielsweise, dass 60 % der Kostenart variabel (proportional) und folglich 40 % der Kostenart fix sind.

Es gilt:

$$\text{Variator} = \frac{\text{proportionale Plankosten}}{\text{gesamte Plankosten}}$$

Für jede Kostenstelle werden **Kostenstellenpläne** aufgestellt, die **Kostenvorgaben** enthalten.

In ihnen wird der Variator in einer besonderen Spalte ausgewiesen. Mit seiner Hilfe erfolgt die **Kostenspaltung** in fixe und proportionale Kosten.

Im folgenden **Kostenstellenplan** der Kostenstelle „Dreherei" ist beispielsweise der Variator für die Kostenart „Hilfslöhne" 0,2. Das bedeutet, dass 20 % der Hilfslohnkosten variabel sind.

Beispiel

Kostenstellenplan für Monat: März 20 ..					Kostenstelle: Dreherei (415)	
Planbezugsgröße: Fertigungslohnstunden **Planbeschäftigung: 3 000** Fertigungslohnstunden						
Kostenarten	Planver-rechnungs-menge	Planpreis je Einheit	Plankosten[1] insgesamt	Variator	Plankosten	
					fix	proportional
Fertigungslöhne	3 000 Std.	28,00	84.000,00	1	–	84.000,00
Hilfslöhne	1 904 Std.	25,00	47.600,00	0,2	38.080,00	9.520,00
Hilfs- und Betriebsstoffe	400 kg	9,00	3.600,00	0,4	2.160,00	1.440,00
Instandhaltungs- und Reparaturkosten	–	–	8.200,00	0,3	5.740,00	2.460,00
Energiekosten	60 000 kWh	0,12	7.200,00	0,8	1.440,00	5.760,00
Summe der Plankosten			**150.600,00**		47.420,00	103.180,00
Plankostenverrechnungssatz: **150.600,00 : 3 000 = 50,20 €**						

In den Kostenstellenplänen werden **Plankostenverrechnungssätze** ermittelt. Für die Kostenstelle „Dreherei" ergibt sich in unserem Beispiel ein Plankostenverrechnungssatz von **50,20 €**.

 Plankostenverrechnungssätze geben die Kostenstellenplankosten für eine Planbezugsgrößeneinheit an.

Bei unserer Kostenstelle „Dreherei" bilden die Fertigungslohnstunden die Planbezugsgröße. Es hängt von der jeweiligen Kostenstelle ab, welche Planbezugsgröße herangezogen wird.

---

1 Die „Plankosten insgesamt", die sich bei der Planbeschäftigung ergeben, bezeichnet man als Basisplankosten.

Exkurs

Bei anderen Kostenstellen gelten andere Planbezugsgrößen:

Kostenstellen	denkbare Planbezugsgrößen
Kantine Materialkostenstellen Energieversorgung Fuhrpark Vertrieb Fertigung	Anzahl der Mahlzeiten Materialverbrauch Energieverbrauch gefahrene Kilometer Anzahl der verkauften Produkte Fertigungsstunden/Maschinenstunden

Der Plankostenverrechnungssatz der Kostenstelle „Kantine" gibt beispielsweise die Kosten pro Mahlzeit an.

Zurück zu unserem Beispiel. Hier sagt der Plankostenverrechnungssatz der Kostenstelle „Dreherei" aus, wie hoch die Plankosten pro Fertigungslohnstunde (bei Planbeschäftigung) sind.

Es gilt (bei der flexiblen Plankostenrechnung):

$$\text{Plankostenverrechnungssatz} = \frac{\text{Summe der Basisplankosten}}{\text{Planbeschäftigung (der Planbezugsgröße)}}$$

Mithilfe des Plankostenverrechnungssatzes werden die Plankosten der Kostenstellen auf die Kostenträger umgelegt.

 Die Kostenträger werden bei der Kalkulation in dem Maß, in dem sie Leistungen der Kostenstellen beanspruchen, mit Plankosten belastet.

Werden für einen Auftrag beispielsweise 600 Fertigungslohnstunden in der Dreherei benötigt, so weist diese Kostenstelle ihm 30.120,00 € (= 600 · 50,20) zu.

Der Plankostenverrechnungssatz enthält sowohl variable als auch fixe Kosten. Er ist folglich ein **Vollkostensatz.**

Auf die Kostenträger werden auf diese Weise variable und fixe Kosten verrechnet. Die flexible Plankostenrechnung ist deshalb ein **Vollkostenrechnungssystem.**

Die Summe der in einem Betrachtungszeitraum auf Kostenträger verrechneten Plankosten ergibt sich wie folgt:

$$\textbf{verrechnete Plankosten} = \text{Istbeschäftigung} \cdot \text{Plankostenverrechnungssatz}$$

Entspricht die Istbeschäftigung der Planbeschäftigung (= 3000 Fertigungslohnstunden), so werden die Plankosten (= 150.600,00 €) in vollem Umfang auf die Kostenträger umgelegt.

$$\textbf{verrechnete Plankosten} = 3000 \cdot 50,20 = 150.600,00 \text{ €}$$

Aufgaben folgen auf S. 378 ff.

Plankosten und verrechnete Plankosten sind in diesem Fall gleich groß.

7.2.2   Die Plankalkulation mit Plankostenverrechnungssätzen

Mithilfe der Plankostenverrechnungssätze erstellen Industriebetriebe, die in Einzel- oder Serienfertigung produzieren, eine **Plankalkulation.**

Der Vorteil der Plankalkulation gegenüber der Zuschlagskalkulation liegt in der größeren Exaktheit ihrer Ergebnisse.

Die Fertigungskosten der verschiedenen Fertigungskostenstellen werden über die Plankostenverrechnungssätze auf die einzelnen Kostenträger verrechnet.

Die Plankostenverrechnungssätze decken sämtliche Einzel- und Gemeinkosten der Fertigungskostenstellen ab. Insofern entfällt bei der Ermittlung der Planfertigungskosten der Fertigungsgemeinkostenzuschlagssatz.

In der Regel beschränken sich die Betriebe darauf, nur für die Kalkulation der **Fertigungskosten** differenzierte Plankostenverrechnungssätze heranzuziehen. Die Material-, Verwaltungs- und Vertriebsgemeinkosten werden dagegen nach wie vor mithilfe von globalen Zuschlagssätzen auf die Einzelmaterialkosten bzw. Herstellkosten kalkuliert.

Beispiel

Eine Kostenträgereinheit beansprucht in der Dreherei 6 Minuten, in der Schlosserei 15 Minuten Fertigungszeit.

Plankostenverrechnungssätze: Dreherei: 50,20 €/Std.; Schlosserei: 48,00 €/Std.

Die Planeinzelkosten für das Fertigungsmaterial belaufen sich auf 20,00 € pro Kostenträgereinheit.

Plangemeinkostenzuschlagssätze: MGKZ: 10 %; VwGKZ: 12 %; VtGKZ: 5 %.

Errechnen Sie die Planselbstkosten.

Lösung

Für die Fertigungskostenstellen „Dreherei" und „Schlosserei" werden die Planfertigungskosten pro Kostenträgereinheit errechnet:

$$\text{Planfertigungskosten (Dreherei)} = \frac{50,20 \cdot 6}{60} = \underline{\mathbf{5,02 \text{ €}}}$$

$$\text{Planfertigungskosten (Schlosserei)} = \frac{48,00 \cdot 15}{60} = \underline{\mathbf{12,00 \text{ €}}}$$

Es ergibt sich folgende Plankalkulation:

		€	€
	Fertigungsmaterial	20,00	
+	MGKZ (10 %)	2,00	
	Planmaterialkosten		**22,00**
	Planfertigungskosten (Dreherei)	**5,02**	
	Planfertigungskosten (Schlosserei)	**12,00**	
	Summe Planfertigungskosten		**17,02**
	Planherstellkosten		**39,02**
+	VwGKZ (12 %)		4,68
+	VtGKZ (5 %)		1,95
	Planselbstkosten		**45,65**

Aufgaben folgen auf S. 378 ff.

7.2.3   Der Soll-Ist-Kostenvergleich

Neben einer Plankalkulation ermöglicht die flexible Plankostenrechnung eine wirksame **Kostenstellenkontrolle.** Unwirtschaftlichkeiten in den Kostenstellen können aufgedeckt und beseitigt werden.

Beim in der Regel monatlich durchzuführenden Soll-Ist-Kostenvergleich werden Kostenabweichungen analysiert.

Es sind zu unterscheiden
■ Preisabweichungen,
■ Beschäftigungsabweichungen und
■ Verbrauchsabweichungen.

Die jeweiligen Kostenstellenleiter haben nur **Verbrauchsabweichungen** zu verantworten. **Preisabweichungen** und **Beschäftigungsabweichungen** sind daher aus der Kostenanalyse zu eliminieren.

Um **Preisabweichungen auszuschließen,** werden die Istverbrauchsmengen mit Planpreisen bewertet. Beispiel: Die Arbeitsstunde für Hilfslöhne wird nicht zum Iststundenlohn (z. B. 27,50 €) angesetzt, sondern zum Planstundenlohn (z. B. 25,00 €).

 Bei der flexiblen Plankostenrechnung ergeben sich die Istkosten aus Istmengen, die zu Planpreisen bewertet werden.

Preisabweichungen sind somit ausgeschaltet. Kostenabweichungen können nicht in unterschiedlichen Verrechnungspreisen begründet sein.

Beschäftigungsabweichungen treten auf, wenn Plan- und Istbeschäftigung sich nicht entsprechen.

Beispiel   Für unsere Kostenstelle „Dreherei" ergibt sich folgende **Kostenstellenabrechnung:**

Kostenstellenabrechnung für Monat: März 20..					Kostenstelle: Dreherei (415)
Planbezugsgröße: Fertigungslohnstunden			**Planbeschäftigung:**	3 000 Fertigungslohnstunden	
			Istbeschäftigung:	2 400 Fertigungslohnstunden	

Kostenarten	Plankosten insgesamt	Variator	Plankosten		Istkosten
			fix	proportional	
Fertigungslöhne	84.000,00	1	–	84.000,00	67.200,00
Hilfslöhne	47.600,00	0,2	38.080,00	9.520,00	52.700,00
Hilfs- und Betriebsstoffe	3.600,00	0,4	2.160,00	1.440,00	3.100,00
Instandhaltungs- und Reparaturkosten	8.200,00	0,3	5.740,00	2.460,00	9.600,00
Energiekosten	7.200,00	0,8	1.440,00	5.760,00	7.400,00
Summe	150.600,00		47.420,00	103.180,00	140.000,00

Plankostenverrechnungssatz: 150.600,00 : 3 000 = 50,20 €

An **Istkosten** sind gemäß Kostenstellenabrechnung für den Monat März **140.000,00 €** angefallen.

Die Istbeschäftigung beträgt im Betrachtungszeitraum 2 400 Fertigungslohnstunden. Folglich sind auf die Kostenträger **120.480,00 €** (= 2 400 · 50,20) verrechnet worden (= **verrechnete Plankosten**[1]).

---

1 siehe S. 372: verrechnete Plankosten = Istbeschäftigung · Plankostenverrechnungssatz

Die Istbeschäftigung macht 80 %[1] der Planbeschäftigung aus.

Bei einem Beschäftigungsgrad von 80 % müssten in der Kostenstelle „Dreherei" folgende Kosten anfallen:

Σ fixe Plankosten	47.420,00 €
+ **80 %** der Σ variable Plankosten $\left(\dfrac{103.180,00 \cdot 80}{100}\right)$	82.544,00 €
= **Sollkosten**	**129.964,00 €**

Die auf einen Istbeschäftigungsgrad umgerechneten Plankosten **sollen** von der jeweiligen Kostenstelle nicht überschritten werden. Man bezeichnet sie daher als **Sollkosten**.

Sollkosten sind die auf den Istbeschäftigungsgrad umgerechneten Plankosten.

Fassen wir die Zahlen unseres Beispiels zusammen:

Istkosten (gemäß Kostenstellenabrechnung):	140.000,00 €
Verrechnete Plankosten (mit Plankostenverrechnungssatz auf Kostenträger umgelegt, **mit** Proportionalisierung von Fixkosten):	120.480,00 €
Sollkosten (auf Istbeschäftigung umgerechnete Plankosten, **ohne** Proportionalisierung von Fixkosten):	129.964,00 €

Die Differenz zwischen den **verrechneten Plankosten** und den **Sollkosten** ergibt die **Beschäftigungsabweichung**. Sie hat der Kostenstellenleiter nicht zu vertreten.

Die Beschäftigungsabweichung ergibt sich durch die Proportionalisierung von Fixkosten bei den verrechneten Plankosten.

> **Beschäftigungsabweichung** = verrechnete Plankosten – Sollkosten

Die grafische Darstellung auf der Folgeseite veranschaulicht die Zusammenhänge.

Die **Gerade für die verrechneten Plankosten** ergibt sich aus der Funktion:

> **verrechnete Plankosten** = Plankostenverrechnungssatz · Istbeschäftigung

In unserem Beispiel gilt:

> **verrechnete Plankosten** = 50,20 · x

Wie oben bereits erwähnt, handelt es sich um eine **Vollkostenkurve,** die Fixkosten proportionalisiert. Die Gerade läuft deshalb durch den Nullpunkt.

Die **Gerade für die Sollkosten** ergibt sich aus der Funktion:

> **Sollkosten** = fixe Kosten + proportionale Stückkosten · Istbeschäftigung

---

1    $\begin{array}{ll} 3\,000 \text{ Stunden} \triangleq 100\,\% \\ 2\,400 \text{ Stunden} \triangleq \ \ x\,\% \end{array}$ $x = \dfrac{100 \cdot 2\,400}{3\,000} = \underline{80\,\%}$

Die proportionalen Stückkosten geben die Steigung der Geraden an. Sie ergeben sich wie folgt:

$$\text{proportionale Stückkosten} = \frac{\text{proportionale Kosten}}{\text{Planbeschäftigung}}$$

In unserem Beispiel betragen die proportionalen Stückkosten 34,39 € (= 103.180,00 : 3 000).

Es gilt in unserem Fall folgende Sollkostenfunktion:

$$\text{Sollkosten} = 47.420 + 34,39 \cdot x$$

Hier handelt es sich um eine **Teilkostenkurve,** die nicht im Ursprung des Koordinatensystems (Nullpunkt) beginnt, sondern bei den fixen Kosten.

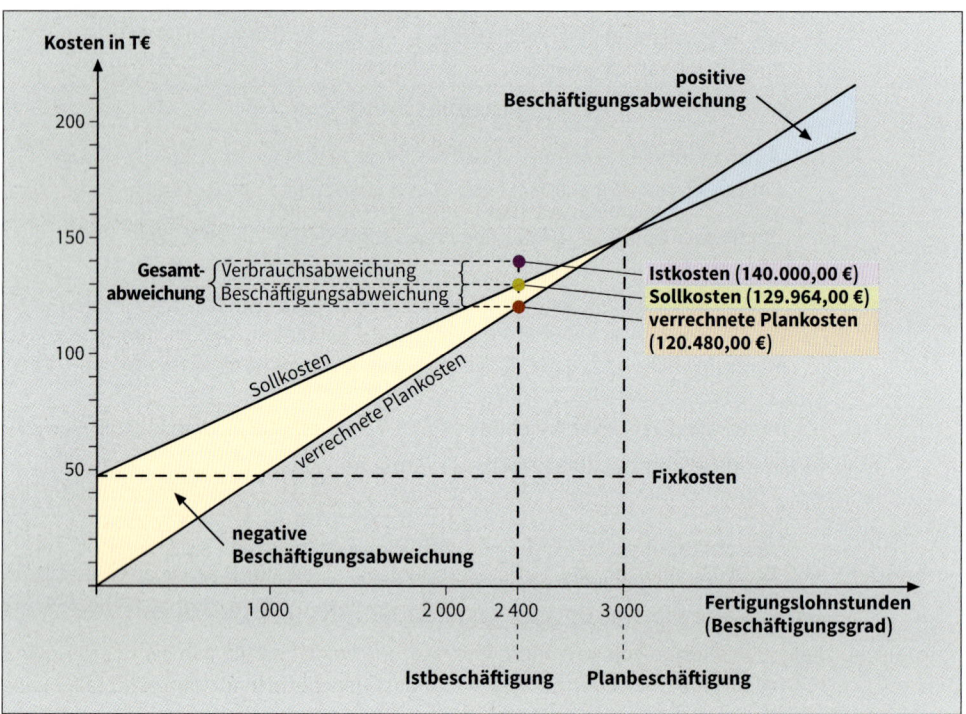

Die Betrachtung der Kostenverläufe für die verrechneten Plankosten und für die Sollkosten macht drei unterschiedliche Situationen deutlich:

1. **Istbeschäftigung = Planbeschäftigung**
   In diesem Fall entsprechen sich die Sollkosten und die verrechneten Plankosten.

2. **Istbeschäftigung < Planbeschäftigung**
   In diesem Fall sind die verrechneten Plankosten kleiner als die Sollkosten. Es liegt eine **negative Beschäftigungsabweichung** vor. Mit dem Plankostenverrechnungssatz (= Vollkostensatz) werden zu wenige fixe Kosten verrechnet.

3. **Istbeschäftigung > Planbeschäftigung**
   In diesem Fall sind die verrechneten Plankosten größer als die Sollkosten. Es liegt eine **positive Beschäftigungsabweichung** vor. Mit dem Plankostenverrechnungssatz (= Vollkostensatz) werden zu viele fixe Kosten verrechnet.

Kommen wir auf unser Beispiel zurück. In die grafische Darstellung sind bei der Istbeschäftigung von 2 400 Fertigungslohnstunden die verrechneten Plankosten, die Sollkosten und die Istkosten eingetragen.

Wir hatten bereits festgestellt, dass die **Beschäftigungsabweichung,** die sich aus der Differenz zwischen verrechneten Plankosten und Sollkosten ergibt, vom Kostenstellenleiter nicht zu verantworten ist. Es handelt sich hier um nicht auf Kostenträger verrechnete Fixkosten.

Die Differenz zwischen den Sollkosten und den Istkosten ist die **Verbrauchsabweichung.**

> **Verbrauchsabweichung** = Sollkosten – Istkosten

In unserem Beispiel beträgt die Verbrauchsabweichung – 10.036,00 €   (= 129.964,00 € – 140.000,00 €). Es liegt hier ein **Verbrauchsverlust** vor, den der Kostenstellenleiter zu rechtfertigen hat.

Sind umgekehrt die Sollkosten größer als die Istkosten, so erhält man einen **Verbrauchsgewinn** (auch: **Verbrauchseinsparung**). In der Kostenstelle ist dann wirtschaftlich gearbeitet worden.

Um nun in unserem Beispiel den Verbrauchsverlust zu analysieren, müssen alle Kostenarten einzeln betrachtet werden. Dazu werden für alle Kostenarten die Sollkosten ermittelt und den Istkosten gegenübergestellt.

Beispiel

Bei der Kostenart „Hilfslöhne" sind von den 47.600,00 € Plankosten 38.080,00 € fix und 9.520,00 € proportional (siehe Kostenstellenabrechnung auf S. 373).

Bei einer Beschäftigungsschwankung von – 20 % ergeben sich dann folgende Sollkosten für die Hilfslöhne:

$$\text{Sollkosten (Hilfslöhne)} = 38.080,00\,€ + \frac{9.520,00 \cdot 80}{100} = \underline{45.696,00\,€}$$

Auf diese Weise werden die Sollkosten für jede Kostenart errechnet. Die Istkosten werden der Kostenstellenabrechnung entnommen. In unserem Fall ergeben sich folgende Daten:

Kostenarten	Istkosten	Sollkosten	Verbrauchs-abweichung[1]
Fertigungslöhne	67.200,00	67.200,00	–
Hilfslöhne	52.700,00	45.696,00	– 7.004,00
Hilfs- und Betriebsstoffe	3.100,00	3.312,00	+ 212,00
Instandhaltungs- und Reparaturkosten	9.600,00	7.708,00	– 1.892,00
Energiekosten	7.400,00	6.048,00	– 1.352,00
	140.000,00	129.964,00	– 10.036,00

Der Kostenstellenleiter der „Dreherei" hat die Verbrauchsverluste bei den einzelnen Kostenarten zu rechtfertigen.

---

1   – = Verbrauchsverlust
    + = Verbrauchsgewinn

Zusammen-fassung

1. Bei der flexiblen Plankostenrechnung werden für die Kostenstellen (in der Regel Fertigungskostenstellen) Plankostenverrechnungssätze ermittelt. Diese geben Kostenstellenplankosten für eine Planbezugsgrößeneinheit (z. B. Fertigungsstunde) an. Der Plankostenverrechnungssatz beinhaltet sowohl proportionale als auch fixe Kosten. Er ist deshalb ein Vollkostensatz.

2. Mithilfe der Plankostenverrechnungssätze (der flexiblen Plankostenrechnung) werden die Plankosten der Kostenstellen auf die Kostenträger umgelegt. Auf diese Weise erstellen Industriebetriebe, die in Einzel- oder Serienfertigung produzieren, eine Plankalkulation.

3. Die Betriebe beschränken sich meistens darauf, nur für die Umlegung der Fertigungskosten auf die Kostenträger differenzierte Plankostenverrechnungssätze heranzuziehen.

4. Neben der Plankalkulation ermöglicht die flexible Plankostenrechnung eine wirksame Kostenstellenkontrolle. Für den Soll-Ist-Kostenvergleich der Kostenstellen werden Verbrauchsabweichungen ermittelt. Diese sind von den Kostenstellenleitern zu vertreten. Preisabweichungen und Beschäftigungsabweichungen werden aus der Kostenanalyse eliminiert.

Aufgaben

1: Errechnung von Plankostenverrechnungssätzen
2: Kostenspaltung mithilfe des Variators
3: Plankalkulation
4: Erstellen eines Kostenstellenplanes

5: Sollkosten und verrechnete Plankosten, dargestellt im Koordinatensystem
6–13: Kostenkontrolle
14: Zusammenfassende Verständnisaufgabe

1   Errechnen Sie die Plankostenverrechnungssätze.

Kostenstellen	Σ Plankosten		Plan-bezugsgröße	Plan-beschäftigung
	fix	proportional		
Fräserei	4.500,00	78.000,00	Fertigungsstunden	2 800
Dreherei	38.000,00	94.000,00	Fertigungsstunden	3 000
Schlosserei	52.000,00	101.000,00	Fertigungsstunden	2 600
Montage	76.000,00	98.000,00	Maschinenstunden	3 200
Kantine	2.500,00	2.900,00	Mahlzeiten	1 800
Fuhrpark	1.500,00	2.000,00	gefahrene km	14 000

2   Nehmen Sie mithilfe des Variators die Kostenspaltung in fixe und variable Plankosten der Kostenstelle „Schlosserei" vor.

Kostenarten	Plankosten insgesamt	Variator
Hilfs- und Betriebsstoffe	4.200,00	0,6
Fertigungslöhne	90.000,00	1
Hilfslöhne	48.000,00	0,4
Energiekosten	6.900,00	0,9
kalk. Abschreibungen	40.000,00	0,1
kalk. Zinsen	38.000,00	0

3   Errechnen Sie für die Kostenträger A, B und C die Planselbstkosten.

Plankostenverrechnungssätze

Fertigungskostenstelle	I:	49,00 €
Fertigungskostenstelle	II:	52,00 €
Fertigungskostenstelle	III:	44,00 €

Fertigungszeiten	A	B	C
Fertigungskostenstelle I:	12 Min.	18 Min.	15 Min.
Fertigungskostenstelle II:	17 Min.	22 Min.	13 Min.
Fertigungskostenstelle III:	16 Min.	10 Min.	21 Min.
Plankosten	**A**	**B**	**C**
Fertigungsmaterial	80,00 €	50,00 €	60,00 €
MGKZ	10 %	8 %	12 %
VwGKZ	11 %	9 %	10 %
VtGKZ	4 %	6 %	5 %

4 Erstellen Sie (nach dem Muster auf S. 371) den kompletten monatlichen Kostenstellenplan der Kostenstelle „Schlosserei".
Die Planbezugsgröße sind die Fertigungslohnstunden.

Kostenarten	Planverrechnungsmenge	Planpreis je Einheit	Variator
Fertigungslöhne	3 400 Std.	30,00 €	1
Hilfslöhne	1 300 Std.	26,00 €	0,4
Hilfs- und Betriebsstoffe	500 kg	10,00 €	0,6
Energiekosten	70 000 kWh	0,10 €	0,9
kalk. Abschreibungen	–	45.000,00 € pro Monat	0,1

5 Für den Monat Mai werden für die Kostenstelle „Fräserei" 52.000,00 € fixe Plankosten und 96.000,00 € variable Plankosten ermittelt. Als Planbezugsgröße werden die Fertigungslohnstunden herangezogen. Die Planbeschäftigung beträgt 2 500 Fertigungslohnstunden.
a) Stellen Sie den Verlauf der verrechneten Plankosten und der Sollkosten im Koordinatensystem dar.
b) Erklären Sie die Kostensituation bei einer negativen und bei einer positiven Beschäftigungsabweichung.

6 Errechnen Sie bei den in der folgenden Tabelle aufgeführten Kapazitätsauslastungen für jede Kostenstelle
a) die verrechneten Plankosten,
b) die Sollkosten und
c) die Beschäftigungsabweichung.

Kostenstellen	Plankosten		Kapazitätsauslastung in % der Planbeschäftigung
	fix	proportional	
Fertigungskostenstelle 1	47.600,00	190.400,00	110 %
Fertigungskostenstelle 2	47.250,00	141.750,00	80 %
Fertigungskostenstelle 3	65.000,00	260.000,00	90 %
Fertigungskostenstelle 4	73.800,00	172.200,00	120 %

7 In der Fertigungskostenstelle I bilden die Maschinenstunden die Planbezugsgröße. Bei der Planbeschäftigung von 2 800 Maschinenstunden ergeben sich folgende Plankosten:

Kostenarten	Gesamtplankosten	Variator
Fertigungslöhne	72.000,00	1
Hilfslöhne	28.000,00	0,3
Hilfs- und Betriebsstoffe	6.000,00	0,6
Energiekosten	8.000,00	0,9
kalk. Abschreibungen	60.000,00	0,2

a) Ermitteln Sie den Plankostenverrechnungssatz.

b) Errechnen Sie bei einer Istbeschäftigung von 2 240 (3 640) Maschinenstunden
   1. die verrechneten Plankosten,
   2. die Sollkosten und
   3. die Beschäftigungsabweichung.

c) Stellen Sie den Verlauf der verrechneten Plankosten und der Sollkosten im Koordinatensystem dar.

d) Errechnen Sie für jede Kostenart isoliert die Beschäftigungsabweichung.

8   Errechnen Sie für jede Kostenart die Beschäftigungsabweichung bei folgenden Kapazitätsauslastungen (in % der Planbeschäftigung):   a) 80 %   b) 110 %

Kostenarten	Gesamtplankosten	Variator
Fertigungslöhne	106.000,00	1
Hilfslöhne	38.000,00	0,3
Hilfs- und Betriebsstoffe	6.000,00	0,7
Energiekosten	9.000,00	0,9
Wartungs- und Reparaturkosten	10.000,00	0,5
kalk. Abschreibungen	52.000,00	0,2
kalk. Zinsen	40.000,00	0

9   a) Errechnen Sie aufgrund der Daten in der folgenden Tabelle für jede Kostenstelle
   1. die Gesamtabweichung,
   2. die Beschäftigungsabweichung und
   3. die Verbrauchsabweichung.

Kostenstellen	Plankosten		Plan-beschäftigung	Ist-beschäftigung	Istkosten
	fix	proportional			
Schlosserei	38.000,00	110.000,00	3 000 Std.	2 600 Std.	135.000,00
Dreherei	27.000,00	98.000,00	2 500 Std.	2 800 Std.	138.000,00
Fräserei	25.000,00	87.000,00	2 800 Std.	2 500 Std.	104.000,00
Montage	50.000,00	140.000,00	3 200 Std.	3 400 Std.	200.000,00

b) Stellen Sie für die Kostenstelle „Schlosserei" die Sollkostenkurve und die Kurve für die verrechneten Plankosten im Koordinatensystem dar. Tragen Sie jeweils die Gesamtabweichung, die Beschäftigungsabweichung und die Verbrauchsabweichung in die grafische Darstellung ein. (Ordinate: 10.000,00 € = 1 cm; Abszisse: 1 000 Std. = 5 cm)

10   Die Istbeschäftigung macht 85 % (80 %) der Planbeschäftigung[1] aus.

Kostenarten	Planverrech-nungsmenge	Planpreis je Einheit (€)	Variator	Istverrech-nungsmenge	Istpreis je Einheit (€)
Fertigungslöhne	2 800 Std.	30,00	1	2 380 Std.	32,00
	(3 000 Std.)	(29,00)	(1)	(2 400 Std.)	(30,00)
Hilfslöhne	1 000 Std.	24,00	0,2	990 Std.	22,00
	(900 Std.)	(23,00)	(0,3)	(760 Std.)	(21,00)
Hilfs- und Betriebsstoffe	600 kg	12,00	0,6	560 kg	13,00
	(700 kg)	(14,00)	(0,7)	(600 kg)	(16,00)
Energiekosten	63 000 kWh	0,10	0,8	55 160 kWh	0,11
	(50 000 kWh)	(0,12)	(0,9)	(43 750 kWh)	(0,10)

1 Die Fertigungslöhne bilden die Planbezugsgröße.

a) Errechnen Sie für jede Kostenart
  1. die Plankosten insgesamt,
  2. die fixen Plankosten,
  3. die variablen Plankosten,
  4. die verrechneten Plankosten,
  5. die Sollkosten,
  6. die Istkosten,
  7. die Beschäftigungsabweichung und
  8. die Verbrauchsabweichung.

b) Erklären Sie, auf welche Weise bei der flexiblen Plankostenrechnung Preisabweichungen ausgeschlossen werden.

11 Für die Fertigungskostenstelle I ergibt sich für den Monat Juni die unten stehende Kostenstellenabrechnung.
  a) Stellen Sie im Koordinatensystem die Sollkostenkurve und die Kurve der verrechneten Plankosten dar. (Ordinate: 10.000,00 € = 1 cm; Abszisse: 1 000 Std. = 5 cm)
  b) Tragen Sie in die grafische Darstellung
    1. die Gesamtabweichung,
    2. die Beschäftigungsabweichung und
    3. die Verbrauchsabweichung ein.
  c) Ermitteln Sie für jede Kostenart die Verbrauchsabweichung.

Kostenstellenabrechnung für Monat: Juni 20..					Fertigungskostenstelle I
Planbezugsgröße: Maschinenstunden			Planbeschäftigung: 3 200 Maschinenstunden		
			Istbeschäftigung: 2 720 Maschinenstunden		
Kostenarten	Plankosten insgesamt	Variator	Plankosten		Istkosten
			fix	proportional	
Fertigungslöhne	96.000,00	1	–	96.000,00	81.600,00
Hilfslöhne	28.000,00	0,4	16.800,00	11.200,00	30.800,00
Hilfs- und Betriebsstoffe	4.000,00	0,6	1.600,00	2.400,00	3.300,00
Energiekosten	8.000,00	0,9	800,00	7.200,00	7.300,00
kalk. Abschreibungen	62.000,00	0,2	49.600,00	12.400,00	62.000,00
Summe	198.000,00		68.800,00	129.200,00	185.000,00
Plankostenverrechnungssatz: 198.000,00 : 3 200 = 61,875 €					

12

Kostenstellenplan für Monat: Oktober 20..					Fertigungskostenstelle II	
Planbezugsgröße: Maschinenstunden						
Planbeschäftigung: 3 200 Maschinenstunden						
Kostenarten	Planverrechnungsmenge	Planpreis je Einheit	Plankosten insgesamt	Variator	Plankosten	
					fix	proportional
Fertigungslöhne	3 400 Std.	30,00	102.000,00	1	–	102.000,00
Hilfslöhne	1 500 Std.	25,00	37.500,00	0,4	22.500,00	15.000,00
Hilfs- und Betriebsstoffe	500 kg	10,00	5.000,00	0,6	2.000,00	3.000,00
Energiekosten	62 500 kWh	0,12	7.500,00	0,9	750,00	6.750,00
kalk. Abschreibungen	–	–	60.000,00	0,2	48.000,00	12.000,00
Summe der Plankosten			212.000,00		73.250,00	138.750,00
Plankostenverrechnungssatz: 212.000,00 : 3 200 = 66,25 €						

Im Oktober betrug die Istbeschäftigung 75 % der Planbeschäftigung.

Für den Monat Oktober gelten folgende Istverrechnungsmengen und Istpreise:

Kostenarten	Istverrechnungsmenge	Istpreis je Einheit
Fertigungslöhne	2 680 Std.	32,00
Hilfslöhne	1 420 Std.	26,00
Hilfs- und Betriebsstoffe	415 kg	8,00
Energiekosten	48 250 kWh	0,13

Kalkulatorische Abschreibungen (Oktober): 57.000,00 €

Errechnen Sie für jede Kostenart die Verbrauchsabweichung.

13 Im Betrachtungsmonat November betrug die Istbeschäftigung für den unten stehenden Kostenstellenplan 3 600 Fertigungslohnstunden.
Im Monat November sind folgende Istkosten angefallen:
Fertigungslöhne: 104.400,00 €; Hilfslöhne: 29.040,00 €; Hilfs- und Betriebsstoffe: 8.030,00 €; Energiekosten: 6.300,00 €; kalk. Abschreibungen: 49.920,00 €.
Errechnen Sie für jede Kostenart die Verbrauchsabweichung.

Kostenstellenplan für Monat: November 20..					Fertigungskostenstelle I	
Planbezugsgröße: Fertigungslohnstunden **Planbeschäftigung:** 3 000 Fertigungslohnstunden						
Kostenarten	Planver-rechnungs-menge	Planpreis je Einheit	Plankosten insgesamt	Variator	Plankosten	
					fix	proportional
Fertigungslöhne	3 000 Std.	29,00	87.000,00	1	–	87.000,00
Hilfslöhne	1 100 Std.	24,00	26.400,00	0,3	18.480,00	7.920,00
Hilfs- und Betriebsstoffe	600 kg	11,00	6.600,00	0,7	1.980,00	4.620,00
Energiekosten	56 000 kWh	0,10	5.600,00	0,9	560,00	5.040,00
kalk. Abschrei-bungen	–	–	48.000,00	0,2	38.400,00	9.600,00
Summe der Plankosten			173.600,00		59.420,00	114.180,00
Plankostenverrechnungssatz: 173.600,00 : 3 000 = 57,87 €						

14 Welche Aussagen sind richtig bzw. falsch? Begründen Sie Ihre Meinung.
a) Der Plankostenverrechnungssatz gibt die Kostenstellenplankosten für eine Planbezugsgrößeneinheit (z. B. Fertigungsstunde) an.
b) Der Plankostenverrechnungssatz verrechnet nur die proportionalen Kosten. Er ist deshalb ein Teilkostensatz.
c) Mithilfe der Plankostenverrechnungssätze werden die Plankosten der Kostenstellen auf die Kostenträger umgelegt.
d) Die in einem Betrachtungszeitraum verrechneten Plankosten ergeben sich aus dem Produkt von Istbeschäftigung und Plankostenverrechnungssatz.
e) Bei der Planzuschlagskalkulation werden in der Regel die Verwaltungs- und Vertriebsgemeinkosten mithilfe von Plankostenverrechnungssätzen auf die Kostenträger umgelegt.
f) Neben einer Plankalkulation ermöglicht die flexible Plankostenrechnung eine wirksame Kostenstellenkontrolle.
g) Die Kostenstellenleiter haben Beschäftigungsabweichungen zu verantworten.
h) Um Verbrauchsabweichungen aus der Kostenanalyse zu eliminieren, werden die Istverbrauchsmengen mit Planpreisen bewertet.
i) Beschäftigungsabweichungen treten auf, wenn sich Plan- und Istbeschäftigung nicht entsprechen.
j) Beschäftigungsabweichungen ergeben sich durch die Proportionalisierung von fixen Kosten.

k) Bei einer negativen Beschäftigungsabweichung (Istbeschäftigung < Planbeschäftigung) sind die verrechneten Plankosten größer als die Sollkosten.

l) Die Differenz zwischen den Sollkosten und den Istkosten ist die Preisabweichung.

m) Die Differenz zwischen den verrechneten Plankosten und den Sollkosten ist die Beschäftigungsabweichung.

n) Zur Analyse der Verbrauchsabweichungen werden alle Kostenarten einzeln betrachtet.

7.3   Die Grenzplankostenrechnung

7.3.1   Der Soll-Ist-Kostenvergleich

Die Grenzplankostenrechnung verrechnet **reine fixe Kosten** nicht auf die Kostenstellen. Sie geht davon aus, dass die Zuordnung von fixen Kosten auf Kostenstellen zu einer Verzerrung der Kostenstruktur führt. Zudem sind die fixen Kosten in den Kostenstellen nicht beeinflussbar.

Bei der Grenzplankostenrechnung werden deshalb den Kostenstellen nur **reine proportionale Kosten** und **Mischkosten** (= Kostenarten, die sowohl proportionale als auch fixe Elemente aufweisen) zugewiesen.

Die Grenzplankostenrechnung ist ein Teilkostenrechnungssystem.

Bei der Grenzplankostenrechnung wird für die Kostenstellen ein **proportionaler Plankostenverrechnungssatz** (auch: Grenzkostenstellenstundensatz) ermittelt. Er bezieht sich nur auf die **proportionalen Kosten.** Die fixen Kosten deckt er nicht ab. Es handelt sich folglich um einen **Teilkostensatz.**

 Der proportionale Plankostenverrechnungssatz sagt aus, wie hoch die proportionalen Kostenstellenplankosten pro Planbezugsgrößeneinheit (z. B. Fertigungsstunde) sind.

Beispiel

Kostenstellenplan für Monat: März 20..				Kostenstelle: Dreherei (415)	
Planbezugsgröße: Fertigungslohnstunden **Planbeschäftigung: 3 000** Fertigungslohnstunden					
Kostenarten	**Planverrechnungsmenge**	**Planpreis je Einheit**	**Plankosten**		
			Gesamtkosten	**Fixkosten**	**proportionale Kosten**
Fertigungslöhne	3 000 Std.	28,00	84.000,00	–	84.000,00
Hilfslöhne	1 904 Std.	25,00	47.600,00	38.080,00	9.520,00
Hilfs- und Betriebsstoffe	400 kg	9,00	3.600,00	2.160,00	1.440,00
Instandhaltungs- und Reparaturkosten	–	–	8.200,00	5.740,00	2.460,00
Energiekosten	60 000 kWh	0,12	7.200,00	1.440,00	5.760,00
Summe der Plankosten			150.600,00	47.420,00	**103.180,00**
proportionaler Plankostenverrechnungssatz: **103.180,00 : 3 000 = 34,39 €**					

In unserem Beispiel beträgt der proportionale Plankostenverrechnungssatz **34,39 €.** Dies sind die **proportionalen Kosten pro Fertigungsstunde** in der Dreherei.

Die Kostenstellenpläne werden für alle Kostenstellen aufgestellt. Sie enthalten Kostenvorgaben.

Der Kostenstellenleiter hat nur auf die proportionalen Kosten Einfluss. Insofern werden bei der Grenzplankostenrechnung in den angestrebten Soll-Ist-Kostenvergleich von vornherein nur die proportionalen Kosten einbezogen.

Für den Soll-Ist-Kostenvergleich sind folglich zu ermitteln:
1. die proportionalen Sollkosten und
2. die proportionalen Istkosten.

Zur Errechnung der **proportionalen Sollkosten** werden die proportionalen Plankosten aus den Kostenstellenplänen auf die Istbeschäftigung umgerechnet.

> **proportionale Sollkosten** $= \dfrac{\text{proportionale Plankosten} \cdot \text{Istbeschäftigung}}{\text{Planbeschäftigung}}$
>
> **oder:**
>
> **proportionale Sollkosten** $=$ proportionale Plankosten $\cdot$ Kapazitätsauslastung

Im obigen Kostenstellenplan ist von einer Planbeschäftigung von 3 000 Fertigungslohnstunden ausgegangen worden. Beträgt nun die Istbeschäftigung im Planungsmonat März nur 2 400 Fertigungslohnstunden (Kapazitätsauslastung = 80 %[1]), so müssen die proportionalen Plankosten auf diesen Beschäftigungsgrad nach einer der oben stehenden Formeln umgerechnet werden. Es ergeben sich die proportionalen Sollkosten.

Beispiel

Hilfslöhne: proportionale Sollkosten $= \dfrac{9.520,00 \cdot 2\,400}{3\,000} \quad = 7.616,00\ €$

oder: proportionale Sollkosten $= 9.520,00 \cdot 0,80 \quad = 7.616,00\ €$

Auf diese Weise werden für den Soll-Ist-Kostenvergleich die proportionalen Plankosten an den Beschäftigungsgrad angepasst.

Es gilt nun noch für die angestrebte Kostengegenüberstellung geeignete **proportionale Istkosten** zu ermitteln.

Um die Vergleichbarkeit der Kosten herzustellen, werden die **Istverbrauchsmengen** mit **Planpreisen** bewertet. Beispiel: Die Arbeitsstunde für Hilfslöhne wird nicht zum Iststundenlohn (z. B. 27,50 €) angesetzt, sondern zum Planstundenlohn (im obigen Beispiel 25,00 €). (Es wird hier ebenso verfahren wie bei der flexiblen Plankostenrechnung.)

 Bei der Grenzplankostenrechnung ergeben sich die Istkosten aus Istmengen, die zu Planpreisen bewertet werden.

> **Istkosten** $=$ Istmengen $\cdot$ Planpreise

Kostenabweichungen können folglich nicht in unterschiedlichen Verrechnungspreisen begründet sein. **Preisabweichungen** sind eliminiert.

Von den so ermittelten Istkosten werden bei jeder Kostenart die fixen Kostenbestandteile abgezogen. Es ergeben sich die proportionalen Istkosten, die beeinflussbare Kostengrößen darstellen.

---

[1] $\begin{array}{l}\text{3 000 Stunden} \triangleq 100\ \% \\ \text{2 400 Stunden} \triangleq \ \ \ x\ \%\end{array}$ $\quad x = \dfrac{100 \cdot 2\,400}{3\,000} = \underline{80\ \%}$

> **proportionale Istkosten** = Istkosten – Fixkosten

Die proportionalen Istkosten werden den proportionalen Sollkosten gegenübergestellt. Die Differenz ergibt die **Verbrauchsabweichung.**

> **Verbrauchsabweichung** = proportionale Sollkosten – proportionale Istkosten

Beispiel

Kostenstellenabrechnung für Monat: März 20..			Kostenstelle: Dreherei (415)		
Planbezugsgröße: Fertigungslohnstunden		**Planbeschäftigung:** 3 000 Fertigungslohnstunden			
		Istbeschäftigung: 2 400 Fertigungslohnstunden			

Kostenarten	Fixkosten	Proportionale Kosten			Verbrauchs-abweichung
		Plankosten	Sollkosten	Istkosten	
Fertigungslöhne	–	84.000,00	67.200,00	67.200,00	–
Hilfslöhne	38.080,00	9.520,00	7.616.00	14.620,00	– 7.004,00
Hilfs- und Betriebsstoffe	2.160,00	1.440,00	1.152,00	940,00	+ 212,00
Instandhaltungs- und Reparaturkosten	5.740,00	2.460,00	1.968,00	3.860,00	– 1.892,00
Energiekosten	1.440,00	5.760,00	4.608,00	5.960,00	– 1.352,00
Summe	47.420,00	103.180,00	82.544,00	92.580,00	– 10.036,00

(Bei den Verbrauchsabweichungen bedeutet – = Verbrauchsverlust, + = Verbrauchsgewinn.)

Die Kostenkontrolle der Kostenstellen wird mit der Zielsetzung durchgeführt, Unwirtschaftlichkeiten im Betrieb aufzudecken und Kostenabweichungen sichtbar zu machen.

Die Kostenstellenleiter haben die **Verbrauchsabweichungen** zu vertreten. Diese bestehen im wertmäßigen Mehr- und Minderverbrauch von Gütern und Dienstleistungen.

Bei den Hilfslöhnen ergibt sich beispielsweise eine recht erhebliche Verbrauchsabweichung von 7.004,00 €. Diesen 7.004,00 € liegt ein Mehrverbrauch von ca. 280 Arbeitsstunden (= 7.004,00 : 25,00[1]) zugrunde. Der Kostenstellenleiter hat diese 280 Arbeitsstunden gegenüber der Betriebsleitung zu rechtfertigen.

Kann der Kostenstellenleiter die Verbrauchsabweichungen plausibel machen, so ist der proportionale Plankostenverrechnungssatz zu erhöhen. Im Kostenstellenplan (siehe S. 383) wurde ein proportionaler Plankostenverrechnungssatz von 34,39 € ermittelt, der dann nicht mehr die proportionalen Kosten der Kostenstelle Dreherei abdeckt. Er müsste um 4,18 €/Stunde (= 10.036,00 : 2 400) erhöht werden. Dies sind die **proportionalen Istmehrkosten pro Fertigungslohnstunde.**

> **proportionale Istmehrkosten pro Fertigungsstunde** $= \dfrac{\Sigma \text{ Verbrauchsabweichung}}{\text{Istbeschäftigung}}$

Aufgaben folgen auf S. 386 ff.

Der neue proportionale Plankostenverrechnungssatz würde nun 38,57 € (= 34,39 € + 4,18 €) betragen.

---

1 25,00 € sind der Planpreis für eine Hilfslohnstunde (siehe S. 383).

7.3.2 Die Ermittlung der variablen Kosten pro Kostenträger

Für die Deckungsbeitragsrechnung (vgl. Kapitel 4.7) gilt es, variable Kosten pro Kostenträger zu ermitteln. Hierzu dienen die proportionalen Plankostenverrechnungssätze.

Die proportionalen Kosten der verschiedenen Kostenstellen werden über die proportionalen Plankostenverrechnungssätze auf die einzelnen Kostenträger umgelegt. Beträgt beispielsweise die Arbeitszeit eines Kostenträgers in unserer Kostenstelle „Dreherei" 15 Minuten, so wird er – im Fall der Erhöhung des proportionalen Plankostenverrechnungssatzes – mit 9,64 € (= 38,57 : 4) variablen Kosten belastet.

Ein entscheidender Vorteil der Grenzplankostenrechnung liegt darin, dass sie die Ermittlung von proportionalen Kosten pro Kostenträger und damit die Ermittlung von Deckungsbeiträgen ermöglicht. (Mit der Deckungsbeitragsrechnung können die typischen Fehlentscheidungen der Vollkostenrechnung vermieden werden [vgl. Kapitel 4.7.1].)

Zusammenfassung

1. **Bei der Grenzplankostenrechnung wird für die Kostenstellen ein proportionaler Plankostenverrechnungssatz ermittelt. Er deckt nur die variablen Kosten ab. Diese kann der Kostenstellenleiter beeinflussen. Es handelt sich um einen Teilkostensatz.**

2. **Ebenso wie die flexible Plankostenrechnung ermöglicht die Grenzplankostenrechnung eine wirksame Kostenstellenkontrolle.**

3. **Die proportionalen Kosten der verschiedenen Kostenstellen werden über die proportionalen Plankostenverrechnungssätze auf die einzelnen Kostenträger umgelegt. Auf diese Weise können variable Kosten pro Kostenträger und damit Deckungsbeiträge ermittelt werden.**

Aufgaben

1: Errechnen der proportionalen Plankostenverrechnungssätze   **3:** Errechnen der proportionalen Sollkosten
2: Erstellen eines Kostenstellenplanes   **4–8:** Soll-Ist-Kostenvergleich

1 Errechnen Sie die proportionalen Plankostenverrechnungssätze.

Kostenstellen	Plankosten		Planbezugsgröße	Planbeschäftigung
	fix	proportional		
Fräserei	48.000,00	85.000,00	Fertigungsstunden	3 000
Dreherei	33.000,00	98.000,00	Fertigungsstunden	3 200
Schlosserei	31.000,00	76.000,00	Fertigungsstunden	2 800
Montage	49.000,00	78.000,00	Maschinenstunden	3 300
Kantine	5.000,00	6.800,00	Mahlzeiten	2 000
Fuhrpark	5.000,00	8.000,00	gefahrene km	20 000

2 Erstellen Sie (nach dem Muster auf S. 383) den kompletten monatlichen Kostenstellenplan der Fertigungskostenstelle 1.
Die Maschinenstunden bilden die Planbezugsgröße. Die Planbeschäftigung beträgt 3000 Maschinenstunden.

Kostenarten	Planverrechnungs-menge	Planpreis je Einheit	prozentualer Anteil der variablen Kosten
Fertigungslöhne	3 300 Std.	29,00 €	100 %
Hilfslöhne	1 100 Std.	24,00 €	50 %
Hilfs- und Betriebsstoffe	600 kg	9,00 €	70 %
Energiekosten	65 000 kWh	0,12 €	95 %
kalk. Abschreibungen	–	40.000,00 € pro Monat	12 %

3 Errechnen Sie die proportionalen Sollkosten.

Kostenstellen	Plankosten		Kapazitätsauslastung in % der Planbeschäftigung
	fix	proportional	
Fertigungskostenstelle 1	52.000,00	130.000,00	90 %
Fertigungskostenstelle 2	30.000,00	97.000.00	120 %
Fertigungskostenstelle 3	44.000,00	68.000,00	85 %

Kostenstellen	Plankosten		Planbeschäf-tigung	Istbeschäf-tigung
	fix	proportional		
Fertigungskostenstelle 4	36.000,00	89.000,00	2 800 Std.	3 200 Std.
Fertigungskostenstelle 5	51.000,00	106.000.00	3 000 Std.	2 500 Std.
Fertigungskostenstelle 6	42.000,00	96.000,00	3 100 Std.	2 800 Std.

4 Die Istbeschäftigung in der Fertigungskostenstelle II macht 80 % (75 %) der Planbeschäftigung aus (Planbezugsgröße: Fertigungslohnstunden).

Kostenarten	Planverrech-nungsmenge	Planpreis je Einheit (€)	Anteil der vari-ablen Kosten	Istverrech-nungsmenge	Istpreis je Einheit (€)
Fertigungslöhne	3 000 Std.	28,00	100 %	2 400 Std.	29,00
	(2 800 Std.)	(30,00)	(100 %)	(2 100 Std.)	(31,00)
Hilfslöhne	800 Std.	24,00	40 %	780 Std.	26,00
	(700 Std.)	(25,00)	(30 %)	(670 Std.)	(27,00)
Hilfs- und Betriebsstoffe	600 kg	9,00	80 %	460 kg	10,00
	(500 kg)	(8,00)	(70 %)	(380 kg)	(9,00)
Energiekosten	67 200 kWh	0,10	95 %	51 800 kWh	0,12
	(55 000 kWh)	(0,12)	(90 %)	(42 250 kWh)	(0,11)

Erstellen Sie nach dem Muster auf S. 385 eine Kostenstellenabrechnung für die Fertigungskostenstelle II.

5

Kostenstellen	Plankosten		Planbe-schäftigung	Istbeschäfti-gung	Istkosten
	fix	proportional			
Fertigungskostenstelle 1	32.000,00	96.000,00	2 800 Std.	2 600 Std.	124.000,00
Fertigungskostenstelle 2	54.000,00	88.000,00	3 000 Std.	3 200 Std.	145.000,00
Fertigungskostenstelle 3	42.000,00	76.000,00	2 500 Std.	2 800 Std.	130.000,00
Fertigungskostenstelle 4	48.000,00	65.000,00	3 200 Std.	2 900 Std.	105.000,00

Errechnen Sie für jede Kostenstelle die Verbrauchsabweichung.

6 AH

Kostenstellenabrechnung für Monat: Mai 20..				**Kostenstelle:** Schlosserei	
Planbezugsgröße: Fertigungslohnstunden			**Planbeschäftigung:** 2 800 Fertigungslohnstunden **Istbeschäftigung:** 2 240 Fertigungslohnstunden		
Kostenarten	Fixkosten	Proportionale Kosten			Verbrauchs-abweichung
		Plankosten	Sollkosten	Istkosten	
Fertigungslöhne	–	88.000,00	?	?	?
Hilfslöhne	35.000,00	10.000,00	?	?	?
Hilfs- und Betriebsstoffe	2.000,00	1.500,00	?	?	?
Energiekosten	1.500,00	6.000,00	?	?	?
kalk. Abschreibungen	30.000,00	8.000,00	?	?	?
	68.500,00	113.500,00	?	?	?

Im Betrachtungsmonat Mai haben sich folgende Istkosten (insgesamt) ergeben:
Fertigungslöhne: 70.400,00 €; Hilfslöhne: 44.000,00 €; Hilfs- und Betriebsstoffe: 3.400,00 €; Energie-kosten: 6.000,00 €; kalk. Abschreibungen: 37.000,00 €.
Übertragen Sie die Kostenstellenabrechnung in Ihr Arbeitsheft und vervollständigen Sie sie.

7 AH Ihnen liegt der folgende Kostenstellenplan vor:

Kostenstellenplan für Monat: Juni 20..				**Fertigungskostenstelle 1**	
Planbezugsgröße: Fertigungslohnstunden			**Planbeschäftigung:** 3 200 Fertigungslohnstunden		
Kostenarten	Planver-rechnungs-menge	Planpreis je Einheit	Plankosten		
			Gesamt-kosten	Fixkosten	proportio-nale Kosten
Fertigungslöhne	3 200 Std.	29,00	92.800,00	–	92.800,00
Hilfslöhne	1 100 Std.	24,00	26.400,00	16.400,00	10.000,00
Hilfs- und Betriebsstoffe	600 kg	8,00	4.800,00	1.800,00	3.000,00
Energiekosten	67 500 kWh	0,10	6.750,00	750,00	6.000,00
kalk. Abschreibungen	–	–	50.000,00	40.000,00	10.000,00
Summe der Plankosten			180.750,00	58.950,00	121.800,00
proportionaler Plankostenverrechnungssatz: 121.800,00 : 3 200 = 38,06 €					

Im Juni betrug die Istbeschäftigung 2 720 Fertigungslohnstunden.
Für den Betrachtungsmonat Juni gelten folgende Istverrechnungsmengen und Istpreise:

Kostenarten	Istverrechnungsmenge	Istpreis je Einheit (€)
Fertigungslöhne	2 720 Std.	30,00
Hilfslöhne	1 060 Std.	25,00
Hilfs- und Betriebsstoffe	570 kg	7,00
Energiekosten	55 500 kWh	0,13

Die kalkulatorischen Abschreibungen belaufen sich im Juni auf 49.500,00 €.
Erstellen Sie die Kostenstellenabrechnung (nach dem Muster der Kostenstellenabrechnung in Aufgabe 6) für die Fertigungskostenstelle 1.

8 Ihnen liegt der folgende Kostenstellenplan vor:

Kostenstellenplan für Monat: August 20..			Fertigungskostenstelle 2		
Planbezugsgröße: Maschinenstunden			Planbeschäftigung: 3 000 Maschinenstunden		
Kostenarten	Planver-rechnungs-menge	Planpreis je Einheit	Plankosten		
			Gesamt-kosten	Fixkosten	proportio-nale Kosten
Fertigungslöhne	3 200 Std.	28,00	89.600,00	–	89.600,00
Hilfslöhne	1 000 Std.	23,00	23.000,00	15.410,00	7.590,00
Hilfs- und Betriebsstoffe	500 kg	10,00	5.000,00	1.500,00	3.500,00
Energiekosten	56 000 kWh	0,12	6.720,00	320,00	6.400,00
kalk. Abschreibungen	–	–	54.000,00	45.000,00	9.000,00
Summe der Plankosten			178.320,00	62.230,00	116.090,00
proportionaler Plankostenverrechnungssatz: 116.090,00 : 3 000 = 38,70 €					

Im Betrachtungsmonat August betrug die Istbeschäftigung 120 % der Planbeschäftigung.
Für den August gelten folgende Istkosten (insgesamt):
Fertigungslöhne: 107.520,00 €; Hilfslöhne: 26.289,00 €; Hilfs- und Betriebsstoffe: 6.200,00 €; Energiekosten: 7.500,00 €; kalk. Abschreibungen: 55.800,00 €.

Erstellen Sie die Kostenstellenabrechnung (nach dem Muster der Kostenstellenabrechnung in Aufgabe 6) für die Fertigungskostenstelle 2.

Die traditionelle **Zuschlagskalkulation** ist eine Form der **Vollkostenrechnung.** Alle Kosten werden auf die betrieblichen Kostenträger umgelegt, also sowohl die Einzelkosten als auch die Gemeinkosten (über Zuschlagssätze).

Dabei wird unterstellt, dass die Gemeinkosten in gleicher Weise fallen und steigen wie ihre jeweilige Zuschlagsbasis.

Da die Gemeinkosten jedoch überwiegend aus **fixen Kosten** bestehen, ist diese angenommene **Proportionalität** nicht gegeben.

Beispiele

1. Die **Beschaffungskosten** für das Fertigungsmaterial werden bei der Zuschlagskalkulation durch den **Materialgemeinkostenzuschlagssatz** abgedeckt. Dieser prozentuale Zuschlagssatz unterstellt, dass die Beschaffungskosten sich in Abhängigkeit vom Wert des bestellten Fertigungsmaterials verändern. Dies trifft jedoch tatsächlich nicht zu. Vielmehr ist die Höhe der Beschaffungskosten unabhängig vom Wert des bestellten Fertigungsmaterials.

2. **Verkaufsverhandlungen** bei Autos werden durch den **Vertriebsgemeinkostenzuschlagssatz** abgedeckt. Beträgt dieser z. B. 2 %, so wird ein preisgünstiges 10.000,00-€-Auto mit 200,00 €, ein luxuriöses 60.000,00-€-Auto hingegen mit 1.200,00 € belastet, obwohl bei den Verkaufsverhandlungen beider Autos erfahrungsgemäß der gleiche Aufwand betrieben wird.

Aufträge/Erzeugnisse mit einem **geringen Wert** werden bei der Zuschlagskalkulation durch den prozentualen Zuschlag der Gemeinkosten **kostenmäßig begünstigt.** Aufträge/Erzeugnisse mit einem **hohen Wert** werden entsprechend zu **hohe Gemeinkosten** zugeordnet.

Dies entspricht nicht dem **Kostenverursachungsprinzip.**

Die Prozesskostenrechnung versucht, diesen entscheidenden Nachteil der Zuschlagskalkulation auszuschließen.

 Bei der Prozesskostenrechnung werden die *Gemeinkosten* **den Kostenträgern nicht über Zuschlagssätze zugeordnet, sondern über** *Prozesskosten,* **die bei der Erbringung der Leistung anfallen.**

Es wird versucht, eine höhere Transparenz in die Gemeinkosten zu bringen. Sie werden bei der Prozesskostenrechnung genauer analysiert und herausgestellt. Dies geschieht mithilfe von Prozessen, die die Entstehung und die Höhe der Gemeinkosten beeinflussen.

Für die kostenverursachenden Prozesse werden quantitative Messgrößen, sogenannte **Kostentreiber (cost-drivers),** festgelegt.

 Die Gemeinkosten werden bei der Prozesskostenrechnung nach der jeweiligen Inanspruchnahme von Kostentreibern verrechnet.

Zunächst müssen diese **Kostentreiber** in den einzelnen betrieblichen Abteilungen ermittelt werden.

Beispiele

Abteilung	Kostentreiber (cost-driver)
Einkauf	Anzahl der Angebotsvergleiche Anzahl der aufgegebenen Bestellungen Anzahl der Lieferantenstammdaten Anzahl der Eingangsrechnungen

Abteilung	Kostentreiber (cost-driver)
Lager	Anzahl der Lagereingänge Anzahl der Materialprüfungen Anzahl der Lagerabgänge durchschnittlicher Lagerbestand in Anspruch genommener Lagerraum
Produktion	Produktionsmenge Maschinenstunden Anzahl der Produktionsaufträge
Buchhaltung	Anzahl der Buchungen
Vertrieb	Anzahl der Verkaufsgespräche Anzahl der Angebote

Die Prozesskosten können sich proportional zur Menge des in Anspruch genommenen Kostentreibers verändern (variable Kosten). In diesem Fall spricht man von **leistungsmengeninduzierten (lmi) Prozesskosten.**

Die Prozesskosten können auch unabhängig von Kostentreibern sein (fixe Kosten). In diesem Fall spricht man von **leistungsmengenneutralen (lmn) Prozesskosten.**

Beispiele

Kostentreiber	Prozesskosten (lmi/lmn)
Anzahl der aufgegebenen Bestellungen	lmi
Anzahl der Buchungen	lmi
Verkaufsabteilung leiten	lmn

In den einzelnen Abteilungen werden für jeden kostentreibenden Prozess sogenannte **Gesamtprozesskostensätze** ermittelt. Diese ergeben sich aus den leistungsmengeninduzierten (lmi) Prozesskosten und aus den leistungsmengenneutralen (lmn) Prozesskosten.

Beispiel

Kostenstelle: Einkauf
Hauptprozess: Beschaffung von Roh-, Hilfs- und Betriebsstoffen

Kostentreiber/ Teilkostenprozess	Typ	Prozess- kosten pro Jahr	Prozess- menge pro Jahr	Prozess- kostensatz (lmi)	Umlage- satz (lmn)	Gesamtpro- zesskostensatz (lmi + lmn)
1	2	3	4	5	6	7
Anzahl der bearbeiteten Angebote	lmi	200.000,00 €[1]	5 000	40,00 €	8,38 €	48,38 €
Anzahl der aufgegebenen Bestellungen	lmi	60.000,00 €[1]	6 000	10,00 €	2,10 €	12,10 €
Bestelltermine verfolgen	lmi	36.000,00 €[1]	6 000	6,00 €	1,26 €	7,26 €
Anzahl der bearbeiteten Reklamationen	lmi	28.000,00 €[1]	400	70,00 €	14,67 €	84,67 €
Pflege der Lieferantenstammdaten	lmi	10.000,00 €[1]	2 000	5,00 €	1,05 €	6,05 €
Abteilungsleitung	lmn	70.000,00 €	–	–	–	–

1 200.000,00 € + 60.000,00 € + 36.000,00 € + 28.000,00 € + 10.000,00 € = **334.000,00 €**

Erläuterungen

1. **Spalte 5:** Der **Prozesskostensatz (lmi)** ergibt sich aus dem Quotienten von Prozesskosten durch Prozessmenge.

   Zum Beispiel: $\dfrac{40,00 \, € = 200.000,00}{5\,000}$

   Es gilt:

   $$\text{Prozesskostensatz (lmi)} = \frac{\text{Prozesskosten}}{\text{Prozessmenge}}$$

2. **Spalte 6:** Die **l**eistungs**m**engen**n**eutralen (lmn) **Abteilungsleitungskosten** (70.000,00 €) werden auf die **l**eistungs**m**engen**i**nduzierten (lmi) Kostenprozesse (Summe: **334.000,00 €**) umgelegt.

   Dies erfolgt mithilfe der Dreisatzrechnung.

   Zum Beispiel:

   lmi Prozesskosten von **334.000,00 €** verursachen lmn Prozesskosten von 70.000,00 €

   lmi Prozesskosten von 40,00 € verursachen lmn Prozesskosten von x €

   $$x = \frac{70.000,00 \cdot 40,00}{334.000,00} = 8,38 \, €$$

   Es gilt:

   $$\text{Umlagesatz (lmn)} = \frac{\text{lmn Prozesskosten} \cdot \text{Prozesskostensatz (lmi)}}{\text{Summe lmi Prozesskosten}}$$

3. **Spalte 7:** Der **Gesamtprozesskostensatz (lmi + lmn)** ergibt sich aus der Addition von Prozesskostensatz (lmi) und Umlagesatz (lmn).

   Zum Beispiel: 48,38 € = 40,00 € + 8,38 €

   Es gilt:

   $$\text{Gesamtprozesskostensatz (lmi + lmn)} = \text{Prozesskostensatz (lmi)} + \text{Umlagesatz (lmn)}$$

Im obigen Beispiel sind für die Teilkostenprozesse der Kostenstelle „Einkauf" die **Gesamtprozesskostensätze (lmi + lmn)** ermittelt worden.

Entsprechend werden für die Teilkostenprozesse der anderen Kostenstellen ebenfalls Gesamtprozesskostensätze (lmi + lmn) errechnet.

Für die **Kostenträger** werden kostenstellenübergreifend **Hauptprozesskostensätze** ermittelt. Diese Hauptprozesskostensätze ergeben sich durch die Addition aller durch den Kostenträger (in den einzelnen Kostenstellen) in Anspruch genommenen Gesamtprozesskosten.

Beispiel

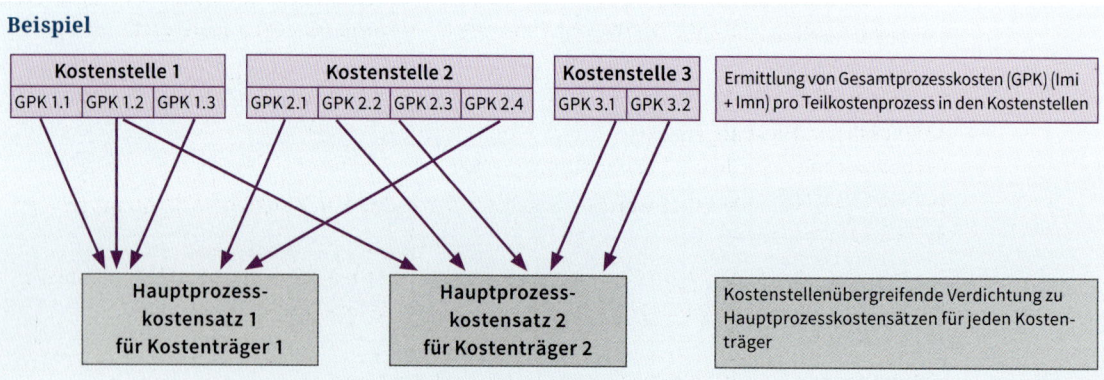

225435392

Skonti 148
– Buchungen 148
– Umrechnung eines Skontopro-
  zentsatzes auf einen Zinssatz
  151
Soll-Ist-Kostenvergleich 374, 383
Sollbestände 66
Sollkosten 375, 384
Sozialversicherung 160
Stabdiagramme 358
Statistik 9, 358
statistische Kennzahlen 358
Stichtagsinventur 19
Systembücher 127

T

Teilkostenrechnung 317, 383

U

Umlaufvermögen 16, 20, 27
Umsatzrentabilität 218, 238

Umsatzsteuer 89
unfertige Erzeugnisse 85
Unternehmensrentabilität 217
Unternehmerlohn 217, 230
Unternehmerrentabilität 217

V

variable Kosten 246, 317, 371
Verhältniszahlen 364
Vermögen 15
Vermögensaufbau 208
Vermögensbildungsgesetz 167
vermögenswirksame Leistungen
  167
Verschuldungskoeffizient 209
Vollkostenrechnung 317, 321, 372
Vorkalkulation 302
Vorschüsse 165
Vorsteuer 92
Vorsteuerüberhang 94
Vorwärtskalkulation 308

W

Warenkonten 68
Werkstoffaufwandskonten 77
Werkstoffbestandskonten 77
Werkstoffe 76
Werkstoffverbrauch 77
Wirtschaftlichkeit 215, 237
Wirtschaftsgüter
– Geringwertige 184

Z

Zahllast 93
Zusatzkosten 229, 233
Zuschlagskalkulation 282
Zweckaufwand 229

Cover:

iStockphoto.com, Calgary (solarseven) Hintergrundbild

Innenteil:

Hannoversche Volksbank eG, Hannover: S. 48.1, 61.3, 62, 105, 113, 145, 158.2, 172.1-.2

Picture-Alliance GmbH, Frankfurt/M.: dpa-infografik: S. 362

Stollfuß Medien GmbH & Co. KG, Bonn: S. 160

Illustrationen:

Kranenberg, Hendrik, Drolshagen

Belege und Grafiken:

Hild, Claudia, Angelburg

hoffstadt, marcus/korrekt medien, Koblenz